판례와 사례 중심

보험법

Insurance Law

맹수석

보험법

지은이 맹수석
발행일 2022년 6월 30일 발행인 이진숙
편낸곳 충남대학교출판문화원 주소 대전광역시 유성구 대학로 99
전화 042-821-6045 홈페이지 http://www.cnupress.co.kr E-mail cnupress@cnu.ac.kr

ISBN 979-11-6503-159-6 93360
정가 30,000원

판례와 사례 중심

보험법

Insurance Law

맹수석

충남대학교출판문화원

머리말

오늘날 보험은 현대인의 경제활동에 있어서 불가분의 관계에 있는 매우 중요한 제도이다. 보험은 개인은 물론 기업의 다양한 경제활동 과정에서 불시에 겪게 되는 위험을 다수의 경제주체들이 모여 공동으로 인수함으로써 안정적으로 활동할 수 있게 해주는 효율적인 위험분산제도이다. 그러한 만큼 보험계약에는 다양한 경제주체들이 관여하게 되고, 법률관계도 복잡다기할 수밖에 없다.

보험계약은 주로 약관에 의해 체결되기 때문에 계약 관계에서 분쟁이 생긴 경우에는 대법원 판례가 중요한 분쟁해결 기준이 되는 경우가 많다. 따라서 보험법은 상법의 그 어떤 분야보다도 판례에 의한 영향을 크게 받게 된다. 이러한 점에서 이 책에서는 보험계약과 관련하여 2021년까지 나온 대법원 판례를 핵심 내용 중심으로 정리하여 각주로 처리함으로써 학습의 이해를 돕는데 주력하였다. 그리고 이 책은 보험법적 쟁점에 대한 학설적 접근보다는 대법원 판례를 중심으로 실무적 해결 과정을 단계적으로 이해할 수 있도록 서술하고자 노력하였다. 특히 특정 사건에 대한 법원의 판결요지만 개략적으로 소개될 경우 당사자 사이의 분쟁에 있어서 구체적으로 어떠한 상황에서 판지와 같은 결론이 도출됐는지 알기가 어렵다. 따라서 이 책에서는 중요 대법원 판례에 대해 사실개요, 판결요지, 쟁점사항 순으로 정리·서술함으로써 실생활과 수험준비에 도움이 될 수 있도록 하였다.

이 책이 나오기까지 저자의 제자로 사실관계를 꼼꼼하게 보정해준 신협중앙회의 김준엽 박사와 전반적인 내용을 세밀하게 교정해준 보험개발원의 조경원 박사에게 고마운 마음을 전한다. 그리고 편집에서 출판까지 최선을 다해주신 충남대학교 출판문화원 관계자들께 진심으로 감사드린다.

2022년 3월 31일

대덕연구실에서 저자 씀

차례

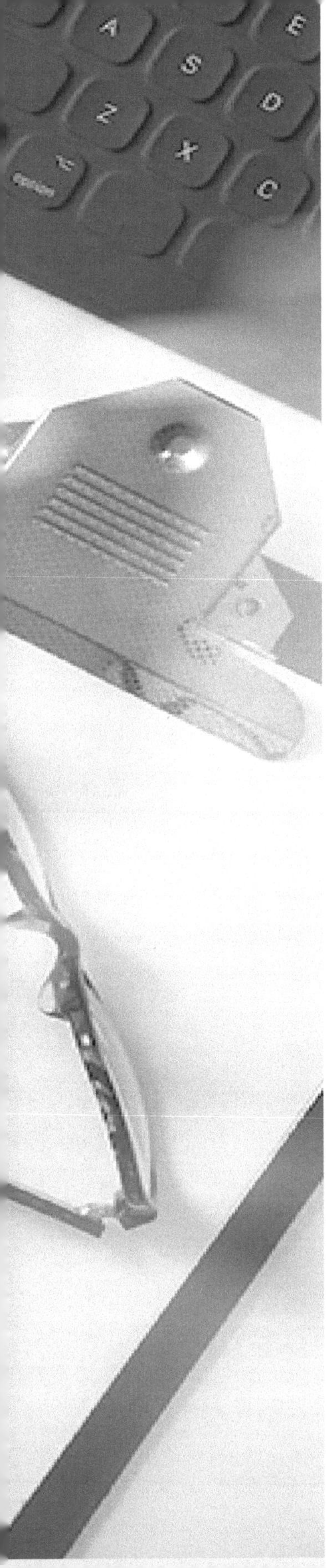

제1장

서 설

제1절

보험제도 일반론

Ⅰ. 보험제도의 의의

1. 보험과 위험

사람은 사회생활을 영위하는 가운데 각종 위험에 직면하게 된다. 예컨대 교통사고의 위험, 각종 범죄위험, 질병에 걸릴 위험, 직장을 잃을 위험 등이 그것이다. 그러한 위험에 노출될 경우 인간의 경제생활은 어려움에 처하게 되는데, 그 피해를 혼자 감당할 수 없는 경우가 많다. 이에 따라 오늘날 대부분의 국가에서는 국민의 경제생활의 안정을 뒷받침하는 사회보장제도를 시행하고 있으나, 이것만으로는 충분하게 보장될 수 없는 경우도 많다. 그러므로 보다 안정된 생활을 유지하기 위해서는 위험에 대한 경제적인 대책을 강구하지 않을 수 없었고, 특히 개인주의적 자본주의 하에서는 각 개인이 자기의 책임으로 그 위험에 대비하는 수단을 찾지 않을 수 없게 되었다. 이에 따라 같은 위험에 놓여 있는 많은 사람들이 힘을 합쳐 뜻밖의 사고에 대비하기 위한 제도로 만든 것이 보험제도이다.[1] 이를 통하여 인간은 스스로 (보험)단체를 통해 불의의 사고에 대비하여 안정된 경제생활을 영위할 수 있다.[2]

---

1) 보험은 경제생활의 불안에 대비하기 위한 제도라는 점에서 저축 등과 같은 다른 제도와 유사한 점이 있으나, 그 특성상 차이가 있다. 즉 보험은 손해의 발생이나 경제적인 수요가 우연한 사고로 인하여 생긴 것이어야 하므로, 그렇지 아니한 저축이나 계 등과 다르다. 또 보험은 이러한 우연한 사고가 발생하여 생긴 손해를 보상하여 주거나 또는 경제적인 수요를 충족시켜 주는 제도이므로, 위험에 의한 손해의 발생을 미리 방지할 것을 목적으로 하는 것(화재예방·해난구조·도난예방 등)은 보험이 아니다.

2) 이에 따라 보험제도를 인간이 이성(理性)의 힘으로 찾아낸 가장 훌륭한 제도라고 말하기도 한다.

2. 보험의 개념

(1) 보험의 의의

보험이 무엇이냐에 대해서는 보험에 관한 법률인 보험법이나 보험업법에서도 아무런 규정을 두고 있지 않다. 다만 상법 제638조에서 "보험계약은 당사자 일방이 약정한 보험료를 지급하고 재산 또는 생명이나 신체에 불확정한 사고가 발생할 경우에 상대방이 일정한 보험금이나 그 밖의 급여를 지급할 것을 약정함으로써 효력이 생긴다."고 하고 있고,[3] 보험업법 제1조는 보험사업을 효율적으로 지도·감독하고, 보험계약자·피보험자·기타 이해관계인의 권익을 보호하여 보험사업의 건전한 육성과 국민경제의 균형 있는 발전에 기여함을 목적으로 한다고 하여, 어느 정도 보험계약과 보험업의 목적을 대략적으로 밝히고 있을 뿐이다.

오늘날 다양한 발전양상을 보이고 있는 보험 관계를 통일적으로 파악한다는 것은 어려운 일이다. 그러나 대체적으로 보험이란 동질적인 경제상의 위험에 처한 다수의 경제주체가 동일한 단체를 구성하여 미리 일정률의 금액(보험료)을 내어 공통준비재산(보험기금)을 구성하고, 현실적으로 약정된 우연한 사고(보험사고)를 입은 경제주체에게 일정한 금액(보험금)을 지급하여 경제생활의 불안을 제거 또는 경감시키려는 제도라고 정의할 수 있다.[4] 즉 보험은 불확실성을 확실성으로 전환시키는 것으로서, 우연한 사고의 발생으로 인한 실제적 손실을 다수위험의 결합으로부터 얻게 되는 평균손실로 대체할 수 있는 제도이다. 이를 나누어 설명하면 다음과 같다.

1) 사고의 우연성·불확실성

보험은 우연한 사고,[5] 즉 경제상의 위험을 전제로 한 것이다.[6] 그러므로 사고의 발

---

3) 2014. 3. 11. 상법 개정 시 보험계약의 의의를 정하고 있는 제638조도 의미를 명확히 하는 쪽으로 개정되었다.

4) 대법원 1989. 1. 31. 선고 87도2172 판결(보험이라는 개념은 반드시 명확하지는 않으나 동질적인 경제상의 위험에 놓여 있는 다수인이 우연한 사고가 발생하는 경우에 재산상의 수요를 충족시키기 위하여 미리 일정률의 금액 즉 보험료를 출연하여 공동준비재산을 구성하고 현실적으로 재해를 입은 사람에게 일정한 금액 즉 보험금을 지급하여 경제생활의 불안을 제거 또는 경감시키려는 제도라 할 것이고, 따라서 그 본질적인 특징은 첫째, 우연한 사고의 발생에 대한 경제적인 불안에 대비하는 제도일 것, 둘째, 경제적인 불안을 제거 경감하기 위하여 다수의 경제주체가 공동으로 비축금을 마련하는 제도일 것, 셋째, 그 방법으로서 이른바 대수의 법칙을 응용한 확률계산에 의하여 급부와 반대급부의 균형을 유지하도록 하는 제도라야 할 것이다).

5) 대법원은 보험사고의 우연성과 관련하여, "인보험계약에서 담보되는 보험사고의 요건 중 '우연한 사고'란 사고가 피보험자가 예측할 수 없는 원인에 의하여 발생하는 것으로서, 고의에 의한 것이 아니고 예견치 않았는데 우연히 발생하고 통상적인 과정으로는 기대할 수 없는 결과를 가져오는 사고를 의미하는 것이며, 이러한 사고의 우연성에 대해서는 보험청구자에게 입증책임이

생을 예견할 수 있거나, 정기적 또는 규칙적으로 발생하는 사고는 보험의 대상이 될 수 없다. 그러나 어느 정도 빈번하게 발생할 것인지, 어느 정도의 손해가 발생할 것인지에 대한 불확실성만 있다면 보험의 대상이 되고, 불확실성이 단순히 주관적으로 존재하는 경우에도 인정되므로 이른바 소급보험[7]도 가능하다.

2) 위험의 동질성

보험은 동질의 경제상의 위험에 놓여 있는 다수인이 하나의 위험단체를 구성하여 이 단체가 위험을 분담하는 제도이므로 위험의 동질성이 필요하다. 즉, 동질성이 있는 위험의 결합만이 부보된 위험의 발생빈도와 동일한 기간 내의 보험금의 지급을 위하여 필요한 보험료 수입의 정도, 그리고 매 사고마다 소요될 비용의 규모에 대한 통계적인 경험을 근거로 한 개연율의 산출을 가능하게 하는 것이다. 이와 같이 위험의 동질성이 필요하기 때문에 보험의 종류가 다양하게 분화·발전된다.

3) 위험의 다수성

보험에 있어서 위험은 동질성뿐만 아니라, 다수성(단체성)이 필요하다.[8] 이는 보험

있나."고 하면서, "피보험자가 술에 취한 상태에서 출입이 금지된 지하철역 승강장의 선로로 내려가 지하철역을 통과하는 전동차에 부딪혀 사망한 경우, 피보험자에게 판단능력을 상실 내지 미약하게 할 정도로 과음을 한 중과실이 있더라도 보험약관상의 보험사고인 우발적인 사고에 해당한다."고 판시하였다(대법원 2001. 11. 9. 선고 2001다55499, 55505 판결). 이때 보험약관에서 정한 보험사고의 요건인 '급격하고도 우연한 외래의 사고' 중 '외래의 사고'라는 것은 상해 또는 사망의 원인이 피보험자의 신체적 결함 즉 질병이나 체질적 요인 등에 기인한 것이 아닌 외부적 요인에 의해 초래된 모든 것을 의미하고, 이러한 사고의 외래성 및 상해 또는 사망이라는 결과와 사이의 인과관계에 관하여는 보험금 청구자에게 그 증명책임이 있다(대법원 2010. 9. 30. 선고 2010다12241 판결).

6) 도박이나 복권도 다수인이 참가하여 우연한 사실의 발생에 의하여 당사자 간의 급여 관계가 결정되는 계약이므로 사행(射倖)계약의 성질을 갖는다는 점에서 보험제도와 유사하다고 할 수 있다. 그러나 보험은 경제생활의 불안정을 극복하기 위하여 우연한 사고에 의하여 발생한 경제적 수요의 충족을 목적으로 하는데 비해, 도박과 복권은 우연한 사고의 발생으로 적극적인 경제적 이익을 도모하는데 목적이 있다는 점에서 구별된다.

7) 소급보험이란 보험계약을 체결할 때 이전의 어느 시기까지 소급하는 보험으로, 주로 운송보험이나 해상보험에서 많이 체결된다. 예컨대 적하보험에서 이미 선박이 출항한 후 선적시부터 책임을 개시하는 경우처럼 보험자의 책임을 소급하여 적용함으로써 보험 목적의 무보험 상태를 방지하고자 하는 것이다. 우리 보험법상으로도 사고가 그 동안에 이미 발행하였는지 발생하지 않았는지를 계약의 당사자가 알지 못하는 한 과거의 시점에서 보험기간이 개시되는 보험계약을 체결할 수 있다(상법 제643조).

8) 자가보험(自家保險)은 지역적으로 분산되어 산재하는 공장 또는 건축물을 소유하는 회사 또는 다수의 선박을 소유하는 회사가 일정기간 내의 손해의 발생을 예상하여 경제단위를 기준으로 일정 비율로 각 사업연도마다 일정금액을 적립하여, 그 기간 내에 생긴 손해로 인한 수요를 충족시키는 제도를 말하는데, 이러한 자가보험은 위험단체성이 없기 때문에 동일한 위험을 대비하기 위해 다수인이 집합하여 위험을 분산시키는 보험과 다르다.

또한 보증(保證)은 제3자가 채권자에 대하여 주채무자의 채무이행을 담보하는 일종의 채권담보제도인데, 주채무자의 채무불이행이라는 우연한 사건의 발생(위험)에 의해 보증인이 채권자에 대해 일정한 채무를 진다는 점에서 보증은 보험과 유사하다. 그러나 보증과 보험은 그 위험에 대한 극복방법에 있어서 큰 차이가 있다. 즉, 보증은 주채무자의 의무 위반이라는 위

의 유상성(有償性) 또는 상호성을 의미하기도 한다. 보험사고가 발생한 경우에 지급되는 보험금의 재원은 보험단체의 구성원들이 지급한 보험료에 의하여 조달되기 때문인데, 그 결과 보험에 있어서는 위험의 인수와 보험료 지급 사이에 등가관계가 있어야 한다(수지상등의 원칙).

4) 보험료 산정과 대수의 법칙

보험에 있어서는 보험사고가 언제 발생할 것인지를 알 수 없기 때문에, 보험료나 보험금은 과거의 위험발생에 관한 경험을 토대로 하여 大數의 法則(law of large numbers)에 의해 개연율을 예측하여 산출하게 된다. 이와 같이 보험은 대수의 법칙에 기하여 동질적인 위험에 놓인 다수가 위험단체를 구성하여, 그 단체 내에서 위험을 전가시키고 분산시키는 제도이다. 즉, 보험은 보험단체의 구성원(보험계약자)이 미리 일정한 금액(보험료)을 내어 공통준비재산(보험기금)을 조성하고 우연한 사고를 당한 자가 그 기금에서 일정한 급여(보험금)를 받는 제도이다.[9)]

(2) 보험의 기능과 폐해

보험은 우리의 경제생활관계에서 발생하는 각종의 위험에 대비하기 위하여 인간의 이성의 힘으로 만든 제도이다. 이러한 보험제도는 우연한 사고로 인한 경제적인 불안을 제거하여 주는 기능을 함으로써, 개인에게 안심하고 생활할 수 있도록 한다. 또한 보험은 보험료의 징수로 인하여 축적된 금융자본이 산업자본화하는 기능을 함으로써 국민경제발전에 이바지한다. 그리고 보증보험·신용보험·저당보험 등의 예에서 볼 수 있

험을 보증인이 혼자 부담하지만, 보험은 위험단체에 의한 위험의 분산이라는 방법을 이용할 뿐만 아니라 이를 위해 대수의 법칙이 적용된다.

그리고 공제(共濟)는 일정한 직장이나 직역 또는 지역에 속한 주체들이 단체를 만들어 조합원 또는 그 가족 등의 길흉사가 있을 때에 공제금을 지급하는 상호구제를 목적으로 하는 제도인데, 다수의 조합원이 단체를 구성하고 우연한 사고를 당한 사람에게 공제금을 지급하는 점에서 보험과 유사한 측면이 있지만, 일정한 직장, 직업 또는 지역적으로 한정하여 그에 가입할 수 있도록 하는 점에서 보험과 다르다. 그러나 농협, 수협, 운수공제조합 등에서 '공제'라는 이름으로 영위되는 생명공제, 화재공제, 가축공제, 자동차공제 등은 그 실체가 일종의 보험이라고 할 수 있고, 이를 유사보험 또는 조합보험이라고 부른다. 2014년 개정 상법 제664조는 공제에 대해 보험에 관한 규정을 적용시키고 있다. 판례도 공제를 유사보험이라고 보고 있다(대법원 2001. 4. 10. 선고 99다67413 판결).

9) 예컨대 보험에 가입하려고 하는 40세인 어떤 남자가 있을 경우 그가 1년 이내에 사망할지는 아무도 모르지만, 40세 한국 남자 1만명 가운데 1년에 몇 명 정도가 사망하지는 통계자료(경험생명표)를 통해 어느 정도 예측이 가능하다. 보험은 이러한 통계적인 원리에 기해 형성된 위험단체를 통해 개개인들이 부딪히는 예측불능의 위험을 관리가능한 비용으로 전가시키는 역할을 하는 것이다.

듯이 보험은 신용수단으로서의 기능도 하고 있다. 아울러 보험은 위험분산의 기능을 하는데, 국내의 문제에 국한시키지 아니하고 재보험과 같이 국제적인 연관을 갖고 위험을 재분산하는 기능을 하기도 한다.

그러나 보험은 위와 같이 중요한 기능을 수행하지만, 반면에 도덕적 위험(moral risk, moral hazard)을 유발하는 폐해도 있다. 즉, 보험금을 받기 위하여 생명보험에서 피보험자를 살해하거나,[10] 화재보험에서 보험의 목적에 방화하는 것, 선박보험의 피보험자가 고의로 선박을 침몰시켜 해난사고로 가장하는 것, 자동차보험에서 자동차 사고로 가장하는 것[11] 등이 그것이다. 따라서 보험법은 이러한 폐해를 방지하기 위하여 여러 가지 제도를 두고 있다. 그런데 보험은 이러한 폐해도 있지만, 더 중요한 기능을 수행하므로 보험의 발전은 그 나라의 문화의 척도가 되는 것이다. 결국 현대의 경제생활은 보험을 떠나서는 생각할 수 없다 할 것이다.

3. 보험의 종류

(1) 공보험·사보험

공보험이란 국가 기타의 공공단체가 공동 경제적 목적, 즉 사회정책 또는 경제정책의 실현수단으로 운영하는 보험을 말하며, 사회보험과 경제정책보험으로 나뉜다. 전자에는 산업재해보상보험·의료보험(국민건강보험)·연금보험·실업보험(고용보험) 등이 있고, 후자에는 수출보험·어음보험·예금보험 등이 있다.[12] 사보험은 국영보험이 아닌

---

10) 대법원 2017. 5. 30. 선고 2017도1549 판결(이는 피고인이 피해자 甲과 혼인한 후 피보험자를 甲, 수익자를 피고인으로 하는 다수의 생명보험에 가입하였다가, 경제적 상황이 어려워지자 거액의 보험금을 지급받을 목적으로 자신의 승합차 조수석에 甲을 태우고 고속도로를 주행하던 중 갓길 우측에 정차되어 있던 화물차량의 후미 좌측 부분에 피고인 승합차의 전면 우측 부분을 고의로 추돌시키는 방법으로 교통사고를 위장하여 甲을 살해하였다는 내용으로 주위적으로 기소된 사안에서, 졸음운전인지 고의사고인지 단언할 수 있는 객관적 증거가 없으므로, 충분히 가능성이 있는 여러 의문을 떨쳐내고 고의사고라고 확신할 수 있을 만큼 간접증거나 정황증거가 충분하다거나 그러한 증거들만으로 살인의 공소사실을 인정할 수 있을 정도의 종합적 증명력을 가진다고 보기에는 더 세밀하게 심리하고 확인해야 할 부분이 많은데도, 피고인에게 충분히 수긍할 만한 살인의 동기가 존재하였는지, 범행방법의 선택과 관련하여 제기될 수 있는 의문점을 해소할 만한 특별한 사정이 있는지, 사고 당시의 상황이 고의로 유발되었다는 과학적 근거가 충분한지 등에 대한 치밀하고도 철저한 검증 없이, 피고인이 고의로 甲을 살해하였다는 점이 합리적 의심을 배제할 정도로 증명되었다고 보아 유죄를 인정한 원심판결에 형사재판에서 요구되는 증명의 정도에 관한 법리를 오해하여 필요한 심리를 다하지 아니하거나 논리와 경험의 법칙에 반하여 자유심증주의의 한계를 벗어난 잘못이 있다고 한 사례이다).

11) "고의 사고로 보험금 수억 타낸 20대 형제 실형", 연합뉴스(2022. 1. 30).

12) 공보험은 공공정책실현의 수단으로 운영되는 만큼 국가의 재정적 지원을 받는 한편 그 시행이 강제적이므로 종류에 따라 각각 별도의 특별법이 제정되어 있어 이들 보험관계에 상법이 적용될 여지가 매우 좁다.

개인의 사경제적인 입장에서 운영되는 보험이다. 사보험은 영리성 유무에 따라 영리보험과 상호보험으로 나뉜다.

(2) 영리보험·상호보험

영리보험이란 보험자가 보험을 영업으로 하는 보험이고(상법 제46조 제17호), 상호보험이란 보험자가 그 구성원 상호의 이익을 위하여 운영하는 보험이다. 영리보험에 있어서의 보험자는 금융위원회로부터 보험사업의 허가[13]를 받은 주식회사(보험업법 제4조 제1항 및 제2항)로서, 보험계약자와 개별적으로 보험계약을 체결하여 보험을 인수하게 된다.

상호보험은 동종의 위험에 놓인 다수가 스스로 위험단체를 구성하고 위험단체가 보험사업의 운영주체가 되는 형태이다.[14] 보험계약자가 동시에 보험자인 단체의 구성원이 되어 사단법인의 사원과 같은 관계를 형성한다. 그러하여 보험사업의 운영은 보험가입자 전원의 책임과 계산으로 하며, 수지의 차액은 결국 사원인 보험가입자에게 귀속되는 형태로, 이 경우의 법률관계는 보험관계를 내용으로 하는 사단관계이다.

영리보험과 상호보험은 그 법적형태에서 매우 다르지만 보험의 원리에서는 차이가 없고, 양자의 접근성을 보이고 있다. 왜냐하면 영리보험에 있어서도 가입자에게 이익의 일부를 분배하는 혼합조직의 경우가 있으며, 상호보험에 있어서 가입자는 사원의 지위에 있지만 발언권은 유명무실하고 사원의 책임은 약정된 보험료에 한정되기 때문이다. 현행 상법은 영리보험에 관한 규정을 상호보험에도 준용하도록 하고 있다(상법 제664조).

(3) 재산(물건)보험·인보험

13) 자동차운송사업조합이 영위한 자차, 자손 상조회사업이 우연한 사고발생으로 조합원들에게 생긴 손해의 보상을 위하여 조합원들이 공동으로 비축한 자금으로 대수의 법칙을 응용한 확률계산방법에 의하여 급부와 반대급부의 균형을 유지하는 것이라면 이는 보험업법 제5조 제1항 소정의 보험사업으로서의 실질을 갖추고 있고, 그 사업이 비영리적이라거나 구성원이 한정되어 있다는 사유만으로 보험사업에 해당하지 않는다고 볼 것은 아니며, 자동차운수사업법에 의하여 설립된 자동차운송사업조합이 육운진흥법에 의한 공제사업을 하기 위하여는 같은 법 제8조 제1항에 의한 허가를 받아야 되고, 또 같은 법 시행령 제10조는 공제사업을 할 수 있는 주체를 한정적으로 열거하고 있다 할 것이므로, 위 시행령 제10조에 열거되지 아니하고, 허가도 없는 위 조합이나 상조회가 공제사업의 성질을 가진 상조회사업을 운영하는 것은 무허가보험사업을 영위한 것이다(대법원 1993. 12. 24. 선고 93도2540 판결).

14) 일반적으로 상호보험회사라는 용어가 쓰이고 있지만, 이는 구성원에 대한 이익분배를 목적으로 하는 것이 아니므로 사단이기는 하지만 상법상의 회사는 아니다. 우리나라에서는 이 제도가 이용되지 않고 있으나, 외국의 경우 인보험 분야에서는 상호보험회사의 비중이 높다.

재산(물건)보험이란 보험사고의 발생 객체가 피보험자의 재산인 보험을 말하고, 인보험이란 보험사고의 발생 객체가 사람의 생명·신체인 보험을 말한다. 재산(물건)보험은 보험가입자의 재산 가운데 특정물건에 생긴 피보험자의 적극 손해를 보상하는 물건보험과 피보험자가 타인에게 손해배상책임을 부담하게 됨으로써 입은 소극적으로 입은 손해를 보상하는 책임보험으로 구분할 수 있다.[15] 여기에는 유체물에 관한 보험은 물론, 화재보험·자동차보험·운송보험·선박보험 등이 있다. 한편 인보험은 사고의 종류에 따라 생명보험(생존보험, 사망보험, 양로보험)·질병보험·상해보험 등으로 구분할 수 있는데, 상법은 생명보험과 상해보험, 질병보험[16]을 인보험으로 규정하고 있다.

(4) 손해보험·정액보험

손해보험이란 보험사고로 인하여 피보험자가 입은 재산상의 손해액에 따라 보험자가 보험금을 지급하는 보험이다. 따라서 보험사고 발생시에 보험자가 지급할 금액이 당초에 일정하지 않고 보험사고의 발생에 의하여 생긴 실제의 손해액에 따라 결정되는 보험으로, 부정액(不定額)보험이라고도 한다. 정액(定額)보험이란 보험사고가 발생한 때에 계약에서 정한 보험금액을 지급하는 보험이다. 그러므로 보험사고 발생에 의한 실손해의 유무 또는 그 액의 다소를 묻지 않고 당초에 정한 일정한 금액을 보험금으로서 지급하게 된다. 재산보험(특히 물건보험)은 거의 대부분 손해(부정액)보험이나, 인보험 가운데 생명보험은 정액보험에 속한다.

(5) 원보험·재보험

어떤 보험자(제1의 보험자)가 보험금을 지급할 책임을 진 경우에, 이것에 의하여 그 보험자가 입을 손해에 관하여 다시 제2의 보험자가 보험을 인수하는 경우 제1의 보험자가 인수하는 보험을 원보험 또는 원수(原受)보험이라고 하고, 제2의 보험자가 인수하는 보험을 재보험이라고 한다(상법 제661조 참조). 재보험은 보험자 사이의 협정에 의하여 국내외적으로 이루어지고 있는데, 보험자가 자기가 인수한 위험을 다른 보험자

---

15) 물건보험의 범위가 포괄적이고 책임보험이나 재보험과 같이 그 한계가 명확하지 않은 경우도 있기 때문에 상법에서는 인보험과 손해보험으로 구분하고 있다. 그러나 질병보험이나 상해보험은 양자 중의 어느 것에도 속한다고 할 수 없으므로 명확한 구분이 되지 못하는 측면이 있다.

16) 2014년 개정 상법은 질병보험을 인보험의 한 종류로 규정하고 있다(상법 제739조의2, 제739조의3).

에게 내보내는 것을 출재보험(出再保險)이라 하고, 반대로 받아들이는 것을 수재보험(受再保險)이라고 한다. 원보험이 손해보험이든 인보험이든 관계없이 재보험은 언제나 손해보험(책임보험)이다.

(6) 해상보험·육상보험·항공보험

해상보험이란 해상사업에 관한 사고로 인하여 피보험자의 선박이나 적하 등에 관하여 생기는 손해를 보상하는 보험을 말한다. 육상보험이란 육상에서 발생하는 사고에 대비한 각종의 보험을 말하는데, 화재보험, 운송보험, 자동차보험 등 각종의 보험이 이에 속한다. 항공보험이란 항공에 관한 사고에 의하여 항공기·화물·여객 등에 관하여 생기는 손해를 보상하는 보험을 말한다.

(7) 개별보험·집합보험·단체보험

개별보험이란 개개의 물건 또는 사람을 보험의 목적으로 하는 보험을 말하고, 집합보험이란 집합된 물건을 보험의 목적으로 하는 보험을 말한다. 이 집합보험은 어떤 특정한 집합된 물건을 보험의 목적으로 하는 특정보험(상법 제686조)과 그 집합된 물건이 수시로 교체되는 것이 예정된 총괄보험(상법 제687조)으로 나눈다.[17] 단체보험은 사람의 단체, 예컨대 어떤 직장에 속해 있는 사람들이 하나의 단체로 보험에 드는 경우를 말하며 단체보험의 경우에는 피보험자인 사람의 교체가 언제나 예정되어 있다.

(8) 기업보험·가계보험

기업보험이란 주로 기업자가 그 기업경제생활의 불안정에 대비하여 이용하는 보험으로 해상보험·항공보험·재보험 등이 이에 속한다. 가계보험이란 일반인이 그 가계경제

---

17) 집합보험의 예로 들 수 있는 것은 가족이나 공장의 근로자 전원을 피보험자로 하는 상해보험이나 특정한 건물 내의 모든 동산을 위험의 목적으로 하는 동산화재보험 등이 여기에 속한다. 집합보험의 경우 보험의 목적이 집단적인 단일체이기 때문에 하나의 보험계약만이 존재하게 되는 점에서 개개의 피보험자와 보험계약을 체결하는 단체보험과 구별된다. 집합보험과 구별하여야 할 개념으로는 복합보험이 있는데 복합보험의 경우 동일한 보험목적에 대하여 여러 개의 보험사고가 복합되어 있는 경우로서(상법 제726조의2), 자동차 하나에 대하여 자기차량손해보험·자기신체사고보험·무보험자동차에 의한 상해보험·책임보험 등이 가입된 것이 그 예이다. 한편, 총괄보험은 교체성이 있는 사람 또는 물건의 집단을 1개의 보험계약의 목적으로 한 경우로서 집단을 구성하는 내용에 교체성이 있다는 점에서 집합보험과 다른데, 예컨대 특정한 창고에 입·출고되는 임치물 전부에 대하여 창고업자가 총괄적인 화재보험을 체결하는 것을 말한다.

의 불안에 대비하여 이용하는 보험으로 생명보험이나 가옥의 화재보험 등이 이에 속한다. 기업보험의 경우에는 보험계약자 등의 불이익변경금지의 원칙이 적용되지 않으나(상법 제663조 단서), 가계보험의 경우에는 약자인 보험계약자 등의 이익보호를 위한 법적 배려가 요구되고 있다(상법 제663조 본문).

(9) 강제보험·임의보험

강제보험은 법률에 의하여 보험가입이 강제되고, 보험자도 특별한 사유가 없는 한 그 계약체결을 거절할 수 없는 보험이다. 이를 의무보험이라고도 한다. 강제보험의 예로서는 산업재해보상보험, 자동차손해배상책임보험, 원자력손해배상책임보험, 고압가스사업자의 손해배상책임보험, 항공보험 등을 들 수 있다. 임의보험은 보험가입이 강제되지 아니하는 보험으로서, 사보험의 대부분이 이에 속한다.

Ⅱ. 보험업에 대한 감독

1. 보험감독의 의의와 법적 근거

보험감독이라 함은 민영보험사업에 대한 국가의 지도와 규제를 의미하는데, 우리나라는 보험사업을 감독하기 위한 법률로 보험업법을 두고 있다. 공법으로서의 보험업법[18]은 보험업을 영위하는 자의 건전한 운영을 도모하고 보험계약자·피보험자·그 밖의 이해관계인의 권익을 보호함으로써 보험업의 건전한 육성과 국민경제의 균형 있는 발전에 기여함을 목적으로 제정된 법률이다(보험업법 제1조).

보험업법상 보험업무와 관련된 거의 모든 사항은 보험감독에 대하여 제1차적인 권

18) 그러나 구 보험업법에는 예외적으로 사법적 효력을 갖는 규정도 있었다. 예컨대 구 보험업법 제102조는 보험회사에 소속된 보험설계사 등이 모집을 하면서 보험계약자에게 손해를 입힌 경우 배상할 책임을 지도록 하고 있었다. 이는 민법 제756조의 사용자배상책임에 관한 규정을 확장한 특별불법행위책임의 근거규정이었다. 구 보험업법 제102조는 2020. 3. 24. 금융소비자 보호에 관한 법률 시행에 따라 삭제되고 금융소비자 보호에 관한 법률 제45조로 대체되었다. 이 밖에도 구 보험업법에서 설명의무 등에 대한 제95조의2, 적합성원칙에 대한 제95조의3, 청약철회에 관한 제102조의4 및 제102조의5, 보험계약 등의 이전에 대한 제140조 등이 사법적 효력에 관한 규정인데, 보험계약의 체결 시부터 보험금 지급 시까지 주요과정에 대한 설명의무와 보험금 지급절차 및 지급내역에 대해 보험회사가 일반보험계약자에게 설명할 의무를 규정한 제95조의 제3항과 제4항과 제140조를 제외한 조항은 금융소비자보호법 제정에 따라 삭제되고 금융소비자보호법으로 대체되었다.

한과 책임을 지고 있는 금융위원회의 감독을 거치도록 하고 있다. 즉, 금융위원회는 보험사업의 허가에서부터 보험사업자의 보험사업에 대한 검사와 명령, 보험사업의 정지와 허가의 취소, 조직변경의 인가, 보험사업자의 정리권고와 정리명령, 해산·합병의 인가, 해산후의 강제관리 등 보험사업의 종결에 이르기까지 감독권을 행사할 수 있다.

보험업법은 허가 없이 보험업을 경영한 자를 형사처벌하고 있는데, 허가의 대상이 되는 보험업의 해당 여부는 그 사업의 명칭이나 법률적 구성형식에 구애됨이 없이 그의 실체나 경제적 성질을 실질적으로 고찰하여 판단하여야 할 것이다.[19] 그리고 보험감독에 대한 보조기관으로서 「금융위원회의 설치 등에 관한 법률」이 정한 바에 따라 설립된 특수법인인 금융감독원을 두고 있다(동법 제24조, 제38조 등).

◆ 대법원 1989. 5. 9. 선고 88도1288 판결-무허가상조회에 대한 보험업법 적용 여부

[사실개요]

피고는 복지공제회를 조직, 상조회원이 되어 가입비와 월회비를 납입하면 사망한 경우 그 납부회비 수에 비례하여 최저 2만원 내지 최고 250만원까지의 11등급의 상조금을 지급한다는 약관하에 운영해오다가, 복지금 지급사유를 사망 외에도 출산, 결혼, 회갑을 추가하고, 상조금 액수의 차등을 18등급으로 세분화한 약관하에 공제사업을 운영해 왔다. 피고인이 보험업법 위반으로 처벌받자, 공제사업은 보험업에 해당하지 않아 보험업법에 의한 처벌 대상이 아니라고 상고하였다.

[판결요지]

보험사업이라 함은 상법 제638조 등에 비추어 같은 위험에 놓여 있는 다수의 보험가입자(보험계약자)로부터 위험을 인수하여 그 대가로서 위험률에 따른 보험료를 받아 이를 관리운영하고, 그 가입자에게 불확정한 사고가 생길 때에 일정한 보험금액 기타의 급여를 지급하는 것을 내용으로 하는 사업으로서 그 단체성, 사회성 등으로 인하여 국가와 사회경제생활에 미치는 영향을 고려하여 재무부장관의 허가를 받도록 하고 있을 뿐만 아니라 각종 감독에 관한 규정을 두고 있는 보험업법의 정신에 비추어볼 때, 보험사업의 범위는 그

---

19) 甲, 乙 주식회사의 임직원들이 총 226회에 걸쳐서 채무액 합계 208,661,484,665원의 보증보험계약을 체결하고 채무액의 3% 상당 수수료를 받음으로써 금융위원회의 허가를 받지 아니하고 보증보험업을 영위하였다고 하여 구 보험업법 위반으로 기소된 사안에서, 대법원은 해당 임직원들의 행위는 채무자가 지급보증의 대상이 되는 채무를 불이행하는 경우에 보증금액 범위 내에서 채권자에게 그 손해에 대하여 금전을 지급할 것을 약속하고 그에 대한 대가를 수수하는 것으로서 구 보험업법 제2조 제1호 및 제3호 에서 '보증보험업'에 관하여 규정하고 있는 '매매·고용·도급 그 밖의 계약에 의한 채무 또는 법령에 의한 의무의 이행에 관하여 발생할 채권자 그 밖의 권리자의 손해를 보상할 것을 채무자 그 밖의 의무자에게 약속하고, 채무자 그 밖의 의무자로부터 그 보수를 수수하는 것'에 해당하고, 甲, 乙 회사는 '대부업 등의 등록 및 금융이용자 보호에 관한 법률'에 따라 등록을 마친 대부업체에 불과할 뿐 관련 법령에 따라 금융위원회의 인가 또는 허가 등을 받아 지급보증 업무를 할 수 있는 금융기관이 아닌데도 금융위원회의 허가 없이 지급보증서 발급 및 그 대가수수를 통하여 보증보험업을 경영한 것은 구 보험업법 제4조 제1항을 위반한 것인데도, 이와 달리 피고인들의 지급보증서 발급 및 대가수수 행위가 금융기관의 지급보증과 유사하고 보험이라는 명칭이 사용되지 않았다는 사정만을 중시하여 피고인 해당 임직원들에게 무죄를 인정한 원심판결에 구 보험업법 제4조 제1항에 관한 법리오해의 위법이 있다고 판시하였다(대법원 2013. 4. 26. 선고 2011도13558 판결).

사업의 명칭이나 법률적 구성형식에 구애됨이 없이 그의 실체 내지 경제적 성질에 즉응하여 해석할 것이다. 따라서 보험사업과 구별할 공제사업은 그 제도의 목적이나 기능, 그 규모나 조직, 운영방법 및 지급금액의 한도, 보험료 등을 종합적으로 보아 보험사업의 폐해방지라는 목적에 비추어 그 실체를 파악하여야 한다. (…) 피고인이 운영해온 위 공제사업은 실질적인 면에서 고찰할 때 비록 그 상조기간의 정함이 없다 하더라도 그 사업의 명칭이나 출연 또는 지급금의 명칭에 불구하고 보험업 소정의 보험사업을 영위한 것이라고 봄이 타당하다.

[쟁점사항]

이 사건은 보험업법상 보험사업의 범위 및 공제사업과의 구별에 관한 판단이다.[20] 즉 대법원은 피고인이 운영한 공제사업이 보험업법 상의 보험업에 해당하는가에 있어서 법원은 사업의 명칭 등에 구애됨이 없이 그 실체 등을 파악하여 보험업에 해당되는지 여부를 판단해야한다고 하면서 공제사업도 보험업에 해당한다고 보아, 원심판결[21]을 유지하여 상고인의 상고를 기각하였다.

2. 보험감독의 필요성

(1) 보험계약자의 보호

보험사업은 기업이나 가계 등 국민을 대상으로 하는 불특정의 대량계약이기 때문에 공익과 관계된 사업이다. 보험계약자로부터 수집된 자산은 국민의 중요한 자산이며 보험료납입과 보험금지급 간에는 시간적 격차가 있기 때문에, 정부는 보험회사에 대하여 수입과 지출 사이에 균형을 유지하고 또 지급능력을 확보하고 보험기업이 건실성을 갖도록 재무 상태를 감독할 필요가 있다. 또 보험계약자와 보험자 사이에는 지적·경제적인 능력에 있어서 차이가 있으므로 약자인 보험계약자 측을 보호하기 위하여 국가가 개입할 필요가 있다.

(2) 보험기업의 육성

부정직하고 부적정한 사업자에 의한 부당한 경쟁으로부터 정직하고 유능한 보험자의 이익을 보호하는 것이 또 하나의 보험감독의 목적이다. 보험사업은 귀중한 재산을 불의의 사고로부터 지켜주고 국민의 생명을 인수함으로써 유족의 생계보장과 본인의

20) 과거 물의를 일으킨 대학교수공제회 사건도 금융감독원의 허가를 받지 않은 것으로, 보험업법 위반에 해당한다("교수공제회 파산.. 예탁금 1000억 못받을 듯", 동아일보, 2012. 10. 10).
21) 대전지방법원 1988. 6. 9. 선고 87노988 판결.

노후생활을 확보해주는 등 가계의 안정을 도모해주는 복지기능을 담당하고, 그 밖에 여러 가지 효용을 가져다주므로 정부로서는 이를 담당하는 사업자를 육성해줄 필요가 있다. 그런데 최근 외국의 금융시장 개방압력과 관련하여 규제 완화의 기운이 불고 있으며, 보험감독도 필요 최소한의 범위에 머물고 가능한 한 보험회사의 자율에 맡기는 방향으로 나아가고 있다.

3. 보험감독에 대한 입법주의

보험감독의 입법주의 또는 보험사업 감독주의에는 공시주의, 준칙주의 및 실질적 국가감독주의가 있다. 공시주의는 가장 미약한 감독형태로서 국가가 단지 정기적으로 대차대조표와 영업보고서 등을 공개하게 하고 그 밖의 통제 및 그로부터 나타나는 결과는 일반대중에게 이전시키는 감독방식을 말한다. 이러한 공시주의는 순수한 형태로는 어느 국가에서도 채택되지 않고 있다.

준칙주의는 국가에 의한 기업의 감독을 인정하지만, 그것은 특별한 방법에 한한다. 국가가 보험영업에 필요한 기본적 사항을 규정해 놓고 이러한 개별적 사항을 보험회사가 지키는가에 대해서는 감시하지만 그 밖의 사항은 규제하지 않는다.

실질적 감독주의에서는 국가가 보험회사의 설립부터 경영, 해산에 이르기까지 규제하여 보험계약자 측을 보호하려는 입법주의이다. 오늘날 우리나라를 포함하여 대부분의 국가가 실질적 국가감독주의를 취하고 있다. 이러한 실질적 감독주의는 보험이 띄는 공공성을 좀 더 강조하여 사적자치를 제한하는 감독방식이라 할 수 있다.

4. 보험감독의 방법

보험감독의 방법으로는 입법적, 사법적, 행정적 및 자율적 방법이 있다. 입법적 통제는 표현 그대로 법규의 규정을 통하여 규제하는 방법이다. 이는 보험규제의 기초를 이룬다. 대부분의 나라가 보험감독에 관한 법규를 가지고 있다.

사법적 통제는 법원에 의한 규제이다. 법원은 보험에 관한 당사자들의 분쟁을 해결해 주는 과정을 통하여 보험관계법규를 해석하고 또 일정한 원칙을 정립함으로써 보험사업을 규제한다. 보험규제법규를 위반한 사람들에 대한 제재도 결국은 사법적 절차에 의해서만 시행된다.

행정적 통제는 각종의 보험감독법규를 근거로 하여 행정기관에 의해 행정명령 등의 형태로 행하여지는 규제이다. 보험사업규제를 위하여서는 전문적 지식과 능력을 필요로 한다. 그 결과 훈련되지 않은 입법자에게 모든 것을 맡길 수 없다. 우리나라에는 행정적 통제를 담당하는 기관으로 금융위원회와 금융감독원이 있다.

자율적 규제는 보험회사 자체(손해보험협회, 생명보험협회 등)에 의한 규제방법이다. 이에 의하여 창의성을 발휘할 수 있게 된다. 이러한 자율적 규제가 유효한 한도에서는 정부의 규제는 불필요하거나 축소된다. 우리나라에서도 가능한 한 행정의 과도한 관여를 자제하기 위하여 자율적 규제의 영역을 확대해 주는 방향으로 입법과 행정정책이 진행되어야 할 것이다.

5. 보험업법상의 규제

우리나라의 보험사업에 대한 감독법은 보험업법이다. 즉 보험업법은 보험회사 기타 보험업자(공제업자 등)의 행정적인 감독제도를 규정한 법률이다. 이 법은 1962년 제정되어 1977년 전문 개정되었으며, 그 이후에도 여러 차례의 개정을 거쳐 오다가 2003년 8월, 27년 만에 전면 개정되었고, 2020년 12월 8일 개정 등 최근에 이르기까지 경제상황을 반영한 개정이 있었다. 우리나라의 보험감독은 보험회사의 태동에서부터 그 종결에 이르기까지 엄격한 감독을 하는 실질적 국가감독의 입장을 취하고 있다.

그 구체적인 내용을 보면, 보험사업을 영위하고자 하는 자는 보험종목별로 금융위원회의 허가를 받아야 한다(보험업법 제4조 제1항). 보험사업의 허가를 받고자 하는 자는 허가신청서에 정관, 업무개시 후 3년간의 사업계획서(추정재무제표를 포함) 및 영위하고자 하는 보험종목별 사업방법서, 보험약관, 보험료 및 책임준비금 산출방법서 등을 첨부하여 금융위원회에 제출하여야 한다(보험업법 제5조). 보험업의 허가를 받고자 하는 자는 법정 자본금 또는 기금을 보유할 것,[22] 보험계약자의 보호가 가능하고

---

22) 보험회사는 원칙적으로 300억원 이상의 자본금 또는 기금을 납입하여야 보험사업을 개시할 수 있다. 다만, 보험회사가 보험종목의 일부만을 영위하고자 하는 경우에는 50억원 이상의 범위에서 대통령령이 정하는 바에 따라 자본금 또는 기금의 액수를 달리할 수 있다(보험업법 제9조 제1항). 또한 통신판매전문회사의 경우에는 일반 보험회사의 3분의 2에 해당하는 금액 이상을 자본금 또는 기금으로 납입함으로써 보험업을 개시할 수 있으며, 외국보험회사가 대한민국 안에서 보험업을 영위하고자 하는 경우에는 30억원 이상의 영업기금을 자본금 또는 기금으로 납입함으로써 보험업을 영위할 수 있다(보험업법 제9조 제2항 및 제3항). 보험종목별 자본금 또는 기금 구분을 보면, 생명보험 200억원, 연금보험(퇴직보험 포함) 200억원, 화재보험 100억원, 해상보험(항공·운송보험 포함) 150억원, 자동차보험 200억원, 보증보험 300억원, 재보험 300억원, 책임보험 100억원, 기술보험 50억원, 권리보험 50억원, 상해보험 100억원, 질병보험 100억원, 간병보험 100억원, 기타 보험종목 50억원이다(보험업법시행령 제12조).

그 영위하고자 하는 보험업을 수행함에 충분한 전문 인력과 전산설비 등 물적 시설을 갖추고 있을 것, 사업계획이 타당하고 건전할 것, 대주주가 법정의 결격사유에 해당하지 아니하고 충분한 출자능력 및 건전한 재무 상태를 갖추고 있으며, 건전한 경제질서를 저해한 사실이 없을 것을 요한다(보험업법 제6조 제1항).

이 밖에도 보험회사는 그 상호 또는 명칭 중에 주로 영위하는 보험업의 종류를 표시하여야 하고, 보험회사가 아닌 자는 그 상호 또는 명칭 중에 보험회사임을 표시하는 문자를 사용하지 못한다(보험업법 제8조). 그리고 금융위원회는 보험회사의 업무운영이 적정하지 아니하거나 자산상황이 불량하여 보험계약자 및 피보험자 등의 권익을 해할 우려가 있다고 인정하는 경우에는 업무집행방법의 변경, 금융위원회가 지정하는 기관에의 자산의 예탁, 자산의 장부가격의 변경, 불건전한 자산에 대한 적립금의 보유 등을 명할 수 있다(보험업법 제131조 제1항).

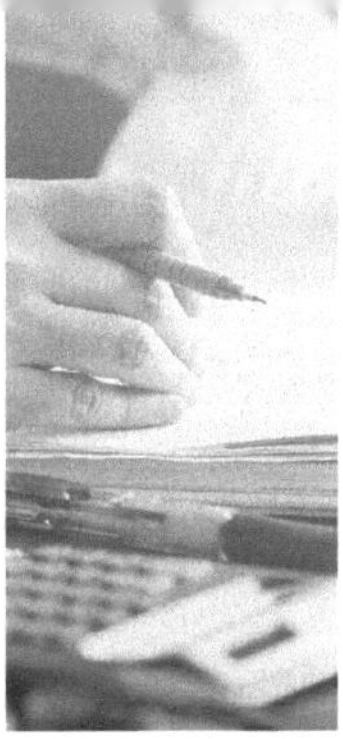

제2절

보험(계약)법

Ⅰ. 보험법의 의의

1. 광의의 보험법

넓은 의미의 보험법이란 보험관계를 규율하는 법규의 전체를 말하며, 여기에는 보험공법과 보험사법이 있다. 보험공법이란 보험에 관한 공법적 법규의 총체로서, 보험사업감독법과 공보험에 관한 법[23] 등이 있다. 보험사법으로는 보험에 관한 사법적 법규의 총체로서 보험기업의 주체에 관한 보험기업조직법과 보험기업활동에 관한 보험계약법이 있다. 보험기업조직법은 보험기업의 성격상 보험업법에 규정되어 있고, 보험기업활동에 관한 법규는 원칙적으로 상법 제4편에 규정된 보험계약법을 말한다.[24]

2. 보험계약법

(1) 실질적 의의

실질적 의의의 보험법은 사보험, 특히 영리를 목적으로 하는 영리보험에서의 보험관계를 규율하는 법을 말한다. 여기서의 보험관계란 보험자가 보험계약자로부터 대가를 받으면서 위험을 인수하고, 우연한 사고가 발생한 경우 보험금을 지급하기로 하는 법률관계를 말한다. 보험법은 사회보험에 관한 것을 제외하고 사법적인 보험관계를 규율하지만 많은 부분에서 공법적인 요소도 포함되어 있다.

---

23) 공보험에 관한 법으로는 다시 사회보험법과 경제정책보험법이 있는데, 우리나라에서 사회보험법에 속하는 것으로는 산업재해보상보험법, 선원보험법, 군인보험법, 국민건강보험법 등이 있고, 경제정책보험에는 수출보험법 등이 있다

24) 따라서 실정보험법으로서 상법의 대상이 되는 것은 협의의 보험법인 보험계약법 뿐이다.

(2) 형식적 의의

형식적 의의의 보험법은 법전에서 보험계약법으로 규정된 법규를 말하고, 우리나라의 상법전 제4편을 의미한다.

Ⅱ. 보험법의 특성

1. 윤리성과 선의성

보험계약은 우연한 사고를 전제로 하여 이루어지는 사행계약(射倖契約)이라고 할 수 있다. 우연한 사고의 발생을 전제로 하는 결과 보험계약이 투기·도박 등으로 악용될 소지가 있다. 따라서 보험계약법은 보험계약 당사자의 윤리성·선의성에 바탕을 둔 후견적 규정을 많이 두고 있다. 고지의무위반으로 인한 계약해지의 요건으로 보험계약자의 주관적 요소를 고려하고(상법 제651조), 고의로 인한 보험사고의 경우 보험자의 면책을 인정하며(상법 제659조), 사기로 인한 초과보험의 무효를 인정한 것(상법 제669조) 등이 그것이다.

◆ 대법원 2005. 7. 28. 선고 2005다23858 판결

[사실개요]

원고의 아버지인 소외 1은 피보험자를 원고로 하고, 상해입원비로 입원 1일당 2만 원씩을 피보험자에게 지급하는 보험계약을 체결하였다. 원고는 롤러스케이트장에서 넘어지는 사고로 우측상완골외과골절상(보험사고)을 입고, 정형외과의원에서 52일간 입원치료를 받은 후, 치료비에 대한 보험금청구소송을 제기하였다. 이에 대해 피고는 소외 1이 보험금의 부정취득을 목적으로 이 사건 보험계약을 체결한 것이어서 이 사건 보험계약은 민법 제103조 소정의 선량한 풍속 기타 사회질서에 반하여 무효라고 주장하였다.[25)]

[판결요지]

보험계약자가 다수의 보험계약을 통하여 보험금을 부정취득할 목적으로 보험계약을 체결한 경우, 이러한 목적으로 체결된 보험계약에 의하여 보험금을 지급하게 하는 것은 보험계약을 악용하여 부정한 이득을 얻고자 하는 사행심을 조장함으로써 사회적 상당성을 일탈하게 될 뿐만 아니라, 또한 합리적인 위험의 분산이라는 보험제도의 목적을 해치고 위험발생의 우발성을 파괴하며 다수의 선량한 보험가입자들의 희생을 초래하여 보험제도의 근간을 해치게 되므로, 이와 같은 보험계약은 민법 제103조 소정의 선량한 풍속 기타 사회질서에 반하여 무효이다. (…) 보험계약자의 직업 및 재산상태, 다수의 보험계약의 체결 경위, 보험계약의 규모, 보험계약 체결 후의 정황 등 제반 사정상 보험계약체결이 순수하게 생명, 신체 등에 대한 우연한 위험에 대비하기 위한 것이라고 보기는 어렵고, 오히려 보험사고를 가장하거나 혹은 그 정도를 실제보다 과장하여 보험금을 부당하게 취득할 목적으로 체결하였음을 추인할 수 있으므로, 보험계약이 민법 제103조 소정의 선량한 풍속 기타 사회질서에 반하여 무효이다.

[쟁점사항]

이 판결은 민법 제103조에 의하여 무효로 되는 '반사회질서의 법률행위'의 의미를 밝히면서, 보험계약자가 다수의 보험계약을 통하여 보험금을 부정취득할 목적으로 체결한 보험계약은 무효로 본 사례인데, 이는 보험계약의 윤리성과 선의성이 반영된 판결이라 할 것이다.

◆ 대법원 2000. 2. 11. 선고 99다49064 판결

[사실개요]

A는 경제적 사정이 어려워지자 처인 B를 살해하여 생명 보험금을 편취 하고자 계획하였다. A는 B를 보험계약자 및 피보험자로 하고 보험수익자를 상속인으로 하는 보험계약을 체결한 후 교통사고를 위장하여 B를 청부살해하였다. 이후에 청부살해임이 발각되어 A가 보험금을 청구할 수 없게 되자 B의 친정어머니인 원고가 보험금을 청구하였는데 피고 보험회사는 보험계약 자체가 무효이므로 원고도 보험금을 청구할 수 없다고 주장하였다.

[판결요지]

생명보험계약은 사람의 생명에 관한 우연한 사고에 대하여 금전을 지급하기로 약정하는 것이어서 금전을 취득할 목적으로 고의로 피보험자를 살해하는 등의 도덕적 위험의 우려가 있으므로, 그 계약 체결에 관하여 신의성실의 원칙에 기한 선의(이른바 선의계약성)가 강하게 요청되는바, 당초부터 오로지 보험사고를 가장하여 보험금을 취득할 목적으로 생명보험계약을 체결한 경우에는 사람의 생명을 수단으로 이득을 취하고자 하는 불법적인 행위를 유발할 위험성이 크고, 이러한 목적으로 체결된 생명보험계약에 의하여 보험금을 지급하게 하는 것은 보험계약을 악용하여 부정한 이득을 얻고자 하는 사행심을 조장함으로써 사회적 상당성을 일탈하게 되므로, 이와 같은 생명보험계약은 사회질서에 위배되는 법률행위로서 무효라고 하여야 할 것이다.

---

25) 피고는 그 이유로, "소외 1과 소외 2는 자신들 또는 어린 자녀들인 원고(1992년생), 소외 3(1996년생)의 명의로 1998. 11. 20.경까지 약 25건 정도의 보험계약을 체결한 바 있고(대부분이 1998년 이후 체결), 그 이후 1999년 말경까지 추가로 72건의 보험계약을 집중적으로 체결하여, 소외 1, 2, 원고, 소외 3 명의로 15개 보험사에 합계 97건의 보험계약이 체결된 사실(대부분이 상해보험이고, 월보험료는 합계 3,749,890원 정도이며, 보험가입금액은 합계 15억여 원 정도이다. 이 사건 보험계약이 체결된 시점이 소외 1과 소외 2가 자신들과 자녀들 명의로 97건의 보험계약을 1년 사이에 집중적으로 체결하였고, 이 사건 보험계약체결 이전에도 이미 60여 건의 보험계약이 체결되어 있었던 점, 소외 1과 소외 2는 위 다수의 보험계약을 체결할 당시 특별한 직업이나 수입이 없어 소외 2가 보유한 부동산을 처분하거나 담보로 제공하면서 생활해 온 점, 소외 1과 소외 2는 다수의 보험가입시 다른 보험계약의 존재에 대하여 제대로 고지하지 아니한 점, 소외 1, 소외 2와 그 자녀들인 원고 및 소외 3은 위와 같이 체결된 보험계약에 기하여 여러 차례에 걸쳐 보험사고가 발생하였다면서 보험금의 지급을 청구하여 1999년부터 2002년경까지 합계 약 3억 원 상당의 보험금을 지급받은 점, 소외 1과 소외 2는 허위로 보험금 지급청구를 하거나 위조된 의사의 치료(입원)확인서를 행사하여 보험금을 편취하였거나 미수에 그쳐 소외 1은 징역 4년을, 소외 2는 징역 2년 6월에 집행유예 4년을 각 선고받은 점, 이 사건 보험사고가 이 사건 보험계약 체결 후 26일 만에 발생하였고, 그 발생경위나 상해정도에 비추어 원고 주장의 입원일수가 비교적 장기이며, 원고가 이 사건 보험사고에 기하여 이미 보험사들로부터 임의로 지급받은 보험료만도 약 3,000여 만 원을 상회하는 점 등에 기해 무효를 주장하였다.

[쟁점사항]

이 판결은 (1) 당초부터 오로지 보험사고를 가장하여 보험금을 취득할 목적으로 체결한 생명보험계약의 효력에 관해 무효라고 보면서(따라서 정상적인 보험계약이 체결되었다면, 원고에게는 보험사고 유발에 대한 귀책사유가 없기 때문에 보험금을 지급받을 수 있을 것이다), (2) 피보험자를 살해하여 보험금을 편취할 목적으로 피보험자의 공동상속인 중 1인이 상속인을 보험수익자로 하여 생명보험계약을 체결한 후 피보험자를 살해한 경우, 고의로 보험사고를 일으키지 않은 다른 공동상속인이 보험금을 청구할 수 없다고 본 것으로, 보험계약의 선의성에 기한 판결이라 할 것이다.

2. 단체성

보험은 다수의 계약의 목적으로서 체결된 것인데, 다수의 보험계약은 객관적으로 하나의 단체를 결성하고 있다. 보험제도는 이러한 보험단체 내에서 가입자가 갹출한 보험료의 총액과 사고발생에 의하여 지급할 보험금의 총액(이에는 물론 영업비와 정규의 이익이 포함되게 된다)이 서로 균형을 취하도록 계획되어 있다. 이러한 단체성으로 인해 "만인은 1인을 위하여, 1인은 만인을 위하여" 결합되는 관계에 있게 된다. 이러한 단체성에서 보험자는 각 보험계약자를 평등하게 대우해야 한다는 원칙이 나오게 되고, 따라서 특정한 보험계약자에게만 특별한 이익을 제공하는 행위는 허용되지 않는다.[26]

이와 같이 보험의 역사는 보험단체의 역사라고 할 수 있다. 그러나 보험계약의 단체성은 최근 보험회사가 주로 대규모의 주식회사라는 점에서 새로운 평가를 필요로 한다. 특히 보험회사도 하나의 기업이지 위험공동체의 관리자가 아니라는 주장까지 대두되고 있다.

3. 기술성과 전문성

(1) 기술성

보험에서는 일정기간에 걸친 사고발생의 개연성을 측정하여 그것에 의하여 급부와 반대급부가 서로 균형을 이루도록 운영되지 않으면 안된다. 그리고 보험에서 우연한

26) 상법상 보험계약자의 고지의무(상법 제651조) 및 위험변경증가의 통지(상법 제652조, 653조)에 관한 규정은 법적 위험공동체와 관련한 보험계약자의 협조의무라고 볼 수 있고, 보험자는 어떠한 특정보험계약자에 대해서만 보험료의 할인 기타 특별한 이익을 제공하는 행위를 할 수 없는데(보험업법 제98조 2호), 이는 각 보험계약자를 평등하게 대우하여야 한다는 원칙으로서 단체성의 하나의 표현이다.

사고의 발생에 대한 개연성은 대수의 법칙에 의하여 계산된다.[27] 이 대수의 법칙에 의하여 사고율과 보험료를 책정할 때에 일반인으로서는 이해하기 어려운 통계학과 수학적 지식이 활용된다. 보험계약에 있어서는 그 계속성으로 말미암아 보험료불가분의 원칙이 존재하게 되는데, 이것도 또한 기술적 특성의 일례이다.

(2) 전문성

일부 보험계약의 내용은 통상인의 언어로도 작성될 수 있는 반면에, 대부분의 약관의 내용은 상업용어이거나 단순한 언어에 어떤 특별한 의미를 부가하고 있다. 가령 보통보험약관은 법학을 전공하지 않은 일반 고객들은 이해할 수 없을 정도로 난해한 전문용어로 작성되어 있는 경우가 많다. 따라서 보험대리점이나 보험중개사, 보험설계사 등 보험직종 종사자의 중요한 내용에 대한 상품설명을 필요로 하는 경우가 많다.

4. 공공성과 사회성

보험회사는 사업의 성질상 다수의 일반대중을 상대로 하게 된다. 또 보험회사는 각 보험계약자의 사고로 인한 경제적 타격을 다수인에 의한 위험분담에 의해 합리적으로 그리고 경제적으로 분산할 수 있게 하는 입장에 서므로 공통준비재산의 관리자로서 위험단체 구성원의 공통적인 수요를 만족시켜 주기 위한 사무를 담당한다.

영리보험은 영리사업임에는 틀림이 없지만 현대의 경제생활에 있어서 영리보험은 국민생활 및 국가경제에 없어서는 안 될 중요한 사회복지의 기능을 수행하고 있다. 즉 교통과 산업의 비약적인 발달에 의한 여러 가지 위험의 증대로 인하여 가계와 기업이 이제는 보험이 없어서는 도저히 생활의 안정을 기할 수 없게 되었다. 이와 같이 보험산업은 공공성·사회성을 짙게 띠고 있으며, 국민의 이해관계와 직접적으로 관련되어 있다. 그에 따라 보험법은 다른 상행위와 마찬가지로 대립하는 계약당사자의 개인적인 이해관계의 조정뿐만 아니라 공공복리적인 측면도 고려해야 하므로, 각국은 보험계약을 계약자유의 원칙에만 맡기지 않고 공익적 견지에서 국가가 감독권을 행사하고 있다.[28]

---

27) 주식회사인 보험회사가 판매한 배당부 생명보험의 계약자배당금은 보험회사가 이자율과 사망률 등 각종 예정기초율에 기반한 대수의 법칙에 의하여 보험료를 산정함에 있어 예정기초율을 보수적으로 계산한 결과 실제와의 차이에 의하여 발생하는 잉여금을 보험계약자에게 정산·환원하는 것으로서 이익잉여금을 재원으로 주주에 대하여 이루어지는 이익배당과는 구별되는 것이다(대법원 2005. 12. 9. 선고 2003다9742 판결).

28) 이러한 공공성의 측면에서 보험업법은 법규 위반행위에 대해 제재를 가하고 있지만, 제재대상행위라 하더라도 그 위반행

5. 편면적 강행법규성

보험계약은 기술성이 있으며 공공성과 사회성이 강하므로 보험사업에 대해 감독규정이 존재할 뿐만 아니라, 상법에서도 보험계약에 관하여 강행법적 규제를 하고 있다. 즉 상법 제663조 본문에서는 "이 편의 규정은 당사자 간의 특약으로 보험계약자 또는 피보험자나 보험수익자의 불이익으로 변경하지 못한다."고 규정하여(보험계약자 등의 불이익변경금지), 보험계약자 등을 위한 편면적 강행규정을 두고 있다.[29] 보험계약은 부합계약으로서 보험자가 일방적으로 작성한 보통보험약관에 의해 계약이 체결되기 때문에, 그 내용을 잘 모르는 보험계약자 등의 불이익을 막기 위한 법적 배려가 필요하게 되는 것이다. 그러나 기업보험인 재보험·해상보험 등은 보험계약자가 기업으로 보험계약 내용을 잘 알고 있을 것이므로 불이익변경금지의 원칙은 적용될 여지가 없다(상법 제663조 단서).

위의 사법상의 효과가 부정되는 것은 아니다. 즉, 보험업법 제19조, 같은 법 시행령 제14조 제5항, 보험회사의 재산운용에 관한 준칙 제37조 등의 입법취지는 보험사업이 갖는 공공성, 사회성 때문에 그 재산운용방법과 기준을 법령에 명시하여 일정한 행위를 금지, 제한함으로써 보험사업자를 효율적으로 지도감독하고 보험계약자, 피보험자 기타 이해관계인의 권익을 보호하여 보험사업의 건전한 육성과 국민경제의 균형 있는 발전에 기여하려 함에 있고, 위 규정들에 위반한 재산운용행위 자체는 그 사법상의 효력까지도 부인하지 않으면 안 될 정도로 현저히 반사회성, 반도덕성을 지닌 것이라고 할 수 없을 뿐 아니라 그 행위의 사법상의 효력을 부인하여야만 비로소 보험업법의 목적을 이룰 수 있다고 볼 수 없으므로 위 규정들은 강행법규가 아닌 단속법규에 지나지 아니하고, 따라서 위 규정들에 위반하여 법률행위가 이루어졌더라도 그 행위의 사법상의 효력에는 아무런 영향이 없다(대법원 1989. 9. 12. 선고 88다카2233 판결).

29) 예컨대 생명보험계약에서 피보험자의 직업이나 직종에 관한 사항에 대하여 고지의무위반이 있는 경우에 자동적으로 실제 직업이나 직종에 따라 가능하였던 가입한도나 보상비율 범위 이내로 지급하여야 할 보험금을 감축한다는 취지의 약정이 허용되지 않는다. 즉, 피보험자의 직업이나 직종에 따라 보험금 가입한도나 보상비율에 차등이 있는 생명보험계약에서 그 피보험자의 직업이나 직종에 관한 사항에 대하여 고지의무 위반이 있어 실제의 직업이나 직종에 따른 보험금 가입한도나 보상비율을 초과하여 보험계약이 체결된 경우에 보험회사가 보험금 지급사유의 발생 여부와 관계없이 보험금을 피보험자의 실제 직업이나 직종에 따른 보험금 가입한도나 보상비율 이내로 감축하는 것은 실질적으로 당사자가 의도하였던 보험금 가입한도나 보상비율 중에서 실제 직업이나 직종에 따른 보험금 가입한도나 보상비율을 초과하는 부분에 관한 보험계약을 자동 해지하는 것이라고 할 것이므로, 그 해지에 관하여는 상법 제651조에서 규정하고 있는 해지기간, 고지의무 위반사실에 대한 보험자의 고의나 중과실 여부, 상법 제655조에서 규정하고 있는 고지의무 위반사실과 보험사고 발생 사이의 인과관계 등에 관한 규정이 여전히 적용되어야 하고, 만일 이러한 규정이 적용될 여지가 없이 자동적으로 원래 실제 직업이나 직종에 따라 가능하였던 가입한도나 보상비율 범위 이내로 지급하여야 할 보험금을 감축하는 취지의 약정이 있다면 이는 당사자의 특약에 의하여 보험계약자나 피보험자, 보험수익자에게 불리하게 위 상법의 규정을 변경한 것으로서 상법 제663조에 의하여 허용되지 않는다고 할 것이며, 이러한 결론은 비록 보험회사가 보험계약자 측의 직업 또는 직종에 대한 고지의무 위반이 있는 경우에 이로 인한 계약해지권을 포기하고 있다고 하여도 허용되지 않는다(대법원 2000. 11. 24. 선고 99다42643 판결).

Ⅲ. 보험법의 지위

상법은 보험에 관하여 대리상 이하의 규정과 같이 업종별로 규정하지 않고 보험계약을 중심으로 하여 규정하고 있지만, 그것은 실질적으로는 보험업자가 영업으로 하는 보험계약에 관한 법규이다.

첫째, 형식적 지위로는 상법상 보험을 영업으로 하는 때에는 기본적 상행위의 일종이 되므로(상법 제46조 제17호), 보험법은 형식적으로 상행위법의 일종이라고 볼 수 있다. 그러나 보험법은 매매 등과 같은 기업거래유형과는 다른 이념을 갖고 있을 뿐 아니라, 그 규정의 내용이 방대하여 상법전 제2편에서 규정하지 않고 편의상 상법 제4편을 두고 있는 것이다.

둘째, 실질적 지위로는 보험법의 중심개념이 보험계약이므로 일반적으로 상거래에 있어서의 계약을 지배하는 원리에 따라 임의법규로 할 것이나, 보험계약의 대부분은 대중의 이해관계와 직결되어 있으므로 그 계약의 체결이 제한되고 있고, 또한 보험의 단체적 성격으로 인하여 보험계약은 보험단체의 전체의 이익을 고려하여야 하므로 보험법은 강행법규를 원칙으로 한다(상법 제663조 본문). 그러므로 보험법은 상행위법 가운데에서도 특별한 지위를 차지한다.

제3절

보험법의 법원

Ⅰ. 제정법

보험법의 법원도 다른 법역(法域)에서와 마찬가지로 제정법·관습법 등 여러 형태로 존재하고 있다. 보험은 기본적 상행위이고(상법 제46조 제17호), 보험회사도 상인이므로 원칙적으로 상법의 적용을 받는다. 보험행위를 상법 제2편의 상행위에 관한 규정에 포함시켜 규율할 수도 있으나, 일반 상행위에 대한 보험의 특수성으로 인하여 별도로 규율하고 있는 것이다. 따라서 보험에 관하여 상법에 규정이 없으면 상관습법에 의하고, 상관습법이 없으면 민법에 의한다(상법 제1조). 그러나 보험약관의 발달로 인하여 그 내용이 강행법규나 선량한 풍속 기타 사회질서에 반하지 않는 한 약관이 먼저 적용되기 때문에 다른 상행위에서 만큼 상관습법이 발달할 여지는 많지 않다.

1. 상법 보험편

보험법의 법원으로 중심이 되는 제정법은 상법 제4편의 보험에 관한 규정이다. 그리고 보험계약은 기본적 상행위이므로 상행위에 관한 일반규정의 적용을 받고, 보험자가 회사인 경우 회사법의 적용을 받는다. 보험계약에 관한 상법의 규정은 보험계약을 상행위로 하는 때에 비로소 적용되나, 위에서 본 바와 같이 보험의 인수를 영업으로 하지 않는 상호보험·공제 등에 대하여도 그 성질이 반하지 않는 한도에서 상법의 보험계약에 관한 규정을 준용하도록 하고 있다(상법 제664조).[30] 상법 제4편은 통칙(상법 제

30) 2014. 3. 11. 개정 상법은 제664조를 개정하여, 종래의 상호보험 이외에 공제·기타 이에 준하는 계약에 준용하는 것으로 하였다.

638조-제664조), 제2장 손해보험(상법 제665조-제726조의7), 제3장 인보험(상법 제727조-제739조의3)으로 구성되어 있다.

2. 보험업법

우리나라는 보험사업의 감독을 위한 근거법 내지는 기본법으로 보험업법을 두고 있다. 보험업법 가운데 보험감독에 관한 규정은 보험계약법의 법원이라고 할 수 없으나, 일부 규정은 보험계약의 체결에 관한 통제규정 또는 보험계약자 보호규정들을 포함하고 있어 보험계약에 영향을 미치고 있기 때문에 보험계약법의 법원이 된다. 현행 보험업법에는 사법적 효력을 갖는 보험계약과 관련된 규정(보험사업의 주체인 주식회사나 상호보험에 관한 규정, 보험계약의 이전, 보험모집 등)과 공법적 효력을 갖는 보험감독에 관한 규정으로 구성되어 있다.

3. 기타 제정법

보험계약법의 법원으로서 특수한 보험계약에 관하여는 상법 이외에 특별법이 마련되어 있다. 자동차손해배상책임보험에 관한 자동차손해배상보장법, 원자력손해배상책임보험에 관한 원자력손해배상법, 무역보험에 관한 무역보험법, 신체손해배상특약부화재보험에 관한 '화재로 인한 재해보상과 보험가입에 관한 법률' 등이 있다. 그리고 사회보험법에 속하는 것으로 국민건강보험법, 산업재해보상보험법, 어선원 및 어선재해보상보험법, 보훈기금법, 고용보험법 등이 있다. 그리고 금융상품판매업자 등의 영업행위 준수사항, 금융교육 지원 및 금융분쟁조정 등 금융소비자 관련 제도를 규정하여 금융소비자 보호에 관한 정책을 일관되게 추진할 수 있는 제도적 기반을 마련하려고 제정된 금융소비자 보호에 관한 법률(법률 제17112호, 2020. 3. 24. 제정, 2021. 3. 25. 시행)중 보험에 관한 부분도 보험법의 법원 중 하나이다.

Ⅱ. 보통보험약관

1. 의의

보통보험약관(insurance policy; Allgemeine Versicherungsbedingungen)이란 보험자가 동질적인 다수의 보험계약을 체결하기 위하여 미리 작성한 보험계약의 내용이 될 정형적인 계약조항을 말한다. 이와 같이 보통보험약관은 보험계약의 일반적·정형적·표준적인 계약조항으로, 보통거래약관의 일종이다. 보험약관에는 이러한 보통보험약관 외에 특별보통보험약관[31] 및 특별보험약관이 있다.

2. 보험약관의 필요성

보험계약은 보험의 단체성으로 인하여 다수의 보험계약자를 상대로 동일한 내용으로 체결되어야 하므로 이를 개별적으로 합의한다는 것은 어려운 일이다. 여기에서 보통보험약관은 보통거래약관과 마찬가지로 다수계약의 합리적인 처리를 위해 나타난 것이다. 즉, 보통보험약관은 보험계약의 성질상 다수의 가입자를 상대로 하여 대량적으로 처리되어야 할 필요에서 그 내용을 정형화하여야 한다는 기술적인 요청에 따라 나타난 것이다. 따라서 보험계약이 위험단체라는 관념에 기초를 두고 있으므로, 그 구성원을 개별적으로 다루지 아니하고 동일하게 취급하여야 한다는 데에도 존재이유를 찾을 수 있다. 또한 보통거래약관은 성문법의 미비를 보완하고 성문법의 불합리성을 교정하는 점 외에도, 보험제도의 공공성·사회성으로 인하여 사회적·경제적으로 불리한 지위에 있고 보험에 관한 지식이 부족한 보험가입자를 보호할 필요가 있는 점에 그 존재이유가 있다.

---

31) 보통보험약관이 보험계약의 일반적·보편적·표준적인 계약조항을 담고 있으므로 이러한 보통보험약관에 대하여 보충적으로 세부적인 약정을 필요로 할 때에는 특별보통보험약관을 이용하게 된다. 이를 '부가약관'이라고도 하며, 이 부가약관이 정형적인 한 그 명칭의 여부는 묻지 않고 사실상 보통보험약관의 일부를 이룬다. 한편, 개개의 보험계약체결시 당사자가 보통보험약관에 의하지 않고 개별적인 사정에 따라 계약의 내용을 정하는 경우가 있는데, 이를 '특별보험약관'이라고 한다. 이러한 특별보험약관은 해상보험 등 기업보험에서 보험단체의 이익을 해하지 않는 범위 안에서 예외적으로 이용되는 것으로, 보험계약 당사자의 개별적인 합의에 의하여 그 계약내용을 정하는 특별계약조항의 성격을 갖는 점에서 보통보험약관과 구별된다.

3. 법적 성질(구속력의 근거)

보험계약의 당사자가 보험약관의 내용을 이해하고 그 약관에 따라 계약을 체결하겠다는 명시적인 의사를 가진 경우는 물론, 당사가 사이에 그러한 의사가 없더라도 약관의 내용이 합리적이고 또 당사자 간에 반대의 특약이 없는 한 그 약관은 당사자를 구속한다. 그런데 이와 같이 보통보험약관이 당사자를 구속하는 근거(즉 보통보험약관의 법적 성질)가 무엇이냐에 대하여 학설은 크게 규범설과 의사설로 나뉘어 있다.

(1) 규범설

규범설은 보통보험약관 그 자체가 법률과 같은 규범이라고 보는 견해[32])로, 이는 다시 약관을 그 거래권 안의 자치법으로 보는 자치법설과, 특정한 거래에 관하여 약관에 의한다는 것을 내용으로 하는 상관습법 내지 상관습이 성립하고 있다고 보는 상관습법설로 나뉜다.

(2) 의사설(계약설)

의사설은 전통적인 법률행위이론에 따라 약관에 의한 계약도 당사자가 약관의 각 조항을 알고 스스로의 의사에 따라 약관의 내용을 계약내용으로 포함시키기로 하였기 때문에 구속력이 있다고 한다. 즉, 약관은 당사자간의 합의에 의하여 계약의 내용으로 편입되었을 때에 비로소 구속력을 갖게 되므로, 이에 의하면 보통보험약관은 법원이 될 수 없다. 의사설의 근거는 보험자가 일방적으로 작성하여 사용하는 보통보험약관을 그 자체로서 법규범이라고 보는 것은 무리라면서, 보통보험약관이 당사자를 구속하는 근거는 당사자가 이를 계약의 내용으로 하였기 때문이라고 보는 것이 명확하다고 한다.[33]) 의사설에서는 또 다른 근거를 약관규제법에서 찾고 있다. 즉 약관규제법 제3조

---

32) 보통보험약관은 인가절차를 거침으로써 공평성이 보장되는 한편, 그 적용에 있어 보험계약자 전체의 이익에 대한 고려와 위험단체유지의 목적이 개개의 보험계약자의 이익에 앞서 보장되어야 하기 때문에 법규적 성격을 갖고 개개의 보험계약자가 그 내용을 알았는가 몰랐는가에 관계없이 보험계약자를 구속한다(서울고등법원 1985. 7. 1. 선고 84나4476 판결).

33) 다만 이러한 견해는 당사자가 보통보험약관의 내용을 명확하게 알고서 보험계약을 체결하였다면 문제가 없지만, 당사자가 그 약관의 내용을 모르고 보험계약을 체결한 경우에도 약관의 구속력을 당사자의 의사에서 구하기 곤란한 문제가 있다. 그러나 의사설에서는 이것도 "보험계약자가 보통보험약관의 내용을 상세히 정확하게 알지 못하였더라도 약관에 따른다는 명시 또는 묵시의 합의가 있었다고 볼 수 있고, 비록 보험계약자가 보통보험약관에 따라 보험약관을 체결할 의사가 없었다고 하더라도 이는 바로 착오의 문제"라고 설명한다.

제3항이 “사업자가 약관의 명시·설명의무를 위반하여 계약을 체결한 때에는 그 약관은 계약의 내용으로 주장할 수 없다.”라고 하여 의사설의 입장을 뒷받침하고 있다고 한다.

(3) 검토

규범설은 보험약관을 규범으로 보기 때문에 실질상 당사자의 의사와는 무관하게 보험약관이 당사자 사이의 권리의무를 규율하는 현상을 적절히 설명하는 장점이 있으나, 보통보험약관이 규범으로 발전한 근거가 불분명하고 자치법설도 사업자에게 보통보험약관과 같은 자치법을 제정할 권한이 법에 의해 수권되어 있다고 볼 수 없다는 비판이 있다. 뿐만 아니라 보통보험약관은 사회학적으로 특정한 거래권을 지배하는 법규라고 볼 수 있지만, 법률적으로는 보통보험약관 그 자체가 당연히 법원이라고 할 수 없을 것이다. 왜냐하면 약관은 사업자의 경제력에 의하여 사실상 이용될 뿐이고, 일반적 적용을 주장할 수 있는 법적 기초를 보유하는 것은 아니기 때문이다.

한편 상관습설의 경우에도 강자에 의한 일방적인 약자지배를 정당화시켜주는 상관습의 존재를 인정할 수 없다. 또한 경제발전에 따라 리스·팩토링 계약을 비롯하여 새로운 종류의 계약형태가 등장하게 되는데, 관습이나 관습법의 성립에는 일정한 시간적 경과가 필요하기 때문에 새로운 계약형태에서 이용하는 약관에 대하여 상관습 내지 상관습법이 존재한다고 하기 곤란한 문제가 있다.

생각건대 어떤 설에 의하든 보통보험약관이 당사자를 구속하는 점은 동일하므로 그 결과에 있어서 큰 차이는 없으나, 보통보험약관도 보통거래약관과 같이 그 자체가 법규범이라고 볼 수는 없을 것이다. 왜냐하면 보험약관은 사인(私人)인 보험자가 일방적으로 작성하게 되는데 사인에게 법규제정권을 인정할 수 없을 뿐만 아니라, 우월한 지위에 있는 보험자에 의하여 일방적으로 작성된 보통보험약관을 정당화시켜 주는 상관습의 존재도 인정할 수 없기 때문이다. 그러므로 의사설에 의하는 것이 보다 더 타당하다고 본다.

판례의 입장은 기본적으로 의사설 내지 계약설의 입장에 서 있다.[34] 그 결과 약관에

34) 대법원 1985. 11. 26. 선고 84다카2543 판결(보통보험약관이 계약당사자에 대하여 구속력을 갖는 것은 그 자체가 법규범 또는 법규범적 성질을 가진 약속이기 때문이 아니라 보험계약 당사자사이에서 약속내용에 포함시키기로 합의하였기 때문이라고 볼 것인바, 일반적으로 당사자 사이에서 보통보험약관을 계약내용에 포함시킨 보험계약서가 작성된 경우에는 계약자가 그 보험약관의 내용을 알지 못하는 경우에도 그 약관의 구속력을 배제할 수 없는 것이 원칙이나 다만 당사자 사

대한 계약상대방의 인지가능성 여부를 위하여 약관에 대한 설명이 중요한 의미를 가진다. 그러나 모든 약관을 다 설명하여야 계약의 내용이 된다고 보기는 어렵다는 입장에서, 중요한 내용만을 설명하여 주면 족하다고 보고 있다. 따라서 어느 것이 해당 보험약관에서 중요한 내용인지 여부의 결정에 판례의 주안점이 있다고 할 수 있다.

◆ 대법원 2007. 6. 29. 선고 2007다9160 판결

[사실개요]

원고들은 피고회사의 백수보험, 종신연금보험가입자이다. 백수보험은 생활자금, 종신연금보험은 생존연금 지급시부터 종신까지 매년 확정배당금을 지급받도록 되어 있었다. 원고들이 백수보험과 종신연금보험에 가입한 당시 보험회사의 예정이율은 연 12%인데 반하여, 시중 은행의 정기적금 최고이율(기준금리)은 연 20% 전후에 달하였으나, 1982. 6. 28.경 정부의 금리인하조치에 따라 기준금리가 8% 정도로 인하되었고, 이에 따라 백수보험과 종신연금보험에서 가입자들에게 지급할 확정배당금이 전혀 발생하지 않거나, 발생하여도 수만 원 이하의 확정배당금만이 발생하였다. 이에 원고들은 보험계약시 교부된 가입안내장의 지급예시표에 기재된 것과 같은 확정배당금 또는 그에 상당한 손해배상금의 지급을 구하는 소를 제기하였다.

[판결요지]

보통보험약관이 계약당사자에 대하여 구속력을 갖는 것은 그 자체가 법규범 또는 법규범적 성질을 가진 계약이기 때문이 아니라 보험계약당사자 사이에서 계약내용에 포함시키기로 합의하였기 때문이라고 볼 것인바, 구 약관규제법이 시행되기 전에 보통보험약관에 의하여 보험계약이 체결된 경우 당사자 사이에서 보통보험약관을 계약내용에 포함시킨 보험계약서가 작성된 때에는 계약자가 그 보험약관의 내용을 알지 못하더라도 그 약관의 구속력을 배제할 수 없는 것이 원칙이고, 다만 당사자 사이에서 명시적으로 약관에 관하여 달리 약정한 경우에는 위 약관의 구속력은 배제된다(대법원 1985. 11. 26. 선고 84다카2543 판결; 대법원 2001. 11. 27. 선고 2000다66492 판결 등 참조). 이 사건 각 보험계약 당시 이 사건 각 보험약관과 사업방법서의 내용과 다르게 이 사건 각 지급예시표에 기재된 확정배당금을 무조건 지급하기로 하는 내용의 개별 약정이 체결되었다고 인정할 만한 증거가 없고, 원고들과 피고 사이에 이 사건 각 보험계약에 적용되기로 합의한 이 사건 각 보험약관의 내용과 이 사건 각 보험약관에서 인용하고 있는 사업방법서의 내용, 이 사건 각 가입안내장, 지급예시표 및 보험증권의 내용, 확정배당금 제도의 도입 취지 등 제반 사정을 종합하면, 이 사건 각 보험약관과 사업방법서에 기재된 확정배당금 산출방식은 이 사건 각 보험계약의 내용이 되었다고 봄이 상당하며, 나아가 위와 같은 제반 사정에 정부 당국의 예정이율에 관한 지침과 이에 관한 언론보도 및 국내 보험사들의 동일 예정이율 채택 등의 사정을 아울러 고려하면 피고가 이 사건 각 보험계약의 주요 내용에 대한 신의칙상 설명의무를 위반함으로써 이 사건 각 보험약관과 사업방법서에 기재된 확정배당금 산출방식이 이 사건 각 보험계약의 내용에서 배제되었다고 할 수도 없다.

[쟁점사항]

이는 1980년대 초반에 인기가 있었던 이른바 '백수보험'에 관한 것으로, 대법원은 보통보험약관이 계약당사자에 대하여 구속력을 갖는 근거를 의사설의 입장에서 판시하면서, 보험계약의 체결 또는 모집에 있어

이에서 명시적으로 약관에 관하여 달리 약정한 경우에는 위 약관의 구속력은 배제된다). 이 판결 이후 대법원은 일관되게 의사설에 기해 판시하고 있다(대법원 1990. 4. 27. 선고 89다카24070 판결; 대법원 1996. 10. 11. 선고 96다19307 판결; 대법원 2000. 4. 25. 선고 99다68027 판결; 대법원 2004. 11. 11. 선고 2003다30807 판결 외).

서 보험업법이 보험자 등은 부실한 사항을 알리거나 중요한 사항을 알리지 아니하는 행위를 하지 못하도록 규정하고 있는데, 위 규정은 단속규정으로서 그 위반시 손해배상책임을 부담할 수 있음은 별론으로 하고, 부실고지 등의 사정만으로 보험모집인이 체결한 보험계약의 일부 또는 전부가 당연히 무효로 되는 것은 아니라고 전제하여, 원고 패소판결을 내렸다.

4. 규정 내용

보통보험약관은 그 자체가 하나의 계약조항으로서 당사자를 구속하므로(의사설), 약관의 요소 및 이에 따라 생기는 당사자의 권리·의무를 포함시켜야 한다. 물론 보험계약은 불요식의 낙성계약이므로, 계약 내용이 반드시 보험약관의 규정에 국한되지는 않는다.[35] 보통보험약관에 규정할 사항으로는 보험회사가 보험금을 지급하여야 할 사유, 보험계약의 무효 사유, 보험회사의 면책사유, 보험자의 의무의 범위 및 그 의무이행의 시기, 보험계약자 또는 피보험자가 그 의무를 이행하지 아니한 경우에 받는 손실, 보험계약의 전부 또는 일부의 해지원인과 해지할 경우의 당사자의 권리의무, 보험계약자피보험자 또는 보험금액을 취득할 자가 이익 또는 잉여금의 배당을 받을 권리가 있는 경우에는 그 범위 등에 관한 사항 등을 들 수 있다(보험업감독규정 제7-59조 참조).

보통보험약관의 규정내용은 상법 제4편의 보험법과의 관계에서 보면 (1) 상법의 규정을 그대로 원용하는 원용조항, (2) 상법의 규정을 변경한 변경조항, (3) 상법의 규정을 보충한 보충조항으로 나눌 수 있다. 보통보험약관에는 보험증권에 대한 이의약관을 둘 수 있다. 즉, 보험계약의 당사자는 보험증권의 교부가 있은 날로부터 일정한 기간(이 기간은 1월 이상이어야 함) 내에 한하여 보험증권의 내용의 정부(正否)에 관한 이의를 할 수 있음을 약정할 수 있다(상법 제641조).

5. 교부·설명의무

(1) 상법상의 의무

보험자는 자기가 작성한 계약조항인 보통보험약관을 보험계약자에게 제시하는 것이

35) 대법원 2017. 9. 26. 선고 2015다245145 판결.

형평의 관념상 타당하다 할 것이다. 1991년 개정 상법은 보험자는 보험계약을 체결할 때에 보험계약자에게 보험약관을 교부하고 그 약관의 중요한 내용을 알려주어야 한다는 규정을 신설하였다(상법 제638조의3 제1항).[36] 중요한 내용이라 함은 사회통념에 비추어 고객이 계약체결의 여부 또는 대가를 결정하거나 계약체결 후 어떤 행동을 취할지에 관하여 직접적인 영향을 미칠 수 있는 사항을 말하고, 약관조항 중에서 무엇이 중요한 내용에 해당하는지에 관하여는 일률적으로 말할 수 없으며, 구체적인 사건에서 개별적 사정을 고려하여 판단하여야 한다.[37]

보험자는 보험계약을 체결할 때 보험계약자 또는 피보험자에게 보험약관에 기재되어 있는 보험상품의 내용, 보험료율의 체계, 보험청약서상 기재사항의 변동 및 보험자의 면책사유 등 보험계약의 중요한 내용에 대하여 구체적이고 상세한 명시·설명의무를 지고 있다. 다만 보험약관의 중요한 내용에 해당하는 사항이라 하더라도 보험계약자나 그 대리인이 그 내용을 충분히 잘 알고 있거나,[38] 거래상 일반적이고 공통된 것이어서 보험계약자가 별도의 설명 없이도 충분히 예상할 수 있는 사항, 보험사고의 내용이나 범위를 정한 보험약관이라고 하더라도 이에 대한 명시·설명의무의 이행 여부가 보험계약의 체결 여부에 영향을 미치지 않는 사항,[39] 이미 법령에 의하여 정하여진 것을 되풀이하거나 부연하는 정도에 불과한 사항이라면[40] 그러한 사항에 대하여서까지 보험

36) 2014. 3. 11. 개정 상법은 '보험약관의 교부·명시의무'를 '보험약관의 교부·설명 의무'로, 취소할 수 있는 기간을 1개월에서 3개월로 연장하였다(상법 제638조의3 제2항).

37) 대법원 2010. 7. 15. 선고 2010다19990 판결

38) 대법원 1998. 4. 14. 선고 97다39308 판결.

39) 어떤 보험계약에서 무엇을 보험사고로 할 것인지는 보험금 지급의무의 존부와 직결되는 보험계약의 핵심적 사항이므로, 보험사고의 구체적인 내용이나 그 범위를 정한 보험약관은 원칙적으로 보험자의 명시·설명의무의 대상이 되는 보험약관의 중요한 내용으로 보아야 할 것이지만, 이러한 명시·설명의무가 인정되는 것은 어디까지나, 보험계약자가 알지 못하는 가운데 약관의 중요한 사항이 계약 내용으로 되어 보험계약자가 예측하지 못한 불이익을 받게 되는 것을 피하고자 하는 것 등에 그 근거가 있으므로, 만약 어떤 보험계약의 당사자 사이에서 이러한 명시·설명의무가 제대로 이행되었더라도 그러한 사정이 그 보험계약의 체결 여부에 영향을 미치지 아니하였다고 볼 만한 특별한 사정이 인정된다면 비록 보험사고의 내용이나 범위를 정한 보험약관이라고 하더라도 이러한 명시·설명의무의 대상이 되는 보험계약의 중요한 내용으로 볼 수 없다(대법원 2005. 10. 7. 선고 2005다28808 판결). 따라서 화물운송주선업 등을 영위하는 甲 주식회사가 乙 보험회사와 체결한 적재물배상책임보험의 보통약관에서 '보상하는 손해'에 관하여 피보험자가 화주로부터 수탁받은 시점으로부터 수하인에게 인도하기까지의 운송 과정(차량운송 및 화물운송 부수업무)동안에 발생한 보험사고로 수탁화물에 대한 법률상의 배상책임을 부담함으로써 입은 손해를 보상한다고 규정한 사안에서, 위 보험계약은 화물자동차 운수사업법에 따라 일정 규모 이상의 화물자동차를 소유하고 있는 운송사업자나 특정 화물을 취급하는 운송주선사업자 등이 반드시 가입하여야 하는 의무보험으로서, 보험계약자인 甲 회사로서는 보험금 지급대상이 되는 보험사고가 '차량운송 및 화물운송 부수업무'가 이루어지는 육상운송 과정 동안에 발생한 보험사고에 한정되고 수탁화물을 적재한 차량이 선박에 선적되어 선박을 동력수단으로 해상구간을 이동하는 경우에는 제외된다는 설명을 들었더라도 보험계약을 체결하였을 것으로 보이므로, 위 약관조항은 명시·설명의무의 대상이 되는 보험계약의 중요한 내용이라고 할 수 없다(대법원 2016. 9. 23. 선고 2016다221023 판결).

자에게 명시·설명의무가 인정된다고 할 수는 없다.[41]

상법은 보험자가 이러한 약관의 교부·설명의무에 위반한 때에는 보험계약자는 보험계약이 성립한 날로부터 3월 이내에 그 계약을 취소할 수 있다고 함으로써 이 의무이행을 확보하고 있다(동조 제2항). 따라서 이 기간 내에 보험계약자가 취소하지 않으면 보험계약은 그대로 유지된다. 그리고 보험자가 보험약관의 명시·설명의무에 위반하여 보험계약을 체결한 경우, 보험자는 그 약관의 내용을 보험계약의 내용으로 주장할 수 없다.[42]

◆ 대법원 2013. 6. 28. 선고 2012다107051 판결

[사실개요]

원고(보험자)와 피보험자가 체결한 상해보험 약관에는 "외과적 수술, 그 밖의 의료처치를 원인으로 하여 생긴 손해는 보상하여 드리지 아니합니다. 그러나 회사가 부담하는 상해로 인한 경우에는 보상하여 드립니다."라는 면책조항이 포함되어 있었다. 피보험자는 장 게실, 장 마비 등의 질병을 치료하기 위한 의료처치의 과정에서 사망하였다. 원고는 면책조항이 약관에 정하여져 있음 등을 이유로 보험금지급을 거절하였고, 피고는 위 면책조항의 효력 및 면책조항에 대한 설명의무 위반을 이유로 보험금지급을 청구하였다.

[판결요지]

[1] "외과적 수술, 그 밖의 의료처치로 인한 손해를 보상하지 아니한다. 그러나 회사가 부담하는 상해로 인한 경우에는 보상한다."라는 상해보험약관 면책조항의 취지는 피보험자에 대하여 보험회사가 보상하지 아니하는 질병 등을 치료하기 위한 외과적 수술 기타 의료처치(이하 '외과적 수술 등'이라고 한다)가 행하여지는 경우, 피보험자는 일상생활에서 노출된 위험에 비하여 상해가 발생할 위험이 현저히 증가하므로 그러한 위험을 처음부터 보험보호의 대상으로부터 배제하고, 다만 보험회사가 보상하는 보험사고인 상해를 치료하기 위한 외과적 수술 등으로 인한 위험에 대해서만 보험 보호를 부여하려는 데 있다. 위와 같은 면책조항의 취지에 비추어 볼 때, 특정 질병 등을 치료하기 위한 외과적 수술 등으로 인하여 증가된 위험이 현실화된 결과 상해가 발생한 경우에는 위 면책조항 본문이 적용되어 보험금 지급대상이 되지 아니하고, 외과적 수술 등의 과정에서 의료과실에 의하여 상해가 발생하였는지 여부는 특별한 사정이 없는 한 위 면책조항의 적용 여부를 결정하는 데 있어서 고려할 요소가 되지 아니하며(대법원 2010. 8. 19. 선고 2008다78491, 78507 판결 참조), 이 경우 상해보험약관의 보험보호범위와 생명보험약관의 그것에 차이가 생길 수 있으나, 이는 위 면책조항의 존부에 따라 발생하는 차이일 뿐 생명보험약관에서의 재해와 상해보험약관에서의 보험사고인 상해를 달리 해석한 결과가 아니므로, 위와 같은 사정만으로 달리 볼 것은 아니다.

[2] 약관에 정하여진 사항이라고 하더라도 거래상 일반적이고 공통된 것이어서 보험계약자가 별도의 설명 없이 충분히 예상할 수 있었던 사항이거나 이미 법령에 의하여 정하여진 것을 되풀이하거나 부연하는 정도에 불과한 사항이라면, 그러한 사항에 대하여까지 보험자에게 명시·설명의무가 있다고 할 수 없다(대법원 2007. 4. 27. 선고 2006다87453 판결 참조). 그러나 특정 질병 등을 치료하기 위한 외과적 수술 등의 과정에서 의료과실이 개입되어 발생한 손해를 보상하지 않는다는 것은 일반인이 쉽게 예상하기 어려우므로, 약

40) 대법원 2003. 12. 11. 선고 2001다33253 판결; 동 2005. 6. 9. 선고 2003두7484 판결
41) 대법원 2003. 1. 10. 선고 2002다32776 판결 등
42) 대법원 2006. 1. 26. 선고 2005다60017 판결

관에 정하여진 사항이 보험계약체결 당시 금융감독원이 정한 표준약관에 포함되어 시행되고 있었다거나 국내 각 보험회사가 위 표준약관을 인용하여 작성한 보험약관에 포함되어 널리 보험계약이 체결되었다는 사정만으로는 그 사항이 '거래상 일반적이고 공통된 것이어서 보험계약자가 별도의 설명 없이 충분히 예상할 수 있었던 사항'에 해당하여 보험자에게 명시·설명의무가 면제된다고 볼 수 없다.

[쟁점사항]

이 사건은 [1] '외과적 수술, 그 밖의 의료처치로 인한 손해를 보상하지 아니한다.'고 정한 상해보험약관 면책조항의 취지를 수술 등의 경우는 특별 위험이기 때문에 보험보호에서 배제시키겠다는 의미로 파악하면서, 외과적 수술 등의 과정에서 의료과실에 의해 상해가 발생하였는지가 위 면책조항의 적용 여부를 결정하는 데 고려할 요소가 되는지와 관련하여 원칙적으로 고려할 요소가 아니라고 보았고, [2] '외과적 수술, 그 밖의 의료처치로 인한 손해를 보상하지 아니한다'는 취지의 보험약관 면책조항이 '거래상 일반적이고 공통된 것이어서 보험계약자가 별도의 설명 없이 충분히 예상할 수 있었던 사항'에 해당하여 보험자의 명시·설명의무가 면제되는지에 대해서는 원심과 달리 면제되지 않는다고 보아, 설명의무 위반을 이유로 보험자의 보험금 지급의무를 인정한 판례이다.

(2) 약관규제법상 의무

약관규제법도 당사자는 계약을 체결할 때에 고객에게 약관의 내용을 계약의 종류에 따라 일반적으로 예상되는 방법으로 명시해야 하고, 또 약관의 중요한 내용을 고객이 이해할 수 있도록 설명하여야 한다고 규정하고 있다(약관규제법 제3조 제1항 및 제2항). 특히 고객이 요구할 때에는 명시의무의 한 방법으로 보험자는 약관의 교부의무를 진다.[43]

약관규제법에 의하면 사업자가 약관의 전부나 일부를 명시·설명하지 않으면 그 당해 약관을 계약의 내용으로 주장할 수 없고(동법 제3조 제4항), 이에 따라 약관의 전부 또는 일부의 조항이 계약의 내용이 되지 못하는 경우나 공정성을 잃은 약관 조항 등 무효인 경우 등에는 계약은 원칙적으로 나머지 부분만으로 유효하게 존속하되, 예외적으로 전부 무효로 되는 경우도 있다(동법 제16조).[44]

---

43) 그러나 상법 제638조의3 제1항에 의하면 보험자는 보험계약자의 요구가 없더라도 교부의무를 진다.

44) 이와는 달리 보험계약은 위험단체의 유지라는 특성으로 인해 명시·설명되지 아니하였다고 하여 특정보험계약자에 대해서만 그 구속력이 배제될 수 있을지 의문이라는 견해도 있다.

◆ 대법원 2005. 10. 28. 선고 2005다38713 판결

[사실개요]

소외 A는 자신을 피보험자로 보험계약을 체결하였다. A는 그 소유인 오토바이를 운전하던 중 도로를 이탈하여 도로 우측에 설치되어 있던 도로공사비를 충격하고 전도되는 사고로 사망하였다. 원고들은 A의 공동상속인들인데, 피고(보험회사)에게 보험금을 청구하였으나, 주계약 보험금만을 지급받고 재해사망특약 보험금을 지급받지 못하자 소송을 제기하였다. 피고는, 이 사건 보험계약을 체결함에 있어 A가 오토바이를 운전하고 있었음에도 피고에게 이를 고지하지 않았고, 피고는 이를 이유로 상법 제651조 및 피고의 보험약관에 의하여 이 사건 보험계약을 해지하였으므로, 원고들에게 보험금을 지급할 의무가 없다는 취지로 주장하고, 원고들은 피고의 보험모집인 B는 A가 오토바이를 운전하고 있다는 사실을 잘 알고 있었음에도 이 사건 보험계약을 체결함에 있어 오토바이 운전자는 재해사망특약을 가입할 수 없다거나 오토바이를 운전하다 사고가 발생한 경우에는 이 사건 보험계약에 따른 보험금이 지급되지 않는다는 사실 등을 A에게 알리거나 설명하지 않았으므로, 피고는 A의 고지의무를 위반으로 이 사건 보험계약을 해지할 수 없다고 주장하였다.

[판결요지]

보험자 및 보험계약의 체결 또는 모집에 종사하는 자는 보험계약의 체결에 있어서 보험계약자 또는 피보험자에게 보험약관에 기재되어 있는 보험상품의 내용, 보험료율의 체계, 보험청약서상 기재사항의 변동사항 및 보험자의 면책사유 등 보험계약의 중요한 내용에 대하여 구체적이고 상세한 명시·설명의무를 지고 있다고 할 것이고, 만일 보험자가 이러한 보험약관의 명시·설명의무에 위반하여 보험계약을 체결한 때에는 그 약관의 내용을 보험계약의 내용으로 주장할 수 없다 할 것이다(대법원 1997. 9. 26. 선고 97다4494 판결; 대법원 2001. 9. 18. 선고 2001다14917, 14924 판결 등 참조). 이 사건 보험계약 체결 당시 피고의 보험모집인 B는 오토바이 운전자의 경우 보험금의 지급이 제한된다는 약관의 내용에 관하여 보험계약자인 A에게 구체적이고 상세한 설명을 하지 않음으로써 그 명시·설명의무를 다 하지 못하였으므로, 피고는 이 사건 약관의 내용을 이 사건 보험계약의 내용으로 주장할 수 없다.

[쟁점사항]

이 사건은 [1] 보험자가 보험약관의 명시·설명의무에 위반하여 보험계약을 체결한 경우, 그 약관의 내용을 보험계약의 내용으로 주장할 수 없고, [2] 보험계약 체결 당시 오토바이 운전자에게는 보험금의 지급이 제한된다는 약관의 내용에 관하여 보험계약자에게 구체적이고 상세한 설명을 하지 않은 경우 보험자는 명시·설명의무를 다하지 못하였으므로 위 약관의 내용을 보험계약의 내용으로 주장할 수 없다고 판단하여, 보험자의 보험금지급책임을 인정한 사례이다.

◆ 대법원 2007. 4. 27. 선고 2006다87453 판결

[사실개요]

피고 A는 보험회사인 원고와 사이에 자신의 소유인 자동차에 관하여 자신을 피보험자로 하는 자동차종합보험계약을 체결하였다. 피고 A는 피고 B에게 자동차를 양도하였는데, 피고 B는 등록명의를 변경하지 아니한 상태에서 자동차를 운전하다가 교통사고를 일으켰다. 자동차 보험계약의 약관에는 "보험계약자 또는 기명피보험자가 보험기간 중에 피보험자동차를 양도한 경우에는 이 보험계약으로 인하여 생긴 보험계약자 및 피보험자의 권리와 의무는 피보험자동차의 양수인에게 승계되지 아니한다. 그러나 보험계약자가 이 권리와 의무를 양수인에게 이전하고자 한다는 뜻을 서면으로 보험회사에 통지하여 이에 대한 승인을 청구하고 보험회사가 승인한 경우에는 그 승인한 때로부터 양수인에 대하여 이 보험계약을 적용한다. 보험회사가 위 승인을 하지 않은 경우에는 피보험자동차가 양도된 후에 발생한 사고에 대하여는 보험금을 지급하지 아니한다."라는 내용이 포함되어 있었다. 그런데 피고 A는 자동차 양도에 관하여 원고에게 아무런 통지를 하지 아니하였고, 원고는 피고 A의 통지의무 해태를 이유로 하여 피고들에게 이 사건 보험계약에 따른 보험금지급의무가 없다는 통고를 하였다.

[판결요지]

일반적으로 보험자 및 보험계약의 체결 또는 모집에 종사하는 자는 보험계약의 체결에 있어서 보험계약자 또는 피보험자에게 보험약관에 기재되어 있는 보험상품의 내용, 보험료율의 체계 및 보험청약서상 기재사항의 변동사항 등 보험계약의 중요한 내용에 대하여 구체적이고 상세한 명시·설명의무를 지고 있으므로 보험자가 이러한 보험약관의 명시·설명의무에 위반하여 보험계약을 체결한 때에는 그 약관의 내용을 보험계약의 내용으로 주장할 수 없다고 할 것이나(대법원 2005. 10. 28. 선고 2005다38713, 38720 판결 등 참조), 이러한 명시·설명의무가 인정되는 것은 어디까지나 보험계약자가 알지 못하는 가운데 약관의 중요한 사항이 계약내용으로 되어 보험계약자가 예측하지 못한 불이익을 받게 되는 것을 피하고자 하는 데에 그 근거가 있으므로, 약관에 정하여진 사항이라고 하더라도 거래상 일반적이고 공통된 것이어서 보험계약자가 별도의 설명 없이도 충분히 예상할 수 있었던 사항이거나 이미 법령에 의하여 정하여진 것을 되풀이하거나 부연하는 정도에 불과한 사항이라면, 그러한 사항에 대하여 까지 보험자에게 명시·설명의무가 있다고는 할 수 없다(대법원 1998. 11. 27. 선고 98다32564 판결; 대법원 2004. 4. 27. 선고 2003다7302 판결 등 참조).

그런데 1991. 12. 31. 법률 제4470호로 개정되어 1993. 1. 1.부터 시행된 상법 제726조의4는 "피보험자가 보험기간 중에 자동차를 양도한 때에는 양수인은 보험자의 승낙을 얻은 경우에 한하여 보험계약으로 인하여 생긴 권리와 의무를 승계한다(제1항). 보험자가 양수인으로부터 양수 사실을 통지받은 때에는 지체 없이 낙부를 통지하여야 하고 통지 받은 날부터 10일내에 낙부의 통지가 없을 때에는 승낙한 것으로 본다(제2항)."라고 규정하고 있고, 이 사건 약관은 위 상법규정을 풀어서 규정한 것에 지나지 아니하는 것으로서 거래상 일반인들이 보험자의 개별적인 설명 없이도 충분히 예상할 수 있었던 사항이라고 볼 수 있는 점, 자동차보험계약에 있어서 '주운전자'는 보험료율의 체계 등을 좌우하는 중요한 내용이라는 점(대법원 1997. 9. 9. 선고 95다45873 판결 등 참조), 피보험자동차의 양도는 해당 자동차보험계약에 운전자를 한정하는 특별약관이 붙어 있는지 여부와 관계없이 그 보험료의 산정기준에 직접적인 영향을 미치는 점 등에 비추어 보면, 이 사건 약관은 보험자인 원고가 보험계약자에게 개별적으로 명시·설명해야 하는 사항에 해당하지 아니하는 것으로 보아야 할 것이다.

[쟁점사항]

이 사건은 보험자가 보험약관의 명시·설명의무를 위반하여 보험계약을 체결한 경우, 그 약관의 내용을 보험계약의 내용으로 주장할 수 없지만, 보험약관의 기재 사항이 별도의 설명 없이 보험계약자가 충분히 예상할 수 있는 것이거나 이미 법령에 의하여 정하여진 것이라면 보험자에게 명시·설명의무가 없으며, 피보험자동차의 양도에 관한 통지의무를 규정한 보험약관은 보험자의 개별적인 명시·설명의무의 대상이 되지 않는다고 한 판례이다.

6. 적용범위와 약관의 변경

(1) 적용범위

보통보험약관은 보험계약의 당사자가 그 약관에 따르지 않겠다는 명백한 의사표시가 있는 경우에는 당연히 당사자에게 적용되지 않는다. 동일사항에 대하여 보통보험약관과 특별보험약관이 저촉되는 경우에는 물론 특별보험약관이 우선한다. 이에 대하여는 판례도 같은 취지로 판시하고 있다.[45]

(2) 변경약관의 효력

금융위원회는 보험자의 업무 및 자산상황 기타 사정의 변경에 의해 필요한 때에는 약관의 변경을 명할 수 있는데(보험업법 제131조 제2항), 보험약관이 개정된 경우에 개정된 약관의 효력범위가 문제이다. 원칙적으로 변경된 약관은 기존의 보험계약에 대하여 아무런 영향을 주지 못한다. 따라서 일정한 보험기간 종료시마다 보험계약을 변경하는 계속적 보험계약관계에 있어서 그 중간에 보통보험약관의 내용이 개정된 경우에, 보험자가 개정된 약관내용을 보험계약자에게 알리지 않은 경우에는 새로운 보험계약에는 개정전의 보험약관이 적용된다(불소급의 원칙).

예외적으로 소급적용이 인정되는 경우도 있다. 즉 보험계약 당사자가 기존의 보험계약에 대하여 개정된 약관을 적용하기로 합의하면 개정보험약관을 적용할 수 있다. 또한 금융위원회는 보험계약자·피보험자 또는 보험금을 취득할 자의 이익을 위해 특히 필요하다고 인정하는 경우, 보험약관의 변경을 명할 때에 기존의 보험계약에도 개정된 보험약관의 효력이 장래에 향하여 미치게 할 수 있는데(보험업법 제131조 제3항), 이처럼 금융위원회로부터 보험약관의 소급적용을 명받은 보험자는 전국적으로 배포되는 2개 이상의 일간신문에 각각 1회 이상 그 약관의 변경요지를 공고하여야 한다(보험업법 제131조 제5항, 시행령 제73조 제3항).

◆ 대법원 1986. 10. 14. 선고 84다카122 판결

[사실개요]

소외 A는 한시택시의 차주가 된 후 피고회사의 직원이 자동차사고로 인한 전 손해를 보상함을 내용으로 하는 보험약관(종전약관)을 내보이면서 이 보험에 가입하면 자동차 사고로 인한 피해액 전액을 보상받을 수

45) 피고회사(보험자)를 대리한 보험대리점 내지 보험외판원이 원고(보험계약자)에게 피고회사 보통보험약관과 다른 내용으로 보험계약을 설명하고 이에 따라 보험계약이 체결된 사안에서, "일반적으로 보통보험약관을 계약내용에 포함시킨 보험계약서가 작성되면 약관의 구속력은 계약자가 그 약관의 내용을 알지 못하더라도 배제할 수 없으나 당사자가 명시적으로 약관의 내용과 달리 약정한 경우에는 배제된다고 보아야 하므로 보험회사를 대리한 보험대리점 내지 보험외판원이 보험계약자에게 보통보험약관과 다른 내용으로 보험계약을 설명하고 이에 따라 계약이 체결되었으면 그때 설명된 내용이 보험계약의 내용이 되고 그와 배치되는 약관의 적용은 배제된다."고 판시하였다(대법원 1989. 3. 28. 선고 88다4645 판결).

있다는 설명을 듣고 피고회사와의 사이에 자동차종합보험계약을 체결한 이래 매 6개월마다 계약을 갱신하여 오면서 그때마다 보험료를 지급하고 보험약관이나 보험증서는 받지 아니하고 영수증만을 받았다. 이 사건을 담보하는 보험계약을 갱신할 때도 대리점 직원으로부터 보험료가 인상되었으니 인상된 보험료를 납입하여야 하며 보험료가 인상된 만큼 그 혜택도 많아졌다는 말만 듣고 종전과 같은 조건으로 보험계약을 다시 6개월간 갱신하는 것으로 알고 보험료를 납부하고 종전과 똑같은 내용의 영수증을 발급받았다. 피고는 일간신문에 변경시행된 보험약관에 관한 자동차종합보험의 광고를 게재함에 있어서도 '종합보험은 그 보상금을 적정하게 현실화 하였고, 사고실적에 따라 보험료를 할인하거나 할증하며 합의, 소송에 있어 자가용은 현행대로, 영업용은 차주가 직접하도록 하였다'는 내용을 게재하였을 뿐 대인배상의 경우 사업용차량은 종전과 같은 무한보상에서 피고가 정한 지급기준에 따른 유한보상으로 약관변경을 하였다는 내용은 게재하지 아니 하였다. 그 후 소외 A 소유의 위 택시 운전사인 소외 B가 위 택시를 운전하던 중 횡단보도를 통과하다가 동 횡단보도를 건너던 원고를 충격하여 원고에게 상해를 입게 한 보험사고가 발생하였다. 이에 원고가 보험금을 청구하자, 피고는 위 종합보험계약을 체결할 당시에는 종전의 보통보험약관은 새로운 약관에 의하여 대치 변경되어 있었고 그 변경된 보험약관에 의하면 피고가 정한 일정한 보험금지급기준에 따라 산정되는 법률상의 손해배상액에 대하여만 피고회사가 보상하기로 되어 있어서 피고는 위 변경된 보험약관에 따른 보상책임만을 진다고 주장하였다.

[판결요지]

보통보험약관을 포함한 이른바 일반거래약관이 계약의 내용으로 되어 계약당사자에게 구속력을 갖게 되는 근거는 그 자체가 법규범 또는 법규범적 성질을 갖기 때문은 아니며, 계약당사자가 이를 계약의 내용으로 하기로 하는 명시적 또는 묵시적 합의를 하였기 때문이라고 볼 것이며(당원 1985.11.26 선고 84다카2543 판결 참조), 이 경우 계약당사자간의 합의에 의하여 계약의 내용이 되는 약관은 원칙적으로 계약체결당시에 유효하게 시행되고 있는 약관일 것임은 물론이나, <u>동일한 보험계약당사자가 일정한 기간마다 주기적으로 동종계약을 반복 체결하는 계속적 거래관계에 있어서 종전계약의 내용이 된 보험약관을 도중에 가입자에게 불리하게 변경한 사실이 있다면 보험자로서는 새로운 보험계약을 체결함에 즈음하여 그와 같은 약관변경사실 및 내용을 가입자인 상대방에게 고지하여야만 할 신의칙상의 의무가 있다고 봄이 상당하고, 이러한 고지없이 체결된 보험계약은 과거와 마찬가지로 종전 약관에 따라 체결된 것으로 봄이 타당하다</u>.

[쟁점사항]

이 사건은 특히 계속적 보험거래관계에 있어서 종전 보험계약의 내용이 된 보험약관이 가입자에게 불리하게 변경된 사실이 고지되지 아니한 채 새로운 보험계약이 체결된 경우 그 보험계약의 내용은 종전 보험약관에 의해 판단하여야 한다고 판시한 것이다.

7. 약관의 해석

(1) 기본원칙

보통보험약관을 어떠한 해석원리에 따라 해석할 것인가의 문제는 약관의 구속력의 근거(법적 성질)를 어떻게 보느냐에 따라 달리 설명된다. 즉, 약관의 기본적인 해석원칙은 의사설에 의하면 법률행위(계약)의 해석원칙에 의하여야 하고, 규범설에 의하면

법규해석의 원칙에 의하여야 할 것이다. 그런데 보통보험약관의 구속력의 근거를 어떠한 입장에서 찾는다 하더라도 보험약관은 보통거래약관의 일종으로 약관규제법의 적용을 받게 된다. 따라서 다음과 같은 해석원칙이 적용되어야 한다.

(2) 약관규제법상의 해석원칙

1) 개별약정우선의 원칙

보통보험약관의 일정한 사항에 관하여 당사자가 계약의 내용과 다른 합의를 한 때에는 그러한 개별약정이 보통보험약관에 우선한다(약관규제법 제4조).

2) 신의성실의 원칙

보통보험약관은 신의성실의 원칙에 따라 공정하게 해석되어야 한다(약관규제법 제5조 제1항 전단).

3) 불명확조항축소해석의 원칙

보통보험약관의 조항 중 명확하지 않은 조항은 보험자에게 불리하게 해석하여야 하고,[46] 보험자의 면책조항 등은 축소해석하여야 한다(약관규제법 제5조 제2항).

4) 객관적 해석의 원칙

46) 보험약관은 신의성실의 원칙에 따라 약관의 목적과 취지를 고려하여 공정하고 합리적으로 해석하되, 개개 계약 당사자가 꾀한 목적이나 의사를 참작하지 않고 평균적 고객의 이해 가능성을 기준으로 객관적·획일적으로 해석하여야 하며, 위와 같은 해석을 거친 후에도 약관조항이 다의적으로 해석되고 각각의 해석이 합리성이 있는 등 약관의 뜻이 명백하지 아니한 경우에는 고객에게 유리하게 해석하여야 한다(대법원 2016. 10. 27. 선고 2013다90891, 90907 판결). 이는 甲이 乙 보험회사와 체결한 보험계약의 보통약관에서 같은 사고로 2가지 이상의 후유장해가 생긴 경우 후유장해 지급률을 합산하는 것을 원칙으로 하면서 동일한 신체부위에 2가지 이상의 장해가 발생한 경우에는 그중 높은 지급률을 적용하되, '하나의 장해와 다른 장해가 통상 파생하는 관계가 인정되거나, 신경계의 장해로 인하여 다른 신체부위에 장해가 발생한 경우 그중 높은 지급률만 적용한다'는 취지로 정하였는데, 甲이 계단에서 미끄러져 넘어지는 사고로 추간판탈출증을 입고, 그 외에 신경계 장해인 경추척수증 및 경추척수증의 파생 장해인 우측 팔, 우측 손가락, 좌측 손가락의 각 운동장해를 입은 사안에서, 위 약관조항의 의미는 하나의 장해와 다른 장해 사이에 통상 파생하는 관계가 인정되거나 신경계의 장해로 인하여 다른 신체부위에 장해가 발생한 경우에 그러한 관계가 인정되는 장해 사이에 지급률을 비교하여 그중 높은 지급률만 적용한다는 것일 뿐이고, 신경계의 장해로 인하여 서로 다른 신체부위에 2가지 이상의 후유장해가 발생한 경우에는 특별한 사정이 없는 한 그들 신체부위 장해 사이에는 통상 파생하는 관계에 있다고 보기 어려워, 이 경우에는 신경계의 장해와 그로 인하여 발생한 다른 신체부위 장해들 사이에서 그중 가장 높은 지급률만 위 각 장해 전체의 후유장해 지급률로 적용할 것이 아니라, 파생된 후유장해의 지급률을 모두 평가해 이를 합산한 것을 신경계 장해의 지급률과 비교하여 그중 높은 지급률을 신경계의 장해와 거기서 파생된 후유장해들의 후유장해 지급률로 적용하는 것이 타당하므로, 위 사고로 인한 甲의 후유장해 지급률은 우측 팔, 우측 손가락 및 좌측 손가락 운동장해의 합산 지급률과 신경계 장해인 경추척수증의 지급률 중 더 높은 지급률을 구한 다음, 그 지급률에 추간판탈출증의 지급률을 합하여 산정하여야 한다고 본 사례이다.

보통보험약관은 보험계약자에 따라 다르게 해석해서는 안 된다는 객관적 해석의 원칙(약관규제법 제5조 제1항 후단)이 적용된다.

◆ 대법원 1991. 12. 24. 선고 90다카23899 판결(전원합의체 판결)

[사실개요]

원고(보험계약자)가 피보험차량에 열쇠를 꽂아둔 채 정차시켜 놓았는데, 원고와 아무런 관계가 없는 자가 피보험차량을 무단운전하여 가다가 행인을 사망시키는 사고를 일으켰다. 피해자의 유족들이 원고에게 손해배상청구소송을 제기하여 승소하자, 원고는 자신의 보험자인 피고 보험회사에 보험금 지급을 청구하였다. 피고는 사고 당시 운전자(무단운전자)가 무면허운전 상태였으므로 무면허운전면책약관에 의해 보험금 지급책임이 없다고 주장하였다.

[판결요지]

[1] 상법 제659조 제1항은 보험사고를 직접 유발한 자 즉 손해발생원인에 전적인 책임이 있는 자를 보험의 보호대상에서 제외하려는 것이므로 보험약관에서 이러한 손해발생원인에 대한 책임조건을 경감하는 내용으로 면책사유를 규정하는 것은 상법 제663조의 불이익변경금지에 저촉되겠지만, 손해발생원인과는 관계없이 손해발생시의 상황이나 인적 관계 등 일정한 조건을 면책사유로 규정하는 것은 위 상법 제659조 제1항의 적용대상이라고 볼 수 없는 것인바, 자동차종합보험보통약관 제10조 제1항 제6호 소정의 책임보험조항의 '자동차의 운전자가 무면허운전을 하였을 때에 생긴 사고로 인한 손해를 보상하지 아니한다'는 이른바 무면허운전면책조항은 사고발생의 원인이 무면허운전에 있음을 이유로 한 것이 아니라 사고발생시에 무면허운전중이었다는 법규위반상황을 중시하여 이를 보험자의 보상대상에서 제외하는 사유로 규정한 것이므로 위 상법 제659조 제1항의 적용대상이라고 보기 어렵다.

[2] 약관의 규제에 관한 법률 제6조 제1항, 제2항, 제7조 제2,3호가 규정하는 바와 같은 약관의 내용통제원리로 작용하는 신의성실의 원칙은 보험약관이 보험사업자에 의하여 일방적으로 작성되고 보험계약자로서는 그 구체적 조항내용을 검토하거나 확인할 충분한 기회가 없이 보험계약을 체결하게 되는 계약성립의 과정에 비추어, 약관 작성자는 계약상대방의 정당한 이익과 합리적인 기대 즉 보험의 손해전보에 대한 합리적인 신뢰에 반하지 않고 형평에 맞게끔 약관조항을 작성하여야 한다는 행위원칙을 가리키는 것이며, 보통거래약관의 작성이 아무리 사적자치의 영역에 속하는 것이라고 하여도 위와 같은 행위원칙에 반하는 약관조항은 사적자치의 한계를 벗어나는 것으로서 법원에 의한 내용통제 즉 수정해석의 대상이 되는 것은 당연하며, 이러한 수정해석은 조항전체가 무효사유에 해당하는 경우뿐만 아니라 조항 일부가 무효사유에 해당하고 그 무효부분을 추출 배제하여 잔존부분만으로 유효하게 존속시킬 수 있는 경우에도 가능하다.

[3] 위 [1]항의 약관 소정의 무면허운전면책조항을 문언 그대로 무면허운전의 모든 경우를 아무런 제한없이 보험의 보상대상에서 제외한 것으로 해석하게 되면 절취운전이나 무단운전의 경우와 같이 자동차보유자는 피해자에게 손해배상책임을 부담하면서도 자기의 지배관리가 미치지 못하는 무단운전자의 운전면허소지 여부에 따라 보험의 보호를 전혀 받지 못하는 불합리한 결과가 생기는바, 이러한 경우는 보험계약자의 정당한 이익과 합리적인 기대에 어긋나는 것으로서 고객에게 부당하게 불리하고 보험자가 부담하여야 할 담보책임을 상당한 이유없이 배제하는 것이어서 현저하게 형평을 잃은 것이라고 하지 않을 수 없으며 이는 보험단체의 공동이익과 보험의 등가성 등을 고려하더라도 마찬가지라고 할 것이므로 결국 위 무면허운전면책조항이 보험계약자나 피보험자의 지배 또는 관리가능성이 없는 무면허운전의 경우에까지 적용된다고 보는 경우에는 그 조항은 신의성실의 원칙에 반하는 공정을 잃은 조항으로서 약관의 규제에 관한 법률 제6조 제1,2항, 제7조 제2,3호의 각 규정에 비추어 무효라고 볼 수밖에 없기 때문에 위 무면허운전면책조항은 위와 같은 무효의 경우를 제외하고 무면허운전이 보험계약자나 피보험자의 지배 또는 관리가능한 상황에서 이루어진 경우에 한하

여 적용되는 조항으로 수정해석을 할 필요가 있으며 무면허운전이 보험계약자나 피보험자의 지배 또는 관리가능한 상황에서 이루어진 경우라고 함은 구체적으로는 무면허운전이 보험계약자나 피보험자 등의 명시적 또는 묵시적 승인 하에 이루어진 경우를 말한다.

[쟁점사항]

이는 종래 대법원 1990. 6. 26. 선고 89다카28287 판결을 전원합의체 판결로 변경한 것으로, [1] 보험자의 면책사유를 규정한 상법 제659조 제1항의 법의를 설시하면서, 자동차종합보험보통약관 소정의 이른바 무면허운전면책조항이 위 조항의 적용대상이라고 볼 수 없다고 보면서, [2] 보험약관에 있어 약관의 내용통제원리로 작용하는 신의성실의 원칙에 반하는 약관조항은 법원에 의해 수정해석되어야 하고, [3] 위 약관조항은 무면허운전이 보험계약자나 피보험자의 지배 또는 관리가능한 상황에서 이루어진 경우에 한하여 적용되는 조항으로 제한하여 해석을 할 필요가 있으며, 무면허운전이 보험계약자나 피보험자의 지배 또는 관리가능한 상황에서 이루어진 경우라고 함은 구체적으로는 무면허운전이 보험계약자나 피보험자 등의 명시적 또는 묵시적 승인 하에 이루어진 경우를 말한다고 하면서, 피보험자의 지배 또는 관리가능한 상황에서 이루어진 경우가 아닌 때에는 보험자의 면책이 인정되지 않는다고 판시한 것이다.

◆ 대법원 1996. 6. 25. 선고 96다12009 판결

[사실개요]

소외 망 A는 피고(보험회사)의 보험모집사원이자 A의 누나인 소외 B의 권유를 받고 안전설계보험계약을 체결하였다. 안전설계보험은 자동차등록원부 상에 자동차의 소유자로 등재된 자만을 피보험자로 하는 보험인데 B는 차량이 A의 소유인지 여부를 제대로 확인하지 않았고, 보험계약 청약시 질문사항에도 운전여부를 묻는 사항은 있었으나 차량의 소유여부를 묻는 사항은 없었다. A가 이 차량을 운전하다가 사망하여 보험금을 청구하자, 피고는 A는 자동차등록원부상 소유자가 아니어서 피보험자 자격이 없으므로 보험계약은 무효이고, 자동차등록원부상 소유자가 아닌 것은 이 사건 보험계약의 피보험자 자격이 있는지 여부를 결정할 중요한 사항임에도 A나 그를 대리한 B가 이를 피고 회사에 고지하지 않았으므로 이 사건 보험계약은 무효이며, A나 그를 대리한 B가 A가 자동차등록원부상 소유자가 아니어서 이 사건 보험계약의 피보험자가 될 수 없는 사실을 알고 있음에도 불구하고 이를 숨기고 피고 회사를 기망하여 이 사건 보험계약을 체결하였으므로 이 사건 보험계약은 무효라고 주장하였다.

[판결요지]

<u>보통거래약관의 내용은 개개 계약체결자의 의사나 구체적인 사정을 고려함이 없이 평균적 고객의 이해가능성을 기준으로 하되 보험단체 전체의 이해관계를 고려하여 객관적, 획일적으로 해석하여야 하고, 고객 보호의 측면에서 약관내용이 명백하지 못하거나 의심스러운 때에는 약관작성자에게 불리하게 제한해석하여야 하는 것인바</u>(대법원 1991. 12. 24. 선고 90다카23899 전원합의체판결 참조), 이러한 약관해석의 원칙에 비추어 보면, 위 보험약관 소정의 자동차 소유자에는 자동차를 매수하여 인도받아 자기를 위하여 자동차를 운행하는 자는 물론이고, 부득이한 사유로 자동차의 소유명의를 제3자에게 신탁한 채 운행하는 명의신탁자도 포함된다고 해석함이 상당하다 할 것이고, 만약 위 약관 소정의 자동차의 소유자가 자동차등록원부상의 소유자만을 뜻한다고 해석된다면, 자동차등록원부상의 등록명의자가 아닌 자동차의 실질적인 소유자인 위 A가 피고와 위 안전설계보험계약을 체결하였을 리가 없을 것이므로, 위 약관 소정의 자동차 소유자에 자동차의 등록명의자만이 포함된다는 사실은 약관의 규제에 관한 법률 제3조 제2항 소정의 약관의 중요한 내용에 해당한다고 할 것이어서, 피고가 이를 위 A에게 설명하지 않았다면 피고는 위 내용을 보험계약의 내용으로 주장할 수 없다고 할 것이다.

[쟁점사항]

이 사건은 보통거래약관의 해석 원칙에 대해 설시하면서, 안전설계보험 약관상의 '피보험자 소유의 자가용 승용차'의 범위에 타인에게 명의신탁한 승용차도 포함되고, 그것이 '약관의 중요한 내용'에 해당한다고 판단한 것으로, 원심을 파기하여 보험자의 책임을 인정한 것이다.

◆ 대법원 2016. 5. 12. 선고 2015다243347 판결

[사실개요]

A는 피보험자를 자신으로 하는 보험계약을 체결하면서 별도로 추가보험료를 납입하고 재해사망특약에 가입하였다. A는 보험계약일로부터 2년이 경과한 이후에 고의로 철길에 누워있다가 화물열차에 역과되어 사망하였다. 원고들은 A의 상속인으로 피고 보험회사에 보험금을 청구하였는데 사망보험금만 지급받고 재해사망특약에 따른 재해사망보험금을 지급받지 못하자 소송을 제기하였다. 이 사건 주계약 약관과 특약 약관은 각각 독립적으로 "회사는 다음 중 어느 한 가지의 경우에 의하여 보험금 지급사유가 발생한 때에는 보험금을 드리지 아니하거나 보험료의 납입을 면제하지 아니함과 동시에 이 계약을 해지할 수 있습니다."라고 면책조항을 규정하고 있는데, 면책조항 제1호에는 "피보험자가 고의로 자신을 해친 경우. 그러나 피보험자가 정신질환상태에서 자신을 해친 경우와 계약의 책임개시일(부활계약의 경우에는 부활청약일)부터 2년이 경과된 후에 자살하거나 자신을 해침으로써 장해등급분류표 중 제1급의 장해상태가 되었을 때에는 그러하지 아니합니다."라고 규정하고 있다.

[판결요지]

이 사건 특약은 이 사건 주계약에 부가되어 있기는 하나 보험업법상 제3보험업의 보험종목에 속하는 상해보험의 일종으로서 생명보험의 일종인 이 사건 주계약과는 보험의 성격을 달리하고, 그에 따라 보험사고와 보험금 및 보험료를 달리하는 별개의 보험계약이다. 따라서 이 사건 특약 약관 제11조 제1항 제1호는 이 사건 주계약 약관의 내용과는 관계없이 이 사건 특약 약관 제9조와의 관련 속에서 이해되어야 한다.

이 사건 특약 약관 제9조는 재해를 직접적인 원인으로 사망하거나 제1급의 장해상태가 되었을 때를 보험금 지급사유로 규정하고 있고, 고의에 의한 자살 또는 자해는 우발성이 결여되어 재해에 해당하지 않으므로, 이 사건 특약 약관 제11조 제1항 제1호를 이 사건 특약 약관 제9조에 정한 보험금 지급사유가 발생한 경우에 한정하여 적용되는 면책 및 면책제한 조항으로 해석한다면, 이 사건 특약 약관 제11조 제1항 제1호는 처음부터 그 적용대상이 존재하지 아니하는 무의미한 규정이 된다.

그러나 엄연히 존재하는 특정 약관조항에 대하여 약관의 규제에 관한 법률에 의하여 그 효력을 부인하는 것이 아니라 단순히 약관해석에 의하여 이를 적용대상이 없는 무의미한 규정이라고 하기 위하여는 평균적인 고객의 이해가능성을 기준으로 할 때에도 그 조항이 적용대상이 없는 무의미한 조항임이 명백하여야 할 것인데, 이 사건 특약 약관 제11조 제1항 제1호를 그와 같이 볼 수는 없다.

오히려 평균적인 고객의 이해가능성을 기준으로 살펴보면, 위 조항은 고의에 의한 자살 또는 자해는 원칙적으로 우발성이 결여되어 이 사건 특약 약관 제9조가 정한 보험사고인 재해에 해당하지 않지만, 예외적으로 단서에서 정하는 요건, 즉 피보험자가 정신질환상태에서 자신을 해친 경우와 책임개시일부터 2년이 경과된 후에 자살하거나 자신을 해침으로써 제1급의 장해상태가 되었을 경우에 해당하면 이를 보험사고에 포함시켜 보험금 지급사유로 본다는 취지로 이해할 여지가 충분하다.

여기에 '정신질환상태에서 자신을 해친 경우'가 재해사망보험금 지급사유에 해당할 수 있다는 것은 확고한 대법원의 입장이므로 이와 나란히 규정되어 있는 '책임개시일부터 2년이 경과된 후에 자살하거나 자신을 해침으로써 제1급의 장해상태가 되었을 때'에 관하여도 마찬가지로 해석하는 것이 일반적인 관념에 부합하는 점, <u>고의에 의한 자살 또는 자해에 대하여는 이 사건 특약 약관 제11조 제1항 제1호 본문의 규정이 아니더라도 상법 제659조 제1항, 제732조의2, 제739조의 규정에 의하여 보험자가 면책되도록 되어 있어 이 사건</u>

특약 약관 제11조 제1항 제1호 중 보험계약 당사자 간의 합의로서 의미가 있는 부분은 면책사유를 규정한 본문이 아니라 부책사유를 규정한 단서라는 점을 보태어 보면, 위와 같은 해석이 합리적이고, 이것이 약관 해석에 관한 작성자 불이익의 원칙에도 부합한다.

[쟁점사항]

이 사건은 보험약관은 신의성실의 원칙에 따라 약관의 목적과 취지를 고려하여 공정하고 합리적으로 해석하되, 객관적·획일적 해석 원칙과 고객유리 해석 원칙에 기해 해석하여야 한다고 하면서, 甲이 乙 보험회사와 주된 보험계약을 체결하면서 별도로 가입한 재해사망특약의 약관에서 피보험자가 재해를 직접적인 원인으로 사망하거나 제1급의 장해상태가 되었을 때 재해사망보험금을 지급하는 것으로 규정하면서, 보험금을 지급하지 않는 경우의 하나로 피보험자가 고의로 자신을 해친 경우란 고의에 의한 자살 또는 자해는 원칙적으로 우발성이 결여되어 재해사망특약의 약관에서 정한 보험사고인 재해에 해당하지 않지만, 예외적으로 단서에서 정하는 요건, 즉 피보험자가 정신질환상태에서 자신을 해친 경우와 책임개시일부터 2년이 경과된 후에 자살하거나 자신을 해침으로써 제1급의 장해상태가 되었을 경우에 해당하면 이를 보험사고에 포함시켜 보험금 지급사유로 본다는 취지로 이해하는 것이 합리적이고, 약관 해석에 관한 작성자 불이익의 원칙에 부합한다고 판단한 것으로, 원심을 파기하여 보험자의 책임을 인정한 것이다.

◆ 대법원 2017. 9. 26. 선고 2015다245145 판결

[사실개요]

피고 甲 보험회사와 乙은 乙 소유의 지게차의 사고로 인하여 피보험자들이 손해배상책임을 짐으로써 입는 손해를 보상하기로 하는 자동차보험계약을 체결하고, 담보내용은 '대인배상 I (책임보험)'로 정하였다. 근로자인 丙이 乙의 승낙하에 지게차를 운전하던 중 丁을 다치게 한 사고가 발생하였다. 원고(근로복지공단)는 이 사고를 업무상 재해로 인정하고, 피해자 丁에게 휴업급여, 요양급여, 장해보상연금을 지급하고, 甲 보험회사에 대해 구상권을 행사하였다.

[판결요지]

[1] 보험계약은 당사자 일방이 약정한 보험료를 지급하고 상대방이 재산 또는 생명이나 신체에 관하여 불확정한 사고가 생길 경우에 일정한 보험금액 그 밖의 급여를 지급할 것을 약정함으로써 효력이 생기는 불요식의 낙성계약이므로, 계약 내용이 반드시 보험약관의 규정에 국한되지는 않는다. 그리고 보험약관이 계약당사자 사이에 구속력을 갖는 것은 그 자체가 법규범이거나 또는 법규범적 성질을 가지기 때문이 아니라 당사자가 약관의 규정을 계약 내용에 포함시키기로 합의하였기 때문이다.

[2] 약관의 규제에 관한 법률(이하 '약관법'이라 한다) 제5조 제1항 후단 은 "약관은 고객에 따라 다르게 해석되어서는 아니 된다."라고 하여 객관적 해석의 원칙을 정하고 있다. 보험약관의 해석은 계약의 상대방이 아닌 평균적인 고객을 기준으로 약관을 사용하여 체결된 모든 계약에 통일적으로 해석되어야 한다. 그러나 보험사업자와 고객이 약관에서 정하고 있는 사항에 관하여 약관의 내용과 다르게 합의한 때에는 개별 약정으로 정한 사항이 약관보다 우선해서 계약의 내용이 된다(약관법 제4조).

[3] 당사자 사이에 계약의 해석을 둘러싸고 이견이 있어 당사자의 의사 해석이 문제 되는 경우에는 계약의 내용, 계약이 체결된 동기와 경위, 계약으로 달성하려는 목적, 당사자의 진정한 의사 등을 종합적으로 고찰하여 논리와 경험칙에 따라 합리적으로 해석하여야 한다.

[4] 보험계약의 체결 경위, 담보내용 및 이행과정과 함께 甲 회사는 위 지게차가 자동차손해배상 보장법(이하 '자동차손배법'이라 한다)이 적용되는 건설기계에 해당하지 않는다는 것을 알고 보험계약을 승낙한 점, 자동차손배법상의 '자동차'에 해당하지 않는 지게차라도 자동차손배법이 적용되는 건설기계와 같이 취급하여 대인배상 I 의 보상책임을 보장하는 내용의 자동차보험계약을 체결할 수 있고, 甲

회사의 보험약관의 가입대상 규정에서 일반 건설기계에 대한 가입 제한을 두고 있지 않은 점, 위 보험계약에서 대인배상 I 에 따른 보상을 부정한다면 보험계약의 효력을 전면적으로 부정하는 결과가 되어 보험계약을 체결한 보험목적을 전혀 달성할 수 없는 점에 비추어 보면, 甲 회사는 위 지게차를 자동차손배법이 적용되는 건설기계와 같이 취급하여 그 운행과 관련해서 발생한 사고에 관하여 자동차손배법과 동일한 내용으로 보상하여 주기로 약정하였다고 볼 수 있으므로, 甲 회사는 보험계약에 따라 보험금을 지급할 의무가 있고, 위 지게차가 자동차손배법이 적용되는 건설기계에 해당하지 않는다는 이유를 들어 보험금의 지급을 거부할 수 없다.

[쟁점사항]

이 사건은 [1] 보험계약의 내용이 반드시 보험약관의 규정에 국한되지는 않고, 보험약관이 계약당사자 사이에 구속력을 갖는 근거를 의사설의 입장을 유지하면서, [2] 보험약관의 해석에서 객관적 해석의 원칙과 개별 약정 우선의 원칙 및 [3] 합리해석의 원칙을 밝히면서, [4] 甲 보험회사가 乙과 체결한 보험계약에서 담보내용은 '대인배상 I (책임보험)'로 정하였는데, 丙이 乙의 승낙하에 지게차를 운전하던 중 丁을 충격하는 사고가 발생하여 정이 상해를 입은 사안에서, 甲 회사는 위 지게차가 자동차손해배상 보장법이 적용되는 건설기계에 해당하지 않는다는 이유를 들어 보험금의 지급을 거부할 수 없다고 한 사례이다.

8. 약관의 규제

보통보험약관은 보험자가 일방적으로 작성하였음에도 불구하고 당사자 간의 계약의 내용이 되어 당사자를 구속한다. 뿐만 아니라 보험계약자는 보험계약상의 기술적·법률적 지식의 측면에서 보험자에 비하여 상당히 불리한 처지에 있는 것이 보통이므로 자칫하면 보험계약자 등의 이익이 희생되기 쉽다. 이에 따라 보험계약의 내용을 잘 이해하지 못하는 보험계약자 등을 보호하고, 특히 선의성과 공공성이라는 특성을 갖고 있는 보험을 건전하게 관리·유지하기 위하여 보통보험약관에 대한 규제가 요구된다.

(1) 상법상 규제

1) 불이익변경금지

상법 제663조에 따라 불이익변경금지에 의한 규제가 인정된다. 종래에는 보험편 중 통칙 규정만을 특약으로 보험계약자 등의 불이익으로 변경하지 못하는 것으로 하였으나, 1991년 개정 상법은 일반계약자의 보호를 위하여 원칙적으로 그 효력범위를 확대하여 보험편의 모든 규정에 미치도록 하였다. 그러나 개정 상법상의 단서 조항에 따라 재보험 및 해상보험 기타 이와 유사한 보험의 경우는 예외를 인정하고 있다.

2) 보험약관의 교부·설명의무

먼저 상법에서 보험자가 보험계약을 체결한 때에는 보험계약자에게 보험약관을 교부하고, 그 약관의 중요한 내용을 알려주도록 하여 간접적으로 약관에 의한 계약체결에 규제를 인정하고 있다. 또한 약관규제법 제3조도 약관 일반에 대해 사업자의 약관의 명시·설명의무를 규정하고 있고, 특히 고객이 요구할 때에는 명시의무의 한 방법으로 약관의 교부의무를 지는 것으로 하고 있다. 그리고 사업자가 약관의 일부나 전부를 명시·설명하지 않으면 약관을 계약내용으로 주장할 수 없고, 계약은 원칙적으로 나머지 부분만으로 유효하게 존속하되 예외적으로 전부 무효가 되는 경우도 있다(약관규제법 제3조 제3항, 제16조).

(2) 보험업법상의 규제

1) 약관의 인가

보험사업의 허가를 받고자 하는 자는 신청서에 보험약관을 첨부하여 금융위원회에 제출하여야 하며(보험업법 제5조 제3호), 변경의 경우 동 위원회에 신고 또는 제출하여야 한다. 그러나 신고 또는 제출하지 않은 약관에 의한 보험계약이 당연히 무효가 되는 것은 아니며(보험업상의 제재는 있으나), 인가를 받았다고 해서 무효가 되지 않음을 의미하는 것은 아니다.[47)]

2) 약관의 공시

보험업법에서도 보험계약의 체결 또는 모집에 종사하는 자는 보험계약자 또는 피보험자에 대하여 보험계약의 계약조항 중 중요한 사항을 알리도록 하고 있다(보험업법 제97조 제3항).

3) 약관의 기재사항

보험약관에는 보험회사가 보험금을 지급해야 할 사유, 보험계약의 무효원인, 보험회사의 면책사유, 보험회사가 부담해야 하는 의무의 한계를 정하는 방법과 의무이행의 시기, 보험계약자나 피보험자의 의무불이행에 대하여 받는 손실, 보험계약의 전부 또는 일부의 해제원인과 해제한 경우의 당사자의 권리의무, 보험계약자, 피보험자나 보

---

47) 대법원 1990. 5. 25. 선고 89다카17591 판결

험수익자가 이익이나 잉여금을 배당을 받을 권리의 유무 등에 관한 사항을 기재하여야 한다.

(3) 약관규제법상의 규제

약관규제법은 약관에 대해 3가지 관점에서의 통제방법을 정해놓고 있다. 첫째, 당해 약관이 계약에 편입되었느냐를 심사하는 편입통제, 둘째, 약관에 대해 해석에 의해 그 의미를 확정하는 해석통제, 셋째, 약관에 대해 그 불공정성의 유무를 결정하는 공정성 통제가 있다. 편입통제에 해당하는 것으로는 제3조(약관의 명시·설명의무) 및 제4조(개별약정의 우선)가 있고, 해석통제에 해당하는 것으로는 제5조(약관의 해석)가 있으며, 불공정통제에 해당하는 것으로는 제6조(일반원칙) 및 제7조 내지 제14조(개별금지조항)가 있다.[48)]

(4) 사법적 규제

법원은 보통보험약관의 내용을 구체적인 사건에서 해석·적용할 때에는 내용이 불공정하거나 신의치 또는 강행법규에 위반한 경우에 이를 무효로 할 수 있는 내용통제를 하게 된다.

(5) 공정거래위원회에 의한 규제

공정거래위원회는 금융위원회의 인가를 받은 보험약관이 약관규제법에 위반한 사실이 있다고 인정된 때에는 금융위원회에 그 사실을 통보하고 그 시정에 필요한 조치를 요청할 수 있다(약관규제법 제18조 제1항). 이러한 시정조치를 요청받은 금융위원회는 보험자에게 보험약관의 변경명령을 내릴 수 있다(보험업법 제131조 제2항).

---

48) 대법원 1991. 12. 24. 선고 90다카23899 전원합의체 판결.

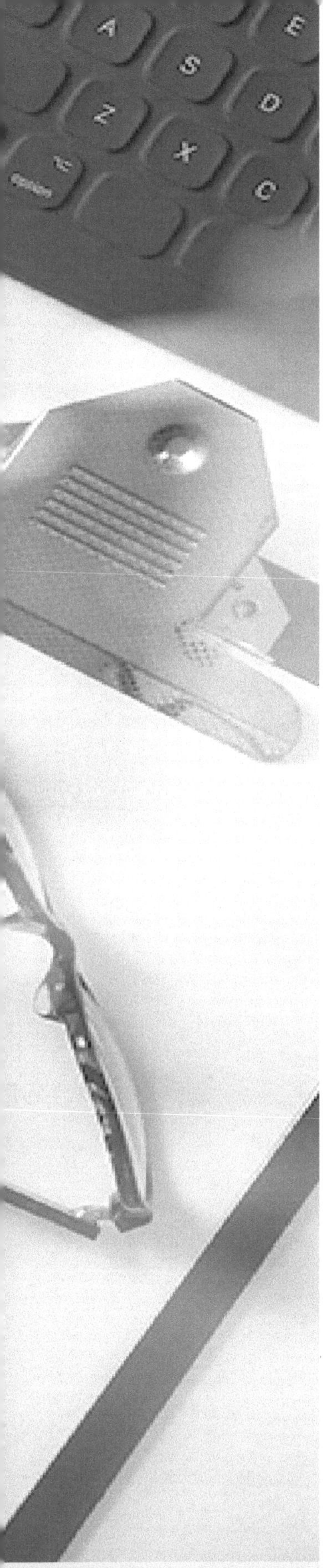

제2장
보험계약

제1절

보험계약의 개념

Ⅰ. 보험계약의 의의

1. 서 언

보험제도로서 해상보험과 화재보험만이 존재하던 시절에는 보험을 사고에 의해서 구체적으로 발생한 손해를 전보하는 제도라고 볼 수밖에 없었다. 그러나 손해가 발생한 경우 구체적인 손해의 유무나 손해액에 관계없이 보험계약 체결당시 약정한 일정금액을 지급하기로 하는 생명보험제도가 나타나면서 오늘날 보험계약(Versicherungsvertrag)의 의의에 대하여는 보험제도의 성질과 관련하여 다양하게 학설이 나뉘어 있는데, 이를 보험본질론이라고 한다. 그러나 보험계약의 본질론에 있어서 손해보험계약과 정액보험계약에 관하여 공통되는 정의를 내린다는 것은 용이한 일은 아니지만, 보험법의 적정한 운용을 위해서는 그 전제로서 보험계약의 개념을 밝히지 않으면 안 되기 때문에 이에 관해서는 다음과 같은 학설의 대립이 있다.

2. 보험계약에 관한 학설

(1) 손해보상계약설

이 설은 사보험제도가 발달한 초기 손해보험제도만이 있던 시대에 보험계약에 관한 학설로서, 보험계약이란 보험자가 보험계약자로부터 대가를 징수하고 보험사고에 의해 보험계약자 또는 피보험자에게 생기는 손해를 보상할 것을 인수하는 계약이라고 본다. 그러나 생명보험제도가 생겨나면서 이를 설명할 수 없게 되었는데, 통상 생명보험의 경우에는 구체적인 손해 유무와 관계없이 보험사고가 발생하면 보험자가 일정금액을 지급하는 정액보험이기 때문이다. 그러므로 동설은 손해보험계약에만 맞는 것이고 모든 보험계약에 공통된 개념으로 받아들이기에는 한계가 있다.

(2) 경제수요 충족설

보험계약은 불확정한 사고의 발생에 따른 수요를 충족시키려는 보험의 경제상의 목적에 중점을 두어, 보험계약이란 보험자가 상대방으로부터 보험료를 징수하여 우연한 사고의 발생으로 인하여 상대방 또는 제3자에게 생긴 경제적 수요를 충족시킬 것을 인수하는 계약이라는 견해이다. 그러나 이 설은 수요의 뜻이 막연하여 보험계약과 다른 계약을 구별할 수 없다는 단점이 있고, 생명보험의 경우 보험사고만 발생하면 경제적 수요와 관계없이 일정액의 보험금을 지급함을 설명하지 못한다.

(3) 기술적 기초설

보험계약은 보험자가 우연한 사고발생의 개연율에 따라 산출된 보험료에 대하여 그 사고의 발생시에 일정한 금액을 상대방에게 지급할 것을 약정하는 계약, 즉 보험계약의 기술적 기초에 착안하여 보험계약을 설명하고 있다. 그러나 동설은 보험사업의 설명으로는 의의가 있으나, 보험계약의 개념에 대한 설명으로는 부적합하다는 비판이 있다.

(4) 선택설 또는 이원설

모든 보험을 포괄할 수 있는 보험계약의 개념을 정의하는 것이 곤란하기 때문에 보험계약은 당사자의 일방이 불확정한 계약상의 사고가 발생한 경우에 그로 인하여 발생한 손해를 보상하거나 약정한 금액을 지급할 의무를 지는 계약이라고 하는 입장이다. 그러나 이 견해는 보험계약의 통일적·종합적 개념에 대한 정의를 포기한 것이라는 비판이 가해진다.

(5) 재산급여설

보험계약을 다른 유사한 계약과 구별하기 위하여 완전할 수 없더라도 손해보험과 인보험에 공통되는 개념을 찾아야 할 것인데, 이러한 요청에서 볼 때 보험계약은 특정한 우발적 사고가 발생한 때에 약정한 취지에 따라 재산적 급여를 할 것을 약속하는 계약이라는 입장이다(통설). 그러나 이 설은 매우 추상적인 설명으로 보험계약과 다른 급부계약과의 구별이 곤란하다는 비판을 받고 있다.

(6) 특수계약설

보험계약은 보험자가 대수의 법칙에 따른 위험률에 따라 보험계약자로부터 보험료를 받고, 일정한 목적에 대하여 우연한 사고가 발생한 때에 보험금 기타의 급여를 할 것을 약정한 채권계약으로서, 보험제도의 성질상 사법상 전형계약과 다른 특수한 의미의 계약이라고 한다.

(7) 검토

보험계약에 대하여 통일적 개념을 내릴 수 없으나, 보험계약을 다른 유사한 계약과 구별하기 위해서는 손해보험과 인보험에 공통되는 개념을 찾을 필요가 있다. 이러한 요청에서 볼 때 보험계약은 특정의 우발적 사고가 발생한 때에 약정한 취지에 따라 보험금 기타의 급여를 할 것을 약속하는 계약(특수계약설)이라고 볼 수밖에 없을 것이다.

3. 상법상 정의

우리 상법 제638조는 "보험계약은 당사자 일방이 약정한 보험료를 지급하고 재산 또는 생명이나 신체에 불확정한 사고가 발생할 경우에 상대방이 일정한 보험금이나 그 밖의 급여를 지급할 것을 약정함으로써 효력이 생긴다."고 규정하여, 손해보험과 인보험에 관한 통일적인 정의 규정을 두고 있다. 이와 같이 형식에 있어서는 일원적으로 규정되어 있으나, 보험의 목적을 재산 또는 생명이나 신체라고 하여 손해보험(재산보험)과 인보험으로 나누어 실질적으로는 이원적으로 규정하고 있다.

여기서 '일정한 보험금'이라 함은 손해보험에 있어서는 손해보상액, 정액보험에 있어서는 그 약정금액을 말하고, '그 밖의 급여'라 함은 현물급여 또는 치료 등과 같이 현금 이외의 급여를 의미한다. 상법의 이러한 보험계약에 관한 규정은 매우 추상적인 것으로, 이것만으로 보험계약이 다른 유사한 계약과의 구별이 곤란하다는 비판이 있으나, 보험계약법의 적용범위 등을 정하기 위하여는 이러한 추상적인 통일규정을 두고 있는 것에 그 의미를 찾을 수 있을 것이다.

Ⅱ. 보험계약의 특성

1. 낙성·불요식계약성

보험계약은 당사자 쌍방의 의사의 합치에 의하여 성립하고 아무런 형식을 요하지 않는 불요식의 낙성계약이다.[1] 이러한 성질은 상법 제638조의 규정에서 보아도 명백하다. 그러므로 계약내용이 반드시 보험약관의 규정에 국한되는 것은 아니고 당사자가 특별히 보험약관과 다른 사항에 관하여 합의한 때에는 그 효력이 인정된다. 보험계약이 낙성·쌍무의 불요식계약인 점에서 상법 제640조에서 규정하고 있는 보험증권은 당사자 쌍방에 의해 작성되는 것이 아니므로 보험계약서가 아니고, 계약이 성립한 후에 보험자가 작성·교부하는 것으로서 보험계약의 성립과는 무관하고 계약관계를 증명하는 증거증권에 불과하다. 또한 보험계약의 성립은 보험료의 수수와도 관계가 없다. 상법 제656조에서 최초의 보험료의 지급을 보험자의 책임개시요건으로 규정하고 있으나, 역시 보험계약의 성립과는 무관하다.

---

1) 대법원 2017. 6. 15. 선고 2013다215454 판결(보험계약은 당사자 일방이 약정한 보험료를 지급하고, 상대방이 재산 또는 생명이나 신체에 관하여 불확정한 사고가 생길 경우에 일정한 보험금액 기타의 급여를 지급할 것을 약정함으로써 효력이 생기는 불요식의 낙성계약이므로, 계약 내용이 반드시 보험약관의 규정에 국한되지는 아니한다. 그리고 보험약관이 계약당사자 사이에 구속력을 갖는 것은 그 자체가 법규범이거나 또는 법규범적 성질을 가지기 때문이 아니라 당사자가 그 약관의 규정을 계약 내용에 포함시키기로 합의하였기 때문이라고 볼 것인바, 일반적으로 당사자 사이에 보험약관을 계약내용에 포함시킨 보험계약서가 작성된 경우에는 계약자가 그 보험약관의 내용을 알지 못하는 경우에도 그 약관의 구속력을 배제할 수 없는 것이 원칙이나, 당사자 사이에서 명시적으로 약관의 내용과 달리 약정한 경우에는 위 약관의 구속력은 배제된다).

2. 유상 · 쌍무계약성

보험계약은 보험자와 보험계약자 사이에 이루어지는 채권계약으로서 보험료와 보험금은 대가관계에 있게 된다. 즉 보험계약은 보험자가 보험금액 기타의 급여를 지급할 것을 약정하고 보험계약자가 보험료를 지급할 것을 약정하는 계약이므로 유상계약이고, 이러한 보험금액과 보험료는 서로 대가관계에 있는 채무이므로 쌍무계약이다. 그리고 보험계약은 그 계약의 성립과 함께 효력이 발생하므로 조건부계약도 아니고(민법 제147조 참조) 또 편무계약도 아니다.

3. 상행위성

상법상 보험을 영업으로 할 때에는 영업적 상행위의 일종이 된다(상법 제46조 제17호). 이에 따라 영리보험에 있어서 보험계약은 상행위성이 인정되며, 이를 영업으로 하는 보험자는 당연상인이 된다(상법 제4조). 그런데 보험계약은 그 특수성으로 인하여 일반 상행위와는 달리 계약의 체결에 있어서 어느 정도의 제약을 받게 된다. 이러한 점에서 보험계약의 상행위성은 일반적인 상사거래를 위한 상행위와는 다르다. 따라서 상호보험계약은 영리보험자가 하는 것이 아니므로 상행위는 아니지만, 보험계약관계는 실질적으로 영리보험과 같으므로 그 성질에 반하지 않는 한 보험계약법의 규정이 준용된다(상법 제664조).

4. 사행계약성

보험계약에 있어서 보험자의 보험금지급책임은 미리 보험자가 보험료를 취득하였음에도 불구하고 우연한 사고(보험사고)가 생긴 때에만 발생하므로 보험계약은 사행계약(aleatory contract)에 속한다. 여기서 우연한 사고(보험사고)의 종류는 계약상 확정되어야 하지만, 그 보험사고의 발생은 불확정적이어야 한다. 이 불확정성은 사고의 발생여부(화재)·발생시기(사망)·발생형태(손해·질병)의 어느 하나가 불확정하면 되고, 또 반드시 장래의 것이 아니더라도 좋고, 당사자의 주관에서 불확정하면 된다. 보험계약은 개별적으로 보면 사행계약이지만, 보험단체 전체의 구조에서 통계적인 대량관찰에 의하여 살펴보면 우연한 사고의 발생은 규칙적·반복적이라는 점에서 사행계약이라고 볼 수 없는 면도 있다.

5. 선의계약성

보험계약은 사행계약성을 갖기 때문에 필연적으로 최대선의(最大善意)에 기초를 둔다. 물론 선의성은 보험계약법상의 문제만은 아니지만, 보험계약은 특히 우연한 사고의 발생을 전제로 하기 때문에, 선의성은 보험의 특성으로 강조되는 것이다.[2] 이에 따라 보험계약에서는 보험계약자에게 고지의무(상법 제651조) 등 특수한 의무를 부과하고, 보험계약자 쪽에서 보험자를 속이려는 사기 또는 고의적인 의도가 있을 때에는 보험계약을 무효로 돌리는 것이 보통이다(상법 제669조 제4항 참조). 이 밖에도 상법은 선의성과 관련한 많은 규정을 두고 있다(상법 제652조, 제653조, 제659조, 제672조 제3항 등).

6. 계속계약성

보험계약관계에서 보험자는 일정한 기간 안에 우연한 사고가 발생한 경우에 보험금 지급책임을 지게 되므로, 그 기간 동안 계속하여 계약관계가 존재한다. 이와 같이 보험계약은 계속적 계약의 성질을 갖기 때문에 보험계약자 등은 보험료를 모두 지급한 후에도 일정한 보험계약법상의 의무(통지의무 등)를 지게 된다. 그리고 보험계약을 해제할 수 있는 경우는 거의 없고, 보험계약의 해지의 경우에도 그 효력은 장래에 대하여만 영향을 미치게 된다(상법 제649조 제2항, 제669조 제1항 참조).

7. 부합계약성

보험계약은 위험단체의 관념에 기초를 두어 다수의 보험계약자를 상대로 동일한 내용을 대량적으로 반복하여 체결되는 다수계약(Mengengeschäft)에 속한다. 따라서 보험계약은 보험자가 미리 마련한 정형화된 약관에 따라 이루어지므로, 필연적으로 부합계

2) 대법원 2015. 3. 26. 선고 2014다203229 판결(보증보험계약은 보험계약으로서의 본질을 가지고 있으므로, 적어도 계약이 유효하게 성립하기 위해서는 계약 당시에 보험사고의 발생 여부가 확정되어 있지 않아야 한다는 우연성과 선의성의 요건을 갖추어야 한다. 만약 보증보험계약의 주계약이 통정허위표시로서 무효인 때에는 보험사고가 발생할 수 없는 경우에 해당하므로 그 보증보험계약은 무효이다).

약(contract of adhesion; Unterwerfungsvertrag)으로 되지 않을 수 없다. 즉 보험계약은 보험자가 그 내용을 미리 정한 보통보험약관에 의하여 정형적으로 체결되므로 부합계약성을 가진다.[3] 이로 인하여 보험계약자는 보험자가 작성한 약관의 내용을 잘 알지 못하고 계약을 체결함으로써 피해를 볼 수가 있다. 이에 따라 상법은 원칙적으로 불이익변경금지의 원칙(상법 제663조)과 보험약관의 교부·설명의무(상법 제638조의3)를 규정하고 있다. 또한 보험업법은 보험업의 허가를 얻을 때 보통보험약관을 정부(금융위원회)에 제출하도록 하고 있고(보험업법 제5조 제3항 제3호), 금융위원회는 일정한 경우 보험약관을 포함한 기초서류에 대한 변경 또는 사용의 정지를 명할 수 있도록 하고 있다(보험업법 제131조 제2항).

◆ 대법원 2020. 10. 29. 선고 2019다267020 판결

[사실개요]

원고(보험계약자)는 2015년 피고(보험회사)와 '상해·사망 또는 후유장애 발생 시 정액 보험금을 본인(원고)에게 지급하는' 내용의 보험계약을 맺었다. 그런데 원고는 통원치료가 가능함에도 장기간 입원하는 등의 방법으로 피고 등 보험사로부터 실제 지급받을 수 있는 보험금보다 많은 보험금을 받았다. 원고는 이 같은 사실로 기소돼 징역 6개월에 집행유예 1년을 확정받았다. 피고는 원고의 범행을 근거로 당초 지급된 보험금이 부당이득에 해당한다며 원고를 상대로 반환을 요구하는 소송을 내 승소 확정 판결을 받았다. 원고가 피고로부터 부당 편취한 금액은 약 1,100여만 원에 달했다. 이에 피고는 2018년 7월 원고에게 보험계약 해지를 통보했다. 해당 보험계약 약관은 '피보험자나 계약자의 고의를 원인으로 하여 생긴 손해는 보장하지 않는다. 이러한 사유가 발생한 때에는 계약을 해지할 수 있다'고 규정했다. 이에 반발한 원고는 피고를 상대로 소송을 제기했다.

[판결요지]

[1] 보험계약은 장기간의 보험기간 동안 존속하는 계속적 계약일 뿐만 아니라, 도덕적 위험의 우려가 있어 당사자의 윤리성과 선의성이 강하게 요구되는 특성이 있으므로 당사자 사이에 강한 신뢰관계가 있어야 한다. 따라서 보험계약의 존속 중에 당사자 일방의 부당한 행위 등으로 인하여 계약의 기초가 되는 신뢰관계가 파괴되어 계약의 존속을 기대할 수 없는 중대한 사유가 있는 때에는 상대방은 그 계약을 해지함으로써 장래에 향하여 그 효력을 소멸시킬 수 있다.

[2] 보험계약자 측이 입원치료를 지급사유로 보험금을 청구하거나 이를 지급받았으나 그 입원치료의 전

3) 피고는 이 사건 최초 보험계약이 무효임을 알면서도 적극적으로 회사 내부절차를 밟아 계약의 무효에 따른 기지급 보험료의 반환조치를 취하지 아니하였을 뿐만 아니라, 오히려 원고가 지급하는 보험료를 별다른 이의 없이 수령해 왔다는 것이므로, 이와 같은 사정에 다수의 보험계약자를 상대로 하여, 대량적·반복적으로 체결되는 **부합계약의 특성을 지닌 보험계약**을 체결함에 있어서 보험자인 피고는 통상 보험계약자에 비하여 우세한 인적·물적 시설은 물론 보험업무에 관한 전문적 지식을 갖추고 있는 우월한 지위에 있다는 점을 보태어 함께 참작해 보면, 피고는 위 최초 보험계약이 무효임을 알면서도 1년 이상 보험료를 수령함으로써 무효인 보험계약을 묵시적으로 추인하였다고 봄이 상당하고, 이로써 원고와 사이에 위암을 제외한 나머지 현대인의 12대 질병을 보험사고로 하는 최초 보험계약과 동일 내용의 새로운 보험계약이 체결되었다 할 것이다(대전지방법원 2001. 8. 17. 선고 2000가단7055 판결).

부 또는 일부가 필요하지 않은 것으로 밝혀진 경우, 입원치료를 받게 된 경위, 보험금을 부정 취득할 목적으로 입원치료의 필요성이 없음을 알면서도 입원을 하였는지 여부, 입원치료의 필요성이 없는 입원 일수나 그에 대한 보험금 액수, 보험금 청구나 수령 횟수, 보험계약자 측이 가입한 다른 보험계약과 관련된 사정, 서류의 조작 여부 등 여러 사정을 종합적으로 고려하여 보험계약자 측의 부당한 보험금 청구나 보험금 수령으로 인하여 보험계약의 기초가 되는 신뢰관계가 파괴되어 보험계약의 존속을 기대할 수 없는 중대한 사유가 있다고 인정된다면 보험자는 보험계약을 해지할 수 있고, 위 계약은 장래에 대하여 그 효력을 잃는다.

한편 이러한 해지권은 신의성실의 원칙을 정한 민법 제2조에 근거한 것으로서 보험계약 관계에 당연히 전제된 것이므로, 보험자에게 사전에 설명할 의무가 있다거나 보험자가 이러한 해지권을 행사하는 것이 상법 제663조나 약관의 규제에 관한 법률 제9조 제2호를 위반한 것이라고 볼 수 없다. 보험자가 보험금 지급에 관한 심사를 하는 단계에서 지급요건을 충족하지 못한 것을 밝히지 못하고 보험금을 지급했다는 이유만으로, 보험자가 이러한 해지권을 행사하는 것이 보험계약상 신의성실의 원칙 위반이라고 볼 수도 없다. 다만 이러한 해지권은 보험약관에 명시되어 있지 않고 또 구체적 사안에서 해지사유가 있는지 여부가 명확하지 않은 면이 있을 뿐만 아니라, 보험자가 부당한 보험금 청구를 거절하거나 기지급 보험금을 반환받는 것을 넘어서 보험계약 자체를 해지하는 것은 자칫 보험계약자 측에 과도한 불이익이 될 수 있다는 점을 고려할 때, 구체적 사안에서 보험자가 이와 같은 해지권을 행사할 수 있는지는 신중하고 엄격하게 판단하여야 한다.

[3] 보험계약은 당사자의 윤리성과 선의성이 강하게 요구되는 특성으로 인하여 당사자 사이에 강한 신뢰관계를 요구한다. 따라서 보험계약이 당사자 일방의 부당한 행위로 계약의 기초가 되는 신뢰관계가 파괴되어 상대방이 그 계약을 해지하는 경우, <u>신뢰관계를 파괴하는 당사자의 부당한 행위가 해당 보험계약의 주계약이 아닌 특약에 관한 것이라 하더라도 그 행위가 중대하여 이로 인해 보험계약 전체가 영향을 받고 계약 자체를 유지할 것을 기대할 수 없다면, 특별한 사정이 없는 한 해지의 효력은 해당 보험계약 전부에 미친다고 보아야 한다.</u>

[쟁점사항]

이는 보험계약 존속 중 당사자 일방의 부당한 행위 등으로 신뢰관계가 파괴되어 계약의 존속을 기대할 수 없는 중대한 사유(통원치료가 가능한 질병임에도 그 정도를 과장하거나 증상을 속이는 방법으로 입원치료를 받은 행위 등)가 있는 경우 상대방이 보험계약을 해지할 수 있다고 보면서, 특히 보험계약의 기초가 되는 신뢰관계를 파괴하는 당사자 일방의 부당한 행위가 해당 보험계약의 특약에 관한 것이더라도 그 행위가 중대하여 계약 자체의 유지를 기대할 수 없는 경우 이로 인한 해지의 효력이 보험계약 전부에 미칠 수 있다고 판시한 사례이다.

제2절

보험계약의 요소

Ⅰ. 보험계약관계자

1. 서 언

보험계약의 당사자로서 가장 중요한 자에는 보험계약의 직접 당사자인 '보험자'와 '보험계약자'가 있다. 그리고 보험계약자가 아닌 타인을 위하여 보험계약을 체결하거나 또는 타인의 생명에 대하여 보험계약을 체결하는 경우에는 보험계약자 이외에 '피보험자' 또는 '보험수익자'가 있으며, 그밖에 보험자의 보조자인 '보험대리점', '보험중개사', '보험설계사', '보험의'와 '보험목적의 소유자·물상담보권자', '보험금채권의 질권자' 등이 관계한다. 이 가운데 보험자와 보험계약자, 피보험자, 보험수익자를 협의의 보험관계자라고 한다.

2. 계약 당사자

(1) 보험자

보험자(insurer, underwriter, Versicherer; assurer)는 보험사업의 주체로서 보험을 인수하는 자이다. 따라서 보험자는 보험사고가 발행한 경우에 보험금을 지급할 의무를 지는 자이다. 보험자는 보험사업의 사회성·공공성 등의 특성으로 인하여, 보험업법에 의하여 자본금 등 일정한 자격을 가진 자로서 금융위원회로부터 보험사업의 허가를 받은 자이어야 한다(보험업법 제4조, 제6조).[4] 보험자가 허가를 받지 아니하고 보험사

업을 한 경우에는 일정한 제재를 받게 된다.[5)]

보험자의 수는 하나의 보험계약에서 하나인 것이 보통이지만, 여러 보험자가 하나의 보험계약을 공동으로 체결할 수도 있는데, 이를 '공동보험'이라고 한다. 이 경우 공동보험자는 연대하여 보험금을 지급할 채무를 부담한다(상법 제57조 제1항). 공동보험은 중복보험(또는 병존보험)과 구별하여야 하는데, 중복보험에서는 여러 보험자가 그들 사이에 연결이 없이 동일한 보험목적과 동일한 사고에 관하여 별개로 수개의 보험계약을 체결하는 것이지만, 특별한 규제를 받는다(상법 제672조).

(2) 보험계약자

보험계약자(insured, assured; Versicherungsnehmer)는 보험계약관계에서 보험자와 자기의 이름으로 보험계약을 체결하고 보험료지급의무를 부담하는 직접의 당사자이다. 보험계약자의 자격에는 제한이 없으므로 자연인이든 법인이든 묻지 않는다. 또 대리인에 의하여 보험계약을 체결할 수도 있다. 이러한 경우 대리인이 안 사유는 그 본인이 안 것과 동일한 것으로 한다. 보험계약자는 자기는 물론 타인을 위한 보험계약도 체결할 수도 있는데, 이때에도 보험계약의 당사자는 그 타인이 아니라 보험계약자이다.

3. 계약 당사자 이외의 자

(1) 피보험자

피보험자(insured, assured; Versicherter)는 그 보험이 손해보험이냐 인보험이냐에 따라 그 의미가 달라진다. 손해보험에서 피보험자는 피보험이익의 주체로서 보험사고의 발생으로 생긴 재산상의 손해보상을 받을 권리를 갖는 자를 의미한다. 즉, 보험사고가 발생한 경우 보험금을 지급받을 보험금수취인을 가리키며, 인보험의 경우의 보험수익자와 비슷하다. 손해보험계약에서 보험계약자와 피보험자가 같은 때에는 자기를

---

4) 인터넷을 이용한 보험모집을 하는 전문보험회사로 통신판매전문보험회사가 있는데, 이는 총보험계약건수 및 수입보험료의 90% 이상을 전화·우편·컴퓨터통신 등 통신수단을 이용하여 보험을 모집하는 회사를 말한다. 보험업법 제9조 제1항에 의한 자본금 또는 기금의 3분의 2에 상당하는 금액 이상을 자본금 또는 기금으로 납입함으로써 보험업을 개시할 수 있다. 통신판매전문보험회사의 경우 보험업법 제13조 제1항의 규정에 의한 모집비율을 위반한 경우, 동 비율에 충족할 때까지 통신수단 이외의 방법으로 모집할 수 없다(시행령 제13조 제2항).

5) 허가를 받지 아니하고 보험사업을 영위한 자는 5년 이하의 징역 또는 5,000만원 이하의 벌금에 처하고(보험업법 제200조), 허가 없이 보험계약을 체결한 자는 1,000만원 이하의 과태료 제재를 받는다(보험업법 제209조).

위한 손해보험이고, 다른 때에는 타인을 위한 손해보험이다.[6)]

한편, 인보험에서 피보험자는 생명 또는 신체에 관하여 보험이 붙여진 자로, 자연인[7)]만을 의미한다. 인보험에서 피보험자는 1인 또는 수인(단체보험)이 될 수 있다. 인보험에 자기 생명을 보험에 붙인 경우에는 보험계약자와 피보험자가 동일하지만, 타인의 생명을 보험에 붙인 경우에는 보험계약자와 피보험자가 다르다. 이 때 전자를 '자기의 인보험계약' 후자를 '타인의 인보험계약'이라 한다. 그러나 후자의 경우 피보험자에 대한 제한이 따른다(상법 제731조, 제732조).[8)]

(2) 보험수익자

보험수익자(beneficiary; Bezugberechtigter)는 인보험계약에 있어서 보험자에 대하여 보험금청구권을 가지는 자로, 그 수나 자격에는 제한이 없다. 보험계약자가 동시에 보험수익자인 경우에는 자기를 위한 인보험이고, 그렇지 아니한 경우에는 타인을 위한 보험계약이다. 손해보험에서는 보험수익자라는 용어를 사용하지 않는다. 인보험에 있어서의 보험수익자는 손해보험에 있어서의 피보험자에 해당하는 개념으로 볼 수 있다.

4. 보험자의 보조자

제646조의2(보험대리상 등의 권한)

① 보험대리상은 다음 각 호의 권한이 있다.
1. 보험계약자로부터 보험료를 수령할 수 있는 권한
2. 보험자가 작성한 보험증권을 보험계약자에게 교부할 수 있는 권한
3. 보험계약자로부터 청약, 고지, 통지, 해지, 취소 등 보험계약에 관한 의사표시를 수령할 수 있는 권한
4. 보험계약자에게 보험계약의 체결, 변경, 해지 등 보험계약에 관한 의사표시를 할 수 있는 권한

② 제1항에도 불구하고 보험자는 보험대리상의 제1항 각 호의 권한 중 일부를 제한할 수 있다. 다만, 보험자는 그러한 권한 제한을 이유로 선의의 보험계약자에게 대항하지 못한다.

③ 보험대리상이 아니면서 특정한 보험자를 위하여 계속적으로 보험계약의 체결을 중개하는 자는 제1항제1호(보험자가 작성한 영수증을 보험계약자에게 교부하는 경우만 해당한다) 및 제2호의 권한이 있다.

---

6) 자기 집을 화재보험에 든 경우에는 보험계약자가 동시에 피보험자가 되지만, 아들의 집을 위해 아버지가 화재보험에 가입한 경우에는 보험계약자는 아버지이고, 피보험자는 아들이다. 전자를 '자기를 위한 보험계약'이라고 하고, 후자를 '타인을 위한 보험계약'이라고 한다.

7) 태아도 피보험자의 지위가 인정된다(서울고등법원 2016. 2. 3. 선고 2015나2028942 판결).

8) 보험이 도박에 이용되거나 살인의 유혹을 받을 염려가 있으므로 피보험자가 동시에 보험수익자가 아닌 한 피보험자(타인)의 서면에 의한 동의를 얻도록 하고 있고, 15세 미만자, 심신상실자의 사망보험계약은 원칙적으로 무효이다.

④ 피보험자나 보험수익자가 보험료를 지급하거나 보험계약에 관한 의사표시를 할 의무가 있는 경우에는 제1항부터 제3항까지의 규정을 그 피보험자나 보험수익자에게도 적용한다.
[본조신설 2014.3.11] [[시행일 2015.3.12]]

(1) 보험대리상

보험대리상(insurance agent; Versicherungsagenten)이란 일정한 보험자를 위하여 상시 그 영업부류에 속하는 보험계약의 체결을 대리(체약대리상)하거나, 중개(중개대리상)하는 것을 영업으로 하는 독립된 상인을 말한다(상법 제87조). 이러한 보험대리상은 자연인이든 법인이든 상관이 없으나, 일정한 자격을 갖춘 자로서 금융위원회에 등록하여야 한다(보험업법 제87조). 보험대리상은 보험대리점위임계약에 의하여 그 자를 위하여서만 상시 계속적으로 보조하는 자인 점에서 불특정 다수의 보험자를 위하여 보조하는 보험중개인과 다르며, 또한 보험자에게 고용되어 보조하는 것이 아니라 자기의 영업을 하는 독립한 상인인 점에서 보험자의 단순한 상업사용인과도 다르다.

보험체약대리상은 보험자의 대리인으로서 보험계약체결권을 가지므로 고지수령권, 보험료의 감액·유예·면제 및 수령권,[9] 계약의 변경·해지권 등을 가지며, 그 대리상이 안 사유는 보험자가 안 것과 같은 효력이 있다(상법 제646조). 반면에 보험중개대리상은 보험계약의 체결을 중개하는 권한을 가질 뿐 보험계약의 체결에 관한 대리권을 갖지 않으므로, 고지수령권 및 보험료수령권 등을 갖지 않는다.

그런데 실제로 계약체결과정에서 보험계약자는 상대방이 체약대리상인지 중개대리상인지를 구별하기 곤란하고,[10] 또 실무상 거의 이를 묻지 아니하고 보험계약을 체결하는 것이 보통이므로 보험계약자의 이익을 보호하기 위하여 이를 입법적으로 해결하였다. 즉 2014년 개정 상법은 제646조의2를 신설하여 보험대리상에 대한 입법적 근거를 두었다. 보험대리상은 ⅰ) 보험계약자로부터 보험료를 수령할 수 있는 권한, ⅱ) 보험자가 작성한 보험증권을 보험계약자에게 교부할 수 있는 권한, ⅲ) 보험계약자로부

9) 보험대리점의 보험료 수령권에 관해 보험회사를 대리하여 보험료를 수령할 권한이 부여되어 있는 보험대리점이 보험계약자에 대하여 보험료의 대납 약정을 하였다면 그것으로 곧바로 보험계약자가 보험회사에 대하여 보험료를 지급한 것과 동일한 법적 효과가 발생하는 것이고, 실제로 보험대리점이 보험회사에 대하여 대납을 하여야만 그 효과가 발생하는 것은 아니다(대법원 1995. 5. 26. 선고 94다60615 판결).

10) 대법원 2013. 2. 14. 선고 2011다28342 판결(상법 제87조는 일정한 상인을 위하여 상업사용인이 아니면서 상시 그 영업부류에 속하는 거래의 대리 또는 중개를 영업으로 하는 자를 대리상으로 규정하고 있는데, 어떤 자가 제조자나 공급자와 사이에 대리점계약이라고 하는 명칭의 계약을 체결하였다고 하여 곧바로 상법 제87조의 대리상으로 되는 것은 아니고, 그 계약 내용을 실질적으로 살펴 대리상에 해당하는지 여부를 판단하여야 한다).

터 청약, 고지, 통지, 해지, 취소 등 보험계약에 관한 의사표시를 수령할 수 있는 권한, iv) 보험계약자에게 보험계약의 체결, 변경, 해지 등 보험계약에 관한 의사표시를 할 수 있다(동조 제1항).[11] 그러나 보험자는 보험대리상의 위와 같은 권한 중 일부를 제한할 수 있지만, 보험자는 그러한 권한 제한을 이유로 선의의 보험계약자에게 대항하지 못한다(동조 제2항).[12]

◆ 대법원 1987. 12. 8. 선고 87다카1793 판결

[사실개요]

원고(버스운수업자)는 피고(보험자)와 사이에 피고의 보험대리점 A를 통하여 자동차보험계약을 체결하면서 그 보험료를 3회에 나누어 분할 납부하기로 하였다. 원고가 1회분 보험료를 납부하면서 그 2, 3회분의 보험료에 대하여도 미리 은행도 약속어음 4매를 발행하여 이를 함께 A에게 교부하였다. A는 원고로부터 받은 위 약속어음을 피고에게 납입하지 아니하고 횡령한 다음 외국으로 도주하여 버리자 피고는 위 약속어음이 피고에게 영수되지 아니하였다는 이유로 원고에 대하여 2, 3회분 보험료 해당 기간에 대한 보험계약은 실효된다는 취지의 서면통고를 하였다. 이에 원고는 부득이 다른 보험회사와 새로운 보험계약을 체결하는 한편 원고가 발행한 위 약속어음 4매에 대하여는 원고가 그 어음금을 지급결제하였다. 그 후 납입한 보험료를 반환하지 않자 원고가 보험료반환을 피고에게 청구하였다.

[판결요지]

소외 A가 피고를 대리하여 원고와 사이에 보험계약을 체결하고 그 보험료수령권에 기하여 원고로부터 1회분 보험료를 받으면서 그 2, 3회분 보험료에 해당하는 위 약속어음 4매를 함께 교부받았다면 그 변제수령의 효과는 피고에 미친다 할 것이고(위 어음이 지급결제됨으로써 보험료납부의 효과가 생긴다) 그럼에도 불구하고 피고가 보험계약상의 채무를 이행하지 아니할 의사를 명백히 한 이상 보험계약자인 원고는 피고가 스스로 실효되었다고 주장하는 위 2, 3회분의 보험계약을 해약하여 그 보험료 해당금액의 반환을 청구할 수 있다.

[쟁점사항]

이는 보험자의 대리인이 보험계약 체결시 1회분 보험료를 수령하면서 미리 2, 3회 분의 보험료에 해당하는 약속어음을 받고서 이를 횡령한 경우 그 변제수령의 효과가 보험자에게 미치는지와 관련하여, 보험계약자가 어음을 지급결제하였다면 대리인에 대하여 어음으로 한 보험료의 납부는 본인인 보험자에게 효과가 있다고 판시한 사례이다.

◆ 대법원 1997. 11. 14. 선고 97다26425 판결

[사실개요]

자동차보험계약을 모집하면서 보험대리점에 소속되어 있지만, 보험업법에 따른 소정의 신고를 하지 않은 사용인의 과실로 제2종 보통 운전면허로 4.5톤 화물트럭을 운전하는 것이 가능하다고 부실설명하였고 이를

11) 대법원 1995. 5. 26. 선고 94다60615 판결.

12) 이와 같이 2014년 개정 상법은 보험대리상에 관하여 체약대리상을 원칙으로 하면서(동조 제1항), 예외적으로 중개대리상을 상정하고 있는 것으로 보인다(동조 제2항). 이에 따라 보험자가 보험대리상에 대한 계약체결권이나 고지수령권 등을 제한할 수는 있지만, 그러한 권한의 제한을 이유로 선의의 보험계약자에게 대항할 수 없도록 하고 있다(동조 제2항 단서).

믿은 보험계약자가 보험계약을 체결하였다. 보험사고가 발생하자 보험자가 무면허운전 면책조항에 따라 면책하여 소송이 진행되었다.

[판결요지]

구 보험업법 제158조 제1항의 규정은, 보험 모집에 관하여 보험계약자에게 가한 손해에 대하여 보험사업자에게, 손해가 보험사업자의 임원·직원의 행위로 인한 경우에는 무과실책임을 지우고 보험모집인과 보험대리점의 행위로 인한 경우에는 무과실책임에 가까운 손해배상책임을 지움으로써 보험계약자의 이익을 보호함과 동시에 보험사업의 건전한 육성을 기하고자 하는 데 그 의의가 있다 할 것이다.

한편 구 보험업법 제144조는 보험의 모집을 할 수 있는 자는 "1. 보험사업자의 임원 또는 직원, 2. 보험모집인, 3. 보험대리점 또는 보험중개인, 4. 제3호의 보험대리점 또는 보험중개인의 임원이나 사용인으로서 이 법에 의하여 신고된 자" 중 1에 해당하는 자이어야 한다고 규정하고 있는바, 그 제4호의 보험대리점의 임원이나 사용인이 모집을 함에 있어 보험계약자에게 손해를 가한 경우에도 '보험대리점이 모집을 함에 있어 보험계약자에게 손해를 가한 경우'에 해당하여 위 구 보험업법 제158조 제1항이 적용된다 할 것이고, 신고를 하지 않은 보험대리점의 임원이나 사용인이 모집을 함에 있어 보험계약자에게 손해를 가한 경우에도, 그 임원이나 사용인이 위 구 보험업법 제218조 제1호에 의하여 형사처벌을 받게 된다 하더라도 그의 보험 모집의 법률적 효과가 보험대리점에 귀속되는 이상 역시 위 구 보험업법 제158조 제1항이 적용된다고 해석함이 위 구 보험업법의 취지에 부합한다 할 것이다.

사용인은 약 1년 6개월 동안 보험대리점을 위하여 계속적으로 보험계약의 체결을 중개하여 왔으므로 보험업법에 따른 소정의 신고를 하지 않았다 하더라도 보험대리점의 사용인이라 할 것이므로, 그가 보험 모집을 함에 있어 보험계약자에게 가한 손해에 대하여 보험사업자는 구 보험업법 제158조 제1항에 의하여 손해배상책임을 진다. 또한 제2종 보통 운전면허로 4.5톤 화물트럭을 운전하다가 사고를 일으키는 경우 무면허운전에 해당하는지 여부가 계약의 체결 여부를 결정함에 있어 가장 중요한 사항인데, 사용인이 이 점을 잘못 설명함으로써 보험계약을 체결하였으므로 부실설명과 보험금을 지급받지 못하게 된 손해사이에는 상당인과관계가 있다.

[쟁점사항]

이 판례는 구 보험업법 제158조 제1항은 보험모집인과 보험대리점의 행위로 인한 경우에는 무과실책임에 가까운 손해배상책임을 보험자 측에 대해 지우겠다는 의미이고, 보험업법에 의한 신고를 하지 않은 보험대리점의 임원이나 사용인이 보험모집을 함에 있어 보험계약자에게 손해를 가한 경우, 민법 제756조에 우선하여 구 보험업법 제158조 제1항(2003년 개정 보험업법 제102조, 동조는 2020. 3. 24. 금융소비자 보호에 관한 법률 시행에 따라 삭제되고 금융소비자 보호에 관한 법률 제45조로 대체되었다)이 적용되어 보험사업자도 책임을 지며, 자동차보험계약 체결시 보험대리점의 사용인이 보험계약자에게 운전면허별 운전 가능 차종을 잘못 설명해 준 행위와 그로 인해 보험계약자가 운전 가능 차종을 잘못 알고 운행하다 발생한 사고에 대해 보험금을 지급받지 못한 손해 사이의 상당인과관계를 인정한 사례이다.

◆ 대법원 2000. 7. 4. 선고 98다62909 판결

[사실개요]

레저관련사업 등을 영위하는 피고 회사(피보험자)는 원고(보험회사)와 건물 화재보험계약을 체결한 후 건물 증축공사를 하였고, 공사 중 화재가 발생하였다. 그런데 화재보험 보통약관 제9조(계약 후 알릴 의무) 제1항 제3호, 제2항에 의하면 보험계약자나 피보험자는 보험계약을 맺은 후 보험의 목적 또는 보험의 목적을 수용하는 건물의 구조를 변경·개축·증축하거나 계속하여 15일 이상 수선하는 경우에는 지체 없이 서면으로 보험자에게 알리고 보험증권에 확인을 받아야 하고, 같은 약관 제11조(계약의 해지) 제2항 제2호에 의하면 뚜렷한 위험의 변경 또는 증가와 관련된 위 제9조에 정한 계약 후 알릴 의무를 이행하지 아니하였을 때는 보험자가 계약을 해지할 수 있으며, 다만 보험자가 그 사실을 안 때로부터 1개월이 지났거나 보험자의 중대한 과실로 알지 못한 때에는 계약을 해지할 수 없다고 규정하고 있다. 그런데 피고 회사는 증축공사를 실시하면서 원고 회사에게 공사에 착수하였음을 서면으로 통지하지 아니하였다. 원고 회사는 피고 회사가 이 사건 건물의 증축공사에 착수하였음에도 이를 통지하지 않았다는 이유로 약관 규정에 따라 화재보험계약을 해지하였다. 이에 대해 피고 회사는 원고의 보험대리점을 운영하여 온 A가 공사현장에 위치한 피고 회사의 사무실을 방문하여 증축 사실을 알았기 때문에 통지의무 위반이 아니라고 주장한 사건이다.

[판결요지]

화재보험계약을 체결한 후 피보험건물의 구조와 용도에 변경을 가져오는 증·개축공사를 시행한 경우 상법 제652조의 통지의무의 대상이 된다. 보험계약자가 이를 해태한 경우 보험자는 보험계약을 해지할 수 있다. 그러나 오랫동안 원고의 보험대리점을 운영하여 온 A가 보험대리인으로서 공사현장에 위치한 피고 회사의 사무실을 방문하면서 이 사건 증·개축공사와 이로 인하여 보험사고 발생의 위험이 현저하게 증가된 사실을 알았거나, 적어도 조금만 주의를 기울였다면 그러한 사실을 충분히 알 수 있었다 할 것이므로 보험자는 보험계약을 해지할 수 없다.

[쟁점사항]

이 사례는 약관의 설명의무 등 관련 쟁점이 많았지만, 보험대리인의 지위와 관련한 것으로 보험대리인의 악의 등을 보험자의 악의 등으로 보아, 보험자의 보험계약해지를 제한한 사례이다. 즉 보험계약자 또는 피보험자의 통지가 없었다고 하더라도 보험대리인이 피보험 건물의 증·개축공사가 본격적으로 시행된 후 공사현장에 있는 보험계약자 또는 피보험자를 방문하면서 피보험 건물의 증·개축공사와 이로 인한 보험사고 발생의 위험이 현저하게 증가된 사실을 알았거나 중대한 과실로 알지 못하였다고 보아 화재보험보통약관상의 해지권 소멸 규정에 의하여 보험자가 보험계약을 해지할 수 없다고 본 사례이다.

(2) 보험중개인

보험중개인(insurance broker; Versicherungsmakler)이란 독립적으로 보험자와 보험계약자 사이의 보험계약의 체결을 중개하는 것을 영업으로 하는 자이다. 이러한 보험중개인도 일정한 자격을 갖춘 자로서, 금융위원회에 등록을 하여야 한다(보험업법 제89조). 이러한 보험중개인은 보험계약의 체결을 중개하는 점에서 보험중개대리상과 같으나, 특정한 보험자만을 위하여 중개하는 자가 아니라는 점에서 보험중개대리상과 구별된다.[13)]

보험중개인은 보험계약체결의 중개라는 사실행위를 하는 자이므로, 보험계약의 체결권이 없음은 물론 고지수령권 및 보험료수령권도 없다. 그러나 외국에서와 같이 보험계약의 체결과정에서 보험중개인을 보험계약자의 대리인으로 인정하여 일정한 경우

13) 그러한 점에서 2014년 개정 상법 제642조의2 제3항에서 보험계약의 체결을 중개하는 자에 대한 규정을 두고 있지만, 일반적인 보험중개인은 특정보험자만을 위해 중개행위를 하는 것이 아니므로 이 조항이 적용되지 않는다고 하여야 할 것이다. 그러므로 개정 상법상 보험중개인에 대한 별도의 규정은 없다.

계약체결권 등을 인정할 수 있을 것이다.

(3) 보험설계사

보험설계사(insurance salesman; Versicherungsgehilfe)란 보험자에 종속되어 보험자를 위하여 보험계약의 체결을 중개하는 자를 말한다. 보험설계사를 보험모집인 또는 보험외판원이라고도 한다.[14] 보험업법상 보험설계사는 일정한 자격요건을 갖추어 금융위원회에 등록하여야 한다(보험업법 제84조). 보험설계사는 보험자에게 소속되어 모집에 종사하는 자라는 점에서, 상인의 지위에서 보험모집을 하거나 보험계약의 체결을 중개하는 보험대리상 및 보험중개인과 다르다.

보험설계사는 보험계약의 체결을 권유하고 중개하는 사실행위만을 하는 자이므로, 보험자를 대리하여 계약을 체결하거나 고지를 수령할 권한이 없다. 그러나 실무상 이러한 권한이 없는 보험설계사에게 그러한 권한이 있는 것으로 오인하여 보험계약을 체결함으로써 부당하게 이익을 침해당한 보험계약자를 보호할 필요가 있다[15]는 점에서, 학설과 판례는 보험설계사에게도 1회 보험료의 수령권한은 있다고 보아 왔고, 2014년 개정 상법은 이를 명문으로 인정하였다(상법 제646조의2 제3항).[16]

그리고 보험설계사가 보험계약체결의 중개와 관련하여 보험계약자에게 손해를 가한 때에는 그 설계사를 고용하고 있는 보험자가 보험계약자에게 배상할 책임을 지게 된다(구 보험업법 제102조; 금융소비자보호에 관한 법률 제45조).[17] 여기서 '중개와 관

---

14) 종래 보험모집인이라고 불리었으나 보험업법의 개정(2003. 5. 29, 법률 제6891호)에서 보험설계사라는 명칭으로 개칭되었다. 현재 실무상으로는 '보험설계사'라는 명칭을 사용하고 있으나, 교과서 가운데에는 '보험모집인'이라는 명칭을 쓰는 경우도 있다. 보험업법상 "보험설계사"란 보험회사·보험대리점 또는 보험중개사에 소속되어 보험계약의 체결을 중개하는 자[법인이 아닌 사단(社團)과 재단을 포함한다]로서 제84조에 따라 등록된 자를 말한다(동법 제2조 제9호).

15) 보험설계사에게 보험회사를 대리하여 보험계약을 체결할 대리권이 없고, 판례에 의하면 고지수령권도 없기 때문에 보험계약자 등이 보험설계사에게 기왕의 병력 등을 고지하더라도 이를 보험회사에 대한 고지라고 볼 수 없다고 한다(대법원 1979. 10. 30. 선고 79다32564 판결). 다만, 보험설계사가 회사의 묵인 하에 다양한 명칭을 사용하면서(예컨대, 지사장, 지부장 등) 보험계약의 체결을 권유하고 있는데, 만일 이 경우 보험계약자가 보험설계사에게 대리권이나 고지수령권이 있는 것으로 오인한 때에는 표현대리의 법리에 의해 보험회사에게 책임을 물을 수 있을 것이며, 보험업법에서는 특별한 사용자배상책임 규정을 두고 있었다(구 보험업법 제102조, 동조는 삭제되고 2020. 3. 24. 제정된 금융소비자보호에 관한 법률 제45조로 대체되었다).

16) 2014년 개정 상법 제642조의2 제3항은 보험대리상이 아니면서 특정한 보험자를 위하여 계속적으로 보험계약의 체결을 중개하는 자, 즉 보험설계사에 대해서는 보험료수령권(보험자가 작성한 영수증을 보험계약자에게 교부하는 경우) 및 보험증권교부권을 인정해줌으로써 보험료수령권에 대한 논란을 입법적으로 해결하였다.

17) 대법원 2001. 11. 9. 선고 2001다55499, 55505 판결(보험회사의 보험모집인은 보험전문가로서 타인의 사망을 보험사고로 하는 보험계약에는 피보험자의 서면에 의한 동의를 얻어야 하는 사실을 보험계약자에게 설명하고 그 서면동의를 받아 보험계약을 체결하도록 조치를 취할 주의의무가 있음에도 불구하고, 보험계약 체결시 위 사실을 모르고 보험계약자에

련'한 것이라 함은 보험설계사의 모집행위 그 자체는 아니더라도 그 행위를 외형적으로 관찰할 때 객관적으로 보아 보험설계사의 본래 모집행위와 밀접한 관련이 있거나 유사하여 마치 그 모집행위 범위 내에 속하는 것과 같이 보이는 행위도 포함한다고 보아야 한다.18)

◆ 대법원 2004. 4. 23. 선고 2003다62125 판결

[사실개요]

원고(보험계약자)는 피고(보험회사)의 보험모집인 A를 통하여 원고의 아들인 B를 피보험자로 하는 생명보험계약을 체결하였다. 그 후 피보험자가 무궁화호 열차에 부딪쳐서 사망하였다. 보험모집인 A는 원고에게 생명보험계약을 체결할 것을 권유하면서 피보험자 B의 서면에 의한 동의가 없는 때에는 타인의 생명보험계약이 효력이 없다는 내용을 설명하지 아니하고 원고로 하여금 피보험자 B 대신 피보험자의 자필서명란에 서명하도록 하였다. 보험계약이 피보험자 B의 서면 동의가 없어 무효가 됨으로 인하여 피보험자 B가 교통재해로 인하여 사망하는 보험사고가 발생하였음에도 불구하고 사망재해보험금을 지급받지 못하게 되자, 원고가 피고에 대하여 손해배상을 청구하였다.

[판결요지]

타인의 사망을 보험사고로 하는 보험계약에는 보험계약 체결 시에 그 타인의 서면에 의한 동의를 얻어야 하고(상법 제731조 제1항 참조), 이는 강행규정이므로 이에 위반하여 체결된 보험계약은 무효이다. 따라서

게 설명하여 주지 않아 보험계약자로 하여금 피보험자 동의란에 피보험자의 서명을 대신하게 하여, 보험계약이 피보험자의 서면동의를 얻지 못하였다는 이유로 무효가 되어 보험계약자가 보험금을 받지 못하게 되는 손해를 입게 되었다면, 보험회사는 보험사업자로서 보험업법 제158조 제1항에 의하여 보험모집인이 보험모집을 하면서 보험계약자에게 가한 손해를 배상할 책임이 있다); 대법원 2008. 8. 21. 선고 2007다76696 판결(타인의 사망을 보험사고로 하는 보험계약의 체결에 있어서 보험설계사는 보험계약자에게 피보험자의 서면동의 등의 요건에 관하여 구체적이고 상세하게 설명하여 보험계약자로 하여금 그 요건을 구비할 수 있는 기회를 주어 유효한 보험계약이 성립하도록 조치할 주의의무가 있고, 보험설계사가 위와 같은 설명을 하지 아니하는 바람에 위 요건의 흠결로 보험계약이 무효가 되고 그 결과 보험사고의 발생에도 불구하고 보험계약자가 보험금을 지급받지 못하게 되었다면 보험자는 보험업법 제102조 제1항에 기하여 보험계약자에게 그 보험금 상당액의 손해를 배상할 의무를 진다); 대법원 2013. 8. 22. 선고 2012다91590 판결(소속 구성원의 사망 또는 상해를 보험사고로 하는 단체보험계약을 체결할 때 보험모집인으로서는 보험계약자가 단체보험 유효요건을 몰라 보험계약체결 당시에 그 체결된 보험계약이 무효가 되지 않도록 보험계약자에게 단체보험의 유효요건에 관하여 구체적이고 상세하게 설명하여 적어도 보험계약자로 하여금 그 요건을 구비할 수 있는 기회를 주어 유효한 보험계약이 체결되도록 조치할 주의의무가 있고, 그럼에도 보험모집인이 보험계약의 유효요건에 관하여 충분히 설명을 하지 아니하는 바람에 요건의 흠결로 보험계약이 무효가 되고 그 결과 보험사고의 발생에도 불구하고 보험계약자가 보험금을 지급받지 못하게 되었다면 보험자는 보험업법 제102조 제1항에 기하여 보험계약자에게 그 보험금 상당액의 손해를 배상할 의무가 있다); 대법원 2014. 10. 27. 선고 2012다22242 판결(보험회사 또는 보험모집종사자는 고객과 보험계약을 체결하거나 모집할 때 보험료의 납입, 보험금·해약환급금의 지급사유와 금액의 산출 기준은 물론이고, 변액보험계약인 경우 투자형태 및 구조 등 개별 보험상품의 특성과 위험성을 알 수 있는 보험계약의 중요사항을 명확히 설명함으로써 고객이 정보를 바탕으로 보험계약 체결 여부를 합리적으로 판단을 할 수 있도록 고객을 보호하여야 할 의무가 있고, 이러한 의무를 위반하면 민법 제750조 또는 구 보험업법 제102조 제1항에 따라 이로 인하여 발생한 고객의 손해를 배상할 책임을 부담한다).

18) 대법원 2006. 11. 23 선고 2004다45356 판결.

보험모집인 또는 보험대리점 등이 타인의 생명보험계약을 모집함에 있어서는 보험계약자에 대하여 타인의 생명보험은 다른 보험과는 달리 피보험자의 서면 동의가 없으면 보험사고가 발생하더라도 보험금을 지급받을 수 없다는 내용을 설명하거나 정보를 제공하여야 할 법적 의무가 신의칙상 요구된다고 할 것이고, 객관적으로 보아 그와 같은 내용을 이해시킬 수 있도록 충분히 설명하거나 정보를 제공하지 아니하였다면 타인의 생명보험계약을 모집함에 있어서 요청되는 설명의무 내지 정보제공의무를 다하지 아니하였다고 할 것이다.

재해보상특약이 붙은 타인의 생명보험계약이 피보험자인 B의 서면 동의를 받지 아니하였다는 사유로 무효가 됨으로 인하여 보험계약자인 원고가 입은 손해는 원고가 지급받지 못하게 된 보험금 3억 1,000만 원이다. 한편 원고도 타인의 생명보험계약을 체결함에 있어서 보험계약이 유효하기 위한 조건 등에 관하여 미리 알아보고 B의 서면 동의를 받아야 할 주의의무가 있음에도 이를 게을리 한 잘못이 있으며, 그 보험계약의 체결 경위 등에 비추어 원고의 과실비율을 30% 정도로 평가하여 결국 피고의 손해배상 범위는 원고의 과실을 참작하여 2억 1,700만 원(=310,000,000×70%)이 된다.

[쟁점사항]

이 판례는 타인의 사망을 보험사고로 하는 보험계약의 경우, 보험모집인 등이 보험계약자에게 피보험자인 타인의 서면 동의를 받아야 한다는 점에 대하여 설명할 의무를 부담한다고 보면서, 타인의 사망을 보험사고로 하는 보험계약에 있어서 보험모집인이 보험계약자에게 피보험자인 타인의 서면 동의를 받아야 한다는 점에 대한 설명의무를 이행하지 않고 보험계약자로 하여금 피보험자 대신 피보험자 자필서명란에 서명하게 함으로써 생명보험계약이 무효로 된 경우, 보험회사는 보험금을 지급받지 못하게 된 보험계약자에게 보험업법상의 손해배상책임을 부담하여야 한다고 한 사례이다.

◆ 대법원 2006. 6. 30. 선고 2006다19672 판결

[사실개요]

원고는 화재보험회사이고, 피고는 3개동의 공장을 소유하면서 공장을 분할하여 여러 업체에게 임대하는 사업을 하는 자이다. 피고는 공장화재보험계약을 체결할 당시 공장을 금속가공 및 의장, 기계부품류 가공업에 종사하는 업체들에 임대하고 있어 보험목적물의 영위업종을 금속가공, 조립 및 의장으로 고지하여 이러한 업종을 기준으로 한 보험요율이 적용되었다. 그 후 피고는 보험목적물의 일부를 유사석유화학제품의 제조업을 운영하는 자에게 임대하였고, 유사석유화학제품 제조업을 운영하는 공장에서 화재가 발생하여 건물의 내부가 완전히 연소되는 등의 보험사고가 발생하였다. 원고는 보험기간 중 영위 업종을 금속가공업에서 휘발성 용액 생산으로 변경하여 사고발생의 위험이 현저하게 증가되어 피고는 약관과 상법에 의해 이를 원고에게 통지할 의무가 있음에도 불구하고 이를 해태하였음을 이유로 보험계약을 해지하였다. 이에 대해 피고는 ① 이 사건 보험계약 체결 당시 원고로부터 통지의무에 대한 설명을 듣지 못하였고, ② 원고의 보험대리인에게 건물의 임차사실을 알려 주어 보험대리인이 이를 잘 알고 있었으므로 피고는 통지의무를 이행한 셈이 되었으며, ③ 그렇지 않다고 하더라도 원고는 소외 2를 통하여 업종변경 사실을 알았거나, 중대한 과실로 몰랐다고 할 것이어서, 원고는 피고의 통지의무위반을 이유로 이 사건 보험계약을 해지할 수 없다고 주장하였다.

[판결요지]

구 보험업법상의 보험모집인은 특정 보험자를 위하여 보험계약의 체결을 중개하는 자일 뿐 보험자를 대리하여 보험계약을 체결할 권한이 없고 보험계약자 또는 피보험자가 보험자에 대하여 하는 고지나 통지를 수령할 권한도 없으므로, 보험모집인이 통지의무의 대상인 '보험사고발생의 위험이 현저하게 변경 또는 증가된 사실'을 알았다고 하더라도 이로써 곧 보험자가 위와 같은 사실을 알았다고 볼 수는 없다. 보험모집인에 대한 통지는 신의칙이나 공평의 원칙상 보험자 또는 보험대리점에 대한 통지와 동일하게 볼 수 있는 특별한 사정이 있는 경우에만 예외로 볼 것인데, 보험모집인에 대한 통지가 원고에 대한 통지로 볼 만한 특별한 사정이 인정되지 아니하고, 오히려 피고는 전문 임대업자로서 업종변경으로 인한 위험증가의 사정을 잘 알면서도 필요한 조치를 취하지 아니함으로써 종전의 유리한 보험요율을 계속 적용받았다고 할 것이므로, 보험계약의 존속을 주장할 근거가 없다.

[쟁점사항]

이 판결은 보험모집인이 통지의무의 대상인 '보험사고발생의 위험이 현저하게 변경 또는 증가된 사실'을 알게 된 경우, 이로써 곧 보험자가 위와 같은 사실을 알았다고 볼 수 없다고 하여, 보험자의 보험금지급책임을 부정한 사례이다.

◆ 대법원 2006. 11. 23. 선고 2004다45356 판결

[사실개요]

원고는 원고의 전 남편이자 피고(보험회사)의 보험모집인을 통해 보험료 명목으로 1억 원을 교부하였는데, 보험모집인이 6천만원을 횡령하였다. 원고는 보험모집인의 불법행위로 손해를 보았다는 이유로 피고에게 손해배상을 청구하였다. 피고 보험회사는 원고와 설계사가 부부이던 시기에 횡령이 이루어졌기에 책임이 없다고 항변하였다.

[판결요지]

보험사업자의 보험모집인이 보험모집을 함에 있어서 보험계약자에게 손해를 가한 경우에 그 보험모집인의 소속 보험사업자의 배상책임을 규정하고 있는 구 보험업법 제158조는 사용자의 배상책임에 관한 일반규정인 민법 제756조에 우선하여 적용되는 것이므로, 구 보험업법 제158조 제1항에 정한 '모집을 함에 있어서'라는 규정의 뜻은, 보험모집인의 모집행위 그 자체는 아니더라도 그 행위를 외형적으로 관찰할 때 객관적으로 보아 보험모집인의 본래 모집행위와 밀접한 관련이 있거나 유사하여 마치 그 모집행위 범위 내에 속하는 것과 같이 보이는 행위도 포함하는 것으로 새겨야 한다. 보험계약 체결 경위 및 금원의 수수 경위와 아울러, 정상적인 부부관계에 있는 원고로서는 보험모집인인 남편에게 보험의 가입 및 보험청약서의 기재 등을 일임하는 이상 남편인 보험모집인으로부터 굳이 보험료 영수증 등을 교부받지 않을 여지도 충분히 있는 점 등에 비추어 볼 때, 보험모집인의 금원 수령행위는 외형상 그의 보험모집과 상당한 관련성이 있는 것으로서 마치 그 모집행위 범위 내에 속하는 것과 같이 보이는 행위라고 봄이 상당하다고 할 것이므로, 피고는 보험사업자로서 구 보험업법 제158조 제1항에 따라 보험모집인이 모집을 함에 있어서 보험계약자인 원고에게 가한 손해를 배상할 책임이 있다.

[쟁점사항]

이 판결은 보험모집인이 처로부터 보험에 가입해 달라는 부탁과 함께 보험료를 받아 그 중 일부를 개인적인 용도로 사용한 사안에서, 보험모집인의 보험료수령행위가 외형상 그의 보험모집과 상당한 관련성이 있는 것으로서 그 모집행위 범위 내에 속하는 것과 같이 보이는 행위이기 때문에 보험업법에 의하여 보험사업자의 배상책임을 인정한 사례이다.

(4) 보험의

보험의(medical examiner; Untersuchungsarzt)란 생명보험계약에서 피보험자의 신체·건강상태 그 밖의 위험측정상의 중요한 사항에 대하여 조사하여 이를 보험자에게 제공하여 주는 의사로서, 진사의(診査醫)라고도 한다.[19] 이러한 보험의는 인보험자의 의료적 보조기관이지만, 상업사용인이나 보험대리상(체약대리상)은 아니다. 따라서 보험의는 보험자와 고용이나 위임관계에 있기는 하지만 영업상의 업무에 종사하는 자가 아니므로 보험계약체결권은 없으나, 보험자에게 위험판단의 자료를 제공한다는 점에서 보험자를 대리하여 피보험자가 고지하는 사항을 수령할 권한이 있으며, 반대로 보험의의 고의·중과실은 보험자의 그것과 같은 효력을 갖는다(통설).[20]

[보험보조자의 대리권 비교]

유형	보험대리상		보험설계사	보험중개인	보험의
	체약대리상	중개대리상			
고지수령권	○	×	×	×	○
계약체결권	○	×(중개만)	×(중개만)	×	×
보험료수령권	○	○(영수증)	○(영수증)	×	×

19) 대법원 1976. 6. 22. 선고 75다605 판결(본건을 규율하는 것으로 인정될 수 있는 피고 회사의 신종생활보장 보험약관 제3조의 규정에 의하여 보면 보험계약에 청약과 이에 대한 승낙의 의사표시가 합치되어야 비로소 그 성립이 있게 됨이 인정될 수 있으며 계약 일반이론에 의하여도 그와 같이 보아야 하는데 이론이 있을 수 없다. 그리고 이른바 진사의는 생명보험에 있어서의 위험측정재료를 보험자에게 제공하는 말하자면 보험자의 보조자라고 하겠으므로 그에게 보험계약의 체결권이 있다고 볼 수 없어 진사의가 판정을 내린 싯점을 보험계약의 성립시로 볼 수 없다. 따라서 원심이 원고의 선대가 피고에게 제1회 보험료에 해당하는 액의 돈을 지급하고 설시 가수증을 받았던가 피보험자를 진사한 사실만으로는 유효한 보험계약이 성립되었다고 볼 수는 없다는 취지로 판단한 원판결은 옳다).

20) 대법원 2001. 1. 5. 선고 2000다40353 판결(보험계약 당시에 보험계약자 또는 피보험자가 고의 또는 중대한 과실로 인하여 중요한 사항을 고지하지 아니하거나 부실의 고지를 하였다고 하더라도 보험자가 계약 당시에 그 사실을 알았거나 중대한 과실로 인하여 알지 못한 때에는 그 고지의무 위반을 들어 계약을 해지할 수 없다고 할 것인바, 여기에서 말하는 보험자의 악의나 중대한 과실에는 보험자의 그것뿐만 아니라 이른바 보험자의 보험의를 비롯하여 널리 보험자를 위하여 고지를 수령할 수 있는 지위에 있는 자의 악의나 중과실도 당연히 포함된다고 할 것이나, 보험자에게 소속된 의사가 보험계약자 등을 검진하였다고 하더라도 그 검진이 위험측정자료를 보험자에게 제공하는 보험자의 보조자로서의 자격으로 행해진 것이 아니라면 그 의사가 보험자에게 소속된 의사라는 사유만으로 그 의사가 검진 과정에서 알게 된 보험계약자 등의 질병을 보험자도 알고 있으리라고 보거나 그것을 알지 못한 것이 보험자의 중대한 과실에 의한 것이라고 할 수는 없다고 할 것이며, 이와 같이 해석하는 것이 환자에 대한 비밀의 누설이나 기록의 공개를 원칙적으로 금지하고 있는 의료법의 취지에도 부합한다).

Ⅱ. 보험의 목적

보험의 목적(Versicherte Sache)이란 보험사고 발생의 객체가 되는 대상이다. 따라서 손해보험에서 보험의 목적은 피보험자의 경제상 재화 등이고, 인보험에서는 피보험자의 생명·신체이다. 보험의 목적은 보험자가 보상해야 할 범위와 한계를 정하는 역할을 한다. 이러한 보험의 목적은 보험계약의 목적과 구별된다. 즉, 보험계약의 목적은 물건보험에 있어서의 피보험이익을 말하는 것으로서, 보험사고가 발생하지 아니함으로써 피보험자가 가지는 경제상의 이익을 말한다(상법 제668조).

보험의 목적이 물건인 경우 단일물건일 수도 있고, 가재도구의 일체와 같은 집합된 물건일 수도 있다. 집합된 물건의 경우에도 그것이 처음부터 확정된 특정보험(상법 제686조)과 수시로 바뀔 것이 예정된 총괄보험(상법 제687조)으로 구분된다. 인보험의 경우 보험의 목적은 사람의 생명·신체인데, 피보험자가 하나인 것을 개인보험, 단체의 구성원이 모두 피보험자인 것을 단체보험이라고 한다. 그리고 인보험(사망보험)에 있어서는 보험의 목적을 제한하는 경우가 있는데, 15세 미만자 등을 피보험자로 할 수 없도록 한 경우(상법 제732조)가 그 예이다.

Ⅲ. 보험사고

1. 보험사고의 의의

보험사고(accident or risk covered; Versicherungsfall)란 보험자의 보험금지급책임을 구체화시키는 우연한 사고를 말한다.[21] 보험은 사람의 경제생활을 위협하는 우연한 사고를 전제로 성립하는 것이므로, 보험사고는 보험계약의 필수 불가결한 요소를 이루고 있다. "위험 없으면 보험도 없다."라는 말과 같이 보험사고는 보험계약의 필수적 요

21) 대법원 2006. 4. 28. 선고 2004다16976 판결(보험사고란 보험계약에서 보험자의 보험금 지급책임을 구체화하는 불확정한 사고를 의미하는 것으로서, 계약이행보증보험에 있어서 보험사고가 구체적으로 무엇인지는 당사자 사이의 약정으로 계약내용에 편입된 보험약관과 보험약관이 인용하고 있는 보험증권 및 주계약의 구체적인 내용 등을 종합하여 결정하여야 한다. 계약이행보증보험계약에 있어서 보험약관 등 제반 사정에 비추어 볼 때, 주계약에서 정한 채무의 불이행 그 자체만으로는 아직 보험사고가 발생한 것으로 볼 수 없고, 피보험자가 보험기간 안에 채무불이행을 이유로 보험계약자에 대하여 주계약을 해제하여 계약이행보증금반환채권을 가지게 된 때에 비로소 보험사고가 발생한 것으로 봄이 상당하다).

소이다.

2. 보험사고의 요건

일반적인 보험사고로 되기 위하여는 ① 보험사고는 우연한 것이어야 하고, ② 발생 가능한 것이어야 하며,[22] ③ 일정한 보험의 목적에 대하여 일어나는 한정된 사고이어야 한다. 따라서 보험사고는 불확정한 사고이고 보험계약당사자가 임의로 조종할 수 없어야 하며, 보험계약에서 정해진 보험의 목적에 생긴 것이어야 할뿐만 아니라 그 사고의 범위는 특정되어 있어야 한다. 결국 보험사고가 구체적으로 무엇인지는 보험약관과 보험약관이 인용하고 있는 보험증권 및 주계약의 구체적인 내용 등을 종합하여 결정하여야 할 것이다.[23]

◆ 대법원 1998. 2. 13. 선고 96다19666 판결-보험사고의 의미 및 발생시기

[사실개요]

원고(리스회사)는 리스이용자와 5년 6개월간 리스계약을 체결하면서 리스료는 매월 지급하되, 리스이용자가 리스료의 지급을 지체할 경우 원고는 상당 기간을 정하여 그 이행을 최고하고 그 기간 내에도 이를 지급하지 아니하는 때에는 리스계약을 해지할 수 있으며, 계약해지 등의 사유로 리스기간 중 계약이 종료된 경우 리스이용자는 원고에게 리스물건 금액(취득 금액)에 대한 계약 종료 당시의 소정의 비율에 의한 규정 손해금을 지급하기로 약정하였다. 원고는 리스이용자의 채무불이행에 대비하여 보증보험증권을 요구하였고, 리스이용자는 피고(보험회사)와 보험사고 발생시 피고가 원고에게 리스계약 해지일에 있어서의 원고의 미회수채권액을 보험금으로 지급하는 보증보험계약을 체결하였다.

리스이용자가 리스료를 지급하지 않는 상황이 계속되자 원고는 리스계약을 해지한 후 피고에게 보험금을 청구하였는데, 피고는 매월 리스료가 지급되지 않을 때마다 보험사고가 발생한 것이므로 원고가 청구한 보험

---

22) 그러므로 이미 보험사고가 발생한 경우에는 상법의 규정에 의해 보험계약은 무효가 된다. 따라서 암을 원인으로 한 사망 등을 보장대상으로 하는 보험계약을 체결함에 있어 보험계약체결전 이미 암에 걸렸으나 사망원인이 암이 아닌 상해에 의한 것이라 하더라도 그 보험계약은 무효로 되어 보험금지급을 주장할 수 없게 된다. 우리 대법원도 보험사고의 객관적 확정의 효과에 관하여 규정하고 있는 상법 제644조는 사고 발생의 우연성을 전제로 하는 보험계약의 본질상 이미 발생이 확정된 보험사고에 대한 보험계약은 허용되지 아니한다는 취지에서 보험계약 당시 이미 보험사고가 발생하였을 경우에는 그 보험계약을 무효로 한다고 규정하고 있고, 암 진단의 확정 및 그와 같이 확진이 된 암을 직접적인 원인으로 한 사망을 보험사고의 하나로 하는 보험계약에서 피보험자가 보험계약일 이전에 암 진단이 확정되어 있는 경우에는 보험계약을 무효로 한다는 약관조항은 보험계약을 체결하기 이전에 그 보험사고의 하나인 암 진단의 확정이 있었던 경우에 그 보험계약을 무효로 한다는 것으로서 상법 제644조의 규정 취지에 따른 것이라고 할 것이므로, 상법 제644조의 규정 취지나 보험계약은 원칙적으로 보험가입자의 선의를 전제로 한다는 점에 비추어 볼 때, 그 약관조항은 그 조항에서 규정하고 있는 사유가 있는 경우에 그 보험계약 전체를 무효로 한다는 취지라고 보아야 할 것이지, 단지 보험사고가 암과 관련하여 발생한 경우에 한하여 보험계약을 무효로 한다는 취지라고 볼 수는 없다고 하였다(대법원 1998. 8. 21. 선고 97다50091 판결).

23) 대법원 2006. 4. 28. 선고 2004다16976 판결.

금 중 일부는 이미 2년의 보험금 청구권 소멸시효가 완성되었다고 주장하였다. 반면 원고는 보험사고는 리스계약이 해지된 시점에서 발생한 것이므로 아직 소멸시효가 완성되지 않았다고 주장하였다.

[판결요지]

보험사고란 보험계약에서 보험자의 보험금 지급책임을 구체화시키는 불확정한 사고를 의미하는 것인바, 이 사건 리스보증보험과 같은 이른바 금융리스(Finance Lease)는 리스이용자가 선정한 리스물건을 리스회사가 공급자로부터 구입하여 리스이용자에게 대여하고 그 대여기간 중 지급받는 리스료에 의하여 리스물건에 대한 취득 자금과 그 이자, 기타 비용을 회수할 것을 내용으로 하는 물적 금융을 말하는 것이므로, 이와 같은 리스보증보험에 있어서의 보험사고는 당사자 사이의 약정으로 계약 내용에 편입된 보험약관 및 리스약관의 구체적인 내용에 따라 개별적으로 결정되어야 할 것이다.

그러므로 이 사건 리스보증보험에 있어서 보험사고가 발생한 때가 언제인가에 관하여 보건대, 보험금 청구에 필요한 서류의 하나로 리스계약 해지통지서 사본의 제출을 요구하고 있으며, 만일 리스료의 지급을 지체할 경우 원고는 상당 기간을 정하여 그 위반사항의 시정을 최고하고 그 기간 내에도 그를 이행하지 아니하는 때에는 리스계약을 해지할 수 있으며, 리스계약이 존속하는 동안에는 리스이용자가 원고에게 지급하기로 약정된 리스료 지급채무는 매월 발생하나 규정 손해금 지급채무는 발생하지 아니하고, 리스계약이 중도해지되면 그때부터 리스료 지급채무는 발생하지 않으나 규정 손해금 지급채무가 발생하도록 되어 있다.

사정이 이와 같다면, 이 사건 리스보증보험계약에 있어서의 보험사고는 단지 리스계약상의 리스이용자의 리스료의 연체 사실 그 자체만으로는 보험사고가 발생한 것으로 볼 수 없고, 리스료의 연체를 이유로 리스계약이 해지된 때 비로소 보험사고가 발생한 것으로 봄이 상당하다.

[쟁점사항]

이 판례는 리스보증보험에 있어서 보험사고의 인정 기준과 관련하여, 리스보증보험계약에 있어서의 보험사고는 단지 리스계약상의 리스이용자인 리스료의 연체 사실 그 자체만으로는 보험사고가 발생한 것으로 볼 수 없고, 리스료의 연체를 이유로 리스계약이 해지된 때를 보험사고가 발생한 것으로 본 사례이다.

Ⅳ. 보험료·보험금액·보험금

1. 보험료

보험료(premium; Prëmie)라 함은 보험계약에서 보험자의 보험금지급채무에 대한 대가로서 보험계약자가 지급하는 금액(반대급여)이다(상법 제638조). 이러한 보험료는 대수의 법칙에 따라 보험단체 안에서 발생하는 보험사고의 발생률을 기초로 하여 산출되는데, 보험료총액과 보험금총액의 균형을 유지하도록 계산된다. 보험자는 보험사업의 허가를 받을 때 보험료산출방법서를 금융위원회에 제출하여야 한다(보험업법 제5조 제3호).

보험료의 산출을 독일의 렉시스(W. Lexis)는 보험료를 p, 확률을 w, 보험금액을 Z라

하여 p=wZ라는 산식으로 나타내었다. 이를 '급여·반대급여의 원칙' 또는 '렉시스의 원칙'이라 한다. 여기에서 w는 r/n(r은 보험금을 받을 자의 수, n은 가입자 수)로 바꾸면 p=r/nZ로 된다. 예컨대 보험가입자가 100,000명이고 각각 100,000,000원짜리 건물을 가지고 있는데 1년간 화재발생률이 0.03%라고 가정하면, p=3/100,000×100,000,000=3,000이 되어 1인당 순보험료는 3,000원이 된다. 보험료의 지급의무자인 보험계약자가 파산선고를 받거나 보험료의 지급을 지체하는 때에는 타인을 위한 보험계약의 경우 타인이 그 권리를 포기하지 않는 한 보험료를 지급할 의무가 있다(상법 제639조 제3항).

2. 보험금액

보험금액(sum insured; Versicgerungssunmme)이라 함은 보험사고가 발생하였을 때에 보험자가 피보험자(손해보험) 또는 보험수익자(인보험)에게 지급하여야 할 금액을 말한다. 이 보험금액은 손해보험과 정액보험에 따라 그 뜻에 차이가 있다. 보험금액은 보험 사고의 발생을 조건으로 금전으로 지급하는 것이 원칙이지만, 현물급여(유리보험에서의 유리) 또는 그 밖의 급여(치료행위)로 할 수도 있다. 또한 보험금액은 일시에 지급되는 것이 보통이지만, 연금보험과 같이 분할하여 지급되기도 한다.

3. 보험금

보험금이란 보험금액의 범위 내에서 사고발생시에 현실적으로 지급되는 금전을 말한다. 그런데 보험금액은 보험자가 현실로 지급하는 보험금을 의미하기도 한다(상법 제668조). 인보험 등의 정액보험에 있어서는 보험금액과 보험금이 일치하지만, 손해보험의 경우 보험사고로 인한 실제손해액을 보상하는 것이므로, 보험금액과 보험금이 일치하지 않는 초과보험 및 일부보험의 문제가 발생하므로 손해보험에서는 보험금액이란 보험자가 지급할 최고한도액을 의미한다.

V. 보험기간과 보험료기간

1. 보험기간

보험기간(policy period; Versicherungsperiode)이란 보험자의 책임이 시작되어 끝날 때까지의 기간, 즉 그 기간 안에 보험사고가 발생함으로써 보험자가 책임을 지게 되는 기간을 말한다. 이 기간을 '책임기간' 또는 '위험기간'이라고도 한다. 이러한 보험기간은 개념상 보험계약이 성립하여 존속하는 기간인 보험계약기간과 구별된다. 보험기간은 당사자 사이에 다른 약정이 없으면 최초의 보험료[24]의 지급을 받은 때로부터 개시하여(상법 제656조)[25] 그 종료일까지이다. 그러나 보험자의 책임기간을 분명히 하고 당사자 사이의 분쟁을 막기 위하여, 상법에 의하여 보험기간이 정하여지는 경우도 있다(상법 제688조, 제699조, 제700조).

보험기간은 보험계약을 체결한 뒤의 어느 시기에 개시하는 것이 보통이지만, 때로는 그 계약전의 어느 시기부터 보험기간이 시작되는 것으로 정할 수 있는데(상법 제643조), 이것을 '소급보험'이라고 한다. 예컨대 운송중의 물건에 대하여 해상적하보험계약을 체결하면서 화물의 선적시를 보험기간의 시기로 하거나, 생명보험계약을 체결하면서 청약시를 보험기간의 시기로 하는 경우 등이다. 이러한 소급보험은 보험계약당사자가 보험사고의 발생을 알지 못한 것을 전제로 한다. 따라서 보험계약당사자가 이미 그 보험사고가 발생한 것을 알고 보험계약을 체결한 때에는 그 보험계약은 무효로 되고(상법 제644조), 보험계약자는 보험자로부터 보험료를 반환받을 수 없다(상법 제648조).

---

24) 최초보험료란 그 지급이 없으면 보험자의 책임이 개시되지 않는 보험료를 말하고, 계속보험료란 그 지급이 없으면 이미 개시된 보험자의 책임이 더 이상 지속되지 아니하는 보험료를 말한다. 최초보험료는 보통 제1회 보험료가 되지만 제1회 보험료가 최초보험료가 되는 것은 아닌데, 그 이유는 제1회 보험료의 지급을 유예하는 경우에는 먼저 보험자의 책임이 개시되고 난 후에 제1회 보험료의 지급이 있게 되므로 이 경우 제1회 보험료는 최초보험료가 아니고 계속보험료가 되며, 제2회 이후의 보험료는 항상 계속보험료가 된다.

25) 최초보험료의 불지급은 당사자 간에 다른 약정이 없는 한 계약 성립 후에도 보험자의 책임을 개시하지 못하며(상법 제656조), 계약 성립 후 2개월이 경과하면 다른 약정이 없는 한 계약은 해제 된 것으로 본다(상법 제650조 제1항). 그리고 계속보험료를 지급하지 않는 경우 보험자는 상당한 기간을 정하여 최고한 후에 계약해지를 할 수 있다(상법 제650조 제2항). 한편, 보험계약의 전부 또는 일부가 무효이면 보험자가 받는 보험료는 위험이 개시되지 않는 한 부당이득이 되어 반환되어야 하지만, 상법은 이 경우의 반환청구는 보험계약자·피보험자·보험수익자가 선의이고 중과실이 없는 경우에 한하여 인정하고 있다(상법 제648조).

◆ 대법원 1991. 12. 10. 선고 90다10315 판결

[사실개요]

피고(보험회사)는 피고의 대리점을 경영하는 A에게 피고를 대리하여 보험계약을 체결하고 보험료를 수령할 권한을 수여하였다. A는 원고가 구입한 자동차에 대하여 신규로 보험에 가입하거나 기존의 보험계약을 갱신함에 있어서 원고의 직원이 전화로 보험가입 및 보험료의 대납을 요청하면 그 요청을 받아들여 보험료를 산출하여 보험계약을 체결한 것으로 서류를 작성하고 피고에게 그 보험료를 대납한 다음 동일자로 피고 명의의 보험료 영수증을 작성하여 원고에게 교부하고 수일 후에 원고로부터 그 대납한 보험료를 수령하여 왔다. 이 사건에서는 원고가 전화로 보험계약을 청약하면서 A에게 보험료 대납을 부탁하자 A가 이를 받아들여 보험료 영수증을 작성하여 원고에게 교부하였다. A가 보험료 대납을 약정하면서 보험기간 개시 시점으로 기재한 대납 약정일 24시로부터 약 1시간 후 보험사고가 발생하였는데 실제 보험료는 다음날 오전 11시경에 A에 의해 지급되었다. 원고가 보험금을 청구하자 피고는 보험기간이 개시되기 전에 사고가 발생하였음을 이유로 지급을 거절하였다.

[판결요지]

보험회사 대리점이 평소 거래가 있는 자로부터 그 구입한 차량에 관한 자동차보험계약의 청약을 받으면서 그를 위하여 그 보험료를 대납하기로 전화상으로 약정하였고, 그 다음날 실제 보험료를 지급받으면서는 그 전날 이미 보험료를 납입받은 것으로 하여 보험약관에 따라 보험기간이 그 전날 24:00 이미 시작된 것으로 기재된 보험료 영수증을 교부한 경우 위 약정일에 보험계약이 체결되어 보험회사가 보험료를 영수한 것으로 보아야 할 것이다.

[쟁점사항]

보험회사 대리점이 자동차보험계약의 청약을 받으면서 보험료를 현실적으로 지급받기 전에 그를 위하여 이를 대납하기로 약정하였다면 위 약정일에 보험계약이 체결되어 보험회사가 보험료를 영수한 것으로 보아 보험자의 보험금지급책임을 인정한 사례이다.

2. 보험료기간

(1) 의의

보험료기간(premium period; Prämienperode)이란 보험료산출의 기초가 되는 기간을 말한다. 보험자는 일정한 기간을 단위로 하여 그 기간 안에 생기는 보험사고의 발생률을 통계적으로 측정하여 그 위험률에 따라 보험료를 산정하게 되는데, 보험료기간은 그 기간을 의미하는 것이다. 보험료기간은 보통 1년을 단위로 한다. 이는 보험기간과는 다른 개념이므로 양 기간은 일치하는 경우도 있으나(예컨대 1년을 보험기간으로 하는 화재보험에 있어서는 보험료기간과 보험기간이 일치한다), 일치하지 않는 경우도 있다(예컨대 운송보험의 경우는 보험기간이 보험료기간보다 짧을 수 있다).

(2) 보험료불가분의 원칙

보험료기간과 관련하여 보험료기간 내의 위험을 불가분적인 것으로 보아 그 기간 내의 보험료도 관념적으로 불가분의 성질을 갖게 된다는 이른바 보험료불가분의 원칙(Prinzip der Unteilbarkeit der Prämien)이 인정된다. 따라서 보험자는 보험료기간의 일부에 대하여만 위험을 부담하였다 하더라도 그 보험료의 전액을 취득할 수 있게 된다. 우리 상법은 이에 관하여 명문의 규정을 두고 있지는 않으나, 다수설은 보험기술상의 이유로 이를 긍정하고 있고, 상법상 초과보험의 경우와 보험료체납의 경우 등 간접적으로 보험료불가분의 원칙을 반영한 규정이 있다(상법 제667조, 제669조 제1항 단서 등). 그러나 이 원칙이 보험계약상 절대적인 것은 아니라 할 것이다.[26)]

◆ 대법원 2008. 1. 31. 선고 2005다57806 판결

[사실개요]

원고 은행은 2001. 6. 12. 금융사고로 인한 손해를 담보할 목적으로 피고 보험회사와 사이에 금융기관종합보험계약을 체결하면서, 보험계약기간을 2001. 6. 12.부터 2002. 6. 12.까지 1년, 보험료를 9억 3,200만 원, 보험사고에 따른 보상한도액 총 40억 원, 보험사고 1건당 보상한도액 10억 원으로 정하고, 보험사고 발생으로 보상을 할 경우 40억 원의 보상한도액은 그만큼 감액되는 것으로 약정하고, 같은 날 피고에게 보험료 9억 3,200만 원을 지급하였다. 원·피고는 이 사건 보험계약 체결 시 영국 로이드사의 보험증권을 약관으로 삼기로 약정하였는데, 피보험자인 원고와 보험자인 피고 사이에 체결된 보험계약의 약관에 해당하는 일반조건(GENERAL CONDITIONS) 제4조에서는 "이 증권의 용어, 면책, 제한과 조건의 의미와 해석은 한국법과 이 증권에 표현되어 있는 영어의 원뜻에 따라 결정된다."고 규정하고, 제12조에서는 "피보험자가 다른 사업체와 합병함으로써 보험자가 위험에 대한 담보를 계속하기를 거부하여 보험계약이 종료된 경우에는 연간보험료를 비율에 따라 계산하여 미경과기간의 보험료를 반환한다."고 규정하고 있었다. 이 사건 보험계약 기간 중인 2001. 8. 30.경 원고의 S지점에서 횡령사고가 발생하여 피고는 2003. 12. 26. 보험료로 566,000,000원 정도를 원고에게 지급하였고, 또한 2001. 9. 20.경 M지점에서 횡령 등 사고가 발생하여 피고는 2003. 7. 4. 보험금으로 466,000,000원 정도를 원고에게 지급하였다. 그런데 원고는 2001. 11. 1. J은행과 합병하게 되자 이와 같은 사실을 피고에게 통지하였고, 이에 피고는 원고에게 위 합병으로 인한 담보위험의 확대를 이유로 추가보험료 납부 등을 조건으로 하는 보험계약의 갱신을 요구하면서 새로운 계약조건에 관하여 합의가 되지 않더라도 2001. 11. 30.까지는 이 사건 보험계약은 유효하고 그 다음날부터 효력을 상실하는 것으로 하겠다고 통지하였다. 피고는 같은 해 11. 29. 원고에게 보상한도 50억 원으로 하고, 보험료를 31억 원으로 증액할 것을 제시하였으나 거절당하자 같은 해 12. 1. 원고에게 이 사건 보험계약을 해지한다고 최종적으로 통보하였다. 이에 대해 원고가 미경과보험료의 반환을 청구하였다.

[판결요지]

상법은 보험계약이 중도에 종료된 경우에 관하여 이른바 보험료불가분의 원칙에 관한 규정, 즉 보험자는 보험료 계산의 기초가 되는 단위기간인 보험료기간 전부의 보험료를 취득할 수 있고 미경과기간에 대한 보험

---

26) 대법원 2008. 1. 31. 선고 2005다57806 판결.

료를 반환할 의무가 없다는 취지의 규정을 두고 있지 않으며, 오히려 상법 제649조 제1항과 제3항에서는 위 보험료불가분의 원칙과는 달리 보험사고의 발생 전에는 보험계약자가 언제든지 보험계약을 해지하고 미경과기간에 대한 보험료의 반환을 청구할 수 있도록 규정하고 있다. 한편, 상법 제652조 제2항은 보험기간 중에 사고발생의 위험이 변경되거나 증가되었다는 통지를 피보험자 등으로부터 받은 보험자가 보험료의 증액을 청구하거나 보험계약을 해지할 수 있도록 규정하면서도 보험계약이 해지된 경우 미경과기간에 대한 보험료 반환에 관하여 규정을 두지 않고 있다. 그러나 앞에서 본 보험료불가분의 원칙에 관한 우리 상법의 태도를 고려하여 볼 때, 보험자가 피보험자 등으로부터 사고발생의 위험이 변경 또는 증가되었다는 통지를 받고 이를 이유로 보험계약을 해지하는 경우, 보험약관에서 미경과기간에 대한 보험료를 반환하도록 정하고 있다면 그 보험약관은 유효하다고 보아야 하고, 그것이 상법 또는 상법상의 원칙에 위반하여 무효라고 볼 수 없다. 그리고 이는 보험기간 중에 보험사고가 발생하였으나 보험계약이 종료되지 않고 원래 약정된 보험금액에서 위 보험사고에 관하여 지급한 보험금액을 감액한 잔액을 나머지 보험기간에 대한 보험금액으로 하여 보험계약을 존속시키는 경우에도 마찬가지라고 할 것이다.

다만, 보험약관에서 "피보험자가 다른 사업체와 합병함으로 인하여 보험자가 위험에 대한 담보를 계속하기를 거부하여 보험계약이 종료된 경우에는, 연간보험료를 비율에 따라 계산하여 미경과기간의 보험료를 반환한다"고 규정되어 있을 뿐이라고 하더라도, 보험료는 원칙적으로 보험자가 위험인수에 대한 대가로서 보험계약자로부터 지급받는 것으로서, 위와 같은 형태의 보험에서 보험계약의 해지 전에 보험사고가 발생함으로써 보험금이 일부 지급되고, 원래 약정된 보험금액에서 이미 발생한 보험사고에 관하여 지급한 보험금액을 감액한 잔액을 나머지 보험기간에 대한 보험금액으로 하여 보험계약을 존속시키는 경우에는, 위와 같이 이미 발생한 보험사고로 인하여 보험자가 담보하는 위험의 크기가 감소하게 되었다고 할 것이므로, 그 후 보험계약이 해지됨으로써 미경과기간에 대한 보험료를 반환하여야 한다고 하더라도, 보험자는 이미 보험금을 지급한 부분에 대하여는 미경과기간의 보험료를 반환할 의무가 없고, 실제로 보험자가 위험의 인수를 면하게 된 부분에 상응하는 보험료를 기준으로 하여 미경과기간의 보험료를 산정·반환할 의무가 있다고 할 것이다.

[쟁점사항]

이 판례는 [1] 상법 제652조 제2항에 따른 보험계약의 해지시 미경과기간에 대한 보험료를 반환하도록 정한 보험약관은 유효이고, 보험사고 발생시 원래 약정된 보험금액에서 보상한 보험금액을 감액한 잔액을 나머지 보험기간에 대한 보험금액으로 하여 보험계약이 존속하는 경우에도 마찬가지라고 하면서, [2] 보험사고 발생시 원래 약정된 보험금액에서 보상한 보험금액을 감액한 잔액을 나머지 보험기간에 대한 보험금액으로 하여 보험계약이 존속하는 형태의 보험에서, 보험사고의 발생으로 보험금이 일부 지급된 후 보험계약이 해지됨에 따라 반환하여야 하는 미경과기간에 대한 보험료는 보험료 전액이 아니라 실제로 보험자가 위험의 인수를 면하게 된 부분에 상응하는 보험료만을 반환할 의무가 있다고 판시한 사례이다.

제3절

보험계약의 체결

Ⅰ. 보험계약의 성립

1. 보험계약의 청약과 승낙

보험계약은 일반계약과 마찬가지로 불요식·낙성계약이므로 청약과 승낙에 의하여 성립한다(상법 제638조). 보험계약의 청약은 구두이든 서면이든 상관이 없고, 전화, 인터넷 등에 의한 청약도 가능하다. 보험계약을 청약하고자 하는 자는 보험자나 그 대리인이 비치하고 있는 청약서(Antragschein)에 일정한 사항을 기재하여 청약을 하고, 그 청약의 의사표시가 보험자에게 도달한 때에 그 효력이 발생한다. 청약의 효력이 발생하면 청약자가 임의로 청약을 철회할 수 없다(민법 제527조).

보험계약의 승낙은 청약에 대응하여 계약을 성립시킬 목적으로 청약자에게 하는 의사표시이다. 따라서 승낙은 청약에 대해서 보험자가 승낙의 통지를 발송한 때에 성립한다(민법 제531조). 승낙의 방법에는 청약의 경우와 같이 제한이 없다. 그런데 실제로는 보험계약자가 청약을 하면, 보험자는 보험목적을 검사하거나(손해보험의 경우) 또는 피보험자의 신체를 검사한 후 승낙여부를 결정하는 경우가 많다.

2. 보험자의 낙부통지의무와 승낙의제

청약과 승낙의 일반원칙에 의하면 청약의 의사표시를 수령한 보험자는 상시거래관계의 상인 사이의 청약(상법 제53조)이 아닌 한 그 청약에 대하여 승낙여부를 통지할 의무가 없고, 상당한 기간 내에 승낙의 통지가 없으면 그 청약은 효력을 잃고, 따라서 계약은 성립하지 않는다(민법 제529조, 상법 제52조). 그러나 실제로 승낙권한이 없는 보험대리점이나 보험설계사 등이 보험회사에 청약서를 송부하면 보험회사가 이를 평가하여 승낙여부를 결정하게 되는데, 이 경우 상당한 기간동안 보험계약의 성립 여부가 미정인 채로 있게 됨으로써 보험계약자 등은 불안정한 지위에 있게 된다.

따라서 1991년 개정 상법은 보험계약자를 보호하기 위하여 보험자가 보험계약자로부터 보험료 상당액의 전부 또는 일부의 지급을 받고 보험계약의 청약을 받은 때에는 다른 약정이 없으면 30일 내에 그 상대방에 대하여 낙부의 통지를 발송하여야 하고(상법 제638조의2 제1항 본문), 이를 게을리 한 때에는 승낙한 것으로 보고 있다(동조 제2항). 다만 인보험계약의 피보험자가 신체검사를 받아야 하는 경우에는 그 기간은 신체검사를 받은 날로부터 기산하게 된다(동조 제1항 단서). 이 규정은 보험자가 보험계약자로부터 보험계약의 청약과 함께 보험료 상당액의 전부 또는 일부를 지급 받은 경우에 한하여 적용되는 것이므로, 그 이외에는 적용되지 않는다.

3. 승낙전 보험사고에 대한 보험자 책임

상법은 보험자가 보험계약자로부터 보험료 상당액의 전부 또는 일부를 받은 경우에는 그 청약을 승낙하기 전에 보험사고가 생긴 때에는 그 청약을 거절할 사유가 없는 한 보험계약상의 책임을 져야 한다고 규정하고 있다(상법 제638조의2 제3항). 즉 보험료 상당액의 전부 또는 일부를 받았어야 하고, 청약을 거절할 사유가 없어야 하며, 승낙전 보험사고가 생긴 경우에는 보험자의 승낙이 있기 전이라도 보험자는 보험계약상의 책임을 부담한다. 여기에서 '청약을 거절할 사유'란 보험계약의 청약이 이루어진 바로 그 종류의 보험에 관하여 해당 보험회사의 객관적인 보험인수기준에 의하면 인수할 수 없는 위험상태 또는 사정이 있는 것으로서 보험약관상의 적격피보험체가 아닌 경우를 말하는데, 이에 대한 증명책임은 보험자에게 있다.[27] 이와 같이 상법은 승낙의제가 인정되기 전에(즉 승낙통지기간의 경과 전에) 보험사고가 발생했을 때 적격피보험체를 보호하고 있다. 다만, 인보험계약의 경우는 피보험자가 받아야 할 신체검사를 받지 아니한 때에는 보험자는 보상책임이 없다(상법 제638조의2 제3항 단서).

27) 대법원 2008. 11. 27. 선고 2008다40847 판결.

◆ 대법원 2008. 11. 27. 선고 2008다40847 판결

[사실개요]

건설회사인 甲 주식회사(보험계약자)는 피고(보험회사)에게 甲 회사 및 원도급업체를 피보험자로 하여 사용자배상책임을 담보하는 국내근로자재해보장책임보험계약을 청약하고 보험료 전액을 납입한 후 피고로부터 보험료영수증을 교부받았다. 甲 회사의 근로자인 원고는 피고 보험회사의 승낙 전에 공사현장에서 상해를 입었는데, 甲 회사는 원고의 사고가 이미 발생하였음에도 불구하고 허위의 무사고확인서를 제출하였다.

[판결요지]

상법 제638조의2 제3항에 의하면 보험자가 보험계약자로부터 보험계약의 청약과 함께 보험료 상당액의 전부 또는 일부를 받은 경우(인보험계약의 피보험자가 신체검사를 받아야 하는 경우에는 그 검사도 받은 때)에 그 청약을 승낙하기 전에 보험계약에서 정한 보험사고가 생긴 때에는 그 청약을 거절할 사유가 없는 한 보험자는 보험계약상의 책임을 진다고 할 것인데, 여기에서 청약을 거절할 사유란 보험계약의 청약이 이루어진 바로 그 종류의 보험에 관하여 해당 보험회사가 마련하고 있는 객관적인 보험인수기준에 의하면 인수할 수 없는 위험상태 또는 사정이 있는 것으로서 통상 피보험자가 보험약관에서 정한 적격피보험체가 아닌 경우를 말하고, 이러한 청약을 거절할 사유의 존재에 대한 증명책임은 보험자에게 있다. 그리고 이른바 승낙 전 보험사고에 대하여 보험계약의 청약을 거절할 사유가 없어서 보험자의 보험계약상의 책임이 인정되면, 그 사고발생사실을 보험자에게 고지하지 아니하였다는 사정은 청약을 거절할 사유가 될 수 없고, 보험계약 당시 보험사고가 이미 발생하였다는 이유로 상법 제644조에 의하여 보험계약이 무효로 된다고 볼 수도 없다.

근로기준법상의 요양보상에 대하여는 사용자는 특단의 사정이 없는 한 그 전액을 지급할 의무가 있는 것이고 근로자에게 과실이 있다고 하더라도 그 비율에 상당한 금액의 지급을 면할 수 없는 것이어서 이를 배상액에서 공제할 수 없는 것이므로, 재해근로자가 수령한 요양보상 중 근로자의 과실비율에 따른 금원을 부당이득이라 하여 사용자의 손해배상액으로부터 공제할 수 없다.

[쟁점사항]

이 판례는 [1] 승낙 전 보험사고에 대한 보험자 책임의 소극적 요건으로 상법 제638조의2 제3항이 규정하는 '청약을 거절할 사유'의 의미를 객관적인 보험인수기준에 의하면 인수할 수 없는 위험상태 또는 사정이 있는 것으로, 그 증명책임의 소재는 보험자에게 있고, [2] 승낙 전 보험사고에 대하여 보험자의 보험계약상의 책임이 인정되는 경우, 그 사고발생사실을 보험자에게 고지하지 아니하였다는 사정이 '청약을 거절할 사유'에 해당하지 않을 뿐만 아니라, 보험계약 당시 보험사고가 이미 발생하였다는 이유로 그 보험계약이 무효로 되는 것은 아니며, [3] 재해근로자가 수령한 요양보상 중 근로자의 과실비율에 따른 금원을 사용자의 손해배상액에서 공제할 수 없다고 판시한 사례이다.

◆ 대법원 1991. 11. 8. 선고 91다29170 판결

[사실개요]

원고(보험계약자)는 피고(보험회사)의 모집인인 A에게 원고를 보험계약자 및 보험수익자로, 피보험자를 자신의 아들인 B로 하는 보험 가입 청약을 하고, 1회분 보험료를 납입하였다. 피고 회사는 보험상품을 판매함에 있어서 내부지침으로 오토바이 사업자는 위험직종으로 분류하고 있고, 이 경우에는 청약한 보험상품에는 가입할 수 없게 되어 있었다. 그런데 원고는 B가 업무상 오토바이를 운행해 왔는데도 보험계약을 청약함에 있어 B가 오토바이를 운행하지 아니한다고 고지하였다. 피보험자인 B는 보험자의 승낙이 있기 전 오토바이를 운전하던 중 교통사고로 사망하였다. 원고가 이 사실을 피고에게 통보하자, 피고는 B가 오토바이 운전자임을 내세워 보험가입 승낙거절 통지를 하면서 이미 납부한 제1회분 보험료를 반환하였다.

[판결요지]

보험약관의 규정취지는 보험자가 보험가입의 청약을 받고 제1회 보험료를 수령하였으나 보험계약이 성립되기 전, 즉, 승낙 전에 별표2에서 규정하고 있는 보험금지급사유에 해당하는 우발적인 외래의 사고 등 재해가 발생한 경우, 비록 피보험자에게 당해 보험의 적격피보험체가 될 수 없다고 하더라도 보험금을 지급한다는 취지로 해석할 것이지, 이 사건의 경우와 같이 우발적인 외래의 사고와 같은 재해가 아니고 바로 부적격 피보험체인 그 위험직종과 직접 관련이 있는 사고가 발생한 경우에도 보험금을 지급하겠다는 취지로 해석할 것은 아니다.

[쟁점사항]

이 판례는 보험회사가 보험모집인을 통하여 위험보장배수 10배인 이른바 '태양보험'(생명보험) 가입청약을 받고 제1회 보험료를 납부받은 직후 피보험자가 오토바이 운전중 교통사고로 사망하는 보험사고가 발생하였으나 피보험자가 오토바이 사용자인 위험직종으로서 그 약관에 정한 적격피보험체가 아닌 경우에는 보험자가 제1회 보험료를 받고 승낙 전에 보험사고가 발생한 때에도 보험자는 승낙거절의 통지를 할 수 있다고 보면서, "별표에서 정하는 '대상이 되는 불의의 사고'로 인한 경우에는 피보험자가 적격피보험체에 해당하는지 여부에 관계없이 제1회 보험료를 납부한 때로부터 책임을 집니다."라는 규정은 우발적인 외래의 사고와 같은 재해가 아니고 바로 부적격 피보험체인 그 위험직종과 직접 관련이 있는 사고가 발생한 경우에도 보험금을 지급하겠다는 취지로 볼 수는 없다고 판시한 것이다.

Ⅱ. 보험약관의 교부·설명의무

1. 의의

보험자는 보통보험약관에 의하여 계약을 체결하는 것이 일반적인데, 보험계약자들은 보험계약을 체결함에 있어서 보험자가 일방적으로 작성한 청약서에 의하여 청약을 함으로써 계약의 내용이 될 보험약관을 제대로 알지 못하여 예상하지 못한 불이익을 받는 경우가 많다. 이에 따라 1991년 개정 상법은 보험계약을 체결함에 있어서 보험자는 청약자에게 보험약관을 교부하고 그 약관의 중요한 내용을 알리도록 하고 있는바(상 제638조의3 제1항), 이를 보험약관에 대한 교부·설명의무라고 한다.

2. 적용범위

이 규정은 원칙적으로 모든 보험계약의 체결을 청약하는 경우에 적용된다고 할 것이나, 보험계약을 새로이 청약하는 경우에만 적용되며, 기존의 보험계약을 갱신하는 경우에는 적용되지 않는다. 그리고 보험목적이 양도된 경우(상법 제679조)에는 보험자는 양수인에 대하여 이러한 의무를 지지 않는다.

3. 약관 교부·설명의무의 내용

보험자가 보험계약자에게 약관을 교부하고, 그 약관의 중요한 내용을 알려주어야 한다. 그리고 보험자는 보험계약자가 그러한 약관의 중요한 내용을 이해할 수 있도록 설명하여야 한다고 보아야 할 것이다(약관규제법 제3조 제2항 및 제3항).[28] 다만, 보험계약자가 잘 알고 있는 사항, 거래상 일반적·공통적이어서 충분히 예상할 수 있는 사항 및 법령에 정하여진 사항[29] 등에 관하여는 설명을 요하지 않으며,[30] 설명이 현저히 곤란한 경우(약관규제법 제3조 제3항 단서)에는 설명의무가 면제된다.

◆ 대법원 2020. 10. 29. 선고 2019다267020 판결
(고의사고 유발시 보험자책임 제한 규정에 대한 설명의무위반의 주장 가부)

[사실개요]

원고(보험계약자)는 2015년 피고(보험회사)와 '상해·사망 또는 후유장애 발생 시 정액 보험금을 본인(원고)에게 지급하는' 내용의 보험계약을 맺었다. 그런데 원고는 통원치료가 가능함에도 장기간 입원하는 등의 방법으로 피고 등 보험사로부터 실제 지급받을 수 있는 보험금보다 많은 보험금을 받았다. 원고는 이 같은 사실로 기소돼 징역 6개월에 집행유예 1년을 확정받았다. 피고는 원고의 범행을 근거로 당초 지급된 보험금이 부당이득에 해당한다며 원고를 상대로 반환을 요구하는 소송을 내 승소 확정 판결을 받았다. 원고가 피고로부터 부당 편취한 금액은 약 1,100여만 원에 달했다. 이에 피고는 2018년 7월 원고에게 보험계약 해지를 통보했다. 해당 보험계약 약관은 '피보험자나 계약자의 고의를 원인으로 해 생긴 손해는 보장하지 않는다. 이러한 사유가 발생한 때에는 계약을 해지할 수 있다'고 규정했다. 이에 대해 원고는 설명의무 위반을 주장하며 피고를 상대로 소송을 제기했다.

[판결요지]

보험계약자 측이 입원치료를 지급사유로 보험금을 청구하거나 이를 지급받았으나 그 입원치료의 전부 또는 일부가 필요하지 않은 것으로 밝혀진 경우, 입원치료를 받게 된 경위, 보험금을 부정 취득할 목적으로

---

28) 일반적으로 보험자 및 보험계약의 체결 또는 모집에 종사하는 자는 보험계약의 체결에 있어서 보험계약자 또는 피보험자에게 보험약관에 기재되어 있는 보험상품의 내용, 보험료율의 체계 및 보험청약서상 기재사항의 변동사항 등 보험계약의 중요한 내용에 대하여 구체적이고 상세한 명시·설명의무를 진다(대법원 2010. 3. 25. 선고 2009다91316 판결).

29) 대법원 2020. 10. 29 선고 2019다267020 판결.

30) 대법원 2001. 7. 27. 선고 99다55533 판결(보험자에게 약관의 설명의무가 인정되는 것은 어디까지나 보험계약자가 알지 못하는 가운데 약관에 정하여진 중요한 사항이 계약 내용으로 되어 보험계약자가 예측하지 못한 불이익을 받게 되는 것을 피하고자 하는 데 그 근거가 있는 것이므로, 해상보험계약에서 사용하고 있는 약관이라 할지라도 개별적으로 그 내용이 거래상 일반적이고 공통된 것이어서 보험계약자가 별도의 설명 없이도 충분히 예상할 수 있었던 사항이거나 혹은 이미 법령에 의하여 정하여진 것을 되풀이하거나 부연하는 정도에 불과한 사항인지 등을 판별하여 그 경우에 한하여 설명의무의 대상이 아니라고 하여야 한다).

입원치료의 필요성이 없음을 알면서도 입원을 하였는지 여부, 입원치료의 필요성이 없는 입원 일수나 그에 대한 보험금 액수, 보험금 청구나 수령 횟수, 보험계약자 측이 가입한 다른 보험계약과 관련된 사정, 서류의 조작 여부 등 여러 사정을 종합적으로 고려하여 보험계약자 측의 부당한 보험금 청구나 보험금 수령으로 인하여 보험계약의 기초가 되는 신뢰관계가 파괴되어 보험계약의 존속을 기대할 수 없는 중대한 사유가 있다고 인정된다면 보험자는 보험계약을 해지할 수 있고, 위 계약은 장래에 대하여 그 효력을 잃는다.

한편 이러한 해지권은 신의성실의 원칙을 정한 민법 제2조에 근거한 것으로서 보험계약 관계에 당연히 전제된 것이므로, 보험자에게 사전에 설명할 의무가 있다거나 보험자가 이러한 해지권을 행사하는 것이 상법 제663조나 약관의 규제에 관한 법률 제9조 제2호를 위반한 것이라고 볼 수 없다. 보험자가 보험금 지급에 관한 심사를 하는 단계에서 지급요건을 충족하지 못한 것을 밝히지 못하고 보험금을 지급했다는 이유만으로, 보험자가 이러한 해지권을 행사하는 것이 보험계약상 신의성실의 원칙 위반이라고 볼 수도 없다. 다만 이러한 해지권은 보험약관에 명시되어 있지 않고 또 구체적 사안에서 해지사유가 있는지 여부가 명확하지 않은 면이 있을 뿐만 아니라, 보험자가 부당한 보험금 청구를 거절하거나 기지급 보험금을 반환받는 것을 넘어서 보험계약 자체를 해지하는 것은 자칫 보험계약자 측에 과도한 불이익이 될 수 있다는 점을 고려할 때, 구체적 사안에서 보험자가 이와 같은 해지권을 행사할 수 있는지는 신중하고 엄격하게 판단하여야 한다.

보험계약은 당사자의 윤리성과 선의성이 강하게 요구되는 특성으로 인하여 당사자 사이에 강한 신뢰관계를 요구한다. 따라서 보험계약이 당사자 일방의 부당한 행위로 계약의 기초가 되는 신뢰관계가 파괴되어 상대방이 그 계약을 해지하는 경우, 신뢰관계를 파괴하는 당사자의 부당한 행위가 해당 보험계약의 주계약이 아닌 특약에 관한 것이라 하더라도 그 행위가 중대하여 이로 인해 보험계약 전체가 영향을 받고 계약 자체를 유지할 것을 기대할 수 없다면, 특별한 사정이 없는 한 해지의 효력은 해당 보험계약 전부에 미친다고 보아야 한다.

[쟁점사항]

이는 보험계약 존속 중 당사자 일방의 부당한 행위 등으로 신뢰관계가 파괴되어 계약의 존속을 기대할 수 없는 중대한 사유가 있는 경우 상대방이 보험계약을 해지할 수 있다고 보면서, 보험계약자 측이 입원치료를 지급사유로 보험금을 청구하거나 이를 지급받았으나 입원치료의 전부 또는 일부가 필요하지 않은 것으로 밝혀진 경우 보험자가 보험계약을 해지할 수 있고, 이러한 경우 보험자의 해지권은 신의성실의 원칙을 정한 민법 제2조에 근거한 것으로서 보험계약 관계에 당연히 전제된 것이므로 사전 설명의무가 없다고 본 사례이다.

4. 증명책임·의무위반의 효과

(1) 증명책임

보험약관의 교부와 그 중요한 내용의 설명의무의 이행에 대한 증명책임은 계약의 성립을 주장하는 보험자가 진다.[31] 그러나 청약자가 청약서에 기명날인을 함에 있어서 보험약관이 교부되었고, 그 중요한 사항에 대한 설명이 있었다는 것을 확인한 때에는 보험자는 이로써 증명이 가능하다고 볼 것이므로, 이러한 경우에는 청약자가 이와

31) 대법원 2004. 9. 23 선고 2004다31814, 2004다31821(반소) 판결.

다른 주장을 하기 위해서는 이를 입증하여야 한다.

(2) 의무위반의 효과

1) 계약의 취소

보험자가 약관의 교부·설명의무를 위반한 때에는 보험계약자는 보험계약이 성립한 날로부터 3월내에 그 계약을 취소할 수 있다(상법 제638조의3 제2항).[32] 이와 같이 보험자가 의무를 위반한 경우의 효과를 구체적으로 규정하고 있는 것은 보험계약자의 취소가 없는 한 그 보험계약을 그대로 유지하도록 하는 것이 보험계약자 개인의 이익을 위해서나 보험단체의 이익을 위해 바람직하기 때문이다.

2) 계약내용의 주장배제

보험자 및 보험계약의 체결 또는 모집에 종사하는 자가 보험약관의 명시·설명의무를 위반한 때에는, 보험자는 그 약관의 내용을 보험계약의 내용으로 주장할 수 없다(약관규제법 제3조 제4항).[33] 따라서 상법의 규정에 따라 3개월 내에 계약을 취소하지 못하였다고 하여 약관교부·설명의무를 위반한 하자가 치유되는 것은 아니다.[34]

---

32) 2014년 보험법 개정시에 종래 1개월의 기간을 3개월 이내로 연장하였는데, 종래의 취소기간이 너무 짧아 취소권 행사가 어려웠기 때문이다.

33) 상법 제638조의3 제1항 및 약관의 규제에 관한 법률 제3조의 규정에 의하여 보험자 및 보험계약의 체결 또는 모집에 종사하는 자는 보험계약을 체결할 때 보험계약자 또는 피보험자에게 보험약관에 기재되어 있는 보험상품의 내용, 보험료율의 체계, 보험청약서상 기재사항의 변동 및 보험자의 면책사유 등 보험계약의 중요한 내용에 대하여 구체적이고 상세한 명시·설명의무를 지고 있으므로, 만일 보험자가 이러한 보험약관의 명시·설명의무에 위반하여 보험계약을 체결한 때에는 그 약관의 내용을 보험계약의 내용으로 주장할 수 없다(대법원 2003. 11. 14. 선고 2003다35611 판결). 따라서 보험자에게 명시·설명의무가 면제되는 경우가 아니라면 보험자가 이러한 보험약관의 명시·설명의무에 위반하여 보험계약을 체결한 때에는 보험자는 설명의무를 이행하지 않는 약관의 사항을 보험계약의 내용으로 주장할 수 없게 된다(대법원 2010. 3. 25. 선고 2009다91316 판결; 대법원 2007. 4. 27. 선고 2006다87453 판결 등 참조).

34) 피고 보험회사가 원고의 고지의무 위반으로 인한 보험금 지급을 거부한 사건에서, 법원은 원고가 망인의 주기적인 오토바이 운전 사실에 관하여 고지의무를 위반했다고 하더라도, 보험설계사가 '오토바이 운전과 관련된 사항'에 관하여 그 명시·설명의무를 다하지 못한 이상, 보험계약의 보험자인 피고로서는 원고가 망인의 주기적인 오토바이 운전 사실에 관한 고지의무를 위반했음을 이유로 보험계약을 해지할 수 없다고 하여, 보험사의 설명의무와 소비자의 고지의무가 충돌했을 때 보험사의 설명의무 책임을 더 무겁게 본 사례이다(대법원 2020. 1. 16. 선고 2018다242116 판결).

Ⅲ. 고지의무

1. 고지의무의 의의

고지의무(disclosure and representation; Anzeigepflicht)란 보험계약자 또는 피보험자가 보험계약의 체결 당시에 보험자에 대하여 중요한 사항을 고지하거나 또는 부실고지를 하지 아니할 의무를 말한다(상법 제651조 본문).[35] 보험계약은 불확실한 위험을 전제로 하는 사행계약이므로 당사자의 선의성·윤리성을 요하게 된다. 이를 반영하여 보험계약자 등은 고지의무 외에도 보험기간 중의 위험변경·증가에 따른 통지의무(상법 제652조) 및 보험사고발생을 안 때의 통지의무(상법 제657조) 등을 부담하게 된다. 그런데 고지의무는 보험계약의 성립 전에 지는 의무이나, 통지의무는 보험계약의 성립 후에 지는 의무라는 점에서 구별된다.

이러한 고지의무는 보험계약자 등이 자기의 불이익을 방지하기 위한 자기의무이고, 또한 보험계약의 효과로서 부담하는 의무가 아니고 단지 보험계약의 전제요건으로서 지는 간접의무이다(통설). 이러한 고지의무를 인정하는 근거는 보험계약의 선의성과 기술성에 있다.[36]

2. 고지의무의 당사자

(1) 고지의무자

고지의무를 부담하는 자는 보험계약 상 보험계약자와 피보험자이다(상법 제651조). 보험계약자가 여러 사람인 때에는 각 보험계약자가 모두 고지의무를 부담한다. 보험계약이 대리인에 의해 체결되는 경우에는 대리인도 고지의무를 부담하는데, 이 때 대리

---

35) 보험실무상으로는 보험약관에 이를 '계약 전 알릴 의무'라고 하여, 보험가입청약서에 질문표를 인쇄하여 두고 청약자로 하여금 대답하게 하는 방식을 취하고 있다.

36) 고지의무의 인정근거에 대해서는 위험측정설과 선의계약설이 대립하고 있다. 위험측정설(또는 기술설)은 보험계약에서는 보험금과 보험료의 균형적인 산출을 위하여 위험률을 측정할 필요가 있는데, 위험의 기초사실을 관리·지배하고 있는 보험계약자나 피보험자는 이를 보험자에게 고지하여 위험의 측정에 협조할 의무가 있다고 한다. 한편 선의계약설(또는 사행계약설)은 보험계약은 고도의 신의성실이 요구되는 선의계약 내지 사행계약이므로 보험계약자나 피보험자는 자기에게 불리한 사실일지라도 보험자에게 고지할 의무가 있다고 한다. 그러나 고지의무는 위 학설 중 어느 하나에 의하여 완전히 설명하기 어렵기 때문에 여러 가지 근거가 복합적으로 작용하고 있다고 보아야 한다는 것이 다수설이다.

인은 본인이 고지해야 할 사항 이외에 자신이 알고 있거나 알 수 있었던 사유도 고지해야 한다(상법 제646조).[37](중요판례 참조)

한편, 피보험자가 고지의무를 부담하는 경우에 대해 상법은 손해보험과 인보험을 구별함이 없이 피보험자라고 하고 있는데, 손해보험의 경우에도 피보험자가 포함되는가 하는 의문이 있을 수 있다.[38] 생각건대 손해보험에 있어서의 피보험자란 피보험이익의 귀속자라는 점에서 볼 때 포함된다고 보는 것이 타당하다(다수설). 다만, 타인을 위한 손해보험의 경우에는 고지의무를 이행할 수 없는 경우가 생길 수 있다. 그리하여 상법 제639조 제1항 단서에는 "손해보험계약의 경우에 그 타인의 위임이 없는 때에는 타인이 그 보험계약이 체결된 사실을 알지 못하였다는 사유로 보험자에게 대항하지 못한다."고 하여, 보험계약자가 타인의 위임 없이 그를 위해 계약을 체결한다는 사실을 보험자에게 고지하면, 보험자는 이 사실을 그 타인에게 통지하고 고지의무의 이행을 요구할 수 있다.

◆ 대법원 2013. 6. 13. 선고 2011다54631 판결(고지의무 위반요건으로서의 대리인의 중과실)

[사실개요]

보험계약 체결 당시 보험계약자인 피고의 어머니 소외 1은 경남 김해시에, 소외 1을 대리하여 보험계약을 체결한 피고의 이모 소외 2는 부산시에, 피보험자인 피고는 서울 강동구에 각각 따로 거주하고 있었다. 소외 2가 소외 1을 대리하여 보험모집인 소외 3과 사이에 보험계약자를 소외 1, 피보험자를 피고로 하는 보험가입청약서와 계약전 알릴의무 사항을 작성하면서 소외 2가 소외 1과 피고를 대신하여 서명하였다. 소외 1과 소외 2는 피고에게 보험계약 체결 사실을 알리지 않았고, 보험계약 체결 사실을 알지 못했던 피고는 갑상선결절 진단 사실을 알리지 않았다. 보험모집인 소외 3도 피고에게 보험계약체결사실을 알리지 않았고, 피고에게 계약 전 알릴 의무사항 기재 내용의 정확성에 대해 확인절차를 거치지 않았다. 피고가 갑상선 유두암 진단을 받고 소외 1에게 이 사실을 알리자 소외 1이 피고에게 암보험 가입 사실을 알려주었다. 원고가 피고와 소외 1, 2를 보험사기 혐의로 고소하였으나 검찰로부터 무혐의 처분을 받았다.

[판결요지]

보험계약 당시에 보험계약자 또는 피보험자가 고의 또는 중대한 과실로 인하여 중요한 사항을 고지하지 아니하거나 부실의 고지를 한 때에는 보험자는 일정 기간 안에 그 계약을 해지할 수 있다(상법 제651조). 여기서 중대한 과실이란 현저한 부주의로 중요한 사항의 존재를 몰랐거나 중요성 판단을 잘못하여 그 사실이 고지하여야 할 중요한 사항임을 알지 못한 것을 의미한다 할 것이고, 그와 같은 과실이 있는지 여부는 보험계약의 내용, 고지하여야 할 사실의 중요도, 보험계약의 체결에 이르게 된 경위, 보험자와 피보험자 사

37) 대법원 2013. 6. 13. 선고 2011다54631 판결.

38) 피보험자의 고지의무에 있어서 손해보험에서의 피보험자는 보험계약상의 보험금청구권을 가지는 자인데, 인보험에서의 피보험자는 보험사고 발생의 객체가 되는 자를 일컫는다. 따라서 이들은 고지의무자이지만, 인보험에서 보험청구권을 가지는 보험수익자는 고지의무자가 아니다.

이의 관계 등 제반 사정을 참작하여 사회통념에 비추어 개별적·구체적으로 판단하여야 하고, 그에 관한 증명책임은 고지의무 위반을 이유로 보험계약을 해지하고자 하는 보험자에게 있다.

특히 피보험자와 보험계약자가 다른 경우에 피보험자 본인이 아니면 정확하게 알 수 없는 개인적 신상이나 신체상태 등에 관한 사항은, 보험계약자도 이미 그 사실을 알고 있었다거나 피보험자와의 관계 등으로 보아 당연히 알았을 것이라고 보이는 등의 특별한 사정이 없는 한, 보험계약자가 피보험자에게 적극적으로 확인하여 고지하는 등의 조치를 취하지 아니하였다는 것만으로 바로 중대한 과실이 있다고 할 것은 아니다. 더구나 보험계약서의 형식이 보험계약자와 피보험자가 각각 별도로 보험자에게 중요사항을 고지하도록 되어 있고, 나아가 피보험자 본인의 신상에 관한 질문에 대하여 '예'와 '아니오' 중에서 택일하는 방식으로 고지하도록 되어 있다면, 그 경우 보험계약자가 '아니오'로 표기하여 답변하였더라도 이는 그러한 사실의 부존재를 확인하는 것이 아니라 사실 여부를 알지 못한다는 의미로 답하였을 가능성도 배제할 수 없는 것이므로, 그러한 표기사실만으로 쉽게 고의 또는 중대한 과실로 고지의무를 위반한 경우에 해당한다고 단정할 것은 아니라 할 것이다.

소외 1이 피고의 어머니이고 소외 2가 피고의 이모라고 하더라도 이 사건 보험계약 체결 당시 피고가 갑상선결절의 진단을 받은 사실을 당연히 알았거나 쉽게 알 수 있었다고 단정할 수는 없다. 소외 1이나 소외 2가 이 사건 보험계약 체결전 3개월 이내에 피고가 갑상선결절 진단을 받았다는 사실에 관하여 중대한 과실로 허위의 고지를 한 것이라고 보기는 어렵다 할 것이다.

[쟁점사항]

이는 보험자가 고지의무 위반을 이유로 보험계약을 해지하기 위한 요건인 보험계약자 또는 피보험자의 '중대한 과실'의 의미를 '현저한 부주의로 중요한 사항의 존재를 몰랐거나 중요성 판단을 잘못하여 그 사실이 고지하여야 할 중요한 사항임을 알지 못한 것을 의미한다'고 하면서, 그와 같은 과실이 있는지 판단하는 기준과 증명책임은 보험자에게 있다고 하였다. 또한 피보험자와 보험계약자가 다른 경우 원칙적으로 피보험자 본인이 아니면 정확하게 알 수 없는 개인적 신상이나 신체상태 등에 관한 사항에 대하여 보험계약자가 피보험자에게 적극적으로 확인하여 고지하는 등의 조치를 취하지 않은 것만으로 중대한 과실을 인정할 수 없다고 한 판례이다.

즉 대법원은 이 사례에서 비록 피고의 어머니와 이모라고 하더라도 보험계약 체결 당시 피고가 갑상선결절의 진단을 받은 사실을 당연히 알았거나 쉽게 알 수 있었다고 단정할 수 없고, 고지사항 서면의 양식으로 보더라도 피보험자인 피고의 신체상태 등에 관한 사항은 보험계약자 외에 피보험자 본인으로부터 별도로 확인하고 자필서명을 받도록 되어 있기 때문에 피고의 어머니와 이모가 고지사항 서면을 작성하면서 피고가 최근 진단 등을 받은 사실이 있는지를 적극적으로 확인하지 않고 사실과 달리 표기하였다고 하여 당연히 중대한 과실로 고지의무를 위반한 경우에 해당한다고 하기 어렵다고 본 것이다. 그뿐만 아니라 보험계약자를 대리한 피고의 이모가 피고의 진단사실 유무에 대한 답변으로 '아니오'라는 칸에 표기를 했다고 해서 그것이 반드시 진단 사실이 부존재한다는 취지를 고지한 것이라고 단정할 수도 없기 때문에 피고의 어머니와 이모가 해당 보험계약 체결전 3개월 이내에 피고가 갑상선결절 진단을 받았다는 사실에 관하여 중대한 과실로 허위의 고지를 한 것은 아니라고 하여, 원심을 파기환송한 것이다.

(2) 고지수령권자

고지의 상대방은 보험자와 그를 위하여 고지수령권을 가지는 대리인이다. 보험계약의 체약대리권이 있는 보험대리점이나 보험의(진사의)도 고지수령권을 가지나(중요판례 참조), 보험계약의 체약대리권이 없는 보험중개인 및 보험설계사는 고지수령권을 갖지 않는다는 것이 통설·판례의 입장이다.[39] 그러나 보험설계사는 보험계약의 체결을 중개하는 사실행위만을 하는 사람이라는 점에서 고지수령권을 인정할 수 없지만, 보험계약의 청약자는 보험설계사의 권유에 따라 보험계약을 청약하고 그 보험설계사에게 청약서를 전달하는 거래의 실정에 비추어 볼 때, 입법론적으로는 일정한 경우 보험계약자를 보호하기 위하여 보험설계사에게 고지수령권을 부여할 필요가 있다고 본다.[40]

◆ 대법원 2001. 1. 5. 선고 2000다40353 판결
(보험의의 고지수령권 인정 여부)

[사실개요]

피고 보험회사는 종합건강진단센터를 설립하여 고액보험계약자들을 대상으로 건강진단서비스를 제공하였다. 이 사건의 피보험자는 건강진단에서 고혈압 판정을 받았으나 피고 보험회사에 고지하지 아니한 채 승용차 운전 중 사망하였다. 검사결과 사망원인은 지주막하출혈에 의한 질식사로 밝혀졌다. 원고가 보험금을 청구하자 피고 보험회사는 보험계약자가 고혈압 진단 사실을 고지하지 않았고 고혈압과 인과관계가 있는 지주막하출혈로 사망하였으므로 보험계약을 해지하겠다고 통보하였다. 원고는 피보험자가 피고 보험회사의 종합건강진단센터에서 고혈압 진단을 받았으므로 피고 보험회사가 건강진단 결과를 충분히 알 수 있었으므로 계약을 해지하는 것은 부당하다고 주장하였다. 종합건강진단센터의 진단 결과는 의료법상 피진단자의 동의 없이 외부 유출이 금지되므로 건강진단 결과는 피고 보험회사의 관련 부서에 통보되지 않았고, 관련 부서도 진단 자료에 접근할 수 없었다.

---

39) 대법원 1979. 10. 30. 선고 79다1234 판결(이는 보험회사 외무사원(보험설계사)에 대한 고지가 회사에 대한 고지가 되는지 여부에 대하여, 외무사원은 모집의 권유만을 담당하는 자이므로 보험가입을 권유하던 외무사원에게 기왕 병력을 말한 것은 보험자에 대한 고지의무의 이행이라 할 수 없음을 인정한 판례이다); 대법원 1998. 11. 27. 선고 98다32564 판결(이는 보험계약자가 보험계약 체결 당시 보험모집인에게 장차 트럭에 크레인을 장착할 예정임을 알려주었으나 그 후 크레인 장착을 완료한 사실을 보험자에게 통지하지 않았고, 보험모집인 역시 위 보험계약 체결 당시 보험계약자에게 구조변경 후 그 사실을 보험자에게 서면으로 알리고 보험증권에 보험자의 승인을 받아 할증된 보험료를 추가로 납입하여야 한다는 약관의 내용을 제대로 설명하지 않은 사안에서, 보험계약자가 보험모집인에 불과한 자에게 피보험차량에 크레인을 장착할 예정이라는 사실을 알려주었을 뿐이라면, 일반적으로 보험모집인이 독자적으로 보험자를 대리하여 보험계약을 체결할 권한이 없을 뿐만 아니라 고지 내지 통지의 수령권한도 없는 점에 비추어 볼 때 그로써 피보험차량의 구조변경에 관한 통지의무를 다한 것이라고 할 수 없으므로, 보험계약자가 나아가 보험계약 체결 후에 보험자에게 크레인 장착을 완료한 사실을 통지하지 아니한 이상, 이는 보험계약자가 상법 제652조 소정의 통지의무를 해태한 것이라고 할 것이어서, 보험자가 보험약관상 규정된 보험계약 체결 후 자동차의 구조변경 사실에 관한 보험계약자의 통지의무에 관한 규정을 보험계약자에게 설명하였는지 여부와 상관없이 상법 제652조에 의하여 위 보험계약을 해지할 수가 있다고 하였다); 대법원 2006. 6. 30. 선고 2006다19672 판결(이는 보험모집인의 법적 지위에 대해 보험모집인은 특정 보험자를 위하여 보험계약의 체결을 중개하는 자일 뿐 보험자를 대리하여 보험계약을 체결할 권한이 없고 보험계약자 또는 피보험자가 보험자에 대하여 하는 고지나 통지를 수령할 권한도 없으므로, 보험모집인이 통지의무의 대상인 '보험사고발생의 위험이 현저하게 변경 또는 증가된 사실'을 알았다고 하더라도 이로써 곧 보험자가 위와 같은 사실을 알았다고 볼 수는 없다고 하여, 보험모집인은 고지·통지수령권이 없음을 명시적으로 밝힌 사례이다).

40) 일본의 경우 1996년 보험업법 개정을 통해 보험설계사에게 계약체결의 대리 또는 매개를 할 수 있도록 법을 개정하면서 보험자가 보험계약의 체결단계에서 보험설계사에게 대리권을 준 것인지 아니면 중개행위를 할 권한만을 준 것인지를 명시하도록 하였다. 또한 2008년 보험법의 개편에서는 보험모집종사자가 보험계약자 측의 고지의무이행을 방해한 경우, 보험자가 고지의무위반을 이유로 보험계약을 해지할 수 없도록 하였다.

[판결요지]

보험계약 당시에 보험계약자 또는 피보험자가 고의 또는 중대한 과실로 인하여 중요한 사항을 고지하지 아니하거나 부실의 고지를 하였다고 하더라도 보험자가 계약 당시에 그 사실을 알았거나 중대한 과실로 인하여 알지 못한 때에는 그 고지의무 위반을 들어 계약을 해지할 수 없다고 할 것인바(상법 제651조 단서), 여기에서 말하는 보험자의 악의나 중대한 과실에는 보험자의 그것뿐만 아니라 이른바 보험자의 보험의(保險醫)를 비롯하여 널리 보험자를 위하여 고지를 수령할 수 있는 지위에 있는 자의 악의나 중과실도 당연히 포함된다고 할 것이나, 보험자에게 소속된 의사가 보험계약자 등을 검진하였다고 하더라도 그 검진이 위험측정자료를 보험자에게 제공하는 보험자의 보조자로서의 자격으로 행해진 것이 아니라면 그 의사가 보험자에게 소속된 의사라는 사유만으로 그 의사가 검진 과정에서 알게 된 보험계약자 등의 질병을 보험자도 알고 있으리라고 보거나 그것을 알지 못한 것이 보험자의 중대한 과실에 의한 것이라고 할 수는 없다고 할 것이며, 이와 같이 해석하는 것이 환자에 대한 비밀의 누설이나 기록의 공개를 원칙적으로 금지하고 있는 의료법의 취지에도 부합한다고 할 것이다.

[쟁점사항]

이는 보험계약자 또는 피보험자의 고지의무 위반을 이유로 한 보험자의 보험계약 해지의 제한사유인 상법 제651조 단서 소정의 '보험자의 악의 또는 중대한 과실'의 인정 범위 및 보험자에게 소속된 의사가 보험계약자를 검진하였으나 보험자의 보조자로서의 자격으로 행한 것이 아닌 경우, 보험자에게 소속된 의사라는 사유만으로 그 의사가 검진 과정에서 알게 된 보험계약자 등의 질병에 대하여 보험자의 악의 또는 중과실을 인정할 수 없다 본 사례이다.

3. 고지의무의 내용

(1) 고지의 시기와 방법

고지의 시기는 보험체약 당시(상법 제651조), 즉 보험계약이 성립할 때까지이다. 그러므로 보험계약을 청약할 때에는 고지의무를 다하지 아니하여도 보험자가 그 청약을 승낙할 때까지는 추가 또는 정정할 수 있고, 청약 후 계약성립시까지 발생 또는 변경된 사항이 있으면 이를 고지하여야 한다.

고지의 방법에는 법률상 특별한 제한이 없다. 따라서 구두로 하든 서면으로 하든 상관이 없으나, 실제 거래계에서는 보험청약서에 질문란을 두어 그에 기재하도록 하는 것이 일반적이다.

◆ 대법원 2012. 8. 23 선고 2010다78135,78142 판결

[사실개요]

甲은 乙보험주식회사와 피보험자를 자신의 배우자인 丙으로 하는 보험계약을 청약하고 제1회 보험료를 납부하였다. 甲은 보험청약서의 질문표에 丙이 최근 5년 이내에 고혈압 등으로 의사에게서 진찰 또는 검사를 통하여 진단을 받았거나 투약 등을 받은 적이 없다고 기재하여 乙회사에 우송하여 乙회사는 이를 기초로 심사하였지만, 사실은 청약 당일 丙이 의사에게서 고혈압 등의 진단을 받았다. 甲이 보험금을 청구하자 乙회사는 甲이 제651조에서 정한 중요한 사항에 대한 고지의무 위반을 이유로 보험계약을 해지하였다.

[판결요지]

보험계약은 원칙적으로 보험계약자의 청약에 대하여 보험자가 승낙함으로써 성립하고, 보험자가 보험계약자로부터 보험계약의 청약과 함께 보험료 상당액의 전부 또는 일부의 지급을 받은 때에는 다른 약정이 없으면 30일 내에 그 상대방에 대하여 낙부의 통지를 발송하여야 하며, 보험자가 위 기간 내에 낙부의 통지를 해태한 때에는 승낙한 것으로 본다(상법 제638조의2 제1,2항). 한편 보험계약자 또는 피보험자는 상법 제651조에서 정한 '중요한 사항'이 있는 경우 이를 보험계약의 성립 시까지 보험자에게 고지하여야 하고, 고지의무 위반 여부는 보험계약 성립 시를 기준으로 하여 판단하여야 한다.

[쟁점사항]

이 판례는 보험계약을 청약한 이후 보험계약이 성립하기 전에 丙이 고혈압 진단을 받았음에도 甲은 청약서의 질문표를 작성하여 乙회사에 우송할 때에 고의 또는 중과실로 그러한 사실이 없다고 기재하는 등 고지의무를 위반하였고 이를 이유로 한 乙회사의 해지 의사표시에 따라 보험계약이 적법하게 해지되었으므로, 보험계약에 기한 乙회사의 보험금 지급의무는 존재하지 아니한다고 판시한 사례이다.

(2) 고지사항

1) 중요사항

고지의무의 대상으로 되는 사항은 위험측정에 관한 중요한 사항(material facts)이다(상법 제651조). 여기서 '중요한 사항'이란 보험자가 위험을 측정하여 보험계약의 체결 여부 또는 보험료액를 결정하는 데 영향을 미치는 사실을 말한다.[41] 즉, 보험자가 그러한 사실을 알았더라면 보험계약을 체결하지 않았을 것으로 객관적으로 인정되는 사실을 말한다. 중요한 사항에 해당되는지 여부는 구체적 사정에 따라 판단할 문제이지만, 대체로 손해보험에서는 보험의 목적의 물리적 성상·구조·사용의 목적·장소 등이 문

41) 대법원 1996. 12. 23. 선고 96다27971 판결(보험계약자나 피보험자가 보험계약 당시에 보험자에게 고지할 의무를 지는 상법 제651조 에서 정한 '중요한 사항'이란, 보험자가 보험사고의 발생과 그로 인한 책임부담의 개연율을 측정하여 보험계약의 체결 여부 또는 보험료나 특별한 면책조항의 부가와 같은 보험계약의 내용을 결정하기 위한 표준이 되는 사항으로서, 객관적으로 보험자가 그 사실을 안다면 그 계약을 체결하지 않든가 또는 적어도 동일한 조건으로는 계약을 체결하지 않으리라고 생각되는 사항을 말하고, 어떠한 사실이 이에 해당하는가는 보험의 종류에 따라 달라질 수밖에 없는 사실인정의 문제로서 보험의 기술에 비추어 객관적으로 관찰하여 판단되어야 하고, 최종적으로는 보험의 기술에 정통한 전문가의 감정에 의하여 결정될 수밖에 없다).

제가 되고, 인보험에서는 피보험자의 병력 기타 건강상태, 피보험자의 나이·신분·직업 등에 관한 사항이 문제가 된다(중요판례 참조).

보험자가 서면으로 질문한 사항은 중요한 사항으로 추정한다(상법 제651조의2). 즉, 보험계약자나 피보험자는 전문가가 아니어서 무엇이 고지사항에 해당하는지 모르는 것이 보통이기 때문에 실제 보험거래에서는 고지의무의 대상이 되는 중요한 사항을 기재한 질문표를 이용하고 있는 바, 이와 같이 보험자가 서면으로 질문한 사항은 중요한 사항으로 추정된다.[42] 그 서면에는 보험청약서도 포함되는데, 그 기재된 질문내용의 해석은 평균적인 보험계약자의 이해 가능성을 기준으로 하여 객관적·획일적으로 이루어져야 한다.[43](중요판례 참조) 결국 질문표 등 서면 형태의 질문표 기재사항에 대하여 보험계약자가 허위의 내용을 기재한 때에는 그 추정력에 의해 그것이 중요사항이 아님을 입증하지 않는 한 고지의무위반이 된다.

---

42) 대법원 1969. 2. 18. 선고 68다2082 판결(보험회사의 질문표에 기재된 질문사항은 다른 특별한 사정이 없는 한 그 보험계약에 있어서의 중요한 사항에 해당된다고 추정할 수 있을 뿐 아니라 생명보험에 있어서는 그 피보험자의 부모가 보험계약 당시에 생존하고 있는가의 여부와 건강한가의 여부, 지병인 경우에 있어서의 병명, 사망하였다면 그 사인과 사망 연월일 등은 현대의학상으로 보아 피보험자의 생명에 관한 위험을 측정하는데 있어서 필요하고도 중요한 사항에 해당된다 할 것이므로 만일 보험계약자 또는 피보험자가 위와 같은 중요사항에 대하여 고의 또는 중대한 과실로서 고지를 하지 아니하였다거나 허위로 고지를 하였을 경우에는 보험자는 그 보험계약을 해지할 수 있을 것이며, 다만 보험계약자는 그 고지의무에 위반된 사실이 있다 하더라도 보험사고의 발생에 영향을 미치지 아니하였다는 사실을 증명함으로서 보험자의 계약해지를 할 수 있음에 불과하다).

43) 대법원 2010. 10. 28. 선고 2009다59688 판결(보험청약서에서 답변을 구하는 것이 구체적으로 어떤 사항에 관한 것인가는 결국 보험청약서에 기재된 질문내용의 해석에 관한 문제이고, 그 해석은 그 질문내용에 의하여 보험계약자나 피보험자가 부담하게 되는 고지의무의 대상인 '중요한 사항'의 범위에 영향을 미칠 수 있다는 사정 등을 고려하여 평균적인 보험계약자의 이해가능성을 기준으로 하여 객관적·획일적으로 이루어져야 한다).

[고객용]

계약전 알릴의무사항(1/2)

가입설계번호 : 717038726201909141 성명 : 생년월일 : 성별 :

■ 피보험자(보험대상자)에 관한 다음 사항은 회사가 보험계약의 청약을 심사하고 인수하는데 필요한 자료이므로 보험계약자 및 피보험자는 아래 질문들에 대해 사실대로 알려야 하며 직접 작성하시기 바랍니다.

■ 만약 아래 질문들에 대하여 사실대로 알리지 않거나 사실과 다르게 알린 경우에는 보험가입이 거절 될 수 있으며, 특히 질문 1번~14번에 대하여 알린 내용이 「중요한 사항」에 해당하는 경우 회사는 보험약관에 따라 이 보험계약을 일방적으로 해지 할 수 있고, 이미 보험사고가 발생하였더라도 보험금 지급을 거절하는 등 보장이 제한될 수 있습니다.

■ 반면, 보험설계사 등이 보험계약자 또는 피보험자에게 고지할 기회를 주지 않았거나 사실대로 고지하는 것을 방해하는 등의 경우에는 보험계약을 해지하거나 보장을 제한할 수 없습니다.

「중요한 사항」이란 회사가 그 사실을 알았더라면 보험계약의 청약을 거절하거나 보험가입금액 한도 제한, 일부 보장 제외, 보험금 삭감, 보험료 할증과 같이 조건부로 인수하는 등 계약인수에 영향을 미치는 사항을 말합니다.

※ 부활(효력회복)시에는 계약전 알릴의무 대상기간을 「최초 계약해당일(또는 직전 부활(효력회복)일) 이후로부터 부활(효력회복)을 청약한 날까지의 기간」과「계약전 알릴의무 대상기간 (아래 질문의 최근 3개월, 1년, 5년)」중 짧은 기간으로 합니다.

고지내용

	직업명	근무처/회사명	하시는일(구체적으로)
1			

	※ 다음 각 항목의 질문사항에 대하여 사실과 일치하지 않은 경우, 계약전 알릴의무 사항을 반드시 정정하여 주시기 바랍니다.	예	아니오
2	현재 키와 몸무게는 얼마입니까? 키 cm, 몸무게: kg		
3	최근 3개월 이내에 의사로부터 진찰 또는 검사(건강검진 포함)를 통하여 다음과 같은 의료행위를 받은 사실이 있습니까? □ 질병확정진단 □ 질병의심소견 □ 치료 □ 입원 □ 수술(제왕절개포함) □ 투약 ※질병의심소견이란 의사로부터 진단서 또는 소견서를 발급받은 경우를 말합니다. ※투약이란 의사가 환자에게 약을 처방하는 행위를 말하는 것으로 실제로 약을 구입하지 않았어도 기재해야 합니다.		
4	최근 3개월 이내에 마약을 사용하거나 혈압강하제, 신경안정제, 수면제, 각성제 (흥분제), 진통제 등 약물을 상시 복용한 사실이 있습니까? ※혈압강하제란 혈관 확정에 의해 혈압을 내리게 하는 의약품을 말합니다.※각성제란 수면을 방해하고 피로를 경감하게 하는 의약품을 말합니다.		
5	최근 1년 이내에 의사로부터 진찰 또는 검사를 통하여 추가검사(재검사)를 받은 사실이 있습니까?		
6	최근 5년 이내에 의사로부터 진찰 또는 검사를 통하여 다음과 같은 의료행위를 받은 사실이 있습니까? □ 입원 □ 수술(제왕절개포함) □ 계속하여 7일 이상 치료 □ 계속하여 30일 이상 투약 ※여기서 '계속하여'란 같은 원인으로 치료 시작후 완료일까지 실제 치료, 투약받은 일수를 말합니다.		
7	최근 5년 이내에 아래 11대 질병으로 의사로부터 진찰 또는 검사를 통하여 다음과 같은 의료행위를 받은 사실이 있습니까? □ 질병확정진단 □ 치료 □ 입원 □ 수술 □ 투약 〈11대질병〉 □ ①암 □ ②백혈병 □ ③고혈압 □ ④협심증 □ ⑤심근경색 □ ⑥심장판막증 □ ⑦간경화증 □ ⑧뇌졸중증(뇌출혈,뇌경색) □ ⑨당뇨병 □ ⑩에이즈(AIDS) 및 HIV보균 □ ⑪직장 또는 항문 관련질환(치질,치루(누공),치열(찢어짐),항문 농양(고름집),직장 또는 항문탈출, 항문출혈, 항문궤양 ※⑪번 사항은 실손의료보험 가입시에만 해당합니다.		
8	(여성의 경우) 현재 임신중입니까? (임신 주)		
9	(태아보험 가입의 경우) 임신과정 또는 산전검사에서 아래와 같은 태아 이상 가능성이 발견되었거나 진단을 받은 적이 있습니까? □ 1)선천성기형 □ 2)선천성장애 □ 3)자궁내발육부전 □ 4)큰몸증 □ 5)신경학적결손 □ 6)염색체이상 □ 7)양수과소증 □ 8)양수과다증 □ 9)태아수종 □ 10)용혈성질환 □ 11)태아감염 □ 12)인공(체내/체외)수정 아기 □ 13)다태아임신(□ 쌍둥이 또는 □ 그 이상) □ 14)과숙임신 □ 15)전치태반 □ 16)태반조기박리 □ 17)자궁경관무력증		
10	(치아보철치료비/치아보존치료비/치아근관치료비 가입의 경우)다음과 같은 내용에 해당 되십니까 ? □ 현재 틀니 중 □ 최근 1년이내 충치(치아우식증)로 치료, 투약 또는 치료 필요 진단 □ 최근 5년이내 치주질환(잇몸병·풍치)으로 자연치 상실, 치주수술 또는 수술 필요 진단		

◆ 대법원 2004. 6. 11. 선고 2003다18494 판결(서면으로 질문한 사항의 중요성 추정 여부)

[사실개요]

원고들(피보험자의 상속인)의 배우자 내지 아버지인 망 A는 이 사건 보험계약 체결 전에 동일하거나 유사한 손해의 보상을 목적으로 하는 총 25건의 보험(최고보험금액 총 1,789,717,000원)에 가입하였다. 피고들의 보험약관에는 "계약자, 피보험자 또는 이들의 대리인의 고의나 중대한 과실로 청약서의 기재사항에 관하여 사실대로 알리지 아니하였을 때에는 보험회사는 손해 발생의 전후를 묻지 아니하고 이 보험계약을 해지할 수 있습니다."라고 기재되어 있었다. 이 사건 보험계약들의 청약서에는 보험계약자가 알릴 사항의 하나로서 다른 보험계약의 존재를 기재하도록 하는 별도의 질문표를 마련해 두고 있는데, 망인은 보험청약서들의 질문란에 다른 보험계약의 존재 사실을 기재하지 아니하였고, 피고들에게 추가로 보험계약을 체결하였다는 사실을 통지하지도 아니하였다. 망인은 포터 화물차량을 운전하던 중 고속도로 지하에 설치된 통로에 진입하기 위하여 좌회전하다가 차량의 전면으로 통로 입구에 설치되어 있는 콘크리트옹벽을 들이받는 사고로 현장에서 사망하였다. 피고들은 원고들에게 망인이 다른 보험계약의 존재를 알리지 아니하였다는 이유로 이 사건 보험계약들을 해지하자, 원고가 보험금 청구소송을 제기하였다.

[판결요지]

가. 망인이 추가로 보험에 가입함으로써 사고발생의 위험이 현저하게 증가한 것인지 여부

상법 제652조 제1항 소정의 통지의무의 대상으로 규정된 '사고발생의 위험이 현저하게 변경 또는 증가된 사실'이라 함은 그 변경 또는 증가된 위험이 보험계약의 체결 당시에 존재하고 있었다면 보험자가 보험계약을 체결하지 아니하였거나 적어도 그 보험료로는 보험을 인수하지 아니하였을 것으로 인정되는 사실을 말하는 것으로서, 상해보험계약 체결 후 다른 상해보험에 다수 가입하였다는 사정만으로 사고발생의 위험이 현저하게 변경 또는 증가된 경우에 해당한다고 할 수 없다.

나. 고지의무 위반에 대한 고의 또는 중과실이 있는지 여부

(1) 상법 제651조에서 정한 고지의무의 대상이 되는지 여부

보험계약자나 피보험자가 보험계약 당시에 보험자에게 고지할 의무를 지는 상법 제651조에서 정한 '중요한 사항'이란 보험자가 보험사고의 발생과 그로 인한 책임부담의 개연율을 측정하여 보험계약의 체결 여부 또는 보험료나 특별한 면책조항의 부가와 같은 보험계약의 내용을 결정하기 위한 표준이 되는 사항으로서 객관적으로 보험자가 그 사실을 안다면 그 계약을 체결하지 아니하든가 또는 적어도 동일한 조건으로는 계약을 체결하지 아니하리라고 생각되는 사항을 말하고, 어떠한 사실이 이에 해당하는가는 보험의 종류에 따라 달라질 수밖에 없는 사실인정의 문제로서 보험의 기술에 비추어 객관적으로 관찰하여 판단되어야 하는 것이나, 보험자가 서면으로 질문한 사항은 보험계약에 있어서 중요한 사항에 해당하는 것으로 추정되고(상법 제651조의2), 여기의 서면에는 보험청약서도 포함될 수 있으므로, 보험청약서에 일정한 사항에 관하여 답변을 구하는 취지가 포함되어 있다면 그 사항은 상법 제651조에서 말하는 '중요한 사항'으로 추정된다. 이 사건 보험계약들을 체결함에 있어서 다른 보험계약의 존재 여부는 고지의무의 대상이 되는 중요한 사항으로 추정된다.

(2) 고의 또는 중과실이 있는지 여부

(가) 기록에 의하면, 원심이 인정한 바와 같이 피고들의 보험청약서에는 다른 보험계약의 존재를 기재하도록 하는 별도의 질문표를 마련해 두고 있는데, 망인이 피고들에게 제출한 이 사건 보험계약들에 관한 보험청약서들에는 다른 보험계약의 존재 사실이 기재되어 있지 아니한 사실을 알 수 있다.

(나) 그러나 보험자가 다른 보험계약의 존재 여부에 관한 고지의무 위반을 이유로 보험계약을 해지하려면 보험계약자 또는 피보험자가 다른 보험계약의 존재를 알고 있는 외에 그것이 고지를 요하는 중요한 사항에 해당한다는 사실을 알고도, 또는 중대한 과실로 알지 못하여 고지의무를

다하지 아니한 사실을 입증하여야 하므로, 피고들이 이 사건 보험계약들을 해지하려면 망인이 이 사건 보험계약의 체결에 있어서 다른 보험계약의 존재 여부가 보험사고의 발생과 그로 인한 책임부담의 개연율을 측정하여 보험계약의 체결 여부 또는 보험료나 특별한 면책조항의 부가와 같은 보험계약의 내용을 결정하기 위한 표준이 되는 사항으로서, 객관적으로 보험자가 그러한 사실을 안다면 그 계약을 체결하지 아니하던가 또는 적어도 동일한 조건으로는 계약을 체결하지 아니하리라고 생각되는 사항에 해당한다는 사실 또는 이 사건 보험계약들의 보험청약서에서 다른 보험계약의 존재 여부에 대하여 질문하고 있다는 사실을 알거나 중대한 과실로 알지 못하였다는 사실을 입증하여야 할 것이다.

(다) 망인이 이 사건 보험계약들을 체결함에 있어서 다른 보험계약의 존재 사실을 고지하여야 할 의무가 있다는 사실을 알고도, 또는 중대한 과실로 알지 못하여 이를 고지하지 아니한 것으로 인정하기는 어려운 것으로 보이므로 고지의무를 위반하였다고 판단할 수 없다.

[쟁점사항]

이는 [1] 상법 제652조 제1항에 규정된 통지의무의 대상인 '사고발생의 위험이 현저하게 변경 또는 증가된 사실'의 의미를 밝히면서 상해보험계약의 체결 후 다른 상해보험에 다수 가입하였다는 사정은 통지의무의 대상에 해당하지 않고, 또한 [2] 상법 제651조에서 정한 고지의무의 대상인 '중요한 사항'의 의미와 함께 그 판단 기준 및 같은 법 제651조의2에 규정된 '서면'에 보험청약서도 포함된다고 보면서, [3] 보험자가 다른 보험계약의 존재 여부에 관한 고지의무 위반을 이유로 보험계약을 해지하기 위해서는 보험계약자 또는 피보험자가 다른 보험계약의 존재를 알고 있어야 할 뿐만 아니라, 그것이 고지를 요하는 중요한 사항에 해당한다는 사실을 알거나 중대한 과실로 알지 못하여 고지의무를 다하지 아니한 사실에 대해서는 보험자가 입증하여야 하고, [4] 보험계약자가 상해보험계약을 체결함에 있어서 보험자에게 다수의 다른 보험계약이 존재한다는 사실을 알리지 아니하였지만, 그러한 미고지가 고의 또는 중대한 과실에 의한 것으로 보기 어렵다고 한 사례이다.

◆ 대법원 2001. 11. 27. 선고 99다33311 판결 (다른 보험계약의 존재 여부를 고지하지 않은 것이 고지의무 위반이 되는지 여부)

[사실개요]

A는 자신을 피보험자로 하여 피고 보험회사들과 계약 기간이 장기간(3년 내지 20년)인 20여개의 각 보험계약 및 공제계약을 체결하였다. A는 수산업협동조합 유통사업과 계장으로서 면세유를 부정유출시켰다는 혐의로 경찰에서 1차 조사를 받았는데, 사고 당일 경찰이 수협사무실에 찾아와서 관련서류를 조사하고 A를 찾자, 외부에서 연락을 받은 A가 승용차를 운전하고 급하게 수협으로 돌아오는 도중에 과속으로 운전하다 중앙선을 침범하여, 반대쪽에서 마주 오던 화물차와 충돌하여 현장에서 사망하였다. A는 이 사건 사고 당시 월급금 2,500,000원 가량을 받는 이외에 김 양식장 등에 수천만원을 투자하여 상당한 수입을 얻고 있었다. A는 이 사건 각 보험 이외에도 다수의 보험 및 공제에 가입하였는데, 그 보험료는 월 평균 금 5,000,000원 정도이고, A가 재해로 사망할 경우 수령할 수 있는 보험금은 약 50억원이다. 피고들은 사회질서위반 또는 신의칙위반, 기망, 자살, 보험계약을 체결할 때 작성된 청약서에 다른 보험계약사항을 기재하도록 되어 있음에도 A가 이를 기재하지 않아 고지의무 위반 등이 있음을 이유로 보험금 지급을 거절하였다.

[판결요지]

1. 사회질서 위반 또는 신의칙 위반 주장에 관하여

민법 제103조에 의하여 무효로 되는 반사회질서 행위는 법률행위의 목적인 권리의무의 내용이 선량한 풍속 기타 사회질서에 위반되는 경우뿐만 아니라, 그 내용 자체는 반사회질서적인 것이 아니라고 하여도 법률적으로 이를 강제하거나 법률행위에 반사회질서적인 조건 또는 금전적인 대가가 결부됨으로써 반사회질서적 성질을 띠게 되는 경우 및 표시되거나 상대방에게 알려진 법률행위의 동기가 반사회질서적인 경우를 포함한다(대법원 2000. 2. 11. 선고 99다56833 판결 등 참조).

그러나 이 사건 보험계약 모두는, 그 목적인 권리의무의 내용 그 자체가 선량한 풍속 기타 사회질서에 위반되지 아니함이 명백하고, 법률적으로 이를 강제하거나 그 법률행위에 반사회질서적인 조건 또는 금전적 대가가 결부됨으로써 반사회질서적 성질을 띠게 된 것이 아님도 명백하다. 그리고 기록에 의하면, 이 사건 보험계약은 그 계약 기간이 장기간(3년 내지 20년)이며 보험사고가 발생하지 아니한 경우에도 계약 기간 내지 상당 기간이 경과하면 보험수익자가 상당한 금액을 지급받기로 하는 내용의 저축적 성격을 가진 보험계약도 다수 있음을 알 수 있는바, 이러한 사정에 비추어 볼 때, 이 사건 보험계약의 숫자가 많고 보험료와 보험금이 다액(多額)이며 이 사건 교통사고의 발생 경위에 석연치 않은 점이 있다는 사유만으로 이 사건 보험계약 체결의 동기가 자살에 의하여 보험금의 부정취득을 노린 반사회질서적인 것이었다고 단정하기 어렵다.

2. 기망 주장에 관하여

기록상 소외 망 A에게 중대한 질병이 있었다고 인정할 증거도 없고, A가 이 사건 보험계약을 체결할 당시 이미 다른 보험에 가입하고 있었던 사실을 피고들에게 알리지 아니하였다고 하여 이 사건 보험계약이 기망에 의한 계약이라고 볼 수도 없다.

3. 자살 주장에 대하여

기록에 비추어 살펴보면, A가 자살하였다고 인정하기에 족한 증거가 없다.

4. 피고의 고지의무위반 주장에 대하여

보험계약자나 피보험자가 보험계약 당시에 보험자에게 고지할 의무를 지는 상법 제651조에서 정한 '중요한 사항'이란, 보험자가 보험사고의 발생과 그로 인한 책임부담의 개연율을 측정하여 보험계약의 체결 여부 또는 보험료나 특별한 면책조항의 부가와 같은 보험계약의 내용을 결정하기 위한 표준이 되는 사항으로서, 객관적으로 보험자가 그 사실을 안다면 그 계약을 체결하지 않든가 또는 적어도 동일한 조건으로는 계약을 체결하지 않으리라고 생각되는 사항을 말하고, 어떠한 사실이 이에 해당하는가는 보험의 종류에 따라 달라질 수밖에 없는 사실인정의 문제로서 보험의 기술에 비추어 객관적으로 관찰하여 판단되어야 한다(대법원 1996. 12. 23. 선고 96다27971 판결; 대법원 2001. 2. 13. 선고 99다13737 판결 등 참조).

한편, 보험자가 생명보험계약을 체결함에 있어 다른 보험계약의 존재 여부를 청약서에 기재하여 질문하였다면 이는 그러한 사정을 보험계약을 체결할 것인지의 여부에 관한 판단자료로 삼겠다는 의사를 명백히 한 것으로 볼 수 있고, 그러한 경우에는 다른 보험계약의 존재 여부가 고지의무의 대상이 된다고 할 것이다.

그러나 그러한 경우에도 보험자가 다른 보험계약의 존재 여부에 관한 고지의무위반을 이유로 보험계약을 해지하기 위하여는 보험계약자 또는 피보험자가 그러한 사항에 관한 고지의무의 존재와 다른 보험계약의 존재에 관하여 이를 알고도 고의로, 또는 중대한 과실로 인하여 이를 알지 못하여, 고지의무를 다하지 않은 사실이 입증되어야 할 것이다.

5. 피고의 통지의무위반 주장에 대하여

보험계약 체결 당시 다른 보험계약의 존재 여부에 관하여 고지의무가 인정될 수 있는 것과 마찬가지로 보험계약 체결 후 동일한 위험을 담보하는 보험계약을 체결할 경우 이를 통지하도록 하고, 그와 같은 통지의무의 위반이 있으면 보험계약을 해지할 수 있다는 내용의 약관은 유효하다고 할 것이다. 그러나 그와 같은 경우에도 보험자가 통지의무위반을 이유로 보험계약을 해지하기 위하여는 고지의무위반의 경우와 마찬가지로 보험계약자 또는 피보험자가 그러한 사항에 관한 통지의무의 존재와 다른 보험계약의 체결 사실에 관하여 이를 알고도 고의로, 또는 중대한 과실로 인하여 이를 알지 못하여, 통지를 하지 않은 사실이 우선 입증되어야 할 것이다.

[쟁점사항]

이는 [1] 다수의 생명보험계약이 체결되었고 그 보험료나 보험금이 다액이며 발생경위가 석연치 않은 교통사고로 보험계약자가 사망하였다는 사정만으로는 생명보험계약 체결의 동기가 자살에 의하여 보험금의 부정취득을 노린 반사회질서적인 것이라고 단정하기 어렵고, [2] 상법 제651조 소정의 고지의무의 대상이 되는 '중요한 사항'의 의미와 판단 기준에 있어서 어떠한 사실이 이에 해당하는가는 보험의 종류에 따라 달라질 수밖에 없는 사실인정의 문제로서 보험의 기술에 비추어 객관적으로 관찰하여 판단되어야 한다고 하면서, [3] 보험자가 생명보험계약을 체결함에 있어서 다른 보험계약의 존재 여부를 청약서에 기재하여 질문한 경우, 다른 보험계약의 존재 여부가 고지의무의 대상이 되지만 그러한 고지의무위반을 이유로 보험계약을 해지하기 위해서는 보험자가 이를 알고도 고지하지 않았다는 것을 입증하여야 하며, [4] 생명보험계약 체결 후 동일한 위험을 담보하는 보험계약을 체결하는 때에는 이를 통지하도록 하고, 그와 같은 통지의무를 위반하는 경우 보험계약을 해지할 수 있다는 약관은 유효하지만 그러한 통지의무위반을 이유로 보험계약을 해지하기 위해서는 고지의무위반의 경우와 마찬가지로 해석하여야 하며, [5] 생명보험계약 체결 후 다른 생명보험에 다수 가입하였다는 사정이 상법 제652조 소정의 사고발생의 위험이 현저하게 변경 또는 증가된 경우에 해당한다고 볼 수 없다고 본 판례이다.

◆ 대법원 2020. 3. 12. 선고 2019다290129 판결
(고지의무 위반 및 보험계약이 선량한 풍속 기타 사회질서에 반하는 계약의 효력)

[사실개요]

피고는 입원일당이 보장되는 보험 11건을 포함하여 36건의 보험에 가입하여, 매월 150여만원을 보험료로 납입하고 있었다. 피고는 식당 종업원으로 일하다가 이 사건 보험계약 체결 무렵에는 아무런 직업이 없었는데, 11건의 입원일당 보험을 통하여 5억3천여만원에 이르는 거액의 보험금을 지급받았다. 특히 피고는 이 사건 보험계약 당일에도 '설사 및 위장염'으로 입원하고 있었고, 그 입원에 대해 기존 보험계약에서 보험금을 지급받기도 하였으나, 이 사건 보험계약 시 원고에게 '동종 보험에 가입한 사실이 없다', '최근 3개월 이내에 입원한 사실이 없다'고 허위 고지하였다. 또한 피고는 2007. 4. 5.부터 이 사건 보험계약 체결 전날인 2009. 11. 26.까지 967일 중 약 400일 동안입원치료를 받았음에도, 원고에게 '최근 5년 내 입원한 사실이 없다'고 허위 고지하였다.

[판결요지]

보험계약자가 다수의 보험계약을 통하여 보험금을 부정취득할 목적으로 보험계약을 체결한 경우, 이러한 목적으로 체결된 보험계약에 의하여 보험금을 지급하게 하는 것은 보험계약을 악용하여 부정한 이득을 얻고자 하는 사행심을 조장함으로써 사회적 상당성을 일탈하게 될 뿐만 아니라, 합리적인 위험의 분산이라는 보험제도의 목적을 해치고 위험발생의 우발성을 파괴하며 다수의 선량한 보험가입자들의 희생을 초래하여 보험제도의 근간을 해치게 되므로, 이와 같은 보험계약은 민법 제103조의 선량한 풍속 기타 사회질서에 반하여 무효이다. 그리고 <u>보험계약자가 보험금을 부정취득할 목적으로 다수의 보험계약을 체결하였는지에 관하여는, 이를 직접적으로 인정할 증거가 없더라도 보험계약자의 직업 및 재산상태, 다수 보험계약의 체결 시기와 경위, 보험계약의 규모와 성질, 보험계약 체결 후의 정황 등 제반 사정에 기하여 그와 같은 목적을 추인할 수 있다</u>(대법원 2009. 5. 28. 선고 2009다12115 판결 등 참조).

특히 보험계약자가 자신의 수입 등 경제적 사정에 비추어 부담하기 어려울 정도로 고액인 보험료를 정기적으로 불입하여야 하는 과다한 보험계약을 체결하였다는 사정, 단기간에 다수의 보험에 가입할 합리적인 이유가 없음에도 불구하고 집중적으로 다수의 보험에 가입하였다는 사정, 보험모집인의 권유에 의한 가입 등 통상적인 보험계약 체결 경위와는 달리 적극적으로 자의에 의하여 과다한 보험계약을 체결하였다는 사정, 저축적 성격의 보험이 아닌 보장적 성격이 강한 보험에 다수 가입하여 수입의 상당 부분을 그 보험료로 납부하였다는 사정, 보험계약시 동종의 다른 보험 가입사실의 존재와 자기의 직업 ·수입 등에 관하여 허위의 사실을 고지하였다는 사정 또는 다수의 보험계약 체결 후 얼마 지나지 아니한 시기에 보험사고 발생을 원인으로 집중적으로 보험금을 청구하여 수령하였다는 사정 등의 간접사실이 인정된다면 이는 보험금 부정취득의 목적을 추인할 수 있는 유력한 자료가 된다(대법원 2014. 4. 30. 선고 2013다69170 판결 참조).

(…) 피고의 재산상태, 보험계약의 규모와 성질, 보험계약 체결 전후의 정황 등 제반 사정을 종합하여 보면, 피고가 이 사건 보험계약을 체결한 것은 순수하게 생명·신체 등에 대한 우연한 위험에 대비하기 위한 것이라고 볼 수 없고, 오히려 다수의 보험계약을 체결함으로써 보험사고를 빙자하여 보험금을 부정하게 취득할 목적으로 체결한 것으로 볼 여지가 충분하다.

[쟁점사항]

이는 다수의 보험계약을 체결한 보험계약자가 보험금을 부정취득할 목적으로 다수의 보험계약을 체결하였는지에 관하여는, 이를 직접적으로 인정할 증거가 없더라도 보험계약자의 직업 및 재산상태, 다수 보험계약의 체결 시기와 경위, 보험계약의 규모와 성질, 보험계약 체결 후의 정황 등 제반 사정에 기하여 그와 같은 목적을 추인할 수 있다고 보면서, 고지의무 위반 등이 있는 이 사건에서 선량한 풍속 기타 사회질서에 반하여 무효라고 본 사례이다.

2) 사고발생과의 인과관계

고지사항은 보험사고의 발생과 인과관계가 있어야 한다. 따라서 보험계약자나 피보험자가 고지의무를 위반한 경우에도 그 위반사실이 사고발생에 영향을 미치지 아니하였음이 증명된 때에는 보험자는 보험금지급책임을 면하지 못한다(상법 제655조 단서). 이 경우에 고지의무에 위반한 사실과 보험사고의 발생과의 사이의 인과관계가 부존재하다는 점에 관한 주장·증명책임은 보험계약자 또는 피보험자에게 있다.[44] 그러나 증명책임의 분배에 관하여 당사자 사이에 약관 등에 의하여 이를 미리 정하여 둔 경우에는 특별한 사정이 없는 한 그 증명책임계약은 유효하므로 이에 따라야 한다.[45]

---

44) 대법원 1993. 4. 13. 선고 92다52085 판결(보험청약시 보험회사의 요구에 의하여 보험계약자가 작성하는 질문표에 기재된 질문사항은 다른 특별한 사정이 없는 한 보험계약에 있어서의 중요한 사항에 해당된다고 추정할 수 있을 뿐 아니라 자동차보험계약에서 유상운송에 이용되는 자동차의 보험료는 기본보험률의 120% 내지 300%인 특별요율에 의하여 산정하도록 되어 있으므로, 보험계약자가 보험계약체결 당시 자동차를 유상운송에 계속적으로 이용할 것임을 알면서도 보험청약서의 유상운송 및 공동사용형태란에 '유상운송 및 공동사용하지 않음'이라고 사실과 다르게 기재하였다면 보험자는 고지의무위반을 이유로 보험계약을 해지할 수 있다. 이 경우 사실과 다르게 기재함으로 인하여 사고발생의 위험이 현저하게 변경 또는 증가하지는 않았으므로 고지의무를 위반하였다는 이유로 계약해지를 할 수 없다고 하는 점은 보험계약자가 주장, 입증하여야 한다); 대법원 1997. 9. 5. 선고 95다25268 판결(보험계약을 체결함에 있어서 중요한 사항의 고지의무에 위반한 경우나, 보험기간 중에 사고 발생의 위험이 현저하게 변경 또는 증가된 사실에 관한 통지의무를 위반한 경우, 또는 보험기간 중에 보험계약자, 피보험자 또는 보험수익자의 고의 또는 중대한 과실로 인하여 사고 발생의 위험이 현저하게 변경 또는 증가된 경우에는, 고지의무에 위반한 사실 또는 위험의 현저한 변경이나 증가된 사실이 보험사고의 발생에 영향을 미치지 아니하였다는 점이 증명된 때에는 상법 제655조 단서에 의하여 보험자는 위 각 의무위반을 이유로 보험계약을 해지할 수 없으나, 위와 같은 고지의무에 위반한 사실 또는 위험의 현저한 변경이나 증가된 사실과 보험사고 발생과의 사이에 인과관계가 부존재한다는 점에 관한 주장·입증책임은 보험계약자 측에 있다).

45) 따라서 보험약관상 고지의무의 위반이 보험사고의 발생에 영향을 미쳤다는 사실에 대한 입증책임이 보험자인 피고에게 있

4. 고지의무의 위반과 그 효과

(1) 위반의 요건

고지의무자의 고의 또는 중대한 과실로(주관적 요건), 중요한 사항에 관하여 불고지 또는 부실고지를 하여야 한다(객관적 요건)(상법 제651조). 고지의무위반의 요건이 성립한다는 사실은 이를 주장하여 보험계약을 해지하고자 하는 보험자가 입증[46]하여야 한다(통설·판례).

1) 주관적 요건

고지의무자의 고의 또는 중과실에 의한 고지의무위반이 있어야 한다. 여기서 '고의'란 중요한 사항이 존재한다는 것 및 그것이 고지사항에 해당한다는 것의 두 가지를 알고 있는 것을 뜻한다. 보험계약자가 보험자를 기망하여 계약을 체결하려는 사기의 의사까지는 필요하지 않다. 그리고 '중대한 과실'이란 현저한 부주의로 중요한 사항의 존재를 몰랐거나 중요성 판단을 잘못하여 그 사실이 고지하여야 할 중요한 사항임을 알지 못한 것을 의미한다.[47] 보험계약자 등이 조금만 주의를 기울였으면 제대로 고지할 수 있었을 것을 그 주의를 다하지 아니함으로써 불고지 또는 부실고지를 한 것을 뜻한다.

다고 정하고 있는 이상, 피고가 보험금 지급의무를 면하기 위하여 위 인과관계의 존재를 입증하여야 할 것이다(서울중앙지방법원 2004. 10. 28. 선고 2004나21069 판결).

46) 대법원 2013. 6. 13. 선고 2011다54631 판결(보험계약 당시에 보험계약자 또는 피보험자가 고의 또는 중대한 과실로 인하여 중요한 사항을 고지하지 아니하거나 부실의 고지를 한 때에는 보험자는 일정 기간 안에 그 계약을 해지할 수 있다(상법 제651조). 여기서 중대한 과실이란 현저한 부주의로 중요한 사항의 존재를 몰랐거나 중요성 판단을 잘못하여 그 사실이 고지하여야 할 중요한 사항임을 알지 못한 것을 의미하고, 그와 같은 과실이 있는지는 보험계약의 내용, 고지하여야 할 사실의 중요도, 보험계약의 체결에 이르게 된 경위, 보험자와 피보험자 사이의 관계 등 제반 사정을 참작하여 사회통념에 비추어 개별적·구체적으로 판단하여야 한다).

47) '중대한 과실'의 의미에 대해 다수설은 고지하여야 할 사실의 존재는 알았으나, 그것이 중요한 사실이라는 것 및 그것이 고지하여야 할 사항이라는 것을 알지 못한 데 중대한 과실이 있는 때를 뜻하는 것이라고 한다. 판례도 중대한 과실이란 고지하여야 할 사실은 알고 있었지만 현저한 부주의로 인하여 그 사실의 중요성의 판단을 잘못하거나 그 사실이 고지하여야 할 중요한 사실이라는 것을 알지 못하는 것을 말한다(대법원 1996. 12. 23. 선고 96다27971 판결; 대법원 2011. 4. 14. 선고 2009다103349 판결; 대법원 2012. 11. 29. 선고 2010다38663 판결). 그러나 소수설은 고지사항의 존재를 중대한 과실로 알지 못한 경우는 제외된다고 한다. 그 근거로 들고 있는 것은 보험계약자 등에게 중요한 사실의 탐지의무는 없기 때문이라고 한다. 생각건대 보험계약자 등이 중요한 사실의 존재를 인식하지 못한 데 대하여 중대한 과실이 있다고 하는 것은 새로운 사실의 존재를 탐지하여 고지하여야 하는 데 대한 중대한 과실이 아니라, 예컨대 피보험자의 기왕증의 유무를 중대한 과실로 고지하지 않은 경우를 말하는 것으로 탐지의무를 이유로 하는 반론은 타당하지 않다고 본다.

2) 객관적 요건

객관적 요건은 중요한 사실에 대한 불고지 또는 부실고지가 있는 것이다. 여기서 '불고지'란 중요한 사항을 알면서 알리지 않는 것, 즉 묵비를 말하는 것이고, '부실고지'란 사실과 다르게 말하는 것, 즉 거짓진술을 말한다. 보험법은 위험측정의 정확을 기하기 위하여 사실과 고지한 것이 서로 부합될 것을 요구하고 있으므로, 비록 고지한 사항이 세부적인 면에 있어서는 진실과 다르더라도 실질적으로는 그것이 정확한 때에는 이를 불고지 또는 부실고지라 할 수 없다.[48)]

◆ 대법원 2019. 4. 23. 선고 2018다281241 판결
(고지의무 위반의 주관적 요건을 구비하고 있는지 여부)

[사실개요]

원고(보험계약자)는 동거인인 망인을 피보험자로 하여 피고(보험자)와 사이에 자신을 보험수익자로 하여 보험계약을 체결하였다. 망인은 보험계약 체결일로부터 이틀 후에 사망하였는데, 부검 결과 사인은 '고도의 폐결핵'으로 밝혀졌다. 원고는 경찰에서 망인의 체중이 감소하는 등 건강이 악화되어 보험에 가입하게 되었다고 진술하였다.

[판결요지]

보험계약 당시에 보험계약자 또는 피보험자가 고의 또는 중대한 과실로 인하여 중요한 사항을 고지하지 아니하거나 부실의 고지를 한 때에는 보험자는 일정 기간 내에 계약을 해지할 수 있다(상법 제651조). 여기서 중대한 과실이란 현저한 부주의로 중요한 사항의 존재를 몰랐거나 중요성 판단을 잘못하여 그 사실이 고지하여야 할 중요한 사항임을 알지 못한 것을 의미한다 할 것이고, 그와 같은 과실이 있는지는 보험계약의 내용, 고지하여야 할 사실의 중요도, 보험계약의 체결에 이르게 된 경위, 보험자와 피보험자 사이의 관계 등 제반 사정을 참작하여 사회통념에 비추어 개별적·구체적으로 판단하여야 한다.

보험계약자인 원고와 피보험자인 망인은 이 사건 보험계약 체결 당시 정확한 병명을 알지는 못하였다고 하더라도 망인이 질병에 걸려 신체에 심각한 이상이 생긴 사실을 인식하고 있었던 것으로 보이고, 망인이 사망에 이른 경과에 비추어 볼 때 망인의 위와 같은 증상은 생명의 위험 측정에 영향을 주는 것으로서 상법 제651조에서 정한 '중요한 사항'에 해당할 뿐만 아니라 원고와 망인은 이 사건 보험계약 체결 당시 이러한 사정을 고지하여야 한다는 것을 충분히 알고 있었거나 적어도 현저한 부주의로 인하여 이를 알지 못하였다고 봄이 상당하다.

[쟁점사항]

이는 보험가입자가 보험계약 당시 정확한 병명은 알지 못했더라도 자신의 신체에 심각한 이상이 생긴 사실을 알고 있었다면 이는 보험계약 전 보험사에 고지해야 할 '중요한 사항'에 해당함에도 이와 같은 사실을 보험사 측에 알리지 않았다면 이는 고지하여야 한다는 것을 충분히 알고 있었거나 적어도 현저한 부주의로 알지 못한 것이므로, 고지의무 위반에 해당하여 보험자는 보험금 지급책임이 없다고 본 사례이다.

---

48) 판례는 보험청약서의 양식을 사용하여 질문하고 있는 경우에 그 청약서에 기재되지 않은 사항에 관하여는 원칙적으로 고지의무위반의 여지가 없고, 보험계약청약서 양식을 사용하여 질문하고 있는 경우에 보험계약자가 중요사항을 청약서 여백에 자진하여 기재하지 않았다 하여 보험계약자에게 중대한 과실이 있다고 할 수 없다고 한다(대법원 1996. 12. 23. 96다27291 판결).

(2) 위반의 효과

1) 보험계약의 해지(원칙)

보험자는 고지의무위반의 요건이 성립하면 일정한 경우를 제외하고는 원칙적으로 보험계약을 해지할 수 있다(상법 제651조 본문). 해지권은 보험자가 고지의무위반의 사실을 입증하고 일방적으로 행사할 수 있으므로 일종의 형성권에 속한다.[49] 보험사고가 발생한 후에도 보험자는 고지의무위반을 이유로 보험계약을 해지할 수 있는데, 이때에 보험자가 이미 보험금을 지급한 때에는 이의 반환을 청구할 수 있고, 아직 보험금을 지급하지 아니한 때에는 이를 지급할 책임이 없다(상법 제655조 본문). 즉, 상법은 계약 해지의 효력에 대하여 보험금의 지급에 관하여는 예외적으로 소급효를 인정하고 있다. 다만, 이 경우에도 생명보험의 경우 보험자는 보험수익자를 위하여 적립한 금액(미경과 보험료)을 보험계약자에게 반환하여야 한다(상법 제736조 제1항 본문).

2) 해지권의 제한(예외)

보험자가 고지의무위반의 요건이 성립하여도 ① 보험자가 고지의무위반의 사실을 안 날로부터 1월을 경과하거나 계약을 체결한 날로부터 3년을 경과한 경우(상법 제651조 본문 후단), ② 보험자가 보험계약 당시에 고지의무위반의 사실을 알았거나(고의) 중대한 과실(중과실)[50]로 인하여 알지 못한 경우(상법 제651조 단서),[51] ③ 보험자의 보험약관의 교부·명시의무 위반의 경우(상법 제638조의3, 약관규제법 제3조),[52]

---

49) 해지권은 계약의 상대방인 보험계약자 또는 그 상속인이나 대리인에 대한 일방적 의사표시로 할 수 있으나, 특별한 약정이 없는 한 보험당사자 이외의 자에 대한 계약해지의 의사표시는 효력이 없다.

50) 우리 판례도 보험자가 피보험자의 정보를 보유하고 있는 경우 보유정보를 알지 못한 것에 대해 보험자의 중과실을 인정하여 보험계약의 해지를 제한하고 있는데, 타당하다고 본다. 즉, 피보험자(A)가 보험자(B)와 상해보험계약 체결시 오토바이를 소유·운전하고 있음에도 불구하고 이를 B에게 고지하지 않고 사망하자 그 상속인이 보험금을 청구한 사건에서, A가 오토바이를 피보험차량으로 하여 B의 자동차보험에 가입하여 가입 당시까지 해당 오토바이에 관한 자동차보험을 유지하고 있었다면, 자동차보험에 가입한 내역은 특별한 사정이 없는 한 B의 전산망에 입력되어 있었다고 보아야 할 것이라는 점에서, B가 상해보험의 인수 여부를 결정하고 A의 고지의무 위반으로 인한 자신의 불이익을 방지하기 위하여 A의 인적사항을 이용하여 B의 전산망에서 A의 자사(自社) 보험가입현황을 조회함으로써 A의 기존 자동차보험 가입내역을 쉽게 확인할 수 있었을 것이고, 그 결과 A의 오토바이 소유 및 탑승 여부에 관한 고지의무 위반사실도 쉽게 알 수 있었을 것임에도, B가 A에 관한 정보보유를 하고 있음에도 중과실로 이를 알지 못한 것으로 보아 A에 대한 고지의무 위반을 물을 수 없다고 보았다(대법원 2011. 12. 8 선고 2009다20451 판결).

51) 여기서 말하는 보험자는 보험자 자신 뿐만 아니라, 보험대리점·보험의 등 고지수령권이 있는 자를 포함한다.

52) 대법원 1995. 8. 11. 선고 94다52492 판결(보험자 및 보험계약의 체결 또는 모집에 종사하는 자는 보험계약의 체결에 있어서 보험계약자 또는 피보험자에게 보험약관에 기재되어 있는 보험상품의 내용, 보험료율의 체계 및 보험청약서상 기재 사항의 변동사항 등 보험계약의 중요한 내용에 대하여 구체적이고 상세한 명시 설명의무를 지고 있어서, 보험자가 이러한

④ 고지의무의 위반 사실이 보험사고의 발생에 영향을 미치지 아니하였음이 증명된 때(상법 제655조 단서)[53]에는 예외적으로 보험계약을 해지할 수 없다.

◆ 대법원 2010. 7. 22. 선고 2010다25353 판결
(고지의무 위반과 보험사고 발생 사이에 인과관계가 없는 경우 보험자의 해지권 인정 여부)

[사실개요]

원고 및 소외인은 최근 5년 이내에 고혈압으로 진단 및 투약을 받은 사실이 있음에도 보험청약서에 그와 같은 사실이 없다고 기재하여 피고(보험회사)와 보험계약을 체결하였다. 소외인이 백혈병으로 사망하자 원고가 보험금을 청구하였으나, 고지의무 위반을 이유로 피고는 보험금 지급을 거절하였다.

[판결요지]

상법 제651조는 고지의무위반으로 인한 계약해지에 관한 일반적 규정으로 이에 의하면 고지의무에 위반한 사실과 보험사고 발생 사이에 인과관계를 요하지 않는 점, 상법 제655조는 고지의무위반 등으로 계약을 해지한 때에 보험금액청구에 관한 규정이므로, 그 본문 뿐만 아니라 단서도 보험금액청구권의 존부에 관한 규정으로 해석함이 상당한 점, 보험계약자 또는 피보험자가 보험계약 당시에 고의 또는 중대한 과실로 중요한 사항을 불고지 부실고지하면 이로써 고지의무위반의 요건은 충족되는 반면, 고지의무에 위반한 사실과 보험사고 발생 사이의 인과관계는 '보험사고 발생 시'에 비로소 결정되는 것이므로, 보험자는 고지의무에 위반한 사실과 보험사고 발생 사이의 인과관계가 인정되지 않아 상법 제655조 단서에 의하여 보험금액 지급책임

보험약관의 명시 설명의무에 위반하여 보험계약을 체결한 때에는 그 약관의 내용을 보험계약의 내용으로 주장할 수 없으므로, 보험계약자나 그 대리인이 그 약관에 규정된 고지의무를 위반하였다 하더라도 이를 이유로 보험계약을 해지할 수 없다). 같은 취지의 판결로, 대법원 1996. 3. 8 선고 95다53546 판결; 대법원 1996. 4.12 선고 96다4893 판결; 대법원 1997. 9. 9 선고 95다45873 판결; 대법원 2020. 1. 16. 선고 2018다242116 판결 외.

53) 과거 판례는 고지의무위반이 있다고 하더라도 고지하여야 할 사실과 보험사고의 발생 사이에 인과관계가 없음이 입증된 경우(상법 제655조 단서), 즉 보험사고의 발생이 보험계약자가 불고지하였거나 부실고지한 사실에 의한 것이 아니라는 것이 증명된 때에는 상법 제655조 단서의 규정에 의하여 보험자는 위 부실고지를 이유로 보험계약을 해지할 수 없다고 하면서, 위와 같은 고지의무 위반사실과 보험사고 발생과의 인과관계의 부존재의 점에 관한 입증책임은 보험계약자에게 있다(대법원 1994. 2. 25. 선고 93다520820 판결)고 하였다. 그러나 생명보험표준약관에서는 보험계약자를 보호하기 위하여 인과관계에 관한 입증책임을 보험자에게 지우고 있는데, 동 약관 제10조 제2항 2호에 의하면 보험자가 고지의무위반을 이유로 보험계약을 해지하기 위해서는 불고지·부실고지된 사항과 사고발생 사이에 인과관계가 있다는 것을 증명하도록 하고 있다. 상법 제655조는 고지의무 위반의 효과에 대하여 규정하면서, 동조 단서에서는 고지의무에 위반한 사실이 보험사고의 발생에 영향을 미치지 아니하였음이 증명된 경우에는 '그러하지 아니하다'고 규정하고 있다. 이 때 '그러하지 아니하다'의 의미와 관련하여, 보험계약을 해지할 수 없는 것으로 해석하여야 한다는 견해(보험계약해지부정설: 과거 판례와 다수설의 입장)와 보험자는 보험계약을 해지할 수 있지만 발생한 보험사고에 대한 보험금지급책임은 부담한다고 해석하여야 한다는 견해(보험계약해지긍정설: 소수설의 입장 및 최근 판례)로 나뉘어 있다.
생각건대 상법 제655조의 인과관계는 보험금의 지급에 관한 것으로만 해석하여야 할 것이고, 전자에 의하면 고지의무위반이 있어도 발생한 보험사고와의 사이에 인과관계가 없으면 보험금을 지급한 외에 보험계약도 자동 유지되어 고지의무를 위반한 불량보험계약자측을 계속적으로 보호하게 되는 문제가 발생함으로써 보험계약의 최대선의성에 반하는 등의 문제가 있기 때문에 해지긍정설이 타당하다고 본다. 따라서 종래 대법원의 판지(대법원 1994. 2. 25. 선고 93다52082 판결; 대법원 1997. 9. 5. 선고 95다25268 판결; 대법원 2001. 1. 5. 선고 2000다40353 판결)가 전원합의체 판결은 아니지만, 대법원 2010. 7. 22. 선고 2010다25353 판결에 의해 수정된 것은 바람직하다고 본다. 그리고 입법론적으로 상법 제655조 단서의 삭제를 검토할 필요가 있다고 본다.

을 지게 되더라도 그것과 별개로 상법 제651조에 의하여 고지의무위반을 이유로 계약을 해지할 수 있다고 해석함이 상당한 점, 고지의무에 위반한 사실과 보험사고 발생 사이의 인과관계가 인정되지 않는다고 하여 상법 제651조에 의한 계약해지를 허용하지 않는다면, 보험사고가 발생하기 전에는 상법 제651조에 따라 고지의무 위반을 이유로 계약을 해지할 수 있는 반면, 보험사고가 발생한 후에는 사후적으로 인과관계가 없음을 이유로 보험금액을 지급한 후에도 보험계약을 해지할 수 없고 인과관계가 인정되지 않는 한 계속하여 보험금액을 지급하여야 하는 불합리한 결과가 발생하는 점, 고지의무에 위반한 보험계약은 고지의무에 위반한 사실과 보험사고 발생 사이의 인과관계를 불문하고 보험자가 해지할 수 있다고 해석하는 것이 보험계약의 선의성 및 단체성에서 부합하는 점 등을 종합하여 보면, 보험자는 고지의무를 위반한 사실과 보험사고의 발생 사이의 인과관계를 불문하고 상법 제651조에 의하여 고지의무위반을 이유로 계약을 해지할 수 있다고 할 것이다. 그러나 보험금액청구권에 관해서는 보험사고 발생 후에 고지의무위반을 이유로 보험계약을 해지한 때에는 고지의무에 위반한 사실과 보험사고 발생 사이의 인과관계에 따라 보험금액 지급책임이 달라진다고 할 것이고, 그 범위 내에서 계약해지의 효력이 제한될 수 있다고 할 것이다.

[쟁점사항]

이는 고지의무 위반과 보험 사고 발생 사이에 인과관계가 없는 경우에도 보험자가 고지의무 위반을 이유로 보험계약을 해지할 수 있고, 이때 위 보험사고에 관한 보험금액 지급책임은 원칙적으로 소멸하지 않으며, 고혈압 진단 및 투약 사실에 관한 피보험자의 고지의무 위반과 백혈병 발병이라는 보험사고 사이에 인과관계가 인정되지 않지만, 보험자가 고지의무 위반을 이유로 보험계약은 해지할 수 있다고 본 사례이다.

(3) 착오·사기와의 관계

상법상의 고지의무위반의 사실이 동시에 민법상 보험자의 착오(민법 제109조)나 보험계약자의 사기(민법 제110조)에 해당하는 경우에, 민법의 일반원칙에 의하여 보험계약을 취소할 수도 있느냐의 문제가 있다. 이러한 경우에 민법도 적용되는지 여부에 대하여 ① 상법적용설(민법적용배제설), ② 민·상법적용설(중복적용설 또는 동시적용설), ③ 절충설(착오배제·사기적용설)로 견해가 나뉜다.

1) 상법적용설(민법적용배제설)

상법에서 고지의무제도를 둔 것은 보험단체의 보호를 위한 것으로서 보험계약을 그 체결 당시로 소급하여 무효로 하는 것을 피하고 장래에 향하여 효력이 있는 해지로 한 것이므로, 착오·사기에 관한 민법의 규정은 그 적용이 배제되어 상법의 규정에 따르는 것이 타당하다고 한다.

2) 민·상법적용설(중복적용설 또는 동시적용설)

상법의 고지의무제도와 민법의 착오·사기에 관한 규정은 그 논거와 요건 그리고 효과를 달리하는 것이므로 상법의 고지의무에 관한 규정은 민법규정의 적용을 배제하지 않는다고 한다(판례).[54)]

3) 절충설(착오·사기 구별설)

(ⅰ) 보험자에게 착오가 있는 경우에는 민법의 규정은 적용되지 않지만, 보험계약자에게 사기(詐欺)가 있는 때에는 민법규정에 의한 취소권을 행사할 수 있다는 것이다(다수설). 이 설은 고지의무자에게 사기가 있는 경우에는 그의 이익을 보호할 필요가 없으나, 착오의 경우는 해의(害意)가 없으므로 보험자와 더불어 보험계약자의 이익도 고려해야 하기 때문이라고 한다. 그리고 (ⅱ) 사기로 인한 의사표시가 있는 경우에 보험자는 보험계약을 민법 제110조에 의하여 취소할 수 있는가 하는 문제가 있는데, 이에 대하여 양법적용설에 의하면 상법의 고지의무에 관한 규정은 그 근거와 요건 그리고 효력을 달리한다는 이유로, 절충설에서는 사기로 인한 고지의무위반은 보험자를 일부러 속여서 착오에 빠지게 하는 위법행위이므로 이 경우까지 보험계약자를 보호하는 것은 보험제도의 원리에도 맞지 않을 것이므로 그 적용을 긍정한다.

4) 검토

생각건대 착오의 경우는 민법의 적용을 배제하나, 고지의무자에게 사기가 있는 경우에는 보험자는 계약 해지와 동시에 민법상의 취소권을 행사할 수 있다고 보는 절충설이 가장 타당하다고 본다. 왜냐하면 착오의 경우에는 상법 제651조가 민법 제109조 제1항을 특수화하여 규정한 것으로 보아 상법 제651조가 적용되는 범위에서는 처음부터 민법 제109조 제1항이 적용될 여지가 없을 것이다. 그러나 고지의무위반이 민법상 사기가 되고(고의에 의한 고지의무위반이 대부분 이에 해당할 것임), 이에 속아서 보험자가 보험계약을 체결한 경우에는 그러한 보험계약을 보험자가 민법 제110조 제1항에 의하여 취소하여 처음부터 무효로 할 수 있도록 하여야 할 것이다.

---

54) 대법원 1991. 12. 27. 선고 91다1165 판결(중요판례 참조); 대법원 1998. 6. 12. 선고 97다53380 판결(중요판례 참조); 대법원 2002. 11. 26. 선고 2002다34727 판결; 대법원 2003. 11. 13. 선고 2001다33000 판결.

◆ 대법원 2002. 7. 26. 선고 2001다36450 판결
(보험자의 착오가 법률행위의 중요 부분에 해당하여 취소 가능 여부)

[사실개요]

원고(피보험자)는 1997. 10. 6. A 주식회사와 착공일을 1997. 10. 6., 준공일을 1998. 5. 20., 공사대금을 22억 9,900만 원으로 하는 골프연습장 신축 공사 도급계약을 체결하였다. 원고와 A 회사는 이 사건 공사가 진행되던 도중이었던 1997. 12. 29. 도급계약의 내용 중 착공일을 같은 날짜로 변경하고, 기계시설 공사를 제외하는 것으로 하여 공사대금을 18억 7,000만 원으로 감액하는 내용의 건축공사계약서를 새로이 작성하였다. A 회사는 1998. 1. 8. 피고(보험자)에게 공사의 실제 착공일이 1997. 10. 6.임을 알리지 아니한 채 마치 공사가 1997. 12. 29.부터 착공된 것 같은 내용의 계약서를 제시하고, 피고와 사이에 보증금액 1억 8,700만 원, 보증기간 1997. 12. 29.부터 1998. 5. 20.까지로 한 이행보증계약을 체결한 다음, 피고로부터 그 계약보증서를 발급받아, 이를 원고에게 교부하였다. 그런데 A 회사가 1998. 4. 29. 부도를 내고, 1998. 5. 1.자로 공사를 포기함에 따라, 원고는 1998. 5. 12. 피고에게 보증금 지급을 청구하였다.

[판결요지]

공사도급계약과 관련하여 체결되는 이행(계약)보증보험계약이나 지급계약보증보험에 있어 그 보험사고에 해당하는 수급인의 채무불이행이 있는지 여부는 그 보험계약의 대상으로 약정된 도급공사의 공사금액, 공사내용 및 공사기간과 지급된 선급금 등을 기준으로 판정하여야 하므로, 이러한 보증보험계약에 있어 공사계약 체결일이나 실제 착공일, 공사기간도 공사대금 등과 함께 그 계약상 중요한 사항으로서 수급인측에서 이를 허위로 고지함으로 말미암아 보험자가 그 실제 공사의 진행상황을 알지 못한 채 보증보험계약을 체결한 경우에는 이는 법률행위의 중요한 부분에 관한 착오로 인한 것으로서 민법의 일반원칙에 따라 보험자가 그 보험계약을 취소할 수 있다 할 것이다.

[쟁점사항]

이는 공사도급계약에 관한 이행보증보험계약체결에 있어서 공사의 실제 착공일에 관한 보험자의 착오가 법률행위의 중요 부분에 해당하는지 여부에 대해 중요부분이라고 판시하여 보험자에게 이행(계약)보증보험계약의 취소권을 인정한 사례이다. 결국 이 판례는 착오·사기에 대한 민상법적용설의 입장에 선 판결이라 할 수 있다.

◆ 대법원 1991. 12. 27. 선고 91다1165 판결
(고지의무위반이 사기인 경우 민법 적용이 가능한지 여부)

[사실개요]

원고는 A건설회사와 원고 소유의 토지를 대금 18억 원에 매도하는 내용의 부동산매매계약을 체결하고, 계약금으로 금 1억 8천만원, 중도금으로 금 4억 2천만원 등 합계금 6억원을 지급받는 한편 A 회사에게 소유권이전등기를 미리 넘겨주고 잔대금 중 금 11억 9천만원에 대하여는 A 회사가 지급보증보험증권을 발급받아 원고에게 교부해 주기로 약정하였다. A 회사의 대표이사는 보증보험청약을 함에 있어 보다 용이하고 유리한 조건으로 보증보험계약을 체결할 목적으로 총 매매대금을 금 25억 2,500만 원으로 하고, 매매대금 중 절반 이상에 해당하는 금 13억 3,500만 원이 계약금 및 중도금으로 이미 지급되었을 뿐만 아니라 잔금 11억 9천만 원도 현금지급이 아닌 매수 토지상에 상가건물을 신축하여 그 일부를 원고에게 분양함으로써 그 지급에 갈음하기로 하는 내용의 새로운 매매계약서를 임의로 작성하여 제출함으로써 피고(보증보험자)에 대하여 부실의 사실을 고지하였다. 피고는 A 회사의 위와 같은 보험청약에 대한 심사과정에서 주 계약의 총매매대금 중 절반 이상의 금원이 이미 지급되었고, 잔금도 매수토지에 건물을 신축하여 그 일부를 분양하도록

되어 있어 현금지급보다는 위험이 덜 할 것으로 판단하고, 자연인 5명과 2개 법인의 연대보증하에 위 청약을 받아 들여 보증보험계약을 체결하였다. 이후 A 회사가 부도를 내자 원고가 피고에게 보험금을 청구하였다.

[판결요지]

이 사건 보증보험의 목적은 잔대금지급의 이행보증으로서 그 잔대금의 액수나 지급방법은 보험계약상 핵심적인 사항에 관한 것으로써 건물분양으로 잔금지급에 갈음하는 방법은 보험사고의 위험이 현금지급의 경우보다 훨씬 적은 것이어서 피고가 보험을 인수함에 있어서 상당한 영향을 주는 사항으로 보아야할 것이고, 소외회사가 피고회사로부터 잔대금의 비율이 피고의 영업지침에 맞도록 계약내용을 고칠 것을 요구받았다 하더라도 보험계약의 중요부분인 잔대금의 지급방법을 위와 같이 고치고 이를 피고에게 알리지 않았다면 보험계약을 체결함에 있어 중요한 사실에 관하여 보험자를 속인 것이라 아니할 수 없다. 이와 같이 보험계약자의 고지의무위반이 사기에 해당하는 경우에는 보험자는 상법의 규정에 의하여 계약을 해지할 수 있음은 물론 민법의 일반원칙에 따라 그 보험계약을 취소할 수 있는 것이라고 할 것이다.

피고회사의 담당직원들로서는 영업지침의 규정에 따라 이 사건 매매계약의 매매대금 및 잔대금의 액수와 지급방법 등에 관하여 매도인인 원고에게 확인해 보는 등으로 인수에 신중을 기하여야 할 것은 당연하다. 피고회사에 양식을 일부 달리하는 매매계약서가 수 회에 걸쳐 제출되었으나, 피고회사의 담당직원들은 그 진위 여부를 확인하는 책무를 게을리 하였다. 따라서 원고에게 주계약의 진위여부나 그 내용에 관하여 확인하여야 할 의무가 있다고 보는 것이 거래통념에 비추어 상당하다 할 것이며, 이 사건 보험계약과 같은 전례가 드물고 그 보증금액이 거액인 점에 있어 더욱 그러한 주의의무가 요청된다 할 것이다. 그러므로 원고에게도 이 사건 보험증권을 교부받은 직후 증권의 내용 및 이에 첨부된 매매계약서를 확인하여 그에 따른 적절한 조치를 취함으로써 손해의 발생 및 확대를 미리 막을 수 있었음에도 불구하고 이를 게을리 한 과실이 있으므로 원고의 과실을 전체의 25퍼센트로 보고 과실상계를 하는 것이 타당하다.

[쟁점사항]

이 사례는 [1] 보험계약을 체결함에 있어 중요한 사항에 관하여 보험계약자의 고지의무위반이 사기에 해당하는 경우에는 보험자는 상법의 규정에 의하여 계약을 해지할 수 있음은 물론 민법의 일반원칙에 따라 그 보험계약을 취소할 수 있고, [2] 매매잔대금 11억 9천만 원의 지급이행보증보험청약을 받은 보험회사의 직원들이 매매계약의 진위 여부나 그 내용에 관한 확인의무를 게을리 한 채 보험계약을 체결하였다가 보험계약이 사기에 해당하는 보험계약자의 고지의무위반으로 취소되고 보험계약자의 도산 등으로 피보험자인 매도인이 잔대금을 지급받지 못하게 된 경우에 보험회사에게 사용자책임을 인정한 사례이다. 이 판례는 착오·사기를 구별하여 사기의 경우에는 민상법적용이 가능하다는 견해이다.

◆ 대법원 1999. 4. 23. 선고 99다8599 판결(일부에 대한 고지의무위반의 효과)

[사실개요]

주식회사 A 화학은 원고(보험회사)와의 사이에 여러 개의 동산과 부동산을 보험목적물로 하는 화재보험계약을 체결하였다. A 화학은 계약체결 당일 자신이 피고에 대하여 부담하고 있는 채무 담보를 위하여 피고(질권자)에게 보험목적물 중 일부에 대하여 질권을 설정하여 주었고, 원고는 보험금 지급 시 피고에게 질권 설정 금액을 한도로 해당 보험금을 직접 지급할 것을 승인하였다. 보험목적물에 화재사고가 발생하여 보험금청구권의 질권자인 피고가 보험금을 청구하자, 원고 보험회사는 A 화학이 보험에 가입한 보험목적물 중 동산이 중고품임에도 신품인 것처럼 속여 계약을 체결하였으므로 동산 부분은 물론 부동산 부분의 보험금도 지급을 거절하였다.

[판결요지]

경제적으로 독립한 여러 물건에 대하여 화재보험계약을 체결함에 있어 집합된 물건 전체에 대하여 단일의 보험금액으로써 계약을 체결하거나 물건을 집단별로 나누어 따로이 보험금액을 정하거나 간에, 보험의 목적이 된 수 개의 물건 가운데 일부에 대하여만 고지의무 위반이 있는 경우에 보험자는 나머지 부분에 대하여도 동일한 조건으로 그 부분만에 대하여 보험계약을 체결하지 아니하였으리라는 사정이 없는 한 그 고지의무 위반이 있는 물건에 대하여만 보험계약을 해지할 수 있고 나머지 부분에 대하여는 보험계약의 효력에 영향이 없다고 할 것이다.

그리고 이 경우 보험계약자가 일부 물건에 대하여 고지하지 아니한 사항이 보험계약의 나머지 부분에 있어서도 상법 제651조에서 정한 '중요한 사항', 즉 보험자가 보험사고의 발생과 그로 인한 책임부담의 개연율을 측정하여 보험계약의 체결 여부 또는 보험료나 특별한 면책조항의 부가와 같은 보험계약의 내용을 결정하기 위한 표준이 되는 사항으로서 객관적으로 보험자가 그 사실을 안다면 그 계약을 체결하지 아니하든가 또는 적어도 동일한 조건으로는 계약을 체결하지 아니하리라고 생각되는 사항(대법원 1996. 12. 23. 선고 96다27971 판결 참조)에 해당하는 경우에만 그 불고지를 들어 계약 전체를 실효시키거나 취소할 수 있다 할 것이다.

상법 제669조 소정의 초과보험계약이라는 사유를 들어 사고발생 당시의 보험가액을 한도로 한 보험금지급의무의 제한을 주장하는 경우 그 입증책임은 이를 주장하는 보험자가 부담하여야 한다(대법원 1988. 2. 9. 선고 86다카2933, 2934, 2935 판결 참조).

[쟁점사항]

이는 [1] 수개의 물건에 대하여 하나의 화재보험계약을 체결하였는데, 보험계약자가 일부 물건에 대한 고지의무를 위반한 경우, 보험자는 계약 전체를 해지할 수 있는 것은 아니고(한정 소극) 보험자가 계약 전체를 실효시키거나 취소하기 위하여는 보험자가 그 사실을 안다면 그 계약을 체결하지 아니하든가 또는 적어도 동일한 조건으로는 계약을 체결하지 아니하리라고 생각되는 사항에 해당하는 경우이어야 하고,[55] [2] 상법 제669조 소정의 초과보험계약에 관한 입증책임은 보험자에게 있다고 한 사례이다.

55) 그런데 "계약자 또는 피보험자가 손해통지 또는 보험금청구에 관한 서류에 고의로 사실과 다른 것을 기재하였거나 그 서류 또는 증거를 위조 또는 변조한 경우에는 피보험자는 손해에 대한 보험금청구권을 잃게 된다."고 규정하고 있는 화재보험 약관조항의 취지에 대해 대법원은, "보험자가 보험계약상의 보상책임 유무의 판정, 보상액의 확정 등을 위하여 보험사고의 원인, 상황, 손해의 정도 등을 알 필요가 있으나 이에 관한 자료들은 계약자 또는 피보험자의 지배·관리영역 안에 있는 것이 대부분이므로 피보험자로 하여금 이에 관한 정확한 정보를 제공하도록 할 필요성이 크고, 이와 같은 요청에 따라 피보험자가 이에 반하여 서류를 위조하거나 증거를 조작하는 등으로 신의성실의 원칙에 반하는 사기적인 방법으로 과다한 보험금을 청구하는 경우에는 그에 대한 제재로서 보험금청구권을 상실하도록 하려는 데 있다. 다만, 위와 같은 약관조항을 문자 그대로 엄격하게 해석하여 조금이라도 약관에 위배하기만 하면 보험자가 면책되는 것으로 보는 것은 본래 피해자 다중을 보호하고자 하는 보험의 사회적 효용과 경제적 기능에 배치될 뿐만 아니라 고객에 대하여 부당하게 불리한 조항이 된다는 점에서 이를 합리적으로 제한하여 해석할 필요가 있으므로, 위 약관조항에 의한 보험금청구권의 상실 여부는 그 취지를 감안하여 보험금청구권자의 청구와 관련한 부당행위의 정도 등과 보험의 사회적 효용 내지 경제적 기능을 종합적으로 비교·교량하여 결정하여야 한다."고 하면서, 피고가 제1보험계약을 변경하면서 오른쪽 눈을 치료받은 사실은 기재하였으나 시각장애가 없다고 답변한 것에 대해 시각장애 여부에 관한 질문은 이 사건 각 보험계약에서 중요한 사항으로 추정되는데, 이 사건 제1보험계약과 관련하여 원고에게 시각장애가 있다는 사실을 고지한 것으로 보기 어려워 원고는 피고의 고지의무 위반으로 이 사건 제1보험계약을 해지할 수 있고, 피고의 시각장애가 이 사건 사고의 발생에 기여한 정도를 10% 정도로 볼 수 있으므로 피고의 고지의무 위반과 이 사건 사고의 발생 사이에 전혀 인과관계가 존재하지 않는다고 단정할 수는 없다고 보아, 피고가 싱크대설치작업으로 직무가 변경되어 변경된 후에 적용하여야 할 보험요율에 따라 삭감된 보험금만을 청구할 수 있음에도 보험금을 과다 지급받기 위하여 보험금 청구에 관한 서류에 고의로 사실과 다른 것을 기재하였다는 이유로 이 사건 제1보험계약 보통약관 제22조에 의하여 피고는 원고에 대한 보험금청구권을 상실하였다고 판단한 원심을

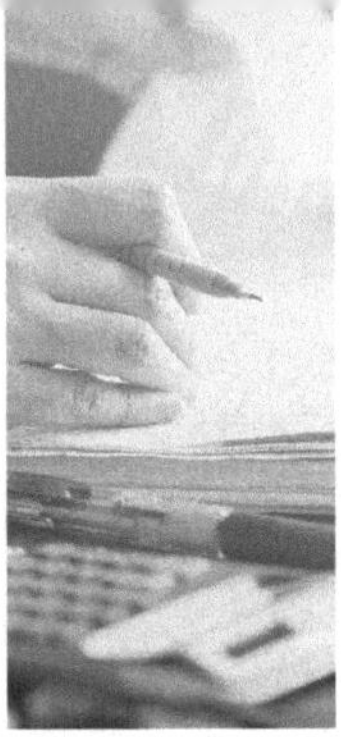

제4절

보험계약의 효과

보험계약이 성립하면 그 계약의 효력으로서 보험계약의 직접 당사자인 보험자와 보험계약자 그리고 보험관계자인 피보험자와 보험수익자에게 일정한 법률상의 권리와 의무가 생긴다. 그중에서 가장 중요한 것은 이른바 기본적 의무라고 할 수 있는 보험자의 보험금지급의무와 보험계약자의 보험료지급의무이다. 그밖에도 부수적 의무로서 보험자의 보험증권교부의무와 보험료반환의무, 보험계약자 등은 각종 통지의무와 위험변경·증가의 금지의무 등을 부담한다.

Ⅰ. 보험자의 의무

1. 보험증권교부의무

(1) 보험증권의 의의

보험증권(insurance policy; Versicherungsschein)이란 보험계약의 성립과 그 내용을 증명하기 위하여 계약의 내용을 기재하고 보험자가 기명날인 또는 서명하여 보험계약자에게 교부하는 증권이다(상법 제640조).[56] 이러한 보험증권은 보험계약에 관한 증거증권, 면책증권, 제시증권, 상환증권이다.

보험증권은 보험자가 일방적으로 작성한 것으로서 그 증거력은 사실상의 추정력을 가지는데 불과하다. 따라서 상법은 보험기업운영을 안전 확실하게 하고 동시에 보험계

유지하였다(대법원 2014. 3. 13. 선고 2013다91405,91412 판결).

56) 그러나 보험증권은 계약의 성립요건도 아니고, 계약서도 아니다.

약자를 보호하기 위하여 보험계약의 당사자는 보험증권의 교부를 받은 날로부터 1월을 내리지 않는 기간 내에 한하여 그 증권 내용의 정부(正否)에 관한 이의를 주장할 수 있음을 약정할 수 있다고 규정하고 있다(상법 제641조).[57]

(2) 보험증권의 작성·교부

보험자는 보험계약이 성립한 때에는 지체없이 보험증권을 작성하여 보험계약자에게 교부하여야 한다. 다만 보험계약자가 보험료의 전부 또는 최초의 보험료를 지급하지 아니한 때에는 보험자는 보험증권의 작성·교부의무가 없다(상법 제640조 제1항 단서). 그리고 보험증권이 보험계약자의 의사에 반하여 보험계약자의 구상의무에 관하여 담보를 제공한 제3자에게 교부되었다면 이는 보험자의 교부의무의 이행이라고 볼 수 없다.[58] 기존의 보험계약을 연장하거나 변경한 경우에는 보험자는 보험증권을 새로 작성하여 교부할 필요 없이 기존의 보험증권에 그 사실을 기재함으로써 보험증권의 교부에 갈음할 수 있다(상법 제640조 제2항).

보험증권에는 공통적으로 일정한 법정기재사항을 기재하고 보험자가 기명날인 또는 서명하여야 한다(상법 제666조). 즉 보험의 목적, 보험사고의 성질, 보험금액, 보험료와 그 지급방법, 보험기간을 정한 때에는 그 시기와 종기, 무효와 실권의 사유, 보험계약자의 주소와 성명 또는 상호, 피보험자의 주소와 성명 또는 상호,[59] 보험계약의 연월일, 보험증권의 작성지와 그 작성년월일 등을 기재하여야 한다. 이 밖에도 각종의 보험증권에 관하여는 특별한 기재사항(상법 제685조, 제690조, 제695조, 제726조의3, 제728조)이 추가되어 있다. 보험증권을 멸실 또는 현저하게 훼손한 때에는 보험계약자는 자기의 비용부담으로 보험자에 대하여 증권의 재교부를 청구할 수 있다(상법 제642조).

57) 이를 이의(異議)약관(Widerpruchsklausel)이라고 하는데, 이는 명시적으로 정함이 있는 경우에만 그 효력이 있다.
58) 대법원 1999. 2. 9. 선고 98다49104 판결(상법 제640조의 규정에 의하면 보험자는 보험계약이 성립한 때에는 보험계약자가 보험료를 납부하지 아니하는 등의 특별한 사정이 없는 한 지체없이 그 계약의 성립과 내용을 증명하는 보험증권을 작성하여 보험계약자에게 교부하여야 할 의무가 있으므로, 그 보험증권이 보험계약자의 의사에 반하여 보험계약자의 구상의무에 관하여 담보를 제공한 제3자에게 교부되었다면 이러한 의무가 이행되었다고 볼 수 없다).
59) 이는 2014년 개정 상법에 추가된 항목이다.

(3) 보험증권의 법적 성질(유가증권성 유무)

1) 증거증권성

보험증권은 보험계약의 성립을 증명하기 위하여 보험자가 발행하는 증거증권이다.[60] 따라서 보험증권의 발행은 낙성·불요식계약인 보험계약의 성립요건도 아니며, 보험증권에는 보험자만이 일방적으로 기명날인 또는 서명하므로 계약서도 아니다. 또한 보험증권을 작성하여야 비로소 보험계약 상의 권리의무가 발생하게 되는 설권증권도 아니다. 따라서 보험증권은 증거증권이며, 보험계약자가 이의 없이 수령하는 때에는 그 기재가 계약의 성립 및 내용에 대하여 사실상의 추정력을 갖게 될 뿐이다.

2) 면책증권성

보험증권은 보험자가 보험금 등의 급여를 함에 있어서 그 증권의 제시자의 자격을 조사할 권리가 있을 뿐이고 의무는 없는 면책증권이다.

3) 상환증권성

실무상 보험자는 보험증권과 상환으로 보험금 등을 지급할 의무가 있다. 따라서 보험증권은 일반적으로 상환증권으로서의 성질을 가지고 있다. 그러나 이때의 '상환증권성'이란 보험증권과 상환하지 않으면 보험금을 지급할 수 없음을 의미할 정도는 아니고, 다른 방법에 의하여 그 권리를 증명하면 보험금을 청구할 수 있다는 것이 다수설이다.

4) 유가증권성

보험계약의 성질상 유가증권성을 인정할 수 있는가, 또는 보험증권이 발행된 보험의 목적이 유통의 대상이 될 수 있는가에 대하여 논란이 있다. 인보험증권은 그 성질상 유통과 관련하여 지시식 또는 무기명식의 보험증권으로 발행될 수 없을 뿐만 아니라, 인보험증권이 지시식 등으로 발행되었다 하더라도 유가증권성을 인정할 수 없다(통설).

---

60) 대법원 1988. 2. 9. 선고 86다카2933, 2934, 2935 판결; 대법원 1992. 10. 27. 선고 92다32852 판결; 대법원 2003. 4. 25. 선고 2002다64520 판결(일반적으로 보험계약은 당사자 사이의 의사 합치에 의하여 성립되는 낙성계약으로서 별도의 서면을 요하지 아니하므로 보험계약을 체결할 때 작성·교부되는 보험증권은 하나의 증거증권에 불과한 것이어서 보험계약의 성립 여부라든가 보험계약의 내용 등은 그 증거증권만이 아니라 계약 체결의 전후 경위 등을 종합하여 인정할 수 있다).

물건보험에서의 보험증권은 기명식에 한하지 않고 지시식 또는 무기명식으로 발행될 수 있다(상법 제666조). 그런데 지시식 또는 무기명식으로 발행되었다고 하여 이러한 보험증권이 반드시 유가증권이라는 근거가 되는 것은 아니다. 지시식 또는 무기명식 보험증권이 유가증권인지 여부에 대하여는 ① 부정설, ② 긍정설, ③ 절충설(일부긍절설)로 학설이 나뉘어 있다. 생각건대 보험의 목적이 그 성질상 유통성이 있으며 또한 보험목적의 이전에 의하여 위험이 변동되지 않는 경우에는 보험증권을 양도하여 보험관계를 이전할 수 있을 것이다.[61)]

2. 보험금지급의무

(1) 의의

보험자는 보험기간 안에 보험사고가 발생한 경우에 피보험자 또는 보험수익자에게 보험금을 지급할 의무를 진다(상법 제638조). 보험자의 보험금지급의무는 보험계약에서 보험자가 부담하는 가장 중요한 의무로서, 보험계약자의 보험료지급에 대한 반대급부이다. 여기서 보험금이라 함은 손해보험에서는 보험금액의 한도에서 그 보험사고로 말미암아 피보험자가 실제 입은 재산상의 손해액이고, 생명보험과 같은 정액보험에서는 계약에서 정한 보험금액이다.

(2) 보험금지급책임의 발생요건

보험금지급의무는 보험자가 보험계약에서 지는 가장 주된 의무이다. 이러한 보험금지급의무의 발생요건은 ① 보험사고가 보험기간 내에 발생하여야 하고,[62)] ② 보험계약자는 보험자에게 보험료를 지급하여야 하며, ③ 보험자에게는 면책사유가 없어야 한다.

---

61) 예컨대 해상보험증권, 특히 해상적하보험증권 등은 선하증권의 이전에 따라 유통되어야 할 경제적 필요가 있고 증권의 배서 또는 교부에 의해서 그 목적을 실현할 필요가 있기 때문에, 유통증권(화물상환증, 선하증권, 창고증권 등)에 부수하여 그의 유통성이 인정되는 지시식 보험증권에는 유가증권성이 인정된다고 본다. 그러나 보험증권은 그 성질상 문언증권이나 무인증권이 아니므로 보험자는 보험계약에 기한 항변(고지의무 위반 등)으로써 그 소지인에게 대항할 수 있고, 보험증권 상의 권리 발생은 우연한 사고에 의하여 비로소 정하여지므로 보험증권은 가장 불완전한 의미에 있어서의 유가증권이라 할 것이다.

62) 다만, 보험사고의 발생이 보험기간 안에 생긴 이상 보험기간 후에 손해가 발생하였더라도 보험자는 그에 대한 보험금지급책임을 진다(상법 제643조).

이러한 요건에 비추어 볼 때 보험계약 당시에 보험사고가 이미 발생하였거나 또는 발생할 수 없는 것인 때에는 그 계약은 당연히 무효로 되지만, 다만 당사자 쌍방과 피보험자가 보험사고가 이미 발생하였거나 또는 발생할 수 없는 것임을 알지 못한 때에는 유효하다(상법 제644조).[63)]

보험자의 책임은 다른 약정이 없는 한 보험계약자로부터 최초의 보험료를 지급받은 때로부터 개시되므로(상법 제656조), 보험계약이 성립되었다고 하더라도 보험계약자가 최초의 보험료를 지급하기 전에 생긴 사고에 대하여는 보험자는 보험금지급책임을 지지 않는다. 그리고 보험자가 보험계약자로부터 보험계약의 청약과 함께 보험료 상당액의 전부 또는 일부를 받은 경우, 그 청약을 승낙하기 전에 보험사고가 발생한 때에도 보험자는 보험청약을 거절할만한 사유[64)]가 없는 한 보험자는 보험계약상의 책임을 지므로(상법 제638조의2 제3항) 보험금을 지급하여야 한다.

◆ 대법원 2010. 4. 15 선고 2009다81623 판결
-보험계약이 유효하기 위해서는 계약 관련자들 모두가 선의여야 하는지 여부-

[사실개요]

소외 1을 임대인, 소외 2를 임차인으로 하여 두 사람 사이에 임대차계약이 체결되었는데, 실제로는 임대차계약을 체결하거나 임대차보증금을 수수함이 없이 원고(금융회사)로부터 대출을 받기 위하여 두 사람이 통모한 것이었다. 소외 1과 피고(보증보험회사)는 이 임대차계약을 주계약으로 삼아 임대인이 임대차보증금반환의무를 불이행하는 보험사고가 발생할 경우 피고가 보험금수령권자로 지정된 원고에게 직접 보험금을 지급하기로 하는 내용으로 보증보험계약을 체결하였다. 원고는 소외 2로부터 이 사건 보증보험계약에 따른 이행보증보험증권을 담보로 제공받은 후 소외 2에게 대출을 하였는데, 소외 2가 이를 상환하지 않자 피고에게 보험금을 청구하였다.

[판결요지]

「상법」 제644조의 규정에 의하면, 보험계약 당시에 보험사고가 발생할 수 없는 것인 때에는 보험계약의 당사자 쌍방과 피보험자가 이를 알지 못한 경우가 아닌 한 그 보험계약은 무효이다. 이 사건 보증보험계약이 성립될 당시에는 주계약인 임대차계약이 통정허위표시로서 아무런 효력이 없어 보험사고가 발생할 수 없는 경우에 해당하므로 이 사건 보증보험계약은 「상법」 제644조의 규정에 따라 무효라고 보아야 할 것이다.

한편, 「상법」 제644조 단서는 보험자와 보험계약자 및 피보험자가 선의인 경우에는 예외적으로 보험사고의 발생이 확정되어 있는 경우라도 보험계약을 유효로 하고 있는데, 이는 예외 사유로서 계약의 관련자들 모

63) 대법원 2002. 6. 28. 선고 2001다59064 판결(보험계약이 체결되기 전에 보험사고가 이미 발생하였을 경우, 보험계약의 당사자 쌍방 및 피보험자가 이를 알지 못한 경우를 제외하고는 그 보험계약을 무효로 한다는 상법 제644조의 규정은, 보험사고는 불확정한 것이어야 한다는 보험의 본질에 따른 강행규정으로, 당사자 사이의 합의에 의해 이 규정에 반하는 보험계약을 체결하더라도 그 계약은 무효임을 면할 수 없다).

64) 예컨대 보험계약자 등의 고지의무위반이거나 피보험자가 신체검사를 받아야 하는 인보험계약의 경우임에도 피보험계약자 신체검사를 받지 않은 경우(상법 제638조의2 제3항 단서)이다.

두가 선의일 것을 요구하는 것이다(대법원 2004. 8. 20. 선고 2002다20889판결 참조). 그런데 이 사건에서는 보험계약자 소외 1, 피보험자 소외 2가 모두 임대차계약의 무효에 대하여 알고 있었고, 따라서 보험사고가 발생할 수 없는 것이라는 것 또한 알고 있었으므로 위 단서에서 정한 예외 사유에 해당한다고 할 수 없다.

[쟁점사항]

이는 보증보험계약이 유효하게 성립하기 위해서는 계약 당시 보험사고의 발생 여부가 확정되어 있지 않아야 한다는 '우연성'과 '선의성'이 요구되고, 보험사고 발생이 확정되어 있는 보험계약이 상법 제644조 단서에 따라 유효하기 위해서는 계약 관련자들 모두가 선의여야 한다고 하여 원심을 유지한 사례이다.[65]

(3) 보험금지급책임의 면제

1) 면책사유

보험자는 보험사고의 발생 원인이 무엇이냐를 묻지 않고 보험금지급책임을 부담하는 것이 원칙이다. 그러나 일정한 경우에는 보험기간 안에 보험사고가 발생하더라도 보험자의 보험금지급책임이 면제되는데, 이를 보험자의 면책사유라 한다. 첫째, 보험사고가 보험계약자 또는 피보험자나 보험수익자의 고의 또는 중대한 과실로 인하여 생긴 때, 즉 인위적인 보험사고의 경우이다(상법 제659조).[66] 이에 대한 입증책임은 보험자가 부담한다. 즉 보험자는 보험계약자 등의 고의 또는 중대한 과실로 인하여 보험사고가 생겼다는 것을 증명하여야 보험금 지급을 면할 수 있다.[67]

여기서 고의란 보험사고가 발생하리라는 것을 인식하면서 감히 그러한 행위를 행하는 것을 말하고, 미필적 고의를 포함한다. 예컨대 출발하려는 승용차 보닛 위에 사람이 매달려 있는 상태에서 승용차를 지그재그로 운행하여 도로에 떨어뜨려 상해를 입

---

65) 이와 동일한 취지의 판례로, 대법원 2016. 1. 28. 선고 2013다74110 판결.

66) 보험사고가 보험계약자 등과 법률상 또는 경제상 특별한 관계에 있는 자의 고의 또는 중과실로 발생한 경우 보험자의 책임을 인정할 것인가 하는 문제가 있는데, 보험계약자 등과 특수관계에 있는 제3자의 행위로 보험사고가 일어난 경우 보험자는 면책된다는 이론(**대표자책임이론**)이 있다. 우리나라 화재보험표준약관에도 이러한 이론이 적용되고 있는데, 일반적인 보험계약에 있어서도 이 이론을 받아들일 것인가에 대하여 학설의 대립이 있다. 생각건대 피보험자와 밀접한 생활관계를 가진 친족이나 고용인이 피보험자를 위하여 보험사고를 일으킨 때에는 피보험자가 이를 교사 또는 공모하거나 감독상 과실이 큰 경우 등과 같이 일단 그 보험사고 발생에 피보험자의 고의 또는 중대한 과실이 개재된 경우로 한정하여 보험자를 면책할 수 있을 것이다(동지: 대법원 1984. 1. 17. 선고 83다카1940 판결). 그리고 보험계약자 또는 피보험자 등이 법인인 경우에는 '법인의 이사 또는 그 업무를 집행하는 기타의 기관'의 고의 또는 중과실에 의한 손해에 대하여 보험자가 면책되도록 한 보험약관의 면책조항에 있어서 '법인의 이사 또는 그 업무를 집행하는 기타의 기관'은 원칙적으로 법인의 대표권 및 업무집행권을 가지는 대표기관(대표이사 등)을 의미한다고 보아야 할 것이지, 그 법인의 피용자에 불과한 이사의 고의 또는 중과실은 상법 제659조의 '고의 또는 중과실'에 해당하지 않는다고 보아야 할 것이다(대법원 2005. 3. 10. 선고 2003다61580 판결).

67) 대법원 2009. 3. 26. 선고 2008다72578, 72585 판결; 대법원 2013. 6. 13. 선고 2011다54631, 54648 판결 외.

게 한 경우, 해당 운전자에게 상해 발생에 대한 미필적 고의가 있다고 할 수 있을 것이다.[68] 그리고 중대한 과실이란 현저하게 주의를 다하지 아니한 것을 말한다. 즉, 중대한 과실이란 현저한 부주의로 중요한 사항의 존재를 몰랐거나 중요성 판단을 잘못하여 그 사실이 고지하여야 할 중요한 사항임을 알지 못한 것을 의미한다.[69] 그리고 하나의 보험계약에서 피보험자가 수인인 경우에는 각 피보험자별로 손해배상책임 발생요건이나 면책조항 적용 여부를 가려야 할 것이다.[70]

이와 같이 보험자의 면책사유를 인정하고 있는 것은 피보험자 등에 의한 인위적 사고는 보험사고의 우연성이 결여되어 보험사고의 본질에 반할 뿐만 아니라, 인위적 보험사고에 대해 보험자의 책임을 인정하는 것은 신의칙에 어긋나고 보험계약의 선의성에도 반하기 때문이다. 따라서 보험금청구권에 대한 권리를 가지고 있는 자가 있다 하더라도 이러한 면책사유가 있는 경우에는 보험자에게 대항할 수 없게 된다.[71]

그런데 면책사유가 있음에도 불구하고 특약으로 보험금의 지급책임을 부담하도록 하는 것이 가능한가의 문제가 있다. 특약에 의하여 고의에 의한 경우에도 보험금지급을 약정하는 것은 상법 제659조의 입법취지로 보아 무효이나, 중과실로 인한 경우는 보험계약자 등의 이익보호를 위하여 특약으로 보험금지급을 약정하는 것은 신의칙에

68) 대법원 2001. 3. 9. 선고 2000다67020 판결(자동차보험약관상 면책사유인 '피보험자의 고의에 의한 사고'에서의 '고의'라 함은 자신의 행위에 의하여 일정한 결과가 발생하리라는 것을 알면서 이를 행하는 심리 상태를 말하고, 여기에는 확정적 고의는 물론 미필적 고의도 포함된다고 할 것이며, 고의와 같은 내심의 의사는 이를 인정할 직접적인 증거가 없는 경우에는 사물의 성질상 고의와 상당한 관련성이 있는 간접사실을 증명하는 방법에 의하여 입증할 수밖에 없고, 무엇이 상당한 관련성이 있는 간접사실에 해당할 것인가는 사실관계의 연결상태를 논리와 경험칙에 의하여 합리적으로 판단하여야 할 것이다).

69) 대법원 2013. 6. 13 선고 2011다54631, 54648 판결.

70) 손해배상책임보험에서 동일한 사고로 피해자에 대하여 배상책임을 지는 피보험자가 복수로 존재하는 경우에는 피보험이익도 피보험자마다 개별로 독립하여 존재하는 것이므로 각각의 피보험자마다 손해배상책임의 발생요건이나 면책조항의 적용 여부 등을 개별적으로 가려서 보상책임의 유무를 결정하는 것이 원칙이다. 따라서 甲보험회사와 보험계약자 乙이 피보험자를 乙, 丙, 丁으로 하여 손해배상책임보험을 체결하였는데, 丁이 방화를 한 경우 피보험자인 乙과 丙이 방화를 저지른 자녀 丁에 대한 감독의무를 소홀히 하였음을 이유로 민법 제750조의 책임을 부담하게 된다 하더라도, 乙, 丙의 책임은 과실에 의한 불법행위책임이므로 甲회사는 보험금지급의무를 면할 수 없게 된다(대법원 2012. 12. 13. 선고 2012다1177 판결).

71) 보험금청구권은 보험자의 면책사유 없는 보험사고에 의하여 피보험자에게 손해가 발생한 경우에 비로소 권리로서 구체화되는 정지조건부권리이고, 그 조건부권리도 보험사고가 면책사유에 해당하는 경우에는 그에 의하여 조건불성취로 확정되어 소멸하는 것이라 할 것이므로, 위와 같은 보험금청구권의 양도 또는 질권설정에 대한 채무자의 승낙은 별도로 면책사유가 있으면 보험금을 지급하지 않겠다는 취지를 명시하지 않아도 당연히 그것을 전제로 하고 있다고 보아야 하고, 그 양수인 또는 질권자도 그러한 사실을 알고 있었다고 보아야 할 것이며, 더구나 보험사고 발생 전의 보험금청구권 양도 또는 질권설정을 승낙함에 있어서 보험자가 위 항변사유가 상당한 정도로 발생할 가능성이 있음을 인식하였다는 등의 사정이 없는 한 존재하지도 아니하는 면책사유 항변을 보류하고 이의하여야 한다고 할 수는 없으므로, 보험자가 비록 위 보험금청구권 양도 승낙시나 질권설정 승낙시에 면책사유에 대한 이의를 보류하지 않았다 하더라도 보험계약상의 면책사유를 양수인 또는 질권자에게 주장할 수 있다(대법원 2002. 3. 29. 선고 2000다13887 판결).

위배되지 않는 한 유효로 보아야 할 것이다. 현실적으로 화재보험이나 자동차보험 등의 가계보험에서 대부분의 보험사고는 중대한 과실에 의해 일어나는데, 이러한 사고에 대해 보험자가 보험금을 지급하고 있다.

사망보험의 경우에는 1991년 개정 상법이 사망을 보험사고로 한 계약에서는 사고가 보험계약자 또는 피보험자·보험수익자의 중대한 과실로 인하여 생긴 경우에도 보험금 지급책임을 인정하고 있다(상법 제732조의2).[72] 이는 사망보험의 경우 특히 유족 등의 보험수익자를 보호해 줄 필요가 있기 때문이다.

둘째, 보험사고가 전쟁 기타의 변란으로 인하여 생긴 때에는 당사자 사이에 다른 약정이 없는 한 보험자는 보험금을 지급할 책임이 없다(상법 제660조).[73] 여기서 전쟁이란 선전포고의 유무를 불문하고, 변란이란 내란·폭동 등과 같이 전쟁에 준하는 비상사태를 말한다.

셋째, 각종 보통보험약관에서 정한 면책사유에 해당하는 때(약정)에는 보험자는 보험금을 지급할 책임이 없다.[74] 다만, 면책약관은 보험계약자 또는 피보험자나 보험수익자의 불이익으로 변경하지 않는 범위 내에서 유효하다. 예컨대 인보험의 경우 보험사고가 고의로 인하여 발생한 것이 아니라면 비록 중대한 과실에 의하여 생긴 것이라

72) 피보험자의 자살의 경우 보험자는 면책되지만, 그 자살은 사망자가 자기의 생명을 끊는다는 것을 의식하고 그것을 목적으로 의도적으로 자기의 생명을 절단하여 사망의 결과를 발생케 한 행위를 의미하고, 피보험자가 정신질환 등으로 자유로운 의사결정을 할 수 없는 상태에서 사망의 결과를 발생케 한 경우는 포함되지 않는다(대법원 2011. 4. 28. 선고 2009다97772 판결; 대법원 2021. 2. 4 선고 2017다281367 판결). 그런데 대법원은 피보험자가 자유로운 의사결정을 할 수 없는 상태에서 사망의 결과를 발생케 한 직접적인 원인행위가 외래의 요인에 의한 것이라면, 그 사망은 피보험자의 고의에 의하지 않은 우발적인 사고로서 보험사고인 사망에 해당할 수 있다고 보면서도, 면책약관에서 피보험자의 정신질환을 피보험자의 고의나 피보험자의 자살과 별도의 독립된 면책사유로 규정하고 있는 경우, 이러한 면책사유를 규정한 약관조항이 고객에게 부당하게 불리하여 공정성을 잃은 조항이라고 할 수 없으므로, 만일 피보험자가 정신질환에 의하여 자유로운 의사결정을 할 수 없는 상태에 이르렀고 이로 인하여 보험사고가 발생한 경우라면 보험자의 보험금지급의무가 면제된다고 보았다(대법원 2015. 6. 23. 선고 2015다5378 판결).

73) 대법원 2000. 6. 13. 선고 98다35389 판결.

74) 대법원 2013. 6. 28. 선고 2012다107051 판결("외과적 수술, 그 밖의 의료처치로 인한 손해를 보상하지 아니한다. 그러나 회사가 부담하는 상해로 인한 경우에는 보상한다."라는 상해보험약관 면책조항의 취지는 피보험자에 대하여 보험회사가 보상하지 아니하는 질병 등을 치료하기 위한 외과적 수술 기타 의료처치(외과적 수술 등)가 행하여지는 경우, 피보험자는 일상생활에서 노출된 위험에 비하여 상해가 발생할 위험이 현저히 증가하므로 그러한 위험을 처음부터 보험보호의 대상으로부터 배제하고, 다만 보험회사가 보상하는 보험사고인 상해를 치료하기 위한 외과적 수술 등으로 인한 위험에 대해서만 보험보호를 부여하려는 데 있다. 위와 같은 면책조항의 취지에 비추어 볼 때, 특정 질병 등을 치료하기 위한 외과적 수술 등으로 인하여 증가된 위험이 현실화된 결과 상해가 발생한 경우에는 위 면책조항 본문이 적용되어 보험금 지급대상이 되지 아니하고, 외과적 수술 등의 과정에서 의료과실에 의하여 상해가 발생하였는지는 특별한 사정이 없는 한 위 면책조항의 적용 여부를 결정하는 데 있어서 고려할 요소가 되지 않는다. 이 경우 상해보험약관의 보험보호범위와 생명보험약관의 그것에 차이가 생길 수 있으나, 이는 위 면책조항의 존부에 따라 발생하는 차이일 뿐 생명보험약관에서의 재해와 상해보험약관에서의 보험사고인 상해를 달리 해석한 결과가 아니므로, 위와 같은 사정만으로 달리 볼 것은 아니다).

하더라도 보험금을 지급할 의무가 있는데(상법 제732조의2, 제739조, 제663조), 피보험자의 사망이나 상해를 보험사고로 하는 보험계약에서는 보험사고 발생의 원인에 피보험자에게 과실이 존재하는 경우뿐만 아니라 보험사고 발생 시의 상황에 있어 피보험자에게 안전띠 미착용 등 법령위반의 사유가 존재하는 경우를 보험자의 면책사유로 약관에 정한 경우에도 그러한 법령위반행위가 보험사고의 발생원인으로서 고의에 의한 것이라고 평가될 정도에 이르지 아니하는 한 위 상법 규정들에 반하여 무효이다.[75]

◆ 대법원 1984. 1. 17. 선고 83다카1940 판결
–친족 또는 고용인 등에 의한 고의로 보험사고가 발생한 경우 보험자가 면책되는지 여부

[사실개요]

원고(보험계약자)는 음식점을 경영하면서 피고(보험회사)들과 음식점 내의 시설 및 집기일체를 보험목적물로 하는 장기화재보험계약을 체결하였다. 원고는 음식점의 영업 부진과 부채누증으로 고심하던 중, 예전에 고용인이었으나 금원을 횡령하고 도주한 경력이 있는 소외 K(다른 음식점에 재직 중)를 만나 음식점의 경영을 맡아달라고 제의하였다. 소외 K는 음식점의 경영이 호전될 가망이 없다고 판단하고 원고가 보험금을 수령하여 부채를 정리케 할 목적으로 방화를 하였다. 원고가 보험금 지급을 청구하자, 피고는 약관규정을 이유로 보험자면책을 주장하였다. 보험계약의 보통약관 제4조 제2항에 의하면 "피보험자에게 보험금을 받도록 하기 위하여 피보험자와 세대를 같이하는 친족 또는 고용인이 고의로 일으킨 손해에 대하여는 보험자가 보상하지 아니한다"고 규정되어 있었다.

[판결요지]

보통약관 제4조 제2항에서 피보험자에게 보험금을 받도록 하기 위하여 피보험자와 세대를 같이 하는 친족 또는 고용인이 고의로 일으킨 손해에 대하여는 보상하지 아니한다고 규정한 취지가 제3자가 일으킨 보험사고에 피보험자의 고의 또는 중대한 과실이 개재되지 아니한 경우에도 보험자의 보상책임을 면제하고자 한 것이라면 상법 제663조의 강행규정에 저촉되어 무효라고 볼 수밖에 없다. 그러나 위 보통약관 제4조 제2항의 면책조항은 위와 같은 취지라기보다도 피보험자와 밀접한 생활관계를 가진 친족이나 고용인이 피보험자를 위하여 보험사고를 일으킨 때에는 피보험자가 이를 교사 또는 공모하거나 감독상 과실이 큰 경우가 허다하므로 일단 그 보험사고 발생에 피보험자의 고의 또는 중대한 과실이 개재된 것으로 추정하여 보험자를 면책하고자 한 취지에 불과하다고 해석함이 타당하다. 그렇다면 위와 같이 추정규정으로 보는 이상 피보험자가 보

75) 즉, 원고(피보험자)가 그 소유의 승용차에 관하여 피고(보험회사)와 개인용자동차종합보험계약을 체결하면서 자기신체사고특약을 체결함에 있어, 그 보험약관에는 "피보험자가 사고 당시 탑승 중 안전띠를 착용하지 아니한 경우에는 자기신체사고보상액에서 운전석 또는 그 옆좌석은 20%, 뒷좌석은 10%에 상당하는 금액을 공제한다"고 규정한 안전띠 미착용 감액조항이 포함되어 있었는데, 원고가 술에 취한 상태로 피보험승용차를 운전하여 가다가 도로 오른쪽 옹벽과 중앙선 가드레일을 들이받고 안전띠를 착용하지 않은 상태로 도로에 정차해있던 중 뒤따라오던 승용차에 의하여 추돌당하여 상해를 입은 것에 대해 피고가 면책조항을 이유로 보험금의 지급을 거절하자 원고가 보험금청구의 소를 제기한 것으로, 대법원은 자기신체사고특약은 인보험의 일종이고, 감액약관은 공제라는 표현을 사용하고 있으나 그 실질은 보험금의 일부를 지급하지 않겠다는 것이어서 일부 면책약관이라고 할 것인데, 원고가 안전띠를 착용하지 않은 것이 보험사고의 발생원인으로서 고의에 의한 것이라고 할 수 없으므로 감액약관은 위 상법 규정들에 반하여 무효라고 판시하였다(대법원 2014. 9. 4. 선고 2012다204808 판결).

험사고 발생에 자신의 고의 또는 중대한 과실이 개재되지 아니 하였음을 입증하여 위 추정을 번복한 때에는 위 면책조항의 적용은 당연히 배제될 것이므로 위 면책조항은 상법 제663조의 강행규정에 저촉된다고 볼 수 없다.

위에서 본 바와 같이 위 보통약관 제4조 제2항의 면책조항을 피보험자의 고의 또는 중대한 과실을 추정하는 규정이라고 해석하는 이상, 위 면책조항에 열거된 친족 또는 고용인이라 함은 그들의 행위가 피보험자의 고의 또는 중대한 과실에 기인한 것이라고 추정케 할 만큼 피보험자와 밀접한 생활관계를 가진 자에 국한된다고 보아야 할 것이다. 그러므로 위 면책조항에서 '세대를 같이 하는 친족 또는 고용인'이라고 규정한 것은 위와 같은 밀접한 생활관계를 표현한 것으로서 고용인도 세대를 같이 하는 자임을 요한다고 해석함이 타당하다.

[쟁점사항]

이는 화재보험계약에서 보험자의 면책사유인 '피보험자와 세대를 같이하는 친족 및 고용인이 고의로 일으킨 손해'의 규정은 상법 제663조에 저촉된다고 볼 수 없으나, 고용인도 세대를 같이하는 때에만 해당하므로, 세대를 같이 하지 않은 고용인의 방화는 보험자의 면책사유가 아니라고 본 경우이다. 즉 피보험자와 세대를 같이하는 친족 또는 고용인의 고의에 의한 보험사고의 경우에 면책된다는 보험약관은 일정한 경우(피보험자가 공모한 경우 등)에 한하여 유효로 볼 것이지만, 위 면책약관 중 '고용인'의 의미를 피보험자와 밀접한 생활관계를 가진 자(세대를 같이 하는 자)임을 요한다고 보면서, 원고의 교사 등도 없었을 뿐만 아니라 K가 원고와 세대를 같이 하지도 않았음에도 위 면책조항을 넓게 해석하여 보험자책임을 면제한 원심을 파기 환송한 판결이다. 특히 이 판결은 대표자책임이론에 관한 리딩 케이스로 다루어지고 있다.

◆ 대법원 1994. 11. 22. 선고 93다55975 판결
-보험자 면책사유로서 '소요' 등의 개념-

[사실개요]

5,000여 명의 대학생들이 B대학교에서 개최된 집회에 참석하려다 경찰이 집회를 원천봉쇄하기 위하여 대학생들의 진입을 저지하자 경찰을 향하여 화염병을 던지며 시위를 시작하였다. 시위 과정에서 대학생들은 경찰청 기동대 소속 상경 A가 운전하던 지프 쪽으로 몰려와서 쇠파이프로 지프차의 유리창을 깨고 유리창 안으로 화염병을 던져 넣자, A는 당황한 나머지 후진하다가 이 사건 건물 부근에 있던 바리케이드를 위 지프로 충돌하게 되었고, 이로 인하여 위 지프가 갑자기 회전하면서 후진상태로 인도를 지나 셔터문이 닫힌 이 사건 건물에 충돌하면서 점포 안쪽으로 돌진하여 위 지프에서 인화된 화재로 인하여 이 사건 건물의 일부가 전소하였다. 이에 위 건물에 대하여 화재보험에 가입한 원고가 피고 보험회사에게 보험금을 청구하자, 피고는 이 사건 화재가 보험약관상의 면책사유 중의 하나인 '소요 기타 이와 유사한 사태'로 인하여 발생한 것이므로 보험금 지급의무가 없다고 주장하였다.

[판결요지]

화재보험보통약관에서 '지진, 분화, 해일, 전쟁, 외국의 무력행사, 혁명, 내란, 사변, 폭동, 소요, 기타 이들과 유사한 사태'를 보험자의 면책사유로 규정하고 있다면, 이러한 규정의 취지는 위와 같은 사태하에서는 보험사고 발생의 빈도나 그 손해정도를 통계적으로 예측하는 것이 거의 불가능하여 타당한 보험료를 산정하기 어려울 뿐만 아니라 사고발생시에는 사고의 대형화와 손해액의 누적적인 증대로 보험자의 인수능력을 초과할 우려가 있다는 데에 있는바, 본래 보험제도 자체가 쉽게 예측하기 어려운 장래의 우연적, 돌발적 사고로 인한 손해를 담보하기 위한 것이므로 위와 같은 사고발생의 예측곤란과 피해극대화를 이유로 한 면책사유의 요건은 이를 엄격하게 해석하여야 할 것이고, 따라서 위 조항에 열거된 면책사유 중 소요는 폭동에는 이르지 아니하나 한 지방에서의 공공의 평화 내지 평온을 해할 정도로 다수의 군중이 집합하여 폭행, 협박 또는 손괴 등 폭력을 행사하는 상태를 말하는 것으로 보아야 할 것이다.

이 사건 화재 당시 위 대학생들은 경찰에 대하여서만 화염병을 투척하였을 뿐이고, 인근의 다른 상가나 행인에 대하여는 아무런 폭행이나 협박 또는 손괴 등을 하지 아니하였으며, 그 시위장소 또한 지하철 역에서 위 대학교 정문에 이르는 도로에 한정되었고, 다른 지역으로는 확산되지 아니하였음이 분명하고, 보험약관상의 면책사유요건의 엄격해석의 원칙을 참작하면 위 대학생들의 폭력사태는 그 폭력사태의 발생경위와 장소 및 당시에 있어서의 폭력행사의 정도 등에 비추어 보건대 한 지방의 평화 내지 평온을 해할 정도의 소요 기타 유사한 상태에 해당하는 것으로 보기 어렵다.

[쟁점사항]

이는 화재보통보험약관에서 '지진, 분화, 해일, 전쟁, 외국의 무력행사, 혁명, 내란, 사변, 폭동, 소요, 기타 이들과 유사한 사태' 등을 보험자의 면책사유로 규정한 취지와 그 면책사유 중 '소요'의 의미에 대해 판시한 것이다.

◆ 대법원 2006. 3. 10. 선고 2005다49713 판결
-심신상실의 상태에서 한 자살이 면책사유에 해당하는지 여부-

[사실개요]

원고 1은 사망한 소외 1(망인)의 남편이고, 원고 2 등은 이들의 자녀인데, 망인은 자신을 보험계약자 겸 피보험자로 하여 피고(보험회사)와 종신보험 계약을 체결하였다. 망인은 이 사건 사고 이전부터 경제적 문제로 남편뿐만 아니라 시댁, 친정과 계속 갈등을 겪어 왔을 뿐만 아니라, 세 자녀를 돌보면서 남편의 회사업무도 돕는 등으로 과도한 업무에 시달려 오기도 했고, 출산 후 각종 병명으로 병원에 오가며 신체적, 정신적으로 많이 쇠약해져 있었다. 사건 당일 남편인 원고 1이 술에 취하여 귀가하였다가 망인이 손위 동서(원고 1의 형수)와 전화를 하면서 언쟁을 하는 것을 보고 망인에게 전화기를 던지고 자녀들이 보는 앞에서 수 회 뺨을 때리자 망인도 흥분하여 텔레비전을 넘어뜨리는 등 격렬하게 부부싸움을 하던 중 원고 1이 함께 죽어버리자고 하면서 망인의 멱살을 잡고 베란다 난간으로 끌고 가서 망인의 상체를 베란다 밖으로 밀고, 자녀들은 망인이 떨어지지 않도록 다리를 잡고 울면서 원고 1에게 애원을 하여 만류하는 상황에서, 원고 1이 하던 행동을 멈추고 베란다를 떠나 거실로 가는 순간, 망인이 베란다 밖으로 뛰어 내려 사망하였다. 이에 원고들이 보험금을 청구하자, 피고는 면책사유에 해당한다고 하여 보험금 지급을 거절하였다.

[판결요지]

상법 제659조 제1항은 보험사고가 보험계약자 또는 피보험자나 보험수익자의 고의 또는 중대한 과실로 인하여 생긴 때에는 보험자는 보험금액을 지급할 책임이 없다고 규정하고, 상법 제732조의2는 사망을 보험사고로 한 보험계약에서 사고가 보험계약자 또는 피보험자나 보험수익자의 중대한 과실로 인하여 생긴 경우에도 보험자는 보험금액을 지급할 책임을 면하지 못한다고 규정하고 있으므로 위 규정에 따르면 사망을 보험사고로 하는 보험계약에 있어서도 피보험자 등의 고의로 인하여 사고가 생긴 경우에 보험자는 보험금을 지급할 책임이 없다고 할 것인바, 이는 피보험자가 고의에 의하여 보험사고를 일으키는 것은 보험계약상의 신의성실의 원칙에 반할 뿐만 아니라, 그러한 경우에도 보험금이 지급된다고 한다면 보험계약이 보험금 취득 등 부당한 목적에 이용될 가능성이 있기 때문이다.

위와 같은 상법 제659조 제1항 및 제732조의2의 입법 취지에 비추어 볼 때, 사망을 보험사고로 하는 보험계약에 있어서 자살을 보험자의 면책사유로 규정하고 있는 경우, 그 자살은 사망자가 자기의 생명을 끊는다는 것을 의식하고 그것을 목적으로 의도적으로 자기의 생명을 절단하여 사망의 결과를 발생케 한 행위를 의미하고, 피보험자가 정신질환 등으로 자유로운 의사결정을 할 수 없는 상태에서 사망의 결과를 발생케 한 경우까지 포함하는 것이라고 할 수 없을 뿐만 아니라, 그러한 경우 사망의 결과를 발생케 한 직접적인 원인행위가 외래의 요인에 의한 것이라면 그 보험사고는 피보험자의 고의에 의하지 않은 우발적인 사고로서 재해에 해당한다.

망인은 극도의 흥분되고 불안한 심리상태를 이기지 못하고 순간적인 정신적 공황상태에서 자신의 행동으로 인하여 발생할 사망의 결과와 그로 인한 가족들 및 주변 상황의 변화에 대하여 제대로 이해하거나 예측하지도 못한 채 극도로 모멸스럽고 격분된 순간을 벗어날 방편으로 베란다에서 뛰어 내림으로써 자유로운 의사결정에 의하지 아니하고 사망의 결과에 이른 것으로 볼 수 있다. 따라서 이 사건 사고는 자유로운 의사결정이 제한된 상태에서 망인이 추락함으로써 사망의 결과가 발생하게 된 우발적인 사고로서 '고의로 자신을 해친 경우'나 '의도적인 자해'에 해당하지 아니하므로 이 사건 보험약관상의 재해에 해당한다.

[쟁점사항]

이는 [1] 사망을 보험사고로 하는 보험계약에 있어서 피보험자 등의 고의로 인하여 사고가 생긴 경우에는 보험자가 면책되고, [2] 사망을 보험사고로 하는 보험계약에 있어서 보험자의 면책사유로 규정하고 있는 자살의 의미는 사망자가 자기의 생명을 끊는다는 것을 의식하고 그것을 목적으로 의도적으로 자기의 생명을 절단하여 사망이라는 결과를 발생케 한 행위를 의미하는데, 여기에 피보험자가 정신질환 등으로 자유로운 의사결정을 할 수 없는 상태에서 발생한 사망의 경우는 포함되지 않고, [3] 부부싸움 중 극도의 흥분되고 불안한 정신적 공황상태에서 베란다 밖으로 몸을 던져 사망한 경우 이 사고는 보험약관상 보험자의 면책사유인 '고의로 자신을 해친 경우'에 해당하지 않는다고 한 사례이다.

◆ 대법원 2008. 8. 21. 선고 2007다76696 판결
-심신상실의 상태에서 한 자살이 면책사유에 해당하는지 여부-

[사실개요]

망인은 술에 취한 나머지 판단능력이 극히 저하된 상태에서 신병을 비관하는 넋두리를 하고 베란다에서 뛰어내린다는 등의 객기를 부리다가 충동적으로 베란다에서 뛰어내려 사망하였다. 이에 유족이 보험금지급을 청구하자 보험회사가 이를 거부하였다.

[판결요지]

'상법' 제659조 제1항 및 제732조의2의 입법 취지에 비추어 볼 때, 사망을 보험사고로 하는 보험계약에 있어서 자살을 보험자의 면책사유로 규정하고 있는 경우, 그 자살은 자기의 생명을 끊는다는 것을 의식하고 그것을 목적으로 의도적으로 자기의 생명을 절단하여 사망의 결과를 발생케 한 행위를 의미하고, 피보험자가 정신질환 등으로 자유로운 의사결정을 할 수 없는 상태에서 사망의 결과를 발생케 한 경우까지 포함하는 것은 아닐 뿐만 아니라, 그러한 경우 사망의 결과를 발생케 한 직접적인 원인행위가 외래의 요인에 의한 것이라면 그 보험사고는 피보험자의 고의에 의하지 않은 우발적인 사고로서 재해에 해당한다(대법원 2006. 3. 10. 선고 2005다49713 판결 등 참조).

망인은 음주로 인한 병적인 명정으로 인하여 심신을 상실한 나머지 자유로운 의사결정을 할 수 없는 상태에서 충동적으로 베란다에서 뛰어내려 사망하였다. 이는 우발적인 외래의 사고로서 이 사건 보험약관에서 재해의 하나로 규정한 '추락'에 해당하여 사망보험금의 지급대상이 된다.

[쟁점사항]

이는 [1] 사망을 보험사고로 하는 보험계약에서 보험자의 면책사유로 규정하고 있는 자살에는 피보험자가 정신질환 등으로 자유로운 의사결정을 할 수 없는 상태에서 사망의 결과를 발생케 한 경우가 포함되지 않고, [2] 보험계약의 피보험자가 음주로 인하여 심신을 상실한 상태에서 충동적으로 베란다에서 뛰어내려 사망한 경우 이는 우발적인 외래의 사고로서 보험약관에서 재해의 하나로 규정한 '추락'에 해당하여 사망보험금의 지급대상이 된다고 판단한 원심을 수긍한 사례이다.

◆ 대법원 2011. 4. 28. 선고 2009다97772 판결
-심신상실의 상태에서 한 자살이 면책사유에 해당하는지 여부-

[사실개요]

망인은 Y군청 소속 공무원으로 Y군청 직원을 대상으로 하는 단체공제의 피공제자이다. 망인은 직장에 병가를 신청하고 병원을 찾아가 불안, 의욕저하 및 대인관계의 어려움 등을 호소하여 중증의 우울성 에피소드로 진단받았고, 같은 날 주거지 인근 야산에서 처(妻)인 원고 등에게 유서를 남긴 채 제초제를 마시고 신음하다가 병원으로 이송되었으나 그 다음 날 사망하였다. 이에 원고가 보험금을 청구하자 피고(공제자)는 고의에 의한 자살로 면책사유을 주장하였다.

[판결요지]

사망을 보험사고로 하는 보험계약에서 자살을 보험자의 면책사유로 규정하고 있는 경우, 그 자살은 사망자가 자기의 생명을 끊는다는 것을 의식하고 그것을 목적으로 의도적으로 자기의 생명을 절단하여 사망의 결과를 발생케 한 행위를 의미하고, 피보험자가 정신질환 등으로 자유로운 의사결정을 할 수 없는 상태에서 사망의 결과를 발생케 한 경우는 포함되지 아니한다. 따라서 피보험자가 자살하였다면 그것이 정신질환 등으로 자유로운 의사결정을 할 수 없는 상태에서 사망의 결과를 발생케 한 경우에 해당하지 않는 한 원칙적으로 보험자의 면책사유에 해당한다 할 것인데, 여기서 말하는 정신질환 등으로 자유로운 의사결정을 할 수 없는 상태에서의 사망이었는지 여부는 자살자의 나이와 성행(性行), 자살자의 신체적·정신적 심리상황, 그 정신질환의 발병 시기, 그 진행경과와 정도 및 자살에 즈음한 시점에서의 구체적인 상태, 자살자를 에워싸고 있는 주위상황과 자살 무렵의 자살자의 행태, 자살행위의 시기 및 장소, 기타 자살의 동기, 그 경위와 방법 및 태양 등을 종합적으로 고려하여 판단하여야 한다.

망인이 자살 당일 우울성 에피소드의 진단을 받기는 하였으나, 그 발병 시기가 그다지 오래된 것으로는 보이지 아니하고, 망인의 나이, 평소 성격, 가정환경, 자살행위 당일 행적, 망인이 자살하기 전에 남긴 유서의 내용과 그로부터 짐작할 수 있는 망인의 심리상태, 자살행위의 시기와 장소, 방법 등에 비추어, 망인은 정신질환 등으로 자유로운 의사결정을 할 수 없는 상태에서 자살을 한 것으로 보기는 어려울 것이다.

[쟁점사항]

이는 [1] 사망을 보험사고로 하는 보험계약에서 보험자의 면책사유로 규정하고 있는 자살에는 피보험자가 정신질환 등으로 자유로운 의사결정을 할 수 없는 상태에서 사망의 결과를 발생케 한 경우에는 자살에 해당하지 않고, [2] 피보험자의 자살이 정신질환 등으로 자유로운 의사결정을 할 수 없는 상태에서 발생한 사망이었는지 여부는 자살자의 나이와 성행(性行), 정신질환의 발병 시기 등을 종합적으로 고려하여 판단하여야 하며, [3] 공제계약의 피공제자가 직장에 병가를 신청하고 병원에 찾아가 불안, 의욕저하 등을 호소하면서 진단서를 거듭 요구하여 병명이 '우울성 에피소드'인 진단서를 발급받은 후 주거지 인근 야산에서 유서를 남긴 채 농약을 마시고 자살한 것은 정신질환 등으로 자유로운 의사결정을 할 수 없는 상태에서 한 자살로 보기 어렵기 때문에 보험자는 면책된다고 한 사례이다.

◆ 대법원 2020. 7. 23 선고 2018다276799 판결
-면책사유로서 고의의 판단 기준-

[사실개요]

소외인은 직장 동료들과 이 사건 사고 전날 저녁부터 이어져 온 모임을 마치고 직장동료들을 귀가시켜 주기 위해 다른 동료의 소유인 이 사건 가해 차량을 운전하게 되었다. 소외인은 원고 1을 먼저 내려 주고, 계속하여 다른 동료들을 데려다주기 위해 가해 차량을 운전하여 가려던 중, 원고 1이 가해 차량을 가로막고 '술

한잔 더하자'라는 취지로 말하면서 가해 차량 보닛 위에 올라타자, 원고 1을 떼어 놓기 위해 가해 차량을 서서히 움직였고, 원고 1이 여전히 가해 차량에 매달려 있음을 알고도 가해 차량을 갑자기 제동하여 원고 1을 위 보닛에서 굴러 떨어뜨려 도로 바닥에 머리를 부딪치게 하였다. 원고 1은 이로 인해 외상성 경막하출혈 등의 상해를 입고 하지부전마비 및 인지기능저하 등으로 노동능력 40%를 상실하는 영구장해와 매일 8시간 개호가 필요한 중증 의존 상태에 처하게 되었다. 한편 소외인과 원고 1은 직장 동료로 평소 장난을 자주 치는 친한 사이였고, 이 사건 사고 당시에도 소외인은 원고 1과 장난을 치기 위한 의도로 위와 같은 행위를 하였다고 주장하였다. 소외인의 보험회사에 대해 원고가 보험금을 청구하였으나 피고 보험회사는 고의에 의한 손해를 이유로 보험금지급을 거절하였다.

[판결요지]

이 사건 자동차보험의 약관에 의하면 '피보험자의 고의로 인한 손해'를 보험자가 보상하지 아니하는 사항으로 규정하고 있지만, 자동차 운행으로 인한 사고의 경위와 전후 사정 등에 비추어 피보험자가 피해자의 상해에 대하여는 이를 인식·용인하였으나, 피해자의 사망 등 중대한 결과에 대하여는 이를 인식·용인하였다고 볼 수 없는 경우에는, 그 사망 등으로 인한 손해는 위 면책약관에서 정한 '피보험자의 고의로 인한 손해'에 해당하지 아니하고, 따라서 위 면책약관이 적용되지 아니하는 것으로 봄이 타당하다. 이때 사망 등과 같은 중대한 결과는 단순히 그 결과만으로 판단할 것은 아니고, 당시 가해 차량 운전자가 의도한 결과와 피해자에게 실제 발생한 결과 간의 차이, 가해 차량 운전자와 피해자의 관계, 사고의 경위와 전후 사정 등을 함께 고려하여 종합적으로 판단하여야 한다. 가해 차량을 운전한 소외인으로서는 원고 1이 차량에서 떨어지면서 어느 정도의 상해를 입으리라는 것을 인식·용인하였다고 볼 수는 있으나, 원고 1이 위와 같은 정도의 영구장해와 중증 의존 상태에 이르는 중상해를 입게 되리라는 것까지 인식하고 용인하였다고 볼 수는 없다. 그렇다면 원고 1의 손해는 소외인의 고의에 의한 손해라고 할 수 없고, 따라서 이 사건 사안에는 이 사건 자동차보험의 면책약관이 적용되지 아니하는 것으로 봄이 타당하다.

[쟁점사항]

이는 자동차보험계약의 피보험자가 피해자의 상해에 대하여는 이를 인식·용인하였으나 피해자의 사망 등 중대한 결과에 대하여는 이를 인식·용인하였다고 볼 수 없는 경우, 그 사망 등으로 인한 손해가 보험계약의 면책약관에서 정한 '피보험자의 고의로 인한 손해'에 해당하지 않는다고 보아, 원심을 파기한 사례이다.

2) 보험계약이 해지된 경우

보험사고가 발생한 후에도 보험자가 보험료 불지급(상법 제650조)·고지의무위반(상법 제651조)·위험변경증가에 대한 통지의무 해태(상법 제652조)·보험계약자 등의 고의나 중대한 과실로 인한 위험 증가(상법 제653조) 등으로 계약을 해지한 경우 보험자는 보험금의 지급의무를 면한다. 그리고 이미 지급한 보험금액은 반환을 청구할 수 있다(상법 제655조).[76)]

76) 다만, 고지의무(告知義務)를 위반한 사실 또는 위험이 현저하게 변경되거나 증가된 사실이 보험사고 발생에 영향을 미치지 아니하였음이 증명된 경우에는 보험금을 지급할 책임이 있다(상법 제655조 단서).

3) 사기에 의한 보험금 청구

보험금을 편취할 의사로 허위 또는 과장하여 보험사고를 신고하거나 고의로 보험사고를 유발한 경우, 보험금 전체에 대하여 보험금에 관한 사기죄가 성립된다고 보는 것이 판례[77]의 입장이다. 따라서 기망, 착오, 재산적 처분행위 사이에 인과관계가 인정되면 사기죄가 성립하므로, 보험자는 이를 입증하여 보험금 지급을 거절할 수 있을 것이다.

판례는 화재보험보통약관에서 사기적 청구를 한 경우 보험금청구권을 잃는다는 조항을 둔 취지를 보험자가 보험계약상의 보상책임 유무의 판정, 보상액의 확정 등을 위한 판단 자료(보험사고의 원인, 상황, 손해의 정도 등)는 피보험자 등의 지배·관리영역 안에 있는 것이 대부분이므로 피보험자 등으로 하여금 이에 관한 정확한 정보를 제공하도록 할 필요성이 크고, 이와 같은 요청에 따라 피보험자가 이에 반하여 서류를 위조하는 등으로 신의성실의 원칙에 반하는 사기적인 방법으로 과다한 보험금을 청구하는 경우에는 그에 대한 제재로서 보험금청구권을 상실하도록 하려는 데 있는 것이라고 하면서, 그 해석은 제한적으로 하고 있다.[78]

◆ 대법원 2007. 12. 27. 선고 2006다29105 판결-허위청구면책조항의 적용기준

[사실개요]

원고는 소외인으로부터 합계 금 105,000,000원에 기계를 매수하였으나 금 165,000,000원에 매수한 것처럼 과장하여 작성된 판매사실확인서 및 매매계약서를 피고 보험회사 측 손해사정인에게 제출하였고, 이에 대해 피고가 보험금지급을 거절하자 원고가 보험금청구의 소를 제기하였다.

[판결요지]

피고의 화재보험보통약관에는 '계약자 또는 피보험자가 손해통지 또는 보험금청구에 관한 서류에 고의로 사실과 다른 것을 기재하였거나 그 서류 또는 증거를 위조 또는 변조한 경우에는 피보험자는 손해에 대한 보험금청구권을 잃게 된다'고 규정하고 있다. 이와 같은 조항을 둔 취지는 보험자가 보험계약상의 보상책임 유무의 판정, 보상액의 확정 등을 위하여 보험사고의 원인, 상황, 손해의 정도 등을 알 필요가 있으나 이에 관

---

77) 피고인이 보험금을 편취할 의사로 허위로 보험사고를 신고하거나 고의로 보험사고를 유발한 경우 보험금에 관한 사기죄가 성립하고, 나아가 설령 피고인이 보험사고에 해당할 수 있는 사고로 경미한 상해를 입었다고 하더라도 이를 기화로 보험금을 편취할 의사로 상해를 과장하여 병원에 장기간 입원하고 이를 이유로 실제 피해에 비하여 과다한 보험금을 지급받는 경우에는 보험금 전체에 대해 사기죄가 성립한다(대법원 2007. 5. 11. 선고 2007도2134 판결; 대법원 2011. 2. 24. 선고 2010도17512 판결).
보험금의 사기적 방법에 의한 청구의 경우 보험자의 면책사유로 할 필요성이 학설로 제기되었는데, 2008년 보험법 개정안에 이를 포함시키기도 하였으나, 2014년 개정 상법에는 이에 대한 내용이 포함되지는 않았다. 그러나 형사특별법으로 2016. 03. 29. 「보험사기방지 특별법」을 제정·시행하여 보험사기행위자에 대한 형사처벌을 강화하고 있다.

78) 대법원 2006. 11. 23. 선고 2004다20227, 20234 판결 참조.

한 자료들은 계약자 또는 피보험자의 지배·관리영역 안에 있는 것이 대부분이므로 피보험자로 하여금 이에 관한 정확한 정보를 제공하도록 할 필요성이 크고, 이와 같은 요청에 따라 피보험자가 이에 반하여 서류를 위조하거나 증거를 조작하는 등으로 신의성실의 원칙에 반하는 사기적인 방법으로 과다한 보험금을 청구하는 경우에는 그에 대한 제재로서 보험금청구권을 상실하도록 하려는 데 있는 것으로 보아야 할 것이다. 다만, 이 사건 약관조항을 문자 그대로 엄격하게 해석하여 조금이라도 약관에 위배하기만 하면 보험자가 면책되는 것으로 보는 것은 본래 피해자 다중을 보호하고자 하는 보험의 사회적 효용과 경제적 기능에 배치될 뿐만 아니라 고객에 대하여 부당하게 불리한 조항이 된다는 점에서 이를 합리적으로 제한하여 해석할 필요가 있으므로, 이 사건 약관조항에 의한 보험금청구권의 상실 여부는 이 사건 약관조항을 둔 취지를 감안하여 보험금청구권자의 청구와 관련한 부당행위의 정도 등과 보험의 사회적 효용 내지 경제적 기능을 종합적으로 비교·교량하여 결정하여야 할 것이다. 따라서 피보험자가 보험금을 청구하면서 실손해액에 관한 증빙서류 구비의 어려움 때문에 구체적인 내용이 일부 사실과 다른 서류를 제출하거나 보험목적물의 가치에 대한 견해 차이 등으로 보험목적물의 가치를 다소 높게 신고한 경우 등까지 이 사건 약관조항에 의하여 보험금청구권이 상실되는 것은 아니라고 해석함이 상당하다 할 것이다.

[쟁점사항]

이는 화재보험보통약관상 피보험자 등이 서류를 위조하거나 증거를 조작하는 경우에는 보험금청구권을 상실한다는 내용의 약관조항은 합리적으로 제한하여 해석하여야 하고, 피보험자가 보험금을 청구하면서 구체적인 내용이 일부 사실과 다른 서류를 제출하거나 보험목적물의 가치를 다소 높게 신고한 경우에도 위 약관조항에 의하여 보험금청구권을 상실하는 것은 아니라고 한 판례이다.

◆ 대법원 2009. 12. 10. 선고 2009다56603 판결
-면책사유에 대한 입증책임 부담 및 사기적 청구의 효과

[사실개요]

피고는 원고 보험회사와 운영중인 업소의 조명기기 등에 대한 화재보험계약을 체결하였는데, 화재가 발생하자 견적서 등을 보험회사에 제출하여 보험금을 청구하였다. 조명시설의 가액에 대한 진술이 약 5억원, 약 3억원, 2억 8천만원 등 일관성이 없었고, 손해사정법인이 추정한 조명시설 공사비의 가액은 1억 3천만원으로 진술한 최저액에 비해서도 배 이상의 차이가 있었다. 원고는 고의 또는 중대한 과실로 발생한 손해 및 허위에 의한 보험금청구라는 이유로 보험금지급을 거절하였다.

[판결요지]

「상법」 제683조는 "화재보험계약의 보험자는 화재로 인하여 생긴 손해를 보상할 책임이 있다"고 규정하고 있고, 이 사건 화재보험계약의 약관 제15조는 보상금 지급 사유로서 "화재에 따른 손해"를 정하고 있으며, 약관 제16조에서는 보상하지 아니하는 손해로서 "1. 피보험자(법인인 경우에는 그 이사 또는 법인의 업무를 집행하는 그 밖의 기관)또는 피보험자의 법정대리인의 고의 또는 중대한 과실, 2. 계약자 또는 계약자의 법정대리인의 고의 또는 중대한 과실, 3. 피보험자에게 보험금을 받도록 하기 위하여 피보험자와 세대를 같이 하는 친족이나 고용인이 고의로 일으킨 손해 등"을 규정하고 있다.

위와 같은 「상법」 및 약관 규정의 형식 및 취지, 화재가 발생한 경우에 보험자에게 면책사유가 존재하지 않는 한 소정의 보험금을 지급하도록 함으로써 피보험자로 하여금 신속하게 화재로 인한 피해를 복구할 수 있게 하려는 화재보험제도의 존재의의에 비추어 보면, 화재보험에서 화재가 발생한 경우에는 일단 우연성의 요건을 갖춘 것으로 추정되고, 다만 화재가 보험계약자나 피보험자의 고의 또는 중과실에 의하여 발생하였다는 사실을 보험자가 증명하는 경우에는 위와 같은 추정이 번복되는 것으로 보아야 할 것이다.

화재보험계약의 약관에서 "보험계약자나 피보험자의 고의 또는 중대한 과실로 발생한 손해에 대하여는 보상하지 아니한다"고 규정하고 있는 경우에 보험자가 보험금 지급책임을 면하기 위해서는 위 면책사유에 해당하는 사실을 증명할 책임이 있다고 할 것인바, 여기에서의 증명은 법관의 심증이 확신의 정도에 달하게 하는 것을 가리키고, 그 확신이란 자연과학이나 수학의 증명과 같이 반대의 가능성이 없는 절대적 정확성을 말하는 것은 아니지만, 통상인의 일상생활에 있어 진실하다고 믿고 의심치 않는 정도의 고도의 개연성을 말하는 것이고, 막연한 의심이나 추측을 하는 정도에 이르는 것만으로는 부족하다고 할 것이다.

원고의 화재보험약관은 제29조에서 "계약자 또는 피보험자가 손해통지 또는 보험금청구에 관한 서류에 고의로 사실과 다른 것을 기재하였거나 그 서류 또는 증거를 위조 또는 변조한 경우에는 피보험자는 손해에 대한 보험금청구권을 잃게 된다"고 규정하고 있는바, 이와 같은 조항을 둔 취지는 보험자가 보험계약상의 보상책임 유무의 판정, 보상액의 확정 등을 위하여 보험사고의 원인, 상황, 손해의 정도 등을 알 필요가 있으나 이에 관한 자료들은 계약자 또는 피보험자의 지배·관리영역 안에 있는 것이 대부분이므로 피보험자로 하여금 이에 관한 정확한 정보를 제공하도록 할 필요성이 크고, 이와 같은 요청에 따라 피보험자가 이에 반하여 서류를 위조하거나 증거를 조작하는 등으로 신의성실의 원칙에 반하는 사기적인 방법으로 과다한 보험금을 청구하는 경우에는 그에 대한 제재로서 보험금청구권을 상실하도록 하려는 데 있는 것으로 보아야 할 것이다. 다만, 위와 같은 약관조항을 문자 그대로 엄격하게 해석하여 조금이라도 약관에 위배하기만 하면 보험자가 면책되는 것으로 보는 것은 본래 피해자 다중을 보호하고자 하는 보험의 사회적 효용과 경제적 기능에 배치될 뿐만 아니라 고객에 대하여 부당하게 불리한 조항이 된다는 점에서 이를 합리적으로 제한하여 해석할 필요가 있으므로, 위 약관조항에 의한 보험금청구권의 상실 여부는 그 취지를 감안하여 보험금청구권자의 청구와 관련한 부당행위의 정도 등과 보험의 사회적 효용 내지 경제적 기능을 종합적으로 비교·교량하여 결정하여야 할 것이다.

공사금액들은 손해사정법인이 조명시설 공사비로 추정한 약 1억 3천만 원과 비교하여 약 2배 이상의 차이를 보이고 있는 점에서 그 허위성의 정도도 작다고 할 수 없어, 피고나 소외 1이 손해의 통지나 보험금청구에 관한 서류에 고의로 사실과 다른 것을 기재함으로써 신의성실의 원칙에 반하는 사기적인 방법으로 과다한 보험금을 청구한 것으로 볼 여지가 충분하다. 다만, 독립한 여러 물건을 보험목적물로 하여 체결된 화재보험계약에서 위 약관에 의해 피보험자가 상실하게 되는 보험금청구권은 피보험자가 '허위의 청구를 한 당해 보험목적물'의 손해에 대한 보험금청구권만을 의미한다고 해석함이 상당하므로, 위법한 부분은 조명시설 손해금이 포함되어 단일한 보험금으로 정해진 내부시설관련 보험금에 한정된다.

손해보험에 있어서 보험의 목적물과 위험의 종류만이 정해져 있고 피보험자와 피보험이익이 명확하지 않은 경우에 그 보험계약이 보험계약자 자신을 위한 것인지 아니면 타인을 위한 것인지는 보험계약서 및 당사자가 보험계약의 내용으로 삼은 약관의 내용, 당사자가 보험계약을 체결하게 된 경위와 그 과정, 보험회사의 실무처리 관행 등 여러 사정을 참작하여 결정하여야 할 것인바, 무도장을 경영하는 임차인이 임차건물과 그 안에 있는 시설 및 집기비품 등에 대하여 피보험자에 대하여는 명확한 언급이 없이 자신을 보험목적의 소유자로 기재하여 화재보험을 체결한 경우, 이러한 화재보험은 다른 특약이 없는 한 피보험자가 그 목적물의 소유자인 타인에게 손해배상의무를 부담하게 됨으로써 입게 되는 손해까지 보상하기로 하는 책임보험의 성격을 갖는다고는 할 수 없다. 따라서 이 사건 보험계약에 임차자배상책임특약이 편입되었다고 보기 어렵고, 따라서 이 사건 보험계약 중 건물에 관한 부분은 보험계약자인 임차인이 그 소유자를 위하여 체결한 것으로 봄이 상당하다.

[쟁점사항]

이는 [1] 화재보험에서 화재발생의 우연성이 추정되고, [2] 화재보험약관에서 면책사유로 정한 '보험계약자나 피보험자의 고의 또는 중대한 과실로 발생한 손해'에 해당하는 사실에 관한 증명책임자는 보험자이고 그 증명의 정도는 통상인의 일상생활에 있어 진실하다고 믿고 의심치 않는 정도의 고도의 개연성을 말하며, [3]'피보험자 등이 보험금청구 등에 관한 서류 또는 증거를 위조 또는 변조한 경우에는 보험금 청구권을 상실한다'는 내용의 화재보험 약관조항에 의해 피보험자가 상실하게 되는 보험금청구권의 범위는 피보험자가

'허위의 청구를 한 당해 보험목적물'의 손해에 대한 보험금청구권만을 의미하며, [4] 손해보험에서 보험의 목적물과 위험의 종류만이 정해져 있고 피보험자와 피보험이익이 명확하지 않은 경우 임차인이 임차건물과 내부 시설 등에 대하여 피보험자에 대한 명확한 언급없이 자신을 소유자로 기재하여 화재보험을 체결한 경우 위 화재보험을 책임보험으로 볼 수 없다고 본 사례이다.

(4) 보험금의 지급방법과 지급시기

1) 지급방법

보험자의 보험금의 지급방법은 금전으로 지급하는 것이 원칙이고, 당사자 사이에 특약이 있는 경우에는 현물 또는 기타의 급여(치료행위 등)로써 할 수 있다(상법 제638조 참조).

2) 지급시기

보험금의 지급시기는 약정이 있는 경우에는 그 기간 내에, 약정이 없는 경우에는 보험사고발생의 통지를 받은 후 지체없이 지급액을 결정하여 10일 이내에 지급하여야 한다(상법 제658조).

3) 소멸시효

보험자의 보험금지급의무는 3년의 시효로 소멸한다.79) 이 시효기간의 기산점은 보험금지급시기가 정하여지는 경우에는(상법 제658조) 그 기간이 경과한 다음 날이라고 본다.80) 그러나 보험사고 발생 여부가 객관적으로 분명하지 아니한 경우 그 기산점은 보험금액청구권자가 보험사고의 발생을 알았거나 알 수 있었던 때로부터 보험금액청구권의 소멸시효가 진행한다.81) 그리고 소멸시효의 기산점에 관한 증명책임은 시효의

---

79) 2014년 개정 상법은 보험금지급의무의 소멸시효를 종래 2년에서 3년으로 연장하였다. 그런데 보험금액의 청구권의 소멸시효 기간을 일반 상사채권의 시효기간보다도 단축하고 있는데, 그 이유에 대해 법원은 보험사업의 정상적인 업무운용을 위하여는 보험금의 신속한 결제를 통하여 보험업자의 재산상태의 명료성을 확보할 필요가 있기 때문이라고 하고 있다(대법원 1995. 3. 28 선고 94다47094 판결).

80) 대법원 2006. 1. 26. 선고 2004다19104 판결(보험금액청구권의 소멸시효의 기산점은 특별한 사정이 없는 한 보험사고가 발생한 때라고 할 것이지만, 약관 등에 의하여 보험금액청구권의 행사에 특별한 절차를 요구하는 때에는 그 절차를 마친 때, 또는 채권자가 그 책임 있는 사유로 그 절차를 마치지 못한 경우에는 그러한 절차를 마치는 데 소요되는 상당한 기간이 경과한 때로부터 진행한다고 보아야 할 것이므로, 보험금액청구금의 소멸시효기산점을 판단함에 있어서는 그 보험사고가 무엇인지와 보험금액청구권을 행사하는 데 특별한 제한이 있는지를 확정하는 것이 중요한 전제가 된다); 대법원 2008. 11. 13. 선고 2007다19624 판결.

81) 대법원 1993. 7. 13. 선고 92다39822 판결(특별한 다른 사정이 없는 한 원칙적으로 보험금액청구권의 소멸시효는 보험사고가 발생한 때로부터 진행한다고 해석하는 것이 상당하지만, 보험사고가 발생한 것인지의 여부가 객관적으로 분명하

이익을 주장하는 사람에게 있다.[82] 보험사고의 발생통지를 한 때에는 보험자가 그 통지를 받은 후 지급할 보험금액이 정해지고 보험금지급유예기간(10일)이 경과한 다음 날로부터 기산한다고 풀이한다.

◆ 대법원 2005. 12. 23. 선고 2005다59383 판결-보험금청구권의 소멸시효 기산점

[사실개요]

피고(보험계약자)는 2000. 7. 4. 원고 보험회사와 보험계약을 체결하였다. 보험모집인 A는 피고에게 오토바이 사고는 보상하지 아니한다고 설명하면서 피고가 오토바이를 운전하는지에 관하여 질문하였고, 피고는 오토바이를 운전하지 않는다고 대답하였다. 피고는 2001. 10. 20.경 오토바이를 타고 일터로 가는 길에 교통사고를 당하였고, 그 후 A에게 보험금을 지급받을 수 있는지 문의하였으나, A는 오토바이를 타고 가다가 발생한 사고이므로 보험금 지급 대상이 되지 않는다고 대답하였다. 피고는 2001. 12. 1. 오토바이를 타고 일터로 가던 중 택시와 충돌하는 사고가 발생하여 불안정성 골반골 골절, 폐부종 및 폐렴 등의 상해를 입게 되었다. 피고는 이 사건 사고로 입은 상해로 인하여 2001. 12. 1. K병원으로부터 약 5개월 이상의 치료관찰이 필요하고 추후 재판정이 요망된다는 진단을 받고 그 때로부터 2004. 4. 19.까지 K병원에서 수술 및 입원치료를 받았으며, 2004. 6. 8.부터 2004. 11. 20.까지 같은 병원에서 통원치료를 받았다. 피고는 2003. 5. 7. K병원에서 이 사건 사고로 인하여 후유장애 1급에 해당된다는 내용의 후유장애진단서를 발급받았고, 2003. 7. 7. 원고에게 이 사건 사고의 발생을 통지하면서 보험금을 청구하였다. 원고는 2003. 8. 7.경 피고에게 피고가 이 사건 보험계약 체결 당시 청약서에 오토바이 운전을 하지 아니한다고 기재하였고, 이 사건 사고의 발생을 원고에게 곧바로 통지하지도 아니하였으므로, 약관에 따라 이 사건 보험계약을 소급하여 해지한다고 통보하였다. 또한 원고는 피고의 원고에 대한 보험금청구권이 시효로 소멸하였음을 이유로 피고에 대한 보험금지급의무가 존재하지 않는다는 확인을 구한 것이다.

[판결요지]

보험금청구권은 보험사고가 발생하기 전에는 추상적인 권리에 지나지 아니할 뿐 보험사고의 발생으로 인하여 구체적인 권리로 확정되어 그때부터 그 권리를 행사할 수 있게 되는 것이므로, 특별한 다른 사정이 없는 한 원칙적으로 보험금액청구권의 소멸시효는 보험사고가 발생한 때로부터 진행한다고 해석해야 할 것이고, 다만 보험사고가 발생한 것인지의 여부가 객관적으로 분명하지 아니하여 보험금청구권자가 과실 없이 보험사고의 발생을 알 수 없었던 경우에도 보험사고가 발생한 때로부터 보험금청구권의 소멸시효가 진행한다고 해석하는 것은, 보험금청구권자에게 너무 가혹하여 사회정의와 형평의 이념에 반할 뿐만 아니라 소멸시효제도의 존재이유에 부합된다고 볼 수도 없으므로 이와 같이 객관적으로 보아 보험사고가 발생한 사실을 확인할 수 없는 사정이 있는 경우에는 보험금청구권자가 보험사고의 발생을 알았거나 알 수 있었던 때로부터 보험금액청구권의 소멸시효가 진행한다(대법원 2001. 4. 27. 선고 2000다31168 판결 참조). 피고가 약관에서 정한 절차에 따라 구비서류를 갖추어 보험금 청구를 하였고, 원고가 보험사고(보험금지급사유)에 해당하는지 조사를 한 후에 보험사고에 해당하지 아니한다는 이유를 들어 보험금의 지급을 거절하였다는 사정만으로는

지 아니하여 보험금액청구권자가 과실 없이 보험사고의 발생을 알 수 없었던 경우에도 보험사고가 발생한 때로부터 보험금액청구권의 소멸시효가 진행한다고 해석하는 것은, 보험금액청구권자에게 너무 가혹하여 사회정의와 형평의 이념에 반할 뿐만 아니라 소멸시효제도의 존재이유에 부합된다고 볼 수도 없으므로, 이와 같이 객관적으로 보아 보험사고가 발생한 사실을 확인할 수 없는 사정이 있는 경우에는, 보험금액청구권자가 보험사고의 발생을 알았거나 알 수 있었던 때로부터 보험금액청구권의 소멸시효가 진행한다고 해석하는 것이 타당하다).

82) 대법원 2015. 11. 26 선고 2013다62490 판결.

'보험사고가 발생한 것인지의 여부가 객관적으로 분명하지 아니한 경우'에 해당한다고 볼 수가 없다. 또한 보험금청구권의 소멸시효가 약관 또는 법률조항에서 정한 보험금 지급유예기간('서류를 접수한 날로부터 3일' 또는 '정하여진 날로부터 10일')이 경과한 다음날부터 진행한다고 볼 수도 없다.

민법 제168조 제1호, 제170조 제1항에서 시효중단사유의 하나로 규정하고 있는 재판상의 청구라 함은, 통상적으로는 권리자가 원고로서 시효를 주장하는 자를 피고로 하여 소송물인 권리를 소의 형식으로 주장하는 경우를 가리키지만, 이와 반대로 시효를 주장하는 자가 원고가 되어 소를 제기한 데 대하여 피고로서 응소하여 그 소송에서 적극적으로 권리를 주장하고 그것이 받아들여진 경우도 마찬가지로 이에 포함되는 것으로 해석함이 타당하고(대법원 1993. 12. 21. 선고 92다47861 전원합의체 판결 참조), 또한 응소행위로 인한 시효중단의 효력은 피고가 현실적으로 권리를 행사하여 응소한 때에 발생한다고 보는 것이 상당하다.

피고가 사고발생일로부터 2년 이내에 약관에서 정한 절차에 따라 구비서류를 갖추어 보험금 청구를 하였고 원고가 보험사고(보험금지급사유)에 해당하는지 조사를 의뢰하여 보험금 지급 여부를 결정하겠다고 통보한 점, 이에 피고가 가지급보험금 청구를 하였으나 원고가 보험사고에 해당하는지 여부가 결정되지 아니하여 보험금을 지급할 수 없다고 통보하였다가 보험사고에 해당하지 아니한다는 이유로 부지급 처리하면서 이의신청을 할 수 있다고 통지한 점, 피고가 금융감독원에 분쟁조정신청을 하여 그 심리가 진행되자 원고가 이 사건 채무부존재소송을 제기하는 바람에 위 분쟁조정이 결렬된 점만으로는, 채무자인 원고가 시효완성 전에 채권자인 피고의 권리행사나 시효중단을 불가능 또는 현저히 곤란하게 하였거나, 그러한 조치가 불필요하다고 믿게 하는 행동을 하였거나, 객관적으로 피고가 권리를 행사할 수 없는 장애사유가 있었거나, 또는 일단 시효완성 후에 원고가 시효를 원용하지 아니할 것 같은 태도를 보이는 등의 특별한 사정이 있는 경우에 해당한다고 볼 수도 없다.

[쟁점사항]

이는 [1] 보험금청구권의 소멸시효의 기산점을 보험사고가 발생한 때로부터 진행된다고 보면서, [2] 보험약관 또는 상법 제658조에서 보험금 지급유예기간을 정하고 있더라도 보험금청구권의 소멸시효는 보험사고가 발생한 때로부터 진행하고, 위 지급유예 기간이 경과한 다음날부터 진행한다고 볼 수는 없고, [3] 채권자가 피고로서 응소하여 적극적으로 권리를 주장하고 그것이 받아들여진 경우 시효중단사유인 재판상의 청구에 해당한다고 하면서 이 경우 시효중단의 효력은 피고가 현실적으로 권리를 행사하여 응소한 때에 발생한다고 본 판례이다. 이는 대법원 2006. 1. 26. 선고 2004다19104 판결에 반대되는 입장이다.

◆ 대법원 2021. 2. 4 선고 2017다281367 판결-보험금청구권의 소멸시효 기산점

[사실개요]

보험회사인 피고는 2011년 K 광역시교육청과 사이에 망인 등 그 소속공무원들을 피보험자로 한 공무원단체상해보험계약을 체결하였다. 초등학교 교사로 근무한 망인은 2011. 10. 12. 목을 매어 자살하였고, 유서를 남기지 아니하였으며, 이 때문에 망인이 우울증 치료를 받은 적이 있다는 사실 등을 확인한 경찰 역시 '우울증으로 인한 단순자살'로 내사종결 처리하였다. 원고(망인의 父)는 2012. 2.경 공무원연금공단을 상대로 망인의 자살이 공무상 생긴 우울증으로 인한 것임을 주장하면서 유족보상금 지급을 구하였으나 거부당하여 행정소송을 제기하였고, 2016. 2. 26.에 이르러서야 승소 확정판결을 받았다. 원고는 2016. 8.경 이 사건 소를 제기하였다.

[판결요지]

사망을 보험사고로 하는 보험계약에서 자살을 보험자의 면책 사유로 규정하고 있는 경우에도 피보험자가 정신질환 등으로 자유로운 의사결정을 할 수 없는 상태에서 사망의 결과를 발생케 한 경우까지 포함하는 것은 아니므로, 피보험자가 자유로운 의사결정을 할 수 없는 상태에서 사망의 결과를 발생케 한 직접적인 원인

행위가 외래의 요인에 의한 것이라면, 그 사망은 피보험자의 고의에 의하지 않은 우발적인 사고로서 보험사고인 사망에 해당할 수 있다(대법원 2015. 6. 23. 선고 2015다5378 판결 등 참조). 이때 정신질환 등으로 자유로운 의사결정을 할 수 없는 상태에서의 사망이었는지 여부는 자살자의 나이와 성행, 자살자의 신체적·정신적 심리상황, 그 정신질환의 발병 시기, 그 진행 경과와 정도 및 자살에 즈음한 시점에서의 구체적인 상태, 자살자를 에워싸고 있는 주위상황과 자살 무렵의 자살자의 행태, 자살행위의 시기 및 장소, 기타 자살의 동기, 그 경위와 방법 및 태양 등을 종합적으로 고려하여 판단하여야 한다(대법원 2011. 4. 28. 선고 2009다97772 판결 등 참조). 망인을 치료하였던 정신과 전문의의 견해에 의하면 망인이 자살할 즈음에 주요우울장애 상태에 있었다고 판단되므로 우울증으로 자유로운 의사결정을 할 수 없는 상태에서 자살한 것으로 볼 수 있다.

구 상법(2014. 3. 11. 법률 제12397호로 개정되기 전의 것) 제662조는 보험금청구권은 2년간 행사하지 아니하면 소멸시효가 완성한다고 규정하였다(위 상법 개정으로 보험금청구권의 소멸시효는 3년으로 변경되었다). 보험금청구권의 소멸시효는 특별한 다른 사정이 없는 한 원칙적으로 보험사고가 발생한 때부터 진행한다. 그렇지만 보험사고가 발생한 것인지 여부가 객관적으로 분명하지 아니하여 보험금청구권자가 과실 없이 보험사고의 발생을 알 수 없었던 경우에도 보험사고가 발생한 때부터 보험금청구권의 소멸시효가 진행한다고 해석하는 것은, 보험금청구권자에게 너무 가혹하여 사회정의와 형평의 이념에 반하고 소멸시효 제도의 존재 이유에도 부합하지 않으므로, 이와 같이 객관적으로 보아 보험사고가 발생한 사실을 확인할 수 없는 사정이 있는 경우에는 보험금청구권자가 보험사고의 발생을 알았거나 알 수 있었던 때부터 보험금청구권의 소멸시효가 진행한다(대법원 1993. 7. 13. 선고 92다39822 판결; 대법원 대법원 2008. 11. 13. 선고 2007다19624 판결 등 참조).

망인이 사망하였을 당시에는 면책의 예외 사유에 해당하는 보험사고가 발생하였는지 여부가 객관적으로 분명하지 아니하여 보험금청구권자인 원고가 이를 알 수 있거나 그 소명자료를 갖추기 어렵다고 볼 사정들이 존재한다. 원고가 망인의 자살 당시 이 사건 보험계약의 존재와 구체적인 내용을 파악할 수 없거나 상당히 곤란하였을 여지도 있다. 그러나 원고가 망인이 공무상 생긴 우울증으로 인해 자살한 것이라고 주장하며 유족보상금의 지급을 신청하고 이어 행정소송도 제기하였던 이 사건에서 과실 없이 보험사고의 발생을 알 수 없었던 경우에 해당한다고까지 보기는 어렵다.

[쟁점사항]

원고의 딸이 초등학교 교사로 근무하던 중 우울증으로 자살에 이르자, 원고가 피고 보험회사 등을 상대로 재해사망보험금을 청구한 사안에서, 망인이 우울증으로 자유로운 의사결정을 할 수 없는 상태에서 자살하였다고 보기 어렵다고 본 원심판단에 법리오해 등의 잘못이 있다고 보았다. 그러나 망인의 사망 당시 보험계약의 존재와 구체적인 내용 파악이 곤란하였고, 자살 면책 예외 사유에 해당하는 보험사고 발생 여부가 객관적으로 불분명하였다고 하더라도 보험금청구권의 소멸시효 기산점에 있어서 객관적으로 보아 보험사고가 발생한 사실을 확인할 수 없는 사정이 있는 경우라고 볼 수는 없다고 판단하였다.

3. 보험료반환의무

(1) 보험료 반환의무의 발생

1) 보험계약의 전부 또는 일부가 무효인 경우

보험계약의 전부 또는 일부가 무효인 경우에 보험계약자와 피보험자 또는 보험수익자가 선의이며 중대한 과실이 없는 때에는(예컨대 화재보험에 있어서 도시계획에 의해 보험의 목적인 건물이 철거되어 보험계약이 무효가 된 경우 등) 보험자는 보험료의 전부 또는 일부를 보험계약자에게 반환하여야 한다(상법 제648조). 보험계약에서는 보험자가 위험인수의 대가로서 보험계약자로부터 보험료의 지급을 받아 그 위험을 담보하는 것이므로, 보험계약이 무효 또는 해지된 경우에는 그 위험을 담보하지 않게 되므로 보험계약자에게 보험료를 되돌려 주어야 하는 것이다. 보험자가 보험약관의 교부·명시의무에 위반하여 보험계약자가 보험계약을 취소하여 보험계약이 무효가 된 때에도 보험료를 반환해야 한다(다수설).

2) 보험사고 발생 전에 보험계약을 해지한 경우

보험계약자는 보험사고의 발생 전에는 언제든지 보험계약의 전부 또는 일부를 해지할 수 있는데,[83] 이 경우에는 다른 약정이 없으면 보험자는 미경과보험료를 반환하여야 한다(상법 제649조 제1항 및 제3항). 여기에서 미경과 보험료라 함은 보험계약이 해지될 때의 경과보험료기간 이후의 기간에 해당하는 기간의 보험료를 의미하는데, 보험계약에서 보험자가 위험을 인수하여 담보하였으므로 보험자가 위험을 담보한 보험료기간의 보험료는 비록 보험사고가 생기지 아니하였다 하더라도 보험자에게 귀속하는 것은 당연하다. 그러나 보험실무상으로는 보험계약이 해지된 때에 일할로 계산하여 나머지 기간에 대한 보험료를 반환하고 있는 실정이며, 생명보험의 경우에는 보험자는 보험계약이 해지된 때에는 보험수익자를 위하여 적립한 금액, 즉 보험료적립금을 반환하고 있다(상법 제736조).

---

83) 타인을 위한 보험계약에서는 그 타인의 동의를 얻거나 보험증권을 소지하고 있어야 보험계약을 해지할 수 있다.

(2) 소멸시효

보험자의 보험료반환의무는 3년의 시효로 인하여 소멸한다(상법 제662조).[84)]

◆ 대법원 2008. 1. 31. 선고 2005다57806 판결

[사실개요]

원고 은행은 금융기관의 영업 과정에서 발생할 수 있는 금융사고로 인한 손해를 담보할 목적으로 피고 보험회사와 금융기관종합보험계약을 체결하였다. 원·피고는 보험계약 체결 시 영국 로이드사의 보험증권을 약관으로 삼기로 약정하였는데, 보험계약의 약관에 해당하는 일반조건(GENERAL CONDITIONS) 제4조에서는 "이 증권의 용어, 면책, 제한과 조건의 의미와 해석은 한국법과 이 증권에 표현되어 있는 영어의 원뜻에 따라 결정된다."고 규정하고, 제12조에서는 "피보험자가 다른 사업체와 합병함으로써 보험자가 위험에 대한 담보를 계속하기를 거부하여 보험계약이 종료된 경우에는 연간보험료를 비율에 따라 계산하여 미 경과 기간의 보험료를 반환한다."고 규정하고 있었다. 보험계약 기간 중 두 차례 횡령사고가 발생하여 피고는 원고에게 보험금을 지급하였다. 원고가 다른 은행과 합병하게 되자 피고는 원고에게 보험료를 증액할 것을 요구하였으나 거절당하자 보험계약을 해지하였다. 이에 원고는 미 경과 기간의 보험료반환을 청구하였다.

[판결요지]

보험료 불가분의 원칙에 관한 우리 상법의 태도를 고려하여 볼 때, 보험자가 피보험자 등으로부터 사고발생의 위험이 변경 또는 증가되었다는 통지를 받고 이를 이유로 보험계약을 해지하는 경우, 보험약관에서 미 경과 기간에 대한 보험료를 반환하도록 정하고 있다면 그 보험약관은 유효하다고 보아야 하고, 그것이 상법 또는 상법상의 원칙에 위반하여 무효라고 볼 수 없다. 그리고 이는 보험기간 중에 보험사고가 발생하였으나 보험계약이 종료되지 않고 원래 약정된 보험금액에서 위 보험사고에 관하여 지급한 보험금액을 감액한 잔액을 나머지 보험기간에 대한 보험금액으로 하여 보험계약을 존속시키는 경우에도 마찬가지라고 할 것이다.

다만, 보험약관에서 "피보험자가 다른 사업체와 합병함으로 인하여 보험자가 위험에 대한 담보를 계속하기를 거부하여 보험계약이 종료된 경우에는, 연간보험료를 비율에 따라 계산하여 미 경과 기간의 보험료를 반환한다"고 규정되어 있을 뿐이라고 하더라도, 보험료는 원칙적으로 보험자가 위험인수에 대한 대가로서 보험계약자로부터 지급받는 것으로서, 위와 같은 형태의 보험에서 보험계약의 해지 전에 보험사고가 발생함으로써 보험금이 일부 지급되고, 원래 약정된 보험금액에서 이미 발생한 보험사고에 관하여 지급한 보험금액을 감액한 잔액을 나머지 보험기간에 대한 보험금액으로 하여 보험계약을 존속시키는 경우에는, 위와 같이 이미 발생한 보험사고로 인하여 보험자가 담보하는 위험의 크기가 감소하게 되었다고 할 것이므로, 그 후 보험계약이 해지됨으로써 미경과기간에 대한 보험료를 반환하여야 한다고 하더라도, 보험자는 이미 보험금을 지급한 부분에 대하여는 미 경과 기간의 보험료를 반환할 의무가 없고, 실제로 보험자가 위험의 인수를 면하게 된 부분에 상응하는 보험료를 기준으로 하여 미 경과 기간의 보험료를 산정·반환할 의무가 있다고 할 것이다.

[쟁점사항]

이는 상법 제652조 제2항에 따른 보험계약의 해지 시 미 경과 기간에 대한 보험료를 반환하도록 정한 보험약관을 유효로 보면서, 보험사고 발생 시 원래 약정된 보험금액에서 보상한 보험금액을 감액한 잔액을 나머지 보험기간에 대한 보험금액으로 하여 보험계약이 존속하는 경우에도 마찬가지이고, 보험사고 발생 시 원

84) 2014년 개정 상법은 보험료(또는 적립금)반환의무의 소멸시효를 종래 2년에서 3년으로 연장하였다.

래 약정된 보험금액에서 보상한 보험금액을 감액한 잔액을 나머지 보험기간에 대한 보험금액으로 하여 보험계약이 존속하는 형태의 보험에서, 보험사고의 발생으로 보험금이 일부 지급된 후 보험계약이 해지됨에 따라 반환하여야 하는 미 경과 기간에 대한 보험료의 산정 기준에 관한 사례이다.

Ⅱ. 보험계약자·피보험자·보험수익자의 의무

1. 보험료지급의무

(1) 의의

보험계약자는 보험계약체결 후 지체없이 계약에서 정해진 보험료의 전부 또는 제1회 보험료를 지급할 의무를 진다(상법 제650조 제1항 전단). 즉, 보험료는 보험금에 대한 대가이며 이의 지급은 보험자의 책임 발생의 전제가 되는 것으로서, 보험료지급의무는 보험계약자의 의무 가운데 가장 기본적이고 중요한 것인데, 상법은 보험금액의 총액과 보험료의 총액이 서로 균형을 이루어야 하기 때문에 보험자를 위하여 보험계약자가 보험계약에서 정한 보험료를 적기에 지급하도록 하는 한편(상법 제650조), 보험계약자 등을 위하여 보험자가 부당하게 보험료를 수령하지 않도록 하고 있다(상법 제647조-제649조).

(2) 지급의무자

보험료의 지급의무는 보험계약의 당사자인 보험계약자가 지는 것이고, 타인을 위한 보험계약의 경우에도 피보험자 또는 보험수익자는 보험계약자가 파산선고를 받거나 보험료의 지급을 지체한 때에 그 권리를 포기하지 아니하는 한 제2차적으로 그 의무를 지게 된다(상법 제639조 제3항 참조). 보험계약자가 수인인 때에는 각 보험계약자는 연대하여 그 보험료를 지급할 의무가 있다고 본다(상법 제57조 제1항).

(3) 보험료의 액

보험료의 액은 보험계약에서 정하여지는데, 당사자 간의 합의 없이 어느 당사자가 일방적으로 변경할 수 없으나 일정한 경우에는 그 감액과 증액이 허용된다.

1) 보험료의 감액청구

보험계약의 당사자가 특별한 위험을 예견하여 보험료의 액을 정한 경우에 보험기간 중 그 예기한 위험이 소멸한 때에는 보험계약자는 그 후의 보험료의 감액을 청구할 수 있다(상법 제647조). 예컨대 자신의 창고를 유류 저장용으로 사용할 것으로 예상하여 화재보험에 가입하였으나 그 후 일반창고로 사용하는 경우이다. 그리고 초과보험의 경우에도 보험계약자는 장래를 향하여 보험료의 감액을 청구할 수 있다(상법 제669조 제1항, 3항).

2) 보험료의 증액청구

보험기간 중에 보험자가 보험계약자 등으로부터 위험변경증가의 통지를 받은 경우(상법 제652조 제1항) 및 보험계약자 등의 고의·중과실로 위험이 현저히 변경 또는 증가한 때에는(상법 제653조 전단) 보험자는 보험료의 증액을 청구할 수 있다(상법 제652조 제2항, 제653조 후단).

(4) 지급시기와 장소

1) 보험료의 지급시기

최초의 보험료는 계약 체결 후 지체 없이 그 전부 또는 일부를 지급하여야 하며, 보험계약자가 이를 지급하지 아니하는 경우에는 계약해제사유가 된다(상법 제650조 제1항). 보험료는 선지급이 원칙이다. 이처럼 상법은 보험료지급을 보험계약의 효과로 하고 있지만 보험실무에서는 보험계약의 청약과 함께 보험료의 일부 또는 전부를 지급하는 것이 보통이다.

2) 지급장소

보험료지급채무는 지참채무이므로 보험자의 영업소에서 지급하여야 한다. 실제로는 보험계약자 거래은행을 통하여 지로나 온라인으로 납부하는 경우(지참채무)가 많고, 월납형태를 취하는 생명보험에 있어서는 보험자가 보험설계사 등을 통해 징수하는 경우가 많은데, 이 경우 당사자가 추심채무로 할 것을 묵시적으로 합의한 것으로 본다.

(5) 지급방법

보험료의 지급방법으로 전보험기간에 대한 보험료를 일시에 내도록 하느냐(일시지급) 또는 분할하여 내도록 하느냐(분할지급)는 보험계약에 의하여 정하여 진다. 그렇지 않으면 보험료불가분의 원칙에 의하여 일시지급이 원칙이다.

보험료는 금전(현금)으로써 지급하는 것이 원칙이나, 예외적으로 어음이나 수표로써 지급하는 경우도 있다. 보험자가 어음이나 수표로써 보험료를 지급받은 경우, 보험자는 '최초의 보험료를 지급 받은 때'로부터 그 책임이 개시한다는(상법 제656조) 상법상의 규정과 관련하여 보험료의 지급이 있다고 볼 수 있는지, 즉 보험자가 보험사고발생에 대하여 책임을 부담하는지 여부가 문제된다. 이에 대하여 ① 어음의 경우는 신용증권이라는 성질에 기초하여 지급기일까지 보험료의 지급을 유예한 것으로 보고(유예설 또는 정지조건부지급설), 수표의 경우는 지급증권이라는 성질에서 지급거절을 해제조건으로 하여 교부 시에 대물변제가 있다고(해제조건부 대물변제설) 보는 견해, ② 어음·수표에 대하여 모두 유예설을 취하는 견해, ③ 어음·수표에 관하여 모두 해제조건부 대물변제설을 취하는 견해, ④ 은행발행의 자기앞수표나 은행이 지급보증한 당좌수표(가계수표 등)의 경우에는 금전(현금)으로써 보험료를 지급한 경우와 동일하게 보고, 그 이외의 수표나 어음을 보험료의 지급으로 교부한 경우에는 보험료채권이 손속한다고 보는 견해로 나뉘어 있다.

우리나라의 판례는 선일자수표(발행일자를 현실의 발행일자보다 후일의 일자로 하는 수표로, 연수표(延手票)를 말함)에서 유예설을 취하고 있다. 생각건대 어음의 경우는 지급기일까지 보험료의 지급을 유예한 것으로 보고, 수표의 경우는 지급거절을 해제조건으로 하여 교부 시에 대물변제가 있다고 보는 것이 타당하다고 본다.

◆ 대법원 1989. 11. 28. 선고 88다카33367 판결-선일자수표로 지급한 보험료의 효력

[사실개요]

원고(보험계약자) 수산업자는 소속 선원 34명을 피보험자 겸 보험수익자로 피고 보험회사와 보험계약을 체결하면서 제1회 보험료를 선일자 수표로 납입하였다. 그런데 보험계약 승낙 전에 소속 선원 1명이 조업 중 바다에 빠져 사망하였다. 보험계약의 약관에는 보험자가 1회 보험료를 받은 후 보험청약에 대한 승낙이 있기 전에 보험사고가 발생한 경우에도 보험자가 책임을 진다고 규정하고 있으므로 원고가 이를 근거로 보험금을 청구하였다. 피고는 제1회 보험료가 선일자 수표로 납입되었고 그 발행일이 도래하지 않아 제1회 보험료가 납입되지 않았다는 이유로 보험금 지급을 거절하였다.

[판결요지]

선일자 수표는 그 발행자와 수취인 사이에 특별한 합의가 없었더라도 일반적으로 수취인이 그 수표상의 발행일 이전에는 자기나 양수인이 지급을 위한 제시를 하지 않을 것이라는 약속이 이루어져 발행된 것이라고 의사 해석함이 합리적이며 따라서 대부분의 경우 당해 발행일자 이후의 제시기간 내의 제시에 따라 결제되는 것이라고 보아야 한다. 물론 선일자수표도 본질적으로 일람불(출급)성을 잃은 것은 아니므로 위에서 본 발행일자 이전에 지급을 위한 제시가 있을 때에는 그날에 지급하여야 되게 되어 있음은 수표법 제28조 제2항에 의하여 분명하고 이것은 동시에 발행자에게 위험(부도, 과료 등)부담을 강요하는 것과 같은 측면이 없지 아니하나 그렇다고 해서 선일자 수표가 발행 교부된 날에 액면금의 지급효과가 발생된다고 볼 수 없다.

이 사건에 있어서와 같이 보험약관상에 보험자가 제1회 보험료를 받은 후 보험청약에 대한 승낙이 있기 전에 보험사고가 발생한 때에는 제1회 보험료를 받은 때에 소급하여 그때부터 보험자의 보험금지급 책임이 생긴다고 되어 있는 경우에 생명보험의 모집인이 그의 권유에 응한 청약의 의사표시를 한 보험계약자로부터 제1회 보험료로서 선일자 수표를 발행받고 보험료 가수증을 해준 경우에는 비록 보험모집인이 소속 보험회사와의 고용계약이나 도급적 요소가 가미된 위임계약에 바탕을 둔 소속보험회사의 사용인으로서 보험계약의 체결대리권이나 고지수령권이 없는 중개인에 불과하다 하여도 오늘날의 보험업계의 실정에 비추어 제1회 보험료의 수령권이 있음을 부정할 수는 없다. 그러나 피고회사와 같은 보험기업자는 개개의 보험계약자에 의하여 집성된 공통준비재산의 합리적인 관리를 통하여 각 계약자의 우연한 사고로 인한 재산상의 수요를 충족시키고 있다는 사회적 공공성의 특성을 부정할 수 없다는 점과 아울러 선일자수표 발행자의 발행일자 이후에 지급을 위한 제시가 있으리라는 기대가 갖는 금융관계상의 이익 등에 비추어 볼 때 선일자수표를 받은 날을 보험자의 책임발생 시점이 되는 제1회 보험료의 수령일로 보아서는 안된다.

[쟁점사항]

이는 최초의 보험료를 선일자수표로 지급한 경우 보험자의 보험금지급 책임의 발생시기에 관한 것으로, 보험모집인이 청약의 의사 표시를 한 보험계약자로부터 제1회 보험료로서 선일자수표를 발행받고 보험료 가수증을 해주었더라도 그가 선일자수표를 받은 날을 보험자의 책임발생 시점이 되는 제1회 보험료의 수령일로 보아서는 안 된다고 본 사례이다.

◆ 대법원 2005. 11. 10. 선고 2005다38249 판결-약속어음으로 지급한 보험료의 효력

[사실개요]

원고(보험회사)와 피고는 2000년 2월 피고 소유의 공장건물 등에 관하여 보험기간을 1년으로 하는 화재보험계약을 체결한 후 매년 갱신하여 오다가, 보험기간을 2004. 2. 24.부터 2005. 2. 24.까지로 하는 이 사건 화재보험계약을 체결하였다. 원고를 대리한 甲은 원고의 대리점을 운영하기 전 원고의 직원으로 근무할 당시부터 이 사건 화재보험계약 체결에 이르기까지 10여 년 동안 피고와 보험관련 거래를 해 왔는데, 보험료의 지급과 관련하여서는, 보험료를 전액 현금으로 지급받거나 또는 만기 한 달 짜리 약속어음과 그 어음금에 대한 한 달 동안의 이자를 현금으로 지급받는 방식으로 보험료를 지급받아 왔고, 원고의 업무규정에도 보험료를 약속어음으로 지급받을 수 있도록 허용하고 있었다. 이 사건 화재보험계약 당시 보험료의 지급과 관련하여서는, 피고의 직원인 A가 만기 한 달짜리 약속어음을 교부하고, 甲이 이자를 대납하기로 합의하였다. 甲은 이자를 대납하고, 이 사건 화재보험계약에 따른 보험료를 영수하였다는 취지의 영수증을 3부 작성하여 그 중 1부를 A에게 교부하였으나 피고와 甲의 사정으로 인해 약속어음이 작성되고 교부되지 않은 상황에서 이 사건 공장건물에 화재가 발생하였다. 이에 피고가 보험금지급을 청구하자, 원고가 지급을 거절하였다.

[판결요지]

상법 제656조는 “보험자의 책임은 당사자 간에 다른 약정이 없으면 최초의 보험료를 지급받은 때로부터 개시한다."고 규정하고 있고, 이 사건 화재보험계약에 적용되는 화재보험 보통약관 제3조 제2항도 "다른 약정이 없으면 보험기간이 시작된 후라도 보험료를 받기 전에 생긴 손해는 보상하여 주지 아니한다."고 규정하고 있으므로, 이 사건 화재보험계약의 당사자인 원고(반소피고, 이하 '원고'라고만 한다)와 피고(반소원고, 이하 '피고'라고만 한다) 사이에 보험책임기간의 개시시기에 관하여 다른 약정이 있는 경우라면 그 약정에 따라 보험책임기간이 개시된다고 할 것이다.

원·피고는 화재보험계약을 매년 갱신하여 오면서, 이 사건 화재보험계약의 보험료로 약속어음과 그 어음금에 대한 한 달 분의 이자를 지급함으로써 그 지급에 갈음하기로 하는 합의가 있었다고 할 것인데, 이러한 상황에서 원고가 피고의 사정을 양해하여 피고로부터 약속어음을 교부받는 것을 유예하고, 그 어음금에 대한 이자를 자신이 대신 납부하기로 합의한 후, 그 즉시 이자를 대납하고 피고에게 보험료 영수증까지 발행해 준 이상, 이때부터 원·피고 사이에는 약정기한까지 약속어음이 교부되는 것을 전제로 보험책임기간을 개시시키기로 하는 약정이 있었다고 봄이 상당하고, 나아가 피고가 약정기한까지 약속어음을 교부하려 하였으나 원고의 사정으로 이를 교부하지 못한 이상 피고가 약속어음을 교부하지 못하였다는 결과만을 이유로 위 약정의 전제가 충족되지 않았다고 평가할 수도 없으므로, 이 사건 화재는 보험책임기간이 개시된 후에 발생한 보험사고로서 원고는 이 사건 화재보험계약에 따른 보험금을 지급할 의무가 있다 할 것이다.

[쟁점사항]

이는 화재보험계약의 보험료로 약속어음과 그 어음금에 대한 한 달분의 이자를 지급함으로써 그 지급에 갈음하기로 하는 합의가 있는 상태에서 보험자가 보험계약자로부터 약속어음을 교부받는 것을 유예하고, 그 어음금에 대한 이자를 대납하고 보험료 영수증을 발행한 경우, 보험자의 사정으로 위 약속어음을 교부하지 못하였더라도 보험책임기간이 개시되었다고 한 사례이다.

(6) 보험료의 지급해태

1) 최초보험료의 부지급

보험계약자가 계약체결 후 지체 없이 보험료의 전부(일시지급의 경우) 또는 일부(분할지급의 경우)를 지급하지 아니하는 경우에는 다른 약정이 없는 한 계약성립 후 2월이 경과하면 그 계약은 해제된 것으로 본다(상법 제650조 제1항 후단, 민법 제548조). 그러나 최초의 보험료를 지급하지 아니하면 보험자의 책임이 개시되지 않고(상법 제656조), 따라서 보험계약자는 보험금을 지급받을 수 없으므로 계약의 자동해제는 그리 큰 의미가 없다.

2) 계속보험료의 불지급

보험계약자가 제2회 이후의 계속보험료가 약정한 시기에 지급되지 아니한 때에는 보험자는 상당한 기간을 정하여 보험계약자에게 최고하고 그 기간 내에 지급되지 아니한 때에는 보험자는 계약을 해지할 수 있다(상법 제650조 제1항). 최초보험료의 불지급효과와 다른 점은 제2회 이후의 계속보험료의 지급이 없는 때에는 그 계약을 해지하지 아니하면 그 기간 동안 보험사고가 생긴 경우에 보험자는 책임을 지게 되므로 (상법 제656조와 비교) 보험계약의 해지권의 행사는 매우 중요한 의미를 갖는다.

3) 실효약관의 효력

보험약관에서는 제2회 이후의 보험료는 그 납입기일부터 일정한 기간(보통 1개월 이상의 기간)의 유예기간을 두고, 그 기간이 경과할 때까지 보험료의 지급이 없으면 보험계약은 자동으로 실효된다고 정하고 있는 것이 보통인데, 이러한 약관을 실효약관(失效約款)이라 한다.[85] 이러한 실효약관은 상법 제650조에 저촉하는 것이 아니냐 하는 문제가 있다. 다수의 보험계약을 다루고 있는 보험거래의 실정과 보험단체의 보호를 위한 측면에서 그 효력을 인정하는 것이 타당한 측면도 있다. 그러나 상법 제650조는 최고 절차와 해지 절차를 각각 별개로 밟도록 하고 있고, 이를 보험계약자 측에게 불이익하게 변경하는 것은 제663조에 반하게 되므로 현행법의 해석에 의할 때 부정될 수 밖에 없다. 우리 판례는 나뉘어 있었으나, 1995년 전원합의체 판결로 실효약관을 유효로 보았던 판례[86]를 변경하여 무효로 판시[87]하였다.[88]

◆ 대법원 1995. 11. 16. 선고 94다56852 전원합의체 판결-실효약관의 효력 부정

[사실개요]

원고(보험계약자)와 피고(보험회사) 사이에 자동차보험계약을 체결하면서 보험료분할납입특약에 따라 전체 보험료의 60% 상당액을 계약 당일에, 나머지 40% 상당액을 6개월 후 납입하기로 하였다. 약관(제3조)에 의하면 "보험계약자가 약정한 납입기한(보험기간 개시일로부터 6개월이 되는 날)까지 제2회 분납보험료를 납입하지 아니하는 경우에는 그 날로부터 14일간의 납입유예기간을 두어 그 기간 안에 생긴 사고에 대하여는 보험금을 지급하되 그 기간이 경과하도록 그 보험료를 납입하지 아니하는 때에는 그 기간 말일의 24시부터 보험계약은 효력을 상실하고 또 이와 같이 보험계약의 효력이 상실된 후 30일 안에 보험계약자가 보험계약

85) 다만 계속보험료의 불지급에 의하여 보험계약이 해지된 경우에도 해지환급금이 지급되지 아니한 경우에는 보험계약자는 일정한 기간(은혜기간) 내에 연체보험료에 법정이자를 붙여 보험자에게 지급하고 그 계약의 부활을 청구할 수 있는데(상법 제650조의2 제1문), 이는 생명보험과 같은 장기간 계속되는 보험계약에서 보험계약자 등이 불이익을 받지 않도록 함이다.

86) 보험료의 납입은 그 유예기간을 납입응당일로부터 30일로 하고 그 유예기간을 도과하여 보험료를 납입하지 아니한 경우에는 보험약관은 별도 해지의사의 표시 없이 유예기간이 만료된 다음날로부터 당연히 그 효력을 상실한다고 정한 보험약관의 규정은 상법 제650조에 저촉되는 무효의 것이라고 볼 수 없다(**대법원 1977. 9. 13. 선고 77다329 판결**).

87) **대법원 1995. 11. 16. 선고 94다56852 판결(중요판례 참조)**

88) 대법원 2002. 7. 26. 선고 2000다25002 판결(보험계약상의 일부 보험금에 관한 약정지급사유가 발생한 이후에 그 보험계약이 해지, 실효되었다는 보험회사 직원의 말만을 믿고 해지환급금을 수령한 경우, 이를 보험계약을 해지하는 의사로써 한 행위라고 할 수 없고, 보험료 납입의 연체를 이유로 보험계약이 일정기간 경과 후 당연히 실효된다고 한 보험약관의 규정은 무효이다); 대법원 2003. 2. 11 선고 2002다64872 판결.

의 부활을 청구하고 미납한 제2회 분납보험료를 납입한 때에는 보험계약은 유효하게 계속되나 위 효력상실시부터 미납보험료 납입일 24시까지에 생긴 사고에 대하여는 보상하지 아니 한다"고 규정되어 있었다. 원고는 제1회 보험료는 계약 당일 납입하였지만 제2회 분납보험료의 납입유예기일이 지나도록 이를 납입하지 아니하였다. 그 후 교통사고가 발생하여 보험금을 청구하자 피고는 (실효)약관 규정을 이유로 지급을 거절하였다.

[판결요지]

1991. 12. 31. 법률 제4470호로 개정되기 전의 상법 제650조는 보험료가 적당한 시기에 지급되지 아니한 때에는 보험자는 상당한 기간을 정하여 보험계약자에게 최고하고 그 기간 내에 지급하지 아니한 때에는 계약을 해지할 수 있도록 규정하고, 같은 법 제663조는 위의 규정은 보험당사자간의 특약으로 보험계약자 또는 피보험자나 보험수익자의 불이익으로 변경하지 못한다고 규정하고 있으므로, 분납보험료가 소정의 시기에 납입되지 아니하였음을 이유로 위와 같은 절차를 거치지 아니하고 막바로 보험계약이 해지되거나 실효됨을 규정하고 보험자의 보험금지급책임을 면하도록 규정한 보험약관은, 위 상법의 규정에 위배되어 무효라고 보아야 할 것이고(당원 1992.11.24.선고 92다23629 판결 및 대법원 1995.10.13.선고 94다19280,19297 판결 참조), 위 상법 제650조의 규정이 보험료미납을 이유로 보험자의 일방적인 의사표시로서 보험계약을 해지하는 경우의 그 해지요건에 관한 규정으로서 보험자의 의사표시를 기다릴 필요 없이 분납보험료가 연체되거나 혹은 그 분납보험료의 납입유예기간이 경과되면 바로 보험계약이 실효되거나 보험자가 면책되는 것으로 규정하는 경우에는 그 적용의 여지가 없다고 해석할 것은 아니다. 따라서 이와 다른 견해를 취한 당원 1977.9.13. 선고 77다329 판결; 대법원 1987.6.23.선고 86다카2995 판결 및 대법원 1992.11.27.선고 92다16218 판결은 이를 변경하기로 한다.

[쟁점사항]

이는 분납 보험료 연체시 납입유예 기간의 경과로 구상법상 제650조, 제663조에 따라 보험계약이 실효되도록 하는 보험약관의 효력에 관한 것으로, 종전 유효로 본 것(대법원 1977. 9. 13. 선고 77다329 판결; 대법원 1987. 6. 23. 선고 86다카2995 판결; 대법원 1992. 11. 27. 선고 92다16218 판결)을 **전원합의체판결로 무효로 변경한 사안**이다.

(7) 소멸시효

보험료지급채무는 2년의 시효로 소멸한다(상법 제662조 후단).[89] 소멸시효의 기산점은 최초의 보험료는 보험계약이 성립한 날이고, 제2회 이후의 보험료는 각각의 보험료의 지급기일의 다음 날이라고 본다.

(8) 지급의 효과

최초의 보험료가 지급되고 당사자 간에 다른 약정이 없으면 보험자의 책임이 개시된다. 따라서 보험계약이 성립되어도 보험료의 지급이 있기까지는 보험자의 책임은 생

89) 2014년 개정 상법은 보험료청구권의 소멸시효를 종래 1년에서 2년으로 연장하였다.

기지 않는 것이 원칙이다. 그리고 약정한 기일에 계속보험료의 지급은 이미 발생한 보험자의 책임을 존속시키고, 연체된 계속보험료의 지급은 일정한 요건 하에 보험계약의 부활을 가져온다(상법 제650조의2).

2. 위험변경 · 증가의 통지의무

(1) 위험변경·증가의 통지의무

1) 의의

보험기간 중 보험계약자 또는 피보험자가 사고발생의 위험이 현저하게 변경 또는 증가된 사실[90]을 안 때에는 지체없이 보험자에게 통지하여야 한다(상법 제652조 제1항 1문). 여기서 위험이란 보험사고의 발생 가능성을 말하고, 위험의 현저한 변경 또는 증가라 함은 그 정도의 위험이 계약체결 당시에 존재하였다면 보험자가 계약을 체결하지 않았든가 또는 적어도 동일한 조건으로 그 계약을 체결하지 않았으리라고 인정되는 정도의 위험의 변경 또는 증가를 의미한다.

2) 법적 성질

위험변경·증가의 통지의무는 이를 위반한 경우 보험자가 그 이행을 청구하거나 손해배상청구를 할 수 있는 것이 아니라, 단지 보험계약을 해지하여 그 책임을 면할 수 있는 사유라는 점에서 고지의무와 마찬가지로 자기의무 또는 간접의무라고 할 것이다.

3) 통지의무의 발생요건

위험의 변경 또는 증가는 보험기간 중에 생긴 것, 즉 보험계약이 성립한 이후에 그 위험 상태가 실제로 변경된 것이어야 한다. 또한 위험의 변경 또는 증가가 보험계약자나 피보험자의 행위로 인한 것이 아닌,[91] 제3자의 행위로 말미암은 것이어야 한다.

---

90) 상법 제652조 제1항에서 보험계약자 또는 피보험자의 통지의무의 대상으로 규정된 '사고발생의 위험이 현저하게 변경 또는 증가된 사실'이란 그 변경 또는 증가된 위험이 보험계약의 체결 당시에 존재하고 있었다면 보험자가 보험계약을 체결하지 않았거나 적어도 그 보험료로는 보험을 인수하지 않았을 것으로 인정되는 사실을 말한다. 자동차보험에 있어서는 피보험자동차의 용도와 차종뿐만 아니라 그 구조에 따라서도 보험의 인수 여부와 보험료율이 달리 정하여지는 것이므로 보험계약 체결 후에 피보험자동차의 구조가 현저히 변경된 경우에는 그러한 사항이 계약 체결 당시에 존재하고 있었다면 보험자가 보험계약을 체결하지 않았거나 적어도 그 보험료로는 보험을 인수하지 않았을 것으로 인정되는 사실에 해당하여 상법 제652조 소정의 통지의무의 대상이 되고, 따라서 보험계약자나 피보험자가 이를 해태할 경우 보험자는 바로 상법 규정에 의하여 자동차보험계약을 해지할 수 있다(**대법원 1998. 11. 27. 선고 98다32564 판결**).

4) 통지의무해태의 효과

보험사고발생의 위험이 객관적으로 현저하게 변경 또는 증가한 경우로서 보험계약자 등이 지체 없이 통지하여 보험자가 이를 안 경우 보험자는 그 통지를 받은 후 1개월 이내에 '보험료의 증액'을 청구하거나 또는 '계약의 해지'를 할 수 있다(상법 제652조 제2항). 이는 사정변경의 원리에 기한 것이다.[92)]

그런데 만일 보험계약자 또는 피보험자가 그 위험의 변경·증가의 사실을 알면서 지체 없이 보험자에게 통지하지 아니한 때에는, 보험자는 그 사실을 안 날로부터 1개월 내에 한하여 계약을 해지할 수 있다(상법 제652조 제1항 제2문). 여기서 그 사실을 안 때라 함은 위험의 변경·증가가 있는 사실을 안 때가 아니라, 그 상태의 변경이 사고발생 위험의 현저한 변경·증가에 해당된다는 것까지 안 때를 의미한다.[93)] 따라서 해지권 행사기간의 기산점은 보험자가 계약 후 위험의 현저한 증가가 있는 사실을 안 때가 아니라, 보험계약자가 위와 같은 통지의무를 이행하지 아니한 사실을 보험자가 알게 된 날이라고 보아야 한다.[94)]

이에 의하여 보험계약을 해지하면 보험자는 향후 보험금액을 지급할 책임이 없고, 이미 지급한 보험금은 반환청구할 수 있다(상법 제655조 본문). 그러나 위험의 현저한 변경이나 증가된 사실이 보험사고의 발생에 영향을 미치지 아니하였음이 증명된 때에는, 보험자는 보험금액의 지급의무를 부담한다(상법 제655조 단서). 이에 대한 입증책임은 보험계약자에게 있다.

◆ 대법원 2011. 7. 28. 선고 2011다23743 판결-통지의무의 대상 및 통지의 행사기간

[사실개요]

원고(보험회사)는 이 사건 공장을 소유하면서 폐기물 처리업 등을 하는 피고(보험계약자)와 <u>공장화재보험</u>

---

91) 위험의 변경 또는 증가가 객관적 위험의 증가가 아닌 경우, 즉 보험계약자나 피보험자의 행위로 인한 것인 경우(주관적 위험의 증가)에는 상법 제652조의 문제가 아니라, 상법 제653조의 위험유지의무 위반의 문제가 된다.

92) 피보험자의 직업이나 직종에 따라 보험금 가입한도에 차등이 있는 생명보험계약에서 피보험자가 직업이나 직종을 변경하는 경우에 그 사실을 통지하도록 하면서 그 <u>통지의무를 해태한 경우에 직업 또는 직종이 변경되기 전에 적용된 보험요율의 직업 또는 직종이 변경된 후에 적용해야 할 보험요율에 대한 비율에 따라 보험금을 삭감하여 지급하는 것은 실질적으로 약정된 보험금 중에서 삭감한 부분에 관하여 보험계약을 해지하는 것</u>이라 할 것이므로 <u>그 해지에 관하여는 상법 제653조에서 규정하고 있는 해지기간 등에 관한 규정이 여전히 적용</u>되어야 한다(대법원 2003. 6. 10 선고 2002다63312 판결).

93) '사고발생의 위험이 현저하게 변경 또는 증가된 사실을 안 때'라고 함은 특정한 상태의 변경이 있음을 아는 것만으로는 부족하고 그 상태의 변경이 사고발생 위험의 현저한 변경·증가에 해당된다는 것까지 안 때를 의미한다(대법원 2014. 7. 24. 선고 2012다62318 판결(중요판례 참조).

94) **대법원 2011. 7. 28. 선고 2011다23743 판결(중요판례 참조)**.

계약을 체결하였다. 화재보험보통약관에서는 뚜렷한 위험의 변경 또는 증가와 관련된 통지의무를 이행하지 않은 경우를 해지사유로 규정하는 한편, 그 사실을 안 날부터 1개월 이상 지났을 때에는 계약을 해지할 수 없다고 규정하고 있다. 피고는 원고에 대한 통지 없이 다량의 폐마그네슘을 반입하여 이 사건 공장 내에 보관하던 중 화재가 발생하였다. 마그네슘은 물 또는 습기가 있는 공기와 접촉할 경우 외부의 가열이 없어도 내부의 반응열 축적에 의해 온도가 상승, 발화점에 도달하여 화재를 일으키는 성질이 있다. 피고는 보험계약을 체결할 당시 보험목적물의 영위 업종을 '그 밖의 화학공장/보통품'으로 고지하였는데, 원고가 화재보험계약 체결 당시 적용하는 재물보험료율서에 의하면 마그네슘은 '특별위험품'에 해당하고, 이를 적용할 경우 피고가 납입하여야 하는 보험료는 '보통품'일 경우의 보험료보다 훨씬 상승할 수 있었다. 원고는 보험기간 중 이 사건 공장 내에 물 또는 습기에 의해 자연발화하는 위험물질인 마그네슘을 반입하여 사고발생의 위험이 현저하게 증가되었음에도 불구하고, 원고에게 이를 통지하지 않았음을 이유로 상법 제652조 제1항 및 보험약관에 의하여 이 사건 보험계약을 해지하였다.

[판결요지]

화재보험보통약관에서 보험계약자 등의 통지의무 대상으로 '사고발생의 위험이 현저히 증가한 경우'를 규정하고 있는 경우, 위 약관에서 말하는 '사고발생 위험의 현저한 증가'란 그 정도의 위험이 계약 체결 당시에 존재하였다면 보험자가 계약을 체결하지 아니하였거나 또는 적어도 동일한 조건으로는 계약을 체결하지 아니하였으리라고 생각되는 정도의 위험의 증가를 뜻하는 것으로서, 어떠한 상태의 발생이나 변경이 여기에 해당하는지는 구체적인 여러 사정을 종합하여 인정·판단하여야 할 문제이므로, 평균적 고객의 입장에서 예상하기 어려운 사유를 현저한 위험 증가 사유로 약관에 규정하고 있다는 등의 특별한 사정이 없는 한, 무엇이 여기에 해당되는지를 보험자가 보험계약 체결 시 보험계약자에게 미리 설명하기는 곤란하므로 보험자에게 이에 관한 설명의무가 있다고 볼 수 없다. 위 약관규정은 상법 제652조 제1항에서 이미 정하여 놓은 통지의무를 화재보험에서 구체적으로 부연한 정도의 규정에 해당하여 보험자에게 별도의 설명의무가 인정되지 않는다.

화재보험보통약관에서 보험계약자가 계약 후 위험의 현저한 증가가 있음에도 보험자에게 그 사실을 지체 없이 통지할 의무를 이행하지 않았을 때를 보험계약의 해지사유로 규정하는 한편 보험자가 그러한 사실을 안 날부터 1개월이 지났을 때에는 계약을 해지할 수 없도록 규정한 경우, 해지권 행사기간의 기산점은 보험자가 계약 후 위험의 현저한 증가가 있는 사실을 안 때가 아니라 보험계약자가 위와 같은 **통지의무를 이행하지 아니한 사실을 보험자가 알게 된 날**이라고 보아야 한다. 나아가 보험계약자가 보험자에 대하여 위험의 현저한 증가가 없었다거나 그러한 사실을 알지 못하였다고 주장하면서 통지의무위반이 없다고 다투고 있는 경우에는 그때까지 보험자가 보험계약자의 통지의무 위반에 관하여 의심을 품고 있는 정도에 그치고 있었다면 그러한 사정만으로 해지권이 발생하였다고 단정할 수 없으므로 이러한 상태에서 곧바로 해지권의 행사기간이 진행한다고 볼 수는 없고, 그 후 **보험자가 보험계약자의 통지의무 위반 여부에 관하여 조사·확인절차를 거쳐 보험계약자의 주장과 달리 보험계약자의 통지의무 위반이 있음을 뒷받침하는 객관적인 근거를 확보함으로써 통지의무 위반이 있음을 안 때에 비로소 해지권의 행사기간이 진행한다**고 보아야 한다.

[쟁점사항]

이 사례는 보험계약자 등의 통지의무 대상인 '사고발생의 위험이 현저히 증가한 경우'를 그 정도의 위험이 계약 체결 당시에 존재하였다면 보험자가 계약을 체결하지 아니하였거나 또는 적어도 동일한 조건으로는 계약을 체결하지 아니하였으리라고 생각되는 정도의 위험의 증가를 뜻하는 것으로서 이는 설명의무의 대상이 되지 않고, 통지의무의 행사기간의 기산점은 보험자가 계약 후 위험의 현저한 증가가 있는 사실을 안 때가 아니라 보험계약자가 위와 같은 통지의무를 이행하지 아니한 사실을 보험자가 알게 된 날이고, 보험자가 보험계약자의 통지의무 위반 여부에 관하여 조사·확인절차를 거쳐 보험계약자의 주장과 달리 보험계약자의 통지의무 위반이 있음을 뒷받침하는 객관적인 근거를 확보함으로써 통지의무 위반이 있음을 안 때에 비로소 해지권의 행사기간이 진행한다고 본 판례이다.

◆ 대법원 2006. 6. 30. 선고 2006다19672 판결-통지수령 적격자

[사실개요]

피고(보험계약자)는 원고(보험회사)와 자신이 운영하는 공장 건물 및 기계에 관하여 공장화재보험계약을 체결하였다. 보험계약을 체결할 당시 피고는 공장 건물을 금속가공 및 의장, 기계부품류 가공업에 종사하는 업체들에 임대하고 있어 보험목적물의 영위 업종을 금속가공, 조립 및 의장으로 고지하여 이러한 업종을 기준으로 한 보험요율이 적용되었다. 그 후 피고는 건물 중 일부를 유사석유화학제품의 제조업자에게 임대하였는데 건물 중 해당 부분에서 화재가 발생하였다. 원고는 보험기간 중 사고 발생의 위험이 현저하게 증가되어 통지할 의무가 있음에도 불구하고 이를 해태하였음을 이유로 해지들 통지하면서, 원고의 피고에 대한 보험금 지급채무는 존재하지 아니한다고 주장하였다. 이에 대하여 피고는 ① 이 사건 보험계약 체결 당시 원고로부터 통지의무에 대한 설명을 듣지 못하였고, ② 원고의 보험모집인에게 건물을 유사석유화학제품 제조업자에게 임차한 사실을 알려 주어 보험모집인이 이를 잘 알고 있었으므로 피고는 통지의무를 이행한 셈이 되었고, ③ 그렇지 않다고 하더라도 원고는 보험모집인을 통하여 업종변경 사실을 알았거나, 중대한 과실로 몰랐다고 할 것이어서, 원고는 피고의 통지의무위반을 이유로 이 사건 보험계약을 해지할 수 없다고 주장하였다.

[판결요지]

구 보험업법상의 보험모집인은 특정 보험자를 위하여 보험계약의 체결을 중개하는 자일 뿐 보험자를 대리하여 보험계약을 체결할 권한이 없고 보험계약자 또는 피보험자가 보험자에 대하여 하는 고지나 통지를 수령할 권한도 없으므로, 보험모집인이 통지의무의 대상인 '보험사고발생의 위험이 현저하게 변경 또는 증가된 사실'을 알았다고 하더라도 이로써 곧 보험자가 위와 같은 사실을 알았다고 볼 수는 없다.

[쟁점사항]

이는 구 보험업법상 보험모집인의 지위를 보험계약의 체결을 중개하는 자로 보면서, 보험모집인이 통지의무의 대상인 '보험사고발생의 위험이 현저하게 변경 또는 증가된 사실'을 알게 된 경우 이로써 곧 보험자가 위와 같은 사실을 알았다고 볼 수 있는지 여부에 있어서 보험모집인의 통지의무 수령권을 부정한 사례이다.

◆ 대법원 2014. 7. 24. 선고 2012다62318 판결-변경 등의 사실을 안 때의 판단 시점

[사실개요]

원고의 모는 피고(보험회사)와 사이에 원고를 피보험자로 보험계약을 체결하였는데, 보험계약 체결 당시 원고는 오토바이를 운전하지 않아서 보험청약서의 이륜자동차 소유 또는 운전 여부를 묻는 질문에 '아니오'라고 답하였다. 원고는 보험기간 중에 이륜자동차 운전면허를 취득하였고, 이 사건 사고 전에도 오토바이를 운전하다가 교통사고를 당한 적이 있으며, 오토바이를 운전하다가 승용차와 충돌하여 두개골 골절 등의 상해를 입는 이 사건 사고를 당하였다. 원고는 보험계약에 기하여 이 사건 사고로 인한 후유장해에 대한 보험금의 지급을 청구하였는데, 피고는 오토바이 운전으로 인한 위험의 증가를 통지하지 않았다는 이유로 보험계약의 해지의사를 표시하였다.

[판결요지]

보험기간 중에 보험계약자 또는 피보험자가 사고발생의 위험이 현저하게 변경 또는 증가된 사실을 안 때에는 지체 없이 보험자에게 통지하여야 하는데(상법 제652조 제1항), 여기서 '사고발생의 위험이 현저하게 변경 또는 증가된 사실'이라 함은 그 변경 또는 증가된 위험이 보험계약의 체결 당시에 존재하고 있었다면 보험자가 계약을 체결하지 않았거나 적어도 그 보험료로는 보험을 인수하지 않았을 것으로 인정되는 사실을 말하고, '사고발생의 위험이 현저하게 변경 또는 증가된 사실을 안 때'라고 함은 특정한 상태의 변경이 있음을 아는 것만으로는 부족하고 그 상태의 변경이 사고발생 위험의 현저한 변경·증가에 해당된다는 것까지 안 때를 의미한다.

보험청약서에 오토바이 소유 또는 운전 여부를 묻는 질문이 있었던 점 등에 비추어 보면 보험계약 체결 당시 원고가 오토바이 운전을 하였다면 피고는 보험계약을 체결하지 않았거나 적어도 그 보험료로는 보험을 인수하지 않았을 것으로 추정된다. 그리고 보험계약자는 원고의 오토바이 운전 사실 및 그것이 보험사고 발생 위험의 현저한 변경·증가에 해당된다는 것을 알았다고 봄이 상당하다. 그럼에도 불구하고 보험계약자는 원고의 오토바이운전 사실을 피고에게 통지하지 아니하였으므로 상법 제652조 제1항에 정한 통지의무를 위반하였다고 할 것이다.

[쟁점사항]

이는 상법 제652조 제1항에서 정한 '사고발생의 위험이 현저하게 변경 또는 증가된 사실' 및 '그 사실을 안 때'의 의미와 관련하여 특히, '사고발생의 위험이 현저하게 변경 또는 증가된 사실을 안 때'란 특정한 상태의 변경이 있음을 아는 것만으로는 부족하고 그 상태의 변경이 사고발생 위험의 현저한 변경·증가에 해당된다는 것까지 안 때를 의미한다고 하면서, 甲이 乙보험회사와 아들 丙을 피보험자로 하여 상해보험계약을 체결한 이후에 丙이 오토바이를 운전하다가 두개골 골절 등 상해를 입자 후유장해 보험금을 청구하였는데, 乙회사가 오토바이 운전에 따른 위험의 증가를 통지하지 않았다는 이유로 보험계약 해지의사를 표시한 사안에서, 乙회사가 상법 제652조 제1항에서 정한 통지의무 위반을 이유로 해지권을 행사할 수 있다고 한 사례이다.

(2) 보험사고발생의 통지의무

1) 의의

보험계약자 또는 피보험자나 보험수익자는 보험사고의 발생을 안 때에는 지체 없이 보험자에게 그 통지를 하여야 한다(상법 제657조 제1항). 보험자로 하여금 사고의 원인과 손해의 범위 등에 관한 신속한 조사가 필요한 경우 손해방지조치를 취함으로써 손해의 확대를 방지할 수 있도록 하기 위하여 지체 없는 통지의무를 부과한 것이다.

2) 법적 성질

보험사고발생의 통지의무는 위험변경·증가의무와 달리 진정의무로서, 그 위반에 대해서는 보험자에게 손해배상책임을 부담한다고 보는 것이 다수설이다.

3) 통지의무해태의 효과

보험계약자 또는 피보험자가 보험사고발생 통지의무를 해태함으로 손해가 증가된 때에는 보험자는 그 증가된 손해를 보상할 책임이 없다. 그러므로 보험자는 사고통지를 해태하였음을 이유로 보험금지급 자체를 거절할 수는 없으나, 그 통지를 게을리 함으로 인하여 손해가 증가된 때에는 그 증가된 손해를 보상할 책임을 면한다(상법 제657조 제2항). 그리고 보험사고발생의 통지는 보험자의 보험금지급시기의 기준이 되므로, 이 통지를 받을 때까지 보험자는 보험금지급채무에 대하여 지체책임을 지지 않는다.

◆ 대법원 2020. 9. 3. 선고 2017다245804 판결-약관상 보험사고발생 통지조항의 유효성

[사실개요]

원고와 피고(보험회사)는 회계사 전문직업배상책임보험계약을 체결하였다. 이 사건 보험약관에 따르면 피고는 '보험기간 내에 피보험자인 원고에게 제3자의 손해배상청구가 있고, 원고가 이러한 손해배상청구 사실에 대해 보험자인 피고에게 서면으로 통지하였을 경우'에 한하여 원고에게 보험금을 지급할 의무가 있다(이하 전자를 '이 사건 손해배상청구 조항'이라고 하고, 후자를 '이 사건 서면통지 조항'이라고 한다). 피고가 원고의 서면통지의무 위반을 이유로 보험금지급을 거절하여 소송이 제기되었다.

[판결요지]

전문직업 배상책임보험은 보험기간 내에 피보험자가 제3자로부터 재판상 또는 재판외의 배상청구를 받는 것 즉, 손해배상청구 기준(Claim-made basis)으로 보험사고를 규정하고 있다. 보험자는 보험기간 내에 제3자로부터 피보험자를 상대로 한 손해배상청구가 있는 경우를 기준으로 보험사고를 인식하고, 제3자의 손해배상청구에 대하여 소송상 또는 소송 외의 방어활동을 함으로써 보험금 지급 범위를 조정하거나 확정하는 등으로 보상책임의 범위와 시기를 명확히 할 수 있다. 이 사건 보험계약은 전문직업 배상책임보험의 하나로 보험자는 피보험자인 회계사가 전문직인 회계 업무를 수행하던 중 과실, 착오, 누락 등에 의해 손해를 발생시키고 법적 배상책임을 지는 경우 그 손해를 보상한다. 이 사건 보험약관에서 손해배상청구 기준으로 보험사고를 확정하는 이 사건 손해배상청구 조항은 합리적이라고 볼 수 있고, 피보험자가 제3자로부터 손해배상청구를 받은 사실을 보험기간 내에 보험자에게 서면으로 통지할 것을 보험금 지급의 요건으로 요구하는 이 사건 서면통지 조항은 타당한 근거가 있다. 따라서 이 사건 보험약관에서 규정하는 보험금 지급조건은 모두 상당한 이유 없이 보험자의 손해배상 범위를 제한한 것으로 볼 수 없으므로, 약관규제법 제7조 제2호에 따라 무효라고 볼 수 없다.

이 사건 서면통지 조항은 보험사고 발생의 통지의무를 해태하여 손해가 증가된 경우 보험자가 그 증가된 손해를 보상할 책임이 없다고 규정한 상법 제657조와 달리 위 조항에 따른 서면통지를 하지 않는 경우 피보험자가 보험금을 지급받을 수 없는 불이익을 입게 하는 내용이므로, 보험자가 구체적이고 상세한 명시·설명의무를 부담하는 보험계약의 중요한 내용이다. 그런데 원고가 이 사건 보험계약을 체결하기 전에 다른 보험사로부터 보험료 견적을 받았다는 사정만으로 이 사건 서면통지 조항의 내용을 잘 알고 있었다고 보기 어렵고, 피고가 이 사건 보험계약의 체결 당시 원고에게 위 조항의 내용에 관한 명시·설명의무를 다하였다고 인정할 증거도 없다.

[쟁점사항]

이는 회계사가 전문적 업무를 수행하던 중에 발생한 손해에 관하여 보험자는 이 사건 보험약관에서 정한 바와 같이 보험기간 내에 피보험자가 제3자로부터 재판상 또는 재판외의 배상청구를 받는 것을 기준으로 보험사고를 인식하고 그에 따른 방어활동을 함으로써 보상책임의 범위와 시기를 명확히 할 수 있는데, 이를 위해서 손해배상청구사실을 필수적으로 통지받을 필요가 있으므로, '이 사건 손해배상청구 조항'과 '이 사건 서면통지 조항'은 합리적이고 타당한 근거가 있어 약관의 규제에 관한 법률 제7조 제2호에 따라 무효라고 볼

수는 없지만, '이 사건 서면통지 조항'은 이를 이행하지 않을 경우 피보험자에게 보험금을 지급받을 수 없는 불이익을 부과하는 조항이므로 보험자가 구체적이고 상세한 명시·설명의무를 부담하는데, 보험자가 이를 제대로 이행하지 않았다고 보아 보험자의 보험금지급의무를 인정한 원심판단을 수긍한 사례이다.

3. 위험유지의무

(1) 의의

보험계약은 우연한 사고가 생긴 때에 보험자가 책임을 지기로 하는 하나의 사행계약이므로 보험기간 중에 보험계약자 또는 피보험자나 보험수익자는 스스로 보험자의 동의 없이 임의로 보험자가 인수한 위험을 변경 또는 증가시켜서는 아니 될 의무를 부담하는데, 이를 위험유지의무(Gefahrstandspflicht)라 한다.[95] 예컨대 화재보험의 피보험자가 보험자의 동의 없이 주택을 공장 등으로 변경하지 않거나, 생명보험의 피보험자가 보험자의 동의 없이 다른 위험 업종에 종사하지 않을 의무 등을 말한다.[96]

(2) 위험유지의무 해태의 효과

보험기간 중에 보험계약자, 피보험자 또는 보험수익자의 고의 또는 중대한 과실로 인하여 보험사고발생의 위험이 현저하게 변경 또는 증가된 때에는 보험자는 그 사실을 안 날로부터 1월 내에 보험료의 증액을 청구하거나 계약을 해지할 수 있다(상법 제653조).[97] 그러나 보험계약자, 피보험자 또는 보험수익자의 고의 또는 중대한 과실로

95) 독일보험계약법 제23조 제1항 참조.

96) 대법원 2003. 6. 10. 선고 2002다63312 판결(피보험자의 직업이나 직종에 따라 보험금 가입한도에 차등이 있는 생명보험계약에서 피보험자가 직업이나 직종을 변경하는 경우에 그 사실을 통지하도록 하면서 그 통지의무를 해태한 경우에 직업 또는 직종이 변경되기 전에 적용된 보험요율의 직업 또는 직종이 변경된 후에 적용해야 할 보험요율에 대한 비율에 따라 보험금을 삭감하여 지급하는 것은 실질적으로 약정된 보험금 중에서 삭감한 부분에 관하여 보험계약을 해지하는 것이라 할 것이므로 그 해지에 관하여는 상법 제653조에서 규정하고 있는 해지기간 등에 관한 규정이 여전히 적용되어야 한다); 서울고등법원 2014. 6. 11. 선고 2013나2010831(본소), 2013나2010848(반소)('사무원'과 '일용직 근로자'는 그 업무의 성격상 위험도에서 큰 차이가 있고(이는 앞서 본 바와 같이 원고가 보험료를 산정하는 데 사용하는 자료상으로도 명백하다), 이는 누구나 쉽게 알 수 있는 사항인바, 전자에서 후자로의 직업 변경은 위 약관 및 상법에 규정된 위험증가 통지의 대상에 해당한다고 보아야 한다).

97) 보험계약의 존속 중에 당사자 일방의 부당한 행위 등으로 인하여 계약의 기초가 되는 신뢰관계가 파괴되어 계약의 존속을 기대할 수 없는 중대한 사유가 있는 때에는 상대방은 그 계약을 해지함으로써 장래에 향하여 그 효력을 소멸시킬 수 있다(대법원 2020. 10. 29 선고 2019다267020 판결).

인한 위험의 변경이나 증가된 사실이 보험사고에 영향을 미치지 아니하였음을 보험계약자가 증명한 때에는 보험자는 그 계약을 해지할 수 없다(상법 제655조 단서). 이때 위험의 현저한 변경이나 증가된 사실과 보험사고 발생과의 사이에 인과관계가 부존재한다는 점에 관한 주장·입증책임은 보험계약자 측에 있다.[98)]

◆ 대법원 2003. 8. 22. 선고 2002다31315 판결-위험유지의무위반면책조항의 유효성

[사실개요]

원고(보험계약자)는 이 사건 사고 당시까지 약 15년 이상을 개인용달 운수업을 영위하며 운전업무에 종사해 오면서, 피고(보험회사)와 이 사건 종전 자동차 이전에 소유하던 화물자동차에 대해 보험계약을 체결한 이래 매년 계약을 갱신하며 보험계약을 유지해왔다. 원고는 종래 운행하던 자동차를 대체하면서 당시 보험약관에 따라 피고로부터 보험대체 절차를 밟은 적도 있었고, 피고 직원 A가 이 사건 종전 자동차에 대하여 보험계약을 갱신하면서 원고에게 차량을 바꿀 때는 새 차의 등록 전이라도 구입 즉시 대체승인을 받아야 한다고 말하였다. 그 후 원고는 이 사건 자동차에 대한 대체를 하지 않은 채로 운행하다 이 사건 사고가 발생하여 원고가 보험금을 청구하였다.

[판결요지]

보험계약의 피보험차량이 교체됨으로써 보험계약 내용의 변경을 초래하였으므로, 보험자에게 보험계약의 유지나 변경 등의 결정에 관한 기회를 부여할 필요가 있고, 따라서 보험자에게 피보험자동차의 대체 사실을 알려 보험자의 승인을 얻은 때로부터 대체된 자동차에 보험계약이 승계된 것으로 본다는 이 사건 영업용자동차보험 약관의 규정이 보험계약자나 피보험자에게 부당하게 불리하다고 할 수 없어 이를 무효로 볼 수 없다. 피고가 원고에게 이 사건 약관규정을 구체적이고 상세하게 명시·설명하지 않았다 하더라도, 원고는 약관규정의 내용을 충분히 알고 있었다고 봄이 상당하다.

[쟁점사항]

이는 보험계약의 피보험차량이 교체되는 경우 위험의 변경 내지는 증가로 볼 수 있어 보험자에게 피보험차량의 대체사실을 알려야 하고, 보험자의 승인을 얻은 때로부터 대체된 자동차에 보험계약이 승계된 것으로 본다는 약관 규정이 보험계약자나 피보험자에게 부당하게 불리하여 무효인지 여부에 관하여, 약관규정의 내용을 충분히 알고 있는 경우에는 비록 약관규정을 구체적이고 상세하게 명시·설명하지 않았다 하더라도 무효로 볼 수 없다고 한 사례이다.

98) 대법원 1997. 9. 5 선고 95다25268 판결.

제5절

보험계약의 무효·변경·소멸·부활

Ⅰ. 보험계약의 무효

1. 보험사고확정 후의 보험계약

보험계약 당시에 보험사고가 이미 발생하였거나 또는 발생할 수 없는 것인 때에는 그 보험계약은 무효가 된다(상법 제644조 본문). 그러나 보험사고의 우연성은 반드시 객관적이어야 할 필요는 없고 주관적이라도 상관이 없으므로, 이미 보험사고가 발생한 사실을 보험계약자 및 피보험자가 알지 못한 때에는 그 보험계약은 유효하다(상법 제644조 단서).[99]

◆ 대법원 2004. 8. 20 2002다20889 판결

[사실개요]

원고(보험계약자)와 피고(보험회사)가 소외 1을 피보험자로 하는 보험계약을 체결하고, 보험기간 개시 후에 원고가 소외 1이 뇌성마비로 인한 제1급의 장해상태가 되었다고 주장하면서 보험금을 청구하였다. 피고(보험회사)는 보험기간 중에 뇌성마비 진단을 받았으나 제반 사정을 고려할 때 발병 시기가 보험기간 개시 전이므로 무효라고 주장하였다.

---

99) 보험계약 당시에 보험사고가 발생할 수 없는 것인 때에는 보험계약의 당사자 쌍방과 피보험자가 이를 알지 못한 경우가 아닌 한 그 보험계약은 무효로 되는바, 보증보험계약은 기본적으로 보험계약으로서의 본질을 갖고 있으므로, 적어도 계약이 유효하게 성립하기 위해서는 계약 당시에 보험사고의 발생 여부가 확정되어 있지 않아야 한다는 우연성과 선의성의 요건을 갖추어야 한다(대법원 2010. 4. 15 선고 2009다81623 판결; 대법원 2016. 1. 28 선고 2013다74110 판결).

[판결요지]

상법 제644조는 "보험계약 당시에 보험사고가 이미 발생하였거나 또는 발생할 수 없는 것인 때에는 그 계약은 무효로 한다. 그러나 당사자 쌍방과 피보험자가 이를 알지 못한 때에는 그러하지 아니하다."라고 규정하고 있는데, 보험계약의 당사자 쌍방 및 피보험자가 모두 선의이어서 위 단서가 적용되는 경우라 할지라도 그 보험계약에서 정한 책임개시시기 이후 발생한 보험사고에 대하여 보험자에게 보험금지급의무가 인정될 수 있을 뿐이고, 보험계약에서 정한 책임개시시기 이전에 보험사고가 발생한 경우 이는 그 보험자가 인수하지 아니한 위험에 해당하므로 보험금지급의무가 인정될 여지는 없다.

[쟁점사항]

이는 이 사건 보험사고인 뇌성마비가 보험가입일 이전에 이미 진행한 것으로 볼 수 있음에도 그에 대해 보험계약자가 보험가입일 이후에 진행했음을 입증하지 못하자, 상법 제644조 단서에 의하여 보험계약이 유효하다고 하더라도 보험계약에서 정한 책임개시시기 이전에 보험사고가 발생한 경우에는 보험자에게 보험금지급의무가 없다고 본 사례이다.

2. 보험계약이 취소된 경우

보험자가 보험약관의 교부·설명의무에 위반한 경우에는 보험계약자는 보험계약이 성립한 날부터 3월내에 그 계약을 취소할 수 있다(상법 제638조의3 제2항).[100] 그리고 보험계약자 등의 고지의무위반이 민법상 사기가 되는 경우에는 보험자는 보험계약을 취소할 수 있는데(민법 제110조 제1항),[101] 이와 같이 보험계약이 취소된 경우에는 그 계약은 처음부터 무효가 된다(민법 제141조).

3. 사기로 인한 보험계약

보험계약자의 사기로 인한 초과보험(상법 제669조 제4항 본문) 또는 중복보험(상법 제672조 제3항)은 무효가 된다.[102] 그러나 이때 보험자는 그 사실을 안 때까지는 보험

100) **대법원 1999. 3. 9. 선고 98다43342 판결**(상법 제638조의3 제2항에 의하여 보험자가 약관의 명시·설명의무를 위반한 때에는 보험계약자가 보험계약 성립일로부터 1월 내에 행사할 수 있는 취소권은 보험계약자에게 주어진 권리일 뿐 의무가 아님이 그 법문상 명백하고, 상법 제638조의3 제2항은 약관의 규제에 관한 법률 제3조 제3항과의 관계에서는 그 적용을 배제하는 특별규정이라고 할 수 없으므로, 보험계약자가 보험계약을 취소하지 않았다고 하더라도 보험자의 설명의무 위반의 법률효과가 소멸되어 이로써 보험계약자가 보험자의 설명의무 위반의 법률효과를 주장할 수 없다거나 보험자의 설명의무 위반의 하자가 치유되는 것이 아니다. 통신판매 방식으로 체결된 상해보험계약에서 보험자가 약관 내용의 개요를 소개한 것이라는 내용과 면책사고에 해당하는 경우를 확인하라는 내용이 기재된 안내문과 청약서를 보험계약자에게 우송한 것만으로는 보험자의 면책약관에 관한 설명의무를 다한 것으로 볼 수 없다).

101) 대법원 2000. 2. 11. 선고 99다49064 판결

102) 대법원 2015. 7. 23 선고 2015도6905 판결 참조.

료를 청구할 수 있다(상법 제669조 제4항 단서, 제672조 제3항). 일반적인 계약에 있어서는 사기가 개재된 경우 계약을 취소할 수 있을 뿐이지만(민법 제110조), 보험의 도박화를 방지하기 위해 이를 무효로 한 것이다.[103] 그리고 보험계약이 선량한 풍속 기타 사회질서에 반하는 경우에는 무효가 된다(민법 제103조).[104]

4. 심신상실자 등을 피보험자로 한 사망보험

15세 미만자, 심신상실자의 사망을 보험사고로 한 보험계약은 무효가 된다(상법 제732조). 이는 타인의 생명의 사망보험에서 피보험자의 동의를 요하는 것이므로, 유효한 동의를 할 능력이 없는 무능력자의 생명의 사망보험을 금지하는 취지이다.[105]

◆ 대법원 2013. 4. 26. 선고 2011다9068 판결

[사실개요]

원고는 피고(보험회사)와 피보험자를 만 7세인 자신의 아들A로 하여, A가 재해로 사망하였을 때는 사망보험금을 지급하고 재해로 장해를 입었을 때는 소득상실보조금 등을 지급하는 내용의 보험계약을 체결하였

---

103) 대법원 2000. 1. 28 선고 99다50712 판결(사기로 인하여 체결된 중복보험계약이란 보험계약자가 보험가액을 넘어 위법하게 재산적 이익을 얻을 목적으로 중복보험계약을 체결한 경우를 말하는 것이므로, 통지의무의 해태로 인한 사기의 중복보험을 인정하기 위하여는 보험자가 통지의무가 있는 보험계약자 등이 통지의무를 이행하였다면 보험자가 그 청약을 거절하였거나 다른 조건으로 승낙할 것이라는 것을 알면서도 정당한 사유 없이 위법하게 재산상의 이익을 얻을 의사로 통지의무를 이행하지 않았음을 입증하여야 할 것이고, 단지 통지의무를 게을리 하였다는 사유만으로 사기로 인한 중복보험계약이 체결되었다고 추정할 수는 없다).

104) 대법원 2000. 2. 11 선고 99다49064 판결(당초부터 오로지 보험사고를 가장하여 보험금을 취득할 목적으로 생명보험계약을 체결한 경우에는 사람의 생명을 수단으로 이득을 취하고자 하는 불법적인 행위를 유발할 위험성이 크고, 이러한 목적으로 체결된 생명보험계약에 의하여 보험금을 지급하게 하는 것은 보험계약을 악용하여 부정한 이득을 얻고자 하는 사행심을 조장함으로써 사회적 상당성을 일탈하게 되므로, 이와 같은 생명보험계약은 사회질서에 위배되는 법률행위로서 무효이다); 대법원 2005. 7. 28 2005다23858 판결(보험계약자가 다수의 보험계약을 통하여 보험금을 부정취득할 목적으로 보험계약을 체결한 경우, 이러한 목적으로 체결된 보험계약에 의하여 보험금을 지급하게 하는 것은 보험계약을 악용하여 부정한 이득을 얻고자 하는 사행심을 조장함으로써 사회적 상당성을 일탈하게 될 뿐만 아니라, 또한 합리적인 위험의 분산이라는 보험제도의 목적을 해치고 위험발생의 우발성을 파괴하며 다수의 선량한 보험가입자들의 희생을 초래하여 보험제도의 근간을 해치게 되므로, 이와 같은 보험계약은 민법 제103조 소정의 선량한 풍속 기타 사회질서에 반하여 무효이다).

105) 대법원 2013. 4. 26 선고 2011다9068 판결(상법 제732조는 15세 미만자 등의 사망을 보험사고로 한 보험계약은 무효라고 정하고 있다. 위 법 규정은, 통상 정신능력이 불완전한 15세 미만자 등을 피보험자로 하는 경우 그들의 자유롭고 성숙한 의사에 기한 동의를 기대할 수 없고, 그렇다고 해서 15세 미만자 등의 법정대리인이 이들을 대리하여 동의할 수 있는 것으로 하면 보험금의 취득을 위하여 이들이 희생될 위험이 있으므로, 그러한 사망보험의 악용에 따른 도덕적 위험 등으로부터 15세 미만자 등을 보호하기 위하여 둔 효력규정이라고 할 것이다. 따라서 15세 미만자 등의 사망을 보험사고로 한 보험계약은 피보험자의 동의가 있었는지 또는 보험수익자가 누구인지와 관계없이 무효가 된다).

다. 6년 후 A가 교통사고로 보험약관에서 정한 장해 제2급의 후유장해진단을 받고 보험금을 청구하였다.

[판결요지]

상법 제732조는 15세 미만자 등의 사망을 보험사고로 한 보험계약은 무효라고 정하고 있다. 위 법 규정은, 통상 정신능력이 불완전한 15세 미만자 등을 피보험자로 하는 경우 그들의 자유롭고 성숙한 의사에 기한 동의를 기대할 수 없고, 그렇다고 해서 15세 미만자 등의 법정대리인이 이들을 대리하여 동의할 수 있는 것으로 하면 보험금의 취득을 위하여 이들이 희생될 위험이 있으므로, 그러한 사망보험의 악용에 따른 도덕적 위험 등으로부터 15세 미만자 등을 보호하기 위하여 둔 효력규정이라고 할 것이다. 따라서 15세 미만자 등의 사망을 보험사고로 한 보험계약은 피보험자의 동의가 있었는지 또는 보험수익자가 누구인지와 관계없이 무효가 된다.

한편 민법 제137조는 임의규정으로서 법률행위 자치의 원칙이 지배하는 영역에서 그 적용이 있다. 그리하여 법률행위의 일부가 강행법규인 효력규정에 위반되어 무효가 되는 경우 그 부분의 무효가 나머지 부분의 유효·무효에 영향을 미치는가의 여부를 판단함에 있어서는, 개별 법령이 일부 무효의 효력에 관한 규정을 두고 있는 경우에는 그에 따르고, 그러한 규정이 없다면 민법 제137조 본문에서 정한 바에 따라서 원칙적으로 법률행위의 전부가 무효가 된다. 그러나 같은 조 단서는 당사자가 위와 같은 무효를 알았더라면 그 무효의 부분이 없더라도 법률행위를 하였을 것이라고 인정되는 경우에는, 그 무효 부분을 제외한 나머지 부분이 여전히 효력을 가진다고 정한다.

원고와 피고가 이 사건 보험계약을 체결할 당시 15세 미만자인 A를 피보험자로 함으로써 이 사건 보험계약 중 재해로 인한 사망을 보험금 지급의 사유로 하는 부분이 상법 제732조에 의하여 무효라는 사실을 알았다고 하더라도 이를 제외한 나머지 보험금지급사유 부분에 관한 보험계약을 체결하였을 것으로 봄이 상당하다. 따라서 이 사건 보험계약은 그 부분에 관하여는 여전히 유효하다고 할 것이다.

[쟁점사항]

이는 15세 미만자 등의 사망을 보험사고로 한 보험계약은 무효라고 정한 상법 제732조를 효력규정으로 보면서, 원고과 피고 보험회사가 피보험자를 만 7세인 원고의 아들 A로 하고 보험수익자를 원고로 하여, A가 재해로 사망하였을 때는 사망보험금을 지급하고 장해를 입었을 때는 소득상실보조금 등을 지급하는 내용의 보험계약에 있어서 위 보험계약 중 A의 재해 사망을 보험금 지급사유로 하는 부분을 제외한 나머지 부분은 유효하기 때문에 보험자의 보험금지급의무가 있다고 한 사례이다.

Ⅱ. 보험계약의 변경

보험계약은 그 성질이 평준화되고 정형화된 보험사고 발생의 개연율을 기초로 한 계속적 법률관계이므로, 보험계약이 성립된 뒤에 사정이 변경된 때에는 당초의 보험계약에 영향을 미치게 된다.

1. 위험의 감소

위험의 감소가 원칙적으로 보험관계에 영향을 미치지 않는다. 다만 보험계약 당사자가 특별한 위험(전쟁위험·폭발위험)을 예기하여 그에 기해 보험료를 정한 경우에는, 보험기간 중에 그 특별위험이 소멸하면 보험계약자는 장래를 향하여 보험료의 감액을 청구할 수 있다(상법 제647조).

2. 위험의 변경 · 증가

보험계약자 또는 피보험자는 보험기간 중에 위험이 현저하게 변경 또는 증가된 사실을 안 때에는 지체없이 보험자에게 통지하여야 하는데,[106] 보험자가 그 통지를 받은 때에는 1월내에 보험계약을 해지하거나 보험료의 증액을 청구할 수 있다(상법 제652조 제1항). 또한 보험계약자·피보험자 또는 보험수익자의 고의나 중과실로 위험이 현저하게 변경 또는 증가한 때에는, 보험자는 그 사실을 안 날로부터 1월 내에 보험계약을 해지하거나 보험료의 증액을 청구할 수 있다(상법 제653조).

III. 보험계약의 소멸

1. 당연한 소멸사유

(1) 보험사고의 발생

보험사고의 발생에 의하여 보험자는 보험금지급책임을 부담하므로, 보험계약은 원칙적으로 목적의 달성에 의해 소멸한다. 다만 예외적으로 손해보험계약의 경우에 보험사고로 일부손해가 발생하여 보험금액의 일부만을 지급한 때에는 당사자 간의 약정으로 나머지 보험금액의 한도에서 보험기간 동안 보험계약을 유지할 수 있고, 책임보험의 경우에는 보험기간 중에 일어나는 사고 건수를 제한하지 아니하므로 보험사고로 보험금액이 지급되어도 보험기간 동안 보험계약은 유지된다.

106) 대법원 2014. 7. 24. 선고 2012다62318 판결.

(2) 보험목적의 상실

물건보험에서 보험의 목적물이 보험사고 이외의 원인(비담보사고: 예컨대 화재보험의 목적인 건물이 홍수로 멸실된 경우) 또는 면책사유(화재보험에서 지진에 의한 화재)로 인하여 멸실된 경우에는 피보험이익이 소멸하여 보험계약도 당연히 종료된다.

(3) 보험기간의 만료

보험계약에서 보험자는 보험기간 동안만 위험을 부담하므로 보험사고가 발생하지 않고 보험기간이 만료되는 경우에도 보험계약은 당연히 소멸한다.

(4) 보험계약의 실효·종료

보험계약은 보험자가 파산선고를 받은 때에 보험계약자가 보험계약을 해지하지 아니하면 파산선고 후 3개월이 경과한 때에 실효된다(상법 제654조 제2항). 그러나 보험업법은 보험자의 파산을 해산사유로 규정하고 있고(보험업법 제137조 제1항 제5호), 보험계약자의 이익을 위하여 보험계약의 포괄적 이전 등 대책을 마련하고 있다(보험업법 제140조-제149조).

(5) 보험료의 부지급

보험계약자가 보험계약이 체결된 후 보험료의 전부 또는 제1회 보험료를 지급하지 않으면 다른 약정이 없는 한 보험계약 성립 후 2개월이 경과하면 그 보험계약은 해제된 것으로 의제되므로(상법 제650조 제1항) 이로 인하여 보험계약은 소멸되지만, 특정한 타인을 위한 보험의 경우에는 보험자가 그 타인에게 상당한 기간을 정하여 보험료의 지급을 최고하여야 한다(상법 제650조 제3항).

2. 당사자의 의사에 의한 소멸

(1) 보험계약자에 의한 계약해지

보험계약자는 보험사고가 발생하기 전에는 언제든지 보험계약의 전부 또는 일부를 해지할 수 있다(상법 제649조 제1항 본문).[107] 그리고 보험사고의 발생으로 보험금액을 지급한 때에도 보험금액이 감액되지 아니하는 보험의 경우(예컨대 자동차보험의 경우)에는 보험사고의 발생 후에도 보험계약을 해지할 수 있다(상법 제649조 제2항). 또한 보험자가 파산선고를 받은 때에는 보험계약자는 그 계약을 해지할 수 있다(상법 제654조 제1항).

(2) 보험자에 의한 계약해지

보험자는 보험계약자 등이 계속보험료를 약정한 지급기일에 지급하지 아니한 경우(상법 제650조 제2항), 고지의무를 위반한 경우(상법 제651조), 보험기간 중에 위험의 현저한 변경·증가가 있는 경우(상법 제652조 제1항·제2항, 제653조), 약관상의 보험계약해지사유에 해당하는 경우 등에는 보험계약을 해지할 수 있다.

Ⅳ. 보험계약의 부활

1. 의의

(1) 개념

보험계약의 부활(reinstatement; Wiederinkrafttreten)이란 보험계약자가 제2회 이후의 계속보험료를 지급하지 아니함으로 인하여 보험계약이 해지 또는 실효되었음에도 해지환급금이 지급되지 아니한 경우에, 보험계약자가 일정한 기간 내에 지체보험료에 약정이자를 붙여 보험자에게 지급하면서 그 계약의 부활을 청구하고 보험자가 이를

107) 보험계약자의 해약환급금청구권에 대하여 압류 및 추심명령을 받은 채권자가 추심권에 기하여 자기의 이름으로 보험계약을 해지할 수 있는 것이 원칙이다(대법원 2009. 6. 23. 선고 2007다26165 판결).

승낙함으로써 종전의 보험계약을 부활시키는 것을 말한다(상법 제650조의2).

(2) 제도의 목적

이러한 보험계약의 부활은 보험계약이 해지되거나 실효한 경우에 보험계약자가 해지환급금을 받는 것이 손해이고 또 새로이 보험계약을 체결하면 보험료가 할증되거나 보험계약의 체결 자체가 불가능한 경우에 이용된다.

(3) 법적 성질

부활계약의 법적 성질은 당사자간의 계약에 의하여 해지 또는 실효 전의 보험계약을 다시 회복시키는 것을 내용으로 하는 특수한 계약이라고 본다(통설). 그러므로 새로운 계약의 체결이 아니고, 또 계약이므로 당사자간의 합의가 있어야 한다.

2. 요건

(1) 계속보험료의 부지급으로 인한 해지

보험계약을 부활하기 위하여는 계속보험료를 지급하지 않음으로 인하여 보험계약이 해지되었거나 실효되었어야 한다(상법 제650조 제2항, 제650조의2). 그러므로 최초보험료의 미지급으로 보험자의 책임 자체가 개시되지 않은 경우(상법 제656조)는 여기에 해당하지 아니한다.

(2) 해지환급금 등의 미지급

보험계약이 해지된 경우 보험자가 미경과보험료나 해지환급금을 지급해야 하는 경우가 많은데, 이 때 보험자가 이를 보험계약자에게 반환하면 보험관계는 완전히 종료되어 부활의 여지가 없다. 그러므로 보험계약자가 이미 지급한 보험료 가운데 미경과보험료가 있거나 해지환급금을 반환하여야 하는 경우에는 보험자가 이를 아직 반환하지 않았어야 한다(상법 제650조의2).

(3) 청약과 승낙

보험계약자의 부활계약의 청약과 보험자의 승낙이 있어야 한다(상법 제650조의2). 청약은 일정기간 내에 해야 하고 연체보험료에 약정이자를 붙여야 한다. 보험약관에는 청약기간을 정하고 있는데, 생명보험의 경우에는 2년, 자동차보험의 경우에는 30일로 되어 있다. 그리고 보험계약자의 청약에 대한 보험자의 승낙이 있어야 하는데, 보험계약이 해지된 후 보험자가 보험료의 납입을 독촉하거나 보험료를 수령한 것만으로는 승낙이라고 할 수 없으며, 보험자에게 신규계약에서와 마찬가지로 낙부통지의무와 승낙의제 및 승낙 전 담보에 관한 규정이 적용된다(상법 제650조의2).

3. 효과

보험계약의 부활은 보험계약이 해지 또는 실효되기 전의 상태로 회복되는 효과를 가져 온다. 따라서 보험자의 책임은 부활계약의 **승낙시부터 다시 개시**된다. 그러므로 보험계약의 해지 또는 실효기간 중에 일어난 보험사고에 대하여는 보험자는 보험금지급책임을 지지 않는다. 그러나 보험자가 부활계약을 승낙하기 전에도 연체보험료와 법정이자를 지급받은 후 그 청약을 거절할 사유가 없는 경우에는 발생한 보험사고에 대하여 책임을 진다(상법 제638조의2 제3항, 제650조의2 제2문).

◆ 대법원 2002. 7. 26. 선고 2000다25002 판결-해지의 요건(의사표시)

[사실개요]

피고(보험회사)와 A(보험계약자)가 보험계약을 체결한 후 A가 암으로 사망하여 원고가 보험금을 청구하였다. 피고는 위 보험계약은 보험료 연체로 인하여 실효되었다가 부활된 것으로, A는 최종 부활계약일 이전에 위염 진단을 받고 치료를 받은 사실이 있음에도 중요한 사항인 이러한 사실을 피고에게 알리지 아니하여 고지의무에 위반하였으므로 면책되었다고 주장하였다.

[판결요지]

보험계약상의 일부 보험금에 관한 약정지급사유가 발생한 이후에 보험계약이 해지, 실효되었다는 피고 회사 직원의 말만을 믿고 당시 경제적 필요에 조금이라도 충당하고자 망인이 대리인을 통하여 해지 환급금을 수령하였다고 하더라도, 다른 해지사유가 없었던 이상 이를 곧 보험계약을 해지하기로 하는 의사로써 한 행위라고 할 수는 없다. 망인이 이 사건 보험료 지급을 연체하여 이 사건 각 보험계약이 실효된 것으로 처리되었다가 연체된 보험료를 납부하면서 보험계약의 부활을 신청하여 부활한 것으로 형식적으로 처리된 사실을 인정할 수 있으나, 보험료 납입의 연체를 이유로 보험계약이 일정 기간 경과 후 당연히 실효된다고 한 이 사건 보험약관의 규정은 무효라고 할 것이고, 달리 피고가 상법에 규정된 적법한 절차에 따라 상당한 기간을 정하여 망인에게 연체된 보험료의 지급을 최고한 뒤 그와 같은 보험료 납입 연체를 이유로 보험계약을 해지하였다는 점에 관하여 피고의 아무런 입증이 없으므로, 이 사건 보험계약은 당연히 실효되었다고 볼 수 없고, 따라서 이 사건 보험계약이 실효되었다가 부활되었음을 전제로 하는 피고의 위 주장은 이유 없다.

[쟁점사항]

이는 보험계약상의 일부 보험금에 관한 약정지급사유가 발생한 이후에 그 보험계약이 해지, 실효되었다는 보험회사 직원의 말만을 믿고 해지환급금을 수령한 경우, 이를 보험계약을 해지하는 의사로써 한 행위라고 할 수 없다고 하면서, 보험료 납입 연체시 일정기간 경과 후 보험계약은 당연 실효된다는 보험약관의 효력을 무효로 본 판례이다.

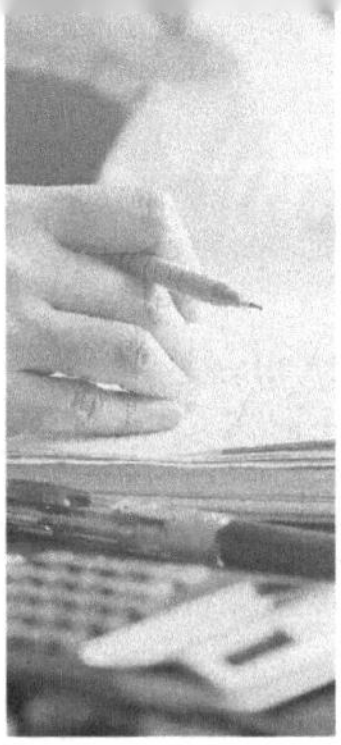

제6절

타인을 위한 보험계약

Ⅰ. 타인을 위한 보험계약의 의의

1. 의의

타인을 위한 보험계약(policy for whom it may concern; Versicherung für fremde Rechnung)이란 보험계약자가 자기 이외의 제3자, 즉 타인의 이익을 위하여 자기의 명의로 체결한 보험계약을 말한다(상법 제639조 제1항 본문). 따라서 타인을 위한 보험계약은 손해보험에 있어서는 피보험자가 타인인 경우이고, 인보험에 있어서는 보험수익자가 타인인 경우를 말한다. 이에 반하여 보험계약자가 동시에 피보험자(손해보험의 경우) 또는 보험수익자(인보험의 경우)인 보험계약을 자기를 위한 보험계약이라고 한다. 타인을 위한 보험계약에서 타인이 특정되지 않은 경우를 특히 '불특정을 위한 보험계약'이라고 한다(상법 제639조 제1항 본문).

◆ 대법원 1999. 6. 11. 선고 99다489 판결-'타인'의 의의

[사실개요]

주식회사 H실업(보험계약자)은 일본 A물산에 생수설비라인을 수출함에 있어 피고(보험자)와 사이에 단기수출보험계약을 체결하였다. H실업은 생수설비라인을 선적한 다음 그 사실을 피고에게 알리는 한편 같은 날 환어음을 발행하여 선적서류와 함께 수출거래약정을 맺고 있던 원고(은행 D지점)에게 매도하면서, 이에 대한 담보로 수출신용보증서와 단기수출보험증권을 제출하였다. 그런데 H실업은 피고에게 보험료를 납입한 다음 위 환어음의 만기가 도래할 즈음 원고와 피고의 각 승인을 얻어 위 환어음의 만기를 90일 연장하였는데, 그 연장된 기간에 대한 보험료를 납입하지 않았다. 이에 피고는 H실업에 대하여 연장된 기간에 대한 보험료를 납입을 독촉하였으나, H실업이 계속해서 보험료를 납입하지 아니하자 보험료의 납입지체로 인하여 보험관계

가 해제되었음을 통보하였다. 한편 위 환어음은 그 연장된 만기에 지급제시되었으나 지급거절 되었고, 원고는 피고에 대하여 이 사건 보험금청구를 하였다.

[판결요지]

타인을 위한 손해보험계약에서 말하는 타인이란 보험계약자가 제3자를 주체로 하는 피보험이익에 관하여 보험계약을 체결한 경우 그 제3자 즉, 피보험이익의 주체인 피보험자를 말하는 것이고, 단지 보험계약자에게 귀속되는 피보험이익에 관하여 체결된 손해보험계약에서 보험금을 수취할 권리가 있는 자로 지정되었을 뿐인 자는 여기에서 말하는 타인이라 할 수 없다. 이 사건 보험계약은 보험계약자의 수출대금회수불능에 따른 손실을 보상하는 것을 그 내용으로 하는 것으로 이 사건 보험약관이 보험계약자의 손실만을 보상하는 손실로 규정하고 보험금수취인의 손실에 대해서는 아무런 언급이 없다면, 보험약관에 의한 보험계약으로 보험에 붙여진 피보험이익은 보험계약자의 이익 즉, 보험계약자가 수출계약 상대방의 채무불이행 등의 보험사고로 자신에게 귀속되는 수출물품의 대금채권이 멸손되어 장차 손해를 받을 지위에 있으나 아직 손해를 받지 아니하는 데 대하여 가지는 이익이 될 뿐, 보험금수취인의 이익은 그 피보험이익이 아니라 할 것이다. 그렇다면 이 사건 보험계약은 보험계약자인 H실업의 피보험이익에 관하여 체결된 H실업을 위한 계약이고, 원고는 단지 그 계약에서 H실업 대신 보험금을 수취할 권리가 있는 자로 지정된 자일 뿐이므로 원고는 타인을 위한 보험계약에서 말하는 타인이라고 볼 수 없다 할 것이다.

[쟁점사항]

이는 타인을 위한 보험계약에 있어서 타인의 의미를 피보험이익의 주체로 보면서, 보험계약자가 체결한 단기수출보험의 보험약관이 보험계약자의 수출대금회수불능에 따른 손실만을 보상하는 손실로 규정한 경우, 보험금수취인의 이익을 피보험이익이라고 할 수 없고, 그 보험계약이 보험금수취인을 위한 '타인을 위한 보험계약'은 아니라고 본 사례이다.

2. 효용

타인을 위한 보험계약은 오늘날 흔히 볼 수 있는 보험계약이다. 예컨대 장래 우연한 사고에 대비하여 본인이나 가족의 생계를 보장하기 위하여 인보험계약을 체결한다든가, 동종의 다수의 타인소유의 물건을 보관하고 있는 운송주선인·운송인·창고업자·수선업자 등이 그가 보관중인 물건에 관하여 물건의 소유자를 위하여 적하보험·운송보험·해상보험 등에 가입하는 경우에 많이 이용되고 있다.[108] 그밖에도 피보험자가 명료하지 않은 때 또는 피보험자가 보험계약자의 신용을 이용하고자 할 때 이용된다.

---

108) 예컨대, 매도인이 매수인을 위한 운송보험계약을 체결하고, 기업주가 피용자를 위하여 상해보험계약을 체결하거나 또는 아버지가 아들을 위하여 생명보험계약을 체결하는 것 등이다.

3. 법적 성질

타인을 위한 보험계약의 성질이 무엇이냐에 대하여 학설은 대리설, 특수계약설, 제3자를 위한 계약설 등으로 나뉜다. 생각건대 타인을 위한 보험계약은 민법상 제3자를 위한 계약(민법 제539조)의 일종으로 보아야 할 것이다(통설·판례). 다만 민법상의 제3자를 위한 계약에서는 제3자가 수익의 의사표시를 하여야 비로소 그 제3자의 권리가 발생하는 것이지만(민법 제539조), 타인을 위한 보험계약에서는 피보험자 또는 보험수익자의 수익의 의사표시를 요하지 아니하는 점(상법 제639조 제2항 본문)에서 차이가 있을 뿐이다. 그러므로 타인을 위한 보험계약은 상법상 특수한 계약이라기보다 제3자를 위한 특수한 계약으로 볼 수 있을 것이다.

Ⅱ. 타인을 위한 보험계약의 성립요건

1. 타인을 위한다는 의사표시

타인을 위한 보험계약이 유효하기 위해서는 먼저 타인을 위한다는 의사표시가 있어야 한다. 이 의사표시는 명시적이든 묵시적이든 상관이 없고, 또 그 타인인 피보험자나 보험수익자가 특정되어 있어야 하는 것도 아니다(상법 제639조 제1항 본문 참조). 그러므로 피보험자 또는 보험수익자가 누구인가를 특정하거나 특정하지 아니하고 보험계약자는 타인을 위한 보험계약을 맺을 수 있다.[109] 즉, 타인을 보험계약에서 지정하거나 지정하지 않고 공란으로 둘 수 있고, 또 지정의 방법에 제한도 없으므로 서면으로 하든 구두로 하든 상관이 없다. 당사자에게 타인을 위한 보험계약을 체결할 의사가 있었는지가 불분명할 때에는 그 보험계약은 보험계약자 자신을 위한 것으로 추정하여야 한다(통설).

109) 대법원 2003. 1. 24. 선고 2002다33496 판결(손해보험에 있어서 보험의 목적물과 위험의 종류만이 정해져 있고 피보험자와 피보험이익이 명확하지 않은 경우에 그 보험계약이 보험계약자 자신을 위한 것인지 아니면 타인을 위한 것인지는 보험계약서 및 당사자가 보험계약의 내용으로 삼은 약관의 내용, 당사자가 보험계약을 체결하게 된 경위와 그 과정, 보험회사의 실무처리 관행 등 제반 사정을 참작하여 결정하여야 한다); 대법원 2007. 2. 22. 선고 2006다72093 판결.

◆ 대법원 2006. 11. 9. 선고 2005다55817 판결-타인을 지정하지 않은 경우

[사실개요]

원고(보험자)는 A(보험계약자)와 사이에 수익자를 사망의 경우 "상속인"으로 하고, 상해시에도 그 수익자를 "상속인"으로 하는 보험계약을 체결하였다. A는 교통사고로 인하여 장해 1급의 상태가 되었고, 피고들은 위 교통사고 당시 A가 사망하였다면, A의 상속인들이 되는 A의 처 또는 자녀들로, 보험금지급을 청구하였다. 원고는 이 사건 보험계약과 같은 상해보험에서 '타인을 위한 상해보험'은 그 법리상 허용되지 아니할 뿐만 아니라, '상속인'은 피상속인이 사망하지 아니하는 한 존재할 수 없어, 상해시의 수익자를 상속인으로 기재한 것은 아무런 효력이 없으므로, 이 사건 보험계약에 기한 보험수익자는 그 기재와 상관없이 피보험자인 A라고 할 것인데, 피고들이 이를 다투고 있으므로, 피고들을 상대로 이 사건 보험계약에 기하여 이 사건 사고로 발생된 보험금청구권의 수익자가 아니라는 확인을 구하였다.

[판결요지]

상법 제639조에 의하면 보험계약자는 특정 또는 불특정의 타인을 위하여 보험계약을 체결할 수 있고, 타인을 위한 생명보험에 있어서 보험수익자의 지정 또는 변경에 관한 상법 제733조는 상법 제739조에 의하여 상해보험에도 준용되므로, 상해보험계약을 체결하는 보험계약자는 자유롭게 특정 또는 불특정의 타인을 수익자로 지정할 수 있다. 또한, 정액보험형 상해보험의 경우 보험계약자가 보험수익자를 지정한 결과 피보험자와 보험수익자가 일치하지 않게 되었다고 하더라도, 그러한 이유만으로 보험수익자 지정행위가 무효로 될 수는 없다.

타인을 위한 상해보험에서 보험수익자는 그 지정행위 시점에 반드시 특정되어 있어야 하는 것은 아니고 보험사고 발생시에 특정될 수 있으면 충분하므로, 보험계약자는 이름 등을 통하여 특정인을 보험수익자로 지정할 수 있음은 물론 '배우자' 또는 '상속인'과 같이 보험금을 수익할 자의 지위나 자격 등을 통하여 불특정인을 보험수익자로 지정할 수도 있고, 후자와 같이 보험수익자를 추상적 또는 유동적으로 지정한 경우에 보험계약자의 의사를 합리적으로 추측하여 보험사고 발생시 보험수익자를 특정할 수 있다면 그러한 지정행위는 유효하다. 보험계약자인 소외인이 상해시 수익자란에 '상속인'이라고 기재한 것은, 자신이 상해를 입은 경우 만약 그 상해의 결과로 자신이 사망하였다면 그 상속인이 되었을 자들인 피고 및 선정자들을 상해시 수익자로 지정할 의사였다고 봄이 상당하다.

[쟁점사항]

이는 피보험자와 보험수익자가 일치하지 않는 타인을 위한 상해보험은 허용되고, 타인을 위한 상해보험에서 보험수익자를 추상적 또는 유동적으로 지정한 경우 그 지정행위는 한정적으로 유효하며, 보험계약자가 상해보험의 수익자를 '상속인'이라고 기재한 경우 그 수익자 지정행위가 유효하다고 한 사례이다.

2. 타인의 위임 여부

타인의 위임여부가 문제인데, 타인을 위한 보험에서 보험계약자는 타인의 위임을 받거나 또는 위임을 받지 아니하고 보험계약을 체결할 수 있으므로(상법 제639조 제1항 본문), 타인의 위임은 이 보험계약의 체결의 요건이 아니다. 그러나 손해보험계약의 경우에 그 타인의 위임이 없는 때에는 보험계약자는 이를 보험자에게 고지하여야 하고,

그 고지가 없는 때에는 타인이 그 보험계약이 체결되었다는 사실을 알지 못하였다는 사유로 보험자에게 대항하지 못한다(상법 제639조 제1항 단서). 따라서 손해보험계약자가 보험자에게 이러한 고지를 하지 않은 경우, 피보험자가 위와 같은 통지의무 등을 이행하지 못하여 보험자가 보험계약을 해지하여도, 보험계약자는 보험자에게 피보험자가 보험계약체결의 사실을 알지 못하였다는 사유로 대항하지 못한다. 이는 타인을 위한 손해보험계약에서는 타인의 위임 여부는 중요한 사항이므로 이를 고지하도록 한 것이다.[110]

그러나 타인을 위한 손해보험계약에서는 보험계약자와 피보험자 간에 보통 일정한 법률관계가 존재하므로(예컨대, 타인소유의 물건을 보관하고 있는 창고업자의 경우 타인과 임치계약관계) 이들 상호간의 이익을 조화하기 위하여 상법은 보험계약자가 그 타인에게 보험사고의 발생으로 생긴 손해를 배상한 때에는 그 타인의 권리를 해하지 않는 범위 안에서 보험계약자는 보험자에게 보험금액의 지급을 청구할 수 있게 하였다(상법 제639조 제2항 단서).[111]

III. 타인을 위한 보험계약의 효과

1. 보험계약자의 권리 · 의무

(1) 권리

타인을 위한 보험계약의 성질상 보험계약자는 보험금 등 급여청구권은 갖지 않는다. 타인을 위한 보험계약에서 피보험이익의 주체는 피보험자이므로 보험사고가 생긴 경우 보험금청구권은 타인인 피보험자에게 있기 때문이다. 그러나 보험계약자는 계약상의 부수적인 권리인 보험증권교부청구권(상법 제640조)·보험료감액청구권(상법 제647

110) 이러한 고지는 보험자가 피보험자에게 그를 위한 보험계약이 체결되었음을 알리는 기회를 주어 도박보험의 위험을 방지하고, 또한 그 타인이 피보험자로서의 통지의무(상법 제652조, 657조 등), 위험유지의무(상법 제653조) 또는 손해방지의무(상법 제680조) 등을 이행할 수 있게 하는데 그 취지가 있다.

111) 가령, 타인의 물건의 보관자가 그 물건의 소유자를 피보험자로 하여 손해보험계약을 체결한 경우에, 보험사고로 그 물건에 입은 손해를 보관자인 보험계약자가 타인에게 배상하여 준 때에는 보험계약자에게 보험금청구권을 인정하는 것이 필요한 경우도 있을 수 있으므로, 타인을 위한 보험계약에서 보험계약자가 보험사고로 생긴 손해를 타인에게 배상한 때에는 타인의 권리를 해하지 아니하는 범위 안에서 보험자에게 보험금액의 지급을 청구할 수 있도록 이를 인정한 것이다.

조)·보험료반환청구권(상법 제648조)·보험사고 발생 전의 보험계약해지권(상법 제649조 제1항) 등은 그대로 갖는다. 또 인보험의 경우에 보험계약자는 보험수익자의 지정·변경권을 갖는다(상법 제733조 제1항).

(2) 의무

보험계약자는 계약당사자로서 1차적인 보험료지급의무가 있고(상법 제639조 제3항 본문), 그 밖의 각종의 통지의무(상법 제652조, 제657조)·위험유지의무(상법 제653조) 등을 지고, 특히 손해보험에 있어서는 손해방지의무(상법 제680조)를 진다.

2. 피보험자 · 보험수익자의 권리 · 의무

(1) 권리

피보험자 또는 보험수익자는 그 수익의 의사표시를 하지 아니하여도 당연히 그 계약상의 이익을 받으므로(상법 제639조 제2항 본문),[112] 보험사고가 발생하면 직접 보험자에 대하여 보험금 그 밖의 급여를 자기명의로 청구할 수 있다(판례 참조). 그러나 이 경우 타인은 자기고유의 권리를 취득하는 것이요, 보험계약자의 권리를 승계하거나 대위 행사하는 것은 아니다. 한편, 보험증권이 발행된 경우에 피보험자 또는 보험수익자가 이를 소지하지 아니한 때에도 보험금청구권을 가지는가가 문제되는데, 보험증권은 제시증권·상환증권이 아니므로 타인은 보험증권이 없어도 보험금청구권을 갖는다고 본다.

(2) 의무

피보험자 또는 보험수익자는 원칙적으로 보험료지급의무를 지지 않으나, 보험계약자가 파산선고를 받거나 보험료의 지급을 지체한 때에는 예외적으로 그 계약상의 권리를 포기하지 않는 한 보험료지급의무를 부담한다(상법 제639조 제3항 단서). 피보험

112) 보증보험계약과 같은 타인을 위한 보험계약에 있어서 피보험자는 직접 자기 고유의 권리로서 보험자에 대한 보험금지급청구권을 취득하는 것이므로, 특별한 사정이 없는 한 피보험자는 보험계약자의 동의가 없어도 임의로 그 권리를 행사하고 처분할 수 있다고 봄이 상당하다(대법원 2006. 1. 26 선고 2002다74954 판결).

자 또는 보험수익자는 이외에도 각종의 통지의무(상법 제652조, 제657조)·위험유지의무(상법 제653조) 등을 부담한다. 그리고 손해보험계약에서의 피보험자는 앞에서 본 바와 같이 타인을 위한 보험계약의 체결 시에 보험계약의 체결 사실을 알고 있는 경우에는 고지의무(상법 제651조)를 부담한다.[113)]

◆ 대법원 1989. 2. 14. 선고 87다카2973 판결-타인을 위한 보험계약의 해지의 상대방

[사실개요]

A(보험계약자)는 피고(보험회사)와 제1 내지 제4 각 보험계약을 체결하였는데, 제1, 제2 보험계약은 무진사 계약이었고, 제3 보험은 진사계약으로 건강진단을 한 피부과 전문의가 정밀진단이 요구된다고 하였으나 피고가 이를 무시한 채 제3, 제4 보험계약을 승인하였다. A가 사망하자 상속인들이 보험금을 청구하였다. 이에 피고는 A가 과거 신경섬유종증이 있다는 진단을 받아서 이러한 사실을 알고 있었음에도 각 보험계약 체결시 피고에게 그 사실을 고지하지 아니하였으며, 피고는 위 A가 사망한 이후에 이르러서야 비로소 이러한 사실을 알고 A의 고지의무위반을 이유로 위 각 보험계약을 해지하였으므로 원고들의 보험금청구에 응할 수 없다고 주장하였다. 원고들은, 설사 A에게 고지의무위반이 있다하더라도 건강진단 결과 피부과전문의의 정밀진단에 요구된다는 지적이 있었으나 피고가 이를 무시한 채 보험계약을 체결하였는데 이는 보험자가 그 중요한 사실을 중대한 과실로 알지 못한 때에 해당하므로 A의 고지의무위반을 들어 이 사건 보험계약을 해지할 수 없고, 진사일로부터 1개월이 경과하여 해지권을 행사하였고, 보험수익자에 대해서는 해지의 의사표시를 하지 아니하였으므로 해지권행사는 부당하다고 주장하였다.

[판결요지]

제1, 제2의 보험계약 체결 시에는 피고에게 중과실이 없었고, 보험계약자가 사망한 경우에는 특별한 사정이 없는 한 그 상속인에게 해지의 의사표시를 하면 족하며 보험수익자에게 해지의 의사표시를 하지 아니하였다고 하여 적법한 해지의 의사표시가 없었다고 할 수 없다. 또한 해지의사표시 행사의 제척기간은 보험자가 보험계약자나 보험수익자의 고지의무위반사실이 있음을 안 때로부터 기산될 뿐이고 고지의무위반사실이 있었음을 알 수 있었을 때부터 기산되는 것은 아니므로 제1, 제2보험 계약은 적법하게 해지되었다. 제4 보험계약은 진사의의 지적에도 불구하고 이를 무시한 채 막바로 보험계약을 체결하였으니 피고의 중과실에 의하여 보험계약체결에 있어서의 중요한 사실을 알 수 없었다고 보아야 할 것이고, 제3 보험계약은 무진사보험계약에 해당한다고 할지라도 제4 보험계약과 동시에 청약되었으므로 제4 보험계약에 관하여 중과실이 있는 이상 제3보험 계약에 관하여도 중과실이 있다고 보아야 할 것이다.

[쟁점사항]

이는 타인을 위한 생명보험계약에 있어서 고지의무위반을 이유로 한 해지는 보험계약자 또는 그의 상속인에 대하여 하여야 하고, 수익자에 대한 해지의 의사표시는 효력이 없다고 한 사례이다.

113) 보증보험계약은 보험계약자인 채무자의 채무불이행으로 인하여 채권자가 입게 되는 손해의 전보를 보험자가 인수하는 것을 내용으로 하는 타인을 위한 손해보험계약이라고 할 것인바, 이러한 보증보험계약에 있어서 보험계약자의 고지의무위반을 이유로 한 해지의 경우에 계약의 상대방 당사자인 보험계약자나 그의 상속인(또는 그들의 대리인)에 대하여 해지의 의사표시를 하여야 하고, 보험금 수익자에게 해지의 의사표시를 하는 것은 특별한 사정(보험약관상의 별도기재 등)이 없는 한 효력이 없다고 할 것이며, 이러한 결론은 그 보증보험계약이 상행위로 행하여졌다거나 혹은 보험계약자의 소재를 알 수 없다는 이유만으로 달라지지는 않는다(**대법원 2002. 11. 8. 선고 2000다19281 판결**).

◆ 대법원 1997. 5. 30. 선고 95다14800 판결

[사실개요]

피고(임대인)는 그 소유의 건물을 소외 1(보험계약자)에게 임대하였고, 소외 1은 이 사건 건물에서 섬유공장을 경영하면서 이 사건 건물과 그 안에 있는 동산 및 기계 등을 보험목적으로 하여 원고(보험회사)와 사이에 보험계약을 체결하였다. 계약 체결 당시 원고는 등기부 서류에 의해 건물이 임대인의 소유인 것을 확인하였으나 소외 1이 보험계약을 체결하면서 피고(임대인)를 위해 보험계약을 체결한다는 의사표시를 하지 않았기 때문에 소외 1을 피보험자로 하여 보험계약을 체결하고 보험청약서의 소유자란에 소외 1의 성명을 기재하였다. 그 보험기간 중 이 사건 건물에서 원인을 알 수 없는 화재가 발생하여 건물, 기계, 동산 등이 소실되었다. 소외 1의 채권자들로부터 보험금청구권에 대한 가압류 명령을 받자 원고 보험회사는 보험금 전액을 공탁하고, 보험금 공탁으로 보험금 지급책임이 소멸되었다는 이유로 보험금 지급채무의 부존재확인을 구하였다.

[판결요지]

공장을 경영하는 임차인이 임차건물과 그 안에 있는 동산 및 기계 등에 대하여 피보험자에 대하여는 명확한 언급이 없이 자신을 보험목적의 소유자로 기재하여 '사업장종합보험'을 체결하였고 그 보험계약에 편입된 보통약관상 보험회사는 보험에 가입한 물건에 입은 화재에 따른 손해, 소방손해, 피난손해 등을 보상하도록 되어 있는 경우, 그 보험계약은 손해보험의 일종인 화재보험으로서의 성격을 갖는 것임이 분명하고, 이러한 화재보험은 다른 특약이 없는 한 피보험자가 그 목적물의 소유자인 타인에게 손해배상의무를 부담하게 됨으로써 입게 되는 손해까지 보상하기로 하는 책임보험의 성격을 갖는다고 할 수 없으며, 또한 이와 같이 손해보험에 있어서 보험의 목적물과 위험의 종류만이 정해져 있고 피보험자와 피보험이익이 명확하지 않은 경우에 그 보험계약이 보험계약자 자신을 위한 것인지 아니면 타인을 위한 것인지는 보험계약서 및 당사자가 보험계약의 내용으로 삼은 약관의 내용, 당사자가 보험계약을 체결하게 된 경위와 그 과정, 보험회사의 실무처리 관행 등 제반 사정을 참작하여 결정하여야 하는바,

<u>위의 보험계약 체결시 건물의 임차인인 사업자가 건물주를 피보험자로 한다는 별다른 의사표시를 하지 않으므로 보험청약서의 소유자란에 사업자의 성명을 그냥 기재하였을 뿐인 점, 한편 건물의 임차인인 사업자가 그의 이름으로 보험계약을 체결한 경우에도 건물주의 동의서를 제출하게 한 후 보험금을 지급하여 온 점, 이때 지급되는 보험금은 당해 건물에 발생한 손해액 전액에 해당하는 금원인 점 등에 비추어 볼 때, 위의 보험계약 중 건물에 관한 부분은 보험계약자인 임차인이 그 소유자를 위하여 체결한 것으로서, 보험회사는 보험사고가 발생한 경우에 보험계약자인 임차인이 그 건물의 소유자에 대하여 손해배상책임을 지는지 여부를 묻지 않고 그 건물의 소유자에게 보험금을 지급하기로 하는 제3자를 위한 보험계약을 체결하였다고 봄이 상당하다.</u>

[쟁점사항]

이는 임차인이 임차건물과 그 안의 동산 및 기계 등에 대하여 자신을 소유자로 기재하여 보험계약을 체결한 경우, 그 중 건물 부분에 관하여는 건물주를 위한 물건보험(화재보험)을 체결한 것으로 보아야 한다고 하여, 이와 다르게 본 원심을 파기환송한 사례이다.

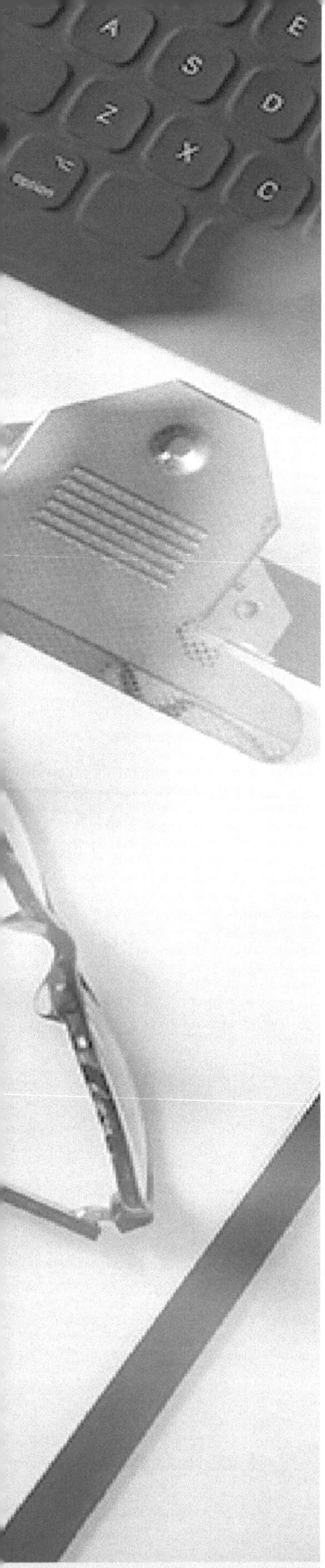

제3장
손해보험

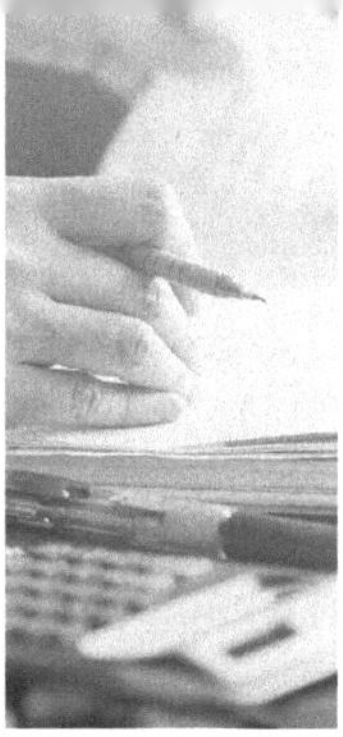

제1절 통칙

Ⅰ. 손해보험계약의 개념

1. 손해보험계약의 의의

손해보험계약(contract of property insurance)이라 함은 당사자의 한쪽(보험자)이 보험의 목적에 대하여 우연한 사고로 생길 수 있는 피보험자의 재산상의 손해를 보상할 것을 약정하고, 상대방(보험계약자)이 이에 대하여 보험료를 지급할 것을 약정함으로써 효력이 생기는 보험계약이다(상법 제638조, 제665조). 이와 같이 손해보험계약은 보험자가 보험사고로 인한 피보험자의 재산상의 손해를 보상할 책임을 지는 점에서 손해보상계약(contract of indemnity)으로서의 성질을 갖는다.

2. 구별개념

보험자의 손해보상의무는 불법행위자 또는 채무불이행자가 부담하는 손해배상의무(민법 제390조, 제750조)와 비슷한 점이 있으나, 양자는 그 성질과 손해의 범위가 다르다. 즉, 손해보상의무는 보험계약에 따른 위험부담의 목적으로 부담하는 금전지급의무이지만, 손해배상의무는 채무불이행 또는 불법행위로 인하여 발생한 손해의 배상을 목적으로 하는 금전지급의무이다. 또한 보험자가 부담하는 손해보상액은 보험금액의 한도에서 피보험자가 보험사고로 입은 재산상의 손해에 한정되지만, 손해배상액은 그 행위와 상당인과관계에 있는 모든 손해액이다.

한편, 손해보험계약과 인보험계약의 구별에 있어서 손해보험계약은 반드시 피보험자의 손해의 발생을 요소로 하고 또한 부정액보험인 반면에, 인보험계약은 피보험자의 손해의 발생을 요소로 하지 않고 또한 원칙적으로 정액보험인 점에서 차이가 있다. 또한 손해보험계약은 손해의 발생을 그 요소로 하므로, 손해발생의 기초가 되는 이익인 피보험이익은 손해보험계약에서만의 요소가 되고 있다. 그리고 손해보험계약에서는 보험사고발생 그 자체에 우연성이 있으나, 인보험계약 중에서 생명보험계약에서의 사람의 생사는 보험사고발생 그 자체에는 우연성이 없고 그 시기에만 우연성이 있는 점에서도 차이가 있다.

Ⅱ. 손해보험의 종류

현행 상법에서 규정하고 있는 손해보험의 종류로는 화재보험(상법 제683조~제687조), 운송보험(상법 제688조~제692조), 해상보험(상법 제693조~제718조), 책임보험(상법 제719조~제726조), 자동차보험(상법 제726조의2~제726조의4), 보증보험(상법 제726조의5~제726조의7)[1)]이 있다. 이와 같은 상법상의 손해보험 유형 이외에도, 다양한 손해보험상품이 실무상 판매되고 있는데(예컨대 기계보험·유리보험·도난보험·동물보험·건설공사보험 등), 이에 대하여는 개별적인 보험약관 이외에 보험계약법의 통칙규정과 손해보험계약법의 통칙규정이 적용된다.

Ⅲ. 손해보험계약의 요소

1. 피보험이익

(1) 피보험이익의 의의

피보험이익(insurable interest; versicherrte Interesse)이라 함은 보험사고가 발생함으로써 피보험자가 손해를 입을 염려가 있는 이익을 말하는데, 상법에서는 「보험계약

1) 이는 2014년 개정상법에 새로이 규정된 것이다.

의 목적」(상법 제668조, 제669조)으로 규정하고 있다. 따라서 「보험계약의 목적」은 「보험의 목적」(상법 제666조 제1호, 제675조, 제678조, 제679조 등)과 구별되는 개념이다.[2)]

손해보험계약이 유효하게 성립하기 위하여는 원칙적으로 보험의 목적에 관하여 보험사고의 발생으로 피보험자가 경제상의 손해를 받는 관계, 반대로 말하면 피보험자가 보험사고의 불발생으로 인하여 경제상의 이익을 가지는 관계에 있어야 한다. 즉 손해보험계약은 손해의 보상을 목적으로 하는 것이므로, 이러한 손해의 전제로서 손해를 문제삼을 어떠한 이익이 존재하여야 한다. 이 이익을 일반적으로 피보험이익이라고 하는데,[3)] 이 개념에 의하여 사행계약으로서의 보험은 도박과 구별되며, 보험계약법상 특별한 의미를 지니고 있다. 상법은 피보험이익을 금전으로 산정할 수 있는 이익으로 한정하고 있으므로(상법 제668조), 피보험이익의 관념은 손해보험에 있어서도 원칙적으로 금전으로 산정할 수 있는 이익을 가지고 있는 물건보험에서만 인정되지만, 상가 건물의 화재로 인한 영업손실을 보상해주기로 하는 책임보험과 같은 재산보험에서도 인정할 수 있을 것이다.[4)]

(2) 피보험이익의 요건

1) 적법한 것일 것

유효한 손해보험계약이 성립하고 존속하기 위하여는 피보험이익이 적법하여야 한다. 따라서 무기·마약류 등의 소유이익, 절도·도박 등에 의하여 얻을 이익 등과 같이 선량한 풍속 기타 사회질서에 반하는 경우(민법 제103조) 등은 피보험이익이 될 수 없

2) '보험의 목적'은 보험사고 발생의 객체가 되는 피보험자의 경제상의 재화를 의미하는데 반하여, '보험계약의 목적'은 피보험자가 보험의 목적에 대하여 갖는 경제상의 이해관계를 의미한다. 예컨대 동일한 운송물에 대하여 송하인과 운송인이 각각 운송계약을 체결한 경우라면 보험의 목적은 동일하지만, 보험계약의 목적은 송하인에게는 소유권자로서의 이익이고, 운송인에게는 배상책임의 불발생이라는 소극적 이익이 된다.

3) 피보험이익의 본질에 대해 이익설과 관계설이 있다. (1) 이익설은 보험의 목적에 대하여 피보험자가 갖는 이익 즉, 보험사고가 발생하면 피보험자에게 재산적 손해를 일으키기 때문에 손해가 발생하지 아니하는 동안에 그 피보험자가 가지는 경제적 이익을 말한다는 견해이고, (2) 관계설은 피보험이익을 보험의 목적에 대하여 보험사고가 발생함으로써 피보험자가 손해를 입게 되는 경우에 그 목적에 대하여 피보험자가 갖는 경제적 이해관계라고 하거나, 피보험자가 일정한 목적에 대하여 보험사고가 발생하면 손해를 입게 되는 경우에 피보험자와 그 목적과의 관계라고 한다. (3) 어느 학설에 따르든 그 결과에 있어서 차이가 있는 것은 아니나, 책임보험에서의 피보험이익과 관련하여 볼 때 이익설보다는 관계설이 더 적절하다고 할 수 있는데, 이에 의할 때 피보험이익이란 '보험의 목적에 대하여 보험사고가 발생함으로써 피보험자가 손해를 입게 되는 경우에 그 보험의 목적에 대하여 피보험자가 갖는 경제적 이해관계'라고 할 수 있다.

4) 우리나라에서 피보험이익의 관념은 주로 손해보험의 중심요소로 삼고 있는 것이 통설이라고 할 수 있지만, 최근 생명보험에 있어서도 인정 필요성이 제기되고 있다.

다.[5)]

2) 금전으로 산정할 수 있을 것

피보험이익은 금전으로 산정할 수 있는 이익이어야 한다(상법 제668조). 금전으로 산정할 수 없는 이익의 보험가입이 허용되면 보험이 도박적 목적으로 악용될 소지가 크기 때문이다. 예컨대 경제적 가치를 갖지 않는 이익인 도덕적·종교적인 가치 또는 감정적인 이익 등은 피보험이익이 될 수 없다. 반면에 소유권·채권과 같은 법률상 이해관계는 물론 화재에 의한 영업불능으로 입은 손해와 같은 사실상의 이해관계 등은 피보험이익이 될 수 있다. 경제적 이해관계는 적극적인 것(물건보험)이든 소극적인 것(책임보험)이든 불문하며, 경제적 가치가 주관적으로 존재하면 족하다.[6)]

◆ 대법원 2019. 12. 27. 선고 2016다224428, 224435 판결-피보험이익의 평가액

[사실개요]

원고(이동통신회사)는 고객이 휴대전화 단말기를 도난당하거나 분실한 경우 그 단말기를 대신하여 새로운 단말기를 구입할 때 구매대금 중 일부를 대리점에 지급하는 방식으로 금전 지원을 하는 것(폰 세이프 부가서비스)을 내용으로 부가서비스에 가입한 고객을 피보험자로 하여 피고(보험회사)와 보험계약을 체결하였다. 원고가 공정거래위원회로부터 휴대폰 출고가 부풀리기를 하였다는 이유로 시정명령 및 과징금 납부 명령의 제재를 받자 피고가 부풀려진 출고가를 기준으로 보험금을 허위 · 과대 청구했다며 보험계약을 해지하였다. 이에 원고가 휴대폰 분실보험금 약 130억 원을 지급하라며 소송을 제기하였다. 피고는 이 사건 각 보험계약은 원고가 피보험자인 고객에게 고객이 도난당하거나 분실한 단말기와 동일한 단말기를 새로 구매하여 이를 현물로 고객에게 교부하고 그에 소요된 비용을 피고로부터 보험금으로 보상받는 내용이라고 주장하였다.

[판결요지]

이 사건 각 보험계약은 원고의 폰세이프 부가서비스 가입 고객을 피보험자로 하는 것으로 그 부가서비스와 연계되는 것이다. 폰세이프 부가서비스는 고객이 도난당하거나 분실한 휴대전화 단말기를 대신하여 새로운 단말기를 구입할 때 그 구매대금 중 일부를 대리점에 지급하는 방식으로 금전 지원을 하는 것이다. 이 사건 각 보험계약과 함께 체결된 업무약정에 의하면, 이 사건 각 보험계약과 업무약정 사이에 상충되는 내용이 있을 경우 업무약정이 우선한다고 명시되어 있고, 피고가 피보험자인 고객이 아니라 원고에게 보험금을 지급한다는 내용과 그 산정기준만 정하고 있을 뿐, 원고가 단말기를 구매하여 고객에게 제공해야 한다거나 피고가 원고의 단말기 구매비용을 원고에게 지급한다는 내용은 전혀 없다. 이러한 사정 등에 비추어 보면, 이 사건 각 보험계약의 보상내용은 원고가 피보험자인 고객에게 단말기를 새로 구입하는 데에 소요되는 비용을 지

5) 행정벌의 일종인 교통범칙금의 대납업과 관련하여 적법성 논란이 있는데, 90년대 말 교통범칙금을 대납해주는 업종에 대해 대법원은 이를 실질적인 보험사업으로 보면서, 이를 보험업법에 따른 허가를 받지 아니하고 영위한 것에 대해 유사수신행위로 처벌한 예가 있다(대법원 2001. 12. 24. 선고 2001도205 판결).

6) 즉 여기서 '경제적 가치가 있다'라 함은 객관적 가치의 존재를 의미하는 것이 아니며, 피보험자가 주관적으로 재산적 가치를 갖는다고 생각한다면 경제적 가치가 있는 것으로 된다.

급하고 피고로부터 피보험자인 고객을 대신하여 고객이 지급받아야 할 보험금을 지급받는 것이라고 봄이 타당하다. 이 사건 각 보험계약 및 업무약정과 연계된 원고의 폰세이프 부가서비스는 단말기를 도난 당하거나 분실한 고객이 새로운 단말기를 '출고가'로 구매하는 것을 전제로 하고 있는 것이다. 따라서 이 사건 각 보험계약과 업무약정에서 사용한 '출고가'라는 용어 역시 단말기시장에서 통용되는 의미로 사용하였다고 봄이 합리적이다.

단말기에 대하여는 2가지의 소매가격이 존재한다. 하나는 소비자가 특정 이동통신회사의 이동통신서비스에 가입하면서 단말기를 구입하는 경우 지급해야 하는 가격이고, 또 다른 하나는 소비자가 그 외에 단말기를 구입해야 하는 경우 지급해야 하는 가격, 즉 제조회사와 이동통신회사가 '출고가'라는 이름으로 공표한 가격이다. 보험가액이란 피보험이익을 금전적으로 평가한 가액으로, 이 사건 각 보험계약의 피보험이익은 결국, 피보험자인 고객이 단말기를 도난당하거나 분실하였을 경우 이를 새로 구입하는 데에 소요되는 비용 상당액을 의미하고, 이는 '출고가' 상당액이라고 할 수 있다.

[쟁점사항]

이는 보험금의 산정기준이 되는 '출고가'의 구체적인 의미가 쟁점이 된 사건인데, 보험가액이란 피보험이익을 금전적으로 평가한 가액으로, 이 사건 각 보험계약의 피보험이익은 결국, 피보험자인 고객이 단말기를 도난당하거나 분실하였을 경우 이를 새로 구입하는 데에 소요되는 비용 상당액을 의미한다고 하면서, 원고 회사가 고객에게 보조금을 지급해 출고가보다 낮게 단말기를 판매했다고 하더라도 분실보상은 출고가를 기준으로 해야 한다는 취지로 원심을 유지한 사례이다.

3) 확정할 수 있는 이익일 것

피보험이익은 계약체결 당시에 그 존재가 확정되어 있거나 또는 적어도 보험사고 발생시까지는 확정할 수 있는 것이어야 한다.[7] 왜냐하면 확정되지 않은 이익을 보험에 붙일 경우 손해액이 확정되지 않아 보험자가 보상할 수 없을 뿐 아니라, 자칫 보험이 도박적 목적으로 이용될 수 있기 때문이다. 따라서 보험의 목적이 장래에 특정될 포괄보험의 경우에도 손해 발생 시에 피보험이익이 특정될 수만 있다면 피보험이익은 확정된 것으로 본다.

(4) 피보험이익의 기능

1) 도적적 위험의 방지

피보험이익은 사행계약인 보험을 도박 등과 같은 불법적인 목적으로 이용되지 않도록 하는 안전판 역할을 한다. 그러므로 피보험이익을 흠결하면 그 보험계약은 무효로

7) 손해보험에 있어서 보험의 목적물과 위험의 종류만이 정해져 있고 피보험자와 피보험이익이 명확하지 않은 경우에 그 보험계약이 보험계약자 자신을 위한 것인지 아니면 타인을 위한 것인지는 보험 계약서 및 당사자가 보험계약의 내용으로 삼은 약관의 내용, 당사자가 보험계약을 체결하게 된 경위와 그 과정, 보험회사의 실무처리 관행 등 제반 사정을 참작하여 결정하여야 한다(대법원 2007. 2. 22 선고 2006다72093 판결).

된다. 따라서 피보험이익의 개념이 없는 생명보험은 이러한 목적으로 악용될 소지가 다분히 있다.

2) 책임범위의 확정

손해보험은 피보험자가 입은 손해를 보상하는 것이므로 피보험이익은 책임범위를 정하는 기능을 한다. 피보험이익의 가액을 보험가액이라고 하며, 보험가액은 보험자책임의 법정 한도액이 된다.

3) 중복보험·초과보험의 방지

피보험이익을 초과하거나 중복적으로 보험에 가입할 경우 보험이 불법적인 이익획득의 수단으로 이용되기 쉽기 때문에, 피보험이익의 가액인 보험가액을 기준으로 초과보험·중복보험여부가 판별된다.[8)]

4) 보험계약의 동일성을 구별하는 표준

보험계약의 동일성을 구별하는 표준은 보험에 붙인 재화가 아니라 피보험이익이다. 따라서 동일한 목적물이더라도 동일인 또는 다수인이 그 경제적 이해관계를 달리한다면 각각 독립한 수개의 보험계약을 체결할 수 있다.[9)]

◆ 대법원 2009. 12. 24. 선고 2009다42819 판결-피보험이익에 기한 중복보험 인정 사례

[사실개요]

원고(H손해보험 주식회사)는 주식회사 A산업과 A산업의 근로자에게 생긴 업무상의 재해로 인하여 재해보상금액을 초과하여 피보험자가 법률상의 손해배상책임을 부담함으로써 입은 손해를 보상하는 내용의 근로자재해보장책임보험계약(이하 '제1보험계약'이라 한다)을 체결하면서 하도급인인 소외 1의 근로자에게 생긴 손

---

8) 중복보험이라 함은 동일한 보험계약의 목적과 동일한 사고에 관하여 수개의 보험계약이 동시에 또는 순차로 체결되고 그 보험금액의 총액이 보험가액을 초과하는 경우를 말하므로 보험계약의 목적 즉 피보험이익이 다르면 중복보험으로 되지 않으며, 한편 수개의 보험계약의 보험계약자가 동일할 필요는 없으나 피보험자가 동일인일 것이 요구되고, 각 보험계약의 보험기간은 전부 공통될 필요는 없고 중복되는 기간에 한하여 중복보험으로 보면 된다. <u>두 개의 책임보험계약이 보험의 목적, 즉 피보험이익과 보험사고의 내용 및 범위가 전부 공통되지는 않으나 상당 부분 중복되고, 발생한 사고가 그 중복되는 피보험이익에 관련된 보험사고에 해당된다면, 이와 같은 두 개의 책임보험계약에 가입한 것은 피보험자, 피보험이익과 보험사고 및 보험기간이 중복되는 범위 내에서 상법 제725조의2에 정한 중복보험에 해당</u>한다(**대법원 2005. 4. 29. 선고 2004다57687 판결**).

9) 예컨대 보험목적인 동일한 건물에 대해서 소유자, 저당권자, 임차인은 각각 서로 다른 피보험이익을 갖기 때문에 서로 독립적인 보험계약을 체결할 수 있다.

해도 보상하기로 약정하고 그에 해당하는 보험료를 수령하였다. 피고 1(S화재해상보험 주식회사)은 피고 2(불법행위자)와 그 소유의 지게차에 관하여 자동차종합보험계약(이하 '제2보험계약'이라 한다)을 체결하였다. 피고 2는 소외 1에게 위 지게차를 임대하고 위 제1, 2보험의 보험기간 중에 소외 1의 지시에 따라 작업을 하던 중 실수로 운반물을 떨어뜨려 소외 1의 피용자인 소외 2를 사망에 이르게 하였는바, 위 사고는 피고 2가 운반물을 떨어뜨린 과실과 함께 망 소외 2가 피고 2의 작업반경 내에서 자신의 작업을 한 과실 및 소외 1이 이를 방치하고 안전관리의무를 소홀히 한 과실 등이 경합하여 발생되었다. 원고는 제1보험계약에 의해 보험금을 지급한 후, 근로자재해보장책임보험계약 및 자동차종합보험계약은 중복보험에 해당하므로 산재급여를 초과하는 손해에 대하여 원고와 피고 S화재가 50%씩 분담함이 타당하다고 주장하였다.

[판결요지]

두 개의 책임보험계약이 **보험(계약)의 목적**, 즉 피보험이익과 보험사고의 내용 및 범위가 전부 공통되지는 않으나 상당 부분 중복되고, 발생한 사고가 그 중복되는 피보험이익에 관련된 보험사고에 해당된다면, 이와 같은 두 개의 책임보험계약에 가입한 것은 피보험자, 피보험이익과 보험사고 및 보험기간이 중복되는 범위 내에서 상법 제725조의2에 정한 중복보험에 해당한다(대법원 2005.4.29. 선고 2004다57687판결 등 참조). 이 경우 각 보험자는 각자의 보험금액의 비율에 따른 보상책임을 연대하여 진다(상법 제752조의2, 제672조 제1항).

[쟁점사항]

이는 두 개의 책임보험계약의 피보험이익과 보험사고의 내용 및 범위가 상당 부분 중복되고, 발생한 사고가 그 중복되는 피보험이익에 관련된 보험사고에 해당되는 경우, 상법 제725조의2에 정한 중복보험에 해당한다고 인정한 사례이다.

◆ 대법원 2010. 10. 28. 선고 2010다50694 판결(위 2009다42819 판결에 대한 재심판결)

[판결문]

상고심으로부터 사건을 환송받은 법원은 그 사건을 재판함에 있어서 상고 법원이 파기 이유로 한 사실상 및 법률상의 판단에 대하여 환송 후의 심리과정에서 새로운 주장이나 입증이 제출되어 기속적 판단의 기초가 된 사실관계에 변동이 생기지 아니하는 한 이에 기속을 받는다(대법원 1988. 3. 8. 선고 87다카1396 판결; 대법원 대법원 1997. 2. 28. 선고 95다49233 판결 등 참조).

이 사건 제1, 2보험이 중복보험에 해당한다면 원고로서는 다른 공동불법행위자인 피고 2의 부담 부분의 비율에 따른 금액을 피고 2와 제1보험계약의 보험자인 피고 1에 대하여 구상할 수 있는 외에도, 위 구상액을 제외한 나머지 금액 중 원고와 피고 1 각자의 보험금액의 비율에 따라 산정한 피고 1의 부담 부분을 피고 1에 대하여 추가로 구상할 수 있다.

따라서 원심이 이 사건 제1, 2보험이 중복보험에 해당하는지 여부에 관계없이 피고 1의 책임을 제한하고 원고의 피고 1에 대한 나머지 청구를 배척한 것에는 환송판결의 기속력이나 중복보험의 법리를 오해함으로써 판결 결과에 영향을 미친 위법이 있다. 이 점을 지적하는 상고이유의 주장은 이유가 있다.

2. 보험가액과 보험금액

(1) 보험가액

1) 보험가액의 의의

보험가액(insurable value; Versicherungswert)이란 보험계약의 목적, 즉 피보험이익의 평가액을 말한다. 이러한 보험가액은 언제나 일정한 것이 아니고 경기의 변동에 따라 수시로 변하게 되는데, 그 평가는 쉬운 일이 아니다. 따라서 우리 상법은 보험가액의 평가에 대하여 당사자 간의 협정된 경우(기평가보험)와 협정되지 않은 경우(미평가보험)로 나누어 규정하고 있다.

2) 보험가액의 평가

(i) 기평가보험

당사자간에 보험가액이 협정된 기평가보험의 경우에 이 협정보험가액은 일단 보험사고발생시의 가액을 정한 것으로 추정한다(상법 제670조 본문). 그러나 협정보험가액이 사고발생시의 가액을 현저하게 초과할 때에는 사고발생시의 가액을 보험가액으로 한다(동조 단서).

(ii) 미평가보험

당사자간에 보험가액이 협정되지 않은 미평가보험의 경우에는 사고발생시의 가액을 보험가액으로 한다(상법 제671조). 보험가액이 협정되지 않은 경우에 사고발생시의 가액을 보험가액으로 하는 원칙(상법 제671조)에 대하여, 보험기간이 짧아 보험가액의 변동이 적은 보험이나 사고발생의 때와 장소를 확정하기가 어려운 보험에서 상법은 예외적으로 평가가 쉬운 일정한 때를 기준으로 하여 정한 보험가액을 전보험기간의 보험가액으로 정하고 있다(상법 제689조, 제696조~제698조 등). 이것을 보험가액불변경주의(법정보험가액)라고 한다. 손해액의 산정에 있어서 보험자가 보상할 손해액은 그 손해가 발생한 때와 곳의 가액에 의하여 산정하는데(상법 제676조 제1항),[10] 보험

10) 대법원 2016. 10. 27. 선고 2013다7769 판결(손해보험은 본래 보험사고로 인하여 생길 피보험자의 재산상 손해의 보상을 목적으로 하는 것으로(상법 제665조), 보험자가 보상할 손해액은 당사자 간에 다른 약정이 없는 이상 손해가 발생한 때와 곳의 가액에 의하여 산정하고(상법 제676조 제1항), 이 점은 손해공제의 경우도 마찬가지이므로, 매매의 목적물이 화

계약시에 당사자 간의 특약에 의하여 보험사고의 발생에 따른 손해를 신품가액에 의하여 보상하도록 하는 신가(新價)보험(동조 제1항 단서)의 경우도 보험사고 발생시의 가액에 의하여 보험가액을 정하는 원칙(상법 제671조)에 대한 예외가 된다고 볼 수 있다.

◆ 대법원 2002. 3. 26. 선고 2001다6312 판결-기평가보험의 보험가액 산정에 관한 판례

[사실개요]

원고는 자신을 피보험자로 하여 피고(보험회사)와 사이에 이 사건 트럭에 관하여 그 차량가액을 9,867만원으로 정하여, 피보험자동차의 도난 등으로 인한 손해를 보상하여 주는 자기차량손해보험계약을 체결하였는데, 자동차를 도난당하였다. 원고의 보험금 청구에 대해, 피고는 이 사건 보험사고가 발생한 후 피고가 이 사건 트럭의 사고발생시 가액을 4,350만원으로 결정한 다음, 원고의 채권자인 S상용차 주식회사에게 전부금 3,570만원을 지급하고 나머지 금 780만원을 원고에게 지급함에 있어 원고가 이의를 유보하거나 이의를 제기한 적이 없었으므로 원고는 피고의 위 결정에 묵시적으로 동의하였다고 주장하였다.

[판결요지]

원래 손해보험에 있어서 보험자가 보상할 손해액은 그 손해가 발생한 때와 곳의 가액에 의하여 산정하는 것이 원칙이지만(상법 제676조 제1항 본문), 사고발생 후 보험가액을 산정함에 있어서는 목적물의 멸실 훼손으로 인하여 곤란한 점이 있고 이로 인하여 분쟁이 일어날 소지가 많기 때문에 이러한 분쟁을 사전에 방지하고 보험가액의 입증을 용이하게 하기 위하여 보험계약체결시에 당사자 사이에 보험가액을 미리 협정하여 두는 기평가보험제도가 인정되는바, 이러한 기평가보험으로 인정되기 위한 당사자 사이의 보험가액에 대한 합의는, 명시적인 것이어야 하기는 하지만 반드시 협정보험가액 혹은 약정보험가액이라는 용어 등을 사용하여야만 하는 것은 아니고 당사자 사이에 보험계약을 체결하게 된 제반 사정과 보험증권의 기재 내용 등을 통하여 당사자의 의사가 보험가액을 미리 합의하고 있는 것이라고 인정할 수 있으면 충분하다고 할 것이다. 이 사건 트럭에 관하여 자기차량손해보험계약을 체결함에 있어서 그 보험증권상에 보험가입자동차에 관한 사항으로 이 사건 트럭에 관한 사항을 기재한 다음 그 차량가액을 9,867만 원으로 정하여 기재하였고, 위 금액에 기초하여 가입한 보험의 내용으로 자기차량손해금 9,867만 원의 보험금액을 정하고 있는 사실을 알 수 있는바, 사정이 이와 같다면 당사자 사이에 이 사건 보험의 목적물인 위 트럭에 관하여 그 보험가액을 9,867만 원으로 미리 약정하고 있는 취지임이 분명하므로 이 사건 자기차량손해보험계약은 기평가보험이라고 할 것이다. 상법 제670조 단서에서는 당사자 사이에 보험가액을 정한 기평가보험에 있어서 협정보험가액이 사고발생시의 가액을 현저하게 초과할 때에는 사고발생시의 가액을 보험가액으로 하도록 규정하고 있는바, 양자 사이에 현저한 차이가 있는지의 여부는 거래의 통념이나 사회의 통념에 따라 판단하여야 하고, 보험자는 협정보험가액이 사고발생시의 가액을 현저하게 초과한다는 점에 대한 입증책임을 부담한다고 할 것이다.

[쟁점사항]

이는 기평가보험으로 인정되기 위한 요건으로서 당사자 사이의 보험가액에 대한 합의는 명시적인 것이어

재로 소실됨으로써 매도인이 지급받게 되는 화재보험금, 화재공제금에 대하여 매수인의 대상청구권이 인정되는 이상, 매수인은 특별한 사정이 없는 한 목적물에 대하여 지급되는 화재보험금, 화재공제금 전부에 대하여 대상청구권을 행사할 수 있고,인도의무의 이행불능 당시 매수인이 지급하였거나 지급하기로 약정한 매매대금 상당액의 한도 내로 범위가 제한된다고 할 수 없다).

야 하기는 하지만 반드시 협정보험가액 혹은 약정보험가액이라는 용어 등을 사용하지 않더라도 당사자 사이에 보험계약을 체결하게 된 제반 사정과 보험증권의 기재 내용 등을 통하여 당사자의 의사가 보험가액을 미리 합의하고 있는 것이라고 인정할 수 있으면 충분하다고 하면서, 자기차량손해보험계약에서 차량가액을 정하고 이에 따라 자기차량손해금의 보험금액을 정한 경우, 그 자기차량손해보험계약은 기평가보험으로 보고, 기평가보험에 있어서 협정보험가액이 사고발생시의 가액을 현저하게 초과하는지 여부는 거래의 통념이나 사회의 통념에 따라 판단하여야 하고, 보험자는 협정보험가액이 사고발생시의 가액을 현저하게 초과한다는 점에 대한 입증책임을 부담한다고 판시한 사례이다.

(2) 보험금액

보험금액(sum insured; Versicherungssumme)이란 손해가 발생한 때에 보험계약에 의하여 보험자가 지급하여야 하는 금액의 최대한도를 말한다. 손해보험에 있어서 보험자의 급여는 보험가액을 최대한으로 하고(법률상의 최고한도), 그 범위 안에서 다시 보험금액을 한도로 하여(계약상의 최고한도), 구체적인 손해액을 산출하여 결정된다. 이처럼 보험금액은 보험료의 산정을 위한 기준이 된다. 이것은 보험계약자가 보험가액의 전부를 보험에 붙인 때에는 보험금액과 보험가액이 일치하며(전부보험), 그 일부만을 보험에 붙인 때에는 그 비율에 따라 지급될 것이다. 따라서 보험금액은 보험가액의 한도 안에서 그 이하로 정할 수 있지만(일부보험), 그 이상으로 정한 경우(초과보험)에는 특별한 제한을 받는다(상법 제669조).

책임보험에 있어서는 그 보상액은 보험금액과 손해액의 범위 내에서 결정된다. 실제에 있어서는 보험가액이 존재하는 경우에도 이에 대한 평가를 생략하고 당사자 간에 보험금액만을 정하는 경우가 많다.

(3) 보험가액과 보험금액과의 관계

1) 서언

보험금액과 보험가액은 서로 다른 효력을 가지며, 다른 기능을 수행한다. 보험금액과 보험가액이 일치하는 것이 전부보험이고 가장 일반적이지만, 양자가 일치하지 않는 경우가 생긴다. 즉, 보험가액의 일부가 보험금액으로 된 '일부보험'과 반대로 보험금액이 보험가액을 초과하는 '초과보험' 그리고 보험자가 수인인 '중복보험'은 원칙적으로 보험가액과 보험금액의 관계라는 문제와는 상관이 없으나, 중복보험의 보험금액 총액이 보험가액을 초과하는 '초과중복보험'인 경우에는 보험가액과 보험금액의 관계가 문제될 수 있다.

2) 초과보험

(i) 의의

초과보험(over insurance; Überversicherung)이란 보험금액이 보험가액을 초과한 보험(보험금액≫보험가액)을 말한다(상법 제669조 제1항 본문 전단). 예컨대 100만원의 가액에 상당하는 물건에 150만원의 보험금액을 정하여 보험계약을 체결한 경우이다. 초과보험은 계약체결시부터 존재하는 경우와, 경제 상황의 변동으로 물가가 하락할 경우에도 생긴다(상법 제669조 제3항). 또한 초과보험은 당사자의 의사와 무관하게 발생하는 단순한 초과보험과, 의도적으로 체결된 사기적 초과보험(상법 제669조 제4항)이 있다. 초과보험인지 여부는 원칙적으로 보험계약의 체결시의 보험가액을 기준으로 하나(상법 제669조 제2항), 예외적으로 보험기간 중에 보험가액이 현저하게 감소된 때에는 그때의 보험가액을 기준으로 한다(상법 제669조 제3항).

초과보험의 경우에도 보험자의 보상책임은 보험가액을 한도로 하므로 그다지 문제되지 않으나, 보험가액의 평가가 쉽지 않은 점을 감안한다면 도덕적 위험에 빠질 소지가 많다. 이에 따라 상법은 초과보험의 효력을 제한하고 있다.

(ii) 효과

보험계약자의 선의로 초과보험계약이 체결된 경우에는(단순한 초과보험) 보험자 또는 보험계약자는 보험료와 보험금액의 감액을 청구할 수 있다(상법 제669조 제1항 본문). 그러나 보험료의 감액은 보험료불가분의 원칙에 따라 장래에 대해서만 효력이 있다(상법 제669조 제1항 단서). 그리고 보험계약자의 사기로 인하여 초과보험계약이 체결된 경우에는(사기에 의한 초과보험) 그 보험계약은 전체가 무효가 되지만(상법 제669조 제4항 본문), 보험계약자는 보험자가 그 사실을 안 때까지의 보험료를 지급할 의무를 부담한다(상법 제669조 제4항 단서). 초과보험에 대한 입증책임은 보험자에게 있다.[11)]

---

11) 대법원 1999. 4. 23. 선고 99다8599 판결(상법 제669조 소정의 초과보험계약이라는 사유를 들어 사고발생 당시의 보험가액을 한도로 한 보험금지급의무의 제한을 주장하는 경우 그 입증책임은 이를 주장하는 보험자가 부담하여야 할 것이다); 대법원 1988. 2. 9. 선고 86다카2933 판결(손해보험에 있어서 보험사고의 발생에 의하여 피보험자가 불이익을 받게 될 이해관계의 평가액인 보험가액은 보험목적의 객관적인 기준에 따라 평가되어야 하나 보험사고가 발생한 후 그 평가를 둘

3) 중복보험

(i) 의의

중복보험(double insurance; Doppelversicherung)이란 넓은 의미에서 동일한 보험의 목적에 관하여 피보험이익 및 보험사고가 동일하고, 피보험자와 보험기간을 공통으로 하는 수인의 보험자와 수개의 손해보험계약이 병존하는 경우를 말한다(광의의 중복보험). 좁은 의미의 중복보험이란 광의의 중복보험 중에서 각 계약의 보험금액의 합계가 보험가액을 초과하는 중복보험을 말한다(협의의 중복보험). 좁은 의미(고유)의 중복보험의 경우는 이를 전부 유효로 하면 결과적으로 초과보험을 제한하는 취지에 어긋나므로, 상법은 이에 대하여 제한하고 있다(상법 제672조).

피보험이익이 다르면 중복보험이 아니고, 따라서 수개의 보험계약이 보험의 목적·보험사고·보험기간·피보험자·피보험이익 등의 전부가 동일한 경우뿐만 아니라, 피보험이익을 제외하고 이들이 서로 다르지만 공통되는 부분이 있어서 보험사고가 발생했을 때 수개의 보험계약상 보험금청구가 가능한 경우에도 중복보험이 존재한다.[12)]

(ii) 요건

첫째, 피보험이익이 동일하여야 한다.[13)] 그러므로 동일한 보험의 목적에 대하여 수개의 보험계약을 체결하여도 보험계약의 목적, 즉 그 피보험이익이 다르면 중복보험으로 되지 아니한다(상법 제672조 제1항).[14)]

둘째, 보험사고가 동일하여야 한다. 손해보험자는 보험사고로 인한 피보험자의 재산상의 손해를 보상하는 것이므로 보험자가 담보하는 보험사고가 다르면 피보험이익이

러싸고 보험자와 피보험자 사이에 분쟁이 발생하는 것을 미리 예방하고 신속한 보상을 할 수 있도록 하기 위하여 상법 제670조는 당사자의 합의로 미리 보험가액을 정할 수 있게 하고 다만 그 가액이 사고발생시의 가액을 현저하게 초과할 때에는 사고발생시의 가액을 보험가액으로 한다고 규정하는 한편 상법 제669조 제4항은 보험금액이 보험계약의 목적의 가액을 현저하게 초과하는 계약의 체결이 보험계약자의 사기로 인한 것인 때에는 그 계약은 무효로 한다고 규정하고 있는바 이러한 기평가보험계약에 있어 당사자는 추가보험계약으로 평가액을 감액 또는 증액할 수 있는 것이며 초과보험계약이라는 사유를 들어 보험가액의 제한 또는 보험계약의 무효를 주장하는 경우 그 입증책임은 무효를 주장하는 보험자가 부담하여야 한다고 해석할 것이다).

12) 중복보험이 발생되는 경우는 고가물에 대한 보험, 그밖에 1인의 보험자와의 보험계약만으로는 보험자의 자력에서 판단하여 불안한 경우에 수인의 보험자와 보험계약을 체결하는 경우 또는 보험계약자가 자기를 위한 보험계약을 체결하였을 때 제3자가 그 보험계약자를 위하여 타인을 위한 보험계약을 체결한 경우 등이 대표적이다.

13) 대법원 2009. 12. 24. 선고 2009다42819 판결.

14) 예컨대, 창고에 들어 있는 물건에 대하여 소유자가 어떠한 보험자와 화재보험계약을 체결하고 창고업자는 다른 보험자와 보관자의 책임보험계약을 체결한 경우 비록 보험의 목적은 동일하더라도 보험계약의 목적이 다르므로 각각 별개의 보험계약으로 된다.

같더라도 중복보험으로 될 수 없다.[15)]

셋째, 보험기간이 동일 또는 중복되어야 한다. 보험자는 보험기간 중에 일어난 보험사고에 대해서만 책임을 지므로 보험기간이 동일하거나 적어도 부분적으로나마 중복되어 있어야 한다.

넷째, 수개의 보험계약을 2인 이상의 보험자와 체결하고, 그 보험금액의 총액이 보험가액을 초과하여야 한다. 중복보험이 초과보험과 다른 것은 보험자가 2인 이상이고, 또 각각의 보험금액을 합친 것이 보험가액을 초과하는 점에 있다. 그러나 보험금액이 보험가액을 현저히 초과한다고 하여 중복보험이 되는 것이 아니기 때문에 수인의 보험자와 수개의 보험계약을 체결하는 경우 그 보험금액의 총액이 보험가액을 초과하지 아니하는 때에는 병존보험으로서 중복보험으로 되지 않으나, 이 경우에도 보험사고가 발생하여 각 보험자가 보상하여야 할 손해배상액의 총액이 실제의 손해액을 초과할 때에는 중복보험으로 취급할 필요가 있다. 인보험계약에 속하는 상해보험의 경우에도 손실보상성이 있는 부분에 대해서는 중복보험의 법리가 적용된다(중요 판례 참조).

◆ 대법원 2006.11.10. 선고 2005다35516 판결
–상해보험에 대한 중복보험 법리의 적용 여부 및 소멸시효기간(5년)

[사실개요]

보험사고의 피해자가 원고 보험회사와 피고회사에 무보험자동차상해담보특약부 자동차보험의 피보험자로 가입되어 있었다. 무보험자동차에 의해 피보험자가 상해를 입자 원고회사는 피고회사에 일부분을 구상하였다. 이에 대해 피고회사는 무보험자동차상해담보특약은 상해보험으로서 인보험이므로 피보험이익이 존재하지 않아 상법 제672조의 중복보험규정이 적용될 수 없기 때문에 중복보험에 따른 구상권 청구는 허용될 수 없다고 주장하였다. 또한 피보험자의 손해를 전보한 원고는 피보험자가 피고에 대하여 가지는 무보험자동차상해담보특약에 따른 보험금청구권을 대위행사 할 수 있을 뿐이나, 이러한 보험금청구권은 이 사건 소가 이 사건 사고 발생일로부터 2년 이상이 경과한 뒤 제기되었으므로 소멸시효가 완성되었다고 주장하였다.

[판결요지]

피보험자가 무보험자동차에 의한 교통사고로 인하여 상해를 입었을 때에 그 손해에 대하여 배상할 의무자가 있는 경우 보험자가 약관에 정한 바에 따라 피보험자에게 그 손해를 보상하는 것을 내용으로 하는 무보험자동차에 의한 상해담보특약(이하 '무보험자동차특약보험'이라 한다)은 상해보험으로서의 성질과 함께 손해보험으로서의 성질도 갖고 있는 손해보험형 상해보험이라고 할 것이므로(대법원 2000. 2. 11. 선고 99다50699 판결; 대법원 2003. 12. 26. 선고 2002다61958 판결 등 참조), 이 사건에서와 같이 하나의 사고에 관하여 여러 개의 무보험자동차특약보험계약이 체결되고 그 보험금액의 총액이 피보험자가 입은 손해액을

15) 예컨대, 동산보험에 있어서 동일한 피보험이익에 대하여 보험계약자가 한 보험자와는 화재보험계약을, 그리고 다른 보험자와는 도난보험계약을 체결한 경우 그것은 완전히 별개의 보험계약이다. 그러나 화재보험과 동산종합보험의 경우처럼 화재라는 보험사고가 중복되어 있을 때에는 비록 그 보험사고의 범위가 다르다고 하더라도 중복보험으로 될 수 있다.

초과하는 때에는 손해보험에 관한 상법 제672조 제1항이 준용되어 보험자는 각자의 보험금액의 한도에서 연대책임을 지고, 이 경우 각 보험자 사이에서는 각자의 보험금액의 비율에 따른 보상책임을 진다. 원고와 피고의 이 사건 각 무보험자동차특약보험이 상법 제672조 제1항이 준용되는 중복보험에 해당하여 원고와 피고의 보험금지급의무는 연대채무관계에 있고 각자의 보험금액이 동일하여 각자의 보상책임의 비율 또한 같으므로 원고는 피보험자에게 지급한 보험금 및 응소비용의 합계액 중 1/2에 해당하는 금액에 관하여 피고에게 구상할 수 있다.

원고의 이 사건 청구권은 각 무보험자동차특약보험이 상법 제672조 제1항이 준용되는 중복보험에 해당함을 전제로 하여 그 부담비율에 따른 구상권을 행사하는 것인데, 각각의 보험계약은 상행위에 속하는 점, 원고와 피고는 상인이므로 중복보험에 따른 구상관계는 가급적 신속하게 해결할 필요가 있다고 보여지는 점 등에 비추어, 상법 제64조가 적용되어 5년의 소멸시효에 걸리는 것으로 보아야 할 것이다. 원고의 이 사건 청구권이 2년의 소멸시효에 걸린다는 피고의 주장 속에는 그보다 장기간인 5년의 소멸시효에 걸린다는 취지의 주장도 포함되어 있는 것으로 봄이 상당하다고 할 것이다(대법원 1977. 9. 13. 선고 77다832 판결 등 참조).

[쟁점사항]

이는 무보험자동차에 의한 상해담보특약에도 중복보험 규정이 준용되고, 복수의 무보험자동차에 의한 상해보험특약의 보험자들 중 일방 보험자가 다른 보험자에 대하여 가지는 중복보험에 따른 구상금채권의 소멸시효기간은 5년이며, 피고가 원고의 청구권이 상사채권으로서 5년의 소멸시효기간이 적용된다고 주장하다가 이를 철회하고 보험금청구권에 해당하므로 2년의 소멸시효기간이 적용된다고 주장한 사안에서, 2년의 소멸시효기간 주장 속에는 그보다 장기간인 5년의 소멸시효기간에 관한 주장이 포함되어 있다는 이유로, 원고의 청구권에 2년의 소멸시효기간이 적용되지 않는다고 보아 곧바로 피고의 주장을 배척한 원심판결을 파기한 사례이다.

(iii) 효과

중복보험도 초과보험과 마찬가지로 피보험자에게 부당한 이익을 주어 인위적인 사고를 일으킬 우려가 있으므로 일정한 경우 이를 제한할 필요가 있다. 즉 그것이 사기적 의사로 한 경우에는 보험계약을 무효로 하고(상법 제672조 제3항), 그렇지 않은 경우에는 각 보험계약의 효력을 인정하여야 할 것이다.[16] 즉, 우리 상법은 보험자가 선의인 경우에는 연대책임주의와 비례보상주의를 병용하는 연대비례보상책임주의를 취하고 있다(상법 제672조 제1항).[17]

---

16) 중복보험의 효력에 대한 입법주의로, (a) 선계약우선주의 또는 우선책임주의(각 보험계약이 동시에 체결된 것인지 여부를 구별하여 동시중복보험의 경우에는 각 보험자의 부담은 각 보험금액의 총 청구금액에 대한 비율에 따르고, 이시중복보험의 경우에는 먼저 보험계약을 맺은 보험자가 우선하여 손해를 보상하고, 뒤에 체결한 보험자는 부족부분에 대해서만 책임을 부담하기로 하는 것), (b) 비례보상주의(각 보험자는 동시·이시중복보험을 묻지 아니하고 그 보험금액의 비율에 따라 피보험자에 대한 손해보상책임을 지기로 하는 것), (c) 연대책임주의(각 보험자의 각자의 보험금액의 한도에서 피보험자의 손해에 대하여 연대책임을 지기로 하는 것)로 나뉜다.

17) **대법원 2007. 10. 25. 선고 2006다25356 판결**(하나의 사고에 관하여 여러 개의 무보험자동차에 의한 상해담보특약보험(이하 '무보험자동차특약보험'이라 한다)이 체결되고 그 보험금액의 총액이 피보험자가 입은 손해액을 초과하는 때에는, 중복보험에 관한 상법 제672조 제1항의 법리가 적용되어 보험자는 각자의 보험금액의 한도에서 연대책임을 지고 피보험자는 각 보험계약에 의한 보험금을 중복하여 청구할 수 없다(대법원 2006. 11. 10. 선고 2005다35516 판결; 대법원 2006. 11. 23. 선고 2006다10989 판결 참조)).

① 보험계약자가 선의인 경우(단순 중복보험)

보험계약자가 선의인 중복보험의 경우 동시와 이시를 구별함이 없이 비례분담주의에 따라 보험자는 각 계약에 의한 보상액의 한도에서 연대책임을 지지만, 각 보험자의 보상책임은 각자의 보험금 또는 각 계약에 의한 보상액의 비율에 따르되, 보험자의 책임에 관하여 다른 약정이 있는 경우에는 그 약정에 따른다(상법 제672조 제2항).

예컨대, 보험가액이 1,000만원인 가옥에 대하여 X가 보험자 A, B, C와 보험금액을 각각 1,000만원, 600만원, 400만원으로 하여 화재보험을 체결한 경우에 전손(全損)인 때에는 A 500만원, B 300만원, C 200만원을 지급한다. 그러나 피보험자가 1,000만원의 보상을 받을 때까지는 각 보험자는 보험금액인 1,000만원, 600만원, 400만원의 한도 내에서는 연대책임을 부담한다.

② 보험계약자가 악의인 경우(사기 중복보험)

보험계약자가 악의인 경우(사기의 중복보험)에는 중복보험계약은 전부 무효가 되는데, 이때 보험계약자는 각 보험자가 그 사실을 안 때까지의 보험료를 지급하여야 한다(상법 672조 제3항, 제669조 제4항). 이것은 악의의 보험계약자를 제재하려는 취지이며, 여기의 사기는 민법 제110조와 같은 의미이지만, 그 효력을 무효로 하며 소급하지 않는다는 점에서 민법의 원칙에 대한 예외를 두고 있는 것이다.

③ 보험자 1인에 대한 권리포기

중복보험의 경우에 보험자 1인에 대한 권리의 포기는 다른 보험자의 권리의무에 영향을 미치지 않는다(상법 제673조). 이는 피보험자가 어느 한 보험자와 통모하여 다른 보험자를 해치는 것을 방지하기 위한 것이라 할 수 있다. 따라서 중복보험에 있어서 각 보험자는 보험금액의 비율에 따라 보상책임을 지게 되므로(상법 제672조 제1항), 보험사고가 발생한 때에는 각 보험자의 부담부분이 정해지고, 따라서 피보험자가 어느 보험자에 대한 권리를 포기하였을 때에는 그 부분에 대해서 다른 보험자에게도 권리를 주장할 수 없다.

④ 중복보험의 통지의무

중복보험의 경우에는 동시중복보험이든 이시중복보험이든 보험계약자는 각 보험자에 대하여 각 보험계약의 내용을 통지하여야 한다(상법 제672조 제2항). 이것은 각 보험자에 대하여 연대책임의 발생원인이 되는 중요한 사항이기 때문이다. 통지의무위반에 대하여 상법상의 제재는 없지만, 보험계약자가 이를 게을리 한 때에는 사기로 인한 보험계약이 되어 무효로 될 수 있다. 통지의무는 넓은 의미의 중복보험(병존보험)의 경우에도 인정된다.

◆ 대법원 2003. 11. 13. 선고 2001다49630 판결
-중복보험 판단 기준 및 다른 보험계약의 통지를 하지 않은 것이 통지의무위반에 해당하는지 여부

[사실개요]

기계부품을 제조하는 피고(보험계약자)는 소외 H 보험회사와 피고의 공장에 설치된 기계가 화재로 인하여 훼손 또는 멸실되어 손해가 발생하였을 경우 소외 회사가 그 손해를 보상하기로 하는 화재보험계약을 체결한 이후 원고(보험회사)와 사이에 같은 기계에 관하여 같은 내용의 화재보험계약을 체결하였다. 그런데 피고는 소외 H 보험회사와 최초보험 기간 1년이 만료된 후 소외 회사와 사이에 다시 동일한 내용의 화재보험계약을 체결하였는데도 원고에게 이 사실을 통지하지 아니하였다. 그런데 피고의 공장 건물에 원인불명의 화재가 발생하여 이 사건 보험계약 목적물인 기계 대부분이 소훼된 사고가 발생하였다. 이 사건 보험사고가 발생된 후 원고는 피고에 대하여 상법 및 보험약관을 근거로 보험계약을 해지한다는 통보를 하였다.

[판결요지]

보험계약자나 피보험자가 보험기간 중에 통지의무를 지는 상법 제652조 및 보험계약자, 피보험자 또는 보험수익자가 보험기간 중에 위험유지의무를 지는 상법 제653조에 정한 '사고 발생의 위험이 현저하게 변경 또는 증가된 사실'이라 함은, 그 변경 또는 증가된 위험이 보험계약의 체결 당시에 존재하고 있었다면 보험자가 보험계약을 체결하지 않았거나 적어도 그 보험료로는 보험을 인수하지 않았을 것으로 인정되는 정도의 것을 말한다(대법원 1997. 9. 5. 선고 95다25268 판결 참조). 상법 제672조 제2항에서 손해보험에 있어서 동일한 보험계약의 목적과 동일한 사고에 관하여 수개의 보험계약을 체결하는 경우에는 보험계약자는 각 보험자에 대하여 각 보험계약의 내용을 통지하도록 규정하고 있으므로, 이미 보험계약을 체결한 보험계약자가 동일한 보험목적 및 보험사고에 관하여 다른 보험계약을 체결하는 경우 기존의 보험계약의 보험자에게 새로이 체결한 보험계약에 관하여 통지할 의무가 있다고 할 것이나, 손해보험에 있어서 위와 같이 보험계약자에게 다수의 보험계약의 체결사실에 관하여 통지하도록 규정하는 취지는 부당한 이득을 얻기 위한 사기에 의한 보험계약의 체결을 사전에 방지하고 보험자로 하여금 보험사고 발생시 손해의 조사 또는 책임의 범위의 결정을 다른 보험자와 공동으로 할 수 있도록 하기 위한 것일 뿐, 보험사고발생의 위험을 측정하여 계약을 체결할 것인지 또는 어떤 조건으로 체결할 것인지 판단할 수 있는 자료를 제공하기 위한 것이라고는 볼 수 없으므로, 손해보험에 있어서 다른 보험계약을 체결한 것은 상법 제652조 및 제653조의 통지의무의 대상이 되는 사고발생의 위험이 현저하게 변경 또는 증가된 때에 해당되지 않는다.

손해보험에 있어서 다른 보험계약의 체결 또는 중복보험의 체결은 뚜렷한 위험의 변경 또는 증가와 관련된 것이라고 볼 수 없으므로 피고가 이 사건 보험계약 체결 후 이 사건 추가보험계약을 체결하면서 이 사건 보험약관의 계약 후 알릴 의무를 이행하지 않았다고 하더라도 원고로서는 이 사건 보험약관에 의하여 이 사건 보험계약을 해지할 수는 없다.

[쟁점사항]

이는 [1] 통지의무 및 위험유지의무를 정한 상법 제652조 및 제653조 소정의 '사고 발생의 위험이 현저하게 변경 또는 증가된 사실'의 의미를 밝히면서, [2] 손해보험계약에 있어서 보험계약자가 중복보험계약을 체결한 것이 상법 제652조 및 제653조의 통지의무 대상이 되는 '사고 발생의 위험이 현저하게 변경 또는 증가된 때'에 해당되지는 않는다고 한 사례이다.

4) 일부보험

(i) 의의

일부보험(under insurance; Unterversicherung)이란 보험금액이 보험가액에 미달한 보험(보험금액≪보험가액)을 말한다. 즉, 보험가액의 일부를 보험에 붙인 물건보험을 말하고, 보험금액과 보험가액이 일치하는 전부보험에 대한 개념이다. 이러한 일부보험은 보험계약자가 보험료를 절약하기 위하여 의식적으로 할 때도 있고(의식적 일부보험), 또 물가가 상승하여 자연적으로 생기는 경우도 있다(자연적 일부보험).

(ii) 효과

① 비례부담의 원칙

일부보험의 경우에는 보험자의 부담은 원칙적으로 보험금액의 보험가액에 대한 비율에 의하여 징하여진다는 비례부담의 원치에 따른다(상법 제674조 본문). 예컨대 보험가액이 1억원인 건물에 대하여 보험금액을 6천만원으로 한 경우에 전손인 때에는 보험자는 6천만원을 지급하면 되고, 5천만원의 손해가 발생한 때(분손)에는 6천만원의 2분의 1인 3천만원만 지급하면 된다.

② 실손보상계약

당사자간의 특약으로 보험금액의 범위 내에서 손해액 전액을 지급하는 것은 유효하다(동조 단서). 이를 제1차 위험보험(Versichernung auf erstes Risiko) 또는 실손(實損)보상계약이라고 한다. 예컨대 전손의 위험이 적은 물건을 화재보험의 목적으로 하면서 화재로 발생할 최고의 피해로 예상되는 금액을 보험금액으로 하고, 그 전액까지의 손해에 대하여 실손보상을 약정하는 것이다.

③ 비율보험

비율보험이란 보험자의 손해보상한도를 보험가액의 일정한 비율로 정하는 보험이다. 예컨대, 보험가액이 1,000만원인 물건에 대하여 70%의 비율보험을 든 경우에는

700만원까지 보상을 받을 수 있다. 비율보험은 그 비율의 범위 안에서 전액보험이라는 점에서 일부보험과 다른데, 창고 내에 있는 임치물 중 특히 고가의 물건, 예컨대 양탄자만을 부보하는 경우에도 그 고가물의 가액 전액을 보상받기 위하여 이러한 보험을 이용한다.

Ⅳ. 손해보험계약의 효과

1. 보험자의 손해보상의무(보험금지급의무)

(1) 의의

손해보험계약은 일종의 손해보상계약이므로 보험자가 보험사고로 인하여 생긴 피보험자의 재산상의 손해를 보상하여 줄 의무가 있는데(상법 제665조), 이를 보험자의 손해보상의무(보험금지급의무)라 한다. 보험사고 발생이전에 있어서의 보험자의 위험부담은 보험사고의 발생에 의하여 구체화되어 특정한 손해액을 보상할 의무가 있는데, 이 의무는 보험계약의 성질상 가장 주된 의무이다.

보험자는 보험사고의 발생에 의하여 생기는 손해를 보상할 것을 약정하는 것이므로, 보험기간에 보험사고가 발생하지 않더라도 위험부담이라는 급여를 한 것이 된다. 따라서 이 경우에도 무사고반환의 특약이 없는 한 보험자는 그가 취득한 보험료를 보험계약자에게 반환할 필요가 없다.

(2) 요건

1) 보험사고의 발생: 보험자가 이러한 보상의무를 부담하기 위하여는 보험계약에서 정한 보험사고가 법정 또는 계약에서 정한 보험기간 안에 발생하여야 한다. 이에 대한 입증책임은 보험계약자가 부담하며, 보험사고가 보험기간 내에 발생한 이상 손해가 보험기간 경과 후에 생긴 경우이더라도 보험자는 보험금을 지급하여야 한다.
2) 손해의 발생: 보험사고로 인하여 피보험자가 재산상의 손해를 입어야 한다. 여기

서 '손해'란 재산상의 불이익을 입는 것이며, 정신적 손해는 포함되지 않으며, 또 한 당사자가 보험계약에서 특정한 손해를 가리키므로 면책조항이나 소손해부담 보조항에 해당하는 것은 제외된다. 그리고 보험사고로 인하여 상실된 피보험자가 얻을 이익이나 보수(상실이익)[18]는 원칙적으로 보험자가 보상할 손해액에 산입하지 않는다(상법 제667조).

3) 인과관계의 존재: 보험사고와 손해와의 사이에 상당인과관계가 있어야 한다.[19] 보험자가 벼락 등의 사고로 특정 농장 내에 있는 돼지에 대하여 생긴 보험계약자의 손해를 보상하기로 하는 손해보험계약을 체결한 경우, 농장 주변에서 발생한 벼락 등으로 인하여 그 농장의 돈사용 차단기가 작동하여 전기공급이 중단되어 돼지들이 질식사하였다면 위 벼락사고는 보험계약상의 보험사고에 포함된다.[20]

(3) 면책사유

손해보험자는 보험계약자 등의 고의 또는 중대한 과실로 인한 보험사고이거나(상법 제659조),[21] 보험사고가 전쟁 등의 경우에(상법 제660조) 면책된다. 이 밖에도 손해보험(물건보험)에만 있는 특유한 법정면책사유에 의하여 면책되는 경우가 있다. 즉 손해보험자는 보험의 목적의 성질, 하자 또는 자연소모로 인한 손해[22]에 대하여 면책된다(상법 제678조).

---

18) 다만 당사자간의 특약이 있는 경우에 한하여 보험자가 보상할 손해액에 산입되는데, 이러한 보험을 '이익보험'이라고 한다.

19) 화재로 인한 건물 수리시에 지출한 철거비와 폐기물처리비는 화재와 상당인과관계가 있는 건물수리비에 포함된다고 보아야 할 것이고, 이를 손해액에 산입되지 아니하는 별도의 비용으로 볼 것은 아니다(대법원 2003. 4. 25. 선고 2002다64520 판결).

20) 대법원 1999. 10. 26. 선고 99다37603판결.

21) 이 때 보험계약자 등의 고의 등의 입증은 보험자가 하여야 한다. 즉 화재보험계약의 약관에서 "보험계약자나 피보험자의 고의 또는 중대한 과실로 발생한 손해에 대하여는 보상하지 아니한다"고 규정하고 있는 경우에 보험자가 보험금 지급책임을 면하기 위해서는 위 면책사유에 해당하는 사실을 증명할 책임이 있고, 여기에서의 증명은 법관의 심증이 확신의 정도에 달하게 하는 것을 가리키고, 그 확신이란 자연과학이나 수학의 증명과 같이 반대의 가능성이 없는 절대적 정확성을 말하는 것은 아니지만, 통상인의 일상생활에 있어 진실하다고 믿고 의심치 않는 정도의 고도의 개연성을 말하는 것이고, 막연한 의심이나 추측을 하는 정도에 이르는 것만으로는 부족하다(대법원 2009. 12. 10. 선고 2009다56603 판결).

22) 보험목적의 성질로 인한 손해라 함은 과일이나 생선 또는 육류의 부패, 주정의 증발 등이고, 보험목적의 하자로 인한 손해는 포장의 흠결로 생긴 운송물의 파손이나 보험의 목적 자체의 흠으로 생긴 손해를 말하고, 보험 목적의 자연소모에 의한 손해는 그 용도에 따라 사용함으로써 자연히 생기는 손해로서 가령 기계가 낡아서 쓸 수 없게 된 것이 그 예이다.

◆ 대법원 2000. 6. 13. 선고 98다35389 판결-약정면책사유의 충돌시 부보범위

[사실개요]

이 사건 화물을 적재한 선박이 울산항을 출발하여 방콕으로 항해하는 도중에 선박이 심하게 흔들리고 갑판에 해수가 넘치는 악천후를 만나 선창에 통풍환기를 할 수 없는 상태에 있었는데, 이 사건 화물 중 일부가 이러한 통풍의 불완전으로 생긴 결로에 의하여 젖거나 포장이 터지고 녹이 혼입되어 손상되었다.

[판결요지]

해상적하보험계약의 보험증권에서 그 부보조건으로 전위험담보의 협회적하약관[Institute Cargo Clauses (All Risks)]과 협회전쟁위험담보약관(Institute War Clauses) 및 드럼이나 캔 포장을 조건으로 하는 감량위험담보(오염손 포함)를 동시에 나열하고 있는 경우, 비록 위 전위험담보의 협회적하약관 제5조에서 보험목적물에 관한 멸실 또는 손상의 모든 위험을 담보한다고 규정하고 있기는 하여도 전위험담보의 협회적하약관이 제정되거나 개정된 경위와 연혁, 이를 규율하는 영국의 1906년 해상보험법의 규정 및 해상적하보험의 본질, 협회전쟁위험담보약관이나 감량위험담보조건을 추가하는 경우 추가 보험료를 납부하여야 하는 점 등에 비추어 볼 때 전쟁위험 및 피보험목적물에 생기는 통상적 누손이나 자연소모와 같은 통상적 손해는 담보하지 않거나 면책되는 것이라고 할 것이고, 그렇다면 위 보험계약의 부보조건은 기본적으로 전위험담보의 협회적하약관에 의하되 이러한 기본약관에 의하여 부보되지 않거나 보험자가 면책되는 위험을 담보하기 위하여 협회전쟁위험담보약관이나 드럼이나 캔에 의한 포장을 조건으로 하는 감량위험담보 및 오염손담보 약정을 추가한 것이라고 봄이 상당하고, 이와 같이 전위험담보의 협회적하약관과 드럼이나 캔에 의한 포장을 조건으로 하는 오염손담보약정이 동시에 있는 경우에 보험목적물에 오염이 발생하였어도 그 오염이 화물의 성질이나 하자 등으로 말미암아 생기는 통상의 손해가 아니라 다른 원인이 개입된 이례적인 손해라면 그 손해는 통상의 손해담보를 목적으로 하는 오염손담보약정에 의하여 부보되는 것이 아니라 전위험담보의 협회적하약관에 의하여 담보되어야 할 것이다.

[쟁점사항]

이는 해상적하보험계약의 보험증권상 전위험담보의 협회적하약관과 협회전쟁위험담보약관 및 드럼이나 캔에 의한 포장을 조건으로 하는 감량위험담보(오염손 포함) 약정이 동시에 나열되어 있는 경우, 전위험담보 협회적하약관에 의하여 담보되어야 한다고 본 판례이다.

(4) 손해의 보상

1) 손해액의 산정

보험자가 보상할 손해액은 원칙적으로 그 손해가 발생한 때와 곳의 보험가액에 의하여 산정하고, 이 손해액의 산정에 관한 비용은 보험자의 비용으로 한다(상법 제676조 제1항 본문). 그러나 예외적으로 기평가보험의 경우에는 합의된 보험가액에 의하되(상법 제670조), 보험가액불변경주의가 인정되는 운송보험(상법 제689조)이나 해상보험(상법 제696조) 등의 경우에는 상법이 규정하고 있는 보험가액에 의하며, 당사자간의 특약에 의한 신가보험의 경우에는 신품가액에 의한다(상법 제676조 제1항 단서).

2) 손해보상의 방법

보험자의 손해보상의 방법에 관하여는 상법상 특별한 규정이 없으나, 금전급여를 원칙으로 한다. 그러나 당사자간의 특약에 의하여 예외적으로 금전의 지급에 갈음하여 현물급여(유리보험약관 제1조 참조) 또는 수선의 방법으로도 할 수 있다.

3) 손해보상의 범위

보험자의 손해보상의 범위는 원칙적으로 개별적인 보험계약에서 정한 보험금액의 범위 내에서 피보험자가 보험사고로 입은 실제 손해액이다. 다만 신품가액을 지급하기로 하는 신가보험에 있어서는 손해를 입은 물건의 신품가액을 지급하게 될 것이다. 또한 보험자는 손해방지비용을 부담하고(상법 제680조 제1항 단서), 보험료의 체납이 있을 때에는 그 지급기일이 도래하지 아니한 때라도 보상액에서 이를 공제할 수 있다(상법 제677조).

(ⅰ) 전부보험: 보험금액과 보험가액이 같은 전부보험의 경우 보험사고로 보험의 목적이 전손된 때에는 보험자는 약정한 보험금액 전액을 보상하여야 한다. 다만 협정보험가액이 사고발생시의 가액을 현저하게 초과할 때에는 보험자는 사고발생시의 보험의 목적의 가액을 입증하여 그 보상액의 감액을 청구할 수 있고(상법 제670조), 분손의 경우에는 보험금액 또는 보험가액과 잔존가액과의 차액이 손해보상액이다.

(ⅱ) 초과·중복보험: 보험금액이 보험가액을 현저하게 초과하는 경우에는 보험가액을 한도로 손해액의 전액을 보상하고(상법 제669조), 수개의 보험계약이 있는 중복보험의 경우 각 보험자는 각자의 보험금액의 비율에 따라 그 손해액을 보상하며, 다른 보험이 없을 때에 지급할 보험금액의 한도에서 연대책임을 진다(상법 제672조).

(ⅲ) 일부보험: 보험가액의 일부를 보험금액으로 한 보험의 경우 전손인 경우에는 약정한 보험금액 전액이고, 분손인 경우에는 원칙적으로 보험금액의 보험가액에 대한 비율에 따라 정하여 진다. 그러나 예외적으로 당사자 간의 특약에 의하여 보험금액의 한도 내에서 보상할 수 있다(상법 제674조).

4) 손해보상의무의 이행

보험자의 손해보상의무의 이행기에 관하여는 당사자 간에 약정기간이 있는 경우에는 그 기간 내이고, 약정기간이 없는 경우에는 보험사고의 발생통지를 받은 후 지체없이 보험자가 지급할 보험금액을 정하고 그 정하여진 날로부터 10일 내이다(상법 제658조). 이러한 보험자의 손해보상의무는 3년의 단기시효로 소멸한다(상법 제662조).[23)]

2. 보험계약자·피보험자의 손해방지의무

(1) 의의

보험계약자와 피보험자는 보험사고가 발생한 때에 적극적으로 손해의 방지와 경감을 위하여 노력하여야 하는데(상법 제680조 제1항 본문), 이를 보험계약자 등의 손해방지의무(Rettungspflicht)라 한다. 이러한 보험계약자 등의 손해방지의무는 보험사고의 우연성과 신의성실의 원칙, 나아가서는 손해방지에 노력하여야 할 공익상의 요청에 의하여 인정된 것이다. 보험계약자 등의 손해방지·경감의무의 법적 성질은 계약당사자인 보험계약자뿐만 아니라 제3자인 피보험자도 부담하는 것이므로 계약상의 의무는 아니고, 형평의 견지에서 법이 특히 인정한 의무라고 보아야 할 것이다.

(2) 법적 성질

손해방지의무는 손해의 방지·경감을 위해 보험목적을 관리하는 보험계약자 등의 자발적인 협조를 구하는 점에서 간접의무에 속한다. 그러나 보험계약자 등이 고의·중과실로 이를 위반하였을 경우 보험자는 그로 인해 확대된 손해를 보상하지 않는데 그치지 않고 손해배상청구까지 할 수 있다는 점에서, 단순한 간접의무가 아니라 법적 의무라는 것이 통설이다.

(3) 손해방지의무의 내용

1) 의무의 발생시기: 보험계약자 등의 손해방지·경감의무는 보험사고의 발생을 전제로 하는 의무이므로, 보험계약자 등은 보험사고가 발생한 때로부터 이 의무를 진다. 다만 의무자가 사고발생 사실을 알지 못한 때에는 이행할 수 없으므로 이를

23) 2014년 개정상법에 의하여 종래 2년으로 되어 있던 것을 3년으로 연장한 것이다.

안 때로부터 개시된다.

2) 의무의 범위: 이 의무는 보험자가 보상하게 될 손해의 발생이나 확대를 방지하거나 손해를 경감할 목적으로 하는 행위에만 생긴다. 이때 보험계약자 등은 손해의 방지와 경감을 행위의 목적으로 하면 되므로, 반드시 보험자를 위한 것임을 의식할 필요도 없으며 또한 그 효과가 반드시 나타나야 하는 것도 아니다. 여기에는 예컨대 화재가 발생한 때에 신속하게 소방관서에 연락하여 진화에 노력하는 것과 같은 직접적인 것에서부터, 화재 원인 규명에 필요한 증언이나 증거자료를 확보하여 보험자의 대위청구를 돕는 것과 같은 간접적인 것도 포함된다.

3) 손해방지행위의 정도: 손해방지행위의 정도는 보험사고의 종류·상태와 사고발생 당시에 있어서의 보험계약자 등의 상태를 참작하여 결정할 문제인데, 보험계약자 등이 신의칙에 따라 자신의 일을 처리하는 정도의 주의로써 하면 된다.

(4) 손해방지비용의 부담

손해방지·경감비용이란 보험계약자와 피보험자의 손해방지·경감행위에 든 필요 또는 유익하였던 비용으로서,[24] 이 비용은 언제나 보험자가 전액 부담한다. 따라서 이 비용과 보상액이 보험금액을 초과한 경우라도 보험자가 이를 부담한다(상법 제680조 제1항 단서). 이는 손해방지의무의 이행을 장려한다는 공익적 이유와 손해방지를 위해 지출된 비용은 보험자의 이익으로 된다는 현실적 이유 때문이다.

◆ 대법원 2007. 3. 15. 선고 2004다64272 판결-손해방지비용의 범위

[사실개요]

원고(공제자)는 주식회사 B사와 사이에 대형유조차에 관하여 대물공제금의 한도를 1억 원으로 하여 조합원이 이 사건 유조차를 소유, 사용, 관리하는 동안에 생긴 자동차 사고로 인하여 타인의 재물을 멸실, 파손 또는 오손하여 법률상 손해배상책임을 짐으로써 입은 손해를 보상하기로 하는 공제계약을 체결하였다. 피고는 소외 2와 사이에 소외 2 소유인 승용차에 관하여 대물배상 보상한도를 2,000만 원으로 정하여 자동차종

24) 상법 제680조 제1항이 규정한 손해방지비용이라 함은 보험자가 담보하고 있는 보험사고가 발생한 경우에 보험사고로 인한 손해의 발생을 방지하거나 손해의 확대를 방지함은 물론 손해를 경감할 목적으로 행하는 행위에 필요하거나 유익하였던 비용을 말하는 것으로서, 이는 원칙적으로 보험사고의 발생을 전제로 하는 것이므로, 손해보험의 일종인 책임보험에 있어서도 보험자가 보상책임을 지지 아니하는 사고에 대하여는 손해방지의무가 없고, 따라서 이로 인한 보험자의 비용부담 등의 문제도 발생할 수 없다 할 것이나, 다만 사고발생시 피보험자의 법률상 책임 여부가 판명되지 아니한 상태에서 피보험자가 손해확대방지를 위한 긴급한 행위를 하였다면 이로 인하여 발생한 필요·유익한 비용도 위 법조에 따라 보험자가 부담하는 것으로 해석함이 상당하다(대법원 2002. 6. 28. 선고 2002다22106 판결).

합보험계약을 체결하였다. 소외 2는 이 사건 승용차를 운전하여 경부고속도로 상행선 도로를 운행 중 소외 3이 운전하던 이 사건 유조차를 들이받고, 소외 3은 이 사건 승용차를 피하기 위하여 급제동하다가 경계석을 충격하여 이 사건 유조차가 전도됨으로써, 소외 2와 소외 3은 상해를 입고, 이 사건 유조차에 실려 있던 백등유 약 1만ℓ가 인근 하천과 저수지로 유출되는 사고가 발생하였다. 소외 2와 원고 사이의 소송에서 소외 2와 소외 3 사이의 이 사건 사고에 대한 과실비율이 95:5로 인정되었다. 이 사건 사고 직후 소외 3의 사용자이자 이 사건 유조차의 실제 차주로서 B사와 사이에 이 사건 유조차에 관하여 위수탁관리계약을 체결하고 있던 소외 1 회사는, 사고를 방치할 경우 유출된 백등유로 인하여 환경오염 면적이 점점 넓어져 손해가 크게 확대될 것을 염려하여 D교역에게 이 사건 사고로 인한 오염 방제작업 및 폐기물처리 작업을 도급주었다. 방제작업을 한 D교역은 원고와 소외 1 회사를 상대로 방제작업비 청구의 소를 제기하였고, 소외 1 회사가 D교역에게 방제작업비 명목으로 6,500만 원을 지급하는 것으로 하는 조정에 갈음하는 결정이 확정되었다. D교역에게 위 6,500만 원을 지급한 소외 1 회사는 원고를 상대로 방제작업비 등 합계 6,800만 원의 보험금을 청구하는 소를 제기하였고, 법원은 원고에 대하여 소외 1 회사에게 6,800만 원 및 이에 대한 지연손해금의 지급을 명하는 판결을 하였다. 원고는 소외 1 회사에게 판결에 따라 7,400만 원(원금 6,800만 원과 지연손해금)을 지급하였다. 원고는 다른 공동불법행위자인 소외 2의 보험자인 피고회사에게 과실비율에 따른 구상권을 행사하였다.

[판결요지]

상법 제680조 제1항은 "보험계약자와 피보험자는 손해의 방지와 경감을 위하여 노력하여야 한다. 그러나 이를 위하여 필요 또는 유익하였던 비용과 보상액이 보험금액을 초과하는 경우라도 보험자가 이를 부담한다."고 규정하고 있다. 이 규정에서 말하는 손해방지비용이라 함은 보험자가 담보하고 있는 보험사고가 발생한 경우에 보험사고로 인한 손해의 발생을 방지하거나 손해의 확대를 방지함은 물론 손해를 경감할 목적으로 행하는 행위에 필요하거나 유익하였던 비용으로서, 원칙적으로 보험계약자나 피보험자가 손해의 방지와 경감을 위하여 지출한 비용을 자신의 보험자에게 청구하여야 할 것이다. 그러나 공동불법행위로 말미암아 공동불법행위자 중 1인이 손해의 방지와 경감을 위하여 비용을 지출한 경우에 위와 같은 손해방지비용은 자신의 보험자뿐만 아니라 다른 공동불법행위자의 보험자에 대하여도 손해방지비용에 해당한다고 보아야 할 것이므로, 공동불법행위자들과 사이에 각각 보험계약을 체결한 보험자들은 각자 그 피보험자 또는 보험계약자에 대한 관계에서뿐만 아니라, 그와 보험계약관계가 없는 다른 공동불법행위자에 대한 관계에서도 그들이 지출한 손해방지비용의 상환의무를 부담한다고 할 것이다. 또한, 이러한 관계에 있는 보험자들 상호 간에는 손해방지비용의 상환의무에 대하여 공동불법행위에 기한 손해배상채무와 마찬가지로 부진정연대채무의 관계에 있다고 볼 수 있으므로, 공동불법행위자 중의 1인과 사이에 보험계약을 체결한 보험자가 그 피보험자에게 손해방지비용을 모두 상환하였다면, 그 손해방지비용을 상환한 보험자는 다른 공동불법행위자의 보험자가 부담하여야 할 부분에 대하여 직접 구상권을 행사할 수 있다.

[쟁점사항]

이는 상법 제680조 제1항에서 말하는 '손해방지비용'이란 보험자가 담보하고 있는 보험사고가 발생한 경우에 보험사고로 인한 손해의 발생을 방지하거나 손해의 확대를 방지함은 물론 손해를 경감할 목적으로 행하는 행위에 필요하거나 유익하였던 비용을 말한다고 하면서, 공동불법행위자 중 1인과 보험계약을 체결한 보험자가 피보험자에게 손해방지비용을 모두 상환한 경우 그 보험자는 다른 공동불법행위자의 보험자가 부담하여야 할 부분에 대하여 직접 구상권을 행사할 수 있다고 한 판례이다.

(5) 의무해태의 효과

의무해태의 효과에 대하여 상법에는 규정이 없다. 그러나 보험계약자 또는 피보험자가 고의 또는 중대한 과실로 인하여 이 의무를 게을리 한 경우에는, 이것과 상당인과관계가 있는 손해에 대하여 그 배상을 청구할 수 있거나 또는 지급할 손해보상액으로부터 이를 공제하여 지급할 수 있다. 이에 대한 입증책임은 보험계약자 등이 고의·과실이 아님을 입증해야 한다는 견해도 있으나, 보험자가 보험계약자 등의 고의·중과실로 인한 임무해태를 입증해야 할 것이다.

3. 보험자대위

(1) 의의와 법적 성질

1) 의의

보험자대위(right by subogation; Subrogation; recours de l'assureur contre le tiers responsable du sinistre)라 함은 보험자가 보험사고로 인한 손실을 피보험자에게 보상하여 준 때에 보험의 목적이나 제3자에 대하여 가지는 피보험자 또는 보험계약자의 권리를 법률상 당연히 취득하는 것을 말한다(상법 제681조, 제682조). 보험자대위제도는 손해를 배상한 채무자가 채권자의 물건에 관한 권리를 취득하는 배상자대위제도(민법 제399조)와 유사한 제도이다. 보험자가 대위할 피보험자의 권리는 피보험자의 보험의 목적물에 대한 것(잔존물대위: 제681조)과 보험의 목적과 관련된 피보험자의 제3자에 대한 권리일 수도 있다(청구권대위: 제682조).

보험자대위는 원칙적으로 손해보험에 대해서만 인정되고 인보험에 있어서는 허용되지 않는다(상법 제729조 본문). 그러나 인보험 중 상해보험의 경우에는 예외적으로 당사자간에 특약이 있는 때에 한하여 피보험자의 권리를 해하지 아니하는 범위에서 제3자에 대한 보험자대위를 인정하고 있다(상법 제729조 단서).

2) 법적 성질

보험자대위는 민법상 손해배상자대위(민법 제399조)와 같으며, 보험자는 법률의 규정에 의하여 당연히 보험계약자 또는 피보험자의 권리를 취득한다. 따라서 물권변동의 효력발생요건(민법 제186조, 제188조)이나 채권양도에 관한 대항요건(민법 제450조)

등은 필요하지 않다(민법 제187조).

(2) 보험자대위의 근거

보험자대위의 원칙은 본래 형평의 관념에서 나온 것인데, 근거에 대하여 손해보상계약성에서 찾는 견해[25]와 보험정책적인 견지[26]에서 찾는 견해로 나뉜다. 생각건대 손해보험은 피보험이익의 손실보상을 목적으로 하는 것이지 피보험자에게 이득을 주려는 것이 아니다. 따라서 피보험자로 하여금 이중의 이득을 얻지 못하도록 민법상 손해배상자의 대위(민법 제399조)와 같은 정신으로 보험자대위를 인정한 것으로 보아야 할 것이다(손해보상계약설).

(3) 보험의 목적에 대한 보험자대위

1) 의의

보험의 목적에 대한 보험자대위란 보험의 목적의 전부가 멸실한 경우에 보험금액의 전액을 지급한 보험자가 피보험자의 보험의 목적에 관한 권리를 법률상 당연히 취득하는 제도를 말한다(상법 제681조 본문). 이를 잔존물대위라고도 한다. 손해보험제도의 실손보상원칙에 충실하려면 보험자는 사고 후 보험목적에 남아 있는 잔존가치를 따져서 이를 공제한 잔액을 보험금으로 하여야 할 것이다. 그러나 그렇게 되면 보험금액을 산정하는 데 시간이 소요될 뿐 아니라 가액산정을 둘러싸고 당사자 간에 분쟁이 생길 소지가 많기 때문에 보험자로 하여금 보험금을 전부 지급하게 하고 잔존물에 대한 권리를 취득하게 하는 것이다.

2) 요건

첫째, 보험의 목적에 대한 보험자대위가 성립하기 위하여는 보험목적이 전부멸실되어야 한다. 여기서 전부멸실이란 보험목적의 경제적 기능이 전부 상실된 경우를 말한

---

25) 손해보상계약설(이득방지설)은 손해보험은 손해보상을 목적으로 하는 것이고 피보험자에게 어떠한 이득을 주려는 것은 아닌데, 보험사고 발생 후에 가치 있는 잔존물이 남거나 제3자에 대한 청구권이 발생한 경우에는 피보험자는 보험금을 받아 손실을 보상받은 후에 잔존물 또는 청구권에 의하여 이익을 얻을 가능성이 있으므로 이러한 이중이득을 막기 위하여 인정된다고 한다(통설).

26) 정책설은 이득의 방지는 보험계약에서 당연히 요청되는 것은 아니고, 보험계약이 피보험자에 의한 보험사고의 유발이나 도박 등 부정행위로 이용되는 것을 막기 위한 정책적 수단으로 인정된다고 보는 견해이다.

다. 그러나 잔존물의 일부가 남아 있는 경우에도 경제적인 관념에서 그 이용이 불가능한 경우에도 전손으로 볼 수 있다.

둘째, 보험금액이 전액 지급되어야 한다. 그러므로 일부만 지급한 경우에는 일부분에 대해서만 권리가 이전되는 것은 아니며, 이 점이 청구권 대위와 다르다(상법 제682조 단서). 보험금액을 전부 지급하였다고 하는 것은 손해액뿐만 아니라 보험자가 부담해야 할 손해방지비용(상법 제680조 단서)도 포함한다는 것이 통설이다.

3) 효과

(ⅰ) 보험목적에 대한 권리이전: 보험목적의 전부가 멸실한 경우에 보험금을 전부 지급한 시점에서 피보험자가 보험목적에 대해 가지고 있던 권리가 법률의 규정에 의해 당연히 보험자에게 이전된다. 따라서 이전되는 권리가 보험목적에 대한 소유권인 경우에도 물권변동의 절차를 밟을 필요가 없다. 피보험자가 잔존물을 점유하고 있는 경우에는 보험자의 권리행사에 협조하여야 하고, 만일 이 권리를 피보험자가 처분했다면 보험자는 보험금액에서 이를 공제할 수 있다.

(ⅱ) 일부보험: 위의 요건이 성립하면 피보험자의 보험목적에 대한 모든 권리(소유권에 한하지 않고 경제적 이익이 있는 모든 권리)가 보험금액 전액을 지급한 때부터 법률의 규정에 의하여 당연히 보험자에게 이전된다. 일부보험의 경우는 보험자는 보험금액의 보험가액에 대한 비율에 따라 피보험자의 보험목적에 대한 권리를 취득한다(상법 제681조 단서). 따라서 이 경우에 보험자와 피보험자는 지분에 의하여 잔존물을 공유하게 된다.

(ⅲ) 잔존물에 대한 의무부담과 대위권 포기: 보험자는 대위에 의하여 보험의 목적인 잔존물에 대하여 모든 권리를 취득하는데, 때에 따라서는 이로 인하여 잔존물에 부수하는 의무를 부담하는 경우가 있다. 이러한 의무의 부담으로 인하여 보험자대위를 강요하면 이로 인하여 보험자는 오히려 불이익을 받기 때문에, 이 경우에 보험자는 대위권을 포기할 수 있다고 본다.

(4) 제3자에 대한 보험자대위

1) 의의

제3자에 대한 보험자대위란 피보험자의 손해가 제3자의 행위로 인하여 생긴 경우에 보험금액을 지급한 보험자가 지급한 보험금액의 한도에서 그 제3자에 대한 보험계약자 또는 피보험자의 권리를 법률상 당연히 취득하는 제도를 말한다(상법 제682조 본문). 이를 청구권대위라고도 하는데, 피보험자가 제3자의 행위로 인한 보험금청구권과 손해배상청구권을 동시에 행사함으로써 이중의 이득을 방지하려는 것이다. 즉, 피보험자가 보험자와 제3자에 대하여 그 청구권을 중첩적으로 행사하게 되면 보험사고 발생으로 이중의 이득을 취하게 되어 보험을 악용할 염려가 있고, 또 보험자의 보험금지급으로 제3자의 채무를 면하게 하는 것은 형평의 관념상 부당하기 때문이다.

2) 요건

(i) 제3자에 의한 보험사고의 발생: 제3자에 대한 보험자대위가 성립하기 위하여는 제3자의 행위로 인하여 보험사고가 발생하고 또한 이로 인하여 피보험자가 손해를 입어야 한다. 여기서의 '행위'란 광범위한 개념으로 보험사고의 발생요인이 되는 모든 사건을 말한다.[27] 그리고 '제3자'란 일반적으로 피보험자 이외의 사람을 말한다. 따라서 보험사고에 의해 배상책임을 지는 자가 보험계약의 내용에 따라 피보험자의 개념에 포함되는 경우에는 보험자는 그 자에 대하여 대위권을 행사할 수 없다. 또한 피보험자와 공동생활을 하는 가족도 고의에 의한 보험사고가 아닌 경우에는 제3자에 포함되지 않는 것이 통설과 판례이다.[28] 왜냐하면 이러한 피보험자 등의 가족이나 사용인에게도 보험자대위를 인정하면 실제로 피보험자로부터 보험의 이익을 박탈하는 것과 동일한 결과를 가져오기 때문이다.[29]

(ii) 보험자의 보험금지급: 비록 피보험자의 손해가 제3자의 행위로 인해 발생하였다 하더라도 보험자는 보험계약에 따라 피보험자에게 그 손해를 보상하여야 청구권대위가 인정된다. 일단 보험금이 지급되면 피보험자는 보험계약의

---

27) 따라서 불법행위뿐만 아니라 채무불이행에 의하여 손해배상의무를 부담하는 경우 또는 적법행위도 포함된다.

28) 대법원 2002. 9. 6. 선고 2002다32547 판결.

29) 그러나 가족 등이 제외되는 것은 과실로 인하여 그러한 손해가 발생한 경우에 한하고, 그들의 고의로 인하여 손해가 발생한 경우에는 보험자를 면책하거나 또는 보험자의 구상권을 인정하여야 할 것이다.

무효나 보험금지급의무의 부재를 이유로 보험자의 청구권대위에 대항할 수 없음은 잔존물대위에서와 마찬가지이다. 그런데 보험자가 피보험자에게 지급한 보험금은 보험계약에 의해 정당하게 보상해야 할 손해[30]에 대한 것이어야 한다.[31]

(iii) 보험계약자 또는 피보험자의 제3자에 대한 권리의 존재: 제3자에 대한 보험자대위가 성립하기 위하여는 마지막으로 보험계약자 또는 피보험자가 제3자에 대하여 권리를 가지고 있어야 한다. 보통 피보험자가 제3자에 대하여 가지고 있는 불법행위 또는 채무불이행으로 인한 손해배상청구권이 청구권대위의 대상이 된다. 따라서 제3자에 의하여 보험사고가 발생한 후 보험자가 보험금을 지급하기 전에 피보험자 등이 제3자에 대한 권리를 행사하거나 처분한 경우라면 청구권이 없으므로, 보험자는 청구권대위를 할 수 없다.

◆ 대법원 2006. 2. 24. 선고 2005다31637 판결-제3자의 범위

[사실개요]

원고(보험회사)는 소외 회사(기명피보험자)와 사이에 그 소유의 화물차량에 관하여 업무용 자동차종합보험계약을 체결하였다. 피고는 소외 회사 소유의 피보험차량을 운전하여 배달 업무에 종사하는 한편 이를 이용하여 출·퇴근을 하였으며, 이 사건 차량을 운행하지 않을 때에는 차량 열쇠를 소외 회사의 매장 내 계산대 열쇠걸이에 걸어두는 방법으로 보관하였다. 피고는 음주운전으로 운전면허가 취소되었으나 운전면허 취소사실이 알려질 경우 직장을 잃게 될 것이 두려워 소외 회사에게 그 사실을 알리지 않았다. 피고는 음주, 무면허 상태에서 피보험자동차를 운전하여 귀가하던 도중 중앙선을 침범하여 역주행한 과실로 반대방향에서 진행하여 오던 피해자를 사망하게 하였다. 원고는 피해자에게 보험금을 지급한 후 피고에 대해 대위권을 행사하였다.

[판결요지]

상법 제682조 소정의 보험자대위의 법리에 의하여 보험자가 제3자에 대한 보험계약자 또는 피보험자의 권리를 행사하기 위해서는 손해가 제3자의 행위로 인하여 생긴 경우라야 하고 이 경우 제3자라고 함은 피보험자 이외의 자가 되어야 할 것인바, 자동차종합보험보통약관에 피보험자는 기명피보험자 외에 기명피보험자의 승낙을 얻어 자동차를 사용 또는 관리중인 자 및 위 각 피보험자를 위하여 피보험자동차를 운전중인 자(운행보조자를 포함함) 등도 포함되어 있다면, 이러한 승낙피보험자나 운전피보험자 등의 행위로 인하여 보험사고가 발생한 경우 보험자는 보험자대위의 법리에 의하여 그 권리를 취득할 수 없다.

비록 피고가 채용 이후 운전면허가 취소된 사실을 숨겼다 하더라도 면허를 소지한 상태에서 배달 업무를

30) 보험계약에서 담보하지 아니하는 손해에 해당하여 보험금지급의무가 없음에도 보험자가 피보험자에게 보험금을 지급한 경우, 보험자대위가 인정되지 않는다(대법원 2007. 10. 12. 선고 2006다80667 판결).

31) 보험약관상 보험자가 면책되는 무면허운전시에 생긴 사고에 대하여 보험회사가 보험금을 지급한 것은 보험약관을 위배하여 이루어진 적법하지 못한 보험금의 지급이므로 이로 인하여 보험자는 구상권을 대위행사할 수 없다(대법원 1994. 4. 12. 선고 94다200 판결).

위하여 운전기사로서 채용되었던 점, 수시로 이 사건 차량을 출·퇴근용으로 이용하였다는 점 등에 비추어 피고는 기명피보험자인 소외 회사를 위하여 이 사건 차량을 운전하는 운전피보험자에 해당함이 명백하다. 피고가 위 자동차종합보험약관상 운전피보험자에 해당하는 이상 승낙피보험자에 해당하는지 여부 또는 무면허운전을 하였는지 여부에 관계없이 피고는 상법 제682조에서 말하는 제3자에 해당하지 않는다.

[쟁점사항]

이는 [1] 자동차종합보험보통약관상 피보험자에 포함되어 있는 승낙피보험자 등의 행위로 보험사고가 발생한 경우, 보험자가 보험자대위권을 행사할 수 없다고 보면서, [2] 기명피보험자인 회사를 위하여 피보험차량을 운전하는 피용자는 운전피보험자로서 보험자가 보험자대위권을 행사할 수 있는 상법 제682조에 정한 '제3자'에 해당하지 않는다고 한 사례이다.

3) 효과

(i) 권리의 이전: 위의 요건이 성립하면 피보험자 등의 제3자에 대한 권리는 법률의 규정에 의하여 당연히 보험자에게 이전된다. 보험자대위권은 보험자가 피보험자에게 손해보상을 함으로써 법률상 당연히 생기는 것이므로 대항요건, 즉 그 권리이전의 통지 또는 승낙을 필요로 하지 아니한다. 이때 제3자는 권리자의 변동으로 불이익을 받을 이유가 없으므로, 피보험자 등에 대한 모든 항변사유로써 보험자에게 대항할 수 있으며, 소멸시효기간도 합산된다.

(ii) 이전되는 권리의 범위: 이 경우 보험자는 피보험자가 제3자에 대하여 행사할 수 있는 권리의 한도에서만 대위권을 행사할 수 있으며, 또한 자기가 지급한 보험금액의 한도에서만 대위권을 행사할 수 있는 것이 원칙이다.[32] 따라서 나머지 권리를 계속하여 보험계약자나 피보험자가 행사한다. 그러므로 예컨대 자동차보험에서 보험사고가 피보험자의 과실과 경합하여 발생한 경우에 그 상대방은 피보험자에 대하여 과실상계를 주장할 수 있으므로[33] 보험자의

---

32) 2014년 개정상법에 의하면, 제3자에 대한 보험계약자 또는 피보험자의 권리의 취득에 있어서 그 권리가 그와 생계를 같이 하는 가족에 대한 것인 경우에는 그 가족의 고의로 인한 것인 아닌 한 보험자의 권리취득은 제한된다(상법 제682조 제2항).

33) 상법 제682조는 "손해가 제3자의 행위로 인하여 생긴 경우에 보험금액을 지급한 보험자는 그 지급한 금액의 한도에서 그 제3자에 대한 보험계약자 또는 피보험자의권리를 취득한다. 그러나 보험자가 보상할 보험금액의 일부를 지급한 때에는 피보험자의 권리를 해하지 아니하는 범위 내에서 그 권리를 행사할 수 있다."고 규정하고 있다. 이러한 손해보험에서의 보험자대위권은 피보험자의 이중이득을 방지하기 위하여 정책적으로 인정되는 것인 점 등을 고려할 때, 이른바 '일부보험'의 경우 보험자가 대위할 수 있는 피보험자의 제3자에 대한 권리의 범위는 보험약관 등에 이에 관한 명시적인규정이 있다면 이에 따라야 할 것이나, 그렇지 않다면 약관 해석에 관한 일반원칙에 따라 고객에게 유리하게 해석하여, 피보험자가 실제로 입은 손해 이상의 이득을 취하는 것이 아닌 이상, 피보험자의 권리를 해하지 아니하는 범위 내로 제한된다고 봄이 타당하다. 따라서 손해보험계약의 약관에서 "보험자가 보험금을 지급한 때에는 지급한 보험금의 한도 내에서 보험계약자 또는 피보험자가 제3자에 대하여 가지는 손해배상 청구권을 취득하되, 보험자가 보상한 금액이 피보험자가 입은 손해의 일부인

대위권행사는 상계된 금액만큼 제한되고, 보험자가 대위권을 행사하여 제3자로부터 회복한 금액이 피보험자에게 지급한 금액을 초과하는 경우에는 그 초과부분을 피보험자에게 돌려주어야 한다.

(iii) 피보험자에 의한 권리 처분의 제한: 보험금지급에 의하여 보험자대위권이 발생하면 보험계약자 또는 피보험자는 보험금의 지급을 받은 한도에서 그 권리를 잃게 되므로 임의로 그 제3자에 대한 권리를 행사하거나 처분할 수 없고, 보험자만이 그 권한을 갖는다. 그렇기 때문에 피보험자 등이 보험자로부터 보험금을 지급받은 후에 제3자에 대한 권리를 행사하거나 또는 처분한 경우에는, 피보험자 등은 보험자의 대위권을 침해한 것이 되어 부당이득반환 또는 불법행위에 기한 손해배상책임을 부담할 것이고, 이 경우 제3자는 무권리자에 대한 변제가 되므로 원칙적으로 무효이나(민법 제472조), 예외적으로 제3자가 선의·무과실이면 채권의 준점유자에 대한 변제로 유효가 될 수 있다(민법 제470조).

(iv) 보험금일부지급의 효력: 보험자가 보상할 보험금액의 일부를 지급한 때에는 피보험자의 권리를 해하지 않는 범위 내에서만 그 권리를 행사할 수 있다(상법 제682조 단서).[34)]

경우에는 피보험자의 권리를 침해하지 아니하는 범위 내에서 보험자가 그 권리를 취득한다."고 규정하고 있다면 보험자대위에 의하여 보험자가 행사할 수 있는 권리의 범위는 그 약관 규정에 따라 제한된다. 따라서 보험사고가 피보험자와 제3자의 과실이 경합되어 발생한 경우 피보험자가 제3자에 대하여 그 과실분에 상응하여 청구할 수 있는 손해배상청구권 중 피보험자의 전체 손해액에서 보험자로부터 지급받은 보험금을 공제한 금액만큼은 여전히 피보험자의 권리로 남는 것이고, 그것을 초과하는 부분의 청구권만 보험자가 보험자대위에 의하여 제3자에게 직접 청구할 수 있게 된다(**대법원 2012. 8. 30. 선고 2011다100312 판결**). 이 판결은 甲이 운영하는 점포에서, 甲의 과실과 위 점포에 액화석유가스를 공급한 乙의 과실이 경합하여 화재가 발생하였는데, 甲과 점포 내 시설 및 집기비품에 대하여 각 보험금액을 달리하여 화재보험계약을 체결한 丙보험회사가 甲에게 보험금을 지급하고, 乙과 가스사고배상책임보험계약 등을 체결한 丁보험회사가 甲을 제외한 피해자들에게 보험금을 지급한 뒤 丙회사가 丁회사를 상대로 구상금을 청구한 사안인데, 화재보험계약에서 시설과 집기비품을 구분하여 따로 보험가액을 산정하기는 하였지만 보험사고 내용이 동일하고 하나의 보험증권이 발급된 점 등에 비추어 위 화재보험계약은 시설과 집기비품 모두를 대상으로 한 하나의 보험계약으로 체결되었다고 보아야하고, 甲은 위 사고로 인한 전체 손해액에서 丙회사로부터 지급 받은 보험금을 공제한 나머지 부분에 관하여 여전히 乙또는 丁회사에 대하여 자신의 권리를 가지고 있으며, 丙회사는 이러한 甲의 권리를 침해하지 않는 범위, 즉 甲의 전체 손해액 중 乙의 과실비율에 해당하는 금액과 위 나머지 부분의 차액의 범위 내에서만 보험자대위를 할 수 있음에도, 이와 달리 위 화재보험계약 중 시설에 대한 부분과 집기비품에 대한 부분을 별개의 보험으로 보아 丙회사가 보험자대위를 할 수 있는 범위를 시설에 관하여 지급된 보험금 중 乙의 과실비율에 해당하는 부분 전액으로 본 원심판결에 법리오해의 위법이 있다고 한 사례이다.

34) 예컨대 보험가액이 1,000만원의 목적물에 대하여 전부보험계약을 체결하였는데, 제3자의 과실로 인하여 위 목적물이 전부멸실된 경우에 보험자가 600만원을 지급한 때에는 보험자는 제3자에 대하여 600만원의 범위 내에서만 손해배상청구권을 대위할 수 있고, 피보험자는 나머지 400만원의 손해배상청구권을 갖는다. 따라서 '피보험자의 권리를 해하지 아니하는 범위 내에서'란 피보험자의 제3자에 대한 400만원의 손해배상청구권을 우선적으로 보호하여야 한다는 뜻으로 된다.

◆ 대법원 1999. 6. 11. 선고 99다3143 판결-구상권의 소멸시효 기간 등

[사실개요]

원고 보험회사는 소외 H와 사이에 H 소유의 이 사건 피해차량에 관하여 자동차종합보험계약을 체결하였고, 피고 D 보험회사는 이 사건 가해차량의 매수인인 소외 C와 사이에 주운전자를 C, 피보험자를 그의 처인 피고 K로 하여 가해차량에 관하여 자동차종합보험계약을 체결하였다. C가 가해차량의 후사경을 고치기 위하여 자동차부품상인 소외 1에게 수리를 맡겼다가 그의 부탁으로 소외 2에게 가해차량을 빌려주었는데, 소외 2의 선배라는 소외 3이 가해차량을 음주운전하여 고속도로를 역주행한 잘못으로 마주 오던 피해차량을 들이받음으로써 피해차량이 전파되고, 피해차량에 탑승하였던 소외 4 등이 각 상해를 입었다. 원고가 H에게 피해차량의 손괴로 인한 손해배상금을, 피해차량의 탑승자였던 소외 4 등에게 손해배상금을 각 지급한 후, 원고는 피고에 대해 구상권을 행사하였다.

[판결요지]

개정 상법(1991. 12. 31. 법률 제4470호) 부칙 제2조 제1항 본문에 따라 그 시행일 이전에 보험계약이 성립하고 보험사고인 교통사고가 발생한 경우에도, 그 피해자는 개정 상법 제724조 제2항 본문에 의하여 보험을 인수한 보험회사에 대하여 직접 보상을 청구할 수 있고, 공동불법행위자의 보험자들 상호간에는 그 중 하나가 피해자에게 보험금으로 손해배상금을 지급함으로써 공동면책되었다면 그 보험자는 상법 제682조의 보험자대위의 법리에 따라 피보험자가 다른 공동불법행위자의 부담 부분에 대한 구상권을 취득하여 그의 보험자에 대하여 행사할 수 있고, 이 구상권에는 상법 제724조 제2항에 의한 피해자가 보험자에 대하여 가지는 직접청구권도 포함된다. 그리고 보험금을 지급한 보험자가 보험자대위에 의하여 다른 공동불법행위자 및 그의 보험자에 대하여 가지는 구상권의 소멸시효 기간은 일반채권과 같이 10년이고, 그 기산점은 구상권이 발생한 시점, 즉 구상권자가 현실로 피해자에게 손해배상금을 지급한 때이다.

한편 상법 제682조에 의하면, 손해가 제3자의 행위로 인하여 생긴 경우에 보험금액을 지급한 보험자는 그 지급한 금액의 한도에서 그 제3자에 대한 보험계약자 또는 피보험자의 권리를 취득한다고 규정하고 있는바, 이러한 보험자대위에 의하여 피보험자 등의 제3자에 대한 권리는 동일성을 잃지 않고 그대로 보험자에게 이전되는 것이므로, 이 때에 보험자가 취득하는 채권의 소멸시효 기간과 그 기산점 또한 피보험자 등이 제3자에 대하여 가지는 채권 자체를 기준으로 판단하여야 한다. 원고가 피해차량 소유자인 H에게 보험금을 지급한 것은 원고와 H 간의 보험계약에 기하여 제3자인 소외 3의 불법행위로 인하여 피보험자인 H 소유의 피해차량이 파손됨으로 인한 물적 손해에 대한 손해배상금으로서 지급한 것이므로, 이 경우 여기에 공동불법행위자 상호간의 구상권 문제가 생길 여지는 없다. 원고는 보험금을 지급한 보험자로서 보험자대위의 법리에 의하여 H의 피고들에 대한 손해배상채권 자체를 취득하는 것이고, 따라서 H가 그 손해 및 가해자를 안 때로부터 민법 제766조 제1항에 정한 3년의 소멸시효가 진행되고, 원고가 취득한 피고들에 대한 손해배상채권도 마찬가지로 H가 손해 및 가해자를 안 때로부터 그 소멸시효가 진행하게 되는 것이다.

[쟁점사항]

이는 개정 상법 시행일 이전에 보험계약이 성립하고 보험사고인 교통사고가 발생한 경우에도 피해자의 보험회사에 대한 직접청구권이 인정되고, 공동불법행위자의 보험자들 상호간에 직접 구상권을 행사할 수 있으며 그 구상권에는 상법 제724조 제2항 소정의 피해자의 보험자에 대한 직접청구권이 포함되고, 보험금을 지급한 보험자가 보험자대위에 의하여 다른 공동불법행위자 및 그의 보험자에 대하여 가지는 구상권의 소멸시효 기간은 10년인데 그 기산점은 구상권자가 현실로 피해자에게 손해배상금을 지급한 때이고, 상법 제682조 소정의 보험자대위에 의하여 보험자가 취득하는 채권의 소멸시효 기간과 그 기산점 또한 피보험자 등이 제3자에 대하여 가지는 채권 자체를 기준으로 판단하여야 한다는 판례이다.

4) 일부보험과 재보험의 대위

(i) 일부보험에서의 보험자대위: 보험의 목적에 대한 보험자대위(상법 제681조 단서)와는 달리 상법은 제3자에 대한 보험자대위에서는 일부보험에 관하여는 규정하고 있지 않다. 따라서 이에 관하여는 학설의 대립[35)]이 있는데, 생각건대 제3자에 대한 보험자대위를 보험목적에 대한 보험자대위와 동일시할 수는 없을 것이다. 따라서 상법 제682조 단서의 취지에서 피보험자의 이익을 우선 고려하여야 할 것이다. 또한 보험자대위란 원래 피보험자의 이중이득을 방지하기 위하여 인정된 것이므로, 차액설이 타당하다고 본다.

(ii) 재보험에서의 보험자대위: 재보험의 경우에 재보험자는 원보험자에게 재보험금을 지급한 한도에서 피보험자 등의 제3자에 대한 권리를 대위취득하나, 이 경우에는 보험자대위에 의한 권리의 귀속과 권리의 행사를 분리하는 관습이 있다. 즉 재보험자는 원보험자에게 재보험금을 지급한 한도에서 피보험자 등의 제3자에 대하여 가지는 권리를 대위취득하지만, 제3자에 대한 권리의 행사는 원보험자가 자기의 이름으로 재보험자의 수탁자적 지위에서 한다(통설).

V. 손해보험계약의 변경·소멸

보험계약에 의한 법률관계는 그 성질상 장기간 지속되므로, 그 동안에 여러 가지의 사정변경에 의하여 보험계약의 내용을 변경하거나 보험계약 자체가 소멸하는 경우가 생긴다. 그 가운데 보험계약의 일반의 변경·소멸사유에 대해서는 이미 설명하였으므로 여기서는 손해보험계약에 있어서 특유한 보험가액의 변경과 피보험이익의 소멸 및 보험목적의 양도에 관해서 살펴보기로 한다.

35) 즉 보험자는 보험금액을 지급한 한도에서 대위한다는 견해(절대설, 한도주의), 상법 제681조 단서를 유추하여 보험자는 보험금액의 보험가액에 대한 비율에 따라 대위한다는 견해(상대설, 비례주의)와 상법 제682조 단서의 취지에서 보험자는 피보험자의 권리를 해하지 아니하는 범위에서 대위한다는 견해(차액설, 손해초과주의)가 있다.

1. 피보험이익의 소멸

보험계약 체결 당시 존재하게 될 것으로 예정한 피보험이익이 보험사고 이외의 사유로 소멸한 경우에는, 그 사실이 보험자의 책임이 개시되기 전에 생겼느냐 후에 생겼느냐를 묻지 않고 그 보험계약도 그때부터 효력을 잃게 된다. 예컨대 화재보험의 경우 보험목적이 홍수로 멸실 되거나, 운송보험의 경우 보험목적에 대한 운송계약이 취소된 경우, 책임보험의 경우 피보험자가 책임을 질 가능성이 없게 된 경우에는 그에 의하여 보험계약은 종료하게 된다. 이때 피보험이익의 소멸이란 절대적 소멸을 의미하고, 상대적 소멸(예컨대 도난·분실 등)을 포함하지 않는다.

이와 같이 보험자의 책임개시 이전에 피보험이익의 소멸로 인하여 보험계약이 무효인 경우에는 보험계약자와 피보험자가 선의이며 중대한 과실이 없는 때에는 보험자에 대하여 보험료의 전부 또는 일부의 반환을 청구할 수 있으며(상법 제648조 제1문), 보험자의 책임개시 이후에 피보험이익이 소멸한 경우에는 보험계약자는 미경과보험료기간에 대한 보험료의 반환을 청구할 수 있다.

2. 보험목적의 양도

(1) 의의 및 인정이유

보험목적의 양도란 피보험자가 보험의 대상인 목적물을 개별적으로 타인에게 양도하는 것을 말한다. 이때에 양수인은 보험계약상의 권리·의무를 승계한 것으로 추정한다(상법 제679조 제1항). 따라서 보험목적의 양도는 보험계약상의 권리의무가 포괄적으로 승계되는 상속이나 합병과 구별되며, 피보험자가 보험사고의 발생으로 인하여 보험자에 대하여 가지는 손해보상(보험금지급)청구권을 타인에게 양도하는 경우와도 구별된다.

보험목적의 양수인이 양도인의 보험계약상의 권리의무에 관하여 취사 선택의 여지를 갖고, 한편 보험자도 피보험자의 교체에 의한 불이익을 방지할 방법을 유보하는 이상, 보험계약을 당연히 무효로 하지 않고 보험목적의 양수인에게 보험계약상의 이익을 승계시키는 것이 타당하다. 이러한 점을 감안하여 상법은 피보험자가 보험목적을 양도한 때에는 양수인은 보험계약에 의하여 생긴 권리와 의무를 양수한 것으로 추정하는 규정을 두고 있다(상법 제679조 제1항).

(2) 권리·의무이전 추정의 요건

첫째, 보험관계가 존재하여야 한다. 즉 보험목적의 양도 당시에 양도인과 보험자간에는 유효한 보험계약관계가 존재하여야 한다. 둘째, 보험목적이 물건이어야 한다.[36) 즉 보험목적이 특정되고 개별화된 물건이여야 한다. 따라서 의사·변호사 등의 책임보험과 같이 보험목적이 물건과 무관한 경우에는 그 지위가 양도되어도 보험관계의 이전이 인정되지 않고, 보험목적이 물건이더라도 특정되지 않은 집합보험의 경우에는 보험목적이 양도되더라도 보험관계가 이전되지 않는다.[37)] 셋째, 보험목적의 양도가 있어야 한다. 즉 보험목적은 양도의 채권계약만이 있는 것으로는 부족하고, 물권적 양도방법에 의하여 양도되어야 한다. 그러나 영업양도와 경락에 의한 보험목적의 이전의 경우에는 보험관계의 이전이 추정된다(통설).

(3) 양도의 효과

1) 당사자간의 효과

보험의 목적을 양도하면 보험계약상의 권리와 의무가 양수인에게 이전된 것으로 추정된다(상법 제679조 제1항).[38)] 따라서 타인을 위한 보험계약에 경우에는 계약의 성질은 변함이 없으나, 자기를 위한 보험계약은 그 목적의 양도로 양수인이 보험계약자로서의 지위도 함께 승계하여 보험계약자는 보험관계에서 떠나게 된다. 양수인이 보험계약상의 권리를 취득한다는 의미는 양수인은 보험금청구권 등을 갖는다는 뜻이고, 보험계약상의 의무를 취득한다는 의미는 양수인이 피보험자로서 부담하는 보험료지급의무 등 각종 의무를 진다는 뜻이다.

---

36) 물건이라고 하더라도 선박의 양도에는 보험자의 동의를 얻어야 하고(상법 제703조의2), 자동차의 양도에는 보험자의 승낙을 얻어야 하므로(상법 제726조의4) 선박 및 자동차의 보험에는 제679조가 적용되지 않는다.

37) 다만 책임보험이라도 가옥 등 물건에서 생기는 책임에 관한 것은 물건이 양도되면 보험계약의 이전이 추정된다는 것이 통설적 견해이다.

38) 상법 제679조에서 피보험자가 보험의 목적을 양도한 때에는 보험계약으로 인하여 생긴 권리를 동시에 양도한 것으로 추정한다고 규정하는 취지는 보험의 목적이 양도된 경우 양수인의 양도인에 대한 관계에서 보험계약상의 권리도 함께 양도된 것으로 당사자의 통상의 의사를 추정하고 이것을 사회경제적 관점에서 긍정한 것이고, 같은 조에 위반한 법률행위를 공서양속에 반한 법률행위로서 무효로 보아야 할 것으로는 해석되지 아니하므로 위 규정은 임의규정이라고 할 것이다(대법원 1993. 4. 13. 선고 92다8552 판결).

양도인의 권리와 의무가 양수인에게 이전되는 관계는 추정되는 것에 불과하므로(상법 제679조 제1항 후단), 당사자가 반대의 입증을 한 때에는 이전의 효력이 생기지 않는다.[39] 따라서 이 경우에 그 보험계약은 피보험이익이 소멸되어 당연히 실효하게 된다.

2) 보험자 및 기타 제3자에 대한 효과

보험목적의 양도가 있는 경우에 그 양도인 또는 양수인은 보험자에 대하여 지체없이 그 사실을 통지하여야 한다(상법 제679조 제2항). 양도인 또는 양수인의 이러한 통지를 보험자 기타 제3자에 대한 대항요건으로 볼 것인가에 대해 견해가 나뉘는데(대항요건설과 비대항요건설), 대항요건은 아니며 단순히 보험자의 보호를 위한 규정이라고 보아야 할 것이다. 따라서 양도인 또는 양수인이 보험목적의 양도사실을 보험자에게 통지하지 않아도 양수인은 보험목적의 양수사실을 입증하여 보험금청구권을 행사할 수 있다. 다만 보험자가 보험목적의 양도사실을 모르고 보험금을 양도인에게 지급하여도 양수인은 이의를 제기할 수 없으며, 이로 인하여 보험자가 손해를 입은 때에는 통지의무자는 이를 배상하여야 할 것이다.

---

39) **대법원 1996. 5. 28. 선고 96다6998 판결**(상법 제679조의 추정은 보험목적의 양수인에게 보험승계가 없다는 것이 증명된 경우에는 번복된다고 할 것인데, 보험목적의 양수인이 그 보험목적에 대한 1차 보험계약과 피보험이익이 동일한 보험계약을 체결한 사안에서, 제1차 보험계약에 따른 보험금청구권에 질권이 설정되어 있어 보험사고가 발생할 경우에도 보험금이 그 질권자에게 귀속될 가능성이 많아 1차보험을 승계할 이익이 거의 없고, 또한 그 양수인이 그 보험목적에 관하여 손해의 전부를 지급받을 수 있는 필요충분한 보험계약을 체결한 경우, 양수인에게는 보험승계의 의사가 없었다고 봄이 상당하고, 따라서 1차보험은 양수인에게 승계되지 아니하였으므로 양수인이 체결한 보험이 중복보험에 해당하지 않는다).

제2절

각종의 손해보험(각칙)

Ⅰ. 총설

상법은 손해보험 전반에 적용되는 통칙 이외에 화재보험·운송보험·해상보험·책임보험·자동차보험·보증보험에 관하여 특별규정을 두고 있다. 그런데 현대사회에서는 다양한 보험수요가 증가하면서 손해보험의 종류가 급격히 증가하게 되었고, 소위 신종보험 혹은 특종보험(예컨대 기계보험, 신용보험, 항공보험 등)이 보험 실무상 영위되고 있다. 그러나 이러한 신종보험에 있어서는 일일이 상법에 규정할 수 없는 경우가 많아 보통보험약관이 정하는 바에 따라 처리되는 경우가 많다. 따라서 이러한 손해보험계약에 대해서는 보험계약법의 통칙규정과 손해보험계약의 통칙규정이 적용될 것이다. 물론 상법이 명문으로 규정하고 있는 화재보험·운송보험·자동차보험 등에 관해서도 상법이 정한 특칙은 매우 제한된 범위에 관하여 규정하고 있을 뿐이고, 기타 문제에 관해서는 약관에 위임하고 있다.

Ⅱ. 화재보험계약

1. 화재보험계약의 의의

화재보험계약은 화재로 인하여 보험목적에 생긴 손해를 보상하는 보험계약이다(상법 제683조).[40] 화재는 건물 등에 생길 수 있는 보편적인 위험이므로 손해보험 중에서도 해상보험을 제외하고는 가장 먼저 발달하였으며, 화재보험에서 개발된 보험의 원리가 다른 손해보험에도 적용되었다. 특히 우리나라는 부동산을 담보로 하는 금융이 발달하고 있는데, 이 경우 담보목적물에 대하여 화재보험 가입을 요구함으로써 화재보험은 신용의 매개기능도 하고 있다.

2. 화재보험계약의 요소

(1) 보험사고

화재보험의 보험사고는 화재이다(상법 제683조).[41] 화재는 사회통념상 화재로 인정할 수 있는 성질과 규모를 가진 화력의 연소작용이다. 난로 등 연소기구 없이 발생하거나 또는 연소기구를 벗어난 불로서 자력으로 연소하는 힘을 가진 것을 말하므로, 자력으로 퍼져나갈 힘이 없는 불은 화재에 해당하지 않는다. 예컨대 담뱃불로 의복에 구멍을 뚫은데 불과한 경우, 화로의 숯이 튀어 양탄자를 그을린 경우 등은 화재보험금을 청구할 수 없다. 그리고 불꽃이 생기지 않고 단순히 스스로 발열하여 생긴 손해도 화재보험의 보험사고가 아니다.[42]

---

40) 보험계약에 편입된 보통약관에 보험회사가 보험에 가입한 물건이 입은 화재에 따른 직접손해, 소방손해, 피난손해 등을 보상하도록 되어 있는 경우에, 보통약관에 의하여 체결된 보험계약은 손해보험의 일종인 화재보험으로서의 성격을 갖는 것임이 분명하고, 이러한 화재보험은 다른 특약이 없는 한 피보험자가 목적물의 소유자인 타인에게 손해배상의무를 부담하게 됨으로써 입게 되는 손해까지 보상하기로 하는 책임보험의 성격을 갖는다고는 할 수 없다. 부동산을 매수한 자가 그 부동산에 관하여 자신을 피보험자로 하여 화재보험계약을 체결하였다면, 특별한 사정이 없는 한 이는 자기를 위한 보험계약이라고 보아야 한다(대법원 2011. 2. 24. 선고 2009다43355 판결).

41) 상법 및 화재보험약관 규정의 형식 및 취지, 화재가 발생한 경우에 보험자에게 면책사유가 존재하지 않는 한 소정의 보험금을 지급하도록 함으로써 피보험자로 하여금 신속하게 화재로 인한 피해를 복구할 수 있게 하려는 화재보험제도의 존재의의에 비추어 보면, 화재보험에서 화재가 발생한 경우에는 일단 우연성의 요건을 갖춘 것으로 추정되고, 다만 화재가 보험계약자나 피보험자의 고의 또는 중과실에 의하여 발생하였다는 사실을 보험자가 증명하는 경우에는 위와 같은 추정이 번복되는 것으로 보아야 한다**(대법원 2009. 12. 10. 선고 2009다56603 판결).**

42) **대법원 1993. 4. 13. 선고 92다45261 판결**(폭발은 화재와는 구별되는 개념이므로 폭발이 있고 이로 인해 화재가 야기된 경우에 있어서 폭발자체에 의한 손해가 화재보험에 의하여 담보되지 않는 것은 당연한 것이고, 화재가 먼저 발생하고 이로 인하여 폭발이 야기된 경우에는 특약이 없는 한 폭발 자체에 의한 손해도 화재와 상당인과관계가 있는 것이어서 화재보험에 의하여 담보된다고 할 것인데, 이 사건 공장건물 및 기계에 대한 화재보험약관 제7조(h)호는 폭발에 의하여 생긴 화재에 있어서는 폭발 자체에 의한 손해에 대하여는 면책을 정함과 동시에 화재에 의하지 아니한 폭발에 대하여도 주의적으로 보험자에게 전보책임이 없음을 밝힌 것이라고 할 것이므로 원심이 피고(반소원고, 이하 피고라고만 한다)가 폭발담보특약을 하지 아니하였으므로 화재가 폭발에 선행한 여부에 관계 없이 위 면책약관에 따라 폭발에 의한 손해는 보험자인 원고(반소피고, 이하 원고라고만 한다)가 이를 보상할 책임이 없다고 판단한 것은 수긍이 되고 거기에 소론과 같은 논리칙과 경험칙에 위반하여 약관의 해석을 잘못하였거나 입증책임분배에 관한 원칙에 위반한 위법이 있다고 할 수 없다).

(2) 보험의 목적

화재보험의 목적은 화재의 위험이 있는 유체물이며, 동산과 부동산이 모두 포함된다. 상법 제685조는 건물과 동산에 관하여 규정하고 있으나 이것은 가장 일반적인 대상을 예시한 것에 불과하고 이에 한정하는 취지는 아니다. 건물 이외에 교량·입목 등의 부동산도 보험의 목적이 될 수 있고, 동산의 경우에는 특정된 동산 외에 집합된 동산도 보험의 목적이 될 수 있다(상법 제686조, 제687조).

(3) 피보험이익

화재보험의 피보험이익은 목적물이 동일하더라도 피보험자가 누구인가에 따라 다르다. 즉 동일한 건물이라도 소유자로서의 피보험이익, 임차인으로서의 피보험이익 또는 담보권자로서의 피보험이익은 서로 다르고, 따라서 이들 피보험이익이 겹치는 경우에도 중복보험이 되지 않는다.[43] 피보험이익이 불분명한 경우에는 소유자로서의 피보험이익으로 보아야 한다는 것이 통설이다.

3. 화재보험계약에 관한 특칙

(1) 화재보험증권

화재보험증권에는 손해보험증권의 일반적 기재사항(상법 제666조) 이외의 다음의

43) 공장을 경영하는 임차인이 임차건물과 그 안에 있는 동산 및 기계 등에 대하여 피보험자에 대하여는 명확한 언급이 없이 자신을 보험목적의 소유자로 기재하여 '사업장종합보험'을 체결하였고 그 보험계약에 편입된 보통약관상 보험회사는 보험에 가입한 물건에 입은 화재에 따른 손해, 소방손해, 피난손해 등을 보상하도록 되어 있는 경우, 그 보험계약은 손해보험의 일종인 화재보험으로서의 성격을 갖는 것임이 분명하고, 이러한 화재보험은 다른 특약이 없는 한 피보험자가 그 목적물의 소유자인 타인에게 손해배상의무를 부담하게 됨으로써 입게 되는 손해까지 보상하기로 하는 책임보험의 성격을 갖는다고 할 수 없으며, 또한 이와 같이 손해보험에 있어서 보험의 목적물과 위험의 종류만이 정해져 있고 피보험자와 피보험이익이 명확하지 않은 경우에 그 보험계약이 보험계약자 자신을 위한 것인지 아니면 타인을 위한 것인지는 보험계약서 및 당사자가 보험계약의 내용으로 삼은 약관의 내용, 당사자가 보험계약을 체결하게 된 경위와 그 과정, 보험회사의 실무처리 관행 등 제반 사정을 참작하여 결정하여야 하는바, 위의 보험계약 체결 시 건물의 임차인인 사업자가 건물주를 피보험자로 한다는 별다른 의사표시를 하지 않으므로 보험청약서의 소유자란에 사업자의 성명을 그냥 기재하였을 뿐인 점, 한편 건물의 임차인인 사업자가 그의 이름으로 보험계약을 체결한 경우에도 건물주의 동의서를 제출하게 한 후 보험금을 지급하여 온 점, 이때 지급되는 보험금은 당해 건물에 발생한 손해액 전액에 해당하는 금원인 점 등에 비추어 볼 때, 위의 보험계약 중 건물에 관한 부분은 보험계약자인 임차인이 그 소유자를 위하여 체결한 것으로서, 보험회사는 보험사고가 발생한 경우에 보험계약자인 임차인이 그 건물의 소유자에 대하여 손해배상책임을 지는지 여부를 묻지 않고 그 건물의 소유자에게 보험금을 지급하기로 하는 제3자를 위한 보험계약을 체결하였다고 봄이 상당하다(**대법원 1997. 5. 30. 선고 95다14800 판결**).

사항을 기재하여야 한다. ① 건물을 보험목적으로 하는 때에는 그 소재지, 구조와 용도, ② 동산을 보험의 목적으로 한때에는 그 존치한 장소의 상태와 용도, ③ 보험금액을 정한 때에는 그 가액 등인데, 이러한 사항들은 위험측정의 기초가 되거나 당사자간의 분쟁을 사전에 예방하기 위하여 보험증권에 기재하게 한 것이다.

(2) 보험자의 보상책임

1) 위험보편의 원칙

화재로 인해 손해가 발생하면 보험자는 그 원인 여하에 불구하고 보상책임을 지게 되는데(상법 제683조), 이를 위를 위험보편의 원칙이라고 한다. 그러나 화재보험약관에는 일정한 사유로 인한 화재를 면책으로 하고 있으므로[44] 이 원칙은 큰 의미가 없다.

2) 보험자의 보상책임의 범위

보험자가 보상할 손해는 화재의 발생과 상당인과관계에 있는 모든 손해이다.[45] 따라서 보험사고로 인한 손해가 아닌 것은 보상의 범위에 속하지 않는다. 상당인과관계에 여부는 사실인정의 문제이지만, 보험사고와 피보험이익과의 관계를 고려하여 판단하여야 한다. 그리하여 화재가 발생한 틈에 물건이 도난당한 경우에는 도난으로 인한 손해는 화재와 상당인과관계가 없으므로 보험자는 보상할 책임이 없다.

손해보험의 보험사고에서 보험자의 보험금 지급의무와 동시에 제3자의 불법행위 등에 따라 손해배상책임을 지는 경우가 있다. 이때 보험계약자가 불법행위를 한 제3자에

---

44) 이러한 면책사유 중 특히 문제가 되는 것은 첫째, 휘발유와 같이 연소성이 강한 물질이 햇빛에 노출되어 자연히 발화한 경우에는 화재에 해당하지 않는다. 둘째, 폭발은 연소작용의 급격한 형태이기는 하나 화재의 개념에는 포함되지 않는다. 따라서 폭발로 인한 손해는 화재보험의 대상이 아니다(대법원 1993. 4. 13. 선고 92다45261 판결).

45) 화재보험계약상의 잔존물제거비용담보특별약관에서 보험가입금액의 범위 안에서 실제의 잔존물 제거비용을 보상하기로 약정한 경우, 보험사고 이후 잔존물 제거작업이 완료된 경우에는 위 잔존물제거비용담보특별약관에서 규정하고 있는 "실제의 잔존물 제거비용"이란 단순한 잔존물 제거비용의 추정치나 감정액을 말하는 것이 아니라 실제 소요된 잔존물 제거비용을 말하는 것이다. 화재보험계약상의 잔존물제거비용담보특별약관에서 보상하도록 규정하고 있는 "잔존물 제거비용"이란, 그 문언에서 특별히 사고현장에서의 정리비용이나 상차비용으로 국한하고 있지 아니하고, 위 특별약관을 삽입하면서 별도의 추가보험료를 납입하지는 않았지만 그로 인하여 지급되는 보험금은 항상 보험가입금액 범위 내의 실제 비용으로 제한되고 있어 보험자에게 보험가입금액 이상의 예상하지 못한 부담을 주거나 혹은 피보험자나 보험계약자에게 실제 손해 이상의 부당한 이익을 줄 염려가 없게 되어 있는 점에다가, 약관의 뜻이 명백하지 아니한 경우에는 고객에게 유리하게 해석되어야 한다는 약관의 해석원칙(약관의 규제에 관한 법률 제5조 제2항)을 고려하여 보면, 잔존물에 대한 현장정리 및 상차비용 이외에 운반, 처리비용 등 보험사고인 화재로 인하여 발생한 잔존물을 실제로 제거하는데 소요되는 일체의 비용을 의미하는 것이다(대법원 2001. 6. 26. 선고 99다27972 판결).

게 손해배상청구를 하는 경우, 그것과 보험자에게 청구하는 보험금지급청구권은 각각 별개의 원인에 따른 권리이므로 보험계약자가 이미 보험금을 수령하였더라도 그 금액 상당액을 불법행위를 한 제3자에 대한 손해배상책임액에서 공제할 수 없는 것이 원칙이다(중요판례 참조).[46]

◆ 대법원 2015. 1. 22. 선고 2014다46211 판결

[사실개요]

A(원고)는 A 소유의 건물에서 산업용 접착테이프를 제조, 가공하는 공장을 운영하고 있고, B(피고)는 A 건물에 인접한 지상 건물을 소유하면서 위 건물에서 자동차 부품을 제조하는 공장을 운영하고 있다. B 소유 공장건물 내 창고 쪽에서 화재가 발생하였고, 이로 인하여 이 사건 발화 건물에 인접하여 있는 A의 공장 건물에 불이 옮겨 붙어 A의 공장건물 일부와 위 건물 및 창고 내에 보관되어 있던 A 소유의 기계류 일부 및 재고자산 등이 소훼되었다. 소방서 등의 조사결과 및 화재감식결과에 의하면, B 소유의 이 사건 창고건물 하부에서 A의 공장건물 방향으로 불이 연소 확산된 것으로 추정되지만 정확한 발화지점 및 발화원인을 논단할 수 없다는 결론을 내렸다.

A는 L보험 주식회사로부터 이 사건 화재에 관한 보험금으로 324,240,778원을 지급받았다. 이후 A는 B가 공장건물 인근에 무허가 가건물을 신축하여 창고로 사용하면서 관리를 제대로 하지 않아 그 내부에서 이 사건 화재가 발생하여 인접한 A 소유 공장건물로 불길이 확대되었으므로, B는 민법 제758조에 따라 A에게 이 사건 화재로 인하여 A가 입게 된 손해액 707,008,186원 중 A가 L보험 주식회사로부터 지급받은 보험금 324,240,778원을 공제한 382,767,408원 및 이에 대한 지연손해금을 배상할 책임이 있다고 주장하였다. 이에 B는 이 사건 화재의 발화지점 및 발생원인이 명확하게 밝혀진 바 없어 이 사건 창고에서 이 사건 화재가 발생하였다고 볼 수 없고, 설령 B의 손해배상책임이 인정되더라도, B의 중대한 과실로 이 사건 화재가 발생한 것이 아닌 이상 그 손해배상책임은 실화책임에 관한 법률(이하 '실화책임법'이라고 한다)에 따라 감경되어야 한다고 주장한 것이다.

[판결요지]

손해보험의 보험사고에 관하여 동시에 불법행위나 채무불이행에 기한 손해배상책임을 지는 제3자가 있어 피보험자가 그를 상대로 손해배상청구를 하는 경우에, 피보험자가 손해보험계약에 따라 보험자로부터 수령한 보험금은 보험계약자가 스스로 보험사고의 발생에 대비하여 그때까지 보험자에게 납입한 보험료의 대가적 성질을 지니는 것으로서 제3자의 손해배상책임과는 별개의 것이므로 이를 그의 손해배상책임액에서 공제할 것이 아니다.

따라서 위와 같은 피보험자는 보험자로부터 수령한 보험금으로 전보되지 않고 남은 손해에 관하여 제3자를 상대로 그의 배상책임(다만 과실상계 등에 의하여 제한된 범위 내의 책임이다)을 이행할 것을 청구할 수 있는바, 전체 손해액에서 보험금으로 전보되지 않고 남은 손해액이 제3자의 손해배상책임액보다 많을 경우에는 제3자에 대하여 그의 손해배상책임액 전부를 이행할 것을 청구할 수 있고, 위 남은 손해액이 제3자의 손해배상책임액보다 적을 경우에는 그 남은 손해액의 배상을 청구할 수 있다. 후자의 경우에 제3자의 손해배상책임액과 위 남은 손해액의 차액 상당액은 보험자대위에 의하여 보험자가 제3자에게 이를 청구할 수 있다(상법 제682조).

이와 달리 손해보험의 보험사고에 관하여 동시에 채무불이행에 기한 손해배상책임을 지는 제3자가 있어

---

46) 대법원 2015. 1. 22. 선고 2014다46211 전원합의체 판결.

그의 피보험자에 대한 손해배상액을 산정할 경우에 과실상계 등에 의하여 제한된 그의 손해배상책임액에서 위 보험금을 공제하여야 한다는 취지로 판시한 대법원2009.4.9.선고 2008다27721판결 등은 이 판결의 견해에 배치되는 범위 내에서 변경하기로 한다.

[쟁점사항]

이는 손해보험의 보험사고에 관하여 동시에 불법행위나 채무불이행에 기한 손해배상책임을 지는 제3자가 있어 피보험자가 그를 상대로 손해배상청구를 하는 경우, 피보험자가 손해보험계약에 따라 보험자로부터 수령한 보험금을 제3자의 손해배상책임액에서 공제하여야 하는지에 대해 공제가 불가하다는 입장을 취하면서, A주식회사가 B주식회사의 창고에서 발생한 화재로 인한 전체 손해액 중 L보험회사로부터 수령한 손해보험금을 공제한 잔액을 손해배상으로 구한 사안에서, B회사의 손해배상책임액에서 A회사가 수령한 손해보험금을 공제하여 B회사의 최종 손해배상액을 산정한 원심판결에 법리오해의 잘못이 있다고 한 사례이다.

3) 소방비용 등

보험자는 화재의 소방 또는 손해의 감소에 필요한 조치로 인하여 생긴 손해를 보상할 책임이 있다(상법 제684조). 이들 손해는 화력의 연소에 의한 손해는 아니지만 화재의 소방으로 인한 손해는 화재 발생 시에 당연히 생기는 것이므로 포함시켰고, 손해의 감소에 필요한 조치로 인한 손해는 사회경제적으로 장려하여야 할 행위로 인한 것이므로 손해방지비용과 마찬가지로 보험자에게 부담시킨 것이다.

◆ 대법원 2003. 4. 25. 선고 2002다64520 판결-보상책임의 범위

[사실개요]

원고 회사는 소외 은행으로부터 대출을 받기 위하여 건물과 기계·기구에 대하여 감정을 거친 후 그 감정가를 보험가입금액으로 피고 보험회사와 공장화재보험계약을 체결하였다. 보험기간 중 화재가 발생하여 보험목적물이 소실되어 보험금을 청구하였는데 피고 보험회사는 이 사건 보험은 기평가보험이 아니라 미평가보험이므로 보험금 일부만 지급하겠다고 주장하였다.

[판결요지]

공장화재보험계약에 관한 보험증권이나 보험청약서에 보험가입금액의 기재만 있고 보험가액의 기재나 보험가액에 해당하는 다른 유사한 기재가 없을 뿐만 아니라 협정보험가액 특별약관도 첨부되어 있지 않은 경우, 이를 보험가액을 협정한 기평가보험으로 보기 어렵다. <u>화재로 인한 건물 수리 시에 지출한 철거비와 폐기물처리비는 화재와 상당인과관계가 있는 건물수리비에 포함된다고 보아야 할 것이고, 이를 손해액에 산입되지 아니하는 별도의 비용으로 볼 것은 아니다. 화재로 손상된 중고의 기계·기구의 원상회복을 위하여 신규의 부품을 구입하여 수리를 한다면 그 복원된 기계·기구의 가액이 손상 이전의 가액을 초과하게 되는 경우를 흔히 예상할 수 있으므로, 위의 경우에 수리비 상당액을 손해액으로 산정함에 있어서는 재조달가액의 산정 시와 마찬가지로 감가액을 고려하여야 하는 것이 원칙이고, 다만 신규의 부품으로 교환하더라도 기계·기구의 전체 가치가 손상 이전의 가치를 초과하지 않는다고 인정되는 경우에 한하여 감가공제를 하지 아니하여도 무방하다.</u>

[쟁점사항]

이는 공장화재보험계약에 관한 보험증권이나 보험청약서에 보험가입금액의 기재만 있고 보험가액의 기재나 보험가액에 해당하는 다른 유사한 기재가 없을 뿐만 아니라 협정보험가액 특별약관도 첨부되어 있지 않은 경우, 이를 보험가액을 협정한 기평가보험으로 볼 수 없고, 화재로 인한 건물 수리시에 지출한 철거비와 폐기물처리비가 화재와 상당인과관계가 있는 건물수리비에 포함되며, 화재로 손상된 중고의 기계·기구의 원상회복을 위하여 신규의 부품을 구입하여 수리한 경우, 수리비 상당액을 손해액으로 산정함에 있어서 감가액을 고려하는 것이 원칙이라고 한 판례이다.

(3) 집합보험

집합보험은 경제적으로 독립한 다수의 물건을 보험의 목적으로 한 경우를 말하며, 동산화재보험에서 많이 이용된다. 집합보험은 특정보험이냐 총괄보험이냐에 따라 그 효력이 다르다.

1) 특정보험

집합된 물건을 일괄하여 보험의 목적으로 한 때에는 피보험자의 가족과 사용인의 물건도 보험의 목적에 포함된 것으로 한다. 이 경우에는 그 보험은 그 가족 또는 사용인을 위하여서도 체결한 것으로 본나(상법 제686조). 피보험자의 집에 있는 가구 등 일체를 화재보험에 붙인 경우 가족이나 사용인의 물건에 관하여는 타인을 위한 보험계약을 체결한 것으로 인정되어 그 가족이나 사용인은 보험금청구권을 취득한다(상법 제639조).

2) 총괄(집합)보험

집합된 물건을 총괄하여 보험의 목적으로 한 때에는 그 목적에 속한 물건이 보험기간 중에 수시로 교체된 경우에도 보험사고의 발생 시에 현존한 물건은 보험의 목적에 포함된 것으로 본다(상법 제687조). 예컨대 창고업자가 창고 내에 보관 중인 물건을 일괄하여 화재보험에 가입한 경우에는 그 물건이 수시로 입·출고되어 특정될 수 없음에도 불구하고 보험계약의 성립을 인정한 것이다. 물론 이때 '교체되는 물건'이란 보험계약에서 정한 범위 내의 것이어야 한다.

Ⅲ. 운송보험계약

1. 운송보험의 의의

운송보험계약은 육상운송에 있어서 운송인이 운송물을 수령한 후 수하인에게 인도할 때까지 생길 수 있는 손해를 보상할 책임을 지기로 하는 손해보험계약이다(상법 제688조). 널리 운송보험이란 해상운송과 항공운송 및 복합운송을 포함하여 모든 운송에서 운송물에 생길 손해를 보상하는 것을 목적으로 하는 손해보험을 가리키지만, 상법상 운송인은 육상운송인을 가리키고(상법 제125조), 운송보험은 육상운송에서의 보험사고로 인한 손해의 보상을 목적으로 하는 것만을 지칭한다. 상법은 해상보험에 관하여는 따로 규정하고 있다(상법 제693조 이하).

그러므로 운송보험의 대상은 육상운송이며, 운송보험은 화물의 탁송자가 자기를 위한 보험으로 가입하는 경우도 있으나 대부분 운송인이 화주를 피보험자로 하는 타인을 위한 보험의 형태로 가입한다. 따라서 운송인이 화주에 대한 손해배상책임의 이행에 대비하여 자기를 피보험자로 하여 가입하는 운송책임보험과는 구별된다.

2. 운송보험계약의 요소

(1) 보험의 목적

운송보험의 목적은 운송물이다. 운송에 이용되는 용구(자동차 등) 자체의 보험은 운송보험이 아니고 차량보험이며, 운송중인 여객에 대한 보험도 운송보험이 아니다. 여기서의 운송물이란 운송계약의 목적인 운송물에 한하지 않고, 운송인이 자기 소유의 물건을 자기를 위하여 운송하는 경우에도 운송보험의 목적으로 할 수 있다.

(2) 보험사고

운송보험이 담보하는 사고는 운송도중에 운송물에 생기는 모든 사고이다. 그러므로 차량의 충돌·전복과 같은 운송에 고유한 사고뿐만 아니라 적재·운반·하역과정에서 생기는 사고 및 도난·침수 등이 모두 포함된다. 이와 같이 운송보험의 담보범위가 넓은 것은 운송도중에는 운송물이 화주의 관리를 벗어나 있으므로 화주가 운송인을 감독할 수 없고, 또 손해가 발생하여도 그 원인의 증명이 곤란하기 때문이다. 그러나 약관에서는 특정의 보험사고를 제외하고 있는 경우가 많다.

(3) 피보험이익

운송보험에 있어서 피보험이익은 운송물에 대하여 가지는 운송물 소유자이익과, 운송물의 도착에 의하여 얻게 될 희망이익 그리고 운송인의 운임에 대한 이익 등이 있다. 즉 보험계약자가 상인이고 운송물이 상품인 경우에는 희망이익을 피보험이익으로 할 수 있으며, 또한 운송인이 사고로 운임을 받지 못하게 될 경우에는 소극적 이익으로서 운임도 피보험이익이 될 수 있다.

(4) 보험가액

1) 기평가보험: 운송보험에 있어서의 보험가액은 당사자 간의 합의가 있으면 그에 따른다(상법 제670조).
2) 미평가보험: 보험가액에 관하여 당사자 간에 합의가 없으면 운송눌을 발송한 때와 곳의 가액과 도착지까지의 운임 기타의 비용(세금, 포장비)을 보험가액으로 한다(상법 제689조 제1항). 이것은 운송보험의 경우에는 보통 보험기간이 짧고 운송도중의 사고로 손해가 생긴 때와 곳의 가액(상법 제676조)을 정하기 어렵기 때문에 '보험가액 불변경주의'를 택한 것이다. 운송물의 도착으로 인하여 얻을 이익은 약정이 있는 때에 한하여 보험가액에 산입한다(상법 제689조 제2항).

(5) 보험기간

운송보험 기간은 당사자 간에 다른 약정이 없으면 운송인이 운송물을 수령한 때로부터 이것을 인도할 때까지이다(상법 제688조). 따라서 당사자 간에 다른 약정이 없으면 운송계약이 종료되더라도 운송물을 인도할 때까지 생긴 손해에 대하여 보험자는 보상책임을 면할 수 없으나, 운송물을 수하인에게 인도할 수 없는 등으로 인하여 이것을 공탁 또는 경매한 때에는 인도에 준하여 보험기간이 종료된다고 해석한다(통설).

그러나 운송물이 운송인에게 인도된 후에 보험계약이 체결된 경우에는 보험기간 소급의 특약이 없는 한 보험계약 성립 시부터 보험기간이 개시된다고 해석함이 타당하다. 이는 법 흠결 시에 해상보험의 규정을 유추 적용한 결과이다.

3. 운송보험계약에 관한 특칙

(1) 운송보험증권

운송보험증권에는 일반 손해보험증권에 기재하는 사항(상법 제666조) 이외에 운송의 노순(路順)과 방법, 운송인의 주소와 성명 또는 상호, 운송물의 수령과 인도의 장소, 운송 기간을 정한 때에는 그 기간, 보험가액을 정한 때에는 그 가액 등을 기재하여야 한다(상법 제690조).

(2) 보험자의 보상책임

1) 원칙: 보험자는 운송인의 점유하에 있는 기간 동안 운송물에 생긴 모든 손해를 보상한다. 보상액은 상기한 바와 같이 보험가액 불변경주의에 의해 손해가 발생한 때와 곳의 가액이 아닌 발송한 때와 발송지에서의 가액에 의한다.
2) 면책사유: 보험자는 다른 손해보험과 마찬가지로 피보험자의 고의·중과실(상법 제659조 제1항), 전쟁(상법 제660조), 자연소모(상법 제678조)에 의해 면책되는 외에 수하인과 송하인의 고의·중과실로 인한 사고에 대해서도 면책된다.

(3) 운송의 중지·변경과 보험계약의 효력

운송보험계약은 다른 약정이 없으면 운송의 필요에 의하여 일시 운송을 중지하거나 운송의 노순 또는 방법을 변경한 경우에도 그 효력을 잃지 아니한다(상법 제691조). 상법은 육상운송보험에서 보험자는 그 운송과 관련되는 모든 위험을 담보하는 점과 운송의 필요에 의하여 일시 운송을 중지하거나 운송의 노순이나 방법을 변경한 경우에도 계약의 효력을 유지 시킬 필요가 있는 점을 고려하여 이러한 규정을 둔 것이다. 따라서 운송보험에서의 이러한 점은 해상보험의 경우(상법 제701조)와 구별되고 있다.

◆ 대법원 1990. 2. 9. 선고 89다카21965 판결
-운송보험의 보험자대위권 인정 여부 및 제3자의 범위

[사실개요]

피고(D통운-운송인)는 소외 H 전력공사가 소외 S 중공업 주식회사로부터 매수한 변압기 3대를 운송하기로 하고, 이에 대한 운송계약을 체결하였다. 그리고 피고는 원고(보험회사)와의 사이에 변압기 3대를 보험의 목적으로 하고 피보험자를 H로 하는 운송보험계약을 맺고 소정의 보험료를 지급하였다. 그 후 피고가 그 변압기의 운송 도중 사고를 일으켜 손해를 입혔고, 원고는 피보험자인 H에게 그 손해를 보상하여 주었다. 그런데 원고는 이 사건 손해가 피고의 피용자(운전자)에 의한 불법행위로 생긴 것이라 하여 상법 제682조의 규정에 따라, 하주인 H가 피고에 대하여 손해배상청구권을 가지므로 그 권리를 대위한다고 주장하여 소를 제기하였다.

[판결요지]

손해보험계약에 있어 그 손해가 제3자의 행위로 인하여 생긴 경우에 보험금액을 지급한 보험자는 상법 제682조에 의하여 그 지급한 금액의 한도에서 피보험자(또는 보험계약자)의 제3자에 대한 권리를 취득하는 것인바, 법이 이와 같은 제3자에 대한 보험자대위 규정을 둔 이유는 피보험자가 보험자로부터 보험금액을 지급받은 후에도 제3자에 대한 청구권을 보유, 행사하게 하는 것은 피보험자에게 손해의 전보를 넘어서 오히려 이득을 주게 되는 결과가 되어 손해보험 제도의 원칙에 반하게 된다. 그리고 배상을 하여야 할 의무자인 제3자가 피보험자의 보험금 수령으로 인하여 그 책임을 면하게 하는 것도 불합리하므로 이를 제거하여 보험자에게 그 이익을 귀속시키려는데 있다고 보아야 할 것이며 이와 같은 보험자대위의 규정은 타인을 위한 손해보험계약에도 그 적용이 있는 것이다.

<u>그리고 타인을 위한 손해보험계약은 타인의 이익을 위한 계약으로서 그 타인(피보험계약자)의 이익이 보험의 목적이 되는 것이지 여기에 당연히(특약 없이) 보험계약자의 보험이익이 포함되거나 예정되어 있는 것은 아니라 할 것이므로 피보험이익의 주체는 그 타인이며 보험계약자가 아니다.</u> 그러므로 이러한 보험계약자는 비록 보험자와의 사이에서는 계약당사자이고 약정된 보험료를 지급할 의무자이지만 위와 같은 보험자대위 규정의 취지와 그가 피보험이익의 주체가 아니라는 그 지위의 성격에 비추어 보면 보험자 대위에 있어서 보험계약자와 보험계약자 아닌 제3자를 구별하여 취급하여야할 법률상의 이유는 없는 것이라고 보아야 할 것이며 따라서 타인을 위한 손해보험계약자가 당연히 제3자의 범주에서 제외되는 것은 아니라고 보아야 할 것이다.

[쟁점사항]

이는 운송보험에 있어서 보험자대위에 관한 상법 제682조의 규정이 타인을 위한 손해보험계약에도 적용되며, 타인을 위한 손해보험계약자가 상법 제682조의 제3자에 포함된다고 본 사례이다.

Ⅳ. 해상보험계약

1. 해상보험계약의 의의와 성질

(1) 의의

해상보험계약이란 해상사업에 관한 사고로 인하여 생길 손해를 보상할 것을 약정하는 보험이다(상법 제693조). 해상보험은 일찍이 지중해 연안의 상업도시를 중심으로 한 해상무역에서 발전한 것으로서, 여기에서 확립된 법리가 육상보험에도 응용되면서 근대보험의 효시를 이루고 있다. 오늘날에도 국제무역의 대부분이 해상운송을 통해 이루어지면서 해상보험은 기업보험의 중심을 이루고 있다. 특히 해상보험은 수출보험과 함께 무역보험의 일부를 이루면서, 해운에서는 해상보험이 불가분의 일체로 받아들여져서 외국의 입법례 중에는 해상보험을 일반 해상법으로 규정하고 있는 것도 있다. 우리 상법은 손해보험의 일종으로 보험법에 규정하고 있다.

(2) 성질

1) 기업보험으로서의 성질

해상보험은 해운업자나 무역업자 등 기업이 주로 이용하는 보험으로 기업보험의 일종이다. 따라서 해상보험에서는 보험계약자 등의 보호를 위한 규제보다는 당사자 간의 사적 자치가 존중되어 상법은 불필요한 후견적 태도를 버리고 있다(상법 제663조 단서 참조).[47)]

2) 국제적 내지는 적용 법규상의 성질

해상보험은 바다를 무대로 국제적으로 활동하는 해운업자 또는 무역업자 등이 이용

---

47) 상법 제663조 단서가 해상보험에 같은 법조 본문 소정의 보험계약자 등의 불이익변경금지원칙이 적용되지 아니하도록 규정하고 있는 취지는 해상보험이 보험계약자와 보험자가 서로 대등한 경제적 지위에서 계약조건을 정하는 이른바 기업보험의 일종으로 보험계약의 체결에 있어서 보험계약자의 이익보호를 위한 법의 후견적 배려는 필요하지 않고 오히려 어느 정도 당사자 사이의 사적 자치에 맡겨 특약에 의하여 개별적인 이익조정을 꾀할 수 있도록 할 필요가 있고, 또한 해상보험에 있어서는 그 보험의 성격상 국제적인 유대가 강하고 보험실무상으로도 영국법 준거조항을 둔 영문 보험약관이 이용되고 있는 실정이므로 불이익변경금지원칙을 일률적으로 적용하여 규제하는 것이 반드시 옳다고 할 수 없다는 고려에서 나온 것이다(대법원 1996. 12. 20. 선고 96다23818 판결).

하는 보험으로 국제적 성격을 갖고 있다. 따라서 해상보험실무에서는 영국의 Lloyd's Form인 영국의 보험약관에 의하여 보험계약이 체결되고 있는 것이 보통이다. 이 약관에는 "이 보험계약에서 생기는 책임문제는 영국의 법과 관습에 따른다."는 준거법조항을 두고 있는데, 우리 법원도 이 준거법조항의 효력을 인정하고 있다.[48] 현행 상법도 이러한 실질을 반영하여 1906년 영국 해상보험법을 상당 부분 수용하였고, 이 법이 사실상 중요한 해상법의 법원이 되고 있다.

2. 해상보험계약의 종류

(1) 피보험이익에 의한 분류

1) 선박보험

선박보험이란 선박의 소유자로서의 이익에 관한 보험으로서, 선박 자체 이외에 선박의 속구·연료·양식 기타 항해에 필요한 모든 물건을 보험의 목적으로 한다(상법 제696조 제2항). 다만, 선박보험의 피보험이익에는 선박임차인의 사용이익이나 담보권자의 이익도 포함한다.[49]

2) 적하보험

적하보험은 해상운송물에 관한 소유자이익에 관한 보험이다(상법 제697조). 적하보험의 대상이 되는 적하(화물)는 해상운송의 객체로서 경제적 가치가 있는 모든 물건이여, 살아 있는 동물도 포함된다.

3) 운임보험

운임보험은 운송인이 운송의 대가로서 받는 운임을 피보험이익으로 하는 보험이다. 즉, 운송인은 운송물이 해상위험에 의해 멸실한 경우 운임을 받을 수 없으므로(상법 제810조, 제134조), 이렇듯 받을 수 없는 운임을 피보험이익으로 한다.

---

48) 대법원 2010. 9. 9. 선고 2009다105383 판결; 대법원 2005. 11. 25. 선고 2002다59528 판결; 대법원 2005. 3. 25. 선고 2004다22711 판결 외.

49) 대법원 1988. 2. 9. 선고 86다카2933 판결(손해보험계약은 피보험이익에 생긴 손해를 전보하는 것을 목적으로 하는 것이며 선박보험에 있어 피보험이익은 선박소유자의 이익 외에 담보권자의 이익, 선박임차인의 사용이익도 포함되므로 선박임차인도 추가보험의 보험계약자 및 피보험자가 될 수 있다).

4) 희망이익보험

희망이익보험이란 보험의 목적인 적하의 도착으로 인하여 얻을 이익 또는 보수인 희망이익을 피보험이익으로 하는 보험으로(상법 제698조), 독립된 보험이라기보다는 적하보험의 일부로서 가입한다.

5) 선비보험

선비(船費)보험은 선박의 의장(艤裝) 기타 선박의 운항에 요하는 모든 비용에 대하여 가지는 피보험이익에 관한 보험이다. 이는 운임보험에 포함될 수 있으나, 이를 분리하여 보험에 가입한 경우에 선비보험이 되는 것이다. 상법상 이에 관한 규정을 두고 있지 않다.

(2) 보험기간에 의한 분류

1) 항해보험

항해보험은 보험기간이 일정한 항해를 기준으로 정하여지는 보험으로 선박보험보다는 적하보험에서 많이 이용된다. 주로 선적항에서 선적에 착수한 때로부터 양륙항에 도착하여 양륙 할 때까지의 기간에 생길 위험을 담보하나, 실제로는 적하보험에서의 항해보험은 하물의 운송을 시작하여 하물을 인도할 때까지를 보험기간으로 하고 있다.

2) 기간보험(정시보험)

기간보험은 일정한 기간을 표준으로 보험자의 책임이 정하여지는 보험이다. 선박보험에서 많이 이용되는 것으로 그 기간은 1년 또는 6개월로 정하는 것이 보통이다.

3) 혼합보험

혼합보험은 항해와 기간의 양자를 표준으로 하여 보험기간을 정하는 보험으로서, 선박보험에서 주로 이용된다.

(3) 예정보험

1) 의의 및 성질

예정보험이란 보험계약의 체결 당시에 보험증권에 기재할 보험계약의 요건의 일부, 예컨대 선박 또는 적하의 종류·보험금액 등이 확정되어 있지 않거나 당사자에게 알려져 있지 않는 보험계약 또는 보험계약의 내용의 일부 또는 전부가 보험계약을 맺을 때에 확정되어 있지 않는 보험을 말한다.

예정보험계약은 그 불확정한 사항이 확정된 때에 보험자가 당연히 위험을 담보하는 것으로서 보험계약의 예약이 아니고, 독립된 보험계약이다. 즉, 이것은 장래 일정한 보험계약을 체결할 것을 약속하는 것이 아니고, 예정보험계약을 체결함으로써 그 미확정 부분이 확정됨에 따라 보험계약자의 통지의무를 비롯한 효과를 발생시키는 데서 보험계약의 예약과는 다르다.

2) 예정보험의 효용

예정보험은 보험계약자에게 개별보험계약의 체결에 따르는 수수료와 비용을 절약해 주고, 무보험상태의 위험을 제거해 준다. 특히 계속적인 해외무역에 종사하는 사업들이 하물의 운송시마다 개별적으로 보험에 드는 것은 매우 불편하여 하물의 종류, 항로, 조건 등을 미리 정하여 그 범주에 들어는 모든 적하를 보험에 붙인다는 뜻을 약정하는 장기적하보험계약 형식의 예정보험이 자주 이용된다. 따라서 우리 상법도 선박 미확정의 적하보험에 대해서만 예정보험의 규정을 두고 있다(상법 제704조). 그러나 해상보험뿐만 아니라, 운송보험, 재보험, 화재보험에서도 많이 이용되는데, 화재보험에서는 주로 총괄보험의 경우에 이용된다(상법 제687조).

3) 선박 미확정의 적하예정보험

i) 의의

선박 미확정의 적하예정보험이란 적하보험계약에서 보험계약의 체결 당시에 하물을 적재할 선박을 지정하지 아니한 보험을 말하며(상법 제704조 제1항 전단), 예정보험 중 개별적 예정보험에 속한다. 이러한 선박 미확정의 예정보험은 보험계약의 체결장소와 선적지가 다르거나 또는 보험계약 체결 시와 선적 시가 다른 경우에 무보험의 상태를 방지하기 위하여 많이 이용된다.

ii) **효과**

선박 미확정의 적하예정보험에서 보험계약자 또는 피보험자는 그 하물이 선적되었음을 안 때에는 지체 없이 보험자에게 선박의 명칭·국적과 하물의 종류·수량과 가액의 통지를 발송하여야 한다(선박확정의 통지의무)(상법 제704조 제1항 후단). 보험계약자 등의 이러한 통지의무는 그 계약상의 의무로서 계약성립 후에 부담하는 것이므로 계약체결 시에 부담하는 고지의무 등과 구별되고, 이러한 의무위반으로 말미암아 손해배상책임을 부담하는 것은 아니므로 간접의무이다. 즉, 만일 보험계약자 또는 피보험자가 이 통지를 게을리 한때에는 보험자는 그 사실을 안 날로부터 1월 내에 한하여 계약을 해지할 수 있다(상법 제704조 제2항).

3. 해상보험계약의 요소

(1) 보험목적

해상보험의 목적은 '해상사업에 관한 사고로 인하여 손해를 입게 될 모든 재산'이며, 대표적인 것으로 선박 또는 적하가 있다. 운송물인 적하뿐만 아니라 운송용구인 선박을 보험목적으로 하는 점에서 육상보험에서의 운송보험 및 자동차보험과 대비된다.

(2) 보험사고

해상보험에서 보험사고는 해상사업에 관한 사고인데(상법 제693조), 해상사업이란 바다를 주무대로 선박에 의하여 이루어지는 사업을 말하므로, 그 사고는 항해의 결과 또는 항해에 부수하여 발생하는 모든 위험으로서 해상에서 예측하지 못한 우연한 사고이다(포괄담보주의).[50] 예컨대, 침몰·충돌·좌초·폭풍 등 해상 고유의 위험[51]뿐 아니라

50) 해상보험실무에서 사용하는 협회약관은 보험자의 담보위험을 구체적으로 열거하는 개별책임주의 또는 열거책임주의를 채택하고 있으나 실제 차이는 없다.

51) 보험 목적에 생긴 손해가 해상 고유 위험으로 인하여 발생하였다는 점에 대한 증명책임 및 증명 정도와 관련하여 우리 대법원은, "영국 해상보험법 및 관습에 의하면, 보험의 목적에 생긴 손해가 그 부보위험인 해상 고유의 위험으로 인하여 발생한 것이라는 점에 관한 증명책임은 피보험자가 부담한다고 할 것이고, 그 증명의 정도는 이른바 '증거의 우월(preponderance of evidence)'에 의한 증명으로 충분하다 할 것이다."라고 판시하고 있다(대법원 2001. 5. 15. 선고 99다26221 판결).

화재, 폭발, 낙뢰, 해적, 포획·관청의 처분, 선원의 악행 등이 포함되며, 나아가 해상사업에 부수하는 육상위험도 포함하므로, 선박이 항구에 정박 중 또는 하물이 선적·양륙 중에 생긴 사고도 이에 포함된다.

그러나 적하보험에서 하물의 선적 전 또는 양륙이 끝난 후에 생긴 사고는 해상보험자가 담보할 위험이 아니다. 그렇기 때문에 적하보험약관에는 보험계약자의 편의를 위하여 창고사이약관 또는 운송약관에 의하여 선적지의 일정한 지점으로부터 최종의 목적지에서 수하인에게 운송물을 인도할 때까지의 육상위험을 담보하기도 한다.

(3) 보험기간

보험기간은 보험자의 책임이 개시되어 끝날 때까지의 기간, 즉 보험자가 위험을 담보하는 기간으로서 보험계약에서 정해진다. 해상보험의 보험기간은 기간보험의 경우에는 일정하게 정하여져 있으나, 항해를 단위로 보험기간을 정한 항해보험의 경우에는 보험기간의 개시와 종료를 어떻게 할 것이냐는 의문이 생길 수 있다.

1) 선박보험

보험기간은 적하 또는 저하의 선적에 착수한 때에 개시하는 것이 원칙이지만(상법 제699조 제1항), 그 후에 보험계약이 체결된 경우에는 계약이 성립한 때에 개시한다(상법 제699조 제3항). 보험기간은 도착항에서 하물 또는 저하를 양륙한 때에는 종료하며, 불가항력 이외의 사유로 양륙이 지연된 때에는 그 양륙이 보통 종료된 때에 종료된 것으로 한다(상법 제700조).

2) 적하보험

하물의 적하에 착수한 때에 개시하지만, 출하지를 정한 경우에는 그곳에서 운송에 착수한 때에 개시한다(상법 제699조 제2항). 다만, 그 후에 보험계약이 성립한 경우에는 계약이 성립한 때에 개시한다(상법 제699조 제3항). 그리고 양륙항 또는 도착지에서 하물을 인도한 때에 종료하지만, 불가항력 이외의 사유로 양륙이 지연된 때에는 그 양륙이 보통 종료될 때에 종료된 것으로 한다(상법 제700조).[52)]

---

52) 협회적하보험약관(Institute Cargo Clauses A) 제8.1조에서 보험이 통상의 운송과정 중에 계속된다는 부분의 해석상 제8.1.1조 내지 제8.1.3조에서 정하는 보험종료사유가 발생하기 이전이라도 통상의 운송과정을 벗어나는 경우에는 이로써 보험이 종료하고, 피보험자가 운송을 중단하고 화물을 반송하기로 결정한 경우에는 그러한 의도적인 운송중단에 의하

(4) 보험가액

당사자 간에 보험가액에 대한 합의가 있는 경우에는 원칙적으로 그 가액을 보험가액으로 하지만(상법 제670조), 보험가액에 대한 보험가액 불변경주의에 따르고 있다. 즉 선박보험에서는 보험자의 책임이 개시될 때의 선박가액(상법 제696조 제1항)을 보험가액으로 하는데, 이 경우에는 선박의 속구·연료·양식 기타 항해에 필요한 모든 물건은 보험의 목적에 포함되므로(상법 제696조 제2항) 이러한 물건의 가액도 보험가액에 포함된다.

적하보험에서는 선적한 때와 곳에 있어서의 그 적하의 가액 및 선적과 보험에 관한 비용을 보험가액으로 한다(상법 제697조). 상법은 적하의 보험가액에 대하여는 운송보험의 경우(상법 제689조)와는 달리 운임을 포함시키지 않고, 또 희망이익도 포함될 수 없는 것으로 규정하고 있다. 희망이익보험에서는 보험금액을 보험가액으로 한 것으로 추정하고 있다(상법 제698조).

4. 해상보험계약의 특칙

(1) 해상보험증권

해상보험증권에서는 일반손해보험증권의 기재사항(상법 제666조) 이외에 ① 선박보험에서는 선박의 명칭·국적과 종류 및 항해의 범위(상법 제695조 제1호), ② 적하보험에서는 선박의 명칭·국적과 종류, 선적항과 양륙항 및 출하지와 도착지를 정한 때에는 그 지명(상법 제695조 제2호), ③ 보험가액을 정한 때에는 그 가액을 기재하여야 한다(상법 제695조 제3호).

(2) 해상보험계약의 변경 . 소멸

해상보험에서는 출항지와 항로 및 도착지별로 발생할 위험을 오랜 경험을 통해 측정하여 이를 바탕으로 보험료를 부과하고 있다. 그러므로 이를 임의로 변경하게 되면 그 위험률이 달라져서 종전의 계약조건에 따른 보험자의 책임을 인정하는 것이 부당하므로, 상법은 해상위험을 특성을 고려하여 해상보험에 있어서 사정변경에 의한 보험

여 통상의 운송과정에서 벗어난 것이어서 결국 보험이 종료한다(대법원 2003. 6. 13. 선고 2001다42660 판결).

관계의 변경·소멸에 관하여 다음과 같이 특칙을 규정하고 있다.

1) 항해변경의 효과

'항해의 변경'이란 발항항 또는 도착항의 한쪽 또는 양쪽을 변경하는 것을 말한다. 항해보험에서는 선박보험이든 적하보험이든 묻지 아니하고 보험자는 한 항구에서 다른 항구까지의 선박의 항해에 관한 사고로 인한 손해를 담보하는 것이므로, 보험계약에서 정한 발항항 또는 도착항을 변경하는 것은 보험계약내용의 변경이 된다. 따라서 ① 선박이 계약체결 시에 정하여진 발항항이 아닌 다른 항에서 출항한 때에는 보험자는 책임을 지지 아니하고(상법 제701조 제1항), ② 선박이 계약체결 시에 정하여진 도착항이 아닌 다른 항을 향하여 출항한 때에도 보험자는 책임을 지지 아니한다(상법 제701조 제2항). ③ 보험자의 책임이 개시된 후에 도착항을 변경하였을 때에는 보험자는 변경 이후의 사고에 대하여만 책임을 지지 않는다(상법 제701조 제3항). 다만, 이 경우에는 보험계약자 또는 피보험자의 귀책사유에 의한 경우에만 보험자는 면책이 되고, 그러한 귀책사유가 없는 경우에는 보상책임을 진다는 것이 다수설이다. 또한 ④ 비록 항해변경이 있더라도 보험자와 보험계약자 사이에 항해의 변경에 대한 합의를 한때에는 그 계약의 조건에 따라 보험자는 그 항해변경 후의 사고에 대하여 보상책임을 진다.[53] ⑤ 마지막으로 증명책임에 관해서는 보험자는 항해변경이 있는 경우 그 사실을 증명하고 손해배상책임을 면할 수 있다고 보아야 한다. 왜냐하면 항해변경이 발생한 경우에도 피보험자는 항해의 변경에 대하여 보험계약자 또는 피보험자가 자신에게 귀책사유가 없을 증명함으로써 보험자의 보상책임을 물을 수 있기 때문에, 책임을 면하려는 보험자에게 증명책임이 있다.

2) 이로(離路)의 효과

선박이 정당한 사유 없이 보험계약 체결 시 정하여진 항로에서 이탈하였을 때에는 보험자는 그때부터 책임을 지지 아니한다(상법 제701조의2 제1문). 선박이 손해발생 전에 원항로로 복귀한 경우에도 보험자는 책임을 지지 아니한다(상법 제701조의2 제2문). 여기서 '이로'란 항해변경과 달리 원래의 항해를 그대로 유지하면서 계약에서 정

53) 「협회적하보험약관」 제10조에는 보험의 책임개시 후에 도착지가 피보험자에 의하여 변경된 경우에는 그 뜻이 지체없이 보험자에게 통지되는 것을 조건으로 그에 이어 협정되는 보험료와 보험조건에 따라 담보가 계속되는 것으로 함으로써 항해변경에 대한 합의의 효력에 관해 규정하고 있다.

한 예정항로 또는 통상적이고 관행적인 항로를 벗어난 항해를 가리킨다.[54)]

3) 발항 또는 항해 지연의 효과

피보험자가 정당한 사유 없이 발항이나 항해를 지연시킨 때에는 실제 위험이 증가하였는지의 여부를 묻지 않고 위험이 현저하게 변경 또는 증가된 것으로 인정하여, 보험자는 발항 또는 항해를 지체한 이후의 사고에 관하여 책임을 지지 않는다(상법 제702조). 해상보험에서 위험은 선박의 상태·항해·항로 등에 따라 달라지게 될 뿐만 아니라, 동일한 항해이더라도 그 시기와 기간에 의해서도 영향을 받기 때문이다.

4) 선박변경의 효과

적하보험의 경우에 보험계약자 또는 피보험자의 책임 있는 사유로 인하여 선박을 변경한 때에는, 보험자는 그 변경 이후의 사고에 대하여 책임을 지지 않는다(상법 제703조). 왜냐하면 해상보험에서 보험사고는 선박과 밀접한 관련을 갖기 때문이다.

5) 선박의 양도 등의 효과

선박보험의 경우에 보험자의 동의 없이 피보험자가 선박의 양도, 선급의 변경 또는 선박을 새로운 관리로 옮긴 때에는 보험계약은 종료한다(상법 제703조의2 본문). 즉 선박의 양도에는 보험자의 동의가 있는 경우에만 보험계약이 이전되는 것이다(상법 제703조의2 단서).[55)] 이것은 선박보험에서 피보험자와 선박의 관계를 중시하고 있는 거래의 실정을 고려한 것이다.[56)]

---

54) 선적항을 출항하여 항해하던 중 레이더 장비의 노후에 따른 성능유지를 위하여 필요한 일상적인 점검을 받고 선용품도 공급받기 위하여 다른 항구로 임시 기항하였다면 선주는 선적항을 출항할 당시 선박에 설치된 레이더 장비의 성능과 고장 여부를 점검하여 감항능력을 유지 확보하여야 하는데도 이를 게을리 하였다고 할 것이고, 이와 같이 발항 당시 레이더에 관한 감항능력주의의무의 이행을 다하지 아니한 선박이 출항한 지 하루도 지나지 않은 상태에서 레이더의 수리 점검 및 선용품 공급을 위하여 예정된 항로를 변경한 것은 정당한 이유로 인한 이로에 해당한다고 할 수 없다(대법원 1998. 2. 10. 선고 96다45054 판결).

55) **대법원 2004. 11. 11. 선고 2003다30807 판결**(상법 제703조의2는 제1호에서 "선박을 양도할 때"를 자동종료사유의 하나로 규정하고 있는바, 이처럼 선박의 양도를 보험계약의 자동종료사유의 하나로 규정하는 것은 선박보험계약을 체결함에 있어서 선박소유자가 누구인가 하는 점은 인수 여부의 결정 및 보험료율의 산정에 있어서 매우 중요한 요소이고, 따라서 소유자의 변경은 보험계약에 있어서 중대한 위험의 변경에 해당하기 때문이라고 할 수 있는데, 특별한 사정이 없는 한 조업허가를 얻기 위한 목적으로 허위의 매매계약서를 작성하였다는 점만으로는 보험계약 상 중대한 위험의 변경이 발생한다고 보기는 어렵다는 점에 비추어 그와 같은 경우를 상법 제703조의2 제1호의 "선박을 양도할 때"에 해당한다고 새길 수는 없다).

56) 손해보험법 통칙에 의하면 피보험자가 보험의 목적을 양도한 때에는 양수인은 보험계약 상의 권리와 의무를 승계한 것으로 추정되는데(상법 제679조 제1항), 선박의 양도에 있어서는 특칙에 의하여 이러한 통칙규정이 적용되지 않는 것이다.

5. 해상보험자의 손해보상책임

(1) 보험자가 부담하는 손해

해상보험자는 해상사업에 관한 사고로 생긴 손해를 보상할 책임이 있다(상법 제693조). 보험자는 보험사고와 상당인과관계가 있는 직접손해에 대해서만 보상책임이 있는 것이 원칙이지만, 예외적으로 다음과 같은 경우에는 간접손해에 대해서도 보상책임이 있다.

1) 공동해손으로 인한 손해

보험자는 피보험자가 지급할 공동해손의 분담액을 보상하여야 한다(상법 제694조 본문). 공동해손처분에 의하여 공동해손분담의무를 부담하는 것은 목적물에 대하여 직접 입은 손해가 아니고 하나의 간접손해이므로 이러한 손해를 위한 해상보험은 불가능하고, 다만 이러한 보험은 책임보험에 속한다고 볼 수밖에 없다. 그러므로 선박 또는 적하 등을 보험에 붙인 경우에는 선박이나 적하 그 자체의 결손에 관한 보험 이외에, 이러한 공동해손분담의무에 의한 손실에 관한 보험도 포함시킬 것인가가 문제 되는데, 상법은 이것을 선박 또는 적하 그 자체에 관한 피보험이익이 결손된 것과 같게 취급하여, 이것에 관하여도 보험자의 보상책임을 인정하고 있는 것이다. 그런데 공동해손의 분담은 선박 또는 적하의 잔존가액(도착 또는 양륙한 때와 곳의 가액)을 한도로 하므로(상법 제867조, 제868조), 이 경우 공동해손분담가액이 보험가액을 초과할 때에는 그 초과액에 대한 분담액은 보상하지 아니한다(상법 제694조 3문). 또한 일부보험의 경우 보험자의 공동해손분담액은 보험금액의 보험가액에 대한 비율에 따라 정하여진 금액이다(상법 제694조 2문).

2) 해난구조료와 특별비용

보험자는 피보험자가 보험사고로 인하여 발생하는 손해를 방지하기 위하여 지급할 구조료를 보상할 책임이 있다(상법 제694조의2 본문). 그러나 보험의 목적물의 구조료 분담가액이 보험가액을 초과할 때에는 그 초과액에 대한 분담액은 보상하지 아니한다(상법 제694조의2 단서). 그리고 보험자는 보험의 목적의 안전이나 보존을 위하여 지

그러므로 선박의 양도에는 보험자의 동의가 있는 경우에만 보험계약이 이전되는 것이다.

급할 특별비용도 보험사고와 관련하여 생긴 비용이라 할 수 있으므로 보험금액의 한도 내에서 보상할 책임이 있다(상법 제694조의3).

(2) 보상책임의 범위

1) 상법상의 보상범위

보험목적이 전부멸실한 경우에는 보험금액의 한도 내에서 보험가액 전액을 보상하면 되지만, 분손의 경우에는 보상액 산정이 용이하지 않으므로 상법은 보험자의 보상범위에 관한 특별규정을 두고 있다.

① 전손의 경우: 선박·적하 등에 관한 피보험이익이 전부 멸실한 전손의 경우 보험가액의 전액이 손해액이고 보험금액의 한도에서 그 손해액 전부를 보상하여야 한다. 그리고 보험자의 보상액에는 이외에도 손해산정비용(상법 제676조 제2항)·손해방지비용(상법 제680조 제1항 단서) 등이 포함된다.

② 분손의 경우: 선박의 일부가 훼손된 경우에는 훼손된 부분에 대한 수선 정도에 따라 보험자의 보상방법을 달리 규정하고 있다. 즉 선박의 훼손된 부분의 전부를 수선하였을 때에는 보험자는 수선에 따른 비용을 1회의 사고에 대하여 보험금액을 한도로 보상할 책임이 있고(상법 제707조의2 제1항), 훼손된 부분의 일부를 수선하였을 때에는 보험자는 수선에 따른 비용과 수선하지 아니함으로 인하여 감가된 액을 보상할 책임이 있으며(동조 제2항), 선박의 일부가 훼손되었으나 수선하지 아니한 경우에는 보험자는 그로 인하여 감가된 액을 보상할 책임이 있다(동조 제3항). 또한 적하가 훼손되어 양륙항에 도착한 때에는 보험자는 적하가 도착항에서 가지는 훼손된 상태의 가액과 훼손되지 않은 상태의 가액과의 비율로써 보험가액의 일부에 대한 손해를 보상할 책임이 있다(상법 제708조).

③ 적하매각의 경우: 항해의 도중에 불가항력에 의하여 보험의 목적인 적하를 매각한 때에는 그 매각에 의하여 얻은 대가 중에서 운임 기타의 비용을 공제한 것과 보험가액의 차액을 보상하여야 한다(상법 제709조 제1항). 또 매수인이 대금을 지급하지 아니한 때에는 보험자가 그 금액을 지급하여야 하며, 보험자가 그 금액을 지급한 때에는 피보험자의 매수인에 대한 권리를 취득한다(상법 제709조 제2항).

2) 약관상의 보상범위

해상사업에 관한 사고가 광범위하기 때문에 해상보험자의 입장에서는 보상책임의 범위를 명확히 한정하여 둘 필요가 있고, 또 보험계약자로서도 보험료를 절약하기 위하여 이것을 한정할 필요가 있다. 이에 따라 해상보험실무에서는 영국의 관행에 따라 보험약관에 다음과 같이 보험자의 보상책임의 범위를 명확히 한정하는 것이 일반적이고,[57] 보험자가 어떠한 손해를 보상하느냐는 약관에 의하여 당사자가 자유로이 정할 수 있다.

① 전손만의 담보: 이것은 보험의 목적이 전손 및 이것에 준하는 경우(상법 제710조)에만 보험자가 보상책임을 지고, 단독해손·공동해손·손해방지비용 기타 전손 이외의 모든 손해와 비용에 대하여는 책임을 지지 않는다는 약관이다. 영국의 T.L.O.(total loss only) 약관 등이 이에 해당한다.

② 분손부담보: 이것은 전손 이외에는 원칙적으로 공동해손에 대하여만 보험자가 보상책임을 지고, 분손 중 단독해손에 대하여는 보상책임을 지지 않는다는 약관이다. 영국의 F.P.A.(free from particular average) 약관이 이에 해당하며, 이러한 약관 중에는 선박의 침몰·화재·좌초·충돌 등으로 인한 손해에 대하여는 단독해손이라도 보험자가 보상책임을 지도록 하는 약관도 있다.

③ 분손담보: 이것은 전손뿐만 아니라 공동해손이든 단독해손이든 모든 분손에 대하여 보험자가 보상책임을 지는 약관이다. 이러한 약관은 보통 적하보험에서만 사용되는데, 영국의 A.R.(all risks·W.A., with average) 약관이 대표적이다.

---

57) 영국 해상보험법(Marine Insurance Act 1906년) 제56조 제1항은 "손해는 전부이거나 일부일 수 있다. 이하에서 정의하는 전손 이외는 분손이다."고 규정하고, 제2항은 "전손은 현실전손(actual total loss)일 수도 있고, 추정전손(constructive total loss)일 수도 있다."고 규정하며, 제60조 제1항은 "보험증권상의 명시적 규정에 반하지 않는 한, 보험목적의 현실전손이 불가피하기 때문에 또는 비용이 지출되고 난 이후의 보험목적의 가액을 초과하는 정도의 비용을 지출하지 않고서는 현실전손을 면할 수 없기 때문에 보험목적을 위부(委付)하는 것이 상당한 경우에는 추정전손이 있다."고 규정하고, 제2항은 "특히 다음의 경우는 추정전손이 있다."고 규정하면서 그 제2호에서 "선박이 훼손된 경우에는, 선박이 피보험위험으로 인하여 심하게 훼손되어 그 훼손을 수리하는 데 소요되는 비용이 수리되었을 때의 선박가액을 초과하리라고 예상되는 경우. 이 수리비를 산정함에 있어서는 수리에 관하여 다른 이해관계인이 지급하여야 할 공동해손분담액을 공제하여서는 아니되지만, 장래의 구조작업에 소요되는 비용과 선박이 수리될 경우에 선박이 부담하게 될 장래의 공동해손분담액은 수리비에 가산하여야 한다."고 규정하며, 이 사건 보험계약에 적용된 협회선박기간보험약관 제19조 제1항은 "추정전손인가를 판단함에 있어서는 부보된 선박가액을 수리 후의 선박가액으로 보고, 선박 또는 난파선의 훼손된 가액 또는 해체된 가액은 이를 고려하지 아니한다."고 규정하고 있는바, 여기서 수리비라 함은 훼손된 선박을 원상으로 회복하는 데 소요되는 비용을 말하고, 이에는 선박의 손상 부위와 정도를 감정하기 위한 비용·선박을 수선항으로 예인하기 위한 비용·선급검사인의 검사료·예선증명서의 발급비용·수선감독자의 감독비용·기타 수선에 부수하는 비용도 포함된다(대법원 2001. 2. 23. 선고 98다59309 판결).

◆ 대법원 1991. 5. 14. 선고 90다카25314 판결-해상보험의 준거법 및 책임제한

[사실개요]

원고와 피고는 1987.10.16. 분손불담보(Free from Particular Average, F.P.A.) 조건의 적하보험계약을 체결하였다. 그런데 원고는 이 사건 화물을 적재한 선박이 1987.10.24. 경 인도네시아국 판장항에서 출항한 다음 기관고장으로 정선 수리중이라거나 거친 파도와 강풍으로 심하게 동요하고 있으며 선박이 기울고 있다는 등의 전문만 수차 보내오고 도착예정일(1987.11.5.경)이 지나도록 목적항인 부산항에 도착하지 않자 도착예정일이 훨씬 지난 1987.11.30.에 피고에게 그와 같은 사실을 감추고 위 선박의 출항일은 추후 고지하겠다고 하여 보험조건을 분손불담보조건에서 전위험담보(All Risks, A/R) 조건으로 하는 내용의 추가변경약정을 체결하였다. 그런데 이 사건 화물을 선적한 나라이호가 화물과 함께 행방불명됨으로써 위 화물이 원고에게 인도되지 아니하자, 원고가 보험금을 청구한 것이다.

[판결요지]

보험증권 아래에서 야기되는 일체의 책임문제는 외국의 법률 및 관습에 의하여야 한다는 외국법 준거약관은 동 약관에 의하여 외국법이 적용되는 결과 우리 상법 보험편의 통칙의 규정보다 보험계약자에게 불리하게 된다고 하여 상법 제663조에 따라 곧 무효로 되는 것이 아니고 동 약관이 보험자의 면책을 기도하여 본래 적용되어야 할 공서법의 적용을 면하는 것을 목적으로 하거나 합리적인 범위를 초과하여 보험계약자에게 불리하게 된다고 판단되는 것에 한하여 무효로 된다고 할 것인데 해상보험증권 아래에서 야기되는 일체의 책임문제는 영국의 법률 및 관습에 의하여야 한다는 영국법 준거약관은 오랜 기간 동안에 걸쳐 해상보험업계의 중심이 되어 온 영국의 법률과 관습에 따라 당사자간의 거래관계를 명확하게 하려는 것으로서 우리나라의 공익규정 또는 공서양속에 반하는 것이라거나 보험계약자의 이익을 부당하게 침해하는 것이라고 볼 수 없으므로 유효하다. 따라서 이 사건 적하보험계약에 있어서 고지의무위반을 이유로 한 보험계약의 해지에 관하여는 영국해상보험법 제18조, 제17조가 적용되고 동법 소정의 고지의무위반을 이유로 한 보험계약의 해지는 우리 상법 제651조 소정의 그것과는 그 요건과 효과를 달리하고 있어 이에 대하여 상법 제651조 소정의 제척기간이나 상법 제655조의 인과관계에 관한 규정은 적용될 여지가 없다.

영국해상보험법 및 영국법원의 판례에 의하면 열거책임주의가 적용되는 분손불담보 조건의 적하보험계약에 있어서 피보험자가 보험자로부터 손해를 전보받기 위하여는 손해가 보험증권상에 열거된 부보위험으로 인하여 발생하였다는 적극적 사실을 입증하여야 함이 일반적인 원칙이기는 하나 이 사건과 같이 화물이 선박과 함께 행방불명된 경우에는 현실전손으로 추정되고(영국해상보험법 제58조), 그 현실전손은 일응 부보위험인 해상위험으로 인한 것으로 추정되어 보험자는 전보책임을 면할 수 없는 것이며 부보위험으로 인한 손해라는 추정은 보험자가 부보위험이 아닌 다른 위험 내지 면책위험으로 인한 것일 가능성이 있음을 주장하고 그 가능성이 보다 우월하거나 동일함을 입증하는 경우에 한하여 깨어지는 것이라고 할 것이다.

한편 기록에 비추어 검토하여 보면, 원고는 위 손해가 분손불담보조건 하에서의 부보위험인 "해상고유의 위험"이나 "해상에 있어서의 점유 탈취, 강취 억지 또는 억류" 또는 "선장 및 선원의 악행" 중의 어느 하나에 기인하였을 것이라고 주장하면서 선박의 기관에 문제가 있다거나 항해중 악천후를 만난 듯 한 취지의 이 사건 선박으로부터의 전문을 증거로 제시함에 그치고 있음에 반하여 피고는 이 사건 화물이 나라이호의 선주와 선장 및 선원들로 구성된 사기집단에 의하여 목적항이 아닌 동남아 등지에서 불법으로 매각처분되었을 가능성을 주장하고 그 가능성을 추론케 하는 상당한 증거를 제시하고 있어서 피고의 입증자료들에 비추어보면 원고가 제시하는 나리이호로 부터의 전문들은 그 신빙성이 극히 미약하다고 아니할 수 없으므로 이 사건 사고는 침몰 등 "해상고유의 위험"이나 선주의 의사에 반하여 손해를 끼치는 "선장 및 선원의 악행(barratry)" 등 부보위험으로 인한 것일 가능성 보다는 부보되지 아니하는 위험으로서 선주가 선장 및 선원과 공모하에 이루어진 선주의 악행에 의한 것일 가능성이 보다 우월하다고 볼 여지가 있기도 하다. 따라서 이 사건 사고가 부보위험이 아닌 다른 위험 내지 면책위험으로 인한 것이라는 피고의 주장과 입증을 더 자세히 살펴보고 그것

이 부보위험의 추정을 번복할 정도에 이르는 것인가를 판단하여야 할 것이다.

[쟁점사항]

이는 [1] 보험계약상 영국법 등 외국법 준거약관의 효력은 보험계약자 등의 불이익 변경금지를 규정한 상법 제663조에 위반하지 않고, [2] 영국법 준거약관의 적하보험계약을 체결함에 있어 화물을 적재하고 출항한 선박으로부터 사고의 발생이 예상되는 전문을 수령한 사실을 감춘 경우, 위 전문 수령사실은 영국해상보험법 제18조 제2항 소정의 고지의무의 대상에 해당하며, [3] 영국법상 분손불담보조건의 적하보험계약에 있어서 화물이 선박과 함께 행방불명된 경우 부보위험인 해상위험으로 인한 손해로 추정된다고 한 판례이다.

(3) 보험자의 면책사유

1) 법정면책사유

해상보험자는 손해보험계약 일반의 면책사유(상법 제659조, 제660조, 제678조)에 의하여 면책됨은 물론, 다음과 같은 손해 또는 비용에 대해서도 보상책임이 없다. 즉 해상보험자는 ① 선박보험 또는 운임보험의 경우에는 발항 당시 감항능력담보의무를 해태[58]함으로써 생긴 손해(상법 제706조 제1호),[59] ② 적하보험의 경우에는 용선자·송하

58) 선박은 약정된 항해에서 통상 예견되는 황천(荒天) 기타 기상이변에 대비한 준비가 되어 있어야 할 것인바, 해당 항로를 항해하는 선박이 통상 예견할 수 있는 정도의 돌풍이나 삼각파도에 의하여 선체 자체의 손상이나 인명피해 없이 화물창구 덮개의 일부만이 파손되었다면 발항 당시 선박이 불감항의 상태에 있었고, 선주 또는 그 선박사용인이 발항 전 상당한 주의로써 선체의 각 부분을 면밀히 점검 조사하여 감항능력의 유무를 확인하였더라면 화물창구 덮개의 노후 등 하자를 발견하여 안전성을 확보할 수 있었는데도 이를 다하지 아니함으로써 선박의 화물창구 덮개 일부가 파손되고 거기로 해수가 유입되어 운송물이 침수되는 사고가 발생하였다고 봄이 상당하다(대법원 1998. 2. 10. 선고 96다45054 판결).

59) 영국 해상보험법(Marine Insurance Act, 1906) 제39조 제4항은 "어느 선박이 부보된 해상사업에서 통상 일어날 수 있는 해상위험을 견디어낼 수 있을 만큼 모든 점에서 상당히 적합(reasonably fit)할 때에는 감항능력이 있는 것으로 간주된다."고 규정하고, 제39조 제5항은 "기간보험(Time Policy)에서는 해상사업의 어떤 단계에서이든 선박이 감항능력이 있어야 한다는 묵시적 담보가 없다. 그러나 피보험자가 선박이 감항능력이 없음을 알면서도(with privity of the assured) 항해하게 하였다면 보험자는 감항능력이 없음으로 인하여 발생한 일체의 손해에 대하여 책임을 지지 아니한다."고 규정하고 있는바, 즉 영국 해상보험법상의 법리에 의하면, 해상보험의 경우 감항성 또는 감항능력(seaworthiness)은 '특정의 항해에서 통상적인 위험에 견딜 수 있는 능력(at the time of the insurance able to perform the voyage unless any external accident should happen)'을 의미하는 상대적인 개념으로서, 어떤 선박이 감항성을 갖추고 있느냐의 여부를 확정하는 확정적이고 절대적인 기준은 없고, 특정 항해에서의 특정한 사정에 따라 상대적으로 결정되어야 하며, 항해보험의 경우에는 원칙적으로 감항능력 불비로 인한 보험자의 면책을 인정하지만, 기간보험의 경우에는 그러한 묵시적 담보가 인정되지 않는 것을 원칙으로 하되, 예외적으로 피보험자가 선박이 감항능력이 없음을 알면서도 항해하게 한 경우에 한하여 보험자가 면책될 수 있으므로, 이 법리에 의하면, 선박 기간보험에서 감항능력 결여로 인하여 보험자가 면책되기 위하여는 손해가 감항능력이 없음으로 인하여 발생한 것이어야 하고, 피보험자가 감항능력이 없음을 알고 있어야 하며, 이러한 감항능력의 결여와 보험사고 사이에 인과관계, 즉 손해의 일부나 전부가 감항능력이 없음으로 인하여 발생한 것이라는 점이 인정되어야 하되, 이러한 요건에 대한 입증책임은 보험자가 부담한다. 영국 해상보험법상 선박기간보험에 있어 감항능력 결여로 인한 보험자의 면책요건으로서 피보험자의 악의(privity)는 영미법상의 개념으로서 피보험자가 선박의 감항능력 결여의 원인이 된 사실뿐 아니라, 그 원인된 사실로 인하여 해당 선박이 통상적인 해상위험을 견디어낼 수 없게 된 사실, 즉 감항능력이 결여된 사실을 알고 있는 것을 의미하는 것으로서, 감항능력이 없다는 것을 적극적으로 아는 것(positive knowledge of unseaworthiness)뿐 아니라, 감항능력이 없을 수도 있다는 것을 알면서도 이를 갖추기 위한

인 또는 수하인의 고의 또는 중대한 과실로 인하여 생긴 손해(상법 제706조 제2호), ③ 도선료·입항료·등대료·검역료 기타 선박 또는 적하에 관한 항해 중의 통상비용(상법 제706조 제3호)에 대하여 면책된다.

2) 약정면책사유

해상보험자는 위와 같은 법정면책사유 이외에도 약관의 규정에 의하여 면책되는 경우가 많다. 특히 해상보험실무에서는 보험약관에 보험자의 보상책임의 범위를 명확히 한정하는 것이 일반적인데, 우리나라의 해상보험 실무에서도 개별 보험약관에 상세히 규정하고 있다. 그리고 해상보험에서의 이러한 약정면책약관에는 불이익변경금지규정이 적용되지 않음은 이미 살펴본 바와 같다(상법 제678조).

6. 보험위부

(1) 의의

보험위부(abandonment; Abandon)라 함은 해상보험에서 전손이 아니라도 보험의 목적이 전부 멸실된 것과 동일시 할 수 있는 일정한 경우 또는 전손이 있다고 추정되기는 하지만 그 증명이 곤란한 경우 등에 이것을 법률상 전손과 동일시하여 피보험자가 그 보험의 목적에 대한 모든 권리를 보험자에게 양도하고 보험자에 대하여 보험금의 전액을 청구하는 것을 말한다(상법 제710조, 제718조).

보험위부의 법적 성질은 불요식의 법률행위이고, 보험자의 승낙을 요하지 않는 단독행위이며, 피보험자의 일방적 의사표시에 의하여 법적 효과가 발생하는 일종의 형성권이다(통설).

(2) 효용

손해보험의 일반원칙에 의하면 피보험이익의 전부 또는 일부의 멸실을 증명하지 않으면 손해의 보상을 받을 수 없다. 그러나 해상보험에서는 그 성질상 전손이 아니라도 전손과 동일하게 보아야 할 경우 또는 전손이 있다고 추정되기는 하지만 그 증명이 곤

조치를 하지 않고 그대로 내버려두는 것(turning the blind eyes to unseaworthiness)까지 포함하는 개념이다(대법원 2002. 6. 28. 선고 2000다21062 판결).

란한 경우에는 이를 전손과 동일시하여 피보험자에게 자본회수의 편의를 줄 필요가 있다. 따라서 전손에 준하는 경우 피보험자가 그 보험의 목적에 대한 자기의 권리를 모두 보험자에게 양도하는 대신 보험자에 대하여 보험금의 전액을 청구할 수 있게 되는 것이다. 이와 같이 보험위부제도는 손해보험의 일반원칙에 대한 예외로서, 보험관계자 간의 계산 관계를 신속·간편하게 처리하게 하는 해상보험 특유의 제도이다.

(3) 보험위부의 원인

상법에서는 위부를 할 수 있는 경우를 다음과 같이 열거하고 있지만(상법 제710조), 이것은 강행규정이 아니므로 특약에 의하여 확장 또는 제한할 수 있는 것이다.

상법상 보험위부의 원인은 ① 피보험자가 보험사고로 인하여 자기의 선박 또는 적하의 점유를 상실하여 이의 회수가 불능인 때(상법 제710조 1호), ② 선박이 보험사고로 인하여 심하게 훼손되어 선박의 수선비용이 과다할 때(상법 제710조 2호), ③ 적하가 보험사고로 인하여 심하게 훼손되어 이의 수선비용이 과다할 때(상법 제710조 3호)이다.

(4) 보험위부의 요건

1) 위부의 통지

피보험자가 위부를 하고자 할 때에는 위부를 할 수 있는 원인이 생긴 때로부터 상당한 기간 내에 보험자에게 통지를 발송하여야 한다(상법 제713조). 통지의 방법에 대하여는 아무런 규정이 없으나 서면 또는 구두로 할 수 있고, 보험의 목적물에 대한 피보험자의 피보험이익을 보험자에게 무조건적으로 위부하는 의사표시로도 가능하다고 본다.

2) 위부의 무조건성

위부는 무조건 이여야 한다(상법 제714조 제1항). 왜냐하면 위부에 조건이나 기한을 붙이는 것을 허용하면 당사자 간의 법률관계를 신속·간명하게 종료시키고자 하는 위부제도의 취지에 반하기 때문이다.

3) 위부의 범위

위부는 원칙적으로 보험의 목적의 전부에 대하여 하여야 한다(상법 제714조 제2항 본문). 그러나 예외적으로 위부의 원인이 그 일부에 대하여 생긴 때에는 그 부분에 대하여서만 이를 할 수도 있으며(동조 제2항), 보험가액의 일부를 보험에 붙인 일부보험의 경우에는 보험금액의 보험가액에 대한 비율에 따라서만 위부를 할 수 있다(동조 제3항).

4) 다른 보험계약 등에 관한 통지

피보험자는 위부를 함에 있어서는 보험자에게 보험의 목적에 관한 다른 보험계약과 그 부담에 속하는 채무의 유무와 그 종류 및 내용을 통지하여야 한다(상법 제715조 제1항). 보험자는 이 통지를 받을 때까지 보험금액의 지급을 거절할 수 있고(동조 제2항), 또 보험금액 지급기간의 약정이 있는 때에는 그 기간은 보험자가 위의 통지를 받은 때로부터 기산한다(동조 제3항).

(5) 보험위부의 승인·불승인

보험자가 위부를 승인한 때에는 피보험자는 위부원인을 증명할 필요가 없으며, 또 보험자는 후일 그 위부에 대하여 다시 이의를 하지 못한다(상법 제716조). 이는 위부원인의 증명에 관한 것인데, 물론 보험자가 위부를 승인하지 아니한 때에는 피보험자는 위부원인을 증명하여야 하며, 이를 증명하지 아니하면 보험금액의 지급을 청구하지 못한다(상법 제717조).

(6) 보험위부의 효력

1) 보험자에 대한 효력

보험자는 위부로 인하여 피보험자가 보험의 목적에 대하여 가지고 있는 모든 권리를 취득한다(상법 제718조 제1항). 보험자의 이러한 권리취득은 피보험자의 위부의 의사표시가 보험자에게 도달한 때에 그 효력이 생긴다. 이는 보험자의 보험금의 지급여부와는 무관하다. 위부를 한때에는 피보험자는 보험의 목적물에 관한 증서를 보험자에게 교부하여야 한다(동조 제2항).

2) 피보험자에 대한 효력

피보험자는 위부로 인하여 보험금액의 전부의 지급을 청구할 수 있다(상법 제710조). 그러나 예외적으로 위부의 원인이 보험의 목적의 일부에 대하여 생긴 경우에 위부를 한때에는 그 부분에 대한 보험금액만을 청구할 수 있다(상법 제714조 제2항 단서). 또한 일부보험의 경우에는 보험금액의 보험가액에 대한 비율에 따라 청구할 수 있다(상법 제714조 제3항).

V. 책임보험계약

1. 총설

(1) 의의

책임보험(liability insurance; Hafrpflichtversicherungsvertrag)이란 피보험자가 보험기간 중의 사고로 인하여 제3사에게 손해배상책임을 진 경우에 보험자가 이로 인한 손해를 보상할 것을 목적으로 하는 손해보험이다(상법 제719조). 이것은 피보험자가 보험사고로 인하여 직접 입은 재산상의 손해를 보상하는 것을 목적으로 하는 것이 아니라, 제3자에 대한 손해배상책임을 짐으로써 입은 피보험자의 간접손해를 보상할 것을 목적으로 하는 점에서 일반 손해보험과 다르다.

(2) 책임보험의 성질과 종류

책임보험계약은 피보험자가 제3자에 대한 손해배상책임을 이행함으로써 생긴 재산상의 손해를 보상하는 보험계약이므로, 손해보험성, 재산보험성, 소극보험성의 성질을 갖는다.

책임보험은 피보험자의 배상책임의 객체에 따라 대인배상책임보험과 대물배상책임보험, 피보험자에 따라 영업책임보험·[60]직업인책임보험·[61]개인책임보험, 보험가입의

60) 대법원 2007. 10. 25. 선고 2005다15949 판결(신원보증보험계약에 적용되는 추가위험부담특별약관 (i)에 의하여 피보증인이 피보험자를 위하여 그 사무를 처리함에 있어 중대한 과실이나 선량한 관리자로서의 책임을 다하지 못함으로써 피보험자가 입은 재산상의 직접손해(피보험자가 위의 사유로 법률상의 손해배상책임을 부담함으로써 입은 손해를 포함한

강제성 여부에 따라 임의책임보험과 강제(의무)책임보험, 그리고 보험금액의 한도에 따라 유한배상책임보험·무한배상책임보험으로 나뉜다.

(3) 책임보험의 효용

책임보험은 현실적으로 피보험자와 피해자를 동시에 보호하는 기능을 한다. 즉 오늘날 민사책임에 있어서 무과실책임이 확대되고 있는 경향에 비추어 장래 타인에 대해 손해를 유발할 수 있는 잠재적 가해자의 부담을 면하게 하고, 타인의 손해를 보험금의 지급에 의하여 구제하는 기능을 한다. 이러한 책임보험제도에 의해 피보험자에게는 제3자에 대한 배상책임을 보험자에게 전가시키고, 피해자인 제3자에게는 가해자의 무자력으로 인한 문제에서 벗어나 생활의 안정을 도모할 수 있게 하는 사회적 기능이 발휘된다.

2. 책임보험계약의 요소

(1) 보험의 목적

책임보험은 일반손해보험에 있어서와 같이 특정물건에 대한 손해를 전보하려는 것이 아니고, 피보험자의 배상책임으로 인한 재산상의 손해의 보상을 목적으로 한다. 따라서 일반손해보험에서 보험의 목적은 특정물이나, 책임보험에서는 피보험자가 지는 배상책임(소극재산)이고, 그 배상책임의 담보가 되는 것은 바로 피보험자의 모든 재산이다. 그런데 피보험자가 제3자의 청구를 막기 위하여 지출한 재판상 또는 재판 외의 필요비용은 피보험자가 제3자에 대하여 배상책임을 지지 않는 경우에도 보험의 목적에 포함된 것으로 하며(상법 제720조 제1항 전단), 사업책임보험의 경우에는 피보험자의 대리인 또는 사업감독자의 제3자에 대한 배상책임도 보험의 목적에 포함된다(상법 제721조).

다)도 보상대상으로 정한 경우, 피보험자가 법률상의 손해배상책임을 부담함으로써 입은 손해에 대하여 보험자가 보상하기로 약정한 부분은 피보험자가 피보증인의 행위로 인하여 직접 입은 손해를 보상하는 것이 아니라 피보험자의 피용인인 피보증인의 행위로 인하여 제3자가 손해를 입게 된 결과 피보험자가 그 제3자에 대하여 법률상 손해배상책임을 부담함으로써 입은 손해를 보상하는 것을 그 내용으로 하고 있으므로 손해보험 중에서도 일종의 영업책임보험(상법 제721조)의 성격을 가지고 있다).

61) 직업인책임보험인 변호사배상책임보험은 책임보험의 일종이다(대법원 2017. 1. 25. 선고 2014다20998 판결).

(2) 피보험이익과 보험가액

1) 피보험이익

책임보험은 재산보험 또는 소극보험에 속한다. 그러므로 책임보험의 피보험이익은 피보험자가 제3자에 대하여 재산적 급여를 하는 책임을 지는 사고가 생기지 않음으로 인하여 가지는 경제적 이익이라고 할 수 있다. 따라서 책임보험에도 피보험이익의 개념이 존재한다. 그리고 두 개의 책임보험계약이 존재하는 경우 피보험이익이 반드시 일치하지 않더라도, 피보험이익과 보험사고의 내용 및 범위가 상당 부분 중복되고 발생한 사고가 그 중복되는 피보험이익에 관련된 보험사고에 해당된다면 중복보험법리가 적용될 수 있다.

그리고 피보험자가 동일한 사고로 제3자에게 배상책임을 짐으로써 입은 손해를 보상하는 수개의 책임보험계약이 동시 또는 순차로 체결된 경우(수개의 책임보험)에 그 보험금액의 총액이 피보험자의 제3자에 대한 손해배상액을 초과하는 때에는 중복보험(제672조) 및 보험자 1인에 대한 권리포기(제673조)에 관한 규정이 준용된다(제725조의2).

◆ 대법원 2009. 12. 24. 선고 2009다42819 판결-책임보험의 피보험이익의 중복 여부

[사실개요]

원고(H손해보험 주식회사)는 주식회사 A산업과 A산업의 근로자에게 생긴 업무상의 재해로 인하여 재해보상금액을 초과하여 피보험자가 법률상의 손해배상책임을 부담함으로써 입은 손해를 보상하는 내용의 근로자재해보장책임보험계약(이하 '제1보험계약'이라 한다)을 체결하면서 하도급인인 소외 1의 근로자에게 생긴 손해도 보상하기로 약정하고 그에 해당하는 보험료를 수령하였다. 피고 1(S화재해상보험 주식회사)은 피고 2(불법행위자)와 그 소유의 지게차에 관하여 자동차종합보험계약(이하 '제2보험계약'이라 한다)을 체결하였다. 피고 2는 소외 1에게 위 지게차를 임대하고 위 제1, 2보험의 보험기간 중에 소외 1의 지시에 따라 작업을 하던 중 실수로 운반물을 떨어뜨려 소외 1의 피용자인 소외 2를 사망에 이르게 하였는바, 위 사고는 피고 2가 운반물을 떨어뜨린 과실과 함께 망 소외 2가 피고 2의 작업반경 내에서 자신의 작업을 한 과실 및 소외 1이 이를 방치하고 안전관리의무를 소홀히 한 과실 등이 경합하여 발생되었다. 원고는 제1보험계약에 의해 보험금을 지급한 후, 근로자재해보장책임보험계약 및 자동차종합보험계약은 중복보험에 해당하므로 산재급여를 초과하는 손해에 대하여 원고와 피고 S화재가 50%씩 분담함이 타당하다고 주장하였다.

[판결요지]

<u>두 개의 책임보험계약이 보험의 목적, 즉 피보험이익과 보험사고의 내용 및 범위가 전부 공통되지는 않으나 상당 부분 중복되고, 발생한 사고가 그 중복되는 피보험이익에 관련된 보험사고에 해당된다면, 이와 같은 두 개의 책임보험계약에 가입한 것은 피보험자, 피보험이익과 보험사고 및 보험기간이 중복되는 범위 내에서 상법 제725조의2에 정한 중복보험에 해당한다. 이 경우 각 보험자는 각자의 보험금액의 비율에 따른 보상책</u>

임을 연대하여 진다(상법 제752조의2, 제672조 제1항).

[쟁점사항]

이는 [1] 두 개의 책임보험계약의 피보험이익과 보험사고의 내용 및 범위가 상당부분 중복되고, 발생한 사고가 그 중복되는 피보험이익에 관련된 보험사고에 해당되는 경우 중복보험에 해당한다고 보면서, [2] 제1책임보험계약과 제2책임보험계약의 피보험자(소외 1)와 제2책임보험계약의 피보험자(피고 2)의 공동불법행위로 피해자(소외 2)가 사망하는 보험사고가 발생한 사안에서, 제1책임보험계약의 보험자가 소외 2에 대한 보험금의 지급으로 소외 1의 부담부분 이상을 변제하여 공동의 면책을 얻게 하였다면, 제1책임보험계약의 보험자는 지급한 보험금 중 각 보험금액의 비율에 따라 산정한 제2책임보험계약의 보험자의 보상책임 부분에 대하여도 구상권을 행사할 수 있고, 다만 한쪽 구상권으로부터 만족을 얻을 경우 다른 구상권의 범위는 위와 같이 만족을 얻은 부분을 제외한 나머지 출재액 중 다른 구상권에 의한 구상채무자의 부담 부분으로 축소되는 관계에 있을 뿐이라고 한 사례이다.

파기 환송된 후 항소심은 피고들은 각자 원고에게 상법 제682조 소정의 보험자대위에 기하여 자신들의 면책부분을 지급할 의무가 있고, 나아가 이 사건 제1, 2보험이 중복보험에 해당한다고 할 경우 S화재는 원고에게 그 부담 부분을 지급할 책임이 있다고 하면서 원고의 나머지 청구를 배척하였다(서울중앙지방법원 2010. 6. 8. 선고 2010나2946 판결). 이에 원고가 재상고하였는데, 최종 판결은 이를 인용하여, 이 사건 제1, 2보험이 중복보험에 해당한다면 원고로서는 다른 공동불법행위자인 피고 2의 부담 부분의 비율에 따른 금액을 피고 2와 제1보험계약의 보험자인 피고 S화재에 대하여 구상할 수 있는 외에도, 위 구상액을 제외한 나머지 출재액 중 원고와 피고 S화재 각자의 보험금액의 비율에 따라 산정한 피고 S화재의 부담 부분을 피고 S화재에 대하여 추가로 구상할 수 있다고 판시하였다**(대법원 2010. 10. 28. 선고 2010다50694 판결)**.

◆ 대법원 2015. 7. 23 선고 2014다42202 판결-수개의 책임보험에서 구상권 관계

[사실관계]

원고(제1보험자)는 M파이프와 이 사건 고소작업(高所作業)차량에 관하여 대인배상 Ⅰ, Ⅱ 자동차보험계약(제1보험계약)을 체결한 자이고, 피고(제2보험자)는 주식회사 J공사와 사이에 대표피보험자를 J공사와 각 원도급업체로 국내근로자 재해보장보험계약(제2보험계약)을 체결한 자이다. J공사는 2011. 11. 22. 아파트 관리사무소와 위 아파트 외벽 크랙보수 및 재도장공사에 관한 공사도급계약을 체결하였고, J공사의 직원 소외 5는 2012. 3. 8. 위 아파트에서 J공사가 M파이프에서 임차한 이 사건 차량의 고소작업대에 위 아파트관리사무소 직원인 소외 1, J공사 직원인 소외 2, 소외 3을 태우고 약 15m의 높이에서 아파트 벽면 도색작업을 하던 중 고소작업대에서 작업을 하던 소외 1, 소외 2가 추락하여 사망하고, 소외 3은 상해를 입는 사고가 발생하였다. 원고는 J공사의 보험자로서 소외 1 및 소외 2 유족들에게 손해배상금 중 위자료를, 소외 3에게 손해배상금 중 위자료를 각 지급하고, 피고에게 구상금 청구소송을 제기하였다.

[판결요지]

기록에 의하면, 이 사건 차량의 제작업체 겸 정비업체인 주식회사 H는 이 사건 사고 발생일인 2012.3.8.의 직전인 2012.2.23.경 이 사건 차량을 점검하면서 고소작업 사다리의 인출 와이어 로프의 교체시기가 도래한 상태임을 발견하여 교체 진단을 하고 실질적 차주인 소외 4(M파이프의 명의를 빌려 제1보험계약을 체결한 자)에게 통지하였으나, 소외 4가 교체작업을 거부하고 이 사건 차량을 인수해 간 사실을 알 수 있고, 사실관계가 이러하다면, 제1보험계약의 피보험자인 M파이프의 차량 관리상의 과실도 이 사건 사고의 하나의 원인이 된 것으로 보인다.

두 개의 책임보험계약이 보험의 목적, 즉 피보험이익과 보험사고의 내용 및 범위가 전부 공통되지는 않으나 상당 부분 중복되고, 발생한 사고가 그 중복되는 피보험이익에 관련된 보험사고에 해당된다면, 이와 같은 두 개의 책임보험계약에 가입한 것은 피보험자, 피보험이익과 보험사고 및 보험기간이 중복되는 범위 내에서 상법 제725조의2에 정한 중복보험에 해당하고, 이 경우 각 보험자는 각자의 보험금액의 비율에 따른 보상책임을 연대하여 진다(상법 제725조의2, 제672조 제1항).

그런데 제1책임보험계약과 제2책임보험계약의 피보험자인 甲과 제2책임보험계약의 피보험자인 乙의 공동불법행위로 피해자 丙이 사망하는 보험사고가 발생한 경우, 제2책임보험계약의 보험자가 丙에 대한 보험금의 지급으로 甲, 乙 공동의 면책을 얻게 한 후 제1책임보험계약의 보험자를 상대로 丙에게 지급한 보험금 전액이 중복보험에 해당한다는 이유로 각자의 보험금액의 비율에 따라 산정한 중복보험 부담 부분 전액을 구상할 수 있다면, 그 중복보험 부담 부분을 구상당한 제1책임보험계약의 보험자는 상법 제682조, 제724조 제2항에 의하여 다시 다른 공동불법행위자인 乙과 그 보험자인 제2책임보험계약의 보험자를 상대로 그 과실 비율에 따라 그 부담 부분의 재구상을 할 수 있다고 하여야 할 것인데, 그렇게 되면 순환소송이 되어 소송경제에도 반할 뿐만 아니라, 제2책임보험계약의 보험자는 결국은 보험가입자에게 반환할 것을 청구하는 것이 되어 이를 허용함은 신의칙에 비추어 보더라도 상당하지 아니하므로(대법원 2002. 3. 21.선고 2000다62322 전원합의체 판결 참조), 제2책임보험계약의 보험자는 제1책임보험계약의 보험자를 상대로 乙의 과실 비율 상당액은 구상할 수 없다고 해석하여야 할 것이고, 구체적으로는 제1책임보험계약의 보험자의 중복보험 부담 부분 중 재구상의 대상이 되지 않는 甲의 과실비율에 한하여 구상할 수 있다고 할 것이다.

위 법리에 비추어 이 사건을 살펴보면, 이 사건 사고 중 소외 2,소외 3부분은 J공사의 현장작업 진행상의 안전조치의무 위반뿐만 아니라, M파이프의 차량 관리상의 과실이 경합된 공동불법행위로 발생하였으므로, 원고가 최종적으로 M파이프의 보험자로서 부담하여야 할 부분까지 피고에게 구상하는 것은 허용될 수 없고, 원고의 중복보험에 기한 구상권은 피고의 중복보험 부담 부분 중 재구상의 대상이 되지 않는 J공사의 책임부분에 제한되어야 할 것이다.

[쟁점사항]

이는 제1책임보험계약과 제2 책임보험계약의 피보험자 甲과 제2 책임보험계약의 피보험자 乙의 공동불법행위로 피해자 丙이 사망하는 보험사고가 발생하여 제2 책임보험계약의 보험자가 丙에 대한 보험금 지급으로 甲, 乙 공동의 면책을 얻게 하였는데 지급한 보험금 전액이 중복보험에 해당하는 경우, 제2 책임보험계약의 보험자가 제1 책임보험계약의 보험자를 상대로 행사할 수 있는 구상권의 범위를 제1 책임보험계약 보험자의 중복보험 부담 부분 중 甲의 과실비율 상당액이라고 하여, 원심의 일부 판단을 파기한 사례이다.

2) 보험가액

책임보험약관은 보통 보험료의 산정기준이라 할 수 있는 보험금액을 정하여 각 개인과 단일사고에 대하여 적용할 책임한도액을 정하지만, 보험기간 동안 보험자가 책임질 사고의 수는 제한되지 않는다. 따라서 책임보험에서는 물건보험에 있어서와 같이 피보험이익을 미리 평가할 수 없으므로 보험가액은 원칙적으로 존재하지 않는다. 그러므로 원칙적으로 초과보험(상법 제669조)·중복보험(상법 제672조)·일부보험(상법 제674조)의 관념이 없고, 손해보상액은 단순히 보험금액과 손해액의 범위 안에서 결정된다.

(3) 보험사고

책임보험의 보험사고가 무엇이냐에 대하여 학설은 ① 손해사고설, ② 배상청구설, ③ 책임부담설, ④ 채무확정설, ⑤ 배상의무이행설 등으로 나뉘어 있다. 생각건대 피해자에게 손해를 입힌 보험계약 소정의 사고(예컨대 자동차책임보험에서 자동차사고)가 보험기간 중에 발생한 것을 보험사고로 보는 손해사고설이 가장 타당하다고 본다(다수설). 이렇게 보는 것이 피해자인 제3자에게 보험금의 직접청구권을 인정하는 점(상법 제724조 제2항, 자배법 제12조)과, 상법 제719조의 보험기간중의 사고의 뜻에도 합치한다.

◆ 대법원 2017. 1. 25. 선고 2014다20998 판결-책임보험에서 보험사고를 결정하는 기준

[사실관계]

변호사인 원고(기명피보험자)는 피고(보험회사)와 변호사전문인배상책임보험계약을 체결하였다. 보험계약과 관련된 보상 내용, 보험회사 및 피보험자의 권리와 의무 등은 이 사건 보험계약에 포섭되는 영문약관인 Lawyers Professional Liability Insurance Policy(이 사건 보험약관)에 따르기로 하였는데, 이 사건 보험약관은 전문인배상책임보험에서 주로 사용하는 손해배상청구기준(claim-made basis)방식의 약관이다. 이 사건 보험계약의 보험약관에는 보상대상에 관하여 "보험기간 내에 최초로 제기되고, 보험회사에 통지된 배상청구(claim)에 따른 손해(damages) 및 청구비용(claims expenses)을 지급한다." 그리고 그 보험약관에서 말하는 '손해(damages)'는 "기명피보험자 또는 기명피보험자를 대신하여 제3자를 위하여 전문적인 법률서비스를 수행하는 과정에서 발생한 실수, 누락, 과실 또는 인적 침해나 전문적인 법률서비스의 불이행으로부터 발생한 것이어야 하고, "판결, 보상결정 또는 합의의 결과로 피보험자가 법적으로 지급하여야 할 책임이 있는 보상적 손해를 의미하며, 그 합의는 보험자의 도움을 받아 협상하고 보험자의 승인을 받은 것이어야 한다."고 되어 있다.

원고는 아파트 구분소유자들을 대리하는 아파트 관리사무소장 甲과 아파트 총 888세대 중 400세대의 등기위수임계약을 체결하였고, 원고 명의의 은행계좌로 등기비용을 송금받았다. 원고가 고용한 법률사무소 등기사무장 乙은 송금받은 등기비용을 임의로 횡령하였다. 원고는 개인적으로 부족한 등기비용을 마련하여 이 사건 아파트의 등기업무를 수행한 후, 피고를 상대로 보험금을 청구하였다.

[판결요지]

책임보험계약의 보험자는 피보험자가 보험기간 중의 사고로 인하여 제3자에게 배상할 책임을 진 경우에 이를 보상할 책임이 있다(상법 제719조). 이때 <u>보험금 지급책임의 근거가 되는 보험사고는 보험계약의 내용에 편입된 보험약관의 내용과 보험약관이 인용하고 있는 보험증권의 내용 등을 종합하여 결정하여야 하고, 보험약관의 해석은 일반 법률행위와 달리 개별 계약당사자의 의사나 구체적인 사정을 고려함이 없이 평균적 고객의 이해가능성을 기준으로 하되 보험단체 전체의 이해관계를 고려하여 객관적, 획일적으로 하여야</u> 한다. 그리고 변호사배상책임보험도 책임보험의 일종이므로 그 보험계약에 의한 보험금청구권을 행사하려면 피보험자가 제3자에게 손해배상금을 지급하였거나 상법 또는 보험약관이 정하는 방법으로 피보험자의 제3자에 대한 배상책임이 확정되어야 한다.

이 사건 보험은 원고가 변호사로서 법률서비스를 제공하는 업무를 하면서 제3자에게 부담하는 손해배상책임을 보상하기 위한 책임보험이므로, 등기사무장이 등기비용을 임의소비한 것 자체가 보험사고라고 할 수는 없다. 위임받은 등기사무의 불이행 등으로 위임인에 대하여 원고가 손해배상책임을 지게 되는 등의 사정이 있어야 보험사고가 발생한 것으로 인정될 수 있다.

그리고 이 사건 보험약관에 의하면, 피보험자인 원고에게 보험금청구권이 인정되기 위해서는, ① 전문적인 법률서비스를 수행하는 과정에서 실수, 태만 등 또는 의무불이행이 있고, ② 그로 인하여 제3자에게 손해가 발생하고, ③ 그 손해를 입은 피해자로부터 배상청구가 있어야 하며, ④ 그에 따른 배상책임의 존부 및 범위가 판결, 보상결정 또는 보험자의 승인을 받아 이루어진 합의에 의하여 확정되어야 한다.

그런데 이 사건에서는 위임사무의 처리가 지연되자 이 사건 아파트 관리소장이 기한을 정하여 이행을 최고하면서 그때까지 이행하지 않을 경우에는 손해배상책임을 묻겠다고 통보하였고, 이에 원고는 등기사무장이 다른 용도로 써버린 등기비용을 자기 비용으로 조달하여 위임사무의 이행을 마쳤다. 그러므로 이 사건 등기위임사무의 처리에 관한 법률서비스 이행의무는 비록 그 이행이 지체되기는 했지만 결국 위임취지대로 이행이 마쳐졌다. 따라서 이 사건 아파트의 구분소유자들이 등기위임사무의 불이행으로 인하여 입은 손해는 없다고 할 것이다. 또한 그러한 손해의 배상을 구하는 청구도 없었고, 그 손해가 판결이나 보상결정 또는 보험자인 피고의 승인을 받아 이루어진 합의에 의하여 확정된 바도 없다. 결국 원고의 법률사무소 등기사무장이 수임사무처리비용을 임의소비하고 원고가 이를 대납하여 위임사무를 처리한 것만으로는 이 사건 보험계약 및 그 내용에 편입된 보험약관에 정한 보험금청구권의 발생요건을 충족한다고 할 수 없다.

[쟁점사항]

이는 변호사배상책임보험에서 보험계약에 의한 보험금청구권을 행사하려면 피보험자가 제3자에게 손해배상금을 지급하였거나 상법 또는 보험약관이 정하는 방법으로 피보험자의 제3자에 대한 배상책임이 확정되어야 한다고 보면서, 원고가 고용한 乙이 등기비용 중 일부를 개인적 용도로 사용하는 바람에 등기업무의 처리가 지연되어 등기위탁자가 등기 경료의 독촉 및 미이행시 손해배상책임을 묻겠다는 통보를 받은 후, 원고가 부족한 등기비용을 개인적으로 마련하여 등기업무를 마친 다음 보험회사를 상대로 보험금을 청구함에 있어서 乙이 수임사무처리비용을 임의소비하고 원고가 이를 대납하여 위임사무를 처리한 것만으로는 보험계약 및 그 내용에 편입된 보험약관에서 정한 보험금청구권의 발생요건을 충족한다고 할 수 없다고 보아 원심 판단을 파기한 사례이다.

(4) 손해배상책임

책임보험은 피보험자의 제3자에 대한 배상책임을 전제로 하여 성립하는 보험계약이므로 책임보험의 중심을 이루는 것은 배상책임이다. 피보험자의 손해배상책임은 계약상 책임이든 법률상 책임이든 불문하고, 채무불이행에 기한 책임이든 불법행위에 기한 책임이든 불문한다. 또한 피보험자의 손해배상책임은 민사책임에 한하는 것이 원칙이나, 예외적으로 예컨대 자동차운전자의 운행과실로 인한 벌과금 등과 같은 형사책임으로 인한 손해(punitive damage)를 포함시키는 경우도 있다(운전자보험약관 제1조 제2항 2호 참조).

책임보험에서 보험자가 지는 책임은 피보험자의 제3자에 대한 모든 보상책임을 담보하는 것은 아니다. 즉 피보험자의 고의로 인한 손해에 대하여는 보험자는 원칙적으로 책임을 지지 않는다(상법 제659조 제1항). 그러나 책임보험에서 보험자는 피보험자가 고의인 경우에도 예외적으로 보상책임을 부담하는 경우가 있다(자동차보험약관 제14조 제1항 1호 단서). 보험자가 면책되는 것은 피보험자의 고의에 의한 사고에 한하고, 중대한 과실로 인하여 생긴 손해에 대하여는 일반적으로 보험자의 책임을 인정한다.

◆ 대법원 2012. 12. 13. 선고 2012다1177 판결-공동피보험자의 면책사유의 구분 판단

[사실관계]

원고 甲(보험회사)은 乙(보험계약자)과 소외 회사 건물에 대해 피보험자를 乙, 丙, 丁으로 하여 손해배상책임보험을 체결하였는데, 乙의 자녀인 丁이 화재를 일으켰다. 원고는 방화를 저지른 자녀 丁에 대한 감독의무를 소홀히 하였음을 이유로 피보험자인 乙과 丙이 민법 제750조의 책임을 부담하게 되고, 보험계약자 또는 피보험자의 고의를 원인으로 하여 생긴 손해는 보상하지 아니한다고 규정한 특별약관 면책사유에 해당하여 보험금지급의무를 부담하지 않는다고 주장하였다.

[판결요지]

손해배상책임보험에 있어서 동일한 사고로 인하여 피해자에 대하여 배상책임을 지는 피보험자가 복수로 존재하는 경우에는 그 피보험이익도 피보험자마다 개별로 독립하여 존재하는 것이므로 <u>각각의 피보험자마다 손해배상책임의 발생요건이나 면책조항의 적용 여부 등을 개별적으로 가려서 보상책임의 유무를 결정하는 것이 원칙</u>이다. 따라서 손해배상책임보험약관에 정한 보험사고 해당 여부나 보험자 면책조항의 적용 여부를 판단함에 있어서는 특별한 사정이 없는 한 그 약관에 피보험자 개별적용조항을 별도로 규정하고 있지 않더라도 각 피보험자별로 손해배상책임의 발생요건이나 보험자 면책조항의 적용 여부를 가려 보험사고 해당 여부 또는 면책 여부를 결정하여야 하고, 그 <u>약관의 규정 형식만으로 복수의 피보험자 중 어느 한 사람에 대하여 보험사고에 해당하지 아니하거나 면책조항에 해당한다고 하여 보험자의 모든 피보험자에 대한 보상책임이 성립하지 아니하거나 모든 피보험자에 대한 보상책임을 면하는 것으로 해석할 것은 아니다</u>(대법원 1998. 4. 23. 선고 97다19403 전원합의체 판결 등 참조). 그리고 이와 같은 법리는 특별한 사정이 없는 한 손해배상책임보험약관에서 보상하는 손해로 우연한 사고로 타인의 신체의 장해 또는 재물의 손해에 대한 법률상의 배상책임을 부담함으로써 입은 손해를 규정하고 있거나 보상하지 아니하는 손해로 피보험자의 고의를 원인으로 하여 생긴 손해를 규정하고 있는 경우에도 마찬가지로 적용된다.

피보험자인 피고 1, 피고 2가 방화를 저지른 자녀인 소외 1에 대한 감독의무를 소홀히 하였음을 이유로 민법 제750조의 책임을 부담하게 되었는데, 이는 과실에 의한 불법행위책임이므로 원고 甲은 보험금지급의무가 있고, 나아가 보험계약자 또는 피보험자의 고의를 원인으로 하여 생긴 손해는 보상하지 아니한다고 규정한 가족 일상생활 중 배상책임 특별약관 제6조 제1항 제1호의 면책사유에도 해당하지 아니한다.

[쟁점사항]

이는 손해배상책임보험에서 동일한 사고로 피해자에 대하여 배상책임을 지는 피보험자가 복수로 존재하는 경우, 각 피보험자별로 손해배상책임 발생요건이나 보험자 면책조항 적용 여부를 가려야 하고, 甲보험회사와 乙이 피보험자를 乙, 丙, 丁으로 하여 손해배상책임보험을 체결하였는데, 피보험자인 乙과 丙이 방화를 저지른 자녀 丁에 대한 감독의무를 소홀히 하였음을 이유로 소외 회사에 대해 민법 제750조의 책임을 부담하게 된 사안에서, 甲보험회사의 보험금지급의무를 인정한 원심판단을 수긍한 사례이다.

3. 책임보험계약의 효과

(1) 보험자의 손해보상의무

1) 손해보상의 요건

책임보험자는 ① 보험기간 중에 보험사고가 발생하여 제3자가 이로 인하여 인적·물적 손해를 입고(상법 제719조 전단), ② 피보험자가 제3자에 대하여 법률상 손해배상책임을 부담하며,[62] ③ 보험자에게 면책사유가 없는 경우[63] 손해보상책임을 지게 된다.

2) 손해보상의 범위

책임보험자의 보상책임의 범위는 보통 당사자 간에 약정한 보험금액의 범위 내에서, 피보험자가 피해자에게 지급한 손해배상액을 한도로 한다.[64] 그러나 이러한 약정보상책임 이외에도 상법은 피보험자가 제3자에 대하여 변제·승인·화해 또는 재판으로 인하여 확정된 채무 외에, 피보험자가 제3자의 청구를 방어하기 위하여 지출한 재판상 또는 재판 외의 필요비용을 부담하도록 하고 있다(상법 제720조 제1항 전단).[65] 피해자

---

62) 따라서 피보험자가 제3자에게 손해배상금을 지급하였거나 상법 또는 보험약관이 정하는 방법으로 피보험자의 제3자에 대한 채무가 확정되어야 한다. 즉 피보험자가 보험자에게 보험금청구권을 행사하려면 적어도 피보험자가 제3자에게 손해배상금을 지급하였거나 상법 또는 보험약관이 정하는 방법으로 피보험자의 제3자에 대한 채무가 확정되어야 할 것이다(대법원 2002. 9. 6. 선고 2002다30206 판결; 대법원 2018. 12. 13. 선고 2015다246186 판결).

63) 면책사유에 해당하는 경우 보험자의 보험금지급책임이 생기지 않지만, 피보험자 등의 고의 또는 중대한 과실이 없는 경우까지 보험자의 면책 범위를 확대하는 것은 보험계약의 중요한 내용에 해당하므로 이에 대해 보험자는 명시·설명의무를 부담한다. 예컨대 甲주식회사와 乙보험회사가 임원배상책임보험계약을 체결하면서 특별약관으로'증권거래법이나 이와 관련된 규정, 법률 등을 위반한 행위로 배상청구가 발생한 경우 이를 담보하지 않는다.'는 취지의 면책조항을 두었는데, 甲회사가 자본시장법 위반죄로 기소되었다가 무죄판결이 선고·확정된 임원 丙을 위하여 지출한 변호사보수에 상응하는 손해가 위 조항에 따른 면책의 범위에 포함되는지 문제된 경우에 있어서, 위 특별약관 면책조항은 증권거래법 등을 위반하였다고 주장된 경우까지 보험자를 면책하도록 되어 있어 보험사고 발생 시 피보험자 등의 고의 또는 중대한 과실이 없는 경우까지 보험자의 면책 범위를 확대하였으므로 보험계약의 중요한 내용으로 乙회사의 명시·설명의무의 대상인데, 위 면책조항 관련 자료에서 '증권거래법 등 관련 규정 위반행위'가 '자본시장법 위반행위'로 대체되었고, 보험계약의 안내 자료에 명시한 대로 설명이 이루어졌다고 하더라도, 관련 자료에 '자본시장법을 위반하였다는 주장에 기인한 손해'에 관하여 乙회사가 면책된다는 부분은 없고 달리 이를 설명하였다는 증거도 없으므로, 위 면책조항 중 '자본시장법을 위반하였다는 주장에 기인한 손해'에 관하여 乙회사를 면책시키는 부분은 보험계약의 내용으로 편입되지 못하였고, 甲회사가 丙을 위하여 지출한 변호사보수에 상응하는 손해는 '자본시장법을 위반하였다는 주장에 기인한 손해'에 불과하므로 乙회사의 면책 범위에 포함되지 않는다(대법원 2019. 1. 17. 선고 2016다277200 판결).

64) **대법원 1988. 6. 14. 선고 87다카2276 판결**(자동차종합보험과 같은 이른바 손해배상책임보험은 피보험자 보험사고로 인하여 제3자에게 지급하는 법률상의 손해배상금을 보상하는 것이므로 보험자의 보상범위는 피보험자의 제3자에 대한 법률상의 손해배상책임액을 그 한도로 한다).

65) 이러한 방어비용을 보험자가 부담하도록 한 것은 일반 손해보험계약에서 손해방지·경감비용(상법 제680조 제1항 단서)을 보상하도록 한 것과 같은 취지라고 보아야 한다. 그러므로 피보험자는 보험자에 대하여 그 비용의 선급을 청구할 수 있다(상법 제720조 제1항 후단).

로부터 아직 손해배상청구가 없는 경우에는 이러한 필요비용이 인정될 여지가 없지만, 피해자가 반드시 재판상 청구한 경우에 한하여 이러한 필요비용이 인정된다고 볼 것은 아니다. 그러나 피해자가 피보험자에게 재판상 청구는 물론 재판 외의 청구조차 하지 않은 이상, 피해자가 제3자를 상대로 제소하였다고 하여 그 소송의 변호사비용이 상법 제720조의 필요비용이 될 수는 없다.[66]

◆ 대법원 2002. 6. 28. 선고 2002다22106 판결–방어비용의 범위

[사실개요]

낚시터를 경영하는 원고(보험계약자)는 피고(보험자)와 사이에 낚시터에 관하여 피보험자를 원고로 한 영업배상특약보험계약을 체결하였다. 원고는 소외 망 A에게 낚시터 시설의 유지·보수공사를 위탁하였고, A는 낚시터 입구 주변도로 부근에서 작업을 진행하다가 굴삭기가 물속으로 전도되는 사고로 사망하였다. 피고는 원고에게 이 사건 사고는 A의 전적인 과실에 의한 것이어서 원고는 A의 유족들에게 손해배상책임이 없고, 또한 보험계약에 의하여 담보되는 사고도 아니지만 A의 유족들이 원고를 상대로 손해배상소송을 제기할 경우 피고의 비용으로 그 소송을 대리하여 줄 것이라고 통지하였다가, A의 유족들이 원고와 피고를 상대로 손해배상청구 소송을 제기하자, 원고는 피고와 별도로 소송을 수행하여야 하고, 따라서 원고 스스로 소송대리인을 선임하여 소송에 응할 것을 통지하였다. 이에 따라 원고가 K 변호사를 선임하여 2,200만 원을 지급하기로 하고 소송을 수행하게 하였는데, 법원은 사고가 망인 A의 전적인 과실로 발생한 것이라는 이유로 위 유족들의 원고 및 피고에 대한 청구를 모두 기각하는 판결을 선고하였다. K 변호사는 원고에게 위 변호사비용 2,200만 원을 청구하였고, 원고는 변호사 비용과 사고가 발생한 직후 A의 응급 후송 및 치료비(긴급조치비용)로 지출한 비용의 지급을 요청하며 소송을 제기하였다.

[판결요지]

상법 제720조 제1항에서 규정한 '방어비용'은 피해자가 보험사고로 인적·물적 손해를 입고 피보험자를 상대로 손해배상청구를 한 경우에 그 방어를 위하여 지출한 재판상 또는 재판 외의 필요비용을 말하는 것으로서, 방어비용 역시 원칙적으로는 보험사고의 발생을 전제로 하는 것이므로, 보험사고의 범위에서 제외되어 있어 보험자에게 보상책임이 없는 사고에 대하여는 보험자로서는 자신의 책임제외 또는 면책 주장만으로 피해자로부터의 보상책임에서 벗어날 수 있기 때문에 피보험자가 지출한 방어비용은 보험자와는 무관한 자기 자신의 방어를 위한 것에 불과하여 이러한 비용까지 보험급여의 범위에 속하는 것이라고 하여 피보험자가 보험자에 대하여 보상을 청구할 수는 없다고 할 것이나, 다만 사고 발생 시 피보험자 및 보험자의 법률상 책임

66) 대법원 1995. 12. 8. 선고 94 다 27076 판결(상법 제720조 제1항에서 규정한 '방어비용'은 피해자가 보험사고로 인적, 물적 손해를 입고 피보험자를 상대로 손해배상 청구를 한 경우에 그 방어를 위하여 지출한 재판상 또는 재판 외의 필요비용을 말하는 것이므로, 피해자로부터 아직 손해배상 청구가 없는 경우 방어비용이 인정될 여지가 없지만, 피해자가 반드시 재판상 청구한 경우에 한하여 방어비용이 인정된다고 볼 것은 아니다. 그러나 피해자가 피보험자에게 재판상 청구는 물론 재판 외의 청구조차 하지 않은 이상, 제3자를 상대로 제소하였다하여 그 소송의 변호사 비용이 상법 제720조 소정의 방어비용에 포함된다고 볼 수 없다. 상법 제680조가 규정한 손해방지 비용이라 함은 보험자가 담보하고 있는 보험사고가 발생한 경우에 보험사고로 인한 손해의 발생을 방지하거나 손해의 확대를 방지함은 물론 손해를 경감할 목적으로 행하는 행위에 필요하거나 유익 하였던 비용을 말하는 것으로, 위 제680조는 손해방지 의무자인 보험계약자 또는 피보험자가 손해방지 및 그 경감을 위하여 지출한 필요하고 유익한 비용은 보험금액을 초과한 경우라도 보험자가 이를 부담하도록 규정하고 있다).

여부가 판명되지 아니한 상태에서 피해자라고 주장하는 자의 청구를 방어하기 위하여 피보험자가 재판상 또는 재판 외의 필요비용을 지출하였다면 이로 인하여 발생한 방어비용은 바로 보험자의 보상책임도 아울러 면할 목적의 방어 활동의 일환으로 지출한 방어비용과 동일한 성격을 가지는 것으로서 이러한 경우의 방어비용은 당연히 위 법 조항에 따라 보험자가 부담하여야 하고, 또한 이때의 방어비용은 현실적으로 이를 지출한 경우뿐만 아니라 지출할 것이 명백히 예상되는 경우에는 상법 제720조 제1항 후단에 의하여 피보험자는 보험자에게 그 비용의 선급을 청구할 수도 있다.

영업배상특약보험계약에 관한 보통약관 제4조 제2항 ③은 피보험자가 지급한 소송비용, 변호사비용, 중재, 화해 또는 조정에 관한 비용 중에서 피보험자가 미리 보험자의 동의를 받아 지급한 경우에만 보험금을 지급하도록 규정하고 있는데, 이러한 제한 규정을 보험자의 "사전 동의"가 없으면 어떤 경우에나 피보험자의 방어비용을 전면적으로 부정하는 것으로 해석하는 한에서는 이러한 약관조항으로 인하여 피보험자의 방어비용을 보험의 목적에 포함된 것으로 일반적으로 인정하고 있는 상법 제720조 제1항의 규정을 피보험자에게 불이익하게 변경하는 것에 해당하고, 따라서 이러한 제한규정을 둔 위 약관조항은 상법 제663조에 반하여 무효라고 볼 것이다.

[쟁점사항]

이는 상법 제720조 제1항 소정의 '방어비용'으로 보험사고 발생 시 피보험자와 보험자의 법률상 책임 여부가 판명되지 아니한 상태에서 피보험자가 피해자가 제기한 소송에 응소하여 지출하였거나 지출할 것이 명백히 예상되는 필요비용이 이에 해당하며, 상법 제720조 제1항 소정의 방어비용에 해당하는 변호사 비용은 미리 보험자의 동의를 받지 아니하면 보험자가 보상할 책임이 없다는 취지의 약관조항이 불이익변경을 금지한 상법 제663조에 반하여 무효라고 본 판례이다.

3) 손해보상의 시기

보험자는 특별한 약정이 없으면, 피보험자의 채무확정통지를 받은 날로부터 10일 내에 보험금액을 지급하여야 한다(상법 제723조 제2항). 그러나 보험자는 피보험자가 제3자에게 배상을 하기 전에는 피보험자에게 보험금액을 지급하지 못하는데(상법 제724조 제1항), 이는 피해자를 보호하기 위한 법적 조치이다.[67)]

---

67) **대법원 2007. 1. 12. 선고 2006다43330 판결**(상법 제724조 제1항은 "보험자는 피보험자가 책임을 질 사고로 인하여 생긴 손해에 대하여 제3자가 그 배상을 받기 전에는 보험금액의 전부 또는 일부를 피보험자에게 지급하지 못한다"고 규정하고 있는바, 보험회사의 자동차보험약관상 위 규정의 내용과 같이 피보험자가 제3자에게 손해배상을 하기 전에는 피보험자에게 보험금을 지급하지 않는다는 내용의 조항(지급거절조항)을 두고 있지 않다면 보험자는 그 약관에 의하여 상법 제724조 제1항 소정의 지급거절권을 포기한 것으로 봄이 상당하다 할 것이지만(대법원 1995. 9. 15. 선고 94다17888 판결; 대법원 1995. 9. 29. 선고 95다24807 판결 등 참조), 만약 약관에 명시적으로 지급거절조항을 두고 있다면 달리 지급거절권을 포기하거나 이를 행사하지 않았다고 볼 만한 특별한 사정이 없는 한 보험자는 상법 제724조 제1항 및 지급거절조항에 의하여 피보험자의 보험금지급청구를 거절할 권리가 있다).

(2) 피보험자의 의무

1) 배상청구사실의 통지의무

피보험자는 제3자에게 배상책임을 질 사고가 발생한 것을 안 때에는 지체없이 이에 관하여 보험자에게 통지를 발송하여야 한다(상법 제657조). 또한 피보험자는 피보험자가 제3자로부터 배상의 청구를 받은 때(상법 제722조)와 제3자에 대한 변제·승인·화해 또는 재판으로 인하여 채무가 확정된 때에는 지체없이 보험자에게 이에 관하여 통지를 발송하여야 한다(상법 제723조 제1항).

◆ 대법원 1994. 8. 12. 선고 94다2145 판결-통지의무 위반의 효력

[사실개요]

원고(보험계약자)는 피고(보험회사)와 업무용자동차책임보험계약을 체결하였는데, 원고의 피용자 甲이 자동차 사고로 부상을 당하자 보험금을 청구하였다. 피고는 이 사건 자동차보험 보통약관에 의하면 피보험자는 피보험자동차의 사고로 인한 피해자로부터 민사소송을 제기당한 경우에는 보험자인 피고에게 이를 통지하도록 규정되어 있는데도 피보험자인 원고가 피해자인 甲 등으로부터 이 사건 자동차 사고로 인한 손해배상소송을 제기당하고도 피고에게 이를 통지하지 아니함으로써, 피고가 위 소송에 적절히 대응하지 못하여 위 소송에서 부당하게 과다한 손해배상액이 인용되었으므로 원고가 피고에게 위 소 제기 사실을 통지하지 아니함으로 인하여 확대된 금액은 보상할 수 없다고 주장하였다.

[판결요지]

이 사건 자동차보험 보통약관 제50조에 의하면 피보험자는 손해의 방지와 경감에 힘쓰고 피해자로부터 손해배상청구소송을 제기당한 때에는 이를 서면으로 보험회사에 알려야 할 의무가 있고 정당한 이유 없이 이러한 의무를 게을리 함으로 인하여 손해가 늘어났을 때에는 보험회사는 늘어난 손해에 대하여는 보상하지 아니한다고 규정하고 있는바, 피보험자의 소송통지의무를 규정한 위 약관의 <u>취지는, 소송을 제기당한 피보험자가 소송에 적절히 대응하지 않아 부적정한 손해배상액을 명하는 판결을 받은 후 그 판결금액을 보험회사에게 청구할 수 있다고 한다면 이는 실손해를 전보한다는 자동차보험의 본래의 취지에 반하고 보험회사로 하여금 부당한 불이익을 입게 하는 것이므로 그와 같은 폐해를 피하고 후일의 분쟁을 방지하기 위하여 소송이 제기된 때에는 그 소송에서 적정한 배상액이 정해지도록 보험회사에게 직접, 간접으로 소송에 관여할 기회를 주기 위한 것이라고 할 것이다(이 사건 자동차보험 보통약관 제13조에는 보험회사는 피보험자의 동의를 얻어 피보험자를 위하여 소송을 대행할 수 있고 피보험자는 이에 협력하여야 한다고 규정하고 있다).</u>

<u>원고가 피고에게 위 甲 등으로부터 위 소송을 제기당한 사실을 통지하여 피고로 하여금 위 소송에 실질적으로 관여할 수 있도록 하였거나 위 소송에서 위 甲의 사고 당시의 수입액에 관한 자료를 제출하였다면 위 판결에서 위 甲의 수익상실로 인한 손해액이 과다하게 인용되는 것을 방지할 수 있었다고 볼 수 있을 것이며, 사정이 이와 같다면 위 약관 제50조의 취지로 보아, 원고의 위와 같은 의무해태로 인하여 적정 손해액 이상으로 위 판결에서 인용된 손해액에 대하여는 보험회사인 피고에게 보상의무가 없다고 봄이 상당할 것</u>이다.

[쟁점사항]

이는 피보험자의 소송통지의무 해태가 있는 경우, 그로 인해 늘어난 손해에 대하여는 보험회사의 보상의

무가 없다고 본 판례이다.

2) 보험자에 대한 협의의무

피보험자는 손해방지·경감의무가 있으므로 제3자에 대한 변제·승인·화해 등에 의하여 채무를 확정함에는 보험자와 협의를 하여야 한다는 것이 다수설이다. 왜냐하면 피보험자가 손해사고로 인하여 제3자에게 손해를 배상하는 것은 결국 보험자의 부담으로 되기 때문이다. 그러므로 만일 피보험자가 이러한 협의의무를 위반하여 제3자의 청구에 대해 일방적으로 변제 또는 승인함으로써 부당하게 보험자의 책임을 가중시킨 경우에 보험자는 그에 대한 보상을 청구할 수 있을 것이다. 다만 피보험자가 보험자의 동의 없이 채무를 확정한 경우에 보험자가 그 책임을 면한다는 약정이 있는 때에도 그 행위가 현저하게 부당한 것이 아니면 보험자는 그 보상책임을 면하지 못한다(상법 제723조 제3항).

(3) 보험자와 제3자와의 관계(제3자의 직접청구권)

1) 의의

책임보험계약은 피보험자를 위한 보험계약이므로 보험자와 제3자 간에는 아무런 법률관계가 없다. 그러나 책임보험은 피보험자를 보호하는 기능뿐만 아니라 제3자를 보호하는 기능을 갖고 있으므로, 이러한 한도 내에서 보험자는 제3자와의 관계를 맺게 된다. 따라서 보험자는 피보험자가 그 책임을 질 사고로 인하여 생긴 손해에 대하여 제3자가 그 배상을 받기 전에는 보험금액의 전부 또는 일부를 피보험자에게 지급하지 못하도록 하고 있고(상법 제724조 제1항), 제3자는 피보험자가 책임을 질 사고로 입은 손해에 대하여 보험금액의 한도에서 보험자에게 직접보상을 청구할 수 있도록 하고 있다(상법 제724조 제2항).

2) 근거

상법은 피보험자가 책임을 질 사고로 입은 손해에 대하여 보험금액의 한도에서 제3자는 보험자에게 직접 보상을 청구할 수 있도록 하고 있는데, 이는 보험자에 대하여 보험관계상 아무런 권리가 없는 피해자를 보호하기 위하여 법이 특별히 인정한 것이다.

3) 법적 성질

피해자의 직접청구권의 법적 성질에 대하여는 소수설인 보험금청구권설도 있는데, 이에 따르면 보험자에 대한 피해자의 직접청구권은 법률의 규정에 따른 보험금청구권이지 손해배상청구권은 아니라고 한다. 그러나 다수설과 판례[68]의 입장은 손해배상청구권설인데, 보험자는 보험계약자인 가해자의 피해자에 대한 손해배상채무를 법률상 중첩적으로 인수한 것으로 보고 보험계약자의 채무와 보험자의 채무는 연대채무관계에 있으며,[69] 이는 본질적으로 동일한 것으로 보아 피해자의 직접청구권도 구체적으로는 손해배상청구권이라고 한다.

4) 직접청구권의 행사

제3자는 보험자에 대하여 직접청구권을 가지므로 제3자는 피보험자에 대한 손해배상청구권과 보험자에 대한 직접청구권을 갖고, 이 양자 중 어느 것을 먼저 행사할 것이냐는 자유이다. 다만 제3자가 피보험자에 대한 손해배상청구권을 먼저 행사하는 경우 보험자에 대한 직접청구권을 잃고(상법 제724조 제1항), 보험자에 대하여 직접청구권을 행사하고 보험자가 이에 응하여 보험금을 지급하면 피보험자는 제3자에 대하여 손해배상책임을 면하게 된다. 이때 보험자에 대한 제3자의 직접청구권과 피보험자의 보험금지급청구권이 경합하는 경우 제3자의 직접청구권이 우선한다는 것이 판례[70]와

---

68) 대법원 1995. 7. 25. 선고 94다52911 판결; 대법원 1998. 7. 10. 선고 97다17544 판결(상법 제724조 제2항에 의하여 피해자에게 인정되는 직접청구권의 법적 성질은 보험자가 피보험자의 피해자에 대한 손해배상채무를 병존적으로 인수한 것으로서 피해자가 보험자에 대하여 가지는 손해배상청구권이라 할 것이다): 대법원 2000. 6. 9. 선고 98다54397 판결(상법 제724조 제2항에 의하여 피해자에게 인정되는 직접청구권의 법적 성질은 보험자가 피보험자의 피해자에 대한 손해배상채무를 병존적으로 인수한 것으로서 피해자가 보험자에 대하여 가지는 손해배상청구권이고 피보험자의 보험자에 대한 보험금청구권의 변형 내지는 이에 준하는 권리가 아니다); 대법원 2005. 8. 19. 선고 2004다4942 판결(구 자배법 제12조는 보험가입자에게 손해배상책임이 발생한 경우에 피해자로 하여금 보험자에게 책임보험금의 한도 내에서 보험금을 직접 청구할 수 있도록 규정하고 있는바, 위 규정에 의한 피해자의 책임보험자에 대한 직접청구권의 법적 성질은 책임보험자가 피보험자의 피해자에 대한 손해배상채무를 병존적으로 인수한 것으로서 피해자가 책임보험자에 대하여 가지는 손해배상청구권이고, 피보험자의 책임보험자에 대한 보험금청구권의 변형 내지 이에 준하는 권리가 아니라고 할 것이므로, 피해자가 책임보험자를 상대로 구 자배법 제12조에 의한 직접청구권을 행사하는 경우에 있어서 책임보험자가 피해자에게 지급하여야 할 금액은 단순히 보통약관의 보험금 지급기준에 의하여 산출된 보험금이 아니라 구 자배법시행령에 정하여진 책임보험금의 한도 내에서 피해자가 실제로 입은 손해액이라고 할 것이다); 대법원 2011. 9. 8. 선고 2009다73295 판결.

69) 대법원 2010. 10. 28. 선고 2010다53754 판결(상법 제724조 제2항에 의하여 피해자에게 인정되는 직접청구권의 법적 성질은 보험자가 피보험자의 피해자에 대한 손해배상채무를 중첩적으로 인수한 결과 피해자가 보험자에 대하여 가지게 된 손해배상청구권이고, 중첩적 채무인수에서 인수인이 채무자의 부탁으로 인수한 경우 채무자와 인수인은 주관적 공동관계가 있는 연대채무관계에 있는바, 보험자의 채무인수는 피보험자의 부탁(보험계약이나 공제계약)에 따라 이루어지는 것이므로 보험자의 손해배상채무와 피보험자의 손해배상채무는 연대채무관계에 있다); 대법원 2017. 3. 30. 선고 2014다68891 판결.

다수설의 입장이다.

제3자가 이에 의하여 보험자에게 보험금청구권을 행사하는 경우에 보험자는 피보험자가 그 사고에 관하여 제3자에게 대항할 수 있는 항변을 원용할 수 있다(상법 제724조 제2항 단서). 그러나 손해사고 발생 후에 생긴 항변사유로는 피해자인 제3자에게 대항할 수 없다.

제3자의 직접청구권과 관련하여 보험자가 제3자로부터 직접청구를 받은 때에는 지체 없이 피보험자에게 이를 통지하여야 하며(상법 제724조 제3항), 피보험자도 보험자가 제3자로부터 직접청구를 받고 필요한 서류·증거의 제출, 증언 또는 증인의 출석을 요구한 때에는 이에 협조하여야 한다(상법 제724조 제4항).

◆ 대법원 2014. 9. 25. 선고 2014다207672 판결-제3자의 직접청구권의 우선 관계

[사실개요]

원고(보험계약자)는 피고(보험회사)와 자신의 책임 있는 사유로 제3자에게 손해를 끼친 경우 그 배상책임을 담보하는 책임보험계약을 체결하였다. 그런데 이 사건 건물 1층의 점유자인 원고가 그곳에 비치된 공작물의 위험성에 비례하여 전열기 관리에 있어 사회통념상 일반적으로 요구되는 정도의 방호조치를 다하지 못함으로써 화재에 관하여 안전성을 갖추지 못한 하자가 있었고 이 사건 화재는 그 하자로 인하여 발생하였다고 보아, 법원은 그 피해자인 甲에게 보험자인 피고가 상법 제724주 제2항에 따라 원고에게 이 사건 화재로 인한 손해를 배상할 책임이 있는 것으로 인정하였다. 피고가 원고와의 보험계약에 따라 부담하여야 할 보험금 중 남아있는 금액은 329,760,874원인데 甲이 원고에 대한 손해배상채권을 피보전채권으로 하여 원고의 피고 회사에 대한 보험금청구권을 가압류함에 따라 피고는 2013. 7. 8. 가압류된 보험금채권액 전액인 329,760,874원을 공탁하였으므로 상법 제724조 제2항에 따른 피고의 甲에 대한 보험금 직접지급의무가 소멸하였다고 주장을 하였다.

[판결요지]

상법 제724조 제1항은, 피보험자가 상법 제723조 제1, 2항의 규정에 의하여 보험자에 대하여 갖는 보험금청구권과 제3자가 상법 제724조 제2항의 규정에 의하여 보험자에 대하여 갖는 직접청구권의 관계에 관하여, 제3 자의 직접청구권이 피보험자의 보험금청구권에 우선한다는 것을 선언하는 규정이라고 할 것이므로, 보험자로서는 제3 자가 피보험자로부터 배상을 받기 전에는 피보험자에 대한 보험금 지급으로 직접청구권을 갖는 피해자에게 대항할 수 없다 할 것이다. 그런데 피보험자가 보험계약에 따라 보험자에 대하여 가지는 보험금청구권에 관한 가압류 등의 경합을 이유로 한 집행공탁은 피보험자에 대한 변제공탁의 성질을 가질 뿐이므로, 이러한 집행공탁에 의하여 상법 제724조 제2항에 따른 제3 자의 보험자에 대한 직접청구권이 소멸된

---

70) 대법원 1995. 9. 26. 선고 94다28093 판결(상법 제724조 제1항은 피보험자가 상법 제723조 제1, 2항의 규정에 의하여 보험자에 대하여 갖는 보험금청구권과 제3자가 상법 제724조 제2항의 규정에 의하여 보험자에 대하여 갖는 직접청구권의 관계에 관하여, 제3자의 직접청구권이 피보험자의 보험금청구권에 우선한다는 것을 선언하는 규정이라고 할 것이므로, 보험자로서는 제3자가 피보험자로부터 배상을 받기 전에는 피보험자에 대한 보험금 지급으로 직접청구권을 갖는 피해자에게 대항할 수 없고, 따라서 보험자는 제3자가 피보험자로부터 배상을 받기 전에는 상법 제724조 제1항의 규정을 들어 피보험자의 보험금지급 청구를 거절할 권리를 갖게 된다).

다고 볼 수는 없으며, 따라서 그 집행공탁으로써 상법 제724조 제1항에 의하여 직접청구권을 가지는 제3 자에게 대항할 수 없다.

[쟁점사항]

이는 책임보험에서 보험자에 대한 피보험자의 보험금청구권보다 제3 자의 직접청구권이 우선한다고 보면서, 책임보험의 보험자가 피보험자의 보험금청구권에 관한 가압류 등의 경합을 이유로 집행공탁을 한 경우 이로써 상법 제724조 제1항에 따라 직접청구권을 가지는 제3 자에게 대항할 수 없다고 본 사례이다.

5) 직접청구권의 소멸시효

직접청구권의 소멸시효에 관하여 상법은 아무런 규정을 두고 있지 않다.[71] 그러나 자동차손해배상보장법에서는 피해자의 직접청구권의 소멸시효를 3년이라고 규정하고 있으며(동법 제41조), 산업재해보상보험법에서는 3년으로 규정하고 있다(동법 제112조).

6) 보험자의 구상권

공동불법행위자 중의 1인과 보험계약을 체결한 보험자가 피해자에게 손해배상금을 모두 지급함으로써 다른 공동불법행위자들의 보험자들이 공동면책 되었다면 그 손해배상금을 지급한 보험자는 다른 공동불법행위자의 보험자들이 부담하여야 할 부분에 대하여 구상권을 행사할 수 있다.[72]

◆ 대법원 1999. 2. 12. 선고 98다44956 판결

[사실개요]

피고(보험회사)가 소외 회사와의 사이에 이 사건 사고차량이 아닌 소외 회사 소유의 다른 차량들에 관한 자동차종합보험계약을 체결하고 그 보험료로 약속어음을 소외 회사로부터 수령하였다가 위 약속어음이 지급거절되자, 피고가 위 다른 차량들에 관한 보험계약을 해지하였다. 피고는 소외 회사에 대한 위 보험계약 해지시까지의 연체보험료 채권으로 이 사건 사고로 인한 소외 회사의 피고에 대한 보험금채권을 대등액에서 상계한다는 의사표시를 하였다. 피고는 카고트럭의 소유자인 소외 회사에 대한 연체보험료 채권을 자동채권으로 하여 이 사건 사고로 인한 피고의 소외 회사에 대한 보험금채무와 대등액에서 상계하였으므로 원고가 구하는

---

71) 상법상 피해자의 직접청구권을 보험계약에서 파생되는 권리라고 본다면 직접청구권의 소멸시효는 보험청구권의 시효에 관한 규정(상법 제662조)을 유추적용하여 3년이라고 할 수 있다. 그러나 다수설과 같이 손해배상청구권이라고 본다면 그 손해 및 가해자를 안 날로부터 3년, 불법행위를 한 날로부터 10년의 시효에 걸리게 된다(민법 제766조). 판례는 피해자 또는 그 법정대리인이 그 손해 및 가해자를 안 날로부터 3년간 이를 행사하지 아니하면 시효로 인하여 소멸한다고 보고 있다(대법원 2005. 10. 7 선고 2003다6774 판결; 대법원 2018. 10. 25. 선고 2018다234177 판결).

72) 대법원 1999. 2. 12. 선고 98다44956판결.

구상금에서 위 연체보험료 상당액이 공제되어야 한다고 항변하였다.

[판결요지]

1. 상법 제724조 제2항에 의하여 피해자에게 인정되는 직접청구권의 법적 성질은 보험자가 피보험자의 피해자에 대한 손해배상채무를 병존적으로 인수한 것으로서 피해자가 보험자에 대하여 가지는 손해배상청구이고 피보험자의 보험자에 대한 보험금청구권의 변형 내지는 이에 준하는 권리가 아니다.
2. 공동불법행위자 중의 1인과 보험계약을 체결한 보험자가 피해자에게 손해배상금을 모두 지급함으로써 다른 공동불법행위자들의 보험자들이 공동면책되었다면 그 손해배상금을 지급한 보험자는 다른 공동불법행위자들의 보험자들이 부담하여야 할 부분에 대하여 구상권을 행사할 수 있다.
3. 피고 주장의 위 연체보험료 채권은 이 사건 사고를 일으킨 카고트럭이 아니라 소외 회사 소속의 다른 차량에 관한 보험계약에 의하여 발생한 것이므로, 보험자가 손해를 보상할 경우 보험료의 지급을 받지 아니한 잔액을 보상할 금액에서 공제할 수 있다는 취지의 상법 제677조의 규정이 적용될 수 없을 뿐만 아니라, 원고의 피고에 대한 구상금 채권은 원고가 이 사건 사고의 피해자들에게 손해배상금을 지급함으로써 피고에 대하여 직접 취득한 것이므로 피고가 소외 회사에 대하여 이 사건 사고 차량이 아닌 다른 차량에 관한 연체보험료 채권으로 원고의 피고에 대한 구상금 채권을 상계할 수는 없다.

[쟁점사항]

이는 [1] 상법 제724조 제2항 소정의 피해자의 보험자에 대한 직접청구권의 법적 성질을 손해배상채무의 병존적 인수라고 보면서, [2] 공동불법행위자들의 각 보험자 상호 간에 직접 구상권을 행사할 수 있지만, [3] 공동불법행위자들의 각 보험자 중 甲이 피해자에게 보험금을 지급한 후 다른 보험자인 乙에게 직접 구상권을 행사한 경우, 乙이 사고 차량이 아닌 자신의 피보험자 소유의 다른 차량에 관하여 발생한 연체보험료 채권으로 甲의 구상금 채권을 상계할 수 없다고 본 사례이다.

4. 보관자의 책임보험

(1) 의의

보관자의 책임보험이란 임차인 기타 타인의 물건을 보관하는 자가 지급할 손해배상을 위하여 그 물건을 보험에 붙인 책임보험을 말한다(상법 제725조).[73] 이 보관자의 책임보험은 보관자가 타인의 물건에 관하여 그 소유자인 타인을 위하여 보험계약을 체결하는 것이 아니고, 보관자 자신을 위하여 자기명의로 보험계약을 체결하는 것이므로 이른바 타인을 위한 보험계약(상법 제639조)은 아니다.

73) 서울지방법원 1995. 5. 19. 선고 95가단12031 판결 참조.

(2) 소유자의 보험금청구권

보관자의 책임보험계약의 효과로서 보험사고가 발생하면 그 물건의 소유자는 보험자에 대하여 직접 그 손해의 보상을 청구할 수 있다고 규정하고 있다(상법 제725조 후단). 이로 인하여 그 물건의 소유자는 보험자에 대하여 직접 보험금청구권을 행사할 수 있는데, 이는 소유자의 이익보호를 위하여 인정된 규정이다.

◆ 대법원 1997. 9. 5 선고 95다47398 판결

[사실개요]

가죽의류제품 임가공업자인 소외인(보험계약자)은 원고(보험회사)와 동산종합보험계약을 체결하였다. 소외인이 제조한 피고 소유의 완제품이 도난당함에 따라 보험금을 청구하자, 원고는 위 동산종합보험계약은 피고가 같은 목적물에 대해 가입한 소외 보험회사의 동산종합보험계약과 같은 보험으로 중복보험관계에 있다는 이유로 각 보험계약상의 보험금액의 비례에 따른 책임만 부담한다고 주장하고, 피고에게 그에 따른 보험금만 지급하였다. 이에 피고는 소외인이 가입한 보험은 물건보험인 동산종합보험이 아니라 임가공업자인 소외인의 피고에 대한 손해배상책임을 보상하는 책임보험이라고 주장하면서, 원고에게 책임보험계약상의 직접청구권에 의거 나머지 보험금의 지급을 청구하였다.

[판결요지]

중복보험이라 함은 동일한 보험계약의 목적과 동일한 사고에 관하여 수 개의 보험계약이 동시에 또는 순차로 체결되고 그 보험금액의 총액이 보험가액을 초과하는 경우를 말하는 것이므로 보험계약의 목적 즉 피보험이익이 다르면 중복보험으로 되지 아니한다고 할 것이다. 소외인은 자신이 점유·관리하는 피고 소유의 이 사건 가죽원피, 완제품, 반제품이 도난당하거나 멸실·훼손되는 사고로 인하여 피고에게 손해배상책임을 지게 되는 경우에 이를 보상하는 것을 목적으로 하는 일종의 책임보험의 성격을 가지는 이 사건 보험계약을 원고와 체결한 것으로 봄이 상당하다고 할 것이므로, 이 사건 보험계약은 보험목적물에 대한 소유자의 이익을 부보하기 위하여 피고가 원고와 체결한 동산종합보험계약과는 피보험이익이 서로 달라 중복보험에 해당한다고 할 수 없다. 보험계약은 당사자 일방이 약정한 보험료를 지급하고 상대방이 재산 또는 생명이나 신체에 관하여 불확정한 사고가 생길 경우에 일정한 보험금액 기타의 급여를 지급할 것을 약정함으로써 효력이 생기는 불요식의 낙성계약이므로(상법 제638조), 계약 내용이 반드시 보험약관의 규정에 국한되는 것은 아니고 당사자가 특별히 보험약관과 다른 사항에 관하여 합의한 때에는 그 효력이 인정된다고 할 것이다. 소외인과 원고의 사이에, "보험에 가입한 물건이 우연한 사고로 입은 손해를 약관에 따라 보상한다."고 규정한 이 사건 동산종합보험약관과는 다른 합의가 있었고 그 합의에 따라 이 사건 보험계약은 일종의 책임보험의 성격을 가진 것으로 인정된다.

[쟁점사항]

이는 임가공업자가 공급받은 자재의 멸실 등으로 인한 손해배상책임을 담보할 목적으로 자재에 대해 보험에 가입한 경우, 이는 책임보험의 일종으로서 자재의 소유자가 동일 목적물에 대해 가입한 보험과는 피보험이익을 달리하므로 중복보험이 아니라고 본 사례이다.

5. 재보험계약

(1) 의의

재보험(reinsurance; Rückversicherung)계약이란 어떤 보험자가 자기가 인수한 보험계약에 의하여 보험금지급 기타의 급여책임을 지고 있는 경우에 이 책임의 전부 또는 일부를 다른 보험자에게 다시 인수시키는 보험계약이다(상법 제661조 1문). 이러한 재보험계약은 위험을 재분산함으로써 보험경영의 합리화를 꾀하는 기능을 한다.

재보험은 그 계약체결의 방법에 따라 개별적 재보험과 포괄적 재보험으로 나뉘고, 재보험자가 인수하는 원보험의 범위에 따라 전부재보험과 일부재보험이 있다. 그리고 일부재보험에는 다시 비례적 재보험과 비비례적 재보험이 있다.

(2) 법적 성질

재보험계약을 보험계약으로 보더라도, 어떠한 보험계약으로 볼 것인가에 대해 ① 조합계약설, ② 원보험동종설, ③ 책임보험계약설 등의 견해로 나뉘어 있다.

생각건대 재보험계약은 원보험자의 보험급여책임의 전부 또는 일부에 관하여 체결하는 보험계약이라는 점에서 이는 책임보험의 일종이라고 보아야 할 것이다(통설). 따라서 재보험은 원보험이 손해보험이든 인보험이든 관계없이 책임보험의 성질을 가지는 것이며, 우리 상법은 이러한 점을 반영하여 책임보험에 관한 규정을 재보험계약에 준용한다고 규정하고 있다(상법 제726조). 보험업법은 재보험을 손해보험업의 보험종목으로 구분하고 있다(보험업법 제4조 제1항 4호).

(3) 재보험계약의 체결

원보험자가 그 보험계약이 손해보험이든 인보험이든 관계없이 보험사고로 인하여 부담할 책임에 대하여 다른 보험자와 원칙적으로 자유롭게 재보험계약을 체결할 수 있다(상법 제661조 1문). 그러나 일정한 경우에는 어느 정도 재보험을 강제하고 있다(농어업재해보험법 등).

(4) 재보험계약의 법률관계

1) 원보험계약과 재보험계약과의 관계

재보험계약은 원보험계약과 법률상 완전히 독립한 계약이므로, 재보험계약은 원보험계약의 효력에 영향을 미치지 아니한다. 즉 재보험계약은 원보험계약의 보험계약자 등에 대하여는 타인 사이의 계약에 지나지 않으므로, 원보험계약의 무효나 해지의 원인이 당연히 재보험계약에 영향을 미치는 것은 아니다.

재보험에 관하여는 책임보험에 관한 규정이 준용된다. 따라서 재보험자는 책임보험의 보험자로서 권리·의무를 갖고, 원보험자는 책임보험의 보험계약자로서 권리·의무를 갖는다. 이때 재보험자의 손해보상의무의 발생시기는 원보험계약상의 보험사고가 발생하여 그 피보험자에게 보험금지급의무를 부담한 때라고 본다. 재보험자가 원보험자에게 보험금을 지급한 때에는 재보험금의 한도에서 원보험자가 가지는 제3자에 대한 권리를 대위한다.[74]

2) 원보험계약자 등과 재보험자와의 관계

재보험자와 원보험계약의 피보험자와는 직접적인 법률관계는 없으나, 원보험계약의 피보험자는 원보험자가 보험금을 지급하지 않으면 재보험자에게 보험금을 직접 청구할 수 있다. 그러나 재보험자와 원보험계약의 보험계약자는 직접적인 법률관계가 없으므로, 재보험자는 원보험계약의 보험계약자에게 재보험료의 지급청구를 할 수 없다.

---

74) 대법원 2015. 6. 11. 선고 2012다10386 판결(보험자가 피보험자에게 보험금을 지급하면 보험자대위의 법리에 따라 피보험자가 보험사고의 발생에 책임이 있는 제3자에 대하여 가지는 권리는 지급한 보험금의 한도에서 보험자에게 당연히 이전되고(상법 제682조), 이는 재보험자가 원보험자에게 재보험금을 지급한 경우에도 마찬가지이다. 따라서 재보험관계에서 재보험자가 원보험자에게 재보험금을 지급하면 원보험자가 취득한 제3자에 대한 권리는 지급한 재보험금의 한도에서 다시 재보험자에게 이전된다. 그리고 재보험자가 보험자대위에 의하여 취득한 제3자에 대한 권리의 행사는 재보험자가 이를 직접 하지 아니하고 원보험자가 재보험자의 수탁자의 지위에서 자기 명의로 권리를 행사하여 그로써 회수한 금액을 재보험자에게 재보험금의 비율에 따라 교부하는 방식에 의하여 이루어지는 것이 상관습이다. 따라서 재보험자가 원보험자에게 재보험금을 지급함으로써 보험자대위에 의하여 원보험자가 제3자에 대하여 가지는 권리를 취득한 경우에 원보험자가 제3자와 기업개선약정을 체결하여 제3자가 원보험자에게 주식을 발행하여 주고 원보험자의 신주인수대금채무와 제3자의 채무를 같은 금액만큼 소멸시키기로 하는 내용의 상계계약 방식에 의하여 출자전환을 함으로써 재보험자가 취득한 제3자에 대한 채권을 소멸시키고 출자전환주식을 취득하였다면, 이는 원보험자가 재보험자의 수탁자의 지위에서 재보험자가 취득한 제3자에 대한 권리를 행사한 것이라 할 것이므로, 재보험자의 보험자대위에 의한 권리는 원보험자가 제3자에 대한 권리행사의 결과로 취득한 출자전환주식에 대하여도 미친다. 그리고 이러한 법리 및 상관습은 재재보험관계에서도 마찬가지로 적용된다).

6. 각종의 의무책임보험

(1) 자동차손해배상책임보험

자동차손해배상보장법은 자동차의 운행으로 인한 피해자를 보호하기 위해 책임보험 등의 가입을 의무화하고 있다. 자동차손해배상책임보험이란 자기를 위하여 자동차를 운행하는 자가 그 운행으로 말미암아 다른 사람에게 인명피해를 입히거나 다른 사람의 재물을 멸실 또는 훼손한 때에 그 손해를 배상할 책임을 진 경우에 보험자가 이를 보상할 것을 약정하는 일종의 책임보험계약이다(동법 제3조, 제5조 참조). 자동차를 운행하는 자는 자동차의 운행으로 다른 사람이 사망하거나 부상한 경우 또는 다른 사람의 재물이 멸실 또는 훼손된 경우에 피해자에게 대통령령이 정하는 일정한 금액의 지급책임을 지는 책임보험 또는 책임공제에 가입하여야 한다(동법 제5조 제1항, 제2항).

(2) 신체손해배상특약부화재보험

화재로 인한 재해보상과 보험가입에 관한 법률(화재보험법)은 특약부화재보험의 가입을 의무화하고 있다.[75] 특약부화재보험이란 화재로 인한 건물의 손해와, 피보험자가 그 건물의 화재로 인하여 타인이 사망하거나 부상하여 손해배상책임을 진 경우에, 보험자가 이를 보상할 것을 약정하는 특수한 보험계약이다(동법 제2조 2호). 특수건물[76]의 소유자는 그 건물의 화재로 인하여 타인이 사망하거나 부상한 때에는 과실이 없는 경우에도 보험금액의 범위 안에서 배상할 책임이 있는데, 이러한 손해배상책임의 이행을 위하여 그 건물을 손해보험회사가 영위하는 신체손해배상특약부화재보험에 가입하여야 한다(동법 제5조 제1항).

(3) 원자력손해배상책임보험

원자력손해배상법상 원자력사업자는 원자력 손해를 배상함에 필요한 조치를 취한 후가 아니면 원자로의 운전 등을 할 수 없다. 따라서 원자력사업자의 손해배상책임이

75) 헌법재판소 1991. 6. 3. 자 89헌마204 결정 참조.

76) 여기서 특수건물이란 국유건물, 교육시설, 백화점, 시장, 의료시설, 흥행장, 숙박업소, 공장, 공동주택 기타 다수인이 출입 또는 근무하거나 거주하는 건물로서 대통령령이 정하는 건물을 말한다.

생긴 때에 일정한 사유로 인한 원자력 손해를 원자력 사업자가 배상함으로써 생기는 손실을 보험자가 이를 보상할 것을 약정하고, 보험계약자는 보험자에게 보험료를 지급할 것을 약정하는 것을 원자력손해배상책임보험이라고 한다(동법 제5조 제2항, 제7조 제1항).

(4) 유류오염손해배상책임보험

유류오염손해배상보장법에 따르면 대한민국의 국적을 가진 200톤 이상의 산적유류를 운송하는 선박소유자는 유류오염손해배상보장계약을 체결하여야 하고(동법 제14조 제1항), 이 때의 유류오염손해배상보장계약이란 선박소유자가 그 선박이 적재한 유류에 의한 오염손해에 대하여 책임을 지는 경우에, 그 배상의무의 이행을 담보하는 계약을 말한다(동법 제15조 제1항). 이에 의해 보상되는 유류오염손해란 유출 또는 배출된 장소에 불구하고 선박으로부터 유류가 유출 또는 배출되어 초래된 오염에 의하여 선박외부에서 발생한 손실 또는 손해와 방제조치의 비용 및 방제조치로 인한 추가적 손실 또는 손해를 말하는데, 이에는 경제적·재산적 손해만이 아니라 정신적 손해도 포함된다.[77)]

(5) 전문직업배상책임보험

외국의 입법례에 따라 국내에서도 속속 판매되고 있는 보험상품 중에는 항공운송업자의 책임보험, 수렵업자의 책임보험, 의료종사업자의 책임보험, 원자력법에 의한 종사자의 책임보험, 회계검사인의 책임보험, 공증인의 책임보험, 회사임원의 책임보험[78)]

---

77) 대법원 2004. 4. 28. 선고 2001다36733 판결(1969년 유류오염손해에대한민사책임에관한국제협약 제1조 제6호에서 유류오염손해를 "유출 또는 배출의 발생 장소에 관계없이 선박으로부터의 유류의 유출 또는 배출로 인한 오염에 의하여 유류를 운송하는 선박의 외부에서 발생한 손실 및 손해를 말하며, 예방조치의 비용 및 예방조치에 의하여 야기된 그 밖의 손실 및 손해를 포함한다."고 정의하고 있으나 유류오염손해의 배상범위에 관하여는 따로 규정을 하지 않고, 1971년 유류오염손해보상을위한국제기금의설치에관한국제협약에서는 유류오염손해에 관한 정의나 그 배상범위에 관한 규정을 두지 않고, 위 민사책임협약상의 유류오염손해를 원용하여 제4조 제1항에서 "유류오염손해를 입은 자가 다음의 사유로 인하여 손해에 대하여 충분하고 적절한 보상을 받을 수 없는 경우에는 기금은 그 오염손해의 피해자에게 보상금을 지급할 의무를 부담한다."고 규정하고 있을 뿐이므로, 위 조약상 유류오염손해와 그 배상범위에 관하여는 법정지법인 우리 나라의 일반 손해배상법리에 따를 수밖에 없다 할 것인데, 우리 민법은 제751조와 제752조에서 정신적 손해를 규정하고 있으나, 위 조항에 열거된 사항에 한하지 않고 정신적 손해가 있는 경우에는 민법 제750조에 의하여 위자료청구권이 발생한다고 보는 것이 일반적 법리이므로 위 협약 및 유류오염손해배상보장법에 규정된 유류오염손해를 경제적, 재산상 손해로 제한하여 해석할 이유는 없다).

78) 대법원 2016. 7. 29. 선고 2013다91474 판결; 대법원 2019. 1. 17. 선고 2016다277200 판결.

등 전문직업 배상책임보험이 있다. 이러한 전문직업 배상책임보험은 보험기간 내에 피보험자가 제3자로부터 재판상 또는 재판 외의 배상청구를 받는 것 즉, 손해배상청구 기준(Claim-made basis)으로 보험사고를 규정하고 있다. 보험자는 보험기간 내에 제3자로부터 피보험자를 상대로 한 손해배상청구가 있는 경우를 기준으로 보험사고를 인식하고, 제3자의 손해배상청구에 대하여 소송상 또는 소송 외의 방어활동을 함으로써 보험금 지급 범위를 조정하거나 확정하는 등으로 보상책임의 범위와 시기를 명확히 할 수 있다.

손해배상청구 기준에 따라 보험사고를 확정하는 전문직업 배상책임보험에서는 피보험자의 통지의무도 기존 책임보험과는 그 법적 성격과 의미를 달리한다. 전문직업 배상책임보험에서 보상책임의 범위와 시기를 명확히 정하기 위해서 피보험자는 보험자에게 보험기간 내에 피보험자를 상대로 이루어진 손해배상청구의 사실을 필수적으로 통지하여야 한다. 이처럼 피보험자의 서면통지 조항은 단순히 그 위반에 따른 추가 손해가 발생한 경우 보험자의 보상책임이 확대되는지 여부의 문제가 아니라 보험금 지급의무의 전제조건으로 기능한다. 보험자는 보험기간 내에 피보험자로부터 손해배상청구에 대한 서면통지가 없는 경우 그로 인하여 손해가 증가하였는지 여부와 관계없이 보험금 지급 책임을 부담하지 않는다.[79)]

◆ 대법원 2020. 9. 3. 선고 2017다245804 판결-책임보험의 성질과 통지의무조항의 의미

[사실개요]

원고 회계법인(보험계약자)은 피고(보험회사)와 회계사 전문직업 배상책임 보험계약을 체결하였다. 이 보험계약의 약관은 보험금 지급조건으로 '피보험자인 원고 법인에 대한 제3자의 손해배상청구는 보험기간 중 행해져야 한다'는 내용의 손해배상청구 조항과 '이러한 손해배상청구는 보험기간 중 보험자인 피고 회사에 서면으로 통지되어야 한다'는 내용의 서면통지 조항이 있었다. 분식회계와 관련된 손해배상소송에서 원고는 손해배상금 11억원을 지급하였고, 소송비용으로 9천만원을 지출하여 피고에게 손해배상금 및 방어비용 상당의 보험금 지급을 청구하였다. 피고는 보험기간 내에 피보험자인 원고에게 손해배상청구가 이루어지고, 피고에게 그 배상청구 사실에 대하여 서면통지도 이루어졌을 경우에만 피고의 보험금 지급의무를 인정하는 이 사건 보험약관의 보험조항 I. 단서 및 보험조건 I.의 각 규정 위반으로 인하여 원고에게 보험금청구권이 없다고

79) 대법원 2020. 9. 3. 선고 2017다245804 판결(이 사건 보험계약은 전문직업 배상책임보험의 하나로 보험자는 피보험자인 회계사가 전문적인 회계 업무를 수행하던 중 과실, 착오, 누락 등에 의해 손해를 발생시키고 법적 배상책임을 지는 경우 그 손해를 보상한다. 이 사건 보험약관에서 손해배상청구 기준으로 보험사고를 확정하는 이 사건 손해배상청구 조항은 합리적이라고 볼 수 있고, 피보험자가 제3자로부터 손해배상청구를 받은 사실을 보험기간 내에 보험자에게 서면으로 통지할 것을 보험금 지급의 요건으로 요구하는 이 사건 서면통지 조항은 타당한 근거가 있다. 따라서 이 사건 보험약관에서 규정하는 보험금 지급조건은 모두 상당한 이유 없이 보험자의 손해배상 범위를 제한한 것으로 볼 수 없으므로, 약관규제법 제7조 제2호에 따라 무효라고 볼 수 없다).

주장하였고, 이에 대하여 원고는 위 약관 조항이 약관규제법 제7조 제2호에 따라 무효이거나, 피고가 약관규제법 제3조의 따른 명시·설명의무를 제대로 이행하지 않아서 위 조항이 이 사건 보험계약에 유효하게 편입되지 않았고, 설령 그렇지 않더라도 위 조항 중 '보험기간 내 원고를 상대로 한 손해배상청구가 이루어졌을 것'을 요건으로 하는 부분은 상법 제663조를 위반하여 무효라고 주장하였다.

[판결요지]

회계사 전문직업 배상책임 보험계약에 적용되는 보험약관은 약관의 규제에 관한 법률(약관규제법) 제15조 및 같은 법 시행령 제3조 제2호에서 규정한 국제적으로 통용되는 보험약관에는 해당하지 않는다.

전문직업 배상책임보험은 보험기간 내에 피보험자가 제3 자로부터 재판상 또는 재판 외의 배상청구를 받는 것 즉, 손해배상청구 기준(Claim-made basis)으로 보험사고를 규정하고 있다. 보험자는 보험기간 내에 제3 자로부터 피보험자를 상대로 한 손해배상청구가 있는 경우를 기준으로 보험사고를 인식하고, 제3 자의 손해배상청구에 대하여 소송상 또는 소송 외의 방어활동을 함으로써 보험금 지급 범위를 조정하거나 확정하는 등으로 보상책임의 범위와 시기를 명확히 할 수 있다. 손해배상청구 기준에 따라 보험사고를 확정하는 전문직업 배상책임보험에서는 피보험자의 통지의무도 기존 책임보험과는 그 법적 성격과 의미를 달리한다. 전문직업 배상책임보험에서 보상책임의 범위와 시기를 명확히 정하기 위해서 피보험자는 보험자에게 보험기간 내에 피보험자를 상대로 이루어진 손해배상청구의 사실을 필수적으로 통지하여야 한다. 이처럼 피보험자의 서면통지 조항은 단순히 그 위반에 따른 추가 손해가 발생한 경우 보험자의 보상책임이 확대되는지 여부의 문제가 아니라 보험금 지급의무의 전제조건으로 기능한다. 보험자는 보험기간 내에 피보험자로부터 손해배상청구에 대한 서면통지가 없는 경우 그로 인하여 손해가 증가하였는지 여부와 관계없이 보험금 지급책임을 부담하지 않는다. 이 사건 보험약관에서 손해배상청구 기준으로 보험사고를 확정하는 이 사건 손해배상청구 조항은 합리적이라고 볼 수 있고, 피보험자가 제3 자로부터 손해배상청구를 받은 사실을 보험기간 내에 보험자에게 서면으로 통지할 것을 보험금 지급의 요건으로 요구하는 이 사건 서면통지 조항은 타당한 근거가 있다. 따라서 이 사건 보험약관에서 규정하는 보험금 지급조건은 모두 상당한 이유 없이 보험자의 손해배상 범위를 제한한 것으로 볼 수 없으므로, 약관규제법 제7조 제2호에 따라 무효라고 볼 수 없다. 이 사건 손해배상청구 조항은 이 사건 보험계약에 따른 보험사고의 범위를 구체화하기 위하여 규정된 것으로 피보험자에게 불이익한 것이 아니므로 상법 제663조 위반이라고도 볼 수 없다.

이 사건 손해배상청구 조항에 따라 객관적인 보험금 지급조건을 정할 필요성과 합리성이 인정되고 그 내용이 피보험자 입장에서 충분히 예상할 수 있는 보험금 지급조건에 해당하므로, 보험자가 위 조항에 관하여 구체적이고 상세한 명시·설명의무를 부담한다고 보기는 어렵다. 그러나 이 사건 서면통지 조항은 보험사고 발생의 통지의무를 해태하여 손해가 증가된 경우 보험자가 그 증가된 손해를 보상할 책임이 없다고 규정한 상법 제657조와 달리 위 조항에 따른 서면통지를 하지 않는 경우 피보험자가 보험금을 지급받을 수 없는 불이익을 입게 하는 내용이므로, 보험자가 구체적이고 상세한 명시·설명의무를 부담하는 보험계약의 중요한 내용이다. 그런데 원고가 이 사건 보험계약을 체결하기 전에 다른 보험사로부터 보험료 견적을 받았다는 사정만으로 이 사건 서면통지 조항의 내용을 잘 알고 있었다고 보기 어렵고, 피고가 이 사건 보험계약의 체결 당시 원고에게 위 조항의 내용에 관한 명시·설명의무를 다하였다고 인정할 증거도 없다. 따라서 피고는 이 사건 서면통지 조항을 이 사건 보험계약의 내용으로 주장할 수 없다.

[쟁점사항]

이는 전문직업배상책임보험이 손해배상청구 기준(Claim-made basis)으로 보험사고를 규정하는 취지를 밝히면서, 손해배상청구 기준에 따라 보험사고를 확정하는 전문직업 배상책임보험의 약관에서 정한 피보험자의 서면통지 조항이 추가 손해 발생에 따른 보상책임의 확대 문제가 아니라 보험금 지급의무의 전제조건으로 기능한다고 본 사례이다.

Ⅵ. 자동차보험계약

1. 의의

자동차보험계약(contract of car insurance; Kraftfahrzeugversicherung)이란 피보험자가 자동차를 소유·사용·관리하는 동안에 발생한 사고로 인하여 피보험자에게 생긴 손해를 보험자가 보상할 것을 약정하는 보험계약이다(상법 제726조의2). 이것은 피보험자가 자신이 직접 입은 손해를 보상하는 자기차량보험·자기신체사고보험·무보험자동차에 의한 상해보험과, 자동차사고로 인하여 피보험자가 제3자에게 지는 배상책임으로 인한 손해를 보상하는 대인배상책임보험(Ⅰ 및 Ⅱ), 대물배상책임보험, 자기신체사고, 무보험자동차에 의한 상해, 자기차량손해의 6가지 보장종목과 특별약관으로 구성되어 있다. 보험계약자는 이들 6가지 담보종목 가운데 한 가지 이상을 선택하여 가입할 수 있으나, 자동차손해배상보장법(이하 "자배법")상 자동차보유자는 의무보험으로 대인배상Ⅰ(책임보험) 및 대물배상(책임보험)에 반드시 가입해야 한다(자배법 제5조 제1항 및 제2항).

2. 효용

자동차보험은 오늘날 자동차의 보유자나 운전자가 우연한 사고로 입은 직접적인 손해를 보상할 뿐만 아니라, 특히 자동차책임보험에서는 자동차사고로 인한 피해자의 보호를 위한 중요한 기능을 하고 있다.

3. 자동차보험의 종류

자동차보험계약은 보험의 목적에 따라 차량보험·자손사고보험 및 책임보험으로 분류된다. 그리고 책임보험은 다시 대인배상책임보험과 대물배상책임보험으로 나뉜다.

(1) 자동차책임보험

자동차책임보험이란 피보험자가 피보험자동차의 사고로 타인을 사상하게 하여 법률상 손해배상책임을 짐으로써 손해를 입은 경우 또는 타인의 재물을 멸실·파손 또는 오손하여 법률상 손해배상책임을 짐으로써 손해를 입은 경우에 보험자가 이를 보상할 책임을 지는 보험이다.

대인배상책임보험의 경우는 자동차손해배상보장법에 의한 강제책임보험(대인배상 Ⅰ)과 자동차종합보험약관에 의한 임의책임보험(대인배상Ⅱ)이 있다. 대인배상Ⅰ은 피보험자가 자동차사고로 인하여 제3자를 사상케 한 경우에 자동차손해배상보장법에서 정한 한도 내에서 보상하는 것이고, 대인배상Ⅱ는 그 손해가 대인배상Ⅰ에서 지급하는 금액을 초과하는 경우에 그 초과손해를 보장하는 것이다.

그리고 대물배상책임보험은 피보험자가 자동차사고로 인하여 제3자의 재물을 멸실하거나 훼손한 경우에 보상하는 것이다. 이는 자배법상 가입이 강제되는 의무보험과 임의보험이 있다.

(2) 차량보험

차량보험이란 피담보자동차의 멸실·훼손·도난 등 차량 자체에 직접적으로 발생한 모든 사고를 보험사고로 하는 보험이다. 보험의 목적은 자동차와 그 부속품, 부속기계장비를 포함한다. 이때 훼손의 경우에는 자손과 타손이 있겠는데, 자손의 경우는 피보험자의 과실로 인한 경우에 한하며, 타손인 경우에는 피해자의 보험자가 보상하고 가해자 또는 가해자의 보험자에게 구상할 수 있다.

(3) 자손사고보험

자손사고보험이란 피보험자가 피보험자동차의 사고로 생명이나 신체에 생긴 인적손해의 보상을 목적으로 하는 보험이다. 이는 인보험의 일종으로 보험가액은 있을 수 없고 보험금액만이 있는데, 이 보험금액은 사망보험금·부상보험금 및 후유장해보험금으로 나뉘어 매사고 마다 지급된다.

(4) 무보험차보유자보험

무보험차보유자보험이라 함은 자동차책임보험에 가입하지 아니한 자동차의 사고로 손해를 입은 피보험자를 보호하기 위한 보험이다. 즉 무보험차보유자보험은 무보험차보유자의 책임이 있는 사유로 손해를 입은 피보험자가 그 보유자를 상대로 효율적으로 손해배상청구권을 행사할 수 없게 됨으로써 입은 손해를 보상하기로 하는 보험이다.

4. 자동차대인배상책임보험

(1) 총설

대인배상책임보험이란 보험의 목적인 자동차의 소유·사용·관리 중에 생긴 사고로 인하여 피보험자가 제3 자의 사망 또는 상해에 대하여 지는 책임에 의한 손해를 보험자가 보상하는 것을 말한다. 자배법에 의한 자동차대인배상책임보험(대인배상Ⅰ)은 강제책임보험이고 보상책임의 한도에 제한이 있는 유한배상책임보험이다. 그러므로 강제책임보험만으로는 충분한 보험보호를 기대할 수 없기 때문에 강제책임보험에 의해 보상되지 않는 부분에 대한 보험보호를 위하여 대인배상임의책임보험(대인배상Ⅱ)이 보완적 기능을 담당하고 있다.

(2) 강제책임보험(대인배상Ⅰ)

1) 의의

자동차손해배상책임보험이란 자배법에 의해 그 가입이 강제되는 것으로서 피보험자가 보험기간 중 자동차의 운행에 의해서 사람이 사망 또는 부상당함으로써 피해자에게 배상책임을 지게 될 경우에 보험자가 일정한 보험금을 지급하도록 하는 보험이다. 그런데 자배법은 자동차손해배상책임보험에서 피해자에 대한 보험금지급의 한도액을 정하고(자배법 제5조 제1항, 시행령 제3조),[80] 보험자의 보험계약자에 대한 보험가입증명서교부의무(동법 제8조)와 피해자의 보험자에 대한 보험금직접청구권(동법 제10조) 등을 규정하고 있다.

2) 가입의 강제

자배법에 의하면 자동차의 등록을 한 자와 이륜소형자동차의 사용신고를 한 자는

80) 사망 및 후유장해의 경우에는 1억 5천만원의 범위에서 피해자에게 발생한 손해액으로 하지만, 사망한 경우 그 손해액이 2천만원 미만인 경우에는 2천만원으로 하고 있다(동법 시행령 제3조 제1항 제1).

자동차의 운행으로 다른 사람이 사망하거나 부상할 경우에 피해자에게 일정한 금액의 지급책임을 지는 자동차손해배상책임보험에 가입하도록 하고 있고(동법 제5조 제1항),[81] 그러하지 아니할 경우 자동차의 운행을 할 수 없도록 하고 있다(동법 제8조).[82] 그리고 보험사업자 등은 자동차보유자가 책임보험 등에 가입하고자 할 때에는 대통령령이 정하는 사유[83]가 있는 경우 외에는 계약의 체결을 거부하지 못하도록 하고 있다(동법 제24조).

◆ 대법원 2017. 6. 15. 선고 2013다215454 판결

[사실개요]

원고(보험회사)는 S 자원 주식회사, 주식회사 H 목재와 사이에 각 타이어식 지게차(이 사건 대인배상 I 지게차)의 사고로 인하여 피보험자들이 손해배상책임을 짐으로써 입은 손해를 보상하는 내용의 각 보험계약을 체결하였고, 원고는 A 콘크리트, 주식회사 B와 사이에 위 각 타이어식 지게차(이 사건 대인배상 I · II 지게차)의 사고로 인하여 피보험자들이 손해배상책임을 짐으로써 입은 손해를 보상하는 내용의 각 보험계약을 체결하였다. 이 사건 대인배상 I 지게차로 인하여 근로자가 부상을 당하는 각 사고가 발생하여 피고(근로복지공단)가 그 피해자들에게 산업재해보상보험법에 따라 보험급여를 지급한 후 피해자들을 대위한 원고의 청구에 대해 피고는 각 책임보험금 명목으로 판시 금액의 돈을 각 지급하였고, 그 피해자들을 대위하여 원고에게 이 사건 각 보험계약에 따른 보험금의 지급을 청구하였다.

[판결요지]

1.자배법상의 '자동차'에 해당하지 아니하는 지게차라 하더라도 자배법이 적용되는 건설기계와 동일하게 취급하여 대인배상 I 의 보상책임을 보장하는 내용의 자동차보험계약을 체결할 수 있고, 이 사건 보험약관의 가입대상 규정에서 일반 건설기계에 대한 가입제한을 두고 있지 아니할 뿐만 아니라, 위 각 보험계약에서 대인배상 I 에 따른 보상을 부정한다면 위 각 보험계약의 효력을 전면적으로 부정하는 결과가 되어 위 각 보험계약을 체결한 보험목적을 전혀 달성할 수 없게 된다. 또한 타이어식 지게차가 도로를 운행할 때뿐만 아니라 공사현장 등에서 작업을 할 때에도 그 본래의 사용방법에 따른 운행 과정에서 사고가 발생할 수 있다는 점에서 자배법이 적용되는 자동차나 건설기계와 다를 것이 없다.

이 사건 보험약관은 '피보험자가 피보험자동차를 사용자의 업무에 사용하는 경우 그 사용자의 업무에 종사 중인 다른 피용자로서 산업재해보상보험법에 의한 재해보상을 받을 수 있는 사람이 죽거나 다친 경우'를 대인배상 II 에 관한 면책사유로 정하는 한편, '다만, 그 사람이 입은 손해가 산업재해보상보험법에 의한 보상범위를 넘는 경우에는 그 초과손해를 보상합니다'라고 하여 예외를 인정하고 있다. 자배법 시행령 제2조에서는 자배법이 적용되는 건설기계를 정하고 있는데, 이 사건 대인배상 I · II 지게차와 같은 타이어식 지게차는

81) 자동차보유자는 자동차의 운행으로 다른 사람이 사망하거나 부상한 경우에 피해자(피해자가 사망한 경우에는 손해배상을 받을 권리를 가진 자를 말한다)에게 대통령령으로 정하는 금액을 지급할 책임을 지는 책임보험이나 책임공제(이하 "책임보험 등"이라 한다)에 가입하여야 한다.

82) 이를 위반한 경우 3년 이하의 징역 또는 3천만원 이하의 벌금에 처한다(자배법 제46조 제2항).

83) 이는 ① 「자동차관리법」 또는 「건설기계관리법」에 따른 검사를 받지 아니한 자동차에 대한 청약이 있는 경우, ② 「여객자동차 운수사업법」, 「화물자동차 운수사업법」, 「건설기계관리법」, 그 밖의 법령에 따라 운행이 정지되거나 금지된 자동차에 대한 청약이 있는 경우, ③ 청약자가 청약 당시 사고 발생의 위험에 관하여 중요한 사항을 알리지 아니하거나 부실하게 알린 것이 명백한 경우를 말한다(동법 시행령 제17조).

이에 해당하지 아니한다. 자배법상의 '자동차'에 해당하지 아니하는 지게차라 하더라도 자배법이 적용되는 건설기계와 동일하게 취급하여 대인배상 I · II의 보상책임을 보장하는 내용의 자동차보험계약을 체결할 수 있고, 이 사건 보험약관의 가입대상 규정에서 일반 건설기계에 대한 가입제한을 두고 있지 아니하므로, 위 각 보험계약은 이 사건 대인배상 I · II 지게차에 발생한 사고에 관하여 보상하여 주기로 약정한 보험으로서 유효하다고 보인다. 다만 앞에서 본 이 사건 대인배상 I 지게차의 경우와는 달리, 이 사건 대인배상 I · II 지게차의 경우에는 이 사건 보험약관에서 정한 대인배상 I · II의 보험에 모두 가입되어 있고 산업재해 면책규정도 적용되므로 이 사건 보험약관에서 정한 대인배상 I 과 대인배상 II의 보상내용을 고려하여 그 보상의 대상 및 범위를 해석하여야 한다. 그런데 타이어식 지게차의 운행으로 인한 사고는 자배법에서 정한 자동차의 운행으로 인한 사고에 해당하지 아니하므로, 대인배상 I 의 보상 대상을 자배법에 의한 손해배상책임으로 제한하는 이 사건 단서 규정의 문언에 의하면 타이어식 지게차의 운행 중 사고로 인한 손해배상책임은 대인배상 I 의 보상내용에 해당하지 아니한다. 한편 대인배상 II 보험계약의 보상내용은 '자동차사고로 다른 사람을 죽게 하거나 다치게 한 경우 그 손해가 대인배상 I 에서 지급하는 금액을 초과하는 경우에 그 초과손해를 보상'하는 것으로 되어 있다. 이는 피보험자가 법률상 손해배상책임을 짐으로써 손해 중 대인배상 I 로 지급되거나 지급될 수 있는 금액이 있으면 이를 보험자가 보상할 금액에서 공제하고 그 나머지만을 보상한다는 취지로서, 만약 피보험자가 피해자에 대하여 자배법에 의한 손해배상책임을 지지 아니하는 관계로 대인배상 I 이 적용될 여지가 없어 대인배상 I 로 지급되거나 지급될 수 있는 금액이 전혀 없는 경우에까지 대인배상 I 이 적용될 수 있는 경우를 가상하여 산정한 금액을 넘는 손해만을 보상한다는 취지는 아니며, 그 경우에는 다른 특별한 사정이 없는 한 피보험자가 법률상 손해배상책임을 짐으로써 입은 손해의 전부를 이 사건 대인배상 II로 보상받을 수 있다는 취지로 해석된다. 이 사건 보험약관에서 대인배상 I 에 가입하는 경우에 한하여 대인배상 II에 가입할 수 있도록 제한하고 있으므로, 보험가입자로서는 이 사건 대인배상 I · II 지게차로 인한 사고에 대하여 대인배상 II로 보상받을 것을 염두에 두고 대인배상 II에 가입하는 것을 전제로 대인배상 I 에 가입하였다고 볼 여지가 충분하다. 따라서 이 사건 대인배상 I · II 지게차에 대한 보험계약을 체결할 당시에 원고와 보험가입자들 사이에서는 그 각 지게차의 사고로 인하여 피보험자들이 자배법에 의한 손해배상책임 외의 손해배상책임을 짐으로써 손해가 발생한 경우에 이를 모두 대인배상 II에 포함시켜 보상하는 한편, 산업재해 면책규정 등의 면책사유가 적용되도록 약정한 것으로 해석되며, 이와 달리 대인배상 I 의 보상범위에 관한 이 사건 단서 규정을 배제하고 원고가 그 손해의 일부를 대인배상 I 로 보상한다는 내용의 특약이 있다고 보기는 어렵다.

[쟁점사항]

이는 약관의 해석이 문제된 사례로, 대법원은 (1) 甲 보험회사가 乙 주식회사 등과 자배법상 '자동차'에 해당하지 않는 타이어식 지게차에 관하여 담보내용을 '대인배상 I (책임보험) 및 대물배상'으로 하는 보험계약을 체결하였는데, 보험약관에 '대인배상 I 은 자배법에 의한 손해배상책임에 한한다'는 규정이 있는 사안에서, 위 지게차에 대해서도 자배법이 적용되는 건설기계와 동일하게 취급하여 대인배상 I 의 보상책임을 보장하는 내용의 자동차보험계약을 체결할 수 있고, 계약 체결 당시 당사자들 사이에 보험약관의 보상내용 관련 규정과는 다른 공동의 인식 또는 의사의 합치가 있었다고 볼 수 있으므로, 甲은 지게차 사고로 발생한 손해에 대하여 대인배상 I 에 따른 보험금을 지급할 의무가 있다고 하면서, (2) 甲이 乙 등과 자배법상 '자동차'에 해당하지 않는 타이어식 지게차에 관하여 지게차에 대해서도 자배법이 적용되는 건설기계와 동일하게 취급하여 대인배상 I · II의 보상책임을 보장하는 내용의 자동차보험계약을 체결할 수 있고, 다만 보험약관에서 정한 대인배상 I 과 대인배상 II의 보상 내용을 고려하면 위 보험계약은 계약 체결 당시 甲과 乙 등이 지게차 사고로 피보험자들이 자배법에 따른 손해배상책임 외의 손해배상책임을 짐으로써 손해가 발생한 경우 이를 모두 대인배상 II에 포함시켜 보상하기로 약정한 것이라고 보았다. 결국 타이어식 지게차에 의해 부상을 입은 피용자는 대인배상 I , 산재급여, 대인배상 II(산재 초과분)을 지급받게 된다.

3) 보험자의 손해보상책임

① 보상책임의 요건

자기를 위하여 자동차를 운행하는 자는 그 운행으로 인하여 다른 사람을 사망하게 하거나 부상하게 한때에는 그 손해를 배상할 책임을 진다(자배법 제3조).

(가) 자기를 위하여: 자기를 위하여 자동차를 운행한다 함은 자기의 이익을 위하여 자동차를 운행한다는 뜻이다. 여기서 운행이익은 물건이나 사람을 운송함으로써 얻게 되는 직접 또는 간접의 경제적 이익이나 정신적 만족감 등을 말한다. 한편 운행지배란 자동차의 사용에 관한 지배를 뜻하므로, 자기를 위하여 자동차를 운행하는 자는 운행이익과 운행지배를 동시에 갖는다.

(나) 자동차: 자동차라 함은 자동차관리법의 적용을 받는 자동차와 건설기계관리법의 적용을 받는 건설기계를 말한다.

(다) 운행: '운행'이란 사람 또는 물건의 운송여부에 관계없이 자동차를 당해 장치의 용법에 따라 사용하는 것을 말한다. 여기서 운행의 의미는 운전의 개시시부터 그것이 종결되기까지를 의미한다. 그러므로 일시적인 중단은 운행의 종료라고 할 수 없다.[84] 그리고 '운행으로'라 함은 운행을 사고의 원인으로 보고, 사람의 사망·부상 간에 상당한 인과관계를 요구한다.

◆ 대법원 1996. 5. 28. 선고 96다7359 판결-운행의 의미

[사실개요]

원고(보험계약자)는 피고(공제업자)와 원고 소유의 트랙터 또는 위 트랙터에 특별연결장치로 견인되는 수반차(트레일러)가 그 운행으로 사람을 사상하게 하여 원고가 자배법에 의한 손해배상책임을 짐으로써 입은 손해를 보상하기로 하는 내용의 공제계약을 체결하였다. 원고의 운전자인 소외 K는 트레일러의 적재함에 부착된 쇠파이프 2개의 용접 부분이 떨어져 덜거덕거려 이를 아예 떼어 버리기로 하고, 공업사의 종업원인 소외 1로부터 용접기를 이용하여 쇠파이프를 분리시킨 후 이를 소외 2와 함께 적재함에서 지렛대를 사용하여 공업사 마당으로 밀어내다가, 위 쇠파이프로 소외 3의 왼쪽 다리를 충격하여 그에게 상해를 입혔다. 원고는

84) 자동차의 운행 중에 사고가 발생한 경우는 물론 자동차가 잠시 정차 중에 생긴 사고라도 그 발생이 자동차의 운행과 상당인과관계가 있는 때에는 손해배상책임에 포함하며(대법원 1991. 7. 9. 선고 91다14291 판결), 동승자가 주차한 자동차에서 하차하다가 차량 밖의 터널 바닥으로 떨어져 다친 사고도 자동차운행으로 인한 사고라고 할 수 있다(대법원 1998. 9. 4. 선고 98다22604 판결). 또한 심야에 엘피지 승용차를 운전하여 목적지로 향하여 운행하던 중 눈이 내려 도로가 결빙되어 있어 도로 상태가 좋아질 때까지 휴식을 취할 목적으로 도로변에 승용차를 주차한 후 시동을 켠 채 승용차 안에서 잠을 자다가 차내에 누출된 엘피지 가스의 폭발로 화재가 발생하여 운전자가 소사한 경우, 자동차의 운행 중의 사고에 해당한다(대법원 2000. 9. 8. 선고 2000다89 판결).

소외 3에게 손해배상금을 지급한 후, 피고에게 위 공제가입계약에 따라 위 손해금의 보상을 청구하였다.

[판결요지]

자동차손해배상보장법 제2조 제2호에 자동차의 '운행'이라 함은 사람 또는 물건의 운송 여부에 관계없이 자동차를 당해 장치의 용법에 따라 사용하는 것을 말한다고 규정하고 있고, 여기서 당해 장치란 운전자나 동승자 및 화물과는 구별되는 당해 자동차에 계속적으로 고정되어 있는 장치로서 자동차의 구조상 설비되어 있는 당해 자동차 고유의 장치를 말하므로, 이와 같은 각종 장치의 전부 또는 일부를 각각의 사용 목적에 따라 사용하는 경우에는 운행중에 있다고 할 것이다. 위 사고는 위 트레일러의 당해 장치인 위 철구조물을 그 사용 목적에 따라 사용하다가 발생한 것이 아니고, 오히려 위 철구조물을 철거하는 수리작업 과정에서 발생한 것에 불과하므로 운행 중 일어난 것이라고 할 수 없다.

[쟁점사항]

이는 자배법 제2조 제2호 소정의 '운행'의 의미에 대해 사람 또는 물건의 운송 여부에 관계없이 자동차를 당해 장치의 용법에 따라 사용하는 것을 말한다고 하면서, 트랙터로 견인되는 트레일러의 적재함에 부착되어 있는 쇠파이프를 제거하는 수리작업 과정에서 사고가 발생한 경우에는 운행성이 인정되지 않는다고 본 사례이다.

◆ 대법원 2004. 7. 9. 선고 2004다20340 판결-운행의 의미

[사실개요]

원고(보험회사)는 구급환자를 이송하는 소외 법인(보험계약자)과 사이에 소외 법인이 그 소유의 환자수송용 구급차를 소유·사용·관리하는 동안에 생긴 사고로 인하여 남을 죽게 하거나 다치게 하여 자배법 또는 기타 법률상 손해배상책임을 짐으로써 입은 손해를 원고가 보상하여 주기로 하는 내용의 자동차책임보험 및 종합보험계약을 체결하였다. 피고(구급차 이용 환자)는 경막하출혈로 수술을 받은 한방병원에서 입원치료를 받던 중 자택으로 갔다가 이 사건 구급차를 타고 위 한방병원으로 되돌아오게 되었는데, 운전자 등이 이 사건 구급차에 실려 있던 들것을 이용하여 이동 중 피고를 땅에 떨어져 뇌출혈 등의 상해를 입자 보험금을 청구하였다.

[판결요지]

자동차손해배상보장법 제3조 본문 및 제2조 제2호에 의하면, 자기를 위하여 자동차를 운행하는 자는 그 운행으로 인하여 다른 사람을 사망하게 하거나 부상하게 한때에는 그 손해를 배상할 책임을 지고, 그 '운행'이라 함은 사람 또는 물건의 운송 여부에 관계없이 자동차를 그 용법에 따라 사용 또는 관리하는 것을 말한다고 규정되어 있는바, 여기서 '자동차를 그 용법에 따라 사용한다.'는 것은 자동차의 용도에 따라 그 구조상 설비되어 있는 각종의 장치를 각각의 장치목적에 따라 사용하는 것을 말하는 것으로서, 자동차가 반드시 주행 상태에 있지 않더라도 주행의 전후단계로서 주·정차 상태에서 문을 열고 닫는 등 각종 부수적인 장치를 사용하는 것도 포함하는 것이고, 한편 자동차의 용도에 따라 그 구조상 설비되어 있는 각종의 장치는 원칙적으로 당해 자동차에 계속적으로 고정되어 사용되는 것이지만 당해 자동차에서 분리하여야만 그 장치의 사용목적에 따른 사용이 가능한 경우에는, 그 장치가 평상시 당해 자동차에 고정되어 있는 것으로서 그 사용이 장치목적에 따른 것이고 당해 자동차의 운행목적을 달성하기 위한 필수적인 요소이며 시간적·공간적으로 당해 자동차의 사용에 밀접하게 관련된 것이라면 그 장치를 자동차에서 분리하여 사용하더라도 자동차를 그 용법에 따라 사용하는 것으로 볼 수 있다. 구급차로 환자를 병원에 후송한 후 구급차에 비치된 들것(간이침대)으로 환자를 하차시키던 도중 들것을 잘못 조작하여 환자를 땅에 떨어뜨려 상해를 입게 한 경우, 이는 자동차의 운행으로 인하여 발생한 사고에 해당한다.

[쟁점사항]

이는 자배법 제2조 제2호에서 규정하는 '자동차를 그 용법에 따라 사용하는 것'에 당해 자동차에서 분리하여야만 각종 장치의 사용목적에 따른 사용이 가능한 경우, 그 장치의 분리사용이 필수적인 것이라면 그 용법에 따라 사용하는 것으로 보아야 하는바, 구급차로 환자를 병원에 후송한 후 구급차에 비치된 들것(간이침대)으로 환자를 하차시키던 도중 들것을 잘못 조작하여 환자를 땅에 떨어뜨려 상해를 입게 한 경우 운행성이 있다고 보아 보험자의 책임을 인정한 사례이다.

◆ 대법원 2008. 5. 29. 선고 2008다17359 판결-운행의 의미

[사실개요]

소외 1은 그 아버지인 소외 2(보험계약자) 소유의 피고 보험회사(甲)에 보험을 든 피보험차를 운전하던 중, 앞서가던 소외 3 운전의 승용차가 눈길에 미끄러지면서 피보험차 쪽으로 다가오자 이를 피하기 위하여 급제동하다가 중앙분리대를 들이받고 1차로에 그대로 정차하게 되었다(선행사고). 소외 1은 피보험차를 사고지점에 그대로 둔 채 동승자(원고 1)에게 1차로에 서서 후행차량에게 수신호를 해 줄 것을 요구하고서 자신은 피보험차의 상태를 확인한 후 소외 3에게 항의하러 가는 순간, 때마침 1차로에서 뒤따라오던 소외 4 운전의 승용차가 피보험차를 피하기 위하여 2차로로 차선을 변경하면서 제동장치를 조작하다가 눈길에 미끄러져 2차로를 서행하고 있던 소외 5 운전의 승합차를 충격하고 계속하여 피보험차를 충격하면서 소외 1과 원고 1을 들이받아 원고 1로 하여금 중증뇌좌상 등의 상해를 입게 하였다(이 사건 사고). 이에 원고가 소외 1의 보험자에게 보험금을 청구하였다.

[판결요지]

자배법 제3조는 "자기를 위하여 자동차를 운행하는 자는 그 운행으로 인하여 다른 사람을 사망하게 하거나 부상하게 한 때에는 그 손해를 배상할 책임을 진다."라고 규정하고 있는바, 위 법조에서 '<u>운행으로 인하여'라 함은 운행과 사고 사이에 상당인과관계를 인정할 수 있는지의 여부에 따라 결정되어야 한다</u>.

소외 1은 영동고속도로를 강릉 방면에서 서울 방면으로 운행하다 이 사건 사고지점에 이르러 앞서 2차로를 주행하던 소외 3운전의 승용차가 눈길에 미끄러져 자신의 주행차로인 1차로로 다가오는 것을 보고 이를 피하기 위하여 급제동을 하다가 역시 눈길에 미끄러져 중앙분리대를 들이받고 1차로에 정차하게 되었다 하더라도, 구 도로교통법 제59조, 제61조의 규정에 의하여 고속도로에는 자동차를 정차할 수 없으므로 다른 차량의 진행에 방해를 주지 않도록 즉시 피보험차를 안전한 장소로 이동시켰어야 함에도 그대로 방치하여 두었을 뿐만 아니라, 단순히 원고 1로 하여금 후행차량에 대하여 수신호를 하도록 요구만 한 채 구 도로교통법 제61조 및 구 도로교통법 시행규칙 제23조에 규정한 '고장 등 경우의 표지'를 해태하였으므로, <u>소외 1의 이러한 형태의 정차는 불법 정차에 해당한다 할 것이고, 따라서 소외 1로서는 영동고속도로를 운행하는 후행차량들이 1차로에 정차한 피보험차를 충돌하고, 나아가 그 주변의 다른 차량이나 사람들을 충돌할 수도 있다는 것을 충분히 예상할 수 있었다고 할 것이므로, 결국 소외 1의 불법 정차와 이 사건 사고 사이에는 상당인과관계가 있다.</u>

[쟁점사항]

이는 고속도로 상에서 선행 교통사고가 발생한 후 운전자가 피보험차를 사고지점인 1차로에 그대로 둔 상태에서 동승자가 운전자의 부탁으로 후행차량들에 대한 수신호를 하던 중 후행차량에 충격당한 사고가 발생한 경우 수신호를 하던 동승자의 상해는 피보험차의 운전자의 불법 정차와 후행 교통사고 사이의 상당인과관계를 인정하여 피보험차의 보험자에 대한 보험금지급책임이 있다고 본 사례이다.

(라) 다른 사람의 사망 또는 부상: 여기서 '다른 사람'이란 운행이익과 운행지배를 가지고 있는 자 및 운전자를 제외한 자를 말한다. 따라서 사고 당시 현실적으로 운전에 관여하지 않은 운전자 또는 운전보조자는 다른 사람에 해당한다.[85] 그리고 동일한 자동차에 대하여 복수로 존재하는 운행자(공동운행자) 중 1인이 피보험자동차의 사고로 피해를 입은 경우에도 사고를 당한 그 운행자는 다른 운행자에 대하여 자신이 타인임을 주장할 수 없는 것이 원칙이지만, 사고를 당한 운행자의 운행지배 및 운행이익에 비하여 상대방의 그것이 보다 주도적이거나 직접적이고 구체적으로 나타나 있어 상대방이 용이하게 사고의 발생을 방지할 수 있었다고 보여지는 경우에 한하여 비로소 자신이 타인임을 주장할 수 있을 뿐이다.[86] 운전보조자란 운전이라는 위험한 행위를 지배하거나 이에 관여하는 자로서 운전보조석에서 사각지대를 감시하거나 발차·정차·건너기·후퇴유도 등 운전자의 수족으로 운전운행의 일부를 분담하고 있는 동승자를 말한다.[87] 따라서 단순한 호의동승자는 다른 사람에 속한다.[88] 그러나 피보험자의 동거가족은 다른 사람에 속하지 아니한다.

85) 대법원 2001. 11. 30. 선고 2000다66393 판결(자동차손해배상보장법 제3조에서 말하는 '다른 사람'이란 '자기를 위하여 자동차를 운행하는 자 및 당해 자동차의 운전자를 제외한 그 이외의 자'를 지칭하는 것이므로, 동일한 자동차에 대하여 복수로 존재하는 운행자 중 1인이 당해 자동차의 사고로 피해를 입은 경우에도 사고를 당한 그 운행자는 다른 운행자에 대하여 자신이 위 법 제3조 소정의 타인임을 주장할 수 없는 것이 원칙이고, 다만 사고를 당한 운행자의 운행지배 및 운행이익에 비하여 상대방의 그것이 보다 주도적이거나 직접적이고 구체적으로 나타나 있어 상대방이 용이하게 사고의 발생을 방지할 수 있었다고 보이는 경우에 한하여 비로소 자신이 타인임을 주장할 수 있을 뿐이다); 대법원 2016. 4. 28. 선고 2014다236830, 236847 판결.

86) 예컨대 차량소유자인 렌터카업자로부터 차량을 임차하여 운행하던 자가 사고를 일으킨 경우 소유자를 상대로 한 임차인의 운행성은 부정된다. 그리고 기명피보험자로부터 피보험자동차를 임대받아 운행하는 자는 영업용자동차보험 보통약관상 "기명피보험자로부터 허락을 얻어 피보험자동차를 운행하는 자"에 해당하여 운행성은 부정된다(대법원 2000. 10. 6. 선고 2000다32840 판결).

87) 대법원 1999. 9. 17. 선고 99다22328 판결(자동차손해배상보장법 제3조에서 말하는 '다른 사람'이란 '자기를 위하여 자동차를 운행하는 자 및 당해 자동차의 운전자를 제외한 그 이외의 자'를 지칭하므로, 당해 자동차를 현실로 운전하거나 그 운전의 보조에 종사한 자는 같은 법 제3조 소정의 타인에 해당하지 아니한다고 할 것이나, 당해 자동차의 운전자나 운전보조자라도 사고 당시에 현실적으로 자동차의 운전에 관여하지 않고 있었다면 그러한 자는 같은 법 제3조 소정의 타인으로서 보호된다).

88) 다만, 이 경우 과실상계의 문제가 생길 수 있다. 즉, 단순한 차량의 동승자에게는 운전자에게 안전 운행을 촉구할 주의의무가 있다고 할 수 없지만, 예컨대 차량의 운전자가 현저하게 난폭운전을 한다거나 음주운전을 하는 등으로 인하여 사고 발생의 위험성이 상당한 정도로 우려된다는 것을 동승자가 인식할 수 있었다는 등의 특별한 사정이 있는 경우에는 과실상계가 가능하다(대법원 1999. 2. 9. 선고 98다53141 판결; 대법원 1996. 4. 9. 선고 95다43181 판결).

◆ 대법원 2000. 3. 28. 선고 99다53827 판결-타인성의 의미

[사실개요]

피고(보험자)는 차주인 공동피고 X(이삿짐회사)와 사이에 자동차종합보험을 체결하였다. 공동피고 1(이삿짐센터 직원)은 이 사건 사고지점인 아파트 출입구 앞에 X 소유의 고가사다리가 부착된 3.5t 화물차를 정차시켜 놓고, 냉장고를 지상 13m 높이에 있는 아파트 5층까지 운반하기 위하여 고가사다리의 짐을 싣는 깔판에 냉장고를 싣고 소외 망 L1, L2를 타게 한 채 작동레버를 조작하여 위 깔판이 5층 창문에 도달할 무렵 한쪽으로 기울어지면서 망 L1, L2가 추락하여 모두 사망하였다. 그런데 망 L1은 화물차의 소유자인 X가 경영하는 이삿짐센터에서 화물차의 운전과 이에 부착된 고가사다리의 작동을 담당하던 종업원이고, 공동피고 1은 X의 종업원으로서 운전면허도 없었는데, 망 L1은 사고 당시 위 화물차에 냉장고를 싣고 사고 장소에 이르러 이를 주차시키고, 자신은 위 냉장고를 판매한 전자제품총판 직원인 망 L2와 함께 깔판에 올라탄 다음 공동피고 1에게 고가사다리를 조작하도록 지시하였고, 공동피고 1이 이를 조작하다가 위 깔판이 쏠려 깔판이 기울어지면서 피해자들이 중심을 잃고 지면으로 떨어졌다. 이에 원고들이 대인배상 Ⅰ에 해당하는 보험금 지급을 청구하였으나, 피고 보험회사는 '타인성'이 결여되었음을 주장하며 보험금 지급을 거절하였다.

[판결요지]

<u>자동차손해배상보장법 제3조에 의한 배상책임은 자동차의 운행으로 인하여 '다른 사람'을 사망 또는 부상하게 한 때에 인정되는바, 사고 당시 당해 자동차를 운전한 자는 여기서의 '다른 사람'에 포함되지 않으며, 사고 당시 현실적으로 운전을 하지 않았더라도 당해 자동차를 운전하여야 할 지위에 있는 자가 법령상 또는 직무상의 임무에 위배하여 타인에게 운전을 위탁하였고, 상대가 운전무자격자나 운전미숙자인 때에는 역시 마찬가지로 보아야 한다. 망 L1은 사고를 미연에 방지할 의무가 있는 운전자로서 사람을 태울 수 없는 깔판에 스스로 올라타고서 운전자가 아닌 공동피고 1에게 이를 작동하도록 지시하여 공동피고 1의 작동미숙으로 사고가 발생한 것으로 판단되므로 망 L1은 앞서 본 법리에 따라 자동차손해배상보장법 제3조의 '다른 사람'에 해당하지 않는다고 보아야 할 것</u>이다.

[쟁점사항]

이는 자동차를 운전하여야 할 지위에 있는 자가 법령상 또는 직무상 임무에 위배하여 운전무자격자나 운전미숙자에게 운전을 위탁하여 운행하게 하던 중 사고를 당한 경우, 위탁자가 자배법 제3조 소정의 '다른 사람'에 해당하지 않는다고 한 사례이다.

◆ 대법원 2016. 4. 28 선고 2014다236830, 236847 판결-타인성의 의미

[사실개요]

A 주식회사는 하도급받은 공사를 위하여 전기배선공인 망인 甲 및 이 사건 차량인 카고크레인 4.5톤 트럭 소유자인 乙과 각각 근로계약을 체결하였다. 피고 보험회사와 보험계약을 체결한 乙(차주)은 A의 지시를 받고 丙으로 하여금 이 사건 차량 적재함에 전선드럼을 싣고 작업장소로 가도록 하였는데, 丙이 사건 현장에 도착하자 甲은 이 사건 차량에 설치된 붐대를 펴 전선드럼을 하역하는 과정에서 차량과 옹벽사이에 끼어 넘어지면서 사망하였다. 이에 원고(甲의 상속인)는 피고(乙의 보험사)에게 보험금 지급을 청구하였으나, 피고는 사고 당시 甲이 자배법 제3조 상 '다른 사람'이 아니라며 원고들의 청구를 거절하자 원고들은 피고를 상대로 보험금 청구 소송을 제기하였다.

[판결요지]

자배법 제3조 본문은 "자기를 위하여 자동차를 운행하는 자는 그 운행으로 인하여 다른 사람을 사망하게 하거나 부상하게 한 경우에는 그 손해를 배상할 책임을 진다."라고 규정하고 있다. 위 규정의 '다른 사람'이란 '자기를 위하여 자동차를 운행하는 자 및 해당 자동차의 운전자를 제외한 그 이외의 자'를 지칭하므로, 해당 자동차를 운전하거나 그 운전의 보조에 종사한 자는 자배법 제3조에 규정된 '다른 사람'에 해당하지 않는다. 그런데 사고 당시 현실적으로 운전을 하지 않았더라도 해당 자동차를 운전하여야 할 지위에 있는 자가 법령상 또는 직무상의 임무에 위배하여 타인에게 운전을 위탁하였고 그 타인이 운전무자격자나 운전미숙자인 경우에는 그와 같이 운전을 위탁한 자는 여전히 운전자로서 위에서 말하는 '다른 사람'에 해당하지 않고, 이때 위 타인이 해당 자동차의 용법에 따른 사용 행위를 실제 하였다고 하더라도 그는 특별한 사정이 없는 한 운전보조자에 해당할 수는 있으나 운전자에는 해당하지 않는다고 보아야 한다. 나아가 운전의 보조에 종사한 자에 해당하는지를 판단함에 있어서는, 업무로서 운전자의 운전행위에 참여한 것인지 여부, 운전자와의 관계, 운전행위에 대한 구체적인 참여 내용, 정도 및 시간, 사고 당시의 상황, 운전자의 권유 또는 자발적 의사에 따른 참여인지 여부, 참여에 따른 대가의 지급 여부 등 여러 사정을 종합적으로 고려하여야 하는데, 자신의 업무와 관계없이, 별도의 대가를 받지 않고 운전행위를 도운 것에 불과한 자는 특별한 사정이 없는 한 운전의 보조에 종사한 자에 해당하지 않는다.

이 사건 차량을 이용한 운반 및 하역 작업은 이 사건 차량의 소유자이자 공사현장의 안전책임자의 지위를 겸하던 소외 2와 그를 보조하는 소외 3이 담당하던 업무이고, 이 사건 당시는 소외 2가 현장에 도착하기 이전이었으므로, 소외 3이 이 사건 차량을 이용한 전선드럼 하역 업무를 총괄하면서 아우트리거와 크레인 등 특수장치를 포함하여 이 사건 차량 전체를 운전하여야 할 지위에 있었다. 따라서 소외 3은 이 사건 당시 이 사건 차량을 안전한 곳에 주차하고 그 작업장의 지형 특성에 맞게 아우트리거를 설치하여 이 사건 차량을 지면에 견고하게 고정한 후 바퀴고임목을 사용하여 차량의 미끄러짐을 방지하는 조치를 취하는 등 사고를 미연에 방지할 의무를 부담하고 있었음에도 위와 같은 조치를 취하지 않고 이 사건 차량의 아우트리거와 크레인 작동에 능숙하지 않은 망인이 이를 조작하는 것을 묵인한 채 이 사건 차량 적재함 위에서 하역 작업에 관여하여 망인의 작동미숙으로 이 사건 사고가 발생하게 되었다고 할 것이므로, 소외 3이 여전히 운전자의 지위에 있고 망인은 운전자에 해당하지 않는다고 보아야 한다. 나아가, 이 사건 사고 당시 망인은 전기배선공으로서의 자신의 업무와 관계없이, 별도의 대가도 받지 않고 소외 3의 전선드럼 하역 업무를 도운 것에 불과하다고 보아야 하므로, 망인은 운전의 보조에 종사한 자에 해당하지도 않는다고 할 것이다.

[쟁점사항]

이는 '타인성'과 관련하여 자동차를 운전하거나 운전의 보조에 종사한 자는 '다른 사람'에 해당하지 않고, 나아가 자동차를 운전하여야 할 지위에 있는 자가 법령상 또는 직무상 임무에 위배하여 운전무자격자 등에게 운전을 위탁한 경우 운전을 위탁한 자가 자배법 제3조에 규정된 '다른 사람'에 해당하지 않지만, 자신의 업무와 관계없이 별도의 대가를 받지 않고 운전행위를 도운 경우 운전의 보조에 종사한 자에 해당하지 않는다고 본 사례로, '타인성'에 대해 앞의 대법원 2000. 3. 28. 선고 99다53827 판결에 비해 완화된 기준을 제시하고 있다.

② 보상책임의 범위

피보험자가 자동차의 운행과 상당인과관계가 있는 사고로 타인을 사망 또는 부상하게 함으로써 그 타인에게 배상책임을 지는 경우에 보험자는 보상책임을 진다. 즉 보험자는 자동차의 운행과 상당인과관계가 있는 사고로 인하여 발생한 피보험자의 배상책임을 보상한다.

③ 보험금의 지급

보험자는 피보험자가 피해자에게 손해를 배상하고 보험금의 지급을 청구한 때에는 보험금의 전부 또는 일부를 지급하여야 한다(상법 제724조 제1항). 그러나 피해자는 피보험자가 책임을 질 사유로 입은 손해에 대하여 보험금액의 한도 내에서 보험자에게 직접 보상을 청구할 수 있다(상법 제724조 제2항, 자배법 제10조 제1항)).[89] 또한 피해자는 보험자에 대하여 손해배상금의 지급을 위한 가불금 지급을 청구할 수 있는데(자배법 제11조 제1항),[90] 이는 손해의 조사나 손해배상액의 확정에 시간이 걸리는 경우 피해자의 신속한 구제를 위해 두게 된 것이다.

보험자가 지급할 보험금은 법령에 그 한도가 규정되어 있다. 즉 사망보험금은 피해자 1명당 1억 5천만원, 상해보험금은 3천만원, 후유장해 보험금은 1억 5천만원을 최고 한도로 급수에 따라 차등을 두고 있다(자배법 시행령 제3조 제1항).

4) 보험자의 면책사유

대인배상Ⅰ은 여타의 자동차보험과 달리 약관상 면책사유가 거의 없다. 다만, 보험자는 보험계약자·피보험자 또는 자동차에 관계되는 피용자의 고의로 인한 손해에 대하여는 보상책임을 지지 않는다(표준약관 제5조 제1문). 그리고 승객이 아닌 자가 사망하거나 부상한 경우에 ① 자기와 운전자가 자동차의 운행에 주의를 게을리 하지 아니하였고, ② 피해자 또는 자기 및 운전자 외의 제3 자에게 고의 또는 과실이 있으며, ③ 자동차의 구조상의 결함이나 기능상의 장해가 없었다는 것을 증명한 경우에는 면

---

89) 대법원 2007. 4. 26. 선고 2006다54781 판결(자배법 제32조는 같은 법 제9조 제1항의 규정에 의한 교통사고 피해자의 보험사업자 등에 대한 직접청구권을 압류 또는 양도할 수 없도록 규정하고 있는바, 같은 법 제9조 제1항은 '보험가입자 등'에게 같은 법 제3조의 규정에 의한 손해배상책임이 발생한 경우에 피해자는 보험사업자 등에게 보험금 등을 자기에게 직접 지급할 것을 청구할 수 있도록 규정하고 있고, 같은 법 제8조는 강제(의무)보험에 가입한 자와 당해 강제(의무)보험계약의 피보험자를 '보험가입자 등'으로 정의하고 있으므로, 피해자가 같은 법 제9조 제1항에 의하여 보험사업자 등에게 행사하는 직접청구권은 강제(의무)보험의 피보험자에게 손해배상책임이 발생한 경우에 같은 법 제5조 제1항에 의하여 강제되는 강제(의무)보험금의 범위에 한하고, 따라서 같은 법 제9조 제1항의 규정에 의한 직접청구권의 양도금지를 정한 같은 법 제32조의 규정도 위 범위에서 적용된다. 교통사고의 책임소재가 불분명한 상태에서 보험수익자에게 보험금을 지급한 보험자가, 그 보험수익자가 교통사고 피해자로서 가해차량의 보험자로부터 손해배상을 받는 경우 기지급된 보험금 상당의 부당이득반환채권의 담보 또는 변제의 방법으로 위 손해배상채권 중 보험금 상당 부분을 양도받기로 하는 계약을 체결한 사안에서, 위 손해배상채권액에서 강제(의무)보험금을 뺀 나머지 금원 부분에 관하여는 자배법 제32조에 위반됨이 없이 채권을 양도할 수 있다).

90) 보험회사 등이 피해자에게 지급하는 가불금은 피해자에게 발생한 '손해액'으로서 지급되는 것이고, 가불금이 사고로 인하여 발생한 손해 중 피해자의 재산상 손해에만 한정하여 지급되는 것은 아니므로, 가불금은 특별한 사정이 없는 한 사고로 인한 손해배상채무 전체에 대하여 그 지급의 효력이 미치는 것으로 아야 한다(대법원 2013. 10. 11. 선고 2013다42755 판결).

책된다. 또한 승객이 고의나 자살행위로 사망하거나 부상한 경우에도 면책된다(자배법 제3조). 그러나 보험자는 피보험자의 중대한 과실로 인하여 발생한 사고, 무면허·음주운전 중에 생긴 사고, 사상자에 대한 구호조치 등을 하지 않은 경우에 대하여는 보험금을 지급한다. 이 경우 보험자는 법률상 손해배상책임이 있는 자[91)]에게 구상할 수 있다(자배법 제29조 제1항). 이는 보험계약자 등의 고의로 인한 경우 보험자는 면책되나, 피해자의 구제를 위하여 피해자가 직접청구를 할 경우 자배책보험의 보험금한도 내에서 손해배상액을 지급하고 피보험자 등에게 그 금액을 구상하도록 한 것이다.

◆ 대법원 2001. 3. 9. 선고 2000다67020 판결-고의가 인정된 경우

[사실개요]

피고(피보험자)가 술에 취한 상태로 승용차를 운행하던 중 제1차 사고를 내고 도주하다가 정지신호에 따라 정차하고 있을 때 접촉사고를 당한 택시 운전자인 소외인이 추격하여 와서 승용차 앞을 가로막고 있던 중 교차로의 신호가 진행신호로 바뀌자 피고는 위 승용차를 2-3m 가량 후진하였고 소외인이 이에 놀라 승용차의 앞 유리창의 와이퍼를 붙잡고 보닛 위에 엎드려 매달리게 되었는데 피고는 그 상태에서 승용차를 지그재그로 운행하는 바람에 소외인이 도로로 떨어지면서 승용차 뒷바퀴로 충격당하여 상해를 입게 된 제2차 사고를 발생하게 하였다. 이에 대해 원고(보험회사)에게 보험금을 청구하자 원고는 고의에 의한 사고로 면책을 주장하였다.

[판결요지]

자동차보험의 약관에서 규정하고 있는 고의라 함은 자신의 행위에 의하여 일정한 결과가 발생하리라는 것을 알면서 이를 행하는 심리 상태를 말하고, 여기에는 확정적 고의는 물론 **미필적 고의**도 포함된다고 할 것이다. 그리고 고의와 같은 내심의 의사는 이를 인정할 직접적인 증거가 없는 경우에는 사물의 성질상 고의와 상당한 관련성이 있는 간접사실을 증명하는 방법에 의하여 입증할 수밖에 없고, 무엇이 상당한 관련성이 있는 간접사실에 해당할 것인가는 사실관계의 연결상태를 논리와 경험칙에 의하여 합리적으로 판단하여야 할 것이다.

출발하려는 승용차 보닛 위로 올라가서 그 위에 엎드려 앞 유리창 와이퍼를 붙잡고 매달리게 되자 승용차를 지그재그로 운전하는 바람에 소외인이 도로에 떨어지면서 승용차 뒷바퀴로 충격당함으로써 제2차 사고가 발생하였다는 것이므로, 이에 의하면 피고가 소외인을 일부러 승용차에서 떨어뜨려 상해를 입게 할 것을 의욕하였다고 단정할 수는 없다고 하더라도 적어도 도주하는데만 급급하여 그러한 결과발생을 용인하였거나 자기의 행위로 인하여 상해가 발생하리라는 점을 예견하였다고 보이므로 최소한 피고에게 당시 미필적 고의는

91) 자동차종합보험의 약관 중 '피보험자가 음주운전 또는 무면허운전을 하는 동안의 사고로 인하여 보험회사가 보험금을 지급하게 되는 경우 피보험자는 약관에 정한 금액을 자기부담금으로 부담하여야 한다'는 내용의 자기부담금 조항에서 정한 '피보험자'가 기명피보험자에 한정되는지가 문제된 사안에서, 대법원은 특별한 사정이 없는 한 위 약관조항에서 말하는 '피보험자'는 자배법 제29조 제1항에서 정한 '법률상 손해배상책임이 있는 자'와 동일한 의미라고 보아야 하는데, 이에는 기명피보험자뿐만 아니라 그로부터 사용 승낙을 받은 친족피보험자 등도 포함되는 점 등 여러 사정에 비추어 '피보험자'를 기명피보험자로 한정하여 해석할 것은 아님에도 이와 달리 본 원심판결에는 자배법 제29조 제1항 및 이에 따른 위 약관의 자기부담금 조항에 대한 해석을 잘못하여 판결에 영향을 미친 위법이 있다고 하였다(대법원 2013. 3. 14. 선고 2012다90603 판결).

있었다고 봄이 상당하다.

[쟁점사항]

이는 자동차보험약관상 면책사유인 '피보험자의 고의에 의한 사고'에서의 '고의'에 미필적 고의를 포함시켜 보면서, 출발하려는 승용차 보닛 위에 사람이 매달려 있는 상태에서 승용차를 지그재그로 운행하여 도로에 떨어뜨려 상해를 입게 한 경우 운전자에게 상해 발생에 대한 미필적 고의를 인정하여 보험자가 면책된다고 한 사례이다.

◆ 대법원 2010. 11. 11. 선고 2010다62628 판결-고의가 인정되지 않은 경우

[사실개요]

피고(보험자)와 자동차종합보험계약을 체결한 소외 1(보험계약자)은 혈중알콜농도 0.133%의 상태의 주취상태로 이 사건 가해차량을 운전하던 중, 차에서 내려 개인택시 운전기사인 망 소외 2와 서행운전 문제로 말다툼을 하다가 망 소외 2로부터 음주운전으로 신고하겠다는 말을 듣고서, 자신의 음주운전 사실이 발각될 것이 두려워 가해차량에 승차하여 급하게 출발하려고 하였고, 이에 망 소외 2가 가해차량의 와이퍼를 붙잡고 보닛 위에 엎드려 매달리자, 소외 1은 처음에는 가해차량을 서서히 운전해 가다가 망 소외 2를 차량에서 떨어지게 할 생각으로, 속도를 시속 40~50km까지 높여 약 100m 정도의 내리막길을 지그재그로 운전하다가 급하게 좌회전하여 망 소외 2를 가해차량에서 떨어뜨리고 반대차로 1차로상의 아스팔트 포장도로에 전도되게 하여 망인에게 약 8주간의 치료를 요하는 상해를 가하였고, 그로 인하여 같은 날 15:08경 뇌간기능마비 등의 원인으로 사망에 이르게 하였다. 한편 망 소외 2가 전도된 지점은 비교적 차량 통행이 거의 없는 심야 시간대였고, 당시 이 사건 사고를 목격한 다른 택시기사가 이 사건 가해차량을 뒤쫓아 오고 있어 소외 1은 위 택시기사가 도로에 전도된 망 소외 2를 구조할 수 있을 것으로 생각하고 현장을 이탈하여 그대로 귀가하였다. 소외 1은 이 사건 사고 당일 체포되어 상해치사 등의 죄로 징역 2년 6월의 형을 선고받았다. 망인의 유족인 원고의 보험금 청구에 대해 피고 보험자가 망인의 고의에 의한 사고임을 이유로 보험금채무의 부존재 확인을 구하였다.

[판결요지]

자동차보험약관 제14조는 '보험계약자 또는 피보험자(보험계약자 등)의 고의에 의한 손해'를 보험자가 보상하지 아니하는 사항으로 규정하고 있는바, 이러한 면책약관은 이를 엄격히 제한적으로 해석함이 원칙인 점, 상해와 사망 또는 사망에 준하는 중상해(사망 등)사이에는 그 피해의 중대성에 있어 질적인 차이가 있고 손해배상책임의 범위에도 커다란 차이가 있으므로 통상 예상할 수 있는 범위를 넘어서 사망 등과 같은 중대한 결과가 생긴 경우에까지 보험계약자 등이 스스로 초래한 보험사고로 취급되어 면책약관이 적용되리라고는 생각하지 않는 것이 보험계약자 등의 일반적인 인식인 점, 보험계약자 등이 적극적으로 사망 등의 결과를 의욕하거나 의도한 것이 아닌 이상, 그에 대하여 이 사건 면책약관이 적용되지 아니하는 것으로 보더라도 인위적인 사고를 조장할 위험성이 크다고는 할 수 없고 오히려 보험의 사회보장적 기능에 부합하는 점 등을 종합적으로 고려하면, 자동차 운행으로 인한 사고의 경위와 전후 사정 등에 비추어 보험계약자 등이 피해자의 상해에 대하여는 이를 인식·용인하였으나, 피해자의 사망 등 중대한 결과에 대하여는 이를 인식·용인하였다고 볼 수 없는 경우에는, 그 사망 등으로 인한 손해는 이 사건 자동차보험약관 제14조에서 정한 '보험계약자 등의 고의에 의한 손해'에 해당하지 아니하고, 따라서 위 면책약관이 적용되지 아니하는 것으로 봄이 상당하다.

이 사건 사고의 경위, 피해자가 전도된 지점의 도로 여건, 사고 당시 소외 1의 음주 상태, 목격자의 진술 등 여러 사정에 비추어, 이 사건 가해차량을 운전한 소외 1로서는 망 소외 2가 달리던 차에서 떨어지면서 어느 정도의 큰 상해를 입으리라는 것은 인식·용인하였다고 할 것이나, 나아가 망인이 사망하리라는 것까지를 인식하고 용인하였다고는 볼 수는 없을 것이다. 그렇다면 위에서 본 법리에 비추어 망인의 사망으로 인한 손해는 소외 1의 고의에 의한 손해라고 할 수 없고, 따라서 이 사건 자동차보험의 면책약관이 적용되지 아니하는 것으로 보아야 한다.

[쟁점사항]

이는 자동차보험약관상 면책사유를 엄격히 제한적으로 해석함이 원칙이고, 상해와 사망 또는 사망에 준하는 중상해 사이에는 그 피해의 중대성에 있어 질적인 차이가 있고 손해배상책임의 범위에도 커다란 차이가 있으므로 통상 예상할 수 있는 범위를 넘어서 사망 등과 같은 중대한 결과가 생긴 경우에까지 보험계약자 등이 스스로 초래한 보험사고로 취급되어 면책약관이 적용되리라고는 생각하지 않는 것이 보험계약자 등의 일반적인 인식이며, 보험계약자 등이 적극적으로 사망 등의 결과를 의욕하거나 의도한 것이 아닌 이상, 면책약관을 적용할 수는 없다고 보면서 보험자의 책임을 인정한 사례이다.

◆ 대법원 2020. 7. 23. 선고 2018다276799 판결-고의가 인정되지 않은 경우

[사실개요]

甲과 乙은 직장 동료로 평소에도 장난을 자주 치는 친한 사이였는데, 자동차보험의 피보험자인 甲이 乙 등 직장 동료들과의 모임을 마치고 그들을 귀가시켜 주기 위해 가해 차량을 운전하여 우선 乙을 그가 사는 아파트 앞 도로에서 내려 주었는데, 乙이 가해 차량을 가로막고 '술 한잔 더하자'며 보닛 위에 올라타자, 甲이 그를 떼어 놓기 위해 가해 차량을 서서히 움직이다가 급제동하는 바람에 乙이 가해 차량에서 떨어지면서 도로 바닥에 머리를 부딪쳐 외상성 경막하출혈 등의 상해를 입었고, 그로 인해 노동능력을 일부 상실하는 영구장해와 매일 8시간 개호가 필요한 중증 의존 상태에 처하게 되었다. 이에 기해 피해자가 보험금을 청구하자 보험자는 이 사건 사고가 乙의 고의에 의한 사고임을 이유로 면책을 주장하였다.

[판결요지]

자동차보험의 특별약관 및 보통약관에서 '피보험자의 고의로 인한 손해'를 보험자가 보상하지 아니하는 사항으로 규정하고 있지만, 자동차 운행으로 인한 사고의 경위와 전후 사정 등에 비추어 피보험자가 피해자의 상해에 대하여는 이를 인식·용인하였으나, 피해자의 사망 등 중대한 결과에 대하여는 이를 인식·용인하였다고 볼 수 없는 경우에는, 그 사망 등으로 인한 손해는 위 면책약관에서 정한 '피보험자의 고의로 인한 손해'에 해당하지 아니하고, 따라서 위 면책약관이 적용되지 아니하는 것으로 봄이 타당하다. 이때 사망 등과 같은 중대한 결과는 단순히 그 결과만으로 판단할 것은 아니고, 당시 가해 차량 운전자가 의도한 결과와 피해자에게 실제 발생한 결과 간의 차이, 가해 차량 운전자와 피해자의 관계, 사고의 경위와 전후 사정 등을 함께 고려하여 종합적으로 판단하여야 한다.

가해 차량을 운전한 소외인으로서는 원고 1이 차량에서 떨어지면서 어느 정도의 상해를 입으리라는 것을 인식·용인하였다고 볼 수는 있으나, 나아가 원고 1이 위와 같은 정도의 영구장해와 중증 의존 상태에 이르는 중상해를 입게 되리라는 것까지 인식하고 용인하였다고 볼 수는 없다. 그렇다면 원고 1의 손해는 소외인의 고의에 의한 손해라고 할 수 없고, 따라서 이 사건 사안에는 이 사건 자동차보험의 면책약관이 적용되지 아니하는 것으로 봄이 타당하다.

[쟁점사항]

이는 자동차보험계약의 약관상 '피보험자의 고의로 인한 손해'는 면책사유로 하고 있는데, 해당 행위가 고의로 인한 손해에 해당하는지가 쟁점이 된 사례로, 대법원은 자동차보험계약의 피보험자가 피해자의 상해에 대하여는 이를 인식·용인하였으나 피해자의 사망 등 중대한 결과에 대하여는 이를 인식·용인하였다고 볼 수 없는 경우 그 사망 등으로 인한 손해가 보험계약의 면책약관에서 정한 '피보험자의 고의로 인한 손해'에 해당한다고 볼 수 없다고 보면서, 이때 '사망 등과 같은 중대한 결과'인지 판단하는 방법에 있어서 결과만으로 판단될 것은 아니고 운전자의 사고 당시 인식 등을 기초로 하여야 한다고 보아 고의의 개념을 상대적으로 엄격히 본 사례이다.

(3) 임의책임보험(대인배상Ⅱ)

1) 의의

임의책임보험(대인배상Ⅱ)이란 피보험자가 피보험자동차를 소유·사용·관리하는 중에 피보험자 이외의 타인을 사상케 한 사고로 인해 손해배상책임을 질 경우 보험자가 그 손해를 보상하는 보험을 말한다(표준약관 제6조 제1항). 임의책임보험은 자동차배상책임보험의 강제책임보험(대인배상Ⅰ) 외에 추가하여 임의로 자동차종합보험계약에 의하여 체결하는 보험계약을 말한다.

자배법에 의한 강제책임보험만으로는 대인사고로 인한 모든 손해를 담보할 수 없는 경우가 있는데, 대인배상Ⅱ는 대인배상Ⅰ의 보상을 초과하는 금액을 보상하기 위해 인정된 임의책임보험이다.[92] 대인배상 Ⅰ은 자배법에 기한 운행자책임으로서 무과실책임에 가깝지만, 대인배상 Ⅱ는 상법 및 약관에 기한 손해배상책임일 뿐만 아니라 불법행위책임으로서 민법 제750조 이하의 규정이 적용된다는 점에서 차이가 있다.[93]

2) 피보험자의 범위

임의책임보험에서는 자동차보험제도의 실익을 높이기 위하여 피보험자의 범위를 확대하고 있다. 즉 약관에 의하면 기명피보험자, 친족피보험자,[94] 승낙피보험자, 사용피보험자, 그리고 이들을 위한 운전피보험자[95][96] 등이 피보험자로 된다(표준약관 제7조).

---

92) 대인배상Ⅱ에 가입된 자동차를 운전하다가 상해사고나 재물손괴사고를 일으킨 경우 운전자에 대한 형사상 소추가 원칙적으로 금지된다. 다만 무면허·음주운전 사고와 같은 11대 중과실 사고 등의 경우는 제외된다(교특법 제3조 및 제4조).

93) 대법원 1997. 6. 10. 선고 95다22740 판결(자동차종합보험약관 제9조 제1항 제1호가 "회사는 피보험자가 피보험자동차의 사고로 남을 죽게 하거나 다치게 하여 법률상 손해배상책임을 짐으로써 입은 손해를 보상한다."고 규정하고, 같은 항 제2호가 위 보상의 범위를 자동차손해배상책임보험으로 지급되는 범위를 넘는 손해로 규정하고 있는바, 위 약관에 의하여 보험자가 보상할 피보험자의 '법률상 손해배상책임'의 범위는 자동차손해배상책임보험과는 달리 자동차손해배상보장법상의 자동차 보유자의 손해배상책임에 한정되는 것이 아니라, 민법상의 일반 불법행위책임, 사용자책임 등을 포함한다).

94) 가족운전자 한정운전 특별약관상 가족의 범위에 관하여 기명피보험자의 배우자, 자녀는 사실혼관계에 기초한 경우도 포함된다는 규정을 두고 있다. 그런데 기명피보험자의 사위나 며느리가 포함되는지에 관하여는 아무런 규정을 두고 있지 않다. 약관의 해석에 관한 법리 등에 비추어 볼 때 기명피보험자의 사위나 며느리는 기명피보험자의 자녀와 법률상 혼인관계에 있는 사람을 의미한다(대법원 2014. 9. 4. 선고 2013다66966 판결).

95) 다만, 자동차 취급업자가 업무상 위탁받은 피보험자동차를 사용하거나 관리하는 경우에는 피보험자로 보지 않는다(표준약관 제7조 제3항 단서).

96) 독자적인 콜번호를 가지고 콜센터를 운영하는 콜업체인 甲주식회사와 콜번호 공유계약을 체결하여 협력관계에 있는 乙대

◆ 대법원 1991. 9. 24. 선고 91다19906 판결-무단운전자의 피보험자성

[사실개요]

소외 Y(보험계약자)는 피고(보험회사)와 자신의 자동차에 관하여, 자신과 그의 부모. 배우자. 자녀 등을 피보험자로 하여, 피보험자가 위 자동차의 운행으로 인하여 타인을 죽게 하거나 부상하게 함으로써 자동차손해배상보장법에 의하여 부담하게 될 손해배상액을 피고가 보상하기로 하되, 피보험자가 아닌 사람의 운전으로 생긴 손해는 보상하지 아니하기로 하는 내용의 자가운전자동차종합보험계약을 체결하였다. Y가 그의 소유인 승용차를 운전 중 정차시킨 후 자동차열쇠를 그대로 꼽아둔 채 잠시 부근에 있는 약국에 수금을 하러간 사이 뒷좌석에 타고 있던 그의 친구인 소외 L이 위 자동차를 앞으로 빼기 위하여 시동을 걸고 진행하다가 가속기를 순간적으로 너무 세게 밟아 자동차가 중앙선을 넘어 반대편 버스정류장의 인도 상으로 돌진하여 그곳에 있던 원고를 충격하여 부상하게 한 이 사건 교통사고를 일으켰다. 원고가 피고에 대해 보험금을 청구하자, 피고는 보험금지급책임이 없다고 주장하였다.

[판결요지]

Y가 주관적으로 자신이 위 자동차의 운전자라는 인식을 가지고 자동차열쇠를 그대로 꼽아둔 채 잠시 운전석을 떠난 것에 불과하고, 위 L이 위 자동차를 운전하게 된 것이 위 Y가 올바르게 정차시켜 놓지 않았기 때문에 이를 바로잡기 위하여 취한 행동이라고 하더라도, 위 Y에게 자동차관리상의 과실이 있는 것으로 평가되는 것은 별론으로 하고, 이 사건 교통사고가 일어날 당시 위 Y가 위 자동차의 운전자로서의 지위를 여전히 갖고 있었다고는 볼 수 없으므로, 위 L을 이 사건 교통사고가 일어날 당시 위 자동차를 운전한 자로 보아야 한다.

[쟁점사항]

이는 자가운전자동차종합보험의 피보험사가 잠시 비운 사이 동승했던 친구가 정차상태를 바로잡기 위하여 운전하다가 일으킨 교통사고에 대하여 자동차관리상의 과실이 있는 것으로 평가되는 것은 별론으로 하고, 실제 운전자라 하더라도 피보험자로부터 승낙을 얻은 자 등이 아닌 단순 운전자는 피보험자가 아니기 때문에 보험회사의 위 보험약관에 따른 보상책임이 없다고 한 사례이다.

3) 피해자의 범위

임의책임보험에서의 특징은 기명피보험자와 운전자의 가족,[97] 그리고 기명피보험자

리운전업체의 운영자가 乙업체를 기명피보험자로 하고 乙업체 소속 대리운전기사들뿐만 아니라 甲회사의 다른 협력업체 소속 대리운전기사들도 운전자명세서에 기재하여 丙보험회사와 대리운전 중 발생한 사고에 관한 보험계약을 체결하였는데, 甲회사의 협력업체인 丁대리운전업체 소속으로 위 운전자명세서에 등재된 대리운전기사 戊가 丁업체와 협력관계인 다른 콜업체 己주식회사의 콜센터로부터 직접 개인휴대용단말기로 대리운전기사 배정을 통보받아 고객으로부터 수탁한 자동차를 운행하던 중 교통사고를 일으킨 사안에서, 실질적인 기명피보험자는 戊가 소속된 丁업체를 비롯하여 운전명세서에 기재된 대리운전기사들이 소속된 협력업체들이고, 丁업체가 己회사의 콜센터를 통해 간접적으로 대리운전 의뢰를 받았다고 볼 수 있어 위 자동차는 丁업체가 소속 대리운전기사인 戊를 통해 고객으로부터 대리운전을 위하여 수탁받아 관리 중인 자동차에 해당하므로, 결국 戊는 고객으로부터 대리운전 의뢰를 받은 실질적 기명피보험자 丁업체의 대리운전업 영위를 위하여 피보험자동차인 위 자동차를 운전하는 자에 해당한다고 보아야 한다(**대법원 2014. 7. 10. 선고 2012다26480 판결**). 즉, 보험계약을 직접 체결한 대리운전 업체가 아닌 협력업체 丁의 대리기사가 운전을 하다 사고를 냈더라도 乙과 보험계약을 체결한 보험자 丙은 보험금을 지급해야 한다는 것이다.

97) 자동차일반종합보험계약의 기명피보험자와 동거 중인 형이 다른 사람들과 함께 기명피보험자로부터 자동차를 빌려 여행목적에 사용하다가 사고로 사망하였다면 보상의무가 없는 경우의 피보험자의 하나로 규정한 자동차종합보험보통약관 소

가 법인인 경우에는 이사·감사 및 그의 가족은 피해자의 범위에서 제외된다는 것이다. 왜냐하면 이들은 피보험자인 가해자에 대하여 손해배상을 청구할 수 있는 지위에 있다고 할 수 없고, 피해자로서의 타인성이 희박하기 때문이다. 그러므로 이들이 사망하거나 부상한 때에는 보험자는 보상책임을 지지 않는다(표준약관 제8조 ②).

그리고 타인성은 뚜렷하지만 근로기준법에 의한 재해보상을 받을 수 있는 자 등은 피해자에서 제외된다(표준약관 제8조 ②).[98] 그러나 근로기준법상의 업무상재해라고 하더라도 산업재해보상보험법에 의하여 보상을 받을 수 없는 경우까지 면책사유에 해당하는 것은 아니다.

◆ 대법원 1997. 7. 25. 선고 96다46613 판결-피해자의 범위

[사실개요]

보험회사인 피고는 소외 H주식회사와 사이에 위 H 소유의 굴삭기에 관하여 H를 기명피보험자로 대인배상을 목적으로 한 자동차종합보험계약을 체결하였다. 소외 망 K는 위 H로부터 위 굴삭기를 사용기간 1일, 사용료 250,000원으로 하고, 차량에 딸린 운전사 소외 R은 차량과 함께 사용하며 차량에 소요되는 기름은 차주가 부담하기로 정하여 임차한 다음, 같은 날 위 망 K 소유의 과수원 입구에서 과수원 진입로 확장공사 등을 하도록 지시하고 자신은 위 굴삭기 주위에서 위 작업의 진척상황을 지켜보면서 마무리 작업을 하던 중 같은 날 16:00경 위 R이 후진하다가 위 망 K를 미처 발견하지 못하여 위 굴삭기의 오른쪽 뒷바퀴로 그를 치어 두개골골절 등으로 그 자리에서 사망하였다. 이에 망인의 유족인 원고가 보험금을 청구하자, 피고는 위 망인이 영업용 자동차종합보험 보통약관상의 면책대상인 피보험자에 해당하므로 보험자인 피고는 보험금 지급의무가 없다고 주장하였다.

[판결요지]

영업용 자동차종합보험 보통약관(1994. 8. 개정되기 전의 것) 제9조 제1항 제1호는 "회사는 피보험자가 피보험자동차의 사고로 남을 죽게 하거나 다치게 하여 법률상 손해배상책임을 짐으로써 입은 손해를 보상합

정의 기명피보험자의 승낙을 얻어 자동차를 사용 또는 관리 중인 자에 해당할 뿐만 아니라 사고 자동차에 대하여 직접적이고 구체적으로 운행지배를 하고 있었다 할 것이므로 기명피보험자의 형은 자동차 소유자인 기명피보험자에 대하여는 타인성이 결여되어 위 자동차의 사고로 인한 자동차손해배상보장법 제3조 소정의 손해배상을 청구할 수 없고 따라서 보험자도 대인배상 책임이 없다(대법원 1992. 3. 13. 선고 91다33285 판결).

98) 대인배상에 관한 보험회사의 면책사유의 하나로 피해자가 배상책임 있는 피보험자의 피용자로서 근로기준법에 의한 재해보상을 받을 수 있는 사람인 경우를 들고 있는 자동차종합보험보통약관의 규정의 의미는, 사용자와 근로자의 노사관계에서 발생한 업무상 재해로 인한 손해에 대하여는 노사관계를 규율하는 근로기준법에서 사용자의 각종 보상책임을 규정하는 한편 이러한 보상책임을 담보하기 위하여 산업재해보상보험법으로 산업재해보상보험제도를 설정하고 있으므로, 위 면책조항은 노사관계에서 발생하는 재해보상에 대하여는 궁극적으로 산업재해보상보험에 의하여 전보받도록 하고 제3자에 대한 배상책임을 전보하는 것을 목적으로 한 자동차보험의 대인배상 범위에서는 이를 제외한 취지라고 보는 것이 타당하며, 위와 같은 면책조항이 상법 제659조에서 정한 보험자의 면책사유보다 보험계약자 또는 피보험자에게 불이익하게 면책사유를 변경함으로써 같은 법 제663조에 위반된다고 볼 수 없으며, 약관의규제에관한법률 제7조 제2호에서 정한 '상당한 이유 없이 사업자(즉 보험회사)의 손해배상 범위를 제한하거나 사업자가 부담하여야 할 위험을 고객에게 이전시키는 조항'에도 해당되지 아니하므로 이를 무효라고 할 수 없다(대법원 2000. 9. 29. 선고 2000다19021 판결).

니다."라고 규정하고 있고, 제11조는 "배상책임에서 피보험자라 함은 다음에 열거하는 사람을 말합니다."라고 하면서, ① 보험증권에 기재된 피보험자, ② 기명피보험자와 같이 살거나 살림을 같이 하는 친족으로서 피보험자동차를 사용 또는 관리중인 자, ③ 기명피보험자의 승낙을 얻어 피보험자동차를 사용 또는 관리중인 자, ④ 기명피보험자의 사용자, ⑤ 전 각 호의 피보험자를 위하여 피보험자동차를 운전중인 자(운전보조자를 포함)를 열거하고 있는바, 동일한 자동차사고로 인하여 손해배상책임을 지는 피보험자가 복수로 존재하고 그 중 1인이 그 자동차사고로 스스로 피해를 입어 다른 피보험자를 상대로 손해배상을 청구하는 경우, 사고를 당한 피보험자의 운행지배 및 운행이익에 비하여 상대방 피보험자의 그것이 보다 주도적이거나 직접적이고 구체적으로 나타나 있어 상대방 피보험자가 용이하게 사고의 발생을 방지할 수 있었다고 보여진다면 사고를 당한 피보험자는 그 상대방 피보험자에 대하여 자동차손해배상보장법 제3조 소정의 타인임을 주장할 수 있고, 그와 같은 경우 상대방 피보험자가 보험자를 상대로, 위 사고를 당한 피보험자에 대해 손해배상책임을 짐으로써 입은 손해의 보상을 구함에 있어서는 위 사고를 당한 피보험자가 위 자동차종합보험 보통약관 제9조 제1항 제1호 소정의 '타인'임을 주장할 수 있다 할 것이다. 위 굴삭기 소유자인 위 H는 운전사인 R을 통하여, 위 굴삭기 운행관계에 대한 지식이 없는 위 망 K에 비하여 굴삭기 운행에 보다 주도적으로 또는 직접적·구체적으로 관여하였다고 보아야 하는 점, 위 굴삭기의 운행경위 및 운행목적 등에 비추어 이 사건 사고에 있어서는 위 망 K의 위 굴삭기에 대한 운행지배 및 운행이익에 비하여 위 H의 그것이 보다 주도적이거나 직접적이고 구체적이라 할 수 있어 위 H가 용이하게 사고의 발생을 방지할 수 있었다고 보여지므로 위 망 K는 위 H에 대하여 자동차손해배상보장법 제3조 소정의 타인임을 주장할 수 있다.

이 사건 보험사고 발생시 적용되던 영업용 자동차종합보험 보통약관(1994. 8. 개정되기 전의 것) 제10조 제2항 제3호는 "배상책임의무가 있는 피보험자 또는 그 부모, 배우자 및 자녀가 죽거나 다친 경우에는 보상하지 아니합니다."라고 규정하고 있는바, 여기서 "배상책임의무가 있다"고 함은 죽거나 다친 승낙피보험자가 사고 자동차에 대한 자동차손해배상보장법상의 운행자이거나 사고에 관한 귀책사유가 있어 동일한 사고로 인한 다른 피해자가 있을 경우 그 피해자에 대하여 손해배상책임을 지게 되는 경우를 말한다고 할 것이고, 보험자로서는 피해자가 승낙피보험자라는 사유만으로 위 조항의 면책을 주장할 수는 없다 할 것이다. 그런데 기록에 의하면 이 사건 사고로 인하여 위 망인만이 사망하였을 뿐 다른 피해자는 없었음을 알 수 있으므로 더 나아가 살펴볼 필요 없이 위 망인은 위 면책약관 소정의 '배상책임의무가 있는 피보험자'에 해당하지 않는다 할 것이니, 보험자인 피고는 위 망인의 손해에 대하여 위 면책약관을 들어 면책을 주장할 수 없다 할 것이다.

[쟁점사항]

이는 [1] 승낙피보험자 자신이 피보험자동차로 인한 교통사고로 피해를 입은 경우, 사고를 당한 피보험자의 운행지배 및 운행이익에 비하여 상대방 피보험자의 그것이 보다 주도적이거나 직접적이고 구체적으로 나타나 있어 상대방 피보험자가 용이하게 사고의 발생을 방지할 수 있었다고 보이는 경우에 다른 피보험자(기명피보험자)에 대하여 자동차종합보험 보통약관 소정의 타인임을 주장할 수 있고, [2] "배상책임의무가 있는 피보험자가 입은 손해는 보상하지 않는다."는 구자동차종합보험 보통약관 규정에서 '배상책임의무가 있다'고 함은 죽거나 다친 승낙피보험자가 사고 자동차에 대한 자동차손해배상보장법상의 운행자이거나 사고에 관한 귀책사유가 있어 동일한 사고로 인한 다른 피해자가 있을 경우 그 피해자에 대하여 손해배상책임을 지게 되는 경우를 말하고, 보험자로서는 피해자가 승낙피보험자라는 사유만으로 위 조항의 면책을 주장할 수는 없다고 한 사례이다.

4) 면책사유

자동차보험도 손해보험의 일종이므로 손해보험의 일반에 관한 법정면책사유가 있는 경우와 기타 약관에서 정한 면책사유가 있는 경우 보험자는 보상책임을 지지 않는다.

자동차보험 표준약관에 규정된 면책사유로는 보험계약자, 기명피보험자, 기명피보험자 이외의 피보험자(피보험자의 사용자, 친족 등)의 고의로 인한 손해, 전쟁이나 천재지변으로 인한 손해, 핵연료물질의 영향으로 인한 손해, 피보험자가 제3자와 손해배상에 관한 계약을 맺고 있을 때 그 계약으로 인해 늘어난 손해, 피보험자동차의 영리목적 대여나 경기용 등으로 사용하던 중 사고 등이다(표준약관 제8조 ①). 음주운전, 무면허운전, 마약이나 약물 운전, 사고발생시의 조치의무 위반 중에 생긴 손해에 대하여는 사고부담금을 부과하고 있다.[99][100]

◆ 대법원 2003. 11. 13. 선고 2002다31391 판결-무면허운전 면책약관의 적용 범위

[사실개요]

원고(보험계약자)는 피고(보험자)와의 사이에, 원고 소유의 승용차2에 관하여 '무보험자동차에 의한 상해담보특약'이 포함된 개인용 자동차종합보험계약을 체결하였다. 한편 L(피보험자)은 피고보조참가인과의 사이에, 그 소유의 승용차 1에 관하여 자동차종합보험(대인배상 Ⅰ, Ⅱ)계약을 체결하고 특약사항으로 운전가능 연령을 만 21세 이상으로 한정하였다. 그런데 소외 1은 위 승용차 1을 운전하여 가던 중 앞서 진행하던 원고 운전의 위 승용차 2를 추돌하여 원고에게 상해를 입혔다. 한편 소외 1은 이 사건 사고 당시 19세였으며 운전면허도 없었고, 선·후배 사이인 L로부터 위 승용차 1을 빌려 사용하던 중 이 사건 사고가 발생하였다. 피고는 L이 소외 1의 무면허 사실 및 실제 연령을 알면서 운전에 대하여 명시적·묵시적 승인을 한 것이 아니어서 그 보험자인 참가인은 대인배상 Ⅱ에 의하여 원고의 손해를 보상할 책임이 있고 따라서 이 사건 사고는 무보험자동차에 의한 사고에 해당하지 아니한다고 주장하였다.

[판결요지]

무면허운전 면책약관은 무면허운전이 보험계약자나 피보험자의 지배 또는 관리가능한 상황에서 이루어진 경우에 한하여 적용된다. 그러므로 무보험자동차에 의한 상해담보특약에 있어서 무면허운전 면책약관에 해당되어 대인배상 Ⅱ에서 정한 손해배상을 받지 못하는지는 그 자동차보험의 보험계약자나 피보험자와 무면허운전자의 관계, 평소 차량의 운전 및 관리 상황, 당해 무면허운전이 가능하게 된 경위와 그 운행 목적, 평소 무면허운전자의 운전에 관하여 보험계약자 또는 피보험자가 취해 온 태도 등의 제반 사정을 함께 참작하여, 그와 같은 무면허운전에 대하여 보험계약자 또는 피보험자의 승인 의도를 추단할 만한 사정이 있는지에 따라 판단하여야 할 것이다. 소외 1의 이 사건 무면허운전에 대하여 L이 묵시적으로나마 승인할 의도가 있었다고 추단할 만한 사정을 인정할 수 없어 결국 소외 1의 그 무면허운전이 무면허운전 면책약관에 해당되지는 않는

99) 피보험자 본인이 음주운전이나 무면허운전 또는 마약·약물운전을 하는 동안에 생긴 사고 또는 사고발생 시의 조치의무를 위반한 경우에는 대인배상 Ⅰ에서는 대인배상 Ⅰ 한도 내 지급보험금, 대인배상 Ⅱ에서는 1사고당 1억원, 대물배상의 경우 자배법 제5조 제2항에 따른 의무보험 가입금액 이하 손해인 경우에는 지급보험금, 의무보험가입금액 초과 손해에 대하여는 1사고당 5천만원을 사고부담금으로 납부하여야 한다(보험업감독업무시행세칙 별표15. 2021. 12. 27. 개정 자동차보험표준약관 제11조 제1항).

100) 무면허운전의 피해자들이 기명피보험자인 렌트카 회사의 보험자에게 직접 손해배상을 청구하는 사안에서, 렌트카 회사가 승낙피보험자인 운전자의 무면허운전에 대하여 명시적 또는 묵시적인 승인을 한 경우에는 보험자가 책임을 지지만, 기명피보험자인 렌트카 회사가 승용차를 임대함에 있어 운전자의 무면허 사실을 제대로 확인하지 아니한 중대한 과실이 있는 경우에는 보험자는 무면허운전 면책주장을 할 수 없다(대법원 2007. 11. 16 선고 2007다37820 판결).

다 하겠다.

그러나 자동차보험계약에서 21세 한정운전특약에 가입된 기명피보험자는 자신의 선택에 따라 적은 보험료를 내는 특혜를 받는 만큼 타인에게 피보험자동차의 운전을 허락하는 경우에는 운전자의 연령이 운전가능연령에 해당한다고 믿을 만한 특별한 사정이 없는 한 운전자의 연령을 확인할 의무를 지는 것이다. 그런데 L은 소외 1에게 피보험자동차의 운전을 허락할 때 운전가능연령에 해당하는지를 확인하였어야 함에도 불구하고 그 확인을 게을리 하였으므로 결국 소외 1의 그 운전은 한정운전특약에 위배되어 대인배상 II에서 정한 손해배상을 받지 못하는 경우에 해당된다고 할 것이다.

[쟁점사항]

이는 [1] 자동차보험계약 대인배상 II에 가입된 자동차에 의하여 사고를 당한 피해자가 위 계약의 무면허운전 면책약관에 의하여 손해배상을 받지 못하는 경우 그 손해를 보전하기로 하는 상해담보특약에 있어서 무면허운전 면책약관의 적용 범위에 대해, 무면허운전 면책약관에 해당되어 대인배상 II에서 정한 손해배상을 받지 못하는지는 무면허운전이 보험계약자나 피보험자의 지배 또는 관리가능한 상황에서 이루어진 경우에 한하여 적용된다고 보면서, [2] 자동차보험계약에서 21세 한정운전특약에 가입된 기명피보험자는 타인에게 피보험자동차의 운전을 허락하는 경우, 운전자의 연령을 확인할 의무가 있음에도 이를 위반한 경우 보험자는 면책된다고 본 사례이다. 종래 자동차종합보험약관은 무면허운전의 경우 보험자가 면책되는 것으로 보았지만, 법원은 피보험자의 지배관리가 미치지 못하는 경우에 한하여 면책을 인정할 수 있다고 제한적으로 보고 있다.

5) 보험자의 보상책임

① 보상책임의 요건

(가) 보험기간 중에 보험에 든 자동차의 사고로 타인의 사망 또는 상해가 발생하여야 한다. 여기서 피보험자는 반드시 자동차를 소유해야 할 필요는 없고, 임차한 것과 같이 일시적으로 사용 또는 관리하는 것으로 족하다.

(나) 피보험자의 제3자에 대한 법률상 배상책임이어야 한다. 이 경우 손해배상액의 범위는 민법의 일반원칙에 따르며, 손해배상액 외에도 각종의 비용을 부담한다. 그러나 보험자는 피보험자가 지출한 비용의 합계액 전액을 보상하는 것이 아니라 강제책임보험으로 지급되는 금액을 초과하는 금액만을 지급한다.

② 보상책임의 범위

피보험자는 보험기간 중에 생긴 자동차사고로 타인을 사상하여 피해자와의 사이에 판결의 확정, 재판상의 화해, 중재 또는 서면에 의한 합의로 배상액이 확정되었을 때에는 보험금청구서, 손해액을 증명하는 서류 등을 첨부하여 보험금을 청구할 수 있다. 그리고 피보험자가 자동차사고로 피해자에게 손해배상책임을 지는 경우에 그 손해배상액이 확정되지 아니한 때에는 피보험자 또는 피해자에게 가지급금을 지급할 수도 있다(표준약관 제28조).

③ 피해자의 직접청구권

피보험자가 피해자에게 법률상의 손해배상책임을 지는 사고가 생긴 때에는 피해자는 보험자에 대하여 직접 보험금의 지급을 청구할 수 있다(상법 제724조 제2항, 표준약관 제29조). 이 경우 보험자는 피보험자가 보험사고에 관하여 가지는 항변으로 청구자에게 대항할 수 있다(상법 제724조 제2항 제2문, 표준약관 제29조).

(4) 무보험자동차보험

1) 의의

무보험자동차보험은 피보험자동차 이외의 무보험자동차에 의해 피보험자가 사망하거나 다쳤을 때, 그에 의한 손해를 보험자가 보상하기로 하는 보험이다(표준약관 제17조). 즉, 가해차량이 ① 대인배상 Ⅱ에 가입하지 않았거나 보상한도가 낮은 경우, ② 대인배상 Ⅱ에 가입하였더라도 보험자가 면책되는 경우, ③ 피보험자를 죽거나 다치게 한 자가 밝혀지지 않은 경우[101)]에 피보험자와 대인배상 Ⅱ 계약을 체결한 보험회사가 보험금을 지급하기로 하는 보험을 말한다.

강제책임보험은 자동차의 운행으로 인하여 손해를 입은 피해자를 보호하는 보험이지만, 보유자를 알 수 없는 자동차 또는 무보험자동차의 운행으로 인하여 사망 또는 부상한 자는 보호를 받지 못하게 된다. 이러한 피해자를 보호하기 위하여 정부가 그 손해를 보상하는 제도가 자동차손해배상보장사업인데(자배법 제30조 제4항), 무보험자동차보험은 이러한 경우 피보험자가 자신의 보험자로부터 보상받는 제도이다. 이는 손해보험으로서의 성질과 함께 상해보험으로서의 성질도 갖고 있는 손해보험형 상해보험이다.[102)]

101) 대법원 2012. 12. 13. 선고 2012다200394 판결(자동차 보유자를 알 수 없는 뺑소니 자동차 또는 무보험 자동차에 의한 교통사고의 경우 자동차손해배상 보장법 제30조 제1항에 따라 피해자가 가지는 보장사업에 의한 보상금청구권은 피해자구제를 위하여 법이 특별히 인정한 청구권으로서, 구 국민건강보험법 제53조 제1항에서 말하는 제3자에 대한 손해배상청구의 권리에 해당한다고 볼 수 없다).

102) 대법원 2003. 12. 26. 선고 2002다61958 판결.

2) 보험기금

정부가 보유불명자동차 또는 무보험자동차의 피해자에게 지급하는 보상금의 기금은 보험사업자와 특수한 자동차보유자(자배법 제37조 제2항)의 분담금에 의하여 조성된다(자배법 제37조).

3) 보상범위

정부는 자배책보험금의 한도 안에서 피해자의 손해를 보상한다(자배법 제30조 제1항 내지 제3항).[103] 자동차손해배상보장사업은 아무런 배상도 받을 수 없는 피해자를 보호하기 위한 제도라고 할 수 있으므로 피해자가 국가배상법·산업재해보상보험법 기타 법률에 의하여 손해에 대한 배상 또는 보상을 받는 경우는 그 금액의 범위 안에서 정부는 보상책임을 면하고(자배법 제36조 제1항), 피해자가 자배법 제3조의 규정에 의한 손해배상책임이 있는 자로부터 손해에 대하여 배상을 받은 때에는 정부는 그가 배상받은 금액의 범위 내에서 보상책임을 면한다(동조 제2항).[104]

◆ 대법원 2003. 12. 26. 선고 2002다61958 판결-무보험자동차의 의미

[사실개요]

원고(보험자)는 보험계약자 K(피보험자)와 사이에 그 소유의 차량에 대한 자동차종합보험계약을 체결하면서 K가 무보험자동차에 의하여 생긴 사고로 죽거나 다쳤을 때에도 그 손해에 대하여 배상의무자가 있을 경우 약관에서 정한 바에 따른 보험금을 지급하되, 원고가 보험금을 지급한 때에는 그 지급한 보험금의 한도 내에

103) 대법원 2002. 1. 8. 선고 2001다62251 판결(개인용자동차보험 중 무보험자동차에 의한 상해보험에 가입한 경우에 자동으로 적용되는 '다른 자동차 운전담보 특별약관'에 의하면, 보험자는 피보험자가 다른 자동차를 운전 중 생긴 대인사고나 대물사고로 인하여 법률상 손해배상책임을 지거나 손해를 입은 때 피보험자가 운전한 다른 자동차를 보통약관 대인배상Ⅱ, 대물배상, 자기신체사고 규정의 피보험자동차로 간주하여 보통약관에서 규정하는 바에 따라 배상하여 준다고 규정하고 있는바, 이 특약은 피보험자가 피보험자동차 이외의 자동차를 임시로 운전하는 때에도 대인, 대물배상보험, 자손사고보험을 확장하여 적용함으로써 피보험자의 편의를 꾀하고 동시에 자동차사고의 피해자를 구제하고자 하는 것을 그 목적으로 하는 것이므로 피보험자가 운전중인 다른 자동차는 원래 피보험자동차가 아니지만 이를 피보험자동차로 보고, 피보험자동차에 관하여 발생하는 배상책임의 경우와 동일한 보험으로 보호하려고 하는 것이다).

104) 피보험자가 무보험자동차에 의하여 생긴 사고로 죽거나 다쳤을 때 생긴 손해를 약관이 정한 바에 따라 보상하는 '무보험자동차에 의한 상해담보특약'을 부가한 자동차보험계약의 약관에서는 '대인배상Ⅰ, 책임공제, 정부보장사업에 의하여 지급될 수 있는 금액'을 보험금 산정 과정 중 공제액의 하나로 규정하고 있는데, 이 규정은 대인배상Ⅰ, 책임공제, 정부보장사업에 의하여 지급될 수 있는 금액이 있으면 이를 보험자가 지급할 보험금에서 공제하고 그 나머지만 지급한다는 취지이지 위 금액이 전혀 없는 경우까지 대인배상Ⅰ, 책임공제, 정부보장사업이 적용될 경우를 가상하여 산정한 금액을 넘는 부분만을 보험금으로 지급한다는 취지는 아니다. 따라서 무보험자동차에 의한 상해담보특약에 따른 보험금을 산정할 때 보험금지급기준에 의해 산출한 금액과 비용을 합한 금액에서 대인배상Ⅰ에 의하여 지급될 수 있는 금액을 공제하기 위해서는 이 사건 교통사고에 대하여 대인배상Ⅰ이 적용되어 대인배상Ⅰ에 의하여 지급될 수 있는 금액이 있어야 한다(대법원 2019. 12. 12. 선고 2018다224897 판결).

서 K가 제3자에 대하여 가지는 손해배상청구권을 취득하기로 약정하였다. 한편 가해차량의 보험회사인 피고는 R과 사이에 그 소유의 유조차(이 사건 차량)에 대한 자동차종합보험계약을 체결하면서 피보험자 본인이 무면허운전을 하였거나, 기명피보험자의 명시적·묵시적 승인하에서 피보험자동차의 운전자가 무면허운전을 하였을 때 생긴 사고로 인한 손해에 대하여는 보상하지 않는다는 약정(무면허운전 면책약관)을 하였다. R의 피용자가 이 사건 차량을 주차시키면서 차 열쇠를 운전대에 꽂아둔 상태에서 차문을 잠그지도 않고 운전석 창문을 내려놓은 채 점심식사를 하러 간 사이 무면허인 R의 임시 직원이 이 사건 차량을 이동시키던 중 주유를 하러 온 K의 왼쪽 무릎을 들이받았고, 이 사고로 K는 슬개골골절 등 상해를 입었다. K는 이 사건 차량의 보험자인 피고 회사가 무면허운전에 따른 면책약관을 내세워 보험금의 지급을 거절하자 자신의 보험자인 원고에게 무보험자동차상해담보특약에 기하여 보험금의 지급을 요청하였고, 이에 따라 원고는 K에게 보험금을 지급하였다. 이 과정에서 피해자 K는 원고로부터 보험금을 지급받고 위 사고와 관련한 손해배상채권 등 일체의 권리를 포기하여 이를 원고에게 양도하기로 합의하였고, 이에 기해 원고 회사가 피고 회사를 상대로 구상권을 행사하였다. 이에 대해 피고 회사는 원고 회사는 무보험에 대비한 특약에 의해 보험금을 지급한 것인데도 이를 피고 회사에 대해 구상하는 것은 무보험이 아니라 유보험 상태를 인정하는 것으로 원고 회사의 구상은 모순이라고 항변하였다.

[판결요지]

피보험자가 무보험자동차에 의한 교통사고로 인하여 상해를 입었을 때에 그 손해에 대하여 배상할 의무자가 있는 경우 보험자가 약관에 정한 바에 따라 피보험자에게 그 손해를 보상하는 것을 내용으로 하는 무보험자동차에 의한 상해담보특약은 손해보험으로서의 성질과 함께 상해보험으로서의 성질도 갖고 있는 손해보험형 상해보험으로서, 상법 제729조 단서의 규정에 의하여 당사자 사이에 다른 약정이 있는 때에는 보험자는 피보험자의 권리를 해하지 아니하는 범위 안에서 피보험자의 배상의무자에 대한 손해배상청구권을 대위행사할 수 있다.

자동차보험약관의 용어풀이상 무보험자동차라고 함은 자동차보험 대인배상II나 공제계약이 없는 자동차, 자동차보험 대인배상II나 공제계약에서 보상하지 아니하는 경우에 해당하는 자동차, 피보험자를 죽게 하거나 다치게 한 자동차가 명확히 밝혀지지 않은 경우에 그 자동차 등을 의미한다고 할 것인데, 교통사고를 일으킨 가해차량을 피보험자동차로 하여 자동차보험 대인배상II 계약을 체결한 보험회사가 피해자에 대하여 예컨대 그 사고가 무면허운전중에 일어난 사고라는 이유 등으로 면책약관을 내세워 보험금의 지급을 거절한 관계로 당해 교통사고에 대한 가해차량 보험회사의 면책 여부가 문제로 되어 결과적으로 가해차량 보험회사의 보상책임 유무가 객관적으로 명확히 밝혀지지 않은 경우에 있어서의 가해차량 역시 위 약관에서 말하는 무보험차에 해당한다고 보아 피해자가 자신의 보험회사에 대하여 위 특약에 따른 보험금의 지급을 청구할 수 있다고 보는 것이 피해자에 대한 신속한 피해보상을 목적으로 하는 자동차 보험정책은 물론이고, 약관의 뜻이 명백하지 아니한 경우에는 고객에게 유리하게 해석되어야 한다는 약관의 규제에 관한 법률 제5조 제2항 소정의 약관해석 원칙에도 부합한다.

따라서 이 경우 피해자 보험회사로서는 피해자가 입은 손해에 대하여 가해차량 보험회사가 궁극적으로 보상의무를 질 것인지 여부가 법률상 객관적으로 명확히 밝혀지지 아니한 이상 단지 가해차량 보험회사가 무면허운전을 이유로 면책처리한 것이 부당하다고 하여 그 보험금청구를 거절할 수는 없고 우선 피보험자인 피해자에게 무보험차상해담보특약에 따른 보험금을 지급하여야 할 것이고, 그 이후 보험자대위 등에 터잡아 가해차량 보험회사를 상대로 구상권을 행사하여 무면허운전에 의한 가해차량 보험회사의 면책 여부에 따라 쌍방 보험회사들 사이의 종국적 책임 귀속 여부를 가려내면 족하다고 할 것이다.

[쟁점사항]

이는 당사자 사이에 약정이 있는 경우 위 상해담보특약의 보험자가 피보험자의 배상의무자에 대한 손해배상청구권을 대위행사할 수 있다고 보면서, 가해차량의 보험회사가 면책약관 등을 내세워 보상책임을 부정하는 경우 무보험자동차에 의한 상해담보특약이 적용될 수 있다고 판시한 사례이다.

◆ 대법원 2003. 7. 25. 선고 2002다2454 판결-무보험차량보험의 보상한도

[사실개요]

소외 W는 자동차운전면허 없이 무보험 차량인 자신 소유의 1톤 화물트럭을 운전하던 중 전방주시를 소홀히 한 과실로 도로를 횡단하던 소외 망 P를 사고차량의 전면으로 충격하여 사망하게 하였다. 원고(망 P의 상속인)는 구 자배법상 정부의 자동차손해배상보장사업을 위탁받은 보험사업자인 피고(보험회사)에 대해 보험금의 지급을 청구하였다. 이에 대해 피고는 정부의 자동차손해배상보장사업에 따라 피해를 보상하는 이 사건의 경우에는 자배법시행령 제15조의 규정에 따라 책임보험약관에 정한 보험금 지급기준에 의한 금액만을 원고들에게 지급할 의무가 있다고 주장하였다.

[판결요지]

자동차손해배상보장법 제26조 제1항은, "정부는 자동차보유자를 알 수 없는 자동차의 운행으로 사망하거나 부상한 경우와 보험가입자 등이 아닌 자가 제3조의 규정에 의한 손해배상의 책임을 지게 되는 경우에 피해자의 청구에 따라 책임보험의 보험금의 한도 안에서 그가 입은 피해를 보상한다."라고 규정하고, 같은 조 제3항에서 "제1항의 규정에 의한 정부의 보상 또는 지원의 대상·기준·금액·방법 및 절차 등에 관하여 필요한 사항은 대통령령으로 정한다."라고 규정한 다음, 같은 법 시행령 제15조에서 "법 제26조 제1항의 규정에 의하여 정부가 피해자에게 보상할 금액은 보험업법에 의하여 인가된 책임보험의 약관이 정하는 책임보험금 지급기준에 의하여 산정한 금액으로 한다."라고 규정하여 책임보험금액과는 별도로 자동차손해배상보장사업에 의한 피해보상금액에 관하여 규정하고 있는바(책임보험금액에 관하여는 같은 법 시행령 제3조에서 책임보험의 보험금 한도액 내에서 실손해액을 지급하도록 규정하고 있다), 위 규정들을 종합하여 보면 보유자를 알 수 없는 뺑소니 사고나 무보험차량 사고의 경우 자동차손해배상보장사업에 의한 피해보상은 실손해액을 기준으로 배상하는 책임보험과는 달리 책임보험의 보험금 한도액 내에서 책임보험의 약관이 정하는 보험금 지급기준에 의한 금액만을 지급한다는 취지임이 분명하다. 따라서 자동차손해배상보장사업의 수탁기관인 피고는 무보험자동차에 의한 사고의 손해배상의무자가 법률상 배상책임을 지는 피해자의 실손해액을 기준으로 보상을 하는 것이 아니라, 책임보험의 약관이 정하는 보험금 지급기준에 의한 금액만을 지급하면 된다.

[쟁점사항]

이는 보유자를 알 수 없는 뺑소니 사고나 무보험차량 사고의 경우 자동차손해배상보장사업에 의한 피해보상은 실손해액을 기준으로 배상하는 책임보험과는 달리 책임보험의 보험금 한도액 내에서 책임보험의 약관이 정하는 보험금 지급기준에 의한 금액만을 지급하여야 본 사례이다.

5. 대물배상책임보험

(1) 의의

피보험자가 피보험자동차의 소유·사용·관리 중의 사고로 타인의 재물을 멸실, 훼손 또는 오손하여 그 타인에게 생긴 직접손해에 대하여 법률상 손해배상책임을 짐으로써 입은 손해를 보험자가 보상하는 책임보험이다(표준약관 제6조 제2항). 이는 강제보험

과 임의보험으로 구성되는데, 강제보험은 1사고 당 2천만 원 내에서 피해자에게 발생한 손해액을 보험자가 보상하기로 하는 보험이다(자배법 제5조 제2항, 시행령 제3조 제3항).

(2) 피보험자의 범위 및 보험자의 면책사유

대물배상의 경우 피보험자의 범위는 임의대인배상책임보험(대인배상Ⅱ)의 경우와 같으며,[105] 면책사유도 보험계약자 등의 고의로 인한 손해 등과 같이 동일하다.[106] 그러나 ① 피보험자 또는 그 부모, 배우자나 자녀가 소유·사용·관리하는 재물에 생긴 손해, ② 피보험자가 사용자의 업무에 종사하고 있을 때 피보험자의 사용자가 소유·사용·관리하는 재물에 생긴 손해, ③ 피보험자동차에 싣고 있거나 운송 중인 물품에 생긴 손해, ④ 다른 사람의 서화, 골동품, 조각물, 그 밖에 미술품과 탑승자와 통행인의 의류나 휴대품에 생긴 손해(그러나 탑승자의 신체를 보호할 인명보호장구에 한하여 피해자 1인당 200만원의 한도에서 실제 손해를 보상함), ⑤ 탑승자와 통행인의 분실 또는 도난으로 인한 소지품에 생긴 손해[107]에 대하여는 보험자가 보상책임을 지지 않는다(약관 제8조 제3항). 그리고 자동차보험에서 동일한 자동차사고로 피해자에게 배상책임을 지는 피보험자가 복수로 존재하는 경우 각각의 피보험자마다 손해배상책임의 발생요건이나 면책약관의 적용 여부 등은 개별적으로 가려야 한다.[108]

---

105) 기명피보험자, 친족피보험자, 승낙피보험자, 사용피보험자, 운전피보험자 등이다(표준약관 제7조).

106) 피보험자 본인이 음주운전이나 무면허운전 또는 마약·약물운전을 하는 동안에 생긴 사고 또는 사고발생 시의 조치의무를 위반한 경우에는 보험자가 책임을 부담한다. 그러나 이 경우에는 피보험자가 사고부담금을 납부하여야 한다. 대물배상의 경우 자배법 제5조 제2항에 따른 의무보험 가입금액 이하 손해인 경우에는 지급보험금, 의무보험가입금액 초과 손해에 대하여는 1사고당 5천만원을 사고부담금으로 납부하여야 한다(보험업감독업무시행세칙 별표15. 2021. 12. 27. 개정 자동차보험표준약관 제11조 제1항).

107) 그러나 훼손된 소지품에 한하여 피해자 1인당 200만원의 한도에서 실제 손해를 보상한다.

108) 자동차보험에 있어서 동일 자동차사고로 인하여 피해자에 대하여 배상책임을 지는 피보험자가 복수로 존재하는 경우에는 그 피보험이익도 피보험자마다 개별로 독립하여 존재하는 것이니만큼 각각의 피보험자마다 손해배상책임의 발생요건이나 면책조항의 적용 여부 등을 개별적으로 가려서 보상책임의 유무를 결정하는 것이 원칙이므로, 자동차보험약관에 정한 보험자 면책조항의 적용 여부를 판단함에 있어서는 특별한 사정이 없는 한 그 약관에 피보험자 개별적용조항을 별도로 규정하고 있지 않더라도 각 피보험자별로 보험자 면책조항의 적용 여부를 가려 그 면책 여부를 결정하여야 하고, 그 약관의 규정 형식만으로 복수의 피보험자 중 어느 한 사람이 면책조항에 해당한다고 하여 보험자가 모든 피보험자에 대한 보상책임을 면하는 것으로 해석할 것은 아니며, 이와 같은 법리는 대물배상에 있어서도 마찬가지로 적용되어야 한다(대법원 1998. 4. 23. 선고 97다19403 전원합의체 판결).

◆ 대법원 2010. 12. 9. 선고 2010다70773 판결-자동차대물배상책임보험에서 복수의 피보험자가 존재하는 경우 법률관계

[사실개요]

원고(보험회사)는 피고(피보험자)와 피고 소유의 승용차에 관하여 자동차종합보험계약을 체결하였는데, 피고의 아들인 소외 1은 오토바이 판매 및 수리업을 하는 소외 2에게 고용되어 근무하던 중 소외 2의 점포 앞에서 피고의 승낙을 받아 운전하던 위 승용차를 후진하다가 그곳에 주차되어 있던 소외 3등 피해자들 소유의 오토바이 3대를 파손하였다. 위 자동차보험계약의 약관에 의하면, 대물배상과 관련하여 "피보험자 또는 그 부모, 배우자 및 자녀가 소유, 사용 또는 관리하는 재물에 생긴 손해"(이 사건 제1면책조항) 및 "피보험자가 사용자의 업무에 종사하고 있을 때 피보험자의 사용자가 소유, 사용 또는 관리하는 재물에 생긴 손해"(이 사건 제2면책조항)에 관하여 원고가 보험금지급채무를 부담하지 않는 것으로 규정되어 있었다. 피고의 보험금 청구에 대해 원고는 이 사건 보험사고는 피고로부터 위 승용차의 운행에 관한 승낙을 받은 피고의 아들 소외 1이 위 승용차를 운전하던 중 자신이 근무하는 위 점포에 주차된 위 각 오토바이를 파손한 것인 이상, 원고는 소외 2에게 고용되어 위 점포에서 근무하던 중 소외 2가 관리하던 위 각 오토바이를 손괴한 승낙피보험자 소외 1에 대한 관계에 있어서는 위 제2면책조항에 의하여, 손괴된 위 각 오토바이를 관리하던 소외 1의 부인 기명피보험자 피고에 대한 관계에 있어서는 위 제1면책조항에 의하여 각 보험금 지급채무를 부담하지 않는다고 주장하였다.

[판결요지]

자동차종합보험과 같은 이른바 손해배상책임보험은 피보험자가 보험사고로 인하여 제3자에게 손해배상책임을 지는 경우에 이를 보상하는 것이므로, 보험자의 보상의무는 피보험자의 제3자에 대한 손해배상책임의 발생을 그 전제로 하는 것이고, 한편 자동차보험에서 동일 자동차사고로 인하여 피해자에 대하여 배상책임을 지는 피보험자가 복수로 존재하는 경우에는 그 피보험이익도 피보험자마다 개별로 독립하여 존재하는 것이니만큼 각각의 피보험자마다 손해배상책임의 발생요건이나 면책약관의 적용 여부 등을 개별적으로 가려 그 보상책임의 유무를 결정하여야 한다.

이 사건 차량의 소유자일 뿐 가해자가 아닌 피고가 대물사고인 이 사건 사고에 기하여 피해자들에게 무슨 손해배상책임을 부담한다는 것인지 알 수 없을 뿐 아니라, 기록에 의하여도 피고에게 이 사건 보험사고에 따른 손해배상책임을 인정할 만한 근거를 찾아볼 수 없는바, 그렇다면 원고는 피고에 대한 관계에서는 이 사건 각 면책조항의 적용 여부를 따질 필요 없이 보험계약에 따른 보상의무를 부담하지 아니한다 할 것이다.

[쟁점사항]

이는 [1] 자동차보험에서 동일한 자동차사고로 피해자에게 배상책임을 지는 피보험자가 복수로 존재하는 경우 각각의 피보험자마다 손해배상책임의 발생요건이나 면책약관의 적용 여부 등을 개별적으로 가려야 한다고 하면서, [2] 자동차종합보험의 기명피보험자인 甲의 아들 乙이 자신이 고용되어 근무하던 사용자의 점포 앞에서 甲의 승낙을 받아 운전하던 피보험차량을 후진하다가 피해자들 소유의 오토바이 3대를 파손한 경우 보험자는 甲에 대한 관계에서는 약관상 면책조항의 적용 여부를 따질 필요 없이 보험계약에 따른 보상의무를 부담하지 않고, 보험자가 승낙피보험자인 乙에 대한 관계에서 약관상 면책조항이 적용되지 않아 보험금 지급책임을 면할 수 없다고 하더라도, 그와 같은 사정은 기명피보험자인 甲에 대한 보험금 지급책임의 유무에 아무런 영향을 미칠 수 없다고 하여 원심파기한 사례이다.

6. 차량보험

(1) 의의

차량보험이란 보험증권에 기재된 피보험자동차와 그 부속품 및 부속기계장치에 대하여 생길 손해를 보상하는 보험이다(표준약관 제21조). 즉, 차량보험은 보험자가 보험계약자로부터 보험료를 받고, 피보험자가 피보험자동차를 소유·사용·관리하는 동안에 발생한 사고로 인하여 피보험자동차에 직접적으로 생긴 손해를 보험증권에 기재된 보험가입금액을 한도로 보상하기로 하는 물건보험이다.

(2) 보험의 목적

차량보험의 경우 보험의 목적인 피보험자동차는 자동차의 본체뿐만 아니라 그 부속품과 기계장치를 포함한다. 이 경우에 부속품과 부속기계장치라 하는 것은 자동차에 통상 붙어 있거나 장치되어 있는 것과 그 밖에 보험증권에 기재한 것을 포함한다.

(3) 보험자의 보상책임

1) 보상책임의 요건

(가) 보험사고의 발생: 차량보험에서는 포괄적 위험을 담보하고 있으므로 자동차의 운행 중의 충돌, 추락, 전복 사고뿐 아니라 도난, 화재, 폭발 등 각종 사고가 보험기간 중에 발생하였으면 충분하다.

(나) 자동차의 직접적인 손해: 보험사고로 보험의 목적인 자동차와 그 부속품 또는 부속기계장치가 멸실·훼손되어 피보험자가 손해를 입어야 한다. 물론 이러한 손해는 보험사고와 상당한 인과관계에 있는 것이어야 한다.

2) 보험자의 보상책임

보험자는 '피보험자동차에 생긴 손해액'과 '비용'을 합한 액수에서 보험증권에 기재된 '자기부담금'을 공제한 후 보험금으로 지급한다(표준약관 제21조). 즉, ① 보험가입금액이 보험가액보다 많은 경우에는 보험가액을 한도로 보상하고, ② 피보험자동차에 통상 붙어있거나 장치되어 있는 부속품과 부속기계장치는 피보험자동차의 일부로 보며,[109] ③ 피보험자동차의 단독사고(가해자 불명사고 포함) 또는 일방과실사고의 경우에는 실제 수리를 원칙으로 하고, ④ 경미한 손상의 경우 보험개발원이 정한 경미 손상 수리기준에 따라 복원수리하는데 소요되는 비용을 한도로 보상한다. 지급보험금은 개별 보험회사의 약관에 의해 정해진다(표준약관 제24조)

3) 보험자의 면책사유

자동차종합보험약관에 의하면 차량보험의 경우 ① 보험계약자 또는 피보험자의 고의로 인한 손해, ② 전쟁, 혁명, 내란, 사변, 폭동, 소요 및 이와 유사한 사태로 인한 손해, ③ 지진, 분화 등 천재지변으로 인한 손해, ④ 핵연료물질의 직접 또는 간접적인 영향으로 인한 손해, ⑤ 영리를 목적으로 요금이나 대가를 받고 피보험자동차를 반복적으로 사용하거나 빌려 준 때에 생긴 손해, ⑥ 사기 또는 횡령으로 인한 손해, ⑦ 국가나 공공단체의 공권력 행사에 의한 압류, 징발, 몰수, 파괴 등으로 인한 손해, ⑧ 피보험자동차에 생긴 흠, 마멸, 부식, 녹, 그 밖에 자연소모로 인한 손해, ⑨ 피보험자동차의 일부 부분품, 부속품, 부속기계장치만의 도난으로 인한 손해, ⑩ 동파로 인한 손해 또는 우연한 외래의 사고에 직접 관련이 없는 전기적, 기계적 손해, ⑪ 피보험자동차를 시험용, 경기용 또는 경기를 위해 연습용으로 사용하던 중 생긴 손해, ⑫ 피보험자동차를 운송 또는 싣고 내릴 때에 생긴 손해, ⑬ 피보험자동차가 주정차중일 때 피보험자동차의 타이어나 튜브에만 생긴 손해, ⑭ 보험계약자 등이 무면허운전, 음주운전 또는 마약·약물운전을 하였을 때 생긴 손해에 대해서는 보상하지 않는다(표준약관 제23조).

7. 자손사고보험

(1) 의의

자손사고보험이란 자동차사고로 피보험자가 상해를 입은 경우에 보험자가 일정한 보험금을 지급하는 보험이다. 즉 피보험자가 피보험자동차를 소유·사용·관리하는 동안에 생긴 자신의 사상에 대하여 그 손해를 보상하는 보험이다(표준약관 제12조). 따라서 자손보험의 법적 성질은 상해보험이다.[110]

109) 그러나 통상 붙어 있거나 장치되어 있는 것이 아닌 것은 보험증권에 기재한 것에 한한다.

(2) 자손보험의 특색

자손사고보험에서는 임의대인배상책임보험·대물배상책임보험의 피보험자 이외에도 그 피보험자의 가족이나 산업재해보상보험법에 의하여 재해보상을 받을 수 있는 그 피보험자의 피용자까지도 피보험자로서 포함하고 있다(표준약관 제13조 참조). 즉 자손사고보험의 피보험자는 임의배상책임보험의 피보험자보다 확대되어 있는 것이다. 과거에는 자손보험의 경우 피보험자의 무면허운전뿐만 아니라 음주운전[111]까지도 보험자의 면책사유로 하고 있었다.

(3) 보험자의 보상책임

1) 보험금

보험자는 각 약관에서 정한 자기신체사고보상액을 기준으로 보험금을 지급한다(표준약관 제16조). 여기서 '자기신체사고보상액'이란 피보험자의 사상의 정도에 따라 보험약관에 정하여진 보험금액 또는 그 보험금액 범위 내에서의 실제치료비를 의미하고, 안전벨트 미착용 등 일정한 경우에 해당하면 보험금에서 공제된다. 자기신체사고에 대하여 약관에서 정한 보험금에서 사고 상대방 차량이 가입한 자동차보험의 대인배상약관에 의하여 보상받을 수 있는 금액을 공제한 액수만을 지급하기로 하는 약정은 유효하다.[112]

---

110) 대법원 2017. 7. 18. 선고 2016다216953 판결(자기신체사고 자동차보험(자손사고보험)은 피보험자의 생명 또는 신체에 관하여 보험사고가 생길 경우에 보험자가 보험계약이 정하는 보험금을 지급할 책임을 지는 것으로서 그 성질은 인보험의 일종이다. 보험계약 약관에서 자기신체사고에 관하여 '피보험자의 고의'로 손해가 발생한 경우에는 보험자를 면책하도록 규정하고 있는 경우, 사망이나 상해를 보험사고로 하는 인보험에서 피보험자의 고의는 보험사고가 전체적으로 보아 고의로 평가되는 행위로 인한 것이어야 한다).

111) 자기신체사고 자동차보험(자손사고보험)은 피보험자의 생명 또는 신체에 관하여 보험사고가 생길 경우에 보험자가 보험계약이 정하는 보험금을 지급할 책임을 지는 것으로서 그 성질은 인보험의 일종이라고 할 것이므로, 그와 같은 인보험에 있어서의 음주운전 면책약관이 보험사고가 전체적으로 보아 고의로 평가되는 행위로 인한 경우뿐만 아니라 과실(중과실 포함)로 평가되는 행위로 인한 경우까지 포함하는 취지라면 과실로 평가되는 행위로 인한 사고에 관한 한 무효라고 보아야 한다**(대법원 1998. 12. 22. 선고 98다35730 판결)**.

112) 대법원 2001. 9. 7. 선고 2000다21833 판결(인보험에 관한 상법 제729조는 보험자가 보험사고로 인하여 생긴 보험계약자 또는 보험수익자의 제3자에 대한 권리를 대위하여 행사하지 못하도록 규정하면서, 다만 상해보험계약의 경우에 당사자간에 다른 약정이 있는 때에는 피보험자의 권리를 해하지 아니하는 범위 안에서 그 권리를 대위하여 행사할 수 있도록 규정하고 있고, 한편 자기신체사고 자동차보험은 피보험자가 피보험자동차를 소유·사용·관리하는 동안에 생긴 피보험자동차의 사고로 인하여 상해를 입었을 때에 약관이 정하는 바에 따라 보험자가 보험금을 지급할 책임을 지는 것으로서 인보험의 일종이기는 하나, 피보험자가 급격하고도 우연한 외부로부터 생긴 사고로 인하여 신체에 상해를 입은 경우에 그 결과에 따라 정해진 보상금을 지급하는 보험이어서 그 성질상 상해보험에 속한다고 할 것이므로, 그 보험계약상 타차량과의 사고로 보험사고가 발생하여 피보험자가 상대차량이 가입한 자동차보험 또는 공제계약의 대인배상에 의한 보

2) 보험자의 면책사유

자손사고의 경우 보험자의 면책사유에 대하여는 보험약관에 상세히 규정되어 있다(표준약관 제14조). 즉, ① 피보험자의 고의로 그 본인이 상해를 입은 때,[113)][114)] ② 상해가 보험금을 받을 자의 고의로 생긴 때에는 그 사람이 받을 수 있는 금액, ③ 피보험자동차 또는 피보험자동차 이외의 자동차를 시험용, 경기용 또는 경기를 위해 연습용으로 사용하던 중 생긴 손해,[115)] ④ 전쟁, 혁명, 내란, 사변, 폭동, 소요 및 이와 유사한 사태로 인한 손해, ⑤ 지진, 분화 등 천재지변으로 인한 손해, ⑥ 핵연료물질의 직접 또는 간접적인 영향으로 인한 손해, ⑦ 영리를 목적으로 요금이나 대가를 받고 피보험자동차를 반복적으로 사용하거나 빌려 준 때에 생긴 손해[116)]를 면책사유로 규정하고 있다.

◆ 대법원 1998. 10. 20. 선고 98다34997 판결-무면허운전 중 사망한 경우 면책 여부

[사실개요]

소외 H(보험계약자)는 원고(보험회사)와 사이에 피보험자인 H가 보험기간 중에 국내외에서 교통사고 또는 그 외에 급격하고도 우연한 외래의 사고(일반사고)로 신체에 상해를 입고 그 직접 결과로 피해일로부터 180일 안에 사망하였을 때에는 보험자인 원고 회사가 보험수익자인 H의 법정상속인에 대해 사망보험금을 지급하는 내용의 보험계약을 체결하였다. 소외 H는 자동차운전면허도 없이 혈중 알콜농도 0.13% 가량의 술에 취한 상태에서 소외 K 소유의 이 사건 화물차량을 절취한 다음 그 차량을 운전하던 중 정차하고 있던 화물차량의 뒷부분을 이 사건 차량의 앞부분으로 들이받아 사망하였다. 이에 피고(보험계약자의 법정 상속인)가 원고에게 보험금의 지급을 청구하였다. 이 사건 보험계약에 적용되는 보통약관은 제7조 제1항에서 면책사유로 "회사는 그 원인의 직접, 간접을 묻지 아니하고 아래의 사유로 생긴 손해는 보상하여 드리지 아니합니다."라

상을 받을 수 있는 경우에 자기신체사고에 대하여 약관에 정해진 보험금에서 위 대인배상으로 보상받을 수 있는 금액을 공제한 액수만을 지급하기로 약정되어 있어 결과적으로 보험자 대위를 인정하는 것과 같은 효과를 초래한다고 하더라도, 그 계약 내용이 위 상법 제729조를 피보험자에게 불이익하게 변경한 것이라고 할 수는 없다).

113) 이 경우 그 피보험자에 대한 보험금만 지급하지 않는다.

114) 음주단속중이던 경찰관이 단속을 피해 도주하는 자동차에 매달려 가다가 떨어지면서 지하철공사장의 철제 H빔에 부딪혀 뇌손상으로 식물인간 상태에 이른 사례에서, 대법원은 운전자로서는 위 경찰관이 달리던 차에서 떨어지면서 어느 정도의 상해를 입으리라는 것은 인식·용인하였다고 할 것이나 나아가 철제 H빔에 부딪혀 식물인간 상태에 이르리라고는 예견·인식하고 용인하였다고 볼 수 없으므로, 위 사고로 인한 손해가 보험계약자 등의 고의로 인한 것이라 할 수 없어 자동차보험의 면책약관이 적용되지 않는다고 판시하여, 면책사유를 엄격히 제한하고 있다(대법원 2007. 10. 26. 선고 2006다39898 판결).

115) 다만, 운전면허시험을 위한 도로주행시험용으로 사용하던 중 생긴 손해는 보상한다.

116) 다만, 임대차계약(계약기간이 30일을 초과하는 경우에 한함)에 따라 임차인이 피보험자동차를 전속적으로 사용하는 경우는 보상합니다. 그러나 임차인이 피보험자동차를 영리를 목적으로 요금이나 대가를 받고 반복적으로 사용하는 경우는 보상하지 않는다(표준약관 제14조 7. 가. 단서). 피보험자와 동승자가 여객자동차운수사업법에 따른 토요일, 일요일 및 공휴일을 제외한 날의 출·퇴근 시간대(오전 7시부터 오전 9시까지 및 오후 6시부터 오후 8시까지를 말한다)에 실제의 출·퇴근 용도로 자택과 직장사이를 이동하면서 승용차 함께타기를 실시한 경우는 보상합니다.

고 규정하면서 그 제3호로 피보험자의 범죄행위 등을, 그 제4호로 피보험자의 무면허 또는 음주운전을 들고 있었다.

[판결요지]

상법 제732조의2는 "사망을 보험사고로 한 보험계약에는 사고가 보험계약자 또는 피보험자나 보험수익자의 중대한 과실로 인하여 생긴 경우에도 보험자는 보험금액을 지급할 책임을 면치 못한다."라고 규정하고 있고, 위 규정은 상법 제739조에 의해 상해보험계약에도 준용되며, 한편 상법 제663조는 당사자 간의 특약으로 보험계약자 또는 피보험자나 보험수익자에게 불이익하게 위 각 규정을 변경하지 못하도록 규정하고 있는바, 상해 또는 사망을 보험사고로 하는 보험계약상의 무면허·음주 등 면책약관이 만일 보험사고가 전체적으로 보아 고의로 평가되는 행위로 인한 경우뿐만 아니라 과실(중과실 포함)로 평가되는 행위로 인한 경우까지 보상하지 아니한다는 취지라면 과실로 평가되는 행위로 인한 사고에 관한 한 위 각 규정들에 위배되어 무효라고 봄이 상당하다.

이 사건 사고가 비록 망 H(만 25세)가 타인의 차량을 절취하여 무면허, 음주 상태로 운전을 하던 중에 발생한 것이라고 하더라도 그 고의는 특별한 사정이 없는 한 차량의 절취와 무면허, 음주운전 자체에 관한 것이고 직접적으로 사망이나 상해에 관한 것으로 볼 것은 아니며, 망 H가 무면허라고 하여도 그가 차량을 절취한 장소로부터 사고 지점까지 약 10km를 운전한 점에 비추어 운전기능이 없었다고 추정할 수는 없을 뿐만 아니라 망인이 술김에 열쇠가 꽂혀 있는 이 사건 차량을 절취하여 운행하게 된 점 등에 비추어 보더라도 다른 특별한 사정이 인정되지 아니하는 이 사건에 있어서, 이 사건 교통사고는 망인이 교통사고 발생 가능성을 인식하면서도 이를 용인하고 감행한 미필적 고의에 의한 사고라기보다 망인의 과실로 평가되는 행위로 인하여 발생하였다고 보는 것이 타당하다.

[쟁점사항]

이는 피보험자가 운전면허 없이 주취상태에서 타인의 차량을 훔쳐 무단운행을 하던 중 교통사고로 사망한 사안에서, 위 사고는 피보험자의 과실로 평가되는 행위로 인하여 발생하였다고 보는 것이 타당하다는 이유로, 이와 달리 피보험자의 미필적 고의에 의한 사고라고 하여 보험자에게 보험금 지급의무가 없다고 본 원심판결을 파기한 사례이다.

◆ 대법원 2009. 5. 28. 선고 2009다9294 판결-운행과 운전의 의미

[사실개요]

피고(보험계약자)는 원고(보험회사)와 피보험자를 피고로 정하여 피보험자가 상해사고로 사망 또는 80% 이상 후유장해시에 가입금액 3천만 원과 후유장해에 대한 소득보상금을 지급하기로 하는 등의 운전자상해보험계약을 체결하였다. 그 후 주차장에서 피고의 작업 지시하에 인부 망 소외인이 이삿짐을 내리기 위하여 피고 소유의 차량의 고가사다리 위에 설치된 적재함으로 올라가다 적재함이 뒤집히면서 9.8m 아래로 추락하여 사망하였다. 이와 관련하여 보험금을 청구하자 원고는 원·피고 사이에 체결된 운전자상해보험계약에서 정한 보험사고에 해당하는지 않는다는 이유로 보험금지급채무 부존재의 확인을 구하는 소를 제기하였다.

[판결요지]

보통거래약관의 내용은 약관 내용이 명백하지 못하거나 의심스러운 때 고객보호의 측면에서 고객에게 유리하게, 약관작성자에게 불리하게 제한 해석하는 경우 이외에는 개개 계약체결자의 의사나 구체적인 사정을 고려함이 없이 평균적 고객의 이해가능성을 기준으로 하여 객관적·획일적으로 해석함이 원칙이라 할 것이다.

자동차의 운행으로 인한 손해배상을 보장하는 자동차보험에 관하여 규정하고 있는 자배법에서 말하는 '자동차'라 함은 원동기에 의하여 육상에서 이동할 목적으로 제작한 용구 또는 이에 견인되어 육상을 이동할 목적으로 제작한 용구이고, 그 '운행'이라 함은 사람 또는 화물의 운송 여부에 관계없이 자동차를 그 용법에 따라 사용하거나 관리하는 것을 말하는데(같은 법 제2조 제1, 2호), 이때 '자동차를 그 용법에 따라 사용한다'는 것은 자동차의 용도에 따라 그 구조상 설비되어 있는 각종의 장치를 각각의 장치목적에 따라 사용하는 것을 말하는 것으로서, 자동차가 주행 상태에 있지 아니한 상태에서 각종 부수적인 장치를 사용하는 것도 이에 포함되고, 또한 자동차의 당해 장치의 용법에 따른 사용 이외에 그 사고의 다른 직접적인 원인이 존재하거나 그 용법에 따른 사용의 도중에 일시적으로 본래의 용법 이외의 용도로 사용한 경우에도 전체적으로 위 용법에 따른 사용이 사고발생의 원인이 된 것으로 평가될 수 있다면 역시 이에 포함된다고 보는 반면 '운전'의 개념에 대해서는 「도로교통법」상의 도로에서 차마를 그 본래의 사용 방법에 따라 사용하는 것을 말한다고 규정하고 있고(도로교통법 제2조 제24호호), 그 중 '자동차운전'은 자동차의 원동기를 사용하는 고의의 운전행위로서, 엔진의 시동뿐만 아니라 발진조작의 완료까지 요하는 것이므로, 이는 주행 상태가 아닌 주행의 전후 단계로서 주·정차 상태에서 각종 부수적인 장치를 사용하는 것도 포함하는 자배법상 '운행'의 개념보다는 좁은 개념으로 해석되고 있다.

이 사건 보험 특약에서 6종 건설기계의 경우 작업기계로 사용되는 동안은 자동차로 보지 아니하고 그로 인한 손해는 보상손해에서 제외함을 명시한 것은 작업과 운전이 동시에 이루어질 것으로 예상되는 6종 건설기계의 특성을 감안하여 운전과 유관하거나 그에 수반되는 사고라 해도 운전 이외의 다른 직접적인 사고원인이 존재하는 경우에는 보험사고에서 배제함으로써 운전에 직접 기인한 사고만이 이 사건 보험에 의한 보상대상임을 분명히 한 것으로 볼 수 있다. 이 사건 운전자상해보험의 해석상 준거로 삼은 현행 법령상 자동차운전의 개념에 관해 규정하고 있는 「도로교통법」의 해석에 의하더라도 이 사건처럼 아파트단지 내 이삿짐 운반을 위해 장시간 주차한 화물차 사다리를 이용한 이삿짐 운반작업 도중에 발생한 사고는 운전중 사고에 해당하지 않는다는 점 등의 사정에 비추어 보면, 이 사건 차량의 운전과 관계없이 그 부착 장치를 이용한 작업중 발생한 이 사건 사고는 보험약관의 객관적 해석상 이 사건 운전자상해보험에 의한 보상대상이 되는 보험사고의 범위에 들어간다고 해석하기는 어렵다 할 것이고, 이 사건 보험요율의 산정 및 예상되는 통상적인 보험사고의 유형 등을 감안할 때 이와 같은 해석론이 고객에게 부당하게 불리하거나 예상치 못한 불이익을 강요하는 것이라고 할 수 없고, 달리 이 사건 보험약관의 내용에 명백하지 못하거나 의심스러운 사정이 있다고 할 수도 없어 위 보험약관의 내용을 「약관의 규제에 관한 법률」 제5조 제2항에 따라 고객에게 유리하게 제한 해석하여야 할 여지도 없다 할 것이다.

[쟁점사항]

이는 자배법 제2조 제2호에서 규정하는 '운행'의 의미 및 도로교통법 제2조 제24호에서 규정하는 '운전'의 의미를 밝히면서, 아파트단지 내 이삿짐 운반을 위해 장시간 주차한 화물차의 고가사다리를 이용한 이삿짐 운반작업 중 인부가 추락하여 사망한 사안에서 차량의 운전과 관계없이 그 부착 장치를 이용한 작업 중에 발생한 사고는 보험약관의 객관적 해석상 운전자상해보험에 의한 보상대상이 되는 보험사고에 해당하지 아니한다고 한 사례이다.

8. 자동차보험계약의 특칙

(1) 자동차보험증권의 기재사항

자동차보험증권에는 상법 제666조의 손해보험증권에 기재할 사항 외에 ① 자동차 소유자와 그 밖의 보유자의 성명·생년월일 또는 상호, ② 피보험자동차의 등록번호·차대번호·차량년식과 기계장치 ③ 차량가액을 정한 때에는 그 가액을 기재하고 보험자가 기명날인 또는 서명하여야 한다(상법 제726조의3).

(2) 자동차의 양도

피보험자가 보험기간 중에 자동차를 양도한 때에는 양수인은 보험자의 승낙을 얻은 경우에 한하여 보험계약으로 인하여 생긴 권리와 의무를 승계할 수 있다(상법 제726조의4 제1항).[117] 그리고 보험자가 양수인으로부터 양수사실을 통지 받은 때에는[118] 지체없이 낙부를 통지하여야 하고, 통지 받은 날로부터 10일 내에 낙부의 통지가 없을 때에는 승낙한 것으로 본다(동조 제2항). 여기에서 '자동차의 양도'는 당해 자동차의 운행지배 상태 및 유체동산인 자동차의 양도를 의미하는 것으로서, 양도인이 그 자동차에 대한 운행지배를 상실하고 양수인이 사실상의 운행지배를 취득하는 것을 말한다.[119] 또한 '자동차의 양도'에 자동차에 대한 사실상의 운행지배를 취득한 양수인이 소유권이전등록을 하지 아니한 채 다시 제3자에게 양도하고 현실적으로 자동차의 점유를 이전함으로써 운행지배를 상실한 경우도 포함되고, 피보험자가 자동차를 양도하고 보험자의 승인을 얻어 기존 자동차보험계약의 피보험자동차를 새로 구입한 자동차로 교체한 경우에도 양도에 해당한다.[120]

◆ 대법원 2010. 4. 15. 선고 2009다90269 판결

[사실개요]

---

117) 대법원 2007. 2. 23. 선고 2005다65463 판결(피고의 자동차종합보험약관 제59조 제2항은 "회사는 피보험자동차가 양도된 후에 발생한 사고에 대하여는 보험금을 지급하지 아니합니다."라고 규정하고 있는데, 위 규정에서 말하는 자동차의 양도는 당해 자동차의 운행지배상태 및 유체동산인 자동차의 양도를 의미하는 것으로서 양도인이 그 자동차에 대한 운행지배를 상실하고 양수인이 사실상의 운행지배를 취득하는 경우를 의미하고, 따라서 기명피보험자가 그 등록명의만을 변경하고 실제로는 그 자동차를 보유하며 운행지배를 하는 경우에는 위 규정은 적용되지 아니한다).

118) 이때 피보험자동차의 양도에 관한 통지의무를 설명하지 아니한 경우 보험자의 설명의무 위반이 되는가에 대해 대법원은, 피보험자동차의 양도에 관한 통지의무에 관해 규정한 보험약관은 거래상 일반인들이 보험자의 개별적인 설명 없이도 충분히 예상할 수 있었던 사항인 점 등에 기하여 보험자의 개별적인 명시·설명의무의 대상이 되지 않는다고 판시하고 있다(대법원 2007. 4. 27. 선고 2006다87453 판결).

119) 대법원 1993. 6. 29. 선고 93다1480 판결; 대법원 1996. 5. 31. 선고 96다10454 판결; 대법원 2010. 4. 15. 선고 2009다100616 판결 등 참조.

120) 대법원 2015. 12. 24. 선고 2015다200838 판결.

원고는 피고(보험회사)와 원고 소유의 피보험자동차에 관하여 이 사건 자동차종합보험계을 체결하면서, '다른 자동차 운전담보특별약관'을 적용하기로 약정하였다. 이 사건 특별약관에 의하면, 피보험자가 다른 자동차를 운전하다가 발생한 대인사고나 대물사고로 인하여 법률상 손해배상책임을 짐으로써 손해를 입은 때 또는 피보험자가 상해를 입었을 때에는 피보험자가 운전한 다른 자동차를 보통약관의 배상책임(대인배상 I 제외), 자기신체사고, 자동차상해 규정의 피보험자동차로 간주하여 보통약관에서 규정하는 바에 따라 보상하기로 되어 있었다. 이 사건 특별약관은 그 적용대상이 되는 피보험자동차를 경·3종 승합자동차, 경·4종 화물자동차로 규정하는 한편, '다른 자동차'를 "자가용자동차로서 피보험자동차와 동일한 차종(승용자동차, 경승합자동차 및 경·4종 화물자동차간에, 다인승1종·2종승용자동차, 경·3종승합자동차간에는 동일한 차종으로 본다)으로서 ① 기명피보험자와 그 부모, 배우자 또는 자녀가 소유하거나 통상적으로 사용하는 자동차가 아닌 것, ② 기명피보험자가 자동차를 대체한 경우 그 사실이 생긴 때로부터 보험회사가 보통약관의 '보험계약의 승계-피보험자동차를 다른 자동차로 교체(대체)하는 경우'의 승인을 한 때까지의 대체자동차를 말한다."고 규정하고 있었다. 한편 이 사건 보험계약에 적용되는 이 사건 보통약관은 피보험차를 다른 자동차로 교체(대체)한 경우에는 서면으로 보험회사에 통지하여 이에 대한 승인을 청구하고 보험회사가 승인한 때로부터 이 보험계약을 교체(대체)된 자동차에 적용하고, 위에서 규정하는 '동일한 차종의 다른 자동차로 교체(대체)한 경우'라 함은 자가용자동차로서 승용자동차 간, 2·3종 화물자동차 간, 경·4종 화물자동차 간 또는 경·3종 승합자동차 간에 교체(대체)한 경우를 포함한다."고 규정하고 있었다. 원고는 이 사건 피보험자동차를 양도하고 같은 날 소외 1로부터 사고 차량인 중고 자가용 승용차를 매수하여 그 대금을 지급한 후 그 소유권이전등록에 필요한 서류를 교부받고 이 사건 사고차량을 인도받아 운전하고 가다가 소외 2가 운전하는 오토바이를 충격하여 그에게 상해를 입혔다. 이 사건 피보험자동차는 4종화물자동차에 해당하고 이 사건 사고차량은 승용자동차에 해당하였다.

[판결요지]

이 사건 특별약관은 기명피보험자가 보험기간 중에 피보험자동차를 양도하고 대체자동차를 취득한 경우 반드시 이 사건 보통약관의 보험승계 규정에 따라 보험승계 절차를 거쳐야 함을 전제로 임시적으로 대체자동차에 의한 보험사고를 담보하려는 것이 아니라, 그와 같은 보험승계 절차와 관계없이 별도로 피보험자동차의 대체자동차가 이 사건 특별약관에서 규정하는 '다른 자동차'에 해당하는 경우 이사건 특별약관 자체의 효력에 의하여 그 대체자동차에 의한 보험사고를 담보하려는 취지에서 마련된 것이고, 따라서 기명피보험자가 보험기간 중에 피보험자동차를 양도함으로써 그에 대한 운행지배와 운행이익을 상실하고 대체자동차를 취득한 경우 이 사건 보통약관상의 보험계약 승계 규정에 따른 요건과 절차를 구비하여 보험회사의 승인을 얻었는지 여부와 관계없이 대체자동차는 이 사건 특별약관의 요건을 구비하는 한 이 사건 특별약관의 효력에 의하여 그 운행에 따른 위험이 그대로 담보된다.

이 사건 특별약관이 대체자동차에 관하여 규정하면서 보험승계에 관하여 언급하고 있기는 하지만, 이는 보험회사가 보험승계를 승인한 경우 종전의 보험계약이 대체자동차에 승계됨으로써 그 대체자동차는 더 이상 '다른 자동차'가 아니고 '피보험자동차'에 해당하게 되므로 이 사건 특별약관이 더 이상 적용될 수 없다는 취지일 뿐, 위와 같은 언급을 근거로 이 사건 특별약관이 대체자동차에 관하여 이 사건 보통약관의 보험승계 규정상의 동일차종요건을 구비할 것을 요구하고 있지 아니하는데도 이를 구비할 것을 요구하는 것으로 해석할 수는 없다고 할 것이다. 따라서 대체자동차가 이 사건 특별약관이 적용되는 다른 자동차에 해당하기 위해서는 이 사건 특별약관이 정하는 동일 차종 요건을 구비하면 충분하고, 더 나아가 이 사건 보통약관의 보험승계 규정에서 요구하는 동일 차종 요건을 갖출 필요는 없다고 할 것이다.

그렇다면, 이 사건 피보험자동차는 4종화물자동차이고 이 사건 사고차량은 승용자동차로서 이 두 차량은 이 사건 특별약관에서 규정한 동일 차종 중의 하나인 '승용자동차, 경승합자동차 및 경·4종 화물자동차 간'에 해당하므로, 이 사건 사고차량은 이 사건 특별약관에서 규정하는 '다른 자동차'에 해당한다고 할 것이다.

[쟁점사항]

이는 [1]자동차종합보험계약의 '다른 자동차 운전담보 특별약관'에 가입한 기명피보험자가 보험기간 중 보통약관에 따른 보험승계 절차를 거치지 않고 피보험자동차를 양도하여 대체 자동차를 취득한 경우, 대체자동차가 특별약관의 요건을 구비하면 특별약관의 효력에 의해 그 운행에 따른 위험이 담보된다고 보면서, [2]대체자동차가 '다른 자동차 운전담보 특별약관'의 다른 자동차에 해당하기 위해서는 특별약관이 정하는 동일 차종 요건을 구비하면 충분하고, 더 나아가 보통약관의 보험승계 규정에서 요구하는 동일 차종 요건을 갖출 필요는 없다고 한 사례이다.

◆ 대법원 2015. 12. 24. 선고 2015다200838 판결

[사실개요]

원고(甲)는 H연합콜센타(H연합)를 피보험자로 하는 자동차 취급업자 보험계약(원고 보험계약)을 체결한 보험자이고, 피고(乙)는 소외 1을 피보험자로, 그 소유였던 봉고Ⅲ 화물차량(이 사건 사고차량 A)을 피보험자동차로 하여 업무용 자동차 보험계약(피고 보험계약)을 체결한 보험자이다. 원고 보험계약은 대인배상과 관련하여 대인배상I보험에 의하여 지급받을 수 있는 금액을 초과하는 금액만을 보상하도록 되어 있고, 피고 보험계약은 대인배상I보험에 관하여 대리운전자 등 자동차 취급업자를 승낙피보험자와 운전피보험자에서 배제하지 않고 있다. 한편 피고보험계약은 그 보통약관 및 특별약관에서 양도약관, 교체약관 및 의무보험 일시담보 약관과 같은 내용의 약관조항을 갖고 있다. 소외 1은 2012.7.5. 신형 봉고Ⅲ 화물차량(이 사건 구입차량 B)을 매수하면서 이 사건 사고차량을 관련 서류들과 함께 자동차영업소 직원인 소외 2에게 매도하고, 같은 날 피고 보험계약의 교체약관에 따라 피고의 승인을 얻어 피고 보험계약의 피보험자동차를 이 사건 사고차량(A)에서 이 사건 구입차량(B)으로 교체하고 B 차량에 관하여 소유권이전등록을 마쳤다. 소외 2는 2012.7.6. 소유권이전등록을 하지 않은 채 이 사건 사고차량을 중고차 수출업자인 소외 3에게 매도하였고, 소외 3은 역시 소유권이전등록을 하지 않은 상태에서 대리운전업체인 H연합에게 이 사건 사고차량을 차고지까지 운송할 것을 의뢰하였다. 그런데 H연합의 직원인 소외 4(가해자)는 같은 날 위 의뢰에 따라 이 사건 사고차량을 운전하던 중 다른 차량을 충격하여 그 운전자와 동승자에게 상해를 입히는 사고(이 사건 사고)를 일으켰고, H연합의 보험자인 원고(甲)는 위 피해자들에게 대인배상I 보험금을 지급한 후, 소외 1의 보험자인 피고(乙)에 대해 구상금을 청구하였다.

[판결요지]

자동차보험의 보험약관은 통상적으로 보통약관의 '보험계약의 승계'에 관한 조항에서 '보험계약자 또는 기명피보험자가 보험기간 중에 피보험자동차를 양도한 경우에는 기존 보험계약으로 인하여 생긴 보험계약자 및 피보험자의 권리와 의무는 피보험자동차의 양수인에게 승계되지 않으나, 보험계약자가 이 권리와 의무를 양수인에게 이전하고자 한다는 뜻을 서면 등으로 보험회사에 통지하여 보험회사가 승인한 경우에는 그 승인한 때부터 양수인에 대하여 기존 보험계약을 적용한다'는 취지의 규정(양도약관)과 '보험계약자 또는 기명피보험자가 보험기간 중에 기존의 피보험자동차를 폐차 또는 양도하고 그 자동차와 동일한 차종의 다른 자동차로 교체한 경우에는, 보험계약자가 기존 보험계약을 교체된 자동차에 승계시키고자 한다는 뜻을 서면 등으로 보험회사에 통지하여 보험회사가 승인한 때부터 기존 보험계약이 교체된 자동차에 적용되고, 이 경우 기존의 피보험자동차에 대한 보험계약의 효력은 위 승인이 있는 때에 상실된다'는 취지의 규정(이하 '교체약관'이라고 한다)을 두고 있고, 특별약관에서 '보험회사는 양도약관의 규정에 불구하고(단서의 승인이 있는 경우는 제외) 보험증권에 기재된 피보험자동차가 양도된 날로부터 15일째 되는 날의 24시까지의 기간 동안은 그 자동차를 배상책임(대인배상 I 및 의무보험 범위 내의 대물배상)의 피보험자동차로 간주하고 양수인을 보험계약자 및 기명피보험자로 본다'는 규정(의무보험 일시담보 약관)을 두고 있다.

<u>이러한 의무보험 일시담보 약관은 '보험기간 중에 피보험자동차가 양도된 경우 보험자의 승낙이 없는 한</u>

양도인의 자동차보험계약에 따른 권리의무가 양수인에게 승계되지 않는다는 상법 제726조의4 규정에도 불구하고, 자동차 양도일부터 자동차관리법에 정한 소유권이전등록 신청기간이 끝나는 날(그 이전에 양수인이 새로운 책임보험계약 등을 체결한 경우에는 그 계약 체결일)까지의 기간 동안에는 양수인이 의무보험의 계약에 관한 양도인의 권리의무를 승계한다'고 규정하고 있는 자동차손해배상 보장법 제26조를 반영한 것으로서, 상법 제726조의4 및 양도약관에 의하는 경우 피보험자가 보험기간 중에 피보험자동차를 양도하더라도 보험자의 승낙을 얻지 아니하는 한 양수인에게 자동차보험계약으로 인하여 생긴 권리와 의무가 승계되지 아니함으로써 발생할 수 있는 위 자동차의 무보험상태를 방지하여 피해자 및 양수인을 보호하기 위한 조항이므로, 여기서 말하는 '자동차의 양도'에는 특별한 사정이 없는 한 자동차를 양수하고 현실적으로 그 자동차의 점유를 이전받아 양도인 대신 그 자동차에 대한 사실상의 운행지배를 취득한 양수인이 자동차관리법에 정한 소유권이전등록을 하지 아니한 채 다시 제3자에게 이를 양도하고 현실적으로 그 자동차의 점유를 이전함으로써 그 운행지배를 상실한 경우도 포함된다는 것이 대법원의 판례이다. 그리고 이러한 법리는 피보험자가 자동차를 양도하고 교체약관에 따라 보험자의 승인을 얻어 기존 자동차보험계약의 피보험자동차를 위 양도한 자동차에서 새로 구입한 자동차로 교체한 경우에도 마찬가지로 적용된다고 보아야 한다.

이 사건 사고차량은 2012.7.5. 피고 보험계약의 피보험자인 소외 1로부터 소외 2에게로, 다음날 소외 2로부터 소외 3에게로 각 소유권이전등록 없이 차례로 양도되었고, 이에 따라 이 사건 사고차량에 대한 현실적인 점유 및 사실상의 운행지배도 소외 2및 소외 3에게로 차례로 이전되었으므로, 피고는 2012.7.5.로부터 15일째 되는 날의 24시까지의 기간동안에는 피고 보험계약에 포함되어 있는 의무보험 일시담보 약관에 의하여 이 사건 사고차량을 피보험자동차로, 소외 2또는 소외 3을 기명피보험자로 하는 대인배상 I보험 및 일정범위의 대물배상 보험 보험자의 지위를 갖고, 이는 소외 1이 2012.7.5.피고 보험계약의 교체약관에 따라 피고의 승인을 얻어 피고 보험계약의 피보험자동차를 이 사건 사고차량에서 이 사건 구입차량으로 교체하였더라도 마찬가지이다.

한편 이 사건 사고는 소외 3이 2012.7.6.이 사건 사고차량을 양수한 뒤 같은 날 대리운전업체인 H연합에 운전을 의뢰하여 그 직원인 소외 4가 운전을 하다가 발생한 것으로서, 소외 3은 이 사건 사고의 피해자들에 대한 관계에서는 이 사건 사고차량에 대한 운행지배와 운행이익을 갖고 있다고 보는 것이 상당하므로 위 피해자들에 대하여 자동차손해배상 보장법 제3조에 따른 손해배상책임을 부담하고, 따라서 피고는 피고 보험계약의 의무보험 일시담보 약관에 의하여 소외 3의 위 손해배상책임에 관하여 대인배상 I보험금을 지급할 의무를 부담한다고 할 것인데,이 사건 사고에 대하여 대인배상 I보험에 의하여 지급받을 수 있는 금액을 초과하는 금액만을 보상할 의무가 있는 원고가 이 사건 사고의 피해자들에게 대인배상 I보험금을 지급하였으므로, 이러한 원고의 보험금 지급이 피고에 대한 사무관리에 해당한다면 피고는 원고에게 원고가 지급한 보험금 상당액의 사무관리비용 상환의무를 부담하게 된다.

[쟁점사항]

이는 자동차보험의 피보험자가 기존의 구피보험자동차(A)를 양도하고 새로운 자동차(B)를 구입하여 위 자동차보험 보험자(기존 보험자 甲)의 승인을 얻어 위 보험의 피보험자동차를 구차량(A)에서 신차량(B)으로 교체한 경우에도 기존 보험자 甲은 의무보험 일시담보 특별약관에 의하여 일정한 기간 내에 구차량의 양수인이 구차량을 운행하던 중 발생한 사고에 대하여 대인배상I 보상금을 지급할 의무를 부담한다고 판단한 사례이다.

Ⅶ. 보증보험계약

1. 의의 및 효용

보증보험이란 보험계약자인 채무자의 계약상의 채무불이행 또는 법률상의 의무불이행으로 인하여 채권자가 입게 되는 손해를 보험자가 보상할 것을 목적으로 하는 보험을 말한다(상법 제726조의5). 이는 신종보험의 일종으로, 보험업법에서는 손해보험업의 보험종목으로 분류하고 있다(보험업법 제4조 제1항 제2호).[121]

채권자가 채무자의 채무불이행으로 손해를 보게 되는 것을 예방하기 위하여는 채무자로 하여금 보증인을 세우게 하거나 또는 물적 담보를 제공하게 하는 방법이 있다. 그러나 이 경우에 채권자는 보증인에게 보증채무를 이행시키거나 물적 담보를 집행하는 절차가 매우 복잡하고, 채무자는 인적·물적 담보를 구하는데 곤란을 겪게 된다. 보증보험은 채권자 및 채무자에게 이러한 어려움을 해결해줄 수 있는 효용을 갖고 있기 때문에 신종보험으로 발달하게 된 것이다.

2. 법적 성질

(1) 보험성

보증보험은 보험계약자의 행위로 인한 피보험자의 손해를 보험자가 보상하는 것이므로 손해보험적 성질을 가진다고 할 수 있다. 그러나 보험계약이 일반적으로 우발적인 보험사고로 인한 손해를 담보하고 있으므로 보험계약자가 일으킨 사고를 담보위험으로 하는 보증보험을 엄밀한 의미에서 보험으로 볼 수 있는지에 의문이 있을 수 있으나, 보증보험이 고의·과실로 인한 손해를 담보하고 있더라도 보험사고를 유발한 보험계약자와 피보험자가 동일인이 아니므로 윤리성에 반한다고 볼 수 없고, 비록 보험계약자가 유발한 사고위험을 담보한다고 하더라도 그것이 보험계약성립시에 불확정한 이상[122] 보험사고의 우연성은 갖추었다고 볼 수 있을 것이다.[123]

121) 2014년 개정 상법에서는 보증보험에 관한 규정을 신설하였다. 즉 상법에 보증보험에 관한 절을 신설하여 보증보험자의 책임, 보험편 중 보증보험의 성질상 적용이 부적절한 규정의 적용배제, 민법상 보증규정의 준용규정 등을 마련하였다(상법 제726조의5-제726조의7).

122) 대법원 2016. 1. 28. 선고 2013다74110 판결(보증보험계약은 기본적으로 보험계약으로서의 본질을 갖고 있으므로,

(2) 보증성

보증보험은 성질상 보증계약과 유사하다. 즉 보증보험은 채무 또는 의무이행을 담보하는 기능을 하는 점에서는 보증계약과 동일하다. 따라서 민법의 보증에 관한 규정이 보증보험에 대해서도 적용되게 된다(상법 제726조의7).[124][125][126] 다만, 보증과 다른 점은 보증인에 해당하는 보험자가 대가를 받고 보험인수로 인한 보증이 상행위에 해당하는 경우에 보증인과 주채무자는 연대책임을 지므로(상법 제57조 제2항), 민법상 보증에서와 같은 최고·검색의 항변권을 행사할 수는 없다.[127]

적어도 계약이 유효하게 성립하기 위해서는 계약 당시에 보험사고의 발생 여부가 확정되어 있지 않아야 한다는 우연성과 신의성의 요건을 갖추어야 한다. 그리고 계약보증계약은 주계약상 채무자가 귀책사유로 계약상 의무의 전부 또는 일부를 이행하지 아니하는 경우 채권자에게 귀속하는 계약보증금의 납부의무의 이행을 보증하는 보험계약이므로, 보험사고가 발생하였는지는 특별한 사정이 없는 한 주계약 전체를 대상으로 판단하여야 한다).

123) 대법원 2010. 4. 15. 선고 2009다81623 판결(상법 제644조의 규정에 의하면, 보험계약 당시에 보험사고가 발생할 수 없는 것인 때에는 보험계약의 당사자 쌍방과 피보험자가 이를 알지 못한 경우가 아닌 한 그 보험계약은 무효로 되는바, 보증보험계약은 기본적으로 보험계약으로서의 본질을 갖고 있으므로, 적어도 계약이 유효하게 성립하기 위해서는 계약 당시에 보험사고의 발생 여부가 확정되어 있지 않아야 한다는 우연성과 선의성의 요건을 갖추어야 한다).

124) 대법원 2012. 2. 23. 선고 2011다62144 판결(보증보험이란 피보험자와 어떠한 법률관계를 가진 보험계약자(주계약상의 채무자)의 채무불이행으로 인하여 피보험자(주계약상의 채권자)가 입게 될 손해의 전보를 보험자가 인수하는 것을 내용으로 하는 손해보험으로서, 형식적으로는 채무자의 채무불이행을 보험사고로 하는 보험계약이나 실질적으로는 보증의 성격을 가지고 보증계약과 같은 효과를 목적으로 하는 것이므로, 민법의 보증에 관한 규정, 특히 보증인의 구상권에 관한 민법 제441조 이하의 규정이 준용되고, 보증채무자가 주채무를 소멸시키는 행위는 주채무의 존재를 전제로 하므로, 보증인의 출연행위 당시 주채무가 성립되지 아니하였거나 타인의 면책행위로 이미 소멸되었거나 유효하게 존속하고 있다가 그 후 소급적으로 소멸한 경우에는 보증채무자의 주채무 변제는 비채변제가 되어 채권자와 사이에 부당이득반환의 문제를 남길 뿐이고 주채무자에 대한 구상권을 발생시키지 않는다); 대법원 2011. 11. 10. 선고 2011다62090 판결.

125) 대법원 2018. 3. 27. 선고 2015다12130 판결(보증보험계약에서 이행을 담보하는 주계약상의 채무가 확정되기 전에 구상채무의 보증인이 적법하게 보증계약을 해지하면 구체적인 보증채무가 발생하기 전에 보증계약관계가 종료된다. 따라서 그 이후 보험사고가 발생하여 보험자의 보험금지급채무가 확정되고 나아가 보험계약자의 구상채무까지 확정되더라도 구상채무의 보증인은 그에 관하여 보증책임을 지지 않는다).

126) 대법원 2004. 2. 13. 선고 2003다43858 판결; 대법원 2004. 12. 24. 선고 2004다20265 판결; 대법원 2005. 8. 25. 선고 2004다58277 판결; 대법원 2008. 6. 19. 선고 2005다37154 전원합의체 판결; 대법원 2010. 4. 15. 선고 2009다100616 판결 등 참조.

127) 대법원 2010. 4. 15. 선고 2009다81623 판결(甲과 乙이 통모하여 은행으로부터 대출을 받기 위해 甲을 임대인, 乙을 임차인으로 하는 임대차계약서를 허위로 작성한 후 이를 주계약으로 삼아 甲의 임대차보증금반환의무 불이행을 보험사고로 하는 보증보험계약을 체결하고, 은행은 그 이행보증보험증권을 담보로 乙에게 대출을 한 사안에서, 위 보증보험계약은 성립할 당시 주계약인 임대차계약이 통정허위표시로서 아무런 효력이 없어 보험사고가 발생할 수 없는 경우에 해당하므로 상법 제644조에 따라 무효이다).

◆ 대법원 2012. 2. 23. 선고 2011다62144 판결-보증보험의 성질

[사실개요]

피고(보험계약자)는 H 건설 소유의 부동산에 대하여 부동산가압류신청을 하였다가 법원으로부터 담보제공명령을 받게 되자, 원고(보험자)와 피보험자를 H 건설, 보험가입금액을 금145,000,000원으로 하여 부당한 가압류신청으로 인한 피보험자 H 건설의 피고에 대한 손해배상채권을 담보하기 위한 공탁보증보험계약(이 사건 보증보험계약)을 체결하고 그 증권을 제출하여 법원으로부터 부동산가압류결정을 받아 그 집행을 마쳤다. 피고는 H 건설을 상대로 위 가압류결정의 본안소송을 제기하였다가 패소하였다. 이에 H 건설은 피고를 상대로 위 가압류로 인한 손해배상을 구하는 소송을 제기한 결과, 2008. 5. 15. 위 법원으로부터 '피고는 H건설에게 5억 원 및 이에 대한 지연손해금을 지급하라'는 내용의 승소판결을 선고받았다. 주식회사 M은 H 건설로부터 형식적으로 확정된 위 판결에 기한 권리를 양도받아 위 확정판결을 집행권원으로 하여 원고에게 이 사건 보증보험계약에 기한 보험금의 지급을 청구하여 2008. 7. 24. 원고로부터 보험금 145,000,000원을 수령하였다. 그런데 피고는 위 보험금 지급 이후 형식적으로 확정된 위 판결에 대하여 추완항소를 제기하였는데, 그 항소심법원은 2009. 7. 16. 위 가압류로 인하여 피고가 H 건설에 대하여 손해배상책임을 부담하지 아니한다는 이유로 위 판결을 취소하고 H 건설의 피고에 대한 청구를 기각하는 판결을 선고하였다.

[판결요지]

보증보험이란 피보험자와 어떠한 법률관계를 가진 보험계약자(주계약상의 채무자)의 채무불이행으로 인하여 피보험자(주계약상의 채권자)가 입게 될 손해의 전보를 보험자가 인수하는 것을 내용으로 하는 손해보험으로서, 형식적으로는 채무자의 채무불이행을 보험사고로 하는 보험계약이나 실질적으로는 보증의 성격을 가지고 보증계약과 같은 효과를 목적으로 하는 것이므로, 민법의 보증에 관한 규정, 특히 보증인의 구상권에 관한 민법 제441조 이하의 규정이 준용되고, 보증채무자가 주채무를 소멸시키는 행위는 주채무의 존재를 전제로 하므로, 보증인의 출연행위 당시 주채무가 성립되지 아니하였거나 타인의 면책행위로 이미 소멸되었거나 유효하게 존속하고 있다가 그 후 소급적으로 소멸한 경우에는 보증채무자의 주채무 변제는 비채변제가 되어 채권자와 사이에 부당이득반환의 문제를 남길 뿐이고 주채무자에 대한 구상권을 발생시키지 않는다(대법원 2008. 6. 19. 선고 2005다37154 전원합의체 판결 등 참조).

이 사건 보증보험계약에 의하여 원고가 보장하는 채권은 피고가 부당하게 가압류를 신청함으로 인하여 H 건설에 대하여 부담하는 손해배상채권이라고 할 것인데, 그 손해배상채권은 H건설의 피고에 대한 손해배상청구소송에서 형식적으로 확정된 제1심판결이 추완항소에 의하여 취소되고 소외 H 건설의 청구가 기각된 판결이 확정됨으로써 소급하여 처음부터 없었던 것이 되었으므로, 원고가 위와 같이 존재하지 아니하는 채무를 변제하였다고 하더라도 그로 인하여 피고에 대하여 이 사건 보증보험계약에 기한 구상권을 가진다고 할 수 없다.

[쟁점사항]

이는 [1] 민법의 보증에 관한 규정이 보증보험계약에 적용되고, 보증인의 출연행위 당시 주채무가 성립되지 아니하였거나 타인의 면책행위로 이미 소멸되었거나 유효하게 존속하고 있다가 소급적으로 소멸한 경우, 보증인의 주채무자에 대한 구상권이 발생하는지 않는다고 하면서, [2] 보증보험계약자 甲이 H 회사 소유의 부동산에 관하여 가압류신청을 하면서 보증보험자 丙과 부당가압류로 인한 H 회사의 甲에 대한 손해배상채권을 담보하기 위한 공탁보증보험계약을 체결하였는데, 甲이 가압류결정의 본안소송에서 패소하자 H 회사가 甲을 상대로 가압류로 인한 손해배상청구소송을 제기하여 공시송달절차에 의하여 제1심에서 승소판결을 선고받고 판결이 형식적으로 확정되자 丙이 보험금을 지급하였으나, 그 후 甲이 추완항소를 제기하여 제1심판결을 취소하고 H 회사의 청구를 기각하는 판결이 선고되어 확정된 사안에서, 丙의 甲에 대한 구상금 청구는 부정된다고 판시한 사례이다.

◆ 대법원 2021. 2. 25. 선고 2020다248698 판결-보증보험의 보험사고

[사실개요]

A 회사(보험계약자)는 도급받은 이 사건 각 공사와 관련하여 피고(보증보험회사)와 보험기간을 각 5년으로 정하여 이 사건 각 하자보증보험계약을 체결하였는데, 그 보험약관 제6조는 '회사는 채무자인 계약자가 도급계약 또는 매매계약에 대하여 준공검사 또는 검수를 받은 후 하자담보책임기간 안에 발생한 하자에 대하여 그 보수 또는 보완청구를 받았음에도 불구하고 보험증권에 기재된 주계약에 따라 이를 이행하지 않음으로써 채권자인 피보험자가 입은 손해를 보험증권에 기재된 내용과 이 약관에 따라 보상하여 드립니다.'라고 정하고 있었다. A 회사가 이 사건 각 공사의 도급인(피보험자)으로부터 하자보수의 청구를 받았으나 이를 이행하지 않자 원고인 피보험자가 보증보험금을 청구하였으나 피고 보증보험회사가 이 사건 각 하자보증보험계약의 보험기간과 같은 기간인 주계약상의 하자담보기간 내에 권리행사를 하지 아니한 것 등을 이유로 보험금지급을 거절하였다.

[판결요지]

보증보험이란 피보험자와 어떠한 법률관계를 가진 보험계약자(주계약상의 채무자)의 채무불이행으로 인하여 피보험자(주계약상의 채권자)가 입게 될 손해의 전보를 보험자가 인수하는 것을 내용으로 하는 손해보험으로서, 피보험자가 보험자를 상대로 보험금청구권을 행사하기 위하여는 보험계약자의 주계약상의 채무불이행이라고 하는 '보험사고의 발생'과 이에 기한 '피보험자의 재산상 손해의 발생'이라는 두 요건을 필요로 한다. 즉 보험자는 보험계약자가 주계약에 따른 채무를 이행하지 아니함으로써 피보험자가 입게 되는 손해를 약관이 정하는 바에 따라 그리고 그 보험계약금액의 범위 내에서 보상하는 것이다.

특히 보험사고란 보험계약에서 보험자의 보험금 지급책임을 구체화하는 불확정한 사고를 의미하는 것으로서, 보증보험에서 보험사고가 구체적으로 무엇인지는 당사자 사이의 약정으로 계약내용에 편입된 보험약관과 보험약관이 인용하고 있는 보험증권 및 주계약의 구체적인 내용 등을 종합하여 결정하여야 한다. 그리고 보증보험증권에 보험기간이 정해져 있는 경우에는 보험사고가 그 기간 내에 발생한 때에 한하여 보험자가 보험계약상의 책임을 지는 것이 원칙이지만, 보증보험계약의 목적이 주계약의 하자담보책임기간 내에 발생한 하자에 대하여 보험계약자의 하자보수의무 불이행으로 인한 손해를 보상하기 위한 것임에도 보험기간을 주계약의 하자담보책임기간과 동일하게 정한 경우 특단의 사정이 없으면 위 보증보험계약은 그 계약의 보험기간, 즉 하자담보책임기간 내에 발생한 하자에 대하여는 비록 보험기간이 종료한 후 보험사고가 발생하였다고 하더라도 보험자로서 책임을 지기로 하는 내용의 계약이라고 해석함이 상당하다.

이 사건 각 하자보증보험계약에서 정한 보험사고란 보험계약자(주계약상의 채무자)인 A 회사가 5년의 각 보험기간 내에 발생한 하자에 대하여 그 보수 또는 보완청구를 받았음에도 이를 이행하지 아니하는 것 자체를 의미한다고 보아야 한다. 이때의 보험기간은 A 회사가 한 이 사건 각 공사의 하자발생에만 걸리는 것이지 A 회사가 그 보수 또는 보완청구를 받는 것에는 걸리지 아니함이 보험약관 제6조의 문언상 분명하다. 그러므로 이 사건 각 하자보증보험계약의 보험기간 내에 발생한 하자에 대하여는 설령 보험기간이 지난 후에 보수 또는 보완청구가 이루어졌을지라도 A 회사가 주계약에 따라 이를 이행하지 아니하였던 이상 피고 보증보험 역시 이러한 하자에 관하여 보험가입금액의 범위 내에서 보험자로서의 책임을 부담하는 것이 원칙이다.

[쟁점사항]

이는 특히 보증보험에서 보험사고가 구체적으로 무엇인지와 관련하여 보험약관과 보험약관이 인용하고 있는 보험증권 및 주계약의 구체적인 내용 등을 종합하여 결정하여야 하는데, 보증보험증권에 보험기간이 정해져 있는 경우에도 보증보험계약의 목적이 주계약의 하자담보책임기간 내에 발생한 하자에 대하여 보험계약자의 하자보수의무 불이행으로 인한 손해를 보상하기 위한 것임에도 보험기간을 주계약의 하자담보책임기간과 동일하게 정한 경우 특단의 사정이 없으면 위 보증보험계약은 그 계약의 보험기간, 즉 하자담보책임기간 내에 발생한 하자에 대하여는 비록 보험기간이 종료한 후 보험사고가 발생하였다고 하더라도 보험자로서 책임을 지기로 하는 내용의 계약이라고 해석해야 한다고 본 사례이다.

3. 종류

보증보험은 보험자가 인수하는 위험의 종류에 따라 여러 가지로 나뉘는데, 보험업법은 계약상의 채무이행을 보증하는 보험[128]과 법령상의 의무이행을 보증하는 보험[129]으로 나누고 있다(보험업법 제2조 3호). 이행보증보험[130]·할부판매보증보험[131]·지급계약보증보험[132]·사채보증보험 등은 전자에 속하고, 납세보증보험[133]·인허가보증보험[134]

128) 대법원 2010. 4. 15. 선고 2009다81623 판결.

129) 대법원 2009. 2. 26. 선고 2005다32418 판결(납세보증보험은 보험금액의 한도 안에서 보험계약자가 보증 대상 납세의무를 납기 내에 이행하지 아니함으로써 피보험자가 입게 되는 손해를 담보하는 보증보험으로서 보증에 갈음하는 기능을 가지고 있어, 보험자의 보상책임을 보증책임과 동일하게 볼 수 있으므로, 납세보증보험의 보험자가 그 보증성에 터잡아 보험금을 지급한 경우에는 변제자대위에 관한 민법 제481조를 유추 적용하여 피보험자인 세무서가 보험계약자인 납세의무자에 대하여 가지는 채권을 대위행사할 수 있다).

130) 대법원 2006. 4. 28. 선고 2004다16976 판결(보험사고란 보험계약에서 보험자의 보험금 지급책임을 구체화하는 불확정한 사고를 의미하는 것으로서, 계약이행보증보험에 있어서 보험사고가 구체적으로 무엇인지는 당사자 사이의 약정으로 계약내용에 편입된 보험약관과 보험약관이 인용하고 있는 보험증권 및 주계약의 구체적인 내용 등을 종합하여 결정하여야 한다. 계약이행보증보험계약에 있어서 보험약관 등 제반 사정에 비추어 볼 때, 주계약에서 정한 채무의 불이행 그 자체만으로는 아직 보험사고가 발생한 것으로 볼 수 없고, 피보험자가 보험기간 안에 채무불이행을 이유로 보험계약자에 대하여 주계약을 해제하여 계약이행보증금반환채권을 가지게 된 때에 비로소 보험사고가 발생한 것으로 봄이 상당하다).

131) 보증보험계약의 전제가 되는 주계약이 무엇이고 피보험자가 누구인지는 보험계약서와 그 보험계약의 내용으로 삼은 보험약관의 내용, 당사자가 보험계약을 체결하게 된 경위와 그 과정 등 제반 사정을 종합하여 판단하여야 하는데, 甲주식회사가 자동차 제조·판매회사인 乙주식회사 등과 자동차 매매계약을 체결하면서 丙보증보험회사와 할부판매보증보험계약을 체결한 다음 보험증권을 담보로 할부금융사인 丁주식회사와 할부금융대출약정을 체결한 사안에서, 대법원은 위 보증보험계약은 할부금융대출약정을 보증대상인 주계약으로, 丁회사를 피보험자로 하여 체결된 것이라고 하였다(대법원 2014. 9. 4. 선고 2011다67637 판결).

132) 대법원은 지급계약보증보험에 있어 보험사고의 판단 기준에 대해 당사자 사이의 약정으로 계약내용에 편입된 보험약관과 보험약관이 인용하고 있는 보험증권 및 주계약의 구체적인 내용 등을 종합하여 결정하여야 할 것이라고 하면서, 지급계약보증보험계약에 있어서 보험약관과 주계약의 내용을 종합할 때, 주계약에 정한 채무의 불이행 그 자체만으로는 아직 보험사고가 발생한 것으로 볼 수 없고, 피보험자인 채권자가 보험기간 안에 채무불이행을 이유로 보험계약자인 채무자에 대하여 주계약을 해지하여 손해배상채권을 가지게 된 때에 비로소 보험사고가 발생한 것으로 봄이 상당하다고 보고 있다(법원 2000. 3. 24. 선고 98다25177 판결).

133) 대법원 2009. 2. 26. 선고 2005다32418 판결(납세보증보험은 보험금액의 한도 안에서 보험계약자가 보증 대상 납세의무를 납기 내에 이행하지 아니함으로써 피보험자가 입게 되는 손해를 담보하는 보증보험으로 보증에 갈음하는 기능을 가지고 있어, 보험자의 보상책임을 보증책임과 동일하게 볼 수 있으므로, 납세보증보험의 보험자가 그 보증성에 터잡아 보험금을 지급한 경우에는 변제자대위에 관한 민법 제481조를 유추 적용하여 피보험자인 세무서가 보험계약자인 납세의무자에 대하여 가지는 채권을 대위행사할 수 있다. 채무를 변제할 이익이 있는 자가 채무를 대위변제한 경우에 통상 채무자에 대하여 구상권을 가짐과 동시에 민법 제481조에 의하여 당연히 채권자를 대위하나, 위 구상권과 변제자 대위권

등은 후자에 속한다. 그밖에도 신용을 보증하는 보험인 신원보증보험[135]·신용카드보증보험 등이 있다.

4. 보증보험의 법률관계

(1) 보증보험계약의 당사자

보험자, 보험계약자(채무자) 및 피보험자(채권자)의 3당사자이다. 보험계약자는 채무자이고 피보험자는 채권자로서, 이들 양자는 상호 이해가 대립되는 자이므로 동일인이 될 수 없다. 따라서 보증보험계약은 앞에서 본 바와 같이 언제나 형식상 타인을 위한 보험계약이 되며, 이 점에서 다른 손해보험계약과 차이가 있다. 보증보험계약에 있어서 보험계약의 당사자는 보험자와 보험계약자이기 때문에, 해지사유가 있는 경우 보험자는 보험계약자에게 해지권을 행사하여야 한다.[136]

그런데 타인을 위한 보험에 있어서, 손해보험계약의 경우에 보험계약자가 그 타인에게 보험사고의 발생으로 생긴 손해의 배상을 한 때에는 보험계약자는 그 타인의 권리

은 그 원본, 변제기, 이자, 지연손해금의 유무 등에 있어서 그 내용이 다른 별개의 권리이므로, 대위변제자와 채무자 사이에 구상금에 관한 지연손해금 약정이 있더라도 이 약정은 구상금을 청구하는 경우에 적용될 뿐, 변제자대위권을 행사하는 경우에는 적용될 수 없다).

134) 대법원 2006. 4. 13. 선고 2004다58178 판결(보험계약자가 토석채취변경허가를 받으면서 산림훼손 부분에 대한 복구비용을 허가관청에 예치함에 있어서 현금 대신 보증보험증권으로 예치하기 위하여 보증보험회사와 사이에 체결하는 인·허가보증보험은 보험계약자가 토석채취허가의 조건인 적지복구의무를 이행하지 아니함으로써 피보험자인 허가관청이 입게 된 손해 즉, 피보험자가 보험계약자 이외의 제3자에게 적지복구에 관한 행정대집행을 의뢰하고 그 비용을 실제로 지급함으로써 입게 되는 손해를 전보함을 목적으로 하는 것으로서, 그 보험사고는 토석채취허가를 받은 보험계약자가 토석채취허가의 조건인 산림훼손 부분에 대한 복구의무를 불이행함으로써 발생하는 것이다(대법원 2003. 6. 13. 선고 2003다4563 판결 참조)).

135) 대법원 2007. 10. 25. 선고 2005다15949 판결(신원보증보험계약에 적용되는 추가위험부담특별약관(Ⅰ)에 의하여 피보증인이 피보험자를 위하여 그 사무를 처리함에 있어 중대한 과실이나 선량한 관리자로서의 책임을 다하지 못함으로써 피보험자가 입은 재산상의 직접손해(피보험자가 위의 사유로 법률상의 손해배상책임을 부담함으로써 입은 손해를 포함한다)도 보상대상으로 정한 경우, 피보험자가 법률상의 손해배상책임을 부담함으로써 입은 손해에 대하여 보험자가 보상하기로 약정한 부분은 피보험자가 피보증인의 행위로 인하여 직접 입은 손해를 보상하는 것이 아니라 피보험자의 피용인인 피보증인의 행위로 인하여 제3자가 손해를 입게 된 결과 피보험자가 그 제3자에 대하여 법률상 손해배상책임을 부담함으로써 입은 손해를 보상하는 것을 그 내용으로 하고 있으므로 손해보험 중에서도 일종의 영업책임보험(상법 제721조)의 성격을 가지고 있다).

136) 대법원 2002. 11. 8. 선고 2000다19281 판결(보증보험계약은 보험계약자인 채무자의 채무불이행으로 인하여 채권자가 입게 되는 손해의 전보를 보험자가 인수하는 것을 내용으로 하는 타인을 위한 손해보험계약이라고 할 것인바, 이러한 보증보험계약에 있어서 보험계약자의 고지의무 위반을 이유로 한 해지의 경우에 계약의 상대방 당사자인 보험계약자나 그의 상속인(또는 그들의 대리인)에 대하여 해지의 의사표시를 하여야 하고, 보험금 수익자에게 해지의 의사표시를 하는 것은 특별한 사정(보험약관상의 별도기재 등)이 없는 한 효력이 없다고 할 것이며, 이러한 결론은 그 보증보험계약이 상행위로 행하여졌다거나 혹은 보험계약자의 소재를 알 수 없다는 이유만으로 달라지지는 않는다).

를 해하지 아니하는 범위 안에서 보험자에게 보험금액의 지급을 청구할 수 있다(상법 제639조 제2항 단서). 그렇다면 보증보험에 있어서도 이와 같이 볼 수 있는가 하는 문제가 있다. 보증보험이 타인을 위한 보험계약의 성질을 가지고 있음에도 불구하고, 2014년 개정 상법은 이 규정을 적용하지 않음을 분명히 하고 있다(상법 제726조의6 제1항). 보험계약자는 피보험자에게 인적 또는 물적 담보를 제공하는 대신 보증보험에 가입한 것이고, 가령 보험계약자가 피보험자에게 변제하게 되면 계약상의 채무불이행 또는 법령상의 의무불이행이라는 보험사고가 발생할 여지가 없기 때문이다.

(2) 보증보험의 목적

보증보험은 일반적인 물건보험과 같이 재산상의 이익에 발생한 손실의 보상을 목적으로 하며, 이러한 재산상의 이익에는 권리도 포함되므로 손해보험적 성질을 가진다. 다만, 보험의 목적이 물건보험에서와 같은 물건이 아니라, 무형의 채권이라는 점에서 차이가 날 뿐이다.

(3) 보험자의 보상책임

1) 보험금

보험자는 피보험자가 보험기간 중에 생긴 보험사고로 인하여 입은 실제의 손해를 보상할 책임을 지는데(상법 제665조), 이 보상액은 보험금액을 한도로 한다.[137] 그러나 당사자간에 정액보상특약이 있는 경우에는 그 금액을 정액으로 보상하여야 한다. 이 때 보증보험에서의 보험사고는 인위적인 사고라는 점,[138] 보험사고가 발생하여도 손해가 생기지 않는 경우도 있는 점(예컨대 입찰보증보험에서 피보험자가 동액으로 다시 계약을 체결하는 경우) 등의 특징이 있다.[139]

137) 대법원 1994. 9. 9. 선고 94다2725 판결.

138) 대법원 2016. 1. 28. 선고 2013다74110 판결(보증보험계약은 기본적으로 보험계약으로서의 본질을 갖고 있으므로, 적어도 계약이 유효하게 성립하기 위해서는 계약 당시에 보험사고의 발생 여부가 확정되어 있지 않아야 한다는 우연성과 선의성의 요건을 갖추어야 한다. 그리고 계약보증계약은 주계약상 채무자가 귀책사유로 계약상 의무의 전부 또는 일부를 이행하지 아니하는 경우 채권자에게 귀속하는 계약보증금의 납부의무의 이행을 보증하는 보험계약이므로, 보험사고가 발생하였는지는 특별한 사정이 없는 한 주계약 전체를 대상으로 판단하여야 한다).

139) **대법원 2004. 5. 28. 선고 2001다84183 판결**(보증보험이란 피보험자와 어떠한 법률관계를 가진 보험계약자(주계약상의 채무자)의 채무불이행으로 인하여 피보험자(주계약상의 채권자)가 입게 될 손해의 전보를 보험자가 인수하는 것을 내용으로 하는 타인을 위한 보험계약이므로 그 피보험자인 주계약상의 채권자는 보험사고가 발생하는 경우 보험자에 대하여 당연히 보험금지급청구권을 갖는 것이고, 따라서 보증보험의 피보험자인 주계약상의 채권자가 주채무자에 대하여

2) 보험자의 면책사유

보험자는 법률상 또는 약관상의 면책사유에 의하여 그 보상책임을 면한다. 다만 주의할 점은 상법 제659조의 적용에 있어서 보증보험의 성질상 보험계약자의 고의·중과실로 인한 보험사고는 보험자의 면책사유가 아니고, 피보험자의 고의·중과실로 인한 보험사고만이 보험자의 면책사유가 된다는 점이다.[140] 또한 피보험자가 정당한 사유없이 보험자의 손해조사에 협조하지 아니함으로써 증가된 손해에 대하여도 보험약관에 의하여 보험자는 면책되는 경우가 많다.

2014년 개정 상법은 이러한 점을 반영하여 보증보험계약에 관하여는 보험계약자의 사기, 고의 또는 중대한 과실이 있는 경우에도 이에 대하여 피보험자에게 책임이 있는 사유가 없으면 고지의무위반으로 인한 계약해지(상법 제651조), 위험변경증가의 통지의무위반으로 인한 계약해지(상법 제652조), 보험계약자 등의 고의나 중과실로 인한 위험증가와 계약해지(상법 제653조)를 할 수 없을 뿐만 아니라, 보험계약자의 고의 또는 중대한 과실로 보험사고가 생긴 경우 보험자가 면책되는 규정(상법 제659조 제1항)을 적용하지 아니한다고 함으로써, 이 점을 분명히 하고 있다.

(4) 보험자의 대위와 구상

1) 보험자의 대위 문제

보증보험계약의 경우에도 상법 제682조의 보험자대위의 규정을 적용할 수 있는지가 문제된다. 보증보험의 경우에는 보험사고가 보험계약에 의하여 발생되는데 보험계약자는 계약의 당사자로서 상법 제682조에서 말하는 제3자에 포함되지 않는다는 이유로 상법 제682조에서의 보험자대위를 부정하는 견해가 있다. 다만 이 견해는 상법에 의한 보험자대위는 부인하지만, 민법 제441조에 의한 보험자의 보험계약자에 대한 구상권은 인정하고 있다.

그러나 앞에서 설명한 것과 같이 보증보험계약도 타인을 위한 계약의 형식으로 이루어지고 '타인을 위한 보험계약'의 경우에 보험계약자는 '자기를 위한 보험계약'의 경

주계약상의 채권을 행사하여야 할 의무를 부담하는 특단의 사정이 없는 한 보험사고가 발생하면 보험자를 상대로 보증보험계약상의 보험금지급청구권을 행사할 수 있다고 할 것이다).

140) 대법원 1997. 1. 24. 선고 95다12613 판결(보증보험은 피보험자와 어떠한 법률관계를 가진 보험계약자의 채무불이행으로 인하여 피보험자가 입게 될 손해의 전보를 보험자가 인수하는 것을 내용으로 하는 손해보험이므로, 보증보험의 성질상 보험계약자의 고의 또는 중과실로 인한 보험사고의 경우 보험자의 면책을 규정한 상법 제659조 제1항은 특별한 사정이 없는 한 보증보험에는 적용되지 않는다).

우의 보험계약자와는 다르고, 보험자대위의 입법취지가 보험사고로 인하여 2중의 이득을 보는 것을 방지하고 보험사고에 대하여 책임을 지는 자가 책임을 면할 수 없도록 하는데 있다는 점에서 보아도 '타인을 위한 보험계약'인 보증보험의 경우에 보험계약자도 상법 제682조의 제3자에 포함된다고 보아야 할 것이다.[141]

2) 구상권 문제

보증보험계약에서 보험자는 보험계약자로부터 보증료를 받고 피보험자에 대하여 보증을 한 것이라고 볼 수 있으므로, 보험금을 지급한 보험자는 채무자의 부탁에 의한 보증인에 준하여 민법 제441조에 따라 구상을 할 수 있다. 따라서 수급인의 선급금 반환채무 이행을 보증한 보증보험자와 주계약상의 보증인은 공동보증인 관계이므로, 그들 중 어느 일방이 자기의 출재로 채무를 소멸시킨 경우에는 민법 제448조[142]에 의해 상대방에게 구상권을 행사할 수 있다.[143] 그리고 공동보증인 사이의 구상권에 관한 민법 제448조도 준용된다.[144]

---

141) 대법원 1992. 5. 12. 선고 92다4345 판결(보증보험은 계약상의 채무불이행 또는 법령상의 의무불이행으로 인한 손해를 보상할 것을 목적으로 하는 보험으로서 손해보상성과 더불어 보증성을 갖는 것이므로 보증성에 터잡은 보험자의 보험계약자 및 그 연대보증인에 대한 구상권약정이 보험의 본질에 반하거나 불공정한 법률행위로서 무효라고 볼 수 없다).

142) 민법 제448조(공동보증인간의 구상권)
① 수인의 보증인이 있는 경우에 어느 보증인이 자기의 부담부분을 넘은 변제를 한 때에는 제444조의 규정을 준용한다.
② 주채무가 불가분이거나 각 보증인이 상호연대로 또는 주채무자와 연대로 채무를 부담한 경우에 어느 보증인이 자기의 부담부분을 넘은 변제를 한때에는 제425조 내지 제427조의 규정을 준용한다.

143) 대법원 2012. 5. 24. 선고 2011다109586 판결([1] 선급금 반환의무는 수급인의 채무불이행에 따른 계약해제로 인하여 발생하는 원상회복의무의 일종이고, 보증인은 특별한 사정이 없는 한 채무자가 채무불이행으로 인하여 부담하여야 할 손해배상채무와 원상회복의무에 관하여도 보증책임을 지므로, 민간공사 도급계약에서 수급인의 보증인은 특별한 사정이 없다면 선급금 반환의무에 대하여도 보증책임을 진다. 그리고 민간공사 도급계약 연대보증인의 보증책임은 각종 보증서의 구비 여부, 도급계약의 내용, 보증 경위 등을 참작하여 개별적으로 구체적인 사안에 따라 법률행위의 해석에 의하여 판단되어야 하지만, 특별한 약정이 없다면 수급인의 책임과 마찬가지로 금전채무보증과 시공보증을 포함한다고 보아야 한다. [2] 수급인이 도급계약에 따라 도급인에 관하여 부담하는 선급금 반환채무의 이행을 보증한 보증보험자와 주계약상 보증인은 채권자인 도급인에 대한 관계에서 채무자인 수급인의 선급금 반환채무 이행에 관하여 공동보증인의 관계에 있다고 보아야 하므로, 그들 중 어느 일방이 변제 기타 자기의 출재로 채무를 소멸하게 하였다면 그들 사이에 구상에 관한 특별한 약정이 없더라도 민법 제448조에 의하여 상대방에 대하여 구상권을 행사할 수 있다. [3] 보증보험회사인 甲 이 ○○아파트 건설공사 원사업자인 乙 주식회사로부터 일부 공사를 도급받은 丙 주식회사와 피보험자를 乙 회사로 하는 내용의 선급금 보증보험계약을 체결하였는데, 이후 丙 회사 부도로 공사가 중단되자 乙 회사에 보험금을 지급한 다음 도급계약서에 수급인의 보증인으로 기명·날인한 丁 주식회사를 상대로 구상권을 행사한 사안에서, 丁 회사가 선급금 부분에 대하여 책임이 없다는 등의 단서 조항 없이 도급계약서에 수급인의 보증인으로 기명·날인한 점, 丙 회사가 乙 회사에 부담하는 채무는 상행위 채무여서 보증인이 연대하여 변제할 책임이 있는 점 등에 비추어 丁 회사는 선급금 반환채무까지 포함하여 연대보증한 것으로 보아야 하고, 甲 회사와 丁 회사는 선급금 반환채무에 관하여 공동보증인 관계에 있으므로 甲 회사가 丁 회사에 구상권을 행사할 수 있다고 보아야 하는데도, 이와 달리 본 원심판결에 건설공사도급계약에서 연대보증인의 책임에 관한 법리오해의 위법이 있다).

144) 종래는 판례는 민법 제448조가 준용되지 않는다고 보았으나(대법원 2001. 2. 9. 선고 2000다55089 판결), 대법원

◆ 대법원 2008. 6. 19. 선고 2005다37154 전원합의체 판결-공동보증인과 구상권

[사실개요]

양산시(피보험자)는 근로자복지아파트를 건축하여 관내에 거주하는 근로자들에게 분양하기 위하여 소외 A 회사(보험계약자)와 사이에 도급계약을 체결하였다. 원고(건설회사)는 양산시에게 A 회사와 연대하여 위 도급계약상의 의무를 이행할 것을 보증하였다. A 회사는 하자보수보증서를 피고(건설공제조합)로부터 발급받아 이를 양산시에게 교부하였다.

A 회사는 아파트신축공사를 마친 다음 양산시에게 이를 인도하였는데 분양 후 하자가 발생하여, 양산시는 피고에게 하자보수보증서에 정한 보증금의 지급을 요청하는 한편, A 회사와 연대보증인인 원고를 상대로 하자보수에 갈음하는 손해배상청구의 소를 제기하였고, 법원은 원고에게 하자보수에 갈음하는 손해배상 및 지연손해금을 지급하라는 판결을 선고하였다. 위 판결이 확정됨에 따라 원고는 양산시에게 손해배상금을 모두 지급하였다. 이후 원고는 위 아파트의 하자보수와 관련해서 원고와 피고는 양산시에 대한 공동보증인의 지위에 있기 때문에 원고가 피고의 보증금에 상당하는 금액을 포함하여 양산시에게 하자보수에 갈음하는 손해배상금을 지급함으로써 피고가 보증금 지급채무를 면하게 되었으므로, 피고는 원고에게 보증금액 상당액을 지급할 의무가 있다고 주장하였다.

[판결요지]

구 건설공제조합법에 따라 건설공제조합이 조합원으로부터 보증수수료를 받고 그 조합원이 다른 조합원 또는 제3 자와 사이의 도급계약에 따라 부담하는 하자보수의무를 보증하기로 하는 내용의 이 사건 보증계약은, 무엇보다 채무자의 신용을 보완함으로써 일반적인 보증계약과 같은 효과를 얻기 위하여 이루어지는 것으로서, 그 계약의 구조와 목적, 기능 등에 비추어 볼 때 그 실질은 의연 보증의 성격을 가진다 할 것이므로, 민법의 보증에 관한 규정, 특히 보증인의 구상권에 관한 민법 제441조 이하의 규정이 준용된다 할 것이다. 따라서 조합과 주계약상 보증인은 채권자에 대한 관계에서 채무자의 채무이행에 관하여 공동보증인의 관계에 있다고 보아야 할 것이므로, 그들 중 어느 일방이 변제 기타 자기의 출재로 채무를 소멸하게 하였다면 그들 사이에 구상에 관한 특별한 약정이 없다 하더라도 민법 제448조에 의하여 상대방에 대하여 구상권을 행사할 수 있다고 할 것이다. 이와 달리, 조합과 주계약상 보증인이 공동보증인의 관계에 있다고 보기 어렵고 따라서 그들 사이에 민법 제448조가 준용될 수 없으므로 주계약상 보증인이 조합을 상대로 구상권을 행사할 수 없다고 판시한 대법원 2001. 7. 27. 선고 2001다25887 판결은, 이 판결의 견해와 배치되는 범위 내에서 이를 변경하기로 한다.

[쟁점사항]

이는 이 사건 주계약상의 보증인인 원고(건설회사)가 하자로 인한 손해배상채무를 변제하고 이 사건 하자보수보증계약상의 보증인인 피고(건설공제조합)를 상대로 구상금을 청구한 것에 대해 원심은 원·피고가 민법 제448조가 준용되는 공동보증인의 지위에 있지 않다는 이유로 원고의 청구를 배척하였으나, 구 건설공제조합법에 따라 조합원의 하자보수의무를 보증한 건설공제조합과 주계약상 보증인의 관계를 공동보증인 관계로 보면서, 그들 중 어느 일방이 자기의 출재로 채무를 소멸시킨 경우 민법 제448조에 의하여 상대방에게 구상권을 행사할 수 있다고 한 것으로, 대법원 2001. 7. 27. 선고 2001다25887 판결을 전원합의체로 변경한 판례이다.

2008. 6. 19. 선고 2005다37154 전원합의체 판결에 의해 준용되는 것으로 변경되었다.

◆ 대법원 2012. 5. 24. 선고 2011다109586 판결

[사실개요]

원고 甲 주식회사(보증보험회사)는 아파트 건설공사 원사업자인 을 주식회사로부터 일부 공사를 도급받은 병 주식회사와 피보험자를 을 주식회사로 하는 선급금 보증보험계약을 체결하였다. 원고는 병 주식회사의 부도로 도급공사가 중단되자 을 주식회사에 보험금을 지급한 후 도급계약서에 피고의 보증인으로 기명날인한 정 주식회사를 상대로 구상권을 행사하였다.

[판결요지]

선급금 반환의무는 수급인의 채무불이행에 따른 계약해제로 인하여 발생하는 원상회복의무의 일종이고(대법원 1996. 3. 22. 선고 94다54702 판결 등 참조), 보증인은 특별한 사정이 없는 한 채무자가 채무불이행으로 인하여 부담하여야 할 손해배상채무와 원상회복의무에 관하여도 보증책임을 지므로, 민간공사 도급계약에 있어 수급인의 보증인은 특별한 사정이 없다면 선급금 반환의무에 대하여도 보증책임을 진다. 그리고 민간공사 도급계약 연대보증인의 보증책임은 각종 보증서의 구비 여부, 도급계약의 내용, 보증경위 등을 참작하여 개별적으로 구체적인 사안에 따라 법률행위의 해석에 의하여 판단되어야 하는 것이지만, 특별한 약정이 없다면 수급인의 책임과 마찬가지로 금전채무보증과 시공보증을 포함한다고 보아야 한다.

수급인이 도급계약에 따라 도급인에 관하여 부담하는 선급금 반환채무의 이행을 보증한 보증보험자와 주계약상 보증인은 채권자인 도급인에 대한 관계에서 채무자인 수급인의 선급금 반환채무 이행에 관하여 공동보증인의 관계에 있다고 보아야 할 것이므로, 그들 중 어느 일방이 변제 기타 자기의 출재로 채무를 소멸하게 하였다면 그들 사이에 구상에 관한 특별한 약정이 없다고 하더라도 민법 제448조에 의하여 상대방에 대하여 구상권을 행사할 수 있다고 할 것이므로(대법원 1997. 6. 27. 선고 97다14576 판결; 대법원 대법원 2008. 6. 19. 선고 2005다37154 전원합의체 판결 등 참조), 위 선급금 보증보험계약에 따라을 주식회사에 선급금 반환채무를 이행한 원고는 정 주식회사에 대하여 구상권을 행사할 수 있다고 할 것이다.

[쟁점사항]

이는 민간공사 도급계약에서 수급인의 보증인이 계약해제에 따른 선급금 반환의무에 대하여도 보증책임을 진다고 보면서, 수급인의 선급금 반환채무 이행을 보증한 보증보험자와 주계약상 보증인의 관계를 공동보증인으로 보고, 그들 중 어느 일방이 자기의 출재로 채무를 소멸시킨 경우 민법 제448조에 의해 상대방에게 구상권을 행사할 수 있다고 본 판례이다.

보험법

제4장
인보험

제1절
총설

Ⅰ. 인보험계약의 의의와 특성

1. 의의

인보험계약(contract of person insurance)이란 보험자가 보험료를 받고 피보험자의 생명 또는 신체에 관하여 보험사고가 생길 경우에 보험계약의 정하는 바에 따라 보험금액 기타의 급여를 하기로 약정하는 보험계약을 말한다. 우리 상법은 인보험을 생명보험과 상해보험으로 나누어 규정하고 있다.

2. 특성

인보험의 목적은 사람이나, 손해보험의 목적은 피보험자의 물건 기타의 재산이다. 인보험의 보험사고는 사람의 생명·신체에 관한 사고이나, 손해보험의 보험사고는 피보험자의 물건 기타의 재산에 관한 사고이다. 인보험에는 정액(定額)보험과 부정액(不定額)보험이 있으나, 손해보험은 언제나 부정액보험이다. 또한 인보험은 사람의 생명·신체에 관한 것이므로 이에 대한 금전적인 평가는 있을 수 없기 때문에, 인보험에서는 보통 피보험이익 및 보험가액을 인정하지 않는다.

Ⅱ. 인보험증권

인보험증권에는 상법 제666조에 열거된 손해보험증권의 기재사항 이외에, 보험계약의 종류, 피보험자의 주소·성명 및 생년월일, 보험수익자를 정한 때에는 그 주소·성명 및 생년월일을 기재하여야 한다(상법 제728조). 여기서 보험계약자는 보험수익자를 계약 당시에 정하지 않고, 후에 정할 것을 유보할 수도 있다(상법 제733조 참조).

Ⅲ. 보험자대위의 금지

인보험에 있어서는 보험계약의 목적이 손해보상에 있는 것이 아니므로 보험자는 보험사고로 인하여 생긴 보험계약자 또는 보험수익자의 제3자에 대한 권리를 대위하여 행사하지 못한다(상법 제729조 본문). 그러나 상해보험계약의 경우는 예외적으로 보험자와 보험계약자 사이에 다른 약정이 있는 때에 보험자는 피보험자의 이익을 해하지 아니하는 범위 안에서 그 권리를 대위하여 행사할 수 있다(동조 단서). 이는 손해보험의 성격을 띠고 있는 상해보험계약의 경우에 약관의 정함에 따라 보험자대위권을 행사할 수 있는 길을 마련한 것이다.

◆ 대법원 2007. 4. 26. 선고 2006다54781 판결-당사자간 약정이 있는 경우의 대위 가능 여부

[사실개요]

원고(보험자)와 망 소외 1사이에 체결된 자동차보험의 약관에 자기신체사고의 '지급보험금'은 '보험계약에서 정한 자기신체사고 보상액'에서 '자동차보험 대인배상 I 및 대인배상 II에 의하여 보상받을 수 있는 금액'을 공제한 금액으로 규정되어 있고, 자기신체사고의 경우 보험자가 피보험자의 제3자에 대한 손해배상청구권을 대위하여 취득하지 못한다고 규정되어 있었다. 원고는 망 소외 1이 교통사고를 당한 직후 그 사고에 대한 책임소재가 불분명한 상태에서 일단 망 소외 1의 처인 소외 2에게 자기신체사고 사망보험금 30,000,000원을 지급하되, 만일 소외 2가 가해차량의 보험자인 피고로부터 손해배상을 받을 수 있음이 판명될 경우 보험금 지급사유가 없음에도 지급된 30,000,0000원 상당을 반환받기 위한 담보 또는 변제의 방법으로 소외 2의 피고에 대한 손해배상채권 중 금 30,000,000원 부분을 양도받기로 하는 내용의 계약(이 사건 채권양도계약)을 체결하였다. 이후 피고(소외 2)는 이 사건 채권 양도는 자배법 제32조의 규정에 반하여 무효라고 주장하였다.

[판결요지]

상법 제729조 전문이나 보험약관에서 보험자대위를 금지하거나 포기하는 규정을 두고 있는 것은, 손해보험의 성질을 갖고 있지 아니한 인보험에 관하여 보험자대위를 허용하게 되면 보험자가 보험사고 발생시 보험금을 피보험자나 보험수익자(피보험자 등)에게 지급함으로써 피보험자 등의 의사와 무관하게 법률상 당연히 피보험자 등의 제3자에 대한 권리가 보험자에게 이전하게 되어 피보험자 등의 보호에 소홀해질 우려가 있다는 점 등을 고려한 것이라고 해석되므로, 피보험자 등의 제3자에 대한 권리의 양도가 법률상 금지되어 있다거나 상법 제729조 전문 등의 취지를 잠탈하여 피보험자 등의 권리를 부당히 침해하는 경우에 해당한다는 등의 특별한 사정이 없는 한, 상법 제729조 전문이나 보험약관에서 보험자대위를 금지하거나 포기하는 규정을 두고 있다는 사정만으로 피보험자 등이 보험자와의 다른 원인관계나 대가관계 등에 기하여 자신의 제3자에 대한 권리를 보험자에게 자유롭게 양도하는 것까지 금지된다고 볼 수는 없다.

[쟁점사항]

이는 피보험자 등이 자신의 제3자에 대한 권리를 보험자에게 양도하는 것이 보험자대위의 금지·포기를 규정한 상법 제729조 전문이나 보험약관의 규정에 위반하여 무효인지 여부에 대해, 피보험자 등이 보험자와의 다른 원인관계나 대가관계 등에 기하여 자신의 제3자에 대한 권리를 보험자에게 자유롭게 양도하는 것까지 금지되는 것은 아니라고 본 것이다.

제2절

생명보험계약

Ⅰ. 생명보험계약의 의의

생명보험계약(contract of life insurance; Lebensversicherungsvertrag)이란 보험자가 피보험자의 생명에 관한 보험사고가 생길 경우에 약정한 보험금액을 지급하기로 하는 인보험계약을 말한다(상법 제730조). 즉 생명보험은 사람의 생존과 사망을 보험사고로 하고, 그 보험사고가 생기면 피보험자에게 손해가 있느냐를 묻지 아니하고 계약에서 정한 보험금액을 지급하기로 하는 정액보험이다. 이러한 생명보험은 저축적 기능과 보장적 기능을 가지고 있다.

Ⅱ. 생명보험계약의 종류

생명보험은 보험사고에 따라 사망보험·생존보험·혼합보험, 피보험자의 수에 따라 단독보험·연생보험(생잔보험)·단체보험, 보험금액의 지급방법에 따라 일시보험·연금보험으로 나눌 수 있다. 그밖에 이익배당의 유무에 따라 이익배당부보험과 무이익배당보험이 있고, 피보험자의 표준체 여부에 따라 표준체보험과 표준하체보험이 있고, 신체검사의 유무에 따라 진사보험과 무진사보험이 있다.

III. 타인의 생명보험

1. 의의와 제한

타인의 생명보험(Lebensversicherung auf fremdes Leben)이란 보험계약자 이외의 제3자를 피보험자로 한 생명보험을 말하며, 타인보험이라고도 한다. 타인의 생명보험, 특히 타인의 사망을 보험사고로 하는 보험을 무제한으로 인정하면 보험이 도박화할 우려가 있고 또 피보험자의 생명을 해할 위험이 있으므로, 이에 대한 어떤 제한이 필요하게 된다.[1] 따라서 이에 대하여 우리 상법은 동의주의를 취하고 있다(상법 제731조 제1항).

2. 피보험자의 동의

우리 상법상 타인의 사망을 보험사고로 하는 타인의 생명보험에서는 타인의 동의를 얻어야 하는데, 이와 같이 타인의 동의를 얻어야 하는 경우는 다음과 같다. 즉, 타인의 사망을 보험사고로 한 사망보험 또는 혼합보험의 보험계약을 체결하는 경우(상법 제731조 제1항), 타인의 사망에 관한 보험계약으로 인하여 생긴 권리를 피보험자가 아닌 자에게 양도하는 경우(동조 제2항), 타인의 사망에 관한 보험계약에서 보험기간중 보험계약자가 보험수익자를 지정·변경하는 경우(상법 제734조 제2항)이다.

피보험자는 이러한 동의는 보험계약의 성립요건으로 볼 수 없고, 효력요건으로 보아야 할 것이다.[2] 그 동의는 반드시 서면에 의하여 하여야 하고(상법 제731조 제1항),[3]

---

1) 대법원 2013. 11. 14. 선고 2013도7494 판결(타인의 사망을 보험사고로 하는 생명보험계약을 체결함에 있어 제3자가 피보험자인 것처럼 가장하여 체결하는 등으로 그 유효요건이 갖추어지지 못한 경우에도, 보험계약 체결 당시에 이미 보험사고가 발생하였음에도 이를 숨겼다거나 보험사고의 구체적 발생 가능성을 예견할 만한 사정을 인식하고 있었던 경우 또는 고의로 보험사고를 일으키려는 의도를 가지고 보험계약을 체결한 경우와 같이 보험사고의 우연성과 같은 보험의 본질을 해칠 정도라고 볼 수 있는 특별한 사정이 없는 한, 그와 같이 하자 있는 보험계약을 체결한 행위만으로는 미필적으로라도 보험금을 편취하려는 의사에 의한 기망행위의 실행에 착수한 것으로 볼 것은 아니다. 그러므로 그와 같이 기망행위의 실행의 착수로 인정할 수 없는 경우에 피보험자 본인임을 가장하는 등으로 보험계약을 체결한 행위는 단지 장차의 보험금 편취를 위한 예비행위에 지나지 않는다).

2) 상법 제731조 제1항에 의하면 타인의 생명보험에서 피보험자가 서면으로 동의의 의사표시를 하여야 하는 시점은 **'보험계약 체결시까지'**이고, 이는 강행규정으로서 이에 위반한 보험계약은 무효이므로, 타인의 생명보험계약 성립 당시 피보험자의 서면 동의가 없다면 그 보험계약은 확정적으로 무효가 되고, 보험계약의 당사자도 아닌 피보험자가 이미 무효가 된 보험계약을 추인하였다고 하더라도 그 보험계약이 유효로 될 수는 없다(대법원 2006. 9. 22. 선고 2004다56677 판결).

3) 이 서면에는 2017. 9. 27. 상법이 개정되어 전자문서에 의한 동의도 허용되었다. 따라서 종래 '종이' 서면에 의한 동의만을

타인의 동의에 포괄적인 동의 또는 묵시적이거나 추정적 동의가 포함되지 않는다.[4] 또한 15세 미만자·심신상실자 또는 심신박약자 등의 사망보험은 허용하지 않고 있다(상법 제732조).[5]

◆ 대법원 2015. 10. 15. 선고 2014다204178 판결-포괄적 동의의 가능 여부 등

[사실개요]

이 사건 보험계약 체결 당시 피보험자 서명란에 피보험자 소외 1이 직접 서명하지 않고, 소외 2(보험계약자)의 딸인 소외 3이 대신 서명하였다. 소외 3이 피보험자 소외 1로부터 이 사건 보험계약에 관하여 서면동의를 할 권한을 구체적·개별적으로 수여받았음을 인정할 만한 증거는 없었다. 이 사건 보험계약의 보험계약자인 소외 2는 이 사건 보험계약이 상법 제731조 제1항을 위반하여 무효임을 이유로 납입보험료의 반환을 청구하였고, 이 사건 소송에 앞서 피고로부터 이 사건 보험계약의 납입보험료를 반환받았다.

[판결요지]

상법 제731조 제1항이 타인의 사망을 보험사고로 하는 보험계약의 체결 시 타인의 서면동의를 얻도록 규정한 것은 동의의 시기와 방식을 명확히 함으로써 분쟁의 소지를 없애려는 데 취지가 있으므로, 피보험자인 타인의 동의는 각 보험계약에 대하여 개별적으로 서면에 의하여 이루어져야 하고 포괄적인 동의 또는 묵시적이거나 추정적 동의만으로는 부족하다. 그리고 상법 제731조 제1항에 의하면 타인의 생명보험에서 피보험자가 서면으로 동의의 의사표시를 하여야 하는 시점은 '보험계약 체결 시까지'이고, 이는 강행규정으로서 이에 위반한 보험계약은 무효이므로, 타인의 생명 보험계약 성립 당시 피보험자의 서면동의가 없다면 보험계약은 확정적으로 무효가 되고, 피보험자가 이미 무효로 된 보험계약을 추인하였다고 하더라도 보험계약이 유효로 될 수는 없다.

보험계약자와 보험수익자가 다른 타인을 위한 보험계약은 제3자를 위한 계약의 일종인데, 위 보험계약이 강행규정인 상법 제731조 제1항을 위반하여 무효로 된 경우에, 보험수익자는 보험계약자가 아니므로 특별한 사정이 없는 한 보험회사를 상대로 보험계약의 무효로 인한 손해에 관하여 불법행위를 원인으로 손해배상청구를 할 수 없다.

[쟁점사항]

이는 [1] 타인의 사망을 보험사고로 하는 보험계약에서 요구되는 피보험자인 타인의 동의에 포괄적인 동의 또는 묵시적이거나 추정적 동의가 포함되지 않고, 피보험자의 서면동의 없이 체결된 타인의 사망을 보험사고로 하는 보험계약은 무효이며, 피보험자의 추인으로 보험계약이 유효로 될 수 없고, [2] 타인을 위한 보험계약이 상법 제731조 제1항을 위반하여 무효로 된 경우 보험수익자가 보험회사를 상대로 보험계약의 무효로 인한 손해에 관하여 불법행위를 원인으로 손해배상청구를 할 수 없다고 본 사례이다.

유효로 보던 판례의 엄격한 태도는 변경이 불가피하게 되었다.

4) 대법원 2015.10.15. 선고 2014다204178 판결.

5) 다만, 심신박약자가 보험계약을 체결하거나 제735조의3에 따른 단체보험의 피보험자가 될 때에 의사능력이 있는 경우에는 그러하지 아니하다(동조 단서).

◆ 대법원 2010. 2. 11. 선고 2009다74007 판결-서면동의 없이 체결된 것을 추인할 수 있는지 여부

[사실개요]

원고 1은 피고(보험회사)의 세일즈매니저로 근무하면서 월말 영업실적을 올리기 위하여 자신의 처인 소외 1의 이름으로 그녀를 피보험자로 하여 이 사건 제3, 4 보험계약을 체결하였고, 피고의 다른 직원이 소외 1의 서명을 대신하였다. 위 각 보험계약 체결 직후 소외 1은 각 건강진단서를 작성하여 피고에게 제출하였고, 위 각 보험계약의 보험료가 소외 1의 외환은행 계좌에서 약 5년동안 이체되었다.

또한 원고 1(미성년자인 원고 2, 3의 법정대리인이기도 하다)이 피고에게 보험금 지급을 청구하였다가 '공공기관인 경찰조사 종결 후 그 결과에 따라 처리함이 타당할 것으로 판단되며, 이 부분에 대해서는 수사종결 후 서면으로 그 결과를 첨부하여 청구하겠습니다. 보험금 청구일자는 종결 후 그 서류를 첨부하는 날짜'라는 내용의 문답서를 작성하였다. 피고는 원고 1에게 '수익자께서 당사와 합의하신 사실대로 사법기관의 수사종결 후 서면으로 그 결과를 첨부하여 보험금을 청구하여 주시면 재심사 후 보험금 지급 여부를 결정토록 하겠습니다'라는 내용의 안내서를 보냈다.

[판결요지]

상법 제731조 제1항은 타인의 사망을 보험사고로 하는 보험계약에 있어서 도박보험의 위험성과 피보험자 살해의 위험성 및 선량한 풍속 침해의 위험성을 배제하기 위하여 마련된 강행규정인바, 제3 자가 타인의 동의를 받지 않고 타인을 보험계약자 및 피보험자로 하여 체결한 생명보험계약은 보험계약자 명의에도 불구하고 실질적으로 타인의 생명보험계약에 해당한다고 할 것이다. 한편, 상법 제731조 제1항에 의하면 타인의 생명보험에서 피보험자가 서면으로 동의의 의사표시를 하여야 하는 시점은 '보험계약 체결시까지'이고, 이는 강행규정으로서 이를 위반한 보험계약은 무효이므로, 타인의 생명보험계약 성립 당시 피보험자의 서면동의가 없다면 그 보험계약은 확정적으로 무효가 되고, 피보험자가 이미 무효가 된 보험계약을 추인하였다고 하더라도 그 보험계약이 유효로 될 수 없다. 원고 1이 소외 1의 동의없이 그녀를 보험계약자 및 피보험자로 하여 체결한 생명보험계약은 상법 제731조 제1항 소정의 타인의 생명보험계약에 해당한다고 할 것이므로, 보험계약 성립 당시 소외 1의 서면동의가 없었다면 그 보험계약은 확정적으로 무효가 되고, 소외 1이 무효인 위 보험계약을 추인하였다고 하더라도 그 보험계약이 유효로 될 수는 없다고 할 것이다.

원고들은 살인혐의로 조사받고 있었던 관계로 통상적인 사건처리 기간을 전제로 수사종결 시까지 보험금의 청구 및 지급을 유예하기로 합의하였던 것으로 봄이 상당하고, 따라서 수사가 종결되었거나 비록 수사가 종결되지 않았다고 하더라도 통상적으로 예상되는 수사 소요기간을 도과한 때에 원고들은 피고에게 보험금의 지급을 청구할 수 있는 것으로 보아야 할 것이다.

[쟁점사항]

이는 제3자가 타인의 동의 없이 타인을 보험계약자 및 피보험자로 하여 체결한 생명보험계약이 상법 제731조 제1항에서 규정하는 '타인의 생명보험계약'에 해당하고, 피보험자가 자신의 서면동의 없이 체결되어 확정적으로 무효가 된 보험계약을 추인하였다고 하여 그 보험계약이 유효로 되는 것은 아니며, 보험금의 지급을 청구하였다가 살인혐의로 조사받고 있었던 관계로 통상적인 사건처리 기간을 전제로 수사종결 시까지 보험금의 청구 및 지급을 유예하기로 한 합의가 있었던 것으로 보는 것이 상당하다고 본 판례이다.

◆ 대법원 2006. 12. 21. 선고 2006다69141 판결-서면동의의 대리 또는 대행 가능 여부

[사실개요]

보험계약자인 원고와 보험모집원인 소외 1이 피보험자인 소외 2가 참석한 자리에서 이 사건 보험계약을 체결하였는데, 당시 소외 2가 소외 1로부터 이 사건 보험계약의 내용을 설명받고 이에 명시적으로 동의한 이

후 자신은 글을 잘 모른다고 하면서 보험계약자인 원고에게 보험청약서의 피보험자 자필서명란에 자신을 대행하여 서명하도록 요청하여 원고가 그 자리에서 소외 2를 대행하여 보험청약서의 피보험자 자필서명란에 소외 2의 이름을 기재하였다.

[판결요지]

타인의 사망을 보험사고로 하는 보험계약에 있어서, 피보험자인 타인의 동의는 각 보험계약에 대하여 개별적으로 서면에 의하여 이루어져야 하고 포괄적인 동의 또는 묵시적이거나 추정적 동의만으로는 부족하나, 여기서 말하는 피보험자인 타인의 서면동의가 그 타인이 보험청약서에 자필 서명하는 것만을 의미하는 것은 아니므로, 피보험자인 타인이 참석한 자리에서 보험계약을 체결하면서 보험계약자나 보험모집인이 그 타인에게 보험계약의 내용을 설명한 후 그 타인으로부터 명시적으로 권한을 수여받아 보험청약서에 그 타인의 서명을 대행하는 경우와 같이, 그 타인으로부터 특정한 보험계약에 대하여 서면동의를 할 권한을 구체적·개별적으로 수여받았음이 분명한 자가 그 권한 범위 내에서 그 타인을 대리 또는 대행하여 서면동의를 한 경우에도, 그 타인의 서면동의는 적법한 대리인에 의하여 유효하게 이루어진 것으로 보아야 할 것이다.

[쟁점사항]

타인의 사망을 보험사고로 하는 생명보험계약의 효력요건인 타인의 서면동의의 방식 및 타인으로부터 특정한 보험계약에 관하여 서면동의를 할 권한을 구체적·개별적으로 수여받은 사람이 타인을 대리 또는 대행하여 서면동의를 한 경우, 그 서면동의의 효력을 유효로 보았다.

◆ 대법원 1999. 12. 7. 선고 99다39999 판결-서면동의 요건과 설명의무위반의 충돌

[사실개요]

원고 A는 소외 B를 피보험자로 피고(보험회사)와 공제계약을 체결하고 보험료를 납입하던 중 B가 사망하였다. 이에 원고가 보험금을 청구하자, 피고는 타인의 사망을 보험사고로 하는 보험계약에서 피보험자의 서면에 의한 동의가 없었음을 이유로 보험금 지급을 거절하였다. 이에 원고 A는, 보험사고가 발생한 이후에 비로소 피보험자의 서면동의가 없었다는 이유로 공제계약의 무효를 주장하는 것은 신의성실의 원칙에 위배된 반사회적인 주장이거나 금반언의 원칙에 위배된 행위로서 무효라고 주장하면서 보험금청구의 소를 제기하였다.

[판결요지]

타인의 사망을 보험사고로 하는 보험계약에는 보험계약 체결시에 그 타인의 서면에 의한 동의를 얻어야 한다는 상법 제731조 제1항의 규정은 강행법규로서 위 규정에 위반하여 체결된 보험계약은 무효라고 할 것이고, 위 규정의 입법취지에는 도박보험의 위험성과 피보험자 살해의 위험성 외에도 피해자의 동의를 얻지 아니하고 타인의 사망을 이른바 사행계약상의 조건으로 삼는 데서 오는 공서양속의 침해의 위험성을 배제하기 위한 것도 들어있다고 해석되므로, 상법 제731조 제1항을 위반하여 계약을 체결한 자 스스로가 무효를 주장함이 신의성실의 원칙 또는 금반언의 원칙에 위배되는 권리행사라는 이유로 이를 배척한다면, 위와 같은 입법취지를 완전히 몰각시키는 결과가 초래되므로 특단의 사정이 없는 한 그러한 주장이 신의성실 또는 금반언의 원칙에 반한다고 볼 수는 없다고 할 것이다.

이 사건 공제계약의 약관 제9조에는 상법 제731조의 규정과 같은 내용이 규정되어 있다. 피고가 원고 주장과 같은 내용의 이 사건 공제계약의 약관 제9조에 관한 명시·설명의무를 위반하였다고 하더라도 강행법규인 상법 제731조의 규정의 적용이 배제된다고는 할 수 없고, 피고가 위와 같은 보험약관의 명시·설명의무를 위반하였다거나 보험료를 징수하였다는 사정만으로는 피고가 이 사건 공제계약의 무효를 주장하는 것이 신의성실의 원칙 또는 금반언의 원칙에 반한다고 할 수 없다.

[쟁점사항]
상법 제731조 제1항은 타인의 사망을 보험사고로 하는 보험계약 체결시 그 타인의 서면에 의한 동의를 얻도록 하고 있는데, 서면 동의 없이 보험계약이 체결된 경우에는 보험자에게 이에 대한 설명의무 위반 사실 등이 있다 하더라도, 이 규정은 강행법규이기 때문에 이에 위반하여 체결된 보험계약은 무효라고 보았다.[6)]

3. 단체보험

단체보험이란 단체의 구성원의 전부 또는 일부를 피보험자로 하여 그의 사망 등을 보험사고로 하는 보험계약을 말한다. 상법은 "단체가 규약에 따라 구성원의 전부 또는 일부를 피보험자로 하는 생명보험계약을 체결하는 경우에는 제731조를 적용하지 아니한다."고 규정함으로써(상법 제735조의3 제1항), 서면동의에 대한 예외를 인정하고 있다. 결국 현행 규정상 단체보험계약은 타인의 생명보험임을 전제로 하고 필요에 따라 보험계약자인 기업 등의 단체가 자기 또는 타인을 위한 보험계약으로 체결할 수 있는 여지를 남겨두고 있다. 이로 인해 실무상 보험계약자인 기업이 스스로를 보험수익자로 지정하여[7)] 피보험자인 근로자가 사망한 경우 단체보험금을 수령하여 그 일부를 피보험자나 그 유족에게 지급하고 나머지는 기업측이 사용함으로써 법적 분쟁이 빈번하게 발생하기도 한다. 이러한 문제를 해결하기 위해 2014년 개정 상법은 단체보험계약에서 보험계약자가 피보험자 또는 그 상속인이 아닌 자를 보험수익자로 지정할 때에는 단체의 규약에서 명시적으로 정하는 경우 외에는 그 **피보험자의 서면 동의**를 받도록 하고 있다(상법 제735조의3 제3항).

---

6) 그러나 대법원은 "타인의 사망을 보험사고로 하는 보험계약의 체결에 있어서 보험설계사는 보험계약자에게 피보험자의 서면동의 등의 요건에 관하여 구체적이고 상세하게 설명하여 보험계약자로 하여금 그 요건을 구비할 수 있는 기회를 주어 유효한 보험계약이 성립하도록 조치할 주의의무가 있고, 보험모집인이 위와 같은 설명을 하지 아니하는 바람에 위 요건의 흠결로 보험계약이 무효가 되고 그 결과 보험사고의 발생에도 불구하고 보험계약자가 보험금을 지급받지 못하게 되었다면 보험자는 '보험업법' 제102조 제1항에 기하여 보험계약자에게 그 보험금 상당액의 손해를 배상할 의무를 지게 될 것이지만, 위 서면동의요건 흠결로 인한 보험계약의 무효와 관련하여 보험모집인에게 설명의무 등 주의의무 위반의 귀책사유가 인정되지 아니하거나 그 위반사실과 보험계약의 무효로 인한 손해발생과의 사이에 인과관계가 존재하지 아니하는 경우에는 보험자에게 손해배상책임을 물을 수 없을 것이다."라고 판시하고 있다(대법원 2008. 8. 21. 선고 2007다76696 판결. 같은 취지의 판결로 대법원 2002. 4. 26. 선고 2000다11065, 11072 판결; 대법원 2004. 5. 14. 선고 2003다49580 판결; 대법원 2006. 4. 27. 선고 2003다60259 판결 등 참조).

7) 대법원 1999. 5. 25. 선고 98다59613 판결(단체보험의 경우 보험수익자의 지정에 관하여는 상법 등 관련 법령에 별다른 규정이 없으므로 보험계약자는 단체의 구성원인 피보험자를 보험수익자로 하여 타인을 위한 보험계약으로 체결할 수도 있고, 보험계약자 자신을 보험수익자로 하여 자기를 위한 보험계약으로 체결할 수도 있을 것이며, 단체보험이라고 하여 당연히 타인을 위한 보험계약이 되어야 하는 것은 아니므로 보험수익자를 보험계약자 자신으로 지정하는 것이 단체보험의 본질에 반하는 것이라고 할 수 없다).

◆ 대법원 2013. 11. 14. 선고 2011다101520 판결
-보험계약체결 후 사정변경이 있는 경우 동의 철회 가능 여부

[사실개요]

甲주식회사가 임직원으로 재직하던 乙 등이 재직 중 보험사고를 당할 경우 유가족에게 지급할 위로금 등을 마련하기 위하여 乙 등을 피보험자로 한 보험계약을 체결하고 乙 등이 보험계약 체결에 동의하였다. 그 후 乙 등이 甲회사에서 퇴직하였고, 이와 함께 동의 철회를 甲주식회사에 대해 요구하였으나 이를 거절하였다.

[판결요지]

타인의 사망을 보험사고로 하는 보험계약(타인의 생명보험계약)에서 보험계약 체결 시에 그 타인의 서면동의를 얻도록 규정하고 있는 상법 제731조 제1항은 이른바 도박보험의 위험성이나 피보험자에 대한 위해의 우려 또는 피보험자의 동의 없이 타인의 사망을 사행계약상의 조건으로 삼는 데서 오는 공서양속 침해의 위험 등을 배제하고자하는 데에 그 입법 취지가 있고, 같은 취지에서 상법 제731조 제2항 , 제734조 제2항은 보험계약으로 인하여 생긴 권리를 피보험자가 아닌 자에게 양도하거나 보험계약자가 계약 체결 후에 보험수익자를 지정 또는 변경할 때에도 피보험자의 서면동의를 얻도록 규정하고 있다.

위와 같은 상법 제731조, 제734조 제2항의 취지에 비추어 보면, 보험계약자가 피보험자의 서면동의를 얻어 타인의 생명보험계약을 체결함으로써 그 보험계약의 효력이 생긴 경우, 피보험자의 동의 철회에 관하여 보험약관에 아무런 규정이 없고 계약당사자 사이에 별도의 합의가 없었다고 하더라도, 피보험자가 서면동의를 할 때 기초로 한 사정에 중대한 변경이 있는 경우에는 보험계약자 또는 보험수익자의 동의나 승낙 여부에 관계없이 피보험자는 그 동의를 철회할 수 있다고 할 것이다. 그리고 피보험자가 서면동의를 할 때 기초로 한 사정에 중대한 변경이 있는지는 보험계약자 또는 피보험자가 그 보험계약을 체결하거나 서면동의를 하게 된 동기나 경위, 보험계약이나 서면동의를 통하여 달성하려는 목적, 보험계약 체결을 전후로 한 보험계약자 또는 보험수익자와 피보험자 사이의 관계, 보험계약자 또는 보험수익자가 고의로 피보험자를 해치려고 하는 등으로 피보험자의 보험계약자 또는 보험수익자에 대한 신뢰가 깨졌는지 등의 제반 사정을 종합하여 사회통념에 비추어 개별적·구체적으로 판단하여야 한다.

이 사건 각 보험계약은 피고 회사의 임직원으로 재직하고 있던 원고들이 그 재직 중 보험사고를 당할 경우 원고들의 유가족에게 지급할 위로금 등을 마련하기 위하여 체결된 것이고, 그 때문에 원고들이 피보험자로서 이 사건 각 보험계약의 체결에 동의하였으며, 원고들과 피고 회사뿐만 아니라 보험회사들도 위 각 보험계약 체결 당시 그러한 사정을 잘 알고 있었으므로, 원고들이 피고 회사에 계속 재직한다는 점은 이 사건 각 보험계약에 대한 원고들의 동의의 전제가 되는 사정에 해당하고, 따라서 원고들이 피고 회사에서 퇴직함으로써 이 사건 각 보험계약의 전제가 되는 사정에 중대한 변경이 생긴 이상, 원고들은 이 사건 각 보험계약에 대한 동의를 철회할 수 있게 되었다고 보아야 한다.

[쟁점사항]

이는 보험계약자가 피보험자의 서면동의를 얻어 타인의 사망을 보험사고로 하는 보험계약을 체결하였으나 피보험자가 서면동의할 때 기초로 한 사정에 중대한 변경이 있는 경우, 피보험자가 동의를 철회할 수 있다고 보면서, 피보험자가 서면동의할 때 기초로 한 사정에 중대한 변경이 있는지 판단하는 기준에 대해 제시한 판결이다.

◆ 대법원 2006. 4. 27. 선고 2003다60259 판결-단체보험의 요건 등

[사실개요]

회사의 근로자 700여 명을 피보험자로, 회사를 보험계약자 겸 보험수익자로 단체보험계약을 체결하면서 사용자 측 대표 3인의 서명·날인과 함께 피보험자인 근로자 측 대표 3인의 서명·날인이 기재된 규약내용확인서를 보험회사에 제출하였다. 그런데 실제로는 위 규약내용확인서에 기재된 근로자측 대표 3인 명의의 서명·날인은 근로자 측 대표가 아닌 회사의 경리부 직원들이 임의 작성한 것에 불과하고, 위 규약내용확인서의 작성 및 이 사건 보험가입사실에 대하여 근로자들에게 공고하고 동의를 구하거나 해당 노동조합과 협의하여 동의를 구한 바도 없으며, 회사의 단체협약이나 취업규칙 등에도 이 사건과 같은 단체보험의 가입에 관한 아무런 근거 규정을 두고 있지 않았다.

[판결요지]

[1] 상법 제735조의3은 단체가 규약에 따라 구성원의 전부 또는 일부를 피보험자로 하는 생명보험계약을 체결하는 경우에는 제731조를 적용하지 아니한다고 규정하고 있으므로 위와 같은 단체보험에 해당하려면 위 법조 소정의 규약에 따라 보험계약을 체결한 경우이어야 하고, 그러한 규약이 갖추어지지 아니한 경우에는 강행법규인 상법 제731조의 규정에 따라 피보험자인 구성원들의 서면에 의한 동의를 갖추어야 보험계약으로서의 효력이 발생한다.

[2] 상법 제735조의3에서 단체보험의 유효요건으로 요구하는 <u>'규약'의 의미는 단체협약, 취업규칙, 정관 등 그 형식을 막론하고 단체보험의 가입에 관한 단체내부의 협정에 해당하는 것으로서, 반드시 당해 보험가입과 관련한 상세한 사항까지 규정하고 있을 필요는 없고 그러한 종류의 보험가입에 관하여 대표자가 구성원을 위하여 일괄하여 계약을 체결할 수 있다는 취지를 담고 있는 것이면 충분하다 할 것이지만, 위 규약이 강행법규인 상법 제731조 소정의 피보험자의 서면동의에 갈음하는 것인 이상 취업규칙이나 단체협약에 근로자의 채용 및 해고, 재해부조 등에 관한 일반적 규정을 두고 있다는 것만으로는 이에 해당한다고 볼 수 없다.</u>

[3] 규약을 구비하지 못한 단체보험의 유효요건으로서의 피보험자의 동의의 방식은 강행법규인 상법 제731조가 정하는 대로 서면에 의한 동의만이 허용될 뿐 묵시적, 추정적 동의는 허용되지 아니한다.

[4] 타인의 사망을 보험사고로 하는 보험계약에 있어서 피보험자가 서면으로 동의의 의사표시를 하거나 그에 갈음하는 규약의 작성에 동의하여야 하는 시점은 상법 제731조의 규정에 비추어 보험계약체결시까지이다.

[5] 타인의 사망을 보험사고로 하는 보험계약에 피보험자의 서면동의를 얻도록 되어 있는 상법 제731조 제1항이나 단체가 구성원의 전부 또는 일부를 피보험자로 하는 생명보험계약을 체결하는 경우 피보험자의 개별적 동의에 갈음하여 집단적 동의에 해당하는 단체보험에 관한 단체협약이나 취업규칙 등 규약의 존재를 요구하는 상법 제735조의3의 입법 취지에는 이른바 도박보험이나 피보험자에 대한 위해의 우려 이외에도 피해자의 동의 없이 타인의 사망을 사행계약상의 조건으로 삼는 데서 오는 공서양속의 침해의 위험성을 배제하고자 하는 고려도 들어 있다 할 것인데, 이를 위반하여 위 법조 소정의 규약이나 서면동의가 없는 상태에서 단체보험계약을 체결한 자가 위 요건의 흠결을 이유로 그 무효를 주장하는 것이 신의성실의 원칙 또는 금반언의 원칙에 위배되는 권리행사라는 이유로 이를 배척한다면 위 입법 취지를 몰각시키는 결과를 초래하므로 특단의 사정이 없는 한 그러한 주장이 신의성실 등의 원칙에 반한다고 볼 수는 없다.

[6] 타인의 사망을 보험사고로 하는 보험계약의 체결에 있어서 보험모집인은 보험계약자에게 피보험자의 서면동의 등의 요건에 관하여 구체적이고 상세하게 설명하여 보험계약자로 하여금 그 요건을 구비할 수 있는 기회를 주어 유효한 보험계약이 체결되도록 조치할 주의의무가 있고, 그럼에도 보험모집인이 위와 같은 설명을 하지 아니하는 바람에 위 요건의 흠결로 보험계약이 무효가 되고 그 결과 보험사고의 발생에

도 불구하고 보험계약자가 보험금을 지급받지 못하게 되었다면 보험자는 구 보험업법(2003. 5. 29. 법률 제6891호로 전문 개정되기 전의 것) 제158조 제1항에 기하여 보험계약자에게 그 보험금 상당액의 손해를 배상할 의무가 있다.

[7] 단체보험의 경우 보험수익자의 지정에 관하여는 상법 등 관련 법령에 별다른 규정이 없으므로 보험계약자는 단체의 구성원인 피보험자를 보험수익자로 하여 '타인을 위한 보험계약'으로 체결할 수도 있고, 보험계약자 자신을 보험수익자로 하여 '자기를 위한 보험계약'으로 체결할 수도 있을 것이며, 단체보험이라고 하여 당연히 타인을 위한 보험계약이 되어야 하는 것은 아니므로 보험수익자를 보험계약자 자신으로 지정하는 것이 단체보험의 본질에 반하는 것이라고 할 수 없다.

[쟁점사항]

이는 [1] 단체가 구성원의 전부 또는 일부를 피보험자로 하는 생명보험계약을 체결함에 있어서, 상법 제735조의3에서 규정하고 있는 '규약'을 구비하지 못한 경우, 보험계약으로서의 효력발생 요건으로 피보험자의 서면동의가 필요하고, [2] 상법 제735조의3에서 단체보험의 유효요건으로 규정하고 있는 '규약'으로 취업규칙이나 단체협약상의 근로자의 채용 및 해고, 재해부조 등에 관한 일반적 규정을 근거로 위 규약의 존재를 인정할 수는 없으며, [3] 상법 제735조의3에서 규정하고 있는 '규약'을 구비하지 못한 단체보험의 유효요건으로서의 피보험자의 동의는 서면으로 이루어져야 하고, [4] 이 서면 동의의 의사표시는 보험계약체결시까지이며, [5] 상법 제735조의3에서 규정하고 있는 규약이나 상법 제731조에서 규정하고 있는 서면동의 없이 단체보험계약을 체결한 자가 그 보험계약의 무효를 주장하는 것이 신의칙 또는 금반언의 원칙에 위배되지 않고, [6] 타인의 사망을 보험사고로 하는 보험계약의 체결에 있어서 보험모집인이 보험계약자에게 피보험자의 서면동의 등의 요건에 관하여 설명의무를 부담하지만, 보험모집인이 그러한 설명의무를 이행하지 아니하여 보험계약이 무효로 된 경우 보험자가 보험업법에 기한 손해배상책임을 부담하며, [7] 단체보험에 있어서 보험수익자를 보험계약자 자신으로 지정하여 보험계약을 체결할 수 있다고 본 사례이다.

◆ 대법원 2020. 2. 6. 선고 2017다215728 판결-수익자의 지정

[사실개요]

피고 B 주식회사(단체보험계약자)는 피고 S 보험회사와 사이에 피보험자를 피고 B의 소속 직원 116명(망 소외 4 포함)으로 하는 단체보험계약을 체결하였다. 보험청약서의 '사망보험금수익자'란과 '사망 외 보험금수익자'란에 모두 'B(주)' 라고 기재되었다. 한편 피고 B와 근로자 대표 사이에 이 사건 보험계약의 체결에 관한 단체협약이 체결되었는데, 수익자지정에 관한 단체협약 제6조에는 "보험계약의 수익자는 아래와 같이 별도로 정한다. 사망 외 수익자는 (회사, 피보험자), 사망 시 수익자는 (회사, 피보험자의 법정상속인)으로 한다." 라고 되어 있을 뿐 아무런 선택도 되어 있지 않았다. 망 소외 4는 피고 B의 직원으로 근무하여 오던 중 소외 5에 의하여 살해되었다. 피고 B는 이 사건 사고와 관련하여 피고 S 보험회사에게 이 사건 보험계약에 따른 보험금의 지급을 청구하였다. 이에 피고 S 보험회사는 망인의 유족(처 원고 1, 아들 원고 2, 모 소외 1)인 원고 1 및 소외 1로부터 '이 사건 사고 관련 보험금 2억 원이 보험수익자인 피고 B에게 지급됨을 피고 S 보험회사로부터 안내받았으므로, 위 보험금을 보험수익자에게 지급해 달라.'라는 취지의 법정상속인 확인서 등을 징구한 다음, 피고 B에게 보험금 명목으로 2억 원을 지급하였다. 이에 원고는 피고 B에게 보험금의 반환을, 피고 S 보험회사에는 보험금 지급을 청구하는 소송을 제기하였다.

[판결요지]

구 상법 제735조의3 제3항은 '단체보험계약에서 보험계약자가 피보험자 또는 그 상속인이 아닌 자를 보험수익자로 지정할 때에는 단체의 규약에서 명시적으로 정하는 경우 외에는 그 피보험자의 서면 동의를 받아야 한다.'고 규정하고 있는바, 단체의 규약에서 피보험자 또는 그 상속인이 아닌 자를 보험수익자로 명시적으로 정하였다고 인정하기 위해서는 피보험자의 서면 동의가 있는 경우와 마찬가지로 취급할 수 있을 정도로 그 의사가 분명하게 확인되어야 한다. 따라서 단체의 규약으로 피보험자 또는 그 상속인이 아닌 자를 보험수익자로 지정한다는 명시적인 정함이 없음에도 피보험자의 서면 동의 없이 단체보험계약에서 피보험자 또는 그 상속인이 아닌 자를 보험수익자로 지정하였다면 그 보험수익자의 지정은 구 상법 제735조의3 제3항에 반하는 것으로 효력이 없고, 이후 적법한 보험수익자 지정 전에 보험사고가 발생한 경우에는 피보험자 또는 그 상속인이 보험수익자가 된다.

보험계약자가 피보험자의 상속인을 보험수익자로 하여 맺은 생명보험계약이나 상해보험계약에서 피보험자의 상속인은 피보험자의 사망이라는 보험사고가 발생한 때에는 보험수익자의 지위에서 보험자에 대하여 보험금 지급을 청구할 수 있고, 이 권리는 보험계약의 효력으로 당연히 생기는 것으로서 상속재산이 아니라 상속인의 고유재산이다. 이때 보험수익자로 지정된 상속인 중 1인이 자신에게 귀속된 보험금청구권을 포기하더라도 그 포기한 부분이 당연히 다른 상속인에게 귀속되지는 아니한다. 이러한 법리는 단체보험에서 피보험자의 상속인이 보험수익자로 인정된 경우에도 동일하게 적용된다. 이러한 법리에 비추어 보면, 이 사건 단체보험의 보험수익자로 인정된 상속인 중 1인인 소외인이 이 사건 보험금에 관한 권리를 포기한 경우에도 그 포기한 부분이 나머지 상속인인 원고들에게 당연히 귀속된다고 볼 수는 없다.

[쟁점사항]

이는 보험수익자가 명시적으로 규정되지 않은 상황이라면 상속인이 보험금을 받아야 한다는 원심의 판단을 유지하면서, 단체의 규약으로 피보험자 또는 그 상속인이 아닌 자를 보험수익자로 지정한다는 명시적인 정함이 없는데도 피보험자의 서면 동의 없이 단체보험계약에서 피보험자 또는 그 상속인이 아닌 자를 보험수익자로 지정한 경우, 그 지정의 효력은 무효이고, 이후 적법한 보험수익자 지정 전에 보험사고가 발생한 경우 보험수익자는 피보험자 또는 그 상속인이라고 보면서, 보험계약자가 피보험자의 상속인을 보험수익자로 하여 맺은 생명보험계약이나 상해보험계약에서 피보험자의 사망이라는 보험사고 발생 시 위 상속인이 갖는 보험금청구권은 상속재산이 아닌데, 이때 보험수익자로 지정된 상속인 중 1인이 자신에게 귀속된 보험금청구권을 포기하는 경우 포기한 부분이 당연히 다른 상속인에게 귀속되지 않고, 이러한 법리는 단체보험에서 피보험자의 상속인이 보험수익자로 인정된 경우에도 동일하게 적용된다고 본 판결이다.

Ⅳ. 타인을 위한 생명보험

1. 의의

타인을 위한 생명보험이란 보험계약자 이외의 제3자를 보험수익자로 한 생명보험을 말한다. 예컨대 남편 甲이 아내 乙을 보험수익자로 하여 체결한 생명보험이 그것이다. 이러한 타인을 위한 생명보험은 보험법 통칙에서 이미 설명한 타인을 위한 보험의 일종이다.

2. 보험수익자의 지정 · 변경

우리 상법상 보험계약자는 보험수익자를 지정·변경할 권리를 갖는다(상법 제733조 제1항). 보험계약자는 이러한 지정·변경권을 보험기간 내에 또는 보험사고발생전에 행사하여야 한다(상법 제733조 제4항 참조).

보험수익자의 지정·변경권은 형성권이므로 보험계약자의 일방적인 의사 표시만으로 그 효력이 발생하나, 이것을 보험자에게 대항하기 위하여는 보험자에게 통지를 하여야 한다(상법 제734조 제1항). 보험계약자가 보험수익자를 지정하거나 변경하는 경우 타인의 생명보험에서 그 타인을 보험수익자로 하지 않은 때에는 그 타인의 서면동의를 얻어야 한다(상법 제734조 제2항).

◆ 대법원 2020. 2. 27. 선고 2019다204869 판결-보험수익자의 변경

[사실개요]

2016. 12. 2.경 보험계약자인 망인이 피고에게 이 사건 보험계약의 보험수익자를 변경하겠다는 의사를 객관적으로 확인할 수 있게 표시하였다. 이로 인해 보험수익자가 피고에서 원고로 변경되었지만, 그 사실을 보험자에게 통지하지는 아니한 상태에서 2017. 10. 8. 망인이 사망하였다. 이에 망인의 단독상속인인 원고는 피고를 상대로 보험금청구권의 양도 및 그에 따른 양도통지절차의 이행을 구하는 소를 제기하였다.

[판결요지]

보험계약자는 보험수익자를 변경할 권리가 있다(상법 제733조 제1항). 이러한 보험수익자 변경권은 형성권으로서 보험계약자가 보험자나 보험수익자의 동의를 받지 않고 자유로이 행사할 수 있고 그 행사에 의해 변경의 효력이 즉시 발생한다. 다만 보험계약자는 보험수익자를 변경한 후 보험자에 대하여 이를 통지하지 않으면 보험자에게 대항할 수 없다(상법 제734조 제1항). 이와 같은 보험수익자 변경권의 법적 성질과 상법 규정의 해석에 비추어 보면 보험수익자 변경은 상대방 없는 단독행위라고 봄이 타당하므로 보험수익자 변경의 의사표시가 객관적으로 확인되는 이상 그러한 의사표시가 보험자나 보험수익자에 도달하지 않았다고 하더라도 보험수익자 변경의 효과는 발생한다.

2016. 12. 2.경 망인의 보험수익자 변경권 행사로 인해 보험수익자가 피고에서 원고로 변경되었고, 2017. 10. 8. 망인이 사망함에 따라 원고가 이 사건 보험금채권을 취득하게 되었음을 알 수 있으므로, 원고는 피고에게 이 사건 보험금채권의 양도 및 그에 따른 양도통지절차의 이행을 구할 법률상의 이익이 없다. 다만 망인의 단독상속인인 원고로서는 보험자인 D손해보험 주식회사에 보험수익자가 피고에서 원고로 변경된 사실을 통지하면서 보험금의 지급을 청구할 수 있음을 지적해 둔다.

[쟁점사항]

이는 보험수익자 변경의 법적 성질을 상대방 없는 단독행위라고 보면서, 보험수익자 변경의 의사표시가 객관적으로 확인된 경우 그 의사표시가 보험자나 보험수익자에게 도달되지 않더라도 보험수익자 변경의 효과가 발생한다고 본 사례이다.

3. 지정 · 변경과 보험수익자의 지위

먼저 보험수익자를 지정하고 이의 변경을 유보하지 않는 경우에는 지정된 보험수익자의 권리는 보험계약자와의 사이에서 확정되어 있지만, 지정된 보험수익자 등이 사망한 경우에 누가 보험수익자가 될 것인가가 문제된다. 구체적으로 보면, ① 보험수익자가 보험 존속 중에 사망한 때에는 보험계약자는 다시 보험수익자를 지정할 수 있다(상법 제733조 제3항 1문). ② 위 ①의 경우 보험계약자가 미처 보험수익자를 지정하지 못하고 사망한 경우에는 원칙적으로 보험수익자의 상속인을 보험수익자로 한다(동조 제3항 2문). 그러나 예외적으로 보험계약에서 보험계약자의 승계인이 보험수익자를 지정하거나 변경하는 권리를 갖는 것으로 특약한 경우에는 그에 따른다(상법 제733조 제2항 단서). ③ 위 ①의 경우 보험계약자가 보험수익자를 지정하기 전에 피보험자가 사망한 경우에는 피보험자 또는 보험수익자의 상속인을 보험수익자로 한다(상법 제733조 제4항).

다음으로 보험계약자가 보험수익자의 지정·변경권을 유보하고 있는 경우에는, 보험계약자는 언제든지 보험수익자를 지정·변경할 수 있으므로 보험수익자는 불확정하게 된다. 따라서 이 경우에 보험수익자는 다음과 같이 정하여 진다. 즉 ① 보험계약자가 사망한 경우에는 피보험자가 보험수익자가 되고, 보험계약자가 보험수익자를 지정한 후 변경권을 행사하지 아니하고 사망한 때에는 그 보험수익자의 권리가 확정된다(상법 제733조 제2항 본문). 그러나 예외적으로 보험계약자의 승계인이 지정·변경권을 행사할 수 있다고 특약한 경우에는 그에 따른다. ② 보험계약자가 보험수익자의 지정·변경권을 행사하기 전에 피보험자가 사망한 경우에는 피보험자의 상속인을 보험수익자로 한다(상법 제733조 제4항).

◆ 대법원 2006. 11. 9. 선고 2005다55817 판결-수익자 지정의 개념

[사실개요]

원고(보험회사)는 1985. 5. 15. 소외인(보험계약자)과 사이에 수익자를 사망의 경우 "상속인"으로 하고, 상해시에도 그 수익자를 "상속인"으로 하는 보험계약을 체결하였다. 소외인은 1995. 12. 10.경 발생한 교통사고로 인하여 장해 1급의 재해를 입었고, 피고들은 위 교통사고 당시 소외인이 사망하였다면, 소외인의 상속인들이 되는 소외인의 처 또는 자녀들이다.

원고는, 이 사건 보험계약과 같은 상해보험에서 '타인을 위한 상해보험'은 그 법리상 허용되지 아니할 뿐만 아니라, '상속인'은 피상속인이 사망하지 아니하는 한 존재할 수 없다고 할 것인바, 상해시의 수익자를 상속인으로 기재한 것은 아무런 효력이 없으므로, 이 사건 보험계약에 기한 보험수익자는 그 기재와 상관없이 피보험자인 소외인이라고 할 것인데, 피고들이 이를 다투고 있으므로, 피고들을 상대로 이 사건 보험계약에 기하여 이 사건 사고로 발생된 보험금청구권의 수익자가 아니라는 확인을 구하였다.

[판결요지]

인보험과 손해보험에 모두 적용되는 통칙 규정인 상법 제639조에 의하면 보험계약자는 특정 또는 불특정의 타인을 위하여 보험계약을 체결할 수 있고, 타인을 위한 생명보험에 있어서 보험수익자의 지정 또는 변경에 관한 상법 제733조는 상법 제739조에 의하여 상해보험에도 준용되므로, 상해보험계약을 체결하는 보험계약자는 자유롭게 특정 또는 불특정의 타인을 수익자로 지정할 수 있다. 또한, 정액보험형 상해보험의 경우 보험계약자가 보험수익자를 지정한 결과 피보험자와 보험수익자가 일치하지 않게 되었다고 하더라도, 특단의 사정이 없는 한, 그러한 이유만으로 보험수익자 지정행위가 무효로 될 수는 없다.

타인을 위한 상해보험에서 보험수익자는 그 지정행위 시점에 반드시 특정되어 있어야 하는 것은 아니고 보험사고 발생시에 특정될 수 있으면 충분하므로, 보험계약자는 이름 등을 통하여 특정인을 보험수익자로 지정할 수도 있음은 물론 '배우자' 또는 '상속인'과 같이 보험금을 수익할 자의 지위나 자격 등을 통하여 불특정인을 보험수익자로 지정할 수도 있고, 후자와 같이 보험수익자를 추상적 또는 유동적으로 지정한 경우에 보험계약자의 의사를 합리적으로 추측하여 보험사고 발생시 보험수익자를 특정할 수 있다면 그러한 지정행위는 유효하다. 보험계약자인 소외인이 상해시 수익자란에 '상속인'이라고 기재한 것은, 자신이 상해를 입은 경우 만약 그 상해의 결과로 자신이 사망하였다면 그 상속인이 되었을 자들인 피고 및 선정자들을 상해시 수익자로 지정할 의사였다고 봄이 상당하다.

[쟁점사항]

이는 [1] 피보험자와 보험수익자가 일치하지 않는 타인을 위한 상해보험이 허용되고, [2] 타인을 위한 상해보험에서 보험수익자를 추상적 또는 유동적으로 지정한 경우, 보험사고발생시 특정할 수 있다면 유효하며, [3] 보험계약자가 상해보험의 수익자를 '상속인'이라고 기재한 사안에서 그 수익자 지정행위가 유효하다고 한 사례이다.

◆ 대법원 1989. 2. 14. 선고 87다카2973 판결-타인을 위한 생명보험에서 해지의 상대방

[사실개요]

소외 K(보험계약자)는 피고(보험회사)와 4건의 보험계약을 체결하였다. 위 K가 1986. 2. 25 사망하였는데, K는 직계비속없는 미혼녀이었고 원고들은 위 K의 부모로서 공동상속인이다. 원고들은 보험사고가 발생하였으므로 위 각 보험계약의 피보험자 사망시의 수익자로서 피고에게 위 각 보험계약에 따른 보험금의 지급을 청구하였다. 이에 피고는 위 K는 각 보험계약을 체결하기 이전에 신경섬유종증이 있다는 진단을 받아서 이러한 사실을 알고 있었음에도 각 보험계약 체결 시 피고에게 그 사실 등 중요한 사실을 고지하지 아니하였으며, 피고는 위 K가 사망한 이후인 1986. 4. 3.에 이르러서야 비로소 이러한 사실을 알고 1986. 4. 4. 위 K의 고지의무위반을 이유로 위 각 보험계약을 보험수익자인 원고들에 대해 해지하면서 원고들의 보험금청구에 응할 수 없다고 항변하였다.

[판결요지]

생명보험계약에 있어서 고지의무위반을 이유로 한 해지의 경우에 그 상대방은 계약의 상대방 당사자인 보험계약자나 그의 상속인(또는 그들의 대리인)에 대하여 해지의 의사표시를 하여야 하고 타인을 위한 보험에 있어서도 보험금 수익자에게 해지의 의사표시를 한 것은 특별한 사정(보험약관상의 별도기재 등)이 없는 한 그 효력이 없다.

[쟁점사항]

이는 생명보험계약에 있어서 고지의무위반을 이유로 한 해지의 경우에는 계약의 상대방 당사자인 보험계약자나 그의 상속인(또는 그들의 대리인)에 대하여 해지의 의사표시를 하여야 하고, 타인을 위한 보험에 있어서도 보험금 수익자에게 해지의 의사표시를 하는 것은 특별한 사정(보험약관상의 별도기재 등)이 없는 한 효력이 없다고 본 사례이다.

V. 보험자의 의무

1. 보험금지급의무

생명보험자는 피보험자의 사망, 생존, 사망과 생존에 관한 보험사고가 발생할 경우에 약정한 보험금을 지급할 책임을 진다(상법 제730조). 생명보험계약에서는 보험기간 중에 계약에서 정한 보험사고가 발생하면 이 보험금액을 지급하는 정액보험이다. 따라서 생존보험에서는 보험기간 동안 피보험자가 생존하면 만기보험금을, 사망보험에서는 보험기간 안에 피보험자가 사망하면 사망보험금을, 생사혼합보험에 있어서는 생존이나 사망이 모두 보험사고이므로 그에 따른 보험금을 지급하게 된다. 또한 보험금을 지급하는 방법도 일시금으로 지급하는 방법 이외에 분할하여 지급할 수 있다(상법 제727조 제2항).

생명보험에서 보험자의 면책사유와 관련하여 손해보험과 달리, 고의 이외에 중과실은 면책사유에서 제외된다. 즉 사망을 보험사고로 한 보험계약에서는 사고가 보험계약자 또는 피보험자나 보험수익자의 중대한 과실로 인하여 발생한 경우에도 보험자는 보험금을 지급할 책임을 면하지 못한다(상법 제732조의2 제1항). 그리고 둘 이상의 보험수익자 중 일부가 고의로 피보험자를 사망하게 한 경우 보험자는 다른 보험수익자에 대한 보험금 지급 책임을 면하지 못한다(동조 제2항).

◆ 대법원 2021. 2. 4. 선고 2017다281367 판결

[사실개요]

보험회사인 피고는 2011년 K 광역시교육청과 사이에 망인 등 그 소속공무원들을 피보험자로 한 공무원단체상해보험계약을 체결하였다. 초등학교 교사로 근무한 망인은 2011. 10. 12. 목을 매어 자살하였고, 유서를 남기지 아니하였으며, 이 때문에 망인이 우울증 치료를 받은 적이 있다는 사실 등을 확인한 경찰 역시

'우울증으로 인한 단순자살'로 내사종결 처리하였다. 원고(망인의 父)는 2012. 2.경 공무원연금공단을 상대로 망인의 자살이 공무상 생긴 우울증으로 인한 것임을 주장하면서 유족보상금 지급을 구하였으나 거부당하여 행정소송을 제기하였고, 2016. 2. 26.에 이르러서야 승소 확정판결을 받았다. 원고는 2016. 8.경 이 사건 소를 제기하였다.

[판결요지]

사망을 보험사고로 하는 보험계약에서 자살을 보험자의 면책 사유로 규정하고 있는 경우에도 피보험자가 정신질환 등으로 자유로운 의사결정을 할 수 없는 상태에서 사망의 결과를 발생케 한 경우까지 포함하는 것은 아니므로, 피보험자가 자유로운 의사결정을 할 수 없는 상태에서 사망의 결과를 발생케 한 직접적인 원인행위가 외래의 요인에 의한 것이라면, 그 사망은 피보험자의 고의에 의하지 않은 우발적인 사고로서 보험사고인 사망에 해당할 수 있다. 이때 정신질환 등으로 자유로운 의사결정을 할 수 없는 상태에서의 사망이었는지 여부는 자살자의 나이와 성행, 자살자의 신체적·정신적 심리상황, 그 정신질환의 발병 시기, 그 진행 경과와 정도 및 자살에 즈음한 시점에서의 구체적인 상태, 자살자를 에워싸고 있는 주위상황과 자살 무렵의 자살자의 행태, 자살행위의 시기 및 장소, 기타 자살의 동기, 그 경위와 방법 및 태양 등을 종합적으로 고려하여 판단하여야 한다. 망인을 치료하였던 정신과 전문의의 견해에 의하면 망인이 자살할 즈음에 주요우울장애 상태에 있었다고 판단되므로 우울증으로 자유로운 의사결정을 할 수 없는 상태에서 자살한 것으로 볼 수 있다.

구 상법(2014. 3. 11. 법률 제12397호로 개정되기 전의 것) 제662조는 보험금청구권은 2년간 행사하지 아니하면 소멸시효가 완성한다고 규정하였다(위 상법 개정으로 보험금청구권의 소멸시효는 3년으로 변경되었다). 보험금청구권의 소멸시효는 특별한 다른 사정이 없는 한 원칙적으로 보험사고가 발생한 때부터 진행한다. 그렇지만 보험사고가 발생한 것인지 여부가 객관적으로 분명하지 아니하여 보험금청구권자가 과실 없이 보험사고의 발생을 알 수 없었던 경우에도 보험사고가 발생한 때부터 보험금청구권의 소멸시효가 진행한다고 해석하는 것은, 보험금청구권자에게 너무 가혹하여 사회정의와 형평의 이념에 반하고 소멸시효 제도의 존재 이유에도 부합하지 않으므로, 이와 같이 객관적으로 보아 보험사고가 발생한 사실을 확인할 수 없는 사정이 있는 경우에는 보험금청구권자가 보험사고의 발생을 알았거나 알 수 있었던 때부터 보험금청구권의 소멸시효가 진행한다(대법원 1993. 7. 13. 선고 92다39822 판결; 대법원 대법원 2008. 11. 13. 선고 2007다19624 판결 등 참조).

망인이 사망하였을 당시에는 면책의 예외 사유에 해당하는 보험사고가 발생하였는지 여부가 객관적으로 분명하지 아니하여 보험금청구권자인 원고가 이를 알 수 있거나 그 소명자료를 갖추기 어렵다고 볼 사정들이 존재한다. 원고가 망인의 자살 당시 이 사건 보험계약의 존재와 구체적인 내용을 파악할 수 없거나 상당히 곤란하였을 여지도 있다. 그러나 원고가 망인이 공무상 생긴 우울증으로 인해 자살한 것이라고 주장하며 유족보상금의 지급을 신청하고 이어 행정소송도 제기하였던 이 사건에서 과실 없이 보험사고의 발생을 알 수 없었던 경우에 해당한다고까지 보기는 어렵다.

[쟁점사항]

이는 사망을 보험사고로 하는 보험계약에서 자살을 보험자의 면책사유로 규정하고 있더라도 피보험자가 정신질환 등으로 자유로운 의사결정을 할 수 없는 상태에서 사망의 결과를 발생케 한 직접적인 원인행위가 외래의 요인에 의한 경우, 보험사고인 사망에 해당한다고 보면서, 원고(甲)의 딸 乙이 우울증으로 자살에 이르자, 甲이 丙 보험회사 등을 상대로 재해사망보험금을 청구한 사안에서, 乙이 우울증으로 자유로운 의사결정을 할 수 없는 상태에서 자살하였다고 보기 어렵다고 본 원심판단에 법리오해 등의 잘못이 있다고 하면서도, 보험금청구권의 소멸시효 기산점과 관련하여서는 객관적으로 보아 보험사고가 발생한 사실을 확인할 수 없는 사정이 있는 경우에는 보험금청구권자가 보험사고의 발생을 알았거나 알 수 있었던 때부터 보험금청구권의 소멸시효가 진행한다고 보아 행정소송을 제기한 시점을 소멸시효의 기산점으로 본 판결이다.

◆ 대법원 2021. 1. 14. 선고 2018다209713 판결

[사실개요]

보험계약자 C는 1999년 3월과 2007년 3월 보험수익자를 배우자인 A씨(원고)로 지정해 보험회사 B(피고)와 재해사망특약이 포함된 보험계약 2건을 체결했다. C는 공무원으로 근무하면서 불면증, 우울증을 앓던 중 2009. 11. 29.경 아파트에서 뛰어내려 사망하였다. 사망 후 업무 과다로 인한 스트레스로 죽는다는 취지의 유서가 발견되었다. 원고는 2009. 12. 24.경 피고에게 보험금 지급을 청구하였다. 피고는 2009. 12. 30. 이 사건 각 보험계약에 따라 원고에게 일반사망보험금은 지급하였지만, 재해사망보험금은 지급하지 않았다. 한편 A는 2010년 공무원연금공단에 유족보상금 지급을 청구했지만 거부당하자 낸 소송에서 2015. 7. 9. 최종 승소했다. 이에 A는 재차 B에 대해 재해사망보험금 1억5,000만원의 지급을 청구했지만, B는 "약관상 C의 사망은 보험금을 지급하지 않는 보험사고인 데다 C가 사망한 지 2년이 지났기 때문에 보험금청구권이 소멸했다"고 지급을 거부했다. 이에 A는 2016년 소송을 제기했다.

[판결요지]

소멸시효는 객관적으로 권리가 발생하고 그 권리를 행사할 수 있는 때로부터 진행하고 그 권리를 행사할 수 없는 동안에는 진행하지 아니한다. 여기서 '권리를 행사할 수 없다'라고 함은 그 권리행사에 법률상의 장애 사유, 예컨대 기간의 미도래나 조건불성취 등이 있는 경우를 말하는 것이고, 사실상 그 권리의 존부나 권리행사의 가능성을 알지 못하였거나 알지 못함에 과실이 없다고 하여도 이러한 사유는 법률상 장애 사유에 해당한다고 할 수 없다.

그리고 구 상법 제662조는 보험금 청구권은 2년간 행사하지 아니하면 소멸시효가 완성한다는 취지를 규정하고 있을 뿐 보험금 청구권의 소멸시효 기산점에 관하여는 아무런 규정을 두지 않고 있으므로, "소멸시효는 권리를 행사할 수 있는 때로부터 진행한다."라고 규정한 민법 제166조 제1항에 따를 수밖에 없다. 보험금 청구권은 보험사고가 발생하기 전에는 추상적인 권리에 지나지 아니할 뿐 보험사고의 발생으로 인하여 구체적인 권리로 확정되어 그때부터 그 권리를 행사할 수 있게 되는 것이므로, 특별한 사정이 없는 한 원칙적으로 보험금 청구권의 소멸시효는 보험사고가 발생한 때로부터 진행한다고 해석함이 타당하다. 한편, 보험사고가 발생하였는지 여부가 객관적으로 분명하지 아니하여 보험금 청구권자가 과실 없이 보험사고의 발생을 알 수 없었던 경우에도 보험사고가 발생한 때부터 보험금 청구권의 소멸시효가 진행한다고 해석하는 것은 보험금 청구권자에게 가혹한 결과를 초래하게 되어 정의와 형평의 이념에 반하고 소멸시효 제도의 존재 이유에도 부합하지 않으므로, 객관적으로 보아 보험사고가 발생한 사실을 확인할 수 없는 사정이 있는 경우에는 보험금 청구권자가 보험사고의 발생을 알았거나 알 수 있었던 때부터 보험금 청구권의 소멸시효가 진행한다고 해석하는 것이 타당하다.

원고의 이 사건 보험금 청구권의 소멸시효는 보험사고가 발생한 때, 즉 망인이 사망한 2009. 11. 29.부터 진행한다고 할 것이고, 객관적으로 보아 보험사고가 발생한 사실을 확인할 수 없는 사정이 있었다고 볼 수 없다. 구체적 이유는 다음과 같다. 1) 원고는 망인의 배우자로서 망인이 자살하기 전에 심한 불면증과 우울증을 앓고 있다는 사실을 알고 있었고, 망인이 사망할 당시 남긴 유서를 통하여 망인이 업무 스트레스로 인하여 자살하였다는 등의 사망 경위를 파악하였다. 따라서 원고는 그 당시 망인이 정신질환 등으로 인하여 자유로운 의사결정을 할 수 없는 상태에서 사망하였을 가능성을 충분히 인지할 수 있었다. 2) 원고는 망인의 사망 후 1개월이 경과하기 전인 2009. 12. 24. 피고에게 보험금 지급을 청구하였는데, 피고는 원고에게 일반사망보험금을 지급하였을 뿐 재해사망보험금은 지급하지 않았다. 3) 원고는 2010. 4. 14. 망인이 자유로운 의사결정에 따라 사망한 것이 아니라 공무상 스트레스 등으로 인한 우울증으로 사망하였음을 이유로 공무원연금공단에 공무원연금법상의 유족보상금을 신청하였는데 거부되자, 2011. 1. 28. 그 거부처분을 취소해 달라는 취지의 관련 행정소송을 제기하기도 하였다. 4) 그런데 원고가 망인의 사망 후 피고를 상대로는 이 사건 재해사망보험금 청구권을 행사하지 못할 법률상의 장애 사유나 특별한 사정이 있었다고 보이지 않는다. 5) 비록 공무원연금공단이 2010. 5. 31. '망인이 공무상의 과로와 스트레스로 인하여 사망하였다고 볼 수 없다'는 이유로 원고의 유족보상금 지급을 거부하고, 이에 따라 원고가 관련 행정소송을 제기하여 제1심에서는 패소판결을 받았다가 항소심에서 승소판결을 받고 2015. 7. 9.에야 비로소 그 상고심 판결이 선고되어 항소심 판결이 확정된 점, 피고는 망인의 사망이 고의로 자신을 해친 경우로서 보험금을 지급하지 아니하는 보험사고에 해당한다는 이유로 원고의 재해사망보험금 지급 청구를 거부해 온 점 등이 인정된다고 하더라도, 이러한 점들만으로는 객관적으로 보아 보험사고가 발생한 사실을 2015. 7. 9.까지는 확인할 수 없었던 사정이 있는 경우에 해당한다고 볼 수 없다.

[쟁점사항]

이는 소멸시효는 권리를 행사할 수 없는 동안에는 진행하지 않고, 이때 '권리를 행사할 수 없다'는 뜻은 법률상의 장애사유가 있는 경우라며, 권리의 존부나 권리행사의 가능성을 알지 못했거나, 알지 못함에 과실이 없다고 해도 이 같은 사유는 법률상 장애사유에 해당하지 않는다고 하면서, A의 보험금청구권 소멸시효는 보험사고가 발생한 때, 즉 C가 사망한 2009년부터 진행한다며 A는 2011년 공무원연금공단의 유족보상금 지급 거부에 대한 취소소송을 내면서 B를 상대로는 소송을 내지 않았는데, A가 보험금청구권을 행사하지 못할 법률상 장애사유나 특별한 사정이 있었다고 보이지 않고, 비록 A가 2015년 '공무상재해'를 인정하는 내용의 최종 승소 판결을 받았더라도 이 같은 사정만으로는 A가 보험사고가 발생한 사실을 그때까지 확인할 수 없었던 사정이 있는 경우에 해당한다고 볼 수 없다며 원고패소 취지로 사건을 파기환송한 사례이다.

◆ 대법원 2000. 11. 24. 선고 99다42643 판결
–생명보험계약에서 고지의무위반에 따른 약정의 효력 제한

[사실개요]

원고회사는 1993. 8. 31. 소외 C를 대리한 피고와 보험계약자 및 피보험자를 C로, 수익자를 법정상속인으로 하여 보험계약을 체결하였는데, 위 보험계약은 당시 원고회사의 보험모집인이자 C의 모친인 피고가 직접 체결하였다. C는 보험계약을 체결할 당시부터 원양어선의 선원으로 계속 근무하다가 1996. 11. 29. 조업 중 추락 실종되어 1997. 12. 23. 창원지방법원 진주지원에서 실종선고를 받았다. 한편, 피고는 C가 이 사건 보험계약 상 위험직종 1급에 해당하는 선원으로 종사하고 있는 사실을 원고 회사에 알리지 않고 보험계약청약서의 직업란에 C의 직업이 농업이고 취급업무가 농사라고 기재하였다. 피고는 위 C가 실종됨에 따라 원고 회사에 보험금으로 5,000만 원을 청구하였는데, 원고회사는 1998. 4. 28. 피고가 고지의무를 위반하였음을 주장하면서 청구한 보험금 중 위험직종 1급의 가입한도액인 1,000만 원만 피고에게 지급하고 허위고지로 인한 초과보험금 부분에 대하여 채무부존재확인의 소를 제기하였다.

[판결요지]

피보험자의 직업이나 직종에 따라 보험금 가입한도나 보상비율에 차등이 있는 생명보험계약에서 그 피보험자의 직업이나 직종에 관한 사항에 대하여 고지의무 위반이 있어 실제의 직업이나 직종에 따른 보험금 가입한도나 보상비율을 초과하여 보험계약이 체결된 경우에 보험회사가 보험금 지급사유의 발생 여부와 관계없이 보험금을 피보험자의 실제 직업이나 직종에 따른 보험금 가입한도나 보상비율 이내로 감축하는 것은 실질적으로 당사자가 의도하였던 보험금 가입한도나 보상비율 중에서 실제 직업이나 직종에 따른 보험금 가입한도나 보상비율을 초과하는 부분에 관한 보험계약을 자동 해지하는 것이라고 할 것이므로, 그 해지에 관하여는 상법 제651조에서 규정하고 있는 해지 기간, 고지의무위반 사실에 대한 보험자의 고의나 중과실 여부, 상법 제655조에서 규정하고 있는 고지의무위반 사실과 보험사고 발생 사이의 인과관계 등에 관한 규정이 여전히 적용되어야 하고, 만일 이러한 규정이 적용될 여지가 없이 자동으로 원래 실제 직업이나 직종에 따라 가능하였던 가입 한도나 보상비율 범위 이내로 지급하여야 할 보험금을 감축하는 취지의 약정이 있다면 이는 당사자의 특약에 의하여 보험계약자나 피보험자, 보험수익자에게 불리하게 위 상법의 규정을 변경한 것으로서 상법 제663조에 의하여 허용되지 않는다고 할 것이며, 이러한 결론은 비록 보험회사가 보험계약자 측의 직업 또는 직종에 대한 고지의무위반이 있는 경우에 이로 인한 계약해지권을 포기하고 있다고 하여도 달리 볼 것은 아니다.

[쟁점사항]

이는 생명보험계약에서 피보험자의 직업이나 직종에 관한 사항에 대하여 고지의무위반이 있는 경우에 자동으로 실제 직업이나 직종에 따라 가능하였던 가입 한도나 보상비율 범위 이내로 지급하여야 할 보험금을 감축한다는 취지의 약정이 허용되지 아니하는 것으로 본 사례이다.

2. 보험료적립금반환의무

생명보험계약은 장기보험계약으로서 저축기능을 갖고 있으므로 상법은 일정한 경우에 보험적립금을 반환하도록 하고 있다. 즉 보험사고 발생 전에 보험계약자에 의한 임의해지(상법 제649조), 보험료 불 지급으로 인한 계약해제·해지(상법 제650조), 고지의무위반으로 인한 계약해지(상법 제651조), 위험의 변경·증가로 인한 계약해지(상법 제652, 653조), 보험자의 파산으로 인한 계약해지(상법 제654조), 보험자의 면책사유(상법 제659조, 660조)로 보험금액의 지급책임이 면제된 때에는, 보험수익자를 위하여 적립한 금액을 보험계약자에게 지급하여야 한다(상법 제736조 본문). 이러한 보험자의 보험료적립금의 반환의무는 3년의 시효로 소멸한다(상법 제662조).

그러나 예외적으로 다른 약정이 없으면 보험사고의 발생이 보험계약자의 고의 또는 중대한 과실로 인하여 발생하여 보험자가 보험금 지급책임을 면한 때에는, 보험자는 보험료적립금반환의무를 면한다(상법 제736조 단서).

3. 기타 의무

이밖에 보험자는 약관에 의하여 이익배당의무,[8] 해약환급금반환의무, 보험증권대출의무 등을 부담하는 경우도 있다.

◆ 대법원 2007. 9. 28. 선고 2005다15598 판결-대출금의 성질 등

[사실개요]

주식회사 K는 H생명보험 주식회사(피고)와 2000. 8. 4. 저축성 보험계약을 체결한 후 보험료 3억 원을 지급하였다. 주식회사 K는 2000. 8. 7. 피고로부터 2억 원의 약관대출을 받았다. 2000. 8. 21. 주식회사 K에 대한 회사정리절차가 개시되어 정리채권, 정리담보권 및 주식의 신고 기간이 2002. 9. 25.까지로 결정되었다. 주식회사 K가 2002. 8. 7.부터 약관대출금을 상환하지 못하자 피고는 2003. 7. 24. 보험계약을 해지한 후 해약환급금에서 약관대출 원리금을 상계처리한 잔액을 지급하였다.

원고(주식회사 K의 관리인)은 회사정리법 제162조 제1항은 회사정리채권자가 정리절차개시 당시 회사에 대하여 채무를 부담하는 경우에 채권과 채무의 쌍방이 정리채권 신고 기간 만료 전에 상계할 수 있는 때에는 정리채권자는 그 기간 내에 한하여 정리절차에 의하지 아니하고 상계할 수 있다고 규정하고 있는데, 주식회사 K가 약관대출 원리금을 연체하기 시작한 2002. 8. 7.부터 6개월이 지나지 아니하였기 때문에 피고는 정리채권신고만료일인 2002. 9. 25. 보험계약을 해지할 수 없고 주식회사 K의 해약환급금 채권도 발생하지 않아 약관대출 원리금과 상계적상에 있다고 할 수 없을 뿐만 아니라 피고가 정리채권 신고 기간 만료 후인 2003. 7. 24. 상계의사를 표시하였으므로 상계의 의사표시가 무효라고 주장하였다. 이에 대하여 피고는 약관대출은 그 전제되는 보험계약이 해지되었을 경우 보험계약자가 받게 될 해약환급금을 담보로 그 범위 내에서 보험계약자에게 대출하는 것으로 대출 당시 보험계약자에 대한 신용평가나 질권 등 담보권 없이 보험계약과 일체로 이루어지기 때문에 보험자는 회사정리법 제162조 제1항에 따라 정리채권 또는 정리담보권의 신고 기간 만료 전에 보험계약이 해지되는 경우에만 그 해약환급금으로 약관대출 원리금에 충당할 수 있는 것이 아니라 정리절차 진행과 상관없이 언제라도 보험계약이 해지되는 경우에 보험계약자에게 지급할 해약환급금에서 그때까지의 약관대출 원리금을 공제한 잔액만을 지급할 의무가 있다고 주장하였다.

[판결요지]

생명보험계약의 약관에 보험계약자는 보험계약의 해약환급금의 범위 내에서 보험회사가 정한 방법에 따라 대출을 받을 수 있고, 이에 따라 대출이 된 경우에 보험계약자는 그 대출 원리금을 언제든지 상환할 수 있으

---

8) 대법원 2005. 12. 9. 선고 2003다9742 판결(주식회사인 보험회사가 판매한 배당 부 생명보험의 계약자배당금은 보험회사가 이자율과 사망률 등 각종 예정기초율에 기반한 대수의 법칙에 의하여 보험료를 산정함에 있어 예정기초율을 보수적으로 개산한 결과 실제와의 차이에 의하여 발생하는 잉여금을 보험계약자에게 정산·환원하는 것으로서 이익잉여금을 재원으로 주주에 대하여 이루어지는 이익배당과는 구별되는 것이므로, 계약자배당 전 잉여금의 규모가 부족한 경우에도 이원(利源)의 분석 결과에 따라 계약자배당 준비금을 적립하는 것이 그 성질상 당연히 금지된다고는 할 수 없는 것이나, 사차익(死差益)이나 이차익(利差益) 등 이원(利源)별로 발생한 이익이 있다 하여 보험계약자들에게 구체적인 계약자배당금 청구권이 당연히 발생하는 것이라고는 볼 수 없고, 보험회사가 약관에서 정한 바에 따라 그 지급률을 결정하여 계약자배당 준비금으로 적립한 경우에 한하여 인정되는 것이며, 계약자배당 전 잉여금의 규모와 적립된 각종 준비금 및 잉여금의 규모 및 증감 추세를 종합하여 현재 및 장래의 계약자들의 장기적 이익 유지에 적합한 범위 내에서 계약자배당이 적절하게 이루어지도록 하기 위한 감독관청의 규제나 지침이 있는 경우, 보험회사로서는 위 규제나 지침을 넘어서면서까지 계약자배당을 실시할 의무는 없는 것이다).

며, 만약 상환하지 아니한 동안에 보험금이나 해약환급금의 지급 사유가 발생한 때에는 위 대출 원리금을 공제하고 나머지 금액만을 지급한다는 취지로 규정되어 있다면, 그와 같은 약관에 따른 대출계약은 약관 상의 의무의 이행으로 행하여지는 것으로서 보험계약과 별개의 독립된 계약이 아니라 보험계약과 일체를 이루는 하나의 계약이라고 보아야 하고, 보험약관대출금의 경제적 실질은 보험회사가 장차 지급하여야 할 보험금이나 해약환급금을 미리 지급하는 선급금과 같은 성격이라고 보아야 한다. 따라서 위와 같은 약관에서 비록 '대출'이라는 용어를 사용하고 있더라도 이는 일반적인 대출과는 달리 소비대차로서의 법적 성격을 가지는 것은 아니며, 보험금이나 해약환급금에서 대출 원리금을 공제하고 지급한다는 것은 보험금이나 해약환급금의 선급금의 성격을 가지는 위 대출 원리금을 제외한 나머지 금액만을 지급한다는 의미이므로 민법상의 상계와는 성격이 다르다.

결국, 생명보험계약의 해지로 인한 해약환급금과 보험약관대출금 사이에서는 상계의 법리가 적용되지 아니하고, 생명보험회사는 생명보험계약 해지 당시의 보험약관대출 원리금 상당의 선급금을 뺀 나머지 금액에 한하여 해약환급금으로서 반환할 의무가 있다고 할 것이므로, 생명보험계약이 해지되기 전에 보험회사에 관하여 구 회사정리법에 의한 회사정리절차가 개시되어 정리채권 신고 기간이 만료하였다고 하더라도 같은 법 제162조 제1항의 상계제한 규정은 적용될 여지가 없다.

[쟁점사항]

이는 생명보험계약의 약관에 따른 대출금의 성격을 보험금 또는 해약환급금의 선급금으로 보면서, 생명보험계약의 해지로 인한 해약환급금과 위 보험약관대출금 사이에서 상계의 법리가 적용되지 않고, 위 보험계약의 해지 전에 보험회사에 관하여 회사정리절차가 개시되어 정리채권 신고 기간이 만료한 경우 구 회사정리법 제162조 제1항의 상계제한 규정이 적용되지 않는다고 본 사례이다.

제3절

상해보험계약

Ⅰ. 상해보험계약의 의의와 특성

1. 의의

상해보험계약(contract of personal accident insurance)이란 피보험자의 신체의 상해에 관한 보험사고가 생길 경우 보험자가 보험금액 기타의 급여를 하기로 하는 인보험계약을 말한다(상법 제737조). 여기에 기타의 급여라 함은 치료 또는 의약품의 급여와 같은 현금 이외의 급여를 말한다.

2. 특성

상해보험계약은 보험의 객체가 사람이라는 점에서 생명보험과 함께 인보험계약에 속한다. 이런 점에서 상해보험계약은 피보험자의 재산상의 손해를 보상할 것을 목적으로 하는 손해보험계약(상법 제665조)과 구별된다. 그러나 상해보험계약은 보험약관에서 규정하고 있는 보험금 중 사망보험금은 정액보험의 성질을 갖고, 후유장해보험금은 준정액보험의 성질을 가지며(동 표준약관 제12조~제14조), 상해보험계약에서의 보험사고는 그 발생시기는 물론 발생여부도 불확정하다는 점에서, 손해보험계약의 그것과 유사하다고 볼 수 있다. 따라서 상해보험계약은 그 성질이 생명보험계약과 동일하다고는 볼 수 없고, 정액보험인 생명보험계약과 손해보험계약의 중간적 성질을 가진 특수한 지위에 있다.

◆ 대법원 2016. 12. 29. 선고 2016다217178 판결-무보험자동차에 의한 상해담보특약의 법적 성질

[사실개요]

원고 보험회사는 소외 2와 소외 3을 기명피보험자로 하는 자동차종합보험계약의 보험자이고, 피고는 소외 4를 기명피보험자로 자동차종합보험계약의 보험자이며 각 보험계약은 모두 무보험자동차에 의한 상해담보특약이 부가되어 있다. 소외 2, 3, 4의 어머니인 소외 1이 자동차책임보험에만 가입되어 있는 차량에 충격되어 부상을 당했다. 원고는 무보험차 상해담보특약에 따라 소외 1에게 치료비를 지급하고 위 자동차 보험계약들은 중복보험에 해당하므로 피고가 원고에게 지급한 보험금의 1/3을 지급할 의무가 있다고 주장하였다.

[판결요지]

피보험자가 무보험자동차에 의한 교통사고로 인하여 상해를 입었을 때에 손해에 대하여 배상할 의무자가 있는 경우 보험자가 약관에 정한 바에 따라 피보험자에게 손해를 보상하는 것을 내용으로 하는 무보험자동차에 의한 상해담보특약(이하 '무보험자동차특약보험'이라 한다)은 상해보험의 성질과 함께 손해보험의 성질도 갖고 있는 손해보험형 상해보험이므로, 하나의 사고에 관하여 여러 개의 무보험자동차특약보험계약이 체결되고 보험금액의 총액이 피보험자가 입은 손해액을 초과하는 때에는 손해보험에 관한 상법 제672조 제1항 이 준용되어 보험자는 각자의 보험금액의 한도에서 연대책임을 지고, 이 경우 각 보험자 사이에서는 각자의 보험금액의 비율에 따른 보상책임을 진다. 위와 같이 상법 제672조 제1항 이 준용됨에 따라 여러 보험자가 각자의 보험금액의 한도에서 연대책임을 지는 경우 특별한 사정이 없는 한 보험금 지급책임의 부담에 관하여 각 보험자 사이에 주관적 공동관계가 있다고 보기 어려우므로, 각 보험자는 보험금 지급채무에 대하여 부진정연대관계에 있다

[쟁점사항]

이는 무보험자동차에 의한 상해담보특약의 법적 성질을 손해보험형 상해보험으로 보면서, 하나의 사고에 관하여 여러 개의 무보험자동차에 의한 상해담보특약 보험계약이 체결되고 보험금액의 총액이 피보험자가 입은 손해액을 초과하는 경우, 상법 제672조 제1항이 준용되는 것으로 보았다. 이에 따라 여러 보험자가 각자의 보험금액의 한도에서 연대책임을 지는 경우, 각 보험자가 보험금 지급채무에 대하여 부진정연대관계에 있다고 본 사례이다.

Ⅱ. 보험사고

상해보험의 보험사고에 대하여 상법은 피보험자의 신체의 상해라고만 규정하고 있는데(상법 제737조), 상해보험보통약관은 급격하고도 우연한 외래의 사고로 인하여 피보험자가 신체에 입은 상해라고 규정하고 있다(동 표준약관 제3조). 따라서 상해보험의 보험사고는 외부로부터 생긴 급격하고도 우연한 사고를 의미한다. 이와 같이 상해보험계약에서 보험사고는 피보험자의 신체의 상해에 관한 것으로, 급격성·우연성·외래성의 요건을 갖춘 것을 말한다.

1. 급격성

급격성이란 보험사고의 원인으로부터 보험사고의 결과인 상해가 발생하기까지의 과정에 있어서 시간적인 간격 없이 돌발적으로 발생하는 것을 말한다. 즉 피보험자가 보험사고에 대하여 예견하지 아니하였거나 예견할 수 없는 순간에 생긴 것을 말한다. 급격성 요건은 순수한 자연적 원인, 예컨대 쇠약(weakness) 또는 질병(disease) 등의 원인을 상해에서 배제하기 위해 사용된다. 따라서 통상 약관에서는 유독가스나 독성물질을 일시에 흡입·흡수 또는 섭취의 결과 생긴 중독증상은 상해로 보게 된다.

2. 우연성

우연성이란 피보험자의 고의로 인한 것이 아니고 뜻하지 않게 상해를 입은 것을 말한다. 여기에는 제3 자의 행위로 인한 것과 피보험자 자신의 고의 아닌 행위로 인한 것이 포함된다.[9] 그러므로 의도적으로 자해하거나 음독으로 생긴 상해 또는 외과적 수술[10]과 같은 것은 우연한 것이 아니므로 상해보험의 보험사고로 볼 수 없다. 그리고 신체허약이나 질병 등 자연적 원인으로 인한 것도 우연성을 결하므로 상해에 포함되지 않는다.

---

9) 인보험계약에 의하여 담보되는 보험사고의 요건 중 '우연한 사고'라 함은 사고가 피보험자가 예측할 수 없는 원인에 의하여 발생하는 것으로서, 고의에 의한 것이 아니고 예견치 않았는데 우연히 발생하고 통상적인 과정으로는 기대할 수 없는 결과를 가져오는 사고를 의미하는 것이며, 이러한 사고의 우연성에 관해서는 보험금 청구자에게 그 입증책임이 있고 사고의 외래성 및 상해라는 결과와 사이의 인과관계에 대해서도 보험금청구자에게 그 입증책임이 있다(대법원 2003. 11. 28. 선고 2003다35215 판결).

10) 乙이 피부과의원에서 프로포폴을 투여받은 후 미용 목적의 시술인 고주파를 이용한 신경차단술에 기한 종아리근육 퇴축술을 받다가 저산소성 뇌손상을 입은 후 사망한 사안에서, 위 면책조항의 취지는 피보험자에 대하여 보험회사가 보상하지 아니하는 질병 등을 치료하기 위한 외과적 수술 기타 의료처치(이하 '외과적 수술 등'이라고 한다)가 행하여지는 경우, 피보험자는 일상생활에서 노출된 위험에 비하여 상해가 발생할 위험이 현저히 증가하므로 그러한 위험을 처음부터 보험보호의 대상으로부터 배제하고, 다만 보험회사가 보상하는 보험사고인 상해를 치료하기 위한 외과적 수술 등으로 인한 위험에 대해서만 보험보호를 부여하려는 데 있는데, 위 시술은 甲 회사가 보상하는 보험사고인 상해를 치료하기 위한 외과적 수술 등이 아니며, 피보험자인 乙은 위 시술을 받음으로써 일상생활에서 노출된 위험에 비하여 상해가 발생할 위험이 현저히 증가하는 상태에 처하였고 그 위험이 현실로 나타남으로써 사망하기에 이르렀으므로, 이는 면책조항에 의하여 보험보호의 대상에서 배제된 상해에 해당한다고 보아야 하는데도, 이와 달리 위 사고에 대하여 면책조항이 적용되지 않는다고 본 원심 판단에 법리오해의 잘못이 있다고 보았다(대법원 2019. 10. 31. 선고 2016다258063 판결).

◆ 대법원 2010. 8. 19. 선고 2008다78491 판결-우연성의 의미 등

[사실개요]

피고(보험계약자)는 보험자인 원고와 사이에 피보험자를 K, 수익자를 피고로 하여 상해보험계약을 체결하였다. K는 복막암 진단을 받아 종양 절제 수술을 받았다가 감염으로 인하여 패혈증과 폐렴을 원인으로 사망하였다. 피고는 K가 복막암 치료를 위한 외과적 수술을 받은 이후에 전혀 예상하지 못한 의료진의 과실로 인하여 급격하고도 우연한 외래의 사고로 신체에 상해를 입어 사망에 이르게 되었으므로 원고는 피고에게 보험금을 지급할 의무가 있다고 주장하였다. 이에 원고는 이 사건 사고는 K의 복막암을 치료하기 위한 외과적 수술을 하는 과정에서 발생한 것으로서 '급격하고도 우연한 외래의 사고'로 보기 어려워 이 사건 보험계약에서 정한 보험사고에 해당하지 아니할 뿐만 아니라, 또한 이 사건 보험약관이 면책조항으로 정한 '외과적 수술 및 의료처치로 인한 손해'에 해당하므로 이 사건 사고로 인한 보험금 지급의무가 없다고 주장하였다.

[판결요지]

상해보험계약에 의하여 담보되는 보험사고의 요건 중 '우연한 사고'라고 함은 사고가 피보험자가 예측할 수 없는 원인에 의하여 발생하는 것으로서, 고의에 의한 것이 아니고 예견하지 않았는데 우연히 발생하고 통상적인 과정으로는 기대할 수 없는 결과를 가져오는 사고를 의미한다. 그러나 질병의 치료를 위한 외과적 수술 기타 의료처치의 과정에서 피보험자가 의료과실로 인하여 상해를 입은 경우, 피보험자가 그러한 외과적 수술 기타 의료처치에 동의하였다고 하더라도 그것만으로 바로 의료과실로 인하여 상해를 입는 결과에 대해서까지 동의하고 예견하였다고 볼 것은 아니다. 이 사건에서 소외인이 위와 같은 개복수술과정에서 의료진의 과실로 인한 감염으로 폐렴에 이른 것이라면, 그가 그러한 결과에까지 동의하고 예견하였다고는 쉽사리 말할 수 없고, 이는 오히려 피보험자의 고의에 의한 것이 아니고 그가 예측할 수 없는 원인에 의하여 발생한 것으로서 '우연한 사고'에 해당한다고 볼 가능성을 배제할 수 없다. 그러나 이 사건 상해보험약관은 "외과적 수술, 그 밖의 의료처치로 인한 손해를 보상하지 아니한다. 그러나 회사가 부담하는 상해로 인한 경우에는 보상한다"는 취지의 면책조항을 포함하고 있다(상법 제7조 제1항 제6호). 위 면책조항의 취지는 피보험자에 대하여 보험회사가 보상하지 아니하는 질병 등을 치료하기 위한 외과적 수술 기타 의료처치(이하 '외과적 수술 등'이라고 한다)가 행하여지는 경우, 피보험자는 일상생활에서 노출된 위험에 비하여 상해가 발생할 위험이 현저히 증가하므로 그러한 위험을 처음부터 보험보호의 대상으로부터 배제하고, 다만 보험회사가 보상하는 보험사고인 상해를 치료하기 위한 외과적 수술 등으로 인한 위험에 대해서만 보험보호를 부여하려는 데 있다고 할 것이다. 위와 같은 면책조항의 취지에 비추어 볼 때, 특정 질병 등을 치료하기 위한 외과적 수술 등으로 인하여 증가된 위험이 현실화된 결과 상해가 발생한 경우에는 위 면책조항 본문이 적용되어 보험금 지급대상이 되지 아니하고, 외과적 수술 등의 과정에서 의료과실에 의하여 상해가 발생하였는지 여부는 특별한 사정이 없는 한 위 면책조항의 적용 여부를 결정하는 데에 있어서 고려할 요소가 되지 아니한다. 이 사건 사고는 원고가 보상하지 아니하는 질병인 암의 치료를 위한 개복수술로 인하여 증가된 감염의 위험이 현실화됨으로써 발생하였다고 할 것이므로, 이 사건 사고 발생에 의료진의 의료과실이 기여하였는지 여부와는 무관하게 이 사건 면책조항이 적용된다고 할 것이다.

피고는, 원고는 이 사건 보험계약 체결 당시 의료과실에 의하여 보험사고가 발생하는 경우에도 위 면책조항이 적용되는지 여부에 관하여 보험계약자인 피고에게 설명할 의무가 있음에도 이를 이행하지 아니하였으므로, 위 면책조항이 이 사건 보험계약의 내용으로 편입되지 아니하였다는 취지의 주장을 한다. 그러나 이러한 주장은 피고가 상고심에 이르러 비로소 한 것임이 기록상 명백하므로, 적법한 상고이유가 될 수 없다.

[쟁점사항]

이는 [1] 상해 보험 계약의 보험사고 요건 중 '우연한 사고'의 의미에 대해 사고가 피보험자가 예측할 수 없는 원인에 의하여 발생하는 것이라고 하면서, [2] 상해보험의 피보험자가 후복막강 종괴를 제거하기 위한

개복수술과정에서 의료진의 과실로 인한 감염으로 폐렴이 발생하여 사망한 사안에서 '우연한 사고'에 해당한다고 볼 가능성을 배제할 수 없고, [3] 외과적 수술 등으로 인한 손해를 보상하지 아니한다는 상해보험 약관 면책조항의 취지 및 외과적 수술 등의 과정에서 의료과실에 의하여 상해가 발생하였는지 여부가 위 면책조항 적용 여부의 결정에서 고려할 요소가 되지 않으며, [4] 상해보험의 피보험자가 병원에서 후복막강 종괴를 제거하기 위한 개복수술을 받았으나 그 과정에서 의료진의 과실로 인한 감염으로 폐렴이 발생하여 사망한 사안에서 그 사고 발생에 의료진의 과실이 기여하였는지 여부와 무관하게 상해보험 약관상 면책조항이 적용된다고 한 사례이다.

3. 외래성

외래성이란 보험사고가 신체의 외부로부터 생긴 것이어야 함을 의미한다.[11] 이는 상해가 신체의 결함(physical defect)과는 달리, 명백히 볼 수 있는 외부적인 사고에 기인한 것이어야 한다는 것을 뚜렷이 하기 위한 것이다. 즉 보험사고의 외래성은 순수한 기관의 고장이나 신체 내에서 생긴 상해와 구별되는 개념이다. 그러므로 질병과 같이 신체의 내부적인 원인으로 생긴 사고는 외래성 결여로 상해의 개념에서 제외된다. 상해의 외래성은 상해의 원인 또는 매개를 의미하는 것이므로 그 상해의 원인이 외래적인 것이면 상해 자체가 반드시 신체 외부에서 나타나야 하는 것은 아니다. 예컨대 피보험자가 허리를 굽혀 무거운 물건을 들어 올리다가 허리를 삔 경우처럼, 상해 결과가 신체의 내부에 생겼어도 외래성이 인정된다.

◆ 대법원 2001. 8. 21. 선고 2001다27579 판결-외래성의 의미 등

[사실개요]

R은 피고(보험자)와 피보험자를 본인, 피보험자 사망 시 보험수익자를 법정상속인으로 하는 상해보험계약을 체결하였다. 그런데 R이 과수원에서 무너진 돌담을 보수하기 위하여 돌을 운반하던 중 갑자기 사망하였다.

11) 대법원 1998. 10. 13. 선고 98다28114 판결('급격하고도 우연한 외래의 사고'를 보험사고로 하는 상해보험에 가입한 피보험자가 술에 취하여 자다가 구토로 인한 구토물이 기도를 막음으로써 사망한 경우, 보험약관상의 급격성과 우연성은 충족되고, 나아가 보험약관상의 '외래의 사고'란 상해 또는 사망의 원인이 피보험자의 신체적 결함 즉 질병이나 체질적 요인 등에 기인한 것이 아닌 외부적 요인에 의해 초래된 모든 것을 의미한다고 보는 것이 상당하므로, 위 사고에서 피보험자의 술에 만취된 상황은 피보험자의 신체적 결함 즉 질병이나 체질적 요인 등에서 초래된 것이 아니라 피보험자가 술을 마신 외부의 행위에 의하여 초래된 것이어서 이는 외부적 요인에 해당한다고 할 것이고, 따라서 위 사고는 위 보험약관에서 규정하고 있는 '외래의 사고'에 해당하므로 보험자로서는 수익자에 대하여 위 보험계약에 따른 보험금을 지급할 의무가 있다).

[판결요지]

상해보험에서 담보되는 위험으로서 상해란 외부로부터의 우연한 돌발적인 사고로 인한 신체의 손상을 말하는 것이므로, 그 사고의 원인이 피보험자의 신체의 외부로부터 작용하는 것을 말하고, 신체의 질병 등과 같은 내부적 원인에 기한 것은 제외되며, 이러한 사고의 외래성 및 상해 또는 사망이라는 결과와 사이의 인과관계에 관해서는 보험금청구자에게 그 입증책임이 있다고 할 것이다.

R이 무너진 돌담을 보수하기 위하여 돌을 운반하던 작업 중 쓰러진 채로 발견되어 병원으로 후송하였으나, 병원에 도착하기 전에 이미 사망하였는데, 그 당시 망인의 입술은 청색증(cyanosis)의 증상을 나타내고 있었으며 정확한 사망원인을 알 수는 없지만 돌연사로 볼 수 있다는 것에 불과하며, R이 어떠한 상해를 입게 되었다거나 그로 인하여 사망에 이르게 된 원인은 현재까지도 불명이다. 이러한 사실관계에 비추어 보면 피보험자인 R의 사망이 위 보험약관상의 외래의 사고에 의한 상해의 직접적인 결과라고 단정하기 어려울 뿐만 아니라, 기록에 나타난 모든 증거들에 비추어 보더라도 달리 이를 인정할 자료도 없으며, 또한 R이 돌을 운반하는 작업과 그의 사망 사이에 상당인과관계를 추단할 만한 아무런 자료도 찾아 볼 수 없다. 사정이 이러하다면 R은 위 상해보험약관에서 보험사고의 요건으로 정하고 있는 급격하고 우연한 외래의 사고로 인하여 사망에 이르게 된 것이라고 단정할 수 없다.

[쟁점사항]

이는 상해보험약관상의 보험사고인 '급격하고 우연한 외래의 사고'란 외부로부터의 우연한 돌발적인 사고로 인한 신체의 손상을 의미하고, 그에 대한 입증책임은 보험금청구자에게 있다고 한 판례이다.

III. 상해보험에 관한 특칙

1. 상해보험증권

상해보험증권에는 손해보험증권 기재사항(상법 제666조) 및 인보험증권 기재사항(상법 제728조)을 기재하여야 하는데, 다음과 같은 특칙이 있다. 즉 피보험자와 보험계약자가 동일인이 아닌 때에는 인보험증권의 기재사항중 피보험자의 주소와 성명에 갈음하여 피보험자의 직무 또는 직위만을 기재할 수 있다(상법 제738조).

2. 생명보험에 관한 규정의 준용

상해보험에 관하여는 15세 미만자·심심상실자 또는 심신박약자를 피보험자로 하는 사망보험의 무효를 규정한 상법 제732조의 규정을 제외하고, 생명보험에 관한 규정이 준용된다(상법 제739조).[12)]

12) 대법원 2014. 9. 4 선고 2012다204808 판결(상법 제732조의2, 제739조, 제663조의 규정에 의하면 사망이나 상해를

◆ 대법원 2014. 7. 24. 선고 2012다62318 판결
–상해보험계약에서 통지의무를 위반한 경우 해지권 인정 여부

[사실개요]

원고의 모는 피고(보험회사)와 사이에 원고를 피보험자로 보험계약을 체결하였는데, 보험계약 체결 당시 원고는 오토바이를 운전하지 않아서 보험청약서의 이륜자동차 소유 또는 운전 여부를 묻는 질문에 '아니오'라고 답하였다. 원고는 보험기간 중에 이륜자동차 운전면허를 취득하였고, 이 사건 사고 전에도 오토바이를 운전하다가 교통사고를 당한 적이 있으며, 오토바이를 운전하다가 승용차와 충돌하여 두개골 골절 등의 상해를 입는 이 사건 사고를 당하였다. 원고는 보험계약에 기하여 이 사건 사고로 인한 후유장해에 대한 보험금의 지급을 청구하였는데, 피고는 오토바이 운전으로 인한 위험의 증가를 통지하지 않았다는 이유로 보험계약의 해지의사를 표시하였다.

[판결요지]

보험기간 중에 보험계약자 또는 피보험자가 사고발생의 위험이 현저하게 변경 또는 증가된 사실을 안 때에는 지체 없이 보험자에게 통지하여야 하는데(상법 제652조 제1항), 여기서 '사고발생의 위험이 현저하게 변경 또는 증가된 사실'이라 함은 그 변경 또는 증가된 위험이 보험계약의 체결 당시에 존재하고 있었다면 보험자가 계약을 체결하지 않았거나 적어도 그 보험료로는 보험을 인수하지 않았을 것으로 인정되는 사실을 말하고(대법원 1997. 9. 5. 선고 95다25268 판결; 대법원 2004. 6. 11. 선고 2003다18494 판결 등 참조), '사고발생의 위험이 현저하게 변경 또는 증가된 사실을 안 때'라고 함은 특정한 상태의 변경이 있음을 아는 것만으로는 부족하고 그 상태의 변경이 사고발생 위험의 현저한 변경·증가에 해당된다는 것까지 안 때를 의미한다.

보험청약서에 오토바이 소유 또는 운전 여부를 묻는 질문이 있었던 점 등에 비추어 보면 보험계약 체결 당시 원고가 오토바이 운전을 하였다면 피고는 보험계약을 체결하지 않았거나 적어도 그 보험료로는 보험을 인수하지 않았을 것으로 추정된다. 그리고 보험계약자는 원고의 오토바이 운전 사실 및 그것이 보험사고 발생 위험의 현저한 변경·증가에 해당된다는 것을 알았다고 봄이 상당하다. 그럼에도 불구하고 보험계약자는 원고의 오토바이운전 사실을 피고에게 통지하지 아니하였으므로 상법 제652조 제1항에 정한 통지의무를 위반하였다고 할 것이다.

[쟁점사항]

甲이 乙 보험회사와 아들 丙을 피보험자로 하여 丙이 상해로 후유장해를 입을 경우 보험금을 지급받는 보험계약을 체결한 이후에 丙이 운전면허를 취득하여 오토바이를 운전하다가 두개골 골절 등 상해를 입자 후유장해에 대한 보험금 지급을 청구하였는데, 乙 회사가 오토바이 운전에 따른 위험의 증가를 통지하지 않았다는 이유로 甲에게 보험계약 해지의사를 표시한 사안에서, 보험청약서에 오토바이 소유 또는 운전여부를 묻는 질문이 있었던 점 등에 비추어 보험계약 체결 당시 丙이 오토바이 운전을 하였다면 乙 회사가 보험계약을 체결하지 않았거나 적어도 그 보험료로는 보험을 인수하지 않았을 것이라고 추정되는 점, 丙이 위 사고 이전에 오토바이 사고를 당한 적이 있는 점, 甲은 보험청약서의 오토바이 소유 또는 운전 여부를 묻는 질문에 '아니오'라고 대답함으로써 오토바이 운전이 보험인수나 보험료 결정에 영향을 미친다는 점을 알게 되었다고 보이

보험사고로 하는 인보험에 관하여는 보험사고가 고의로 인하여 발생한 것이 아니라면 비록 중대한 과실에 의하여 생긴 것이라 하더라도 보험금을 지급할 의무가 있다고 할 것인바, 위 조항들의 입법 취지 등에 비추어 보면, 피보험자의 사망이나 상해를 보험사고로 하는 보험계약에서는 보험사고 발생의 원인에 피보험자에게 과실이 존재하는 경우 뿐만아니라 보험사고 발생 시의 상황에 있어 피보험자에게 안전띠 미착용 등 법령위반의사유가 존재하는 경우를 보험자의 면책사유로 약관에 정한 경우에도 그러한 법령위반행위가 보험사고의 발생원인으로서 고의에 의한 것이라고 평가될 정도에 이르지 아니하는 한 위 상법 규정들에 반하여 무효이다).

는 점 등에 비추어 보면, 甲은 丙의 오토바이 운전 사실과 그것이 보험사고 발생 위험의 현저한 변경·증가에 해당한다는 것을 알았다고 보이고 丙의 오토바이 운전 사실을 乙 회사에 통지하지 않아 상법 제652조 제1항에서 정한 통지의무를 위반하였으므로, 乙 회사는 상법 제652조 제1항에서 정한 해지권을 행사할 수 있다고 한 사례이다.

제4절

질병보험

Ⅰ. 질병보험계약의 의의와 특성

1. 의의

질병보험(sickness insurance)은 피보험자의 질병에 관한 보험사고가 발생한 경우 보험금이나 그 밖의 급여를 할 것을 목적으로 하는 보험을 말한다(상법 제739조의2). 즉 질병보험은 피보험자의 신체에 질병이 발생하여 치료비, 입원비, 수술비 등의 급여를 하기로 하는 인보험의 일종이다. 여기에 기타의 급여라 함은 치료 또는 의약품의 급여와 같은 현금 이외의 급여를 말한다.

질병보험은 건강의 손상에 따른 경제적 손실을 보상하는 보험인 건강보험의 일부를 구성하는데, 건강보험에 의해 주로 담보되는 내용은 질병과 관련한 비용이므로, 건강보험의 대표적인 예는 질병보험이라 할 것이다. 그런데 질병의 발생은 상해의 발생 이상으로 발생 유무나 발생 시기를 특정하는 것이 곤란할 뿐만 아니라, 순수하게 질병의 발생만을 보험사고로 하는 질병보험이 일반적이지도 않기 때문에 질병보험에 대한 일의적인 정의가 곤란한 점도 있다.

2. 특성

질병보험계약은 보험의 객체가 사람이라는 점에서 생명·상해보험과 함께 인보험계약에 속한다. 이런 점에서 질병보험계약은 피보험자의 재산상의 손해를 보상할 것을 목적으로 하는 손해보험계약(상법 제665조)과 구별된다.

질병보험은 피보험자의 질병 등을 보험사고로 하는 것이므로, 그것이 사보험으로 운영된다면 인보험의 일종으로 보아야 할 것이다. 다만 의료실비지급보험 등과 같은 질병보험은 피보험자 건강의 손실에 따른 치료실비만을 보험자가 부담하므로 상해보험과 같이 인보험적 성질도 있지만, 부정액보험으로서의 손해보험적 특성도 부정할 수는 없다고 본다. 예컨대 암보험과 같이 보험사고가 발생하면 약정보험금을 지급하는 정액보험 형태는 인보험적 성질을 갖고 있다 할 것이고, 의료실비보상보험과 같이 질병에 의해 현실적으로 발생한 치료실비의 범위 내에서 보험금을 지급하기로 하는 부정액의 실손보험은 손해보험적 성격을 갖는다고 파악할 수 있다.

따라서 질병보험을 획일적으로 인보험의 한 종류로만 볼 것이 아니라, 일정한 범위 내에서는 손해보험적 성격도 갖는 것으로 파악하여 이에 대한 규정 내지는 원리를 적용하여야 할 것이다. 질병보험의 일반적인 성질은 인보험이기 때문에 원칙적으로 인보험에 관한 규정이 적용된다(상법 제739조의3). 그런데 인보험과 손해보험의 성질을 동시에 갖고 있는 질병보험 유형, 예컨대 의료실비지급보험 등에 있어서 질병으로 인한 실비지급의료비와 입원비 등은 손해보험의 일종으로 볼 수 있을 것이다. 그러므로 질병보험계약은 그 성질이 생명보험계약과 동일하다고는 볼 수 없고, 상해보험과 마찬가지로 정액보험인 생명보험계약과 손해보험계약의 중간적 성질을 가진 특수한 지위에 있다.

Ⅱ. 보험사고

질병보험의 보험사고에 대하여 상법은 피보험자의 질병에 관한 사고라고만 규정하고 있다(상법 제739조의2). 질병보험보통약관은 보험금지급사유로 보험기간 중 진단확정된 질병으로 장해상태가 되었을 때(후유장해보험금), 진단확정된 질병으로 입원·통원·요양·수술 또는 수발(간병)이 필요한 때(입원보험금, 간병보험금 등)를 규정하고 있다(동 표준약관 제3조).

◆ 대법원 2014. 4. 10. 선고 2013다18929 판결-질병보험의 보험사고

[사실개요]

E는 원고(보험자)와 사이에 상해사망, 상해사망A, 질병사망A 등을 담보로 하는 무배당 컨버전스보험계약을 체결하였다. E는 처인 피고 B에게 우울증 등을 호소한 이래 지속적으로 정신과치료 및 우울증치료 등을 받던 중, 부친의 집에서 목을 매 경부압박질식을 직접 사인으로 사망하였다. 이에 상속인인 피고가 보험금을 청구한 것이다.

[판결요지]

상해보험에서 담보되는 위험으로서 상해란 외부로부터의 우연한 돌발적인 사고로 인한 신체의 손상을 뜻하므로, 그 사고의 원인이 피보험자의 신체의 외부로부터 작용하는 것을 말하고, 신체의 질병 등과 같은 내부적 원인에 기한 것은 상해보험에서 제외되고 질병보험 등의 대상이 된다.

이 사건 면책 약관과 같이 사망을 보험사고로 하는 보험계약에서 자살을 보험자의 면책사유로 규정하고 있는 경우에, 그 자살은 자기의 생명을 끊는다는 것을 의식하고 그것을 목적으로 의도적으로 자기의 생명을 절단하여 사망의 결과를 발생케 한 행위를 의미하고, 피보험자가 정신질환 등으로 자유로운 의사결정을 할 수 없는 상태에서 사망의 결과를 발생케 한 경우까지 포함하는 것은 아니다. 따라서 피보험자가 자유로운 의사결정을 할 수 없는 상태에서 사망의 결과를 발생케 한 직접적인 원인행위가 외래의 요인에 의한 것이라면, 그 사망은 피보험자의 고의에 의하지 않은 우발적인 사고로서 보험사고인 사망에 해당할 수 있다. 다만 피보험자의 심신상실 또는 정신질환을 원인으로 하여 자유로운 의사결정을 할 수 없는 상태에 이른 경우에는 이 사건 면책 약관 제1항 제6호에 의하여 보상 대상에서 제외될 수 있을 것이다.

이 사건 면책 약관 제1항 제5호에서 상해보험으로 보상하지 아니하는 손해로서 피보험자의 질병으로 인한 손해를 드는 한편, 질병사망 A 특별약관 제1조 제1항에서 이 사건 면책 약관 제1항 제5호에 불구하고 피보험자의 질병으로 인한 사망이나 일정한 장해의 발생을 질병사망보험금 지급사유인 보험사고로 규정하고 있는 것은, 신체의 질병과 같은 내부적 원인에 기한 사망이나 장해 등은 상해보험의 성질상 상해보험이 담보하는 위험에서 당연히 제외되지만, 질병사망 A 특별약관에 의하여 별도로 이를 보상받을 수 있다는 취지라 할 것이고, 질병사망 A 특별약관 제5조에서 이 사건 면책 약관이 적용되지 아니한다고 규정한 것도 같은 취지로 해석되며, 또한 보통약관인 이 사건 면책 약관에서 질병과 정신질환을 구분하고 규정하고 있음에 비추어 보면, 이 사건 면책 약관의 예외로서 질병만을 대상으로 정한 질병사망 A 특별약관은 정신질환의 경우에는 적용되지 않는다고 해석함이 타당하다. 따라서 질병사망A 특별약관이 정하는 보험사고란, 이 사건 면책 약관에 의하여 상해보험으로 담보되지 아니하는 피보험자의 질병 그 자체를 직접적인 원인으로 하여 사망 등에 이르는 경우를 의미하고 그 밖의 외래적 요인에 의하여 신체에 손상이 발생하거나 그 결과로 사망에 이르러 상해보험 또는 상해사망보험의 적용 대상이 될 여지가 있는 경우는 포함하지 않는다고 할 것이다. 이 사건에서 E는 정신질환을 치료받던 중 사망하였는데, 정신질환은 질병사망 A 특별약관이 적용되는 질병과 구분될 뿐만 아니라 E는 그 사망 경위에 나타난 것과 같이 정신질환 그 자체에 의하여 사망한 것이 아니라 자신의 신체에 대한 외부적인 행위를 직접적인 원인행위로 하여 사망에 이른 것이므로, 비록 E가 정신질환으로 자유로운 의사결정을 할 수 없는 상태였다고 하더라도 그 외부적인 행위로 인한 상해사망 보험사고로서 이 사건 면책 약관이 적용되는지 여부는 별론으로 하고, 질병사망A 특별약관이 보장하는 보험사고인 피보험자의 질병 그 자체를 직접적인 원인으로 한 질병사망이라고 볼 수는 없다.

[쟁점사항]

이는 질병사망 A 특별약관이 정하는 보험사고란, 상해보험으로 담보되지 아니하는 피보험자의 질병 그 자체를 직접적인 원인으로 하여 사망 등에 이르는 경우를 의미하고 그 밖의 외래적 요인에 의하여 신체에 손상이 발생하거나 그 결과로 사망에 이르러 상해보험 또는 상해사망보험의 적용 대상이 될 여지가 있는 경우는 포함하지 않는다고 한 판례이다.

색 인